CONTABILIDADE FINANCEIRA

O GEN | Grupo Editorial Nacional – maior plataforma editorial brasileira no segmento científico, técnico e profissional – publica conteúdos nas áreas de ciências sociais aplicadas, exatas, humanas, jurídicas e da saúde, além de prover serviços direcionados à educação continuada e à preparação para concursos.

As editoras que integram o GEN, das mais respeitadas no mercado editorial, construíram catálogos inigualáveis, com obras decisivas para a formação acadêmica e o aperfeiçoamento de várias gerações de profissionais e estudantes, tendo se tornado sinônimo de qualidade e seriedade.

A missão do GEN e dos núcleos de conteúdo que o compõem é prover a melhor informação científica e distribuí-la de maneira flexível e conveniente, a preços justos, gerando benefícios e servindo a autores, docentes, livreiros, funcionários, colaboradores e acionistas.

Nosso comportamento ético incondicional e nossa responsabilidade social e ambiental são reforçados pela natureza educacional de nossa atividade e dão sustentabilidade ao crescimento contínuo e à rentabilidade do grupo.

BRUNO MEIRELLES **SALOTTI**
GERLANDO A. S. F. DE **LIMA**
FERNANDO DAL-RI **MURCIA**
MARA JANE C. **MALACRIDA**
RENÊ COPPE **PIMENTEL**

CONTABILIDADE FINANCEIRA

VÍDEOS DOS AUTORES ■ CASOS REAIS ■ APLICAÇÕES PRÁTICAS
EXEMPLOS NUMÉRICOS ■ QUESTÕES E EXERCÍCIOS RESOLVIDOS (*ON-LINE*)

Os autores e a editora empenharam-se para citar adequadamente e dar o devido crédito a todos os detentores dos direitos autorais de qualquer material utilizado neste livro, dispondo-se a possíveis acertos caso, inadvertidamente, a identificação de algum deles tenha sido omitida.

Não é responsabilidade da editora nem dos autores a ocorrência de eventuais perdas ou danos a pessoas ou bens que tenham origem no uso desta publicação.

Apesar dos melhores esforços dos autores, do editor e dos revisores, é inevitável que surjam erros no texto. Assim, são bem-vindas as comunicações de usuários sobre correções ou sugestões referentes ao conteúdo ou ao nível pedagógico que auxiliem o aprimoramento de edições futuras. Os comentários dos leitores podem ser encaminhados à **Editora Atlas Ltda.** pelo e-mail faleconosco@grupogen.com.br.

Direitos exclusivos para a língua portuguesa
Copyright © 2019 by
Editora Atlas Ltda.
Uma editora integrante do GEN | Grupo Editorial Nacional

Reservados todos os direitos. É proibida a duplicação ou reprodução deste volume, no todo ou em parte, sob quaisquer formas ou por quaisquer meios (eletrônico, mecânico, gravação, fotocópia, distribuição na internet ou outros), sem permissão expressa da editora.

Rua Conselheiro Nébias, 1384
Campos Elísios, São Paulo, SP – CEP 01203-904
Tels.: 21-3543-0770/11-5080-0770
faleconosco@grupogen.com.br
www.grupogen.com.br

Designer de capa: Caio Cardoso

Imagem de capa: Monsit Jangariyawong | 123RF

Editoração eletrônica: Formato Editoração e Serviços

CIP-BRASIL. CATALOGAÇÃO NA PUBLICAÇÃO
SINDICATO NACIONAL DOS EDITORES DE LIVROS, RJ

C776

Contabilidade financeira / Bruno Meirelles Salotti ... [et. al]. São Paulo : Atlas, 2019.
440 p. ; 28 cm.
Inclui índice

ISBN 978-85-97-02193-6

1. Contabilidade. I. Título.

19-57928   CDD: 657
                                                                 CDU: 657

Meri Gleice Rodrigues de Souza – Bibliotecária CRB-7/6439

À Sarah e à Bruna, meus amores, a base que me sustenta!
Bruno Meirelles Salotti

Aos meus pais e ao Iran Lima (in memoriam).
Ao Tio Cícero, à Dinha e à tia Eulália.
À Alice, ao Caio e à Cora
Gerlando A. S. F. de Lima

À Flávia e ao Antônio.
Fernando Dal-Ri Murcia

À minha família amada, pelo apoio de sempre.
Mara Jane C. Malacrida

À minha família, toda ela, e aos amigos.
Renê Coppe Pimentel

AGRADECIMENTO ESPECIAL

Em nome dos autores, gostaria de tecer algumas palavras de agradecimento à **Profa. Paola Richter Londero**.

Conheci a Paola ao final de 2015, quando ela se candidatou ao Doutorado em Contabilidade na FEA/USP. Naquele momento, ela já demonstrava que a carreira acadêmica seria o seu futuro profissional e que ela o faria com extremo profissionalismo e competência.

Tão logo surgiu a ideia do projeto deste livro, durante o ano de 2016, houve a demanda por alguém para nos auxiliar com a organização e centralização das tarefas que envolvessem o livro: reuniões, cronograma, materiais, contatos com a editora, arquivos, revisões, e-mails, versões e mais versões. Enfim, precisávamos de uma pessoa que, em primeiro lugar, entendesse bem do assunto, mas que ao mesmo tempo fosse organizada, comprometida e que percebesse valor em tudo que estávamos fazendo. Fizemos o convite à Paola, que, para a nossa sorte, aceitou o desafio.

Os colegas da área acadêmica sabem que a produção de um livro didático concorre com inúmeras outras tarefas, em geral, de prazos bem mais curtos. Então, o natural é que a tarefa de longo prazo vá sendo prorrogada, porque você tem algo para entregar hoje ou amanhã. Sempre aparece algo de curto prazo na frente, e as atividades do livro vão ficando para trás. Nesses momentos, a Paola intervinha, pedindo a todos o envio dos materiais, nos lembrando dos prazos, marcando reuniões, enviando arquivos, e aos poucos os capítulos foram tomando corpo, para que o livro pudesse ser publicado desta forma.

A jornada foi longa e muito desafiadora para todos os autores, e certamente também para a Paola. Temos muito a agradecer a ela por todo o seu empenho, pois reconhecemos que a sua competência ao exercer as atividades de organização do livro foram essenciais para que ele pudesse ser concluído. Assim, gostaria de reforçar nossos mais sinceros agradecimentos à Paola e desejar a ela enorme sucesso em sua carreira acadêmica!

Prof. Bruno Meirelles Salotti

PREFÁCIO

Que maravilha!

Como é bom poder ver, acompanhar, conviver e participar das carreiras dos professores Bruno, Fernando, Gerlando, Mara e Renê. Com três deles (Bruno, Mara e Renê) tive o prazer dessa convivência desde os tempos da graduação. Tive a satisfação de conhecer Fernando e Gerlando somente no curso de pós-graduação em Contabilidade e Controladoria, uma vez que ambos vieram de cursos de graduação não realizados na Faculdade de Economia, Administração, Contabilidade e Atuária da Universidade de São Paulo.

Sou testemunha das brilhantes carreiras de cada um deles, como alunos, professores e também pesquisadores. Melhor ainda foi poder vê-los trabalhando em conjunto para a consecução de um projeto que há muito se fazia necessário. Estou falando deste livro, que agora chega ao mercado com a assinatura deles.

Inspirados nas experiências acumuladas por cada um, vividas no Brasil e no exterior, os Autores projetaram um livro que tem como objetivo fundamental estimular os estudos de contabilidade, principalmente os ingressantes dos cursos de Contabilidade, mas não somente estes.

Para tornar realidade aquilo que planejaram, os Autores dividiram os 17 capítulos seguindo sempre a mesma estrutura. Assim, objetivos de aprendizagem, contextualização (com exemplos reais extraídos de diversas mídias), conteúdo e, por fim, uma quantidade imensa de questões e exercícios práticos, que auxiliarão na compreensão e fixação dos conteúdos estudados, são apresentados dentro de uma mesma sequência e sempre com um cuidado todo especial no tratamento de cada item.

É muito prazeroso poder ver essa nova geração de pesquisadores de Contabilidade mostrar o fruto de diversos anos de estudos. E mais, é tremendamente estimulante poder verificar que sempre há espaço para a criação de trabalhos de alto nível.

Com a certeza de que este livro terá importantíssimo destaque no processo de ensino de Contabilidade, aproveito para apresentar aos Autores, e também a nós, beneficiários diretos dos conhecimentos aqui disseminados, os mais sinceros parabéns pelo trabalho idealizado e transformado em magnífica realidade!

A grandiosidade deste trabalho obriga-me a encerrar estas minhas palavras da mesma forma que comecei: *Que maravilha!*

Prof. Ariovaldo dos Santos

RECURSOS DIDÁTICOS

Este livro conta com os seguintes recursos:

CASOS DE ABERTURA

"Provisões para desastre levam Samarco a prejuízo de R$ 5,8 bilhões
As provisões realizadas para o pagamento de multas e exigências do governo frente ao desastre com a barragem de Fundão. (...) de toneladas de concentrado minério de ferro, queda de 3,5% (...) O que mais chama a atenção no balanço anual da Samarco é fato é o rompimento da barragem de Fundão, que devastou Bento Rodrigues. Por conta do acordo fechado com o governo e as perspectivas de multas e exigê

Casos reais e recentes contextualizam e introduzem o tema do capítulo.

VÍDEOS DE ABERTURA

Assista ao vídeo do autor sobre o tema deste capítulo

uqr.to/f1wa

Vídeos introdutórios com os autores são disponibilizados no início de cada capítulo, com acesso por QR Code. Para reproduzi-los, basta ter um aplicativo leitor de QR Code baixado no smartphone e posicionar a câmera sobre o código, ou usar a URL que aparece abaixo.

VÍDEOS COMPLEMENTARES

Assista ao vídeo do autor sobre este tema

uqr.to/ej2n

Vídeos complementares com os autores reforçam pontos importantes, com acesso por QR Code.

OBJETIVOS DE APRENDIZAGEM

OBJETIVOS DE APRENDIZAGEM DO CAPÍTULO
Após estudar esse capítulo, você será capaz de:
1. Entender os conceitos básicos relacionados com provisões e com con
2. Reconhecer os critérios de reconhecimento das provisões e das conti
3. Conhecer as formas de mensuração das provisões e das contingência

Os principais temas do capítulo são listados para despertar e direcionar o aprendizado. Esses objetivos se conectam com seções, casos e exercícios por meio do ícone **OBJETIVO 1**.

CASOS PARA DISCUSSÃO

CASO PARA DISCUSSÃO — OBJETIVO 1
A empresa Super Rica S.A. apurou um valor de $ 50.000 de prejuízo dade. Em sua opinião, quais são as possíveis razões para essa aparen

Simulações de situações reais, conectadas aos objetivos de aprendizagem, são uma excelente ferramenta de aplicabilidade dos conteúdos desenvolvidos no capítulo, mediante a reflexão e a discussão.

CASOS PRÁTICOS

CASO PRÁTICO

Adiamento da publicação de demonstrações financeira

Em 06/02/2014, o *Valor Econômico* divulgou a seguinte manchete (por: Tatiane Bortolozi, Alessandra Saraiva e Edna Simão). Segundo Petrobras acendeu ontem um sinal de alerta entre os analistas que quarto trimestre de 2013 deverão ser divulgados em 25 de feverei

> Fatos importantes ajudam a materializar o aprendizado, mediante a aplicação prática dos conceitos.

EXEMPLOS

EXEMPLO 1

Empréstimo bancário com taxa de juros fixada, atualizado pe

A empresa GFE S.A. obteve, em 31/12/X0, um empréstimo no empréstimo é atualizado pela inflação (medida pela variação monetária quanto os juros e o principal serão pagos ao final do

> Exemplos numéricos permitem a consolidação imediata do conhecimento em situações práticas.

QUESTÕES PARA DISCUSSÃO

QUESTÃO PARA DISCUSSÃO 6.1

A Cia. Campeã vendeu $ 100.000, para serem recebidos após 60 dias, liquidado pelo Sr. João. Qual é o modelo de negócios da Cia. Campe

> Questões são apresentadas para promover o debate e a interação.

QUESTÕES PARA REFLEXÃO

QUESTÃO PARA REFLEXÃO 7.1

Assumindo que um bilidade de ganhos reconhecimento d reconhece-se um a ocorrerá e a estimat

> Questões provocativas contribuem para a consolidação do aprendizado, ao promover a análise e aplicação dos conceitos.

DILEMA ÉTICO

DILEMA ÉTICO

Você é o contador de determinada empresa que está prestes a enc empresa estão ansiosos e na expectativa da divulgação do lucro líq funcionários recebem remuneração variável em razão dos resulta bem participação nos lucros (PLR) ao final de cada exercício social. Po res do resultado, você verificou que – por ocasião de uma provisão

> Situações-limite exigem reflexão e análise para a correta tomada de decisão.

VOCÊ SABIA?

VOCÊ SABIA?

Que os dividendos mínimos obrigatórios devem ser registrados no p
E que os dividendos adicionais devem ser registrados no Patrimôni

> Conteúdos complementares e curiosidades são apresentados para incrementar a compreensão.

RESUMO

OBJETIVO 1 Patrimônio líquido representa os recursos próp
acionistas e do desempenho das atividades da e
de depois de deduzidos todos os seus passivos.
Ajustes de Avaliação Patrimonial, Reservas de I
e Dividendos Adicionais propostos.

> Um resumo em tópicos ao final do capítulo, conectado com os objetivos de aprendizagem, retoma os principais tópicos trabalhados e ajuda a revisar e checar conhecimentos.

TESTES

OBJETIVO 1
1. É incorreto afirmar que:
   a) Os dividendos adicionais propostos devem ser aprovados em assembleia geral para que sejam distribuídos.
   b) Os dividendos mínimos obrigatórios propostos e aprovados em assembleia geral devem ser apresentados no passivo.

> Testes de múltipla escolha, conectados aos objetivos de aprendizagem, com gabarito, contribuem para diagnosticar o aproveitamento dos conceitos desenvolvidos.

EXERCÍCIOS

OBJETIVO 2 **OBJETIVO 3**
1. Durante o ano de X0, a Cia. XYZ vendeu 100.000 unidades de seu produto totalizando uma receita líquida de $ 1.000.000 ($ 10 por produto). Sua experiência passada indica que 90% dos produtos vendidos não requerem reparos dentro da garantia; 6% dos produtos vendidos requerem reparos pequenos, que

> Exercícios, alinhados com os objetivos de aprendizagem, estimulam a aplicação prática dos conteúdos apreendidos em situações concretas, com respostas *on-line*.

EXERCÍCIOS ADICIONAIS

OBJETIVO 2 **OBJETIVO 3**
1. No espaço disponível, classifique as seguintes contas contábeis, de acordo com a legenda:

   AC – Ativo circulante
   PC – Passivo circulante

> Exercícios abrangentes estimulam a aplicação prática e a reflexão sobre a relação do conteúdo do capítulo com os capítulos anteriores, com respostas *on-line*.

Material Suplementar

Este livro conta com os seguintes materiais suplementares:

- Resolução de exercícios (parcialmente disponível para todos e parcialmente restrita a docentes – para utilização em sala de aula).
- Orientação para resolução dos testes em Excel (restrito a docentes).
- Orientação para resolução dos Exercícios em Excel (restrito a docentes).
- Respostas das Questões para reflexão (restrito a docentes).
- Respostas das Questões para discussão (restrito a docentes).
- Orientação para aplicação do Dilema ético (restrito a docentes).
- Orientação para aplicação dos Estudos de caso (restrito a docentes).

O acesso aos materiais suplementares é gratuito. Basta que o leitor se cadastre em nosso *site* (www.grupogen.com.br), faça seu *login* e clique em GEN-IO, no menu superior do lado direito.

É rápido e fácil. Caso haja dificuldade de acesso, entre em contato conosco (gendigital@grupogen.com.br).

GEN-IO (GEN | Informação Online) é o ambiente virtual de aprendizagem do GEN | Grupo Editorial Nacional, maior conglomerado brasileiro de editoras do ramo científico-técnico-profissional, composto por Guanabara Koogan, Santos, Roca, AC Farmacêutica, Forense, Método, Atlas, LTC, E.P.U. e Forense Universitária. Os materiais suplementares ficam disponíveis para acesso durante a vigência das edições atuais dos livros a que eles correspondem.

SUMÁRIO

1 INTRODUÇÃO À CONTABILIDADE FINANCEIRA ... 1
O QUE É CONTABILIDADE? ... 2
Conceitos básicos ... 2
O processo contábil ... 3
DEMANDA E OFERTA DA INFORMAÇÃO CONTÁBIL ... 5
Contabilidade financeira ... 6
Contabilidade gerencial ... 7
Contabilidade tributária ... 7
CONCEITOS ECONÔMICOS FUNDAMENTAIS ... 8
A teoria contratual da firma ... 8
Conflito de agência ... 12
Assimetria de informação ... 13
Mercado de capitais e informação contábil ... 14
    Hipótese de mercado eficiente ... 15
Macromodelos de governança corporativa ... 17
PRINCIPAIS DEMONSTRAÇÕES FINANCEIRAS: VISÃO GERAL ... 18
Balanço patrimonial: a posição patrimonial e financeira ... 18
Demonstração de resultado: a *performance* financeira ... 19
Demonstração das mutações do patrimônio líquido ... 19
Demonstração dos fluxos de caixa ... 19
Demonstração do valor adicionado ... 20
Obrigatoriedade de publicação ... 20
Complementos às demonstrações financeiras ... 20
    Notas explicativas ... 20
    Relatório dos auditores independentes ... 21
    Relatório da Administração ... 21
ESTRUTURA CONCEITUAL BÁSICA DA CONTABILIDADE ... 21
Características qualitativas da informação contábil útil ... 22
    Características qualitativas fundamentais ... 23
    Características qualitativas de melhoria ... 23
RESUMO ... 24
APLICANDO CONHECIMENTOS – QUESTÕES PARA RESOLVER ... 25
Testes ... 26
Questões & exercícios ... 28
Apêndice: O papel da contabilidade no ambiente em que está inserida – evolução histórica ... 29
Referências ... 34

2 POSIÇÃO FINANCEIRA: O BALANÇO PATRIMONIAL ... 35
DEMONSTRAÇÃO DA POSIÇÃO FINANCEIRA ... 36

Balanço patrimonial 36
CONCEITOS FUNDAMENTAIS: ATIVO, PASSIVO E PATRIMÔNIO LÍQUIDO 38
Ativo 41
Ativos circulantes 41
Ativos não circulantes 42
Passivo 42
Passivos circulantes 42
Passivos não circulantes 43
Patrimônio líquido 43
ALTERAÇÕES DOS ELEMENTOS PATRIMONIAIS 43
O PROCESSO DE REGISTRO CONTÁBIL 46
Razonete (ou conta T) 47
Livro diário 50
Livro razão 52
RESUMO 53
APLICANDO CONHECIMENTOS – QUESTÕES PARA RESOLVER 53
Testes 54
Exercícios 56
Exercícios adicionais 57

3 PERFORMANCE FINANCEIRA: A DEMONSTRAÇÃO DE RESULTADO 59
PERFORMANCE FINANCEIRA, DEMONSTRAÇÃO DO RESULTADO, RECEITAS E DESPESAS 60
Conceitos iniciais 60
ESTRUTURA DA DEMONSTRAÇÃO DO RESULTADO DO EXERCÍCIO 62
Demonstração do resultado for função das despesas 62
Lucro bruto e margem bruta 62
Lucro e margem operacional 63
Lucro líquido e margem líquida 64
Demonstração do resultado por natureza das despesas 64
A demonstração do resultado abrangente 65
O PROCESSO DE REGISTRO CONTÁBIL 67
Apuração do resultado do período com base em razonetes 73
Contabilização básica dos impostos e contribuições sobre a renda 83
APURAÇÃO DO RESULTADO E O REGIME DE COMPETÊNCIA 87
Modelo geral do regime de competência 87
RESUMO 93
APLICANDO CONHECIMENTOS – QUESTÕES PARA RESOLVER 94
Testes 96
Exercícios 99
Exercícios adicionais 100

4 DEMONSTRAÇÃO DAS MUTAÇÕES DO PATRIMÔNIO LÍQUIDO 103

PATRIMÔNIO LÍQUIDO 104
Conceitos básicos 104
Composição do PL 105

CAPITAL SOCIAL 105
RESERVAS DE CAPITAL 106
DESTINAÇÃO DOS LUCROS 107
Reservas de lucros 107
Reserva legal 107
Reserva estatutária 108
Reserva para contingências 108
Reserva de incentivos fiscais 108
Reserva de lucros a realizar 108
Retenção de lucros – Reserva de lucros para expansão 109
Limite do saldo das reservas de lucros 109
Distribuição de dividendos 109
Dividendos mínimos obrigatórios 109
Dividendos adicionais propostos 110
Aplicação prática 110
Lucros ou prejuízos acumulados 111

CONTABILIZAÇÃO DA DESTINAÇÃO DO LUCRO 111
Aplicação prática 111

DEMONSTRAÇÃO DAS MUTAÇÕES DO PATRIMÔNIO LÍQUIDO 112
Aplicação prática 1 113
Aplicação prática 2 114

RESUMO 115
APLICANDO CONHECIMENTOS - QUESTÕES PARA RESOLVER 116
Testes 117
Exercícios 118
Exercícios adicionais 119

5 ESTOQUES 121

O QUE SÃO ESTOQUES? 122
Conceitos básicos 122
Reconhecimento inicial 122

MENSURAÇÃO INICIAL DOS ESTOQUES 123
Aplicação prática 123

APURAÇÃO DO RESULTADO COM MERCADORIAS 124
FORMAS DE CONTROLE DOS ESTOQUES 124
Sistemas de inventário 124
Sistema de inventário periódico 125
Aplicação prática 125
Sistema de inventário permanente 126

Critérios de valoração dos estoques		127
Custo específico		127
Aplicação prática		127
Primeiro que Entra, Primeiro que Sai (PEPS) ou *First in, First out* (FIFO)		127
Aplicação prática		128
Média ponderada móvel (MPM)		129
Aplicação prática		129
Aplicação prática – Comparação dos resultados		130

ASPECTOS ESPECÍFICOS RELACIONADOS COM OS ESTOQUES 131
- Eventos relacionados com as compras 131
- Eventos relacionados com as vendas 133
- Descontos comerciais × Desconto financeiro 135
  - Descontos comerciais sobre compras e vendas 135
  - Exemplo 135
  - Descontos financeiros 136
  - Exemplo 136

FORMA DE APRESENTAÇÃO DA DEMONSTRAÇÃO DO RESULTADO 137
ASPECTOS ADICIONAIS SOBRE COMPRAS E VENDAS - AJUSTE A VALOR PRESENTE 137
TRIBUTOS SOBRE COMPRAS E VENDAS DE ESTOQUES 140
- Tributos sobre vendas 140
- Tributos sobre compras 141

REDUÇÃO DOS ESTOQUES AO VALOR REALIZÁVEL LÍQUIDO 143
RESUMO 144
APLICANDO CONHECIMENTOS - QUESTÕES PARA RESOLVER 144
- Testes 145
- Exercícios 147
- Exercícios adicionais 148

6 CONTAS A RECEBER 151
RECONHECIMENTO DAS CONTAS A RECEBER 152
- Conceitos básicos 152

MODELO DE NEGÓCIOS DA ENTIDADE 154
CRITÉRIOS DE MENSURAÇÃO E *IMPAIRMENT* 155
- Base de mensuração 155
- Redução ao valor recuperável – *impairment* – de contas a receber 155

CONTABILIZAÇÃO DAS PERDAS ESTIMADAS COM CRÉDITOS DE LIQUIDAÇÃO DUVIDOSA 156
- Aplicação prática 156
- Impactos tributários 160

RESUMO 160
APLICANDO CONHECIMENTOS - QUESTÕES PARA RESOLVER 161
- Testes 161
- Exercícios 163
- Exercícios adicionais 163

7 PROVISÕES E CONTINGÊNCIAS ... 165

PROVISÕES E CONTINGÊNCIAS ... 166
Conceitos básicos ... 166

CRITÉRIOS PARA RECONHECIMENTO ... 168
Reconhecimento ... 168
Requisitos para o reconhecimento contábil ... 169
Obrigação presente ... 169
Provável saída de recursos ... 170
Estimativa confiável ... 170

MENSURAÇÃO DAS PROVISÕES E DAS CONTINGÊNCIAS ... 173
Mudanças no valor das provisões ... 174

OUTROS PONTOS ESPECÍFICOS TRATADOS NO CPC 25 ... 174
RESUMO ... 175
APLICANDO CONHECIMENTOS - QUESTÕES PARA RESOLVER ... 175
Testes ... 176
Exercícios ... 177
Exercícios adicionais ... 177

8 OPERAÇÕES FINANCEIRAS ... 179

O QUE SÃO OPERAÇÕES FINANCEIRAS E QUAIS SÃO AS SUAS CLASSIFICAÇÕES ... 180
Conceitos e classificação ... 180
Modelo de negócio ... 182

OPERAÇÕES FINANCEIRAS ATIVAS: MENSURAÇÃO E CONTABILIZAÇÃO ... 183
Mensuração – ativos financeiros ... 183
Reclassificação ... 184

OPERAÇÕES FINANCEIRAS PASSIVAS: MENSURAÇÃO E CONTABILIZAÇÃO ... 188
Mensuração – passivos financeiros ... 188
Aplicação prática ... 188
Desconto de duplicatas ... 188
Empréstimos e financiamentos ... 190

RESUMO ... 194
APLICANDO CONHECIMENTOS - QUESTÕES PARA RESOLVER ... 195
Testes ... 195
Exercícios ... 196
Exercícios adicionais ... 197

9 ATIVO NÃO CIRCULANTE – INVESTIMENTOS ... 199

O QUE SÃO INVESTIMENTOS? ... 200
Conceitos básicos ... 200
Controladas ... 202
Controladas em conjunto ... 204
Coligadas ... 205

MÉTODOS DE AVALIAÇÃO DE PARTICIPAÇÕES SOCIETÁRIAS 207
- Aplicação prática – Método de custo 208
- Método de equivalência patrimonial (MEP) 209
- Aplicação prática – MEP 210
- Ágio por expectativa de rentabilidade futura (Goodwill) e Mais-valia por diferença de valor de mercado 213
- Aplicação prática – Contabilização de participação societária com ágio por diferença de valor de mercado e goodwill 213
- Perdas por redução ao valor recuperável (impairment) de investimentos 215
- Desreconhecimento (ou "baixa") do investimento 215
- Divulgações relacionadas com os investimentos 216

RESUMO 217

APLICANDO CONHECIMENTOS - QUESTÕES PARA RESOLVER 218
- Testes 218
- Exercícios 219
- Exercícios adicionais 219

10 ATIVO IMOBILIZADO 221

O QUE É ATIVO IMOBILIZADO? 222
- Conceitos básicos 222
- Reconhecimento inicial 222

MENSURAÇÃO INICIAL DO ATIVO IMOBILIZADO 223
- Aplicação prática 223
  - Aquisição de um terreno 223
  - Aquisição ou construção de imóveis 224
  - Aquisição, montagem ou construção de equipamentos, móveis e utensílios 224
- Casos específicos 225
  - Ativos adquiridos em grupo 225
  - Imobilizados construídos/formados internamente 225
  - Receitas eventuais durante o período de construção/formação do imobilizado 225
  - Juros sobre os empréstimos durante o período de construção de edifícios 226
  - Troca de um ativo por outro (troca por ativo não monetário) e ativos recebidos em doação 226
  - Ativos que deverão ser removidos no futuro (asset retirement obligation) 226

MENSURAÇÃO SUBSEQUENTE DO ATIVO IMOBILIZADO 227
- Método de custo 227
- Método da reavaliação 228

DEPRECIAÇÃO 229
- Conceitos e definições 229
- Métodos de depreciação 232
  - Método da linha reta ou quotas constantes 233
  - Método das unidades de produção 233
  - Método da soma dos dígitos 233

GASTOS ADICIONAIS DURANTE A VIDA ÚTIL DO ATIVO 235
- Gastos subsequentes 235

Gastos de manutenção (OPEX) 236
Gastos de capital (CAPEX) 236
OPERAÇÕES DE ARRENDAMENTO MERCANTIL 237
Entendendo as operações e o problema contábil 237
Evolução das normas contábeis sobre arrendamento mercantil no Brasil 237
BAIXA DO ATIVO IMOBILIZADO 240
RESUMO 241
APLICANDO CONHECIMENTOS – QUESTÕES PARA RESOLVER 242
Testes 243
Exercícios 245
Exercícios adicionais 246

11 ATIVO INTANGÍVEL 249

O QUE É ATIVO INTANGÍVEL 250
Conceitos básicos 250
MENSURAÇÃO INICIAL DO ATIVO INTANGÍVEL 251
Ativos intangíveis adquiridos e identificáveis 251
Ativos intangíveis adquiridos e não identificáveis 251
Ativos intangíveis gerados internamente e identificáveis 252
Ativos intangíveis gerados internamente e não identificáveis 252
MENSURAÇÃO SUBSEQUENTE DO ATIVO INTANGÍVEL 254
AMORTIZAÇÃO 255
BAIXA DO ATIVO INTANGÍVEL 257
RESUMO 258
APLICANDO CONHECIMENTOS – QUESTÕES PARA RESOLVER 259
Testes 259
Exercícios 260
Exercícios adicionais 260

12 TESTE DE *IMPAIRMENT* 263

TESTE DE *IMPAIRMENT* DO ATIVO NÃO CIRCULANTE 264
Conceitos básicos 264
Perda estimada com créditos de liquidação duvidosa 265
Perda estimada por redução ao valor realizável líquido 265
Unidade geradora de caixa 268
Aplicação prática 268
Exemplo de conceito de UGC e de valor recuperável (item 67, CPC 01) 268
Exemplo de conceito de UGC e de valor recuperável (item 68, CPC 01) 268
INDICADORES EXTERNOS E INTERNOS PARA A REALIZAÇÃO DO TESTE DE *IMPAIRMENT* 269
Análise dos indícios 269
DIRETRIZES PARA A MENSURAÇÃO DO VALOR RECUPERÁVEL DE UM ATIVO 271
CONTABILIZAÇÃO DE PERDAS E REVERSÕES DE PERDAS POR *IMPAIRMENT* 273

RESUMO 276
APLICANDO CONHECIMENTOS – QUESTÕES PARA RESOLVER 276
    Testes 277
    Exercícios 277
    Exercícios adicionais 278

13 TRIBUTOS SOBRE O LUCRO 279
O QUE SÃO TRIBUTOS SOBRE O LUCRO? 280
    Conceitos básicos 280
    Tributos sobre o lucro no Brasil 280
TRIBUTOS CORRENTES 281
    Conceitos básicos 281
    Cálculo dos tributos correntes 282
    Aspectos específicos relacionados ao cálculo dos tributos correntes 283
        Diferenças temporárias *versus* permanentes 283
        Compensação de prejuízos fiscais 283
        Compensação de prejuízos fiscais 284
        Contabilização dos tributos correntes 284
TRIBUTOS DIFERIDOS 285
    Conceitos básicos 285
    Aspectos específicos relacionados com o cálculo dos tributos diferidos 287
        Base contábil *versus* base fiscal 287
        Diferença temporária tributável (DTT) 288
        Diferença temporária dedutível (DTD) 288
    Contabilização dos tributos diferidos 291
        Contabilização de passivos fiscais diferidos 292
        Contabilização de ativos fiscais diferidos 292
        Condição para o reconhecimento de ativo fiscal diferido 293
        Classificação contábil dos ativos e passivos fiscais diferidos 293
EXEMPLOS DE DIFERENÇAS TEMPORÁRIAS TRIBUTÁVEIS 294
    Conceitos básicos 294
EXEMPLOS DE DIFERENÇAS TEMPORÁRIAS DEDUTÍVEIS 298
    Conceitos básicos 298
EXEMPLOS DE PREJUÍZOS FISCAIS 302
    Conceitos básicos 302
ASPECTOS ESPECÍFICOS E DIVULGAÇÃO 305
    Aspectos específicos 306
        Ajuste a valor presente 306
        Tributos diferidos contabilizados diretamente no PL 306
        Alíquotas dos tributos 307
        Tributos diferidos em combinações de negócios 307
        Impacto das diferenças permanentes 307
    Apresentação e divulgação 308

Compensação de ativos e passivos fiscais diferidos 309
Notas explicativas 309
Notas explicativas – Caso real 309
RESUMO 311
APLICANDO CONHECIMENTOS - QUESTÕES PARA RESOLVER 312
Testes 312
Exercícios 314
Exercício adicional 315

14 DEMONSTRAÇÃO DO RESULTADO ABRANGENTE 317
O QUE É RESULTADO ABRANGENTE? 318
Conceitos básicos 318
Componentes dos outros resultados abrangentes (ORA) 319
Reavaliação de ativos imobilizados 319
Participações societárias no exterior avaliadas pelo método da equivalência patrimonial (MEP) 320
Outros componentes 320
ELABORAÇÃO E FORMAS DE APRESENTAÇÃO DA DRA 320
Forma 1 – Apenas uma demonstração (a DRA) 321
Forma 2 – Duas demonstrações (DRE + DRA) 321
Aspectos específicos relacionados à apresentação 322
Reclassificação para o resultado 322
Ajuste de reclassificação 322
Efeitos fiscais 322
Aplicação prática 323
RESUMO 326
APLICANDO CONHECIMENTOS - QUESTÕES PARA RESOLVER 326
Testes 326
Exercícios 328

15 PATRIMÔNIO LÍQUIDO 331
RESGATANDO O CONCEITO DE PATRIMÔNIO LÍQUIDO 332
Conceitos básicos 332
CAPITAL SOCIAL 333
Aplicação prática 334
RESERVAS DE CAPITAL 335
RESERVAS DE LUCROS 336
Reserva legal 337
Reserva estatutária 337
Reserva para contingências 337
Reserva de lucros a realizar 338
Reserva de lucros para expansão 338
Reservas de incentivos fiscais 338

Limite do saldo das reservas de lucros	339
Lucros ou prejuízos acumulados	339
AJUSTE DE AVALIAÇÃO PATRIMONIAL	339
Aplicação prática	340
AÇÕES EM TESOURARIA	341
DISTRIBUIÇÃO DE LUCROS: DIVIDENDOS E JUROS SOBRE CAPITAL PRÓPRIO	342
Dividendos	342
Aplicação prática	343
Juros sobre capital próprio	343
Aplicação prática	344
RESUMO	345
APLICANDO CONHECIMENTOS – QUESTÕES PARA RESOLVER	345
Testes	345
Exercícios	347
Exercícios adicionais	347

16 DEMONSTRAÇÃO DOS FLUXOS DE CAIXA — 351

DEMONSTRAÇÃO DOS FLUXOS DE CAIXA	352
CAIXA E EQUIVALENTES DE CAIXA	352
Exemplos de transações que impactam o caixa	353
ANÁLISE DAS ENTRADAS E SAÍDAS DE CAIXA NAS DEMONSTRAÇÕES CONTÁBEIS	354
ESTRUTURA DE APRESENTAÇÃO DA DEMONSTRAÇÃO DOS FLUXOS DE CAIXA	357
Atividade operacional	357
Atividades de investimento	358
Atividades de financiamento	358
MÉTODOS DE ELABORAÇÃO DA DEMONSTRAÇÃO DOS FLUXOS DE CAIXA	358
Método direto	359
Aplicação prática	359
Método indireto	360
Aplicação prática	361
Roteiro de elaboração do fluxo de caixa das atividades operacionais	362
Aplicação prática	364
Resolução – Método direto	366
Resolução – Método indireto	369
PONTOS POLÊMICOS QUANTO À CLASSIFICAÇÃO	370
Juros pagos e juros recebidos	370
Dividendos e juros sobre o capital próprio	370
Transações de investimento e financiamento que não envolvem caixa não devem ser incluídas na demonstração dos fluxos de caixa	371
FLUXOS DE CAIXA EM MOEDA ESTRANGEIRA	371
Aplicação prática	371
RESUMO	372
APLICANDO CONHECIMENTOS – QUESTÕES PARA RESOLVER	373

  Testes 373
  Exercícios 375
  Exercícios adicionais 376

17 DEMONSTRAÇÃO DO VALOR ADICIONADO 379
OBJETIVO E IMPORTÂNCIA DA DVA 380
  Conceitos básicos 380
  Exemplo de cálculo do valor adicionado 380
  Exemplo de cálculo da distribuição do valor adicionado 381
  Importância da DVA 382
ESTRUTURA DA DVA 383
  Apresentação das receitas 384
  Apresentação dos insumos adquiridos de terceiros 384
  Apresentação da depreciação, amortização e exaustão 386
  Apresentação de valor adicionado recebido em transferência 386
  Distribuição do valor adicionado 386
TÉCNICAS PARA ELABORAR A DVA 387
RESUMO 396
APLICANDO CONHECIMENTOS – QUESTÕES PARA RESOLVER 396
  Testes 397
  Exercícios 398
  Exercícios adicionais 404
  Referências 406

ÍNDICE REMISSIVO 407

1

Assista ao vídeo do autor sobre o tema deste capítulo

INTRODUÇÃO À CONTABILIDADE FINANCEIRA

"Balanço confiável abre portas para o crédito"

Preços voláteis e baixa liquidez deixam o mercado financeiro especialmente mais conturbado e tornam ainda mais importante para as empresas apresentar balanços transparentes e confiáveis, bons sistemas de governança e controles internos (*compliance*) para vencer a resistência de bancos e investidores e conseguir captar recursos.

[...] O ponto de partida do processo é a contabilidade: os registros financeiros devem se transformar em informações contábeis e serem traduzidos de modo a serem compreendidos pelos diferentes participantes do mercado – acionistas, investidores, credores e demais *stakeholders*. As informações devem retratar não apenas a situação da empresa no momento, mas também suas perspectivas futuras, a conjuntura em que está inserida e como afeta o mercado e a sociedade.

[...] A preocupação com a transparência está disseminada também entre as médias e familiares que sabem que não vão chegar longe apenas com as tradicionais declarações de faturamento e buscam a melhoria dos processos contábeis e da forma de apresentação das informações para acionistas, agentes financiadores e fundos de investimento.

Muitas empresas nem têm acesso a linhas de crédito porque não

têm demonstrações financeiras em ordem para apresentar. "Os bancos estão olhando com lupa as informações das empresas" [...]. Se a empresa não oferece informações transparentes, terá que apresentar garantias reais, comprometer imóveis e pagar taxas mais altas. Os relatórios contábeis adequados são também ferramentas internas de gestão."

Fonte: CARVALHO, Maria Chistina. *Jornal Valor Econômico*, 25 set. 2015.

OBJETIVOS DE APRENDIZAGEM DO CAPÍTULO

Após estudar este capítulo, você será capaz de:

1. Entender o que é contabilidade e seu impacto na tomada de decisão.
2. Estudar demanda, oferta e regulação da informação contábil para tomada de decisão.
3. Demonstrar a relevância da informação contábil no contexto da teoria contratual da firma, em conflitos de interesses, na assimetria informacional e no mercado de capitais.
4. Reconhecer a informação básica oferecida por cada um dos cinco relatórios contábeis (demonstrações financeiras).
5. Identificar o papel da estrutura conceitual da contabilidade na determinação do conteúdo e das características das demonstrações financeiras.

Quer aprender sobre a **evolução histórica da contabilidade**? No **apêndice** deste capítulo você encontrará essas informações.

O QUE É CONTABILIDADE?

Conceitos básicos

Uma definição direta e objetiva da contabilidade dependerá muito de quem a faz, ou melhor, depende de qual visão o indivíduo tem ou adota da contabilidade. Apesar de ser impossível dissociar a prática profissional do corpo teórico da contabilidade, para fins didáticos, a contabilidade pode ser mais bem entendida por duas visões principais que não são exclusivas, mas, pelo contrário, se complementam:

Contabilidade como técnica: é um sistema de coleta, registro e organização de dados e geração de relatórios.

- A **contabilidade como técnica** – a contabilidade é um sistema de coleta, registro e organização de dados e geração de relatórios. Essa visão tecnicista da contabilidade é, na verdade, a visão do processo contábil, composto pelas etapas de reconhecimento, mensuração e evidenciação dos eventos/fenômenos econômicos. Nesse sentido, o sistema contábil visa suprir os diversos agentes interessados em informações econômicas e financeiras com informações úteis que darão suporte à tomada de decisão. Essa é a abordagem clássica da contabilidade e, nesse sentido, praticamente toda e qualquer tentativa de registrar, mensurar e comunicar resultados ou eventos pode ser considerada, a princípio, como "contabilidade". Assim, o simples fato de uma pessoa controlar suas despesas e seus rendimentos mensais não deixa de ser uma "contabilidade pessoal". Obviamente, essa é uma visão extremamente limitada e restrita da contabilidade.

Contabilidade como ramo do conhecimento: difunde, reflete e aprimora o conhecimento contábil em termos técnicos e em relação às demais áreas.

- A **contabilidade como ramo do conhecimento** – na qualidade de formação acadêmica e profissional, as "Ciências Contábeis" dizem respeito ao ramo do conhecimento que difunde, reflete e aprimora o conhecimento contábil em termos técnicos e em relação às demais áreas que circundam a contabilidade (interfaces da contabilidade). Esse é, portanto, um conceito mais abrangente que engloba o processo de reflexão sobre a adequação das diversas possibilidades (técnicas) de tratamento contábil. Isso implica que não há um único tratamento contábil possível para o mesmo evento/fenômeno econômico, pelo contrário, há diversos tratamentos contábeis possíveis e passíveis de julgamento. Assim, as "Ciências Contábeis" são classificadas como uma ciência social aplicada.[1]

---

[1] Aqui apresentamos apenas duas visões (contabilidade como técnica e contabilidade como ramo do conhecimento), por considerarmos ambas suficientemente abrangentes. Porém, a literatura contábil utiliza-se de outras visões ou

Apesar de as duas visões serem inseparáveis, na prática, alguns profissionais (geralmente não contadores) acreditam que a contabilidade se limita a simplesmente preparar regularmente as demonstrações e os relatórios contábeis de acordo com regras preestabelecidas. Entretanto, apesar de os contadores de fato desempenharem esse papel, os registros e a geração de relatórios não são um fim em si mesmos: **o grande objetivo da contabilidade é a geração de informação útil para tomada de decisão**.

Isso implica, necessariamente, o conhecimento do usuário, das decisões a serem tomadas e do ambiente em que a contabilidade está inserida. Com isso, o foco deixa de ser o mero tecnicismo de controle do patrimônio e dos eventos econômicos e passa a ser a contabilidade como ferramenta efetiva de informação. Para tanto, o objeto estudado deixa de ser somente a posição financeira da entidade – composta por todos os recursos econômicos controlados (ativos) e as reivindicações sobre tais recursos (passivos e patrimônio líquido) – e passa a ser também o usuário, ou melhor, o efeito da informação para o usuário na tomada de decisão. Essa é a abordagem da utilidade da informação contábil para o usuário (*decision-usefulness approach*).

Contabilidade é parte do sistema de informação das empresas, provendo informações úteis para os agentes econômicos.

Assim, a contabilidade é parte (talvez a mais importante) do sistema de informação das empresas, provendo informações úteis para que os agentes econômicos (gestores, investidores, credores etc.) aloquem adequadamente recursos econômicos escassos.

Portanto, **a contabilidade pode ser entendida como a linguagem dos negócios**, estruturada como uma ciência social aplicada que estuda as diversas formas de se reconhecer, mensurar e evidenciar eventos econômicos e o impacto da informação contábil em seus diversos usuários.

O processo contábil

O processo contábil consiste em transformar eventos e fenômenos econômicos em informações úteis e relevantes para a tomada de decisões. Para tanto, o processo contábil consiste em (1) reconhecer, (2) mensurar e (3) evidenciar eventos econômicos, que são todas as transações realizadas entre as empresas, as pessoas e os governos. Como exemplo: vendas de produtos, pagamento de fornecedores, remuneração de executivos, operações de fusões e aquisições de empresas, compra e venda de ações, operações com instrumentos financeiros e derivativos, captação de recursos, entre muitos outros. Assim, o reconhecimento busca identificar quando o fato ocorreu e, se aplicável, registrá-lo contabilmente; a mensuração busca medir o que a informação representa em unidades monetárias, ou seja, atribuir um valor; e a evidenciação busca disponibilizar a informação de maneira estruturada aos usuários interessados.

Processo contábil consiste em (1) reconhecer, (2) mensurar e (3) evidenciar eventos econômicos.

Com isso, a contabilidade se preocupa em desenvolver e aplicar modelos que capturem a realidade econômica subjacente às entidades de maneira a propiciar informações úteis para a tomada de decisões. Informações contábeis são extensamente utilizadas como linguagem dos negócios dentro das empresas, servindo de base para a formação de diversos contratos (acordos) que tenham consequências econômicas. Contudo, nem sempre essa realidade econômica é simples de se capturar e descrever.

TEXTO PARA DISCUSSÃO

Um pequeno agricultor resolve alocar o dinheiro que estava aplicado em sua caderneta de poupança (R$ 112.000) para fazer, em parte de sua propriedade (o valor proporcional ao terreno é de R$ 175.000), uma pequena plantação de eucalipto para vender a madeira em momento futuro. Os gastos do plantio (correção de solo, adubação, mudas etc.) totalizaram R$ 40.000, sendo plantadas mudas de 15 cm. Sabe-se que os custos anuais de manutenção (irrigação, controle de pragas etc.) são de R$ 12.000/ano (todos os serviços feitos por terceiros e pagos à vista). Assim, houve investimento dos R$ 40.000 iniciais (que estavam aplicados na poupança) e mais R$ 12.000 a cada ano.

"imagens". Belkaoui (1997), por exemplo, estende as visões da contabilidade como ideologia, como linguagem, como registro histórico, como realidade econômica, como sistema de informação ou como *commodity*.

Ao final do 5º ano, o agricultor olha orgulhoso para sua plantação e vê suas árvores, que antes tinham apenas 15 cm e que agora estão com cerca de 20 m de altura. Dadas as características e a qualidade de sua plantação, a madeira poderá ser utilizada para lenha, carvão, celulose ou serralharia. Com base em inventário recente, o agricultor estima que o volume total de madeira, na forma como já está, poderá ser vendido, atualmente, por R$ 600.000 a preços de mercado corrente. No entanto, se esperar mais 3 anos, com o crescimento das árvores, o valor de venda poderá chegar a R$ 950.000. Em qualquer caso, haverá custos adicionais para colheita e transporte, que totalizarão R$ 150.000.

Assim, ao final do 5º ano temos a seguinte condição:

- Valores investidos/desembolsados:

Inicial	Ano 1	Ano 2	Ano 3	Ano 4	Ano 5	TOTAL
40.000	12.000	12.000	12.000	12.000	12.000	100.000

- Valor total de venda atual (líquido do custo de colheita): 600.000 – 150.000 = R$ 450.000
- Valor total de venda em 3 anos (líquido do custo de colheita): 950.000 – 150.000 = R$ 800.000
- Considere que a remuneração da caderneta de poupança é de 6% a.a.

Perguntas para reflexão:

1. Ao final do 5º ano o agricultor deveria ter reconhecido (registrado) alguma receita?

2. Ao final do 5º ano o agricultor deveria ter reconhecido (registrado) algum custo?

3. Durante o período, houve algum ganho para o agricultor? Houve lucro?

4. Se alguma das respostas acima for positiva, qual o valor?

5. Se ele (agricultor) tiver que informar seu patrimônio, qual deveria ser esse patrimônio, ao final do 5º ano (considere apenas a atividade de eucalipto e que o valor inicial alocado ao projeto foi de R$ 112.000 + R$ 175.000, poupança + terreno)?

6. Quais os elementos que compõem o patrimônio do agricultor? Como esse patrimônio poderia ser apresentado?

Todas essas perguntas, e o caso como um todo, estão relacionadas com as etapas de reconhecimento (registar, reconhecer ou não determinado item ou evento), mensuração (qual valor atribuir) e evidenciação (como informar).

O ponto-chave do problema é se o crescimento natural das árvores, mesmo que elas não tenham sido vendidas ou extraídas, pode ser considerado como uma receita e, assim, gerar lucro. Uma coisa que sabemos é que não houve entrada nenhuma de caixa, porém, o valor da plantação aumentou e está maior que o custo de se produzir, até aquele momento. O agricultor deve reconhecer ou não o lucro (a receita)?

Se alguma receita for considerada, como mensurar seu valor? O eucalipto pode ser utilizado em diversas atividades (lenha, carvão, celulose ou serralharia) dependendo da função, mais ou menos nobre, o preço de mercado varia. Qual preço utilizar, da madeira para lenha/carvão ou celulose/serralharia? Os mercados ao redor do país podem praticar preços diferentes, então qual utilizar?

Esses são problemas de reconhecimento e de mensuração contábil. Nem sempre a resposta é objetiva. Na sua opinião, qual seria a melhor representação do patrimônio do agricultor?

Como você divulgaria esse patrimônio para:

- Um banco que está analisando a situação econômica do agricultor para conceder empréstimos?
- Um investidor que potencialmente poderá comprar para si a plantação de eucalipto (incluindo a parte do terreno destinada à plantação)?
- O governo, que irá calcular o imposto sobre a renda do agricultor?

A apresentação seria a mesma nos três casos?

As questões de divulgação (evidenciação) também são problemas enfrentados pela contabilidade. Nem sempre as coisas são totalmente claras e objetivas, por isso o processo contábil está em constante mutação. Por essas potenciais diferenças é que o mundo tem harmonizado suas práticas contábeis em princípios gerais similares para fins de divulgação financeira.

Esse exemplo será retomado e detalhado em partes específicas do livro, quando se tratar do processo contábil, especialmente do reconhecimento de receitas.

A contabilidade não é uma ciência exata. Alguns itens das demonstrações contábeis, tais como montante de caixa e aplicações bancárias, possuem alta precisão e confiabilidade. No entanto, outros itens são muito mais complexos de se avaliar, havendo necessidade de julgamento e estimativas, como apresentado no exemplo. Isso decorre principalmente das incertezas sobre eventos futuros.

Mas, afinal, se a contabilidade não é uma ciência exata e há tantos dilemas no processo contábil, por que as demonstrações contábeis são relevantes?

A resposta é simples: a informação contábil, para ser útil, deve buscar continuamente representar a essência econômica das operações. Uma vez que a representação da situação financeira e de desempenho reflete, da melhor forma possível, a verdade econômica das transações, investidores poderão avaliar de maneira adequada os riscos e as oportunidades de diversas alternativas de investimentos.

Com isso, para tomada de decisões sobre investimentos, os investidores utilizam informações sobre a economia, os diversos setores econômicos, as diversas empresas e os variados produtos ou serviços. Informações provenientes de fontes confiáveis aumentam a probabilidade de se tomar a melhor decisão. Além disso, a contabilidade será importante para no futuro saber se a decisão tomada foi boa ou ruim.

Portanto, para se conhecer adequadamente uma empresa, seu desempenho passado, sua situação financeira atual e as estimativas para o futuro, a melhor fonte são as informações contábeis da empresa.

Contabilidade não é uma ciência exata, havendo necessidade de julgamento e estimativas.

A informação contábil, para ser útil, deve buscar continuamente representar a essência econômica das operações.

DEMANDA E OFERTA DA INFORMAÇÃO CONTÁBIL

Dentre os diversos grupos de agentes econômicos que demandam informação contábil, é possível realizar uma grande divisão que pode ser feita entre **usuários internos** e **usuários externos**. Ambos devem assegurar que suas decisões de alocação de recursos sejam eficientes, precisando, para tanto, de informações econômicas e financeiras acerca da empresa, cabendo à contabilidade suprir adequadamente essa necessidade.

Considerando que a contabilidade visa suprir de informações úteis os diversos agentes envolvidos no processo de tomada de decisão e que **as necessidades por informação dos diversos usuários são diferentes**, a oferta da informação contábil pode assumir diferentes características e funções. Da mesma forma, as características da informação contábil ofertada podem variar de acordo com a entidade que está sendo analisada, por exemplo, entidades públicas ou privadas, com ou sem fins lucrativos, entidades financeiras e não financeiras etc.

Nesse sentido, é possível identificar alguns direcionamentos da técnica e da pesquisa contábil. A seguir, são elencados três grandes grupos de acordo com seus usuários: a **Contabilidade Financeira** (ou Societária); a **Contabilidade Gerencial** e a **Contabilidade Tributária** (ou Fiscal).

A contabilidade voltada para os usuários internos é denominada **Contabilidade Gerencial**, em que os usuários possuem acesso amplo e facilitado à informação de maneira rápida, detalhada, analítica e customizada para cada tipo de tomada de decisão. Entre esses usuários estão os gestores, os administradores e o corpo diretivo em geral. Por sua vez, a contabilidade voltada para os usuários externos é denominada **Contabilidade Financeira** (ou Contabilidade Societária). Tais usuários geralmente só têm acesso às informações divulgadas pela empresa, daí a necessidade de haver um padrão de relatório a ser seguido. Estão incluídos nesse grupo acionistas (que não participam da gestão), analistas de mercado de capitais, analistas de crédito de bancos, credores em geral, governo (por meio de seus órgãos de fiscalização e regulação),

A contabilidade voltada para os usuários externos é denominada Contabilidade Financeira.

A contabilidade voltada para os usuários internos é denominada Contabilidade Gerencial.

A contabilidade voltada para o fisco é denominada Contabilidade Tributária.

clientes, sindicatos, funcionários não ligados à gestão etc. Finalmente, a **Contabilidade Tributária** (ou Fiscal) está relacionada com o uso das informações contábeis para a determinação dos tributos, podendo também ser utilizada para fins de planejamento. O usuário principal é o Governo, por motivos óbvios, mas todos os demais também possuem interesse nesse tipo de informação.

Contabilidade financeira

Foco principal deste livro, a **contabilidade financeira** tem como objetivo prover informações para os usuários externos de maneira geral, ou seja, não busca atender um usuário em específico, mas **a maior gama possível de usuários**. Considerando a gama de usuários externos e seus diversos objetivos, a contabilidade ganha caráter mais formal, devendo haver um padrão geral para o processo contábil (de reconhecer, mensurar e evidenciar). Esses padrões são os chamados "**Princípios Contábeis Geralmente Aceitos**" ou sua expressão em inglês "*Generally Accepted Accounting Principles* (GAAP)". Dessa forma, os padrões contábeis buscam estabelecer uma base de referência para problemas contábeis de reconhecimento, mensuração e evidenciação.

É na contabilidade financeira que as demonstrações contábeis e financeiras são elaboradas e publicadas. Apesar de não haver direcionamento da informação para um usuário específico, tipicamente, a contabilidade financeira tende a favorecer aqueles que fornecem capital à empresa, mais especificamente investidores ou credores.

Contabilidade financeira segue um conjunto de regras e procedimentos para o reconhecimento, mensuração e evidenciação.

Assim, ao divulgarem publicamente as informações financeiras, as empresas devem seguir, de forma consistente, um conjunto de regras e procedimentos de reconhecimento, mensuração e evidenciação que privilegia a apresentação das demonstrações com base na essência econômica das operações. Portanto, para fins de contabilidade financeira, as demonstrações e os relatórios contábeis devem apresentar uma visão verdadeira e apropriada da situação econômica e financeira das empresas, de acordo com um determinado padrão contábil, ou GAAP.

Mesmo entre os usuários externos, é possível distinguir diversos contextos de decisão. Em geral, grandes grupos ganham maior destaque para a contabilidade financeira: os tomadores de decisão voltados para o patrimônio líquido (acionistas e títulos de propriedade); os tomadores de decisão voltados para operações de crédito e emissão de dívida; e os tomadores de decisão voltados para remuneração do quadro diretivo. Entretanto, mesmo outros tomadores de decisão utilizam informação contábil. Os gestores da companhia e funcionários frequentemente precisam dessa informação para desenvolver seus controles de rotina sobre as operações.

Portanto, a contabilidade financeira fornece informação para diversos usuários com diferentes propósitos, ou seja, as demonstrações são elaboradas para propósitos gerais.

International Financial Reporting Standards (IFRS) são conhecidos como "padrões internacionais de contabilidade".

No Brasil, desde 2010, o "padrão", as "normas" ou os "princípios" da contabilidade financeira seguem a prática internacional comum a grande parte dos países: a chamada *International Financial Reporting Standards* (IFRS), ou simplesmente "padrões internacionais de contabilidade". A entidade responsável pela coordenação e elaboração desses padrões contábeis em um patamar global é o *International Accounting Standard Board* (IASB), com sede em Londres (Inglaterra). Assim, toda nova norma ou alteração das já existentes são analisadas e discutidas por um grupo de especialistas, além de uma audiência pública aberta a qualquer interessado na normatização em qualquer país do mundo. O resultado da audiência pública é analisado e discutido pelos membros do IASB.

Após uma norma ser aprovada globalmente, o responsável no Brasil por traduzir e, eventualmente, adaptar as normas ao país é o Comitê de Pronunciamentos Contábeis (CPC). O CPC foi idealizado e constituído a partir da união de esforços e comunhão de objetivos das seguintes entidades: a Abrasca (que congrega os representantes das companhias abertas); a Apimec Nacional (que congrega e representa os analistas e profissionais de investimentos); a B3 (que representa a bolsa de valores brasileira); o Conselho Federal de Contabilidade (que congrega e representa os contabilistas em geral); a Fipecafi (que representa a academia); e o Ibracon (que congrega e representa os auditores independentes).

Assim, o CPC tem a função de atuar na:

- Convergência internacional das normas contábeis (visando à redução de custo de elaboração de relatórios contábeis, redução de riscos e custo nas análises e decisões, redução de custo de capital).
- Centralização na emissão de normas dessa natureza (no Brasil, diversas entidades o fazem).
- Representação e processo democráticos na produção dessas informações (produtores da informação contábil, auditor, usuário, intermediário, academia, governo).

O CPC não possui poder de lei, cabendo às entidades reguladoras referendar e validar os pronunciamentos.

Apesar de emitir pronunciamentos gerais, o CPC não possui poder de lei, cabendo às entidades reguladoras – tais como a Comissão de Valores Mobiliários (CVM), o Banco Central do Brasil (Bacen), o Conselho Federal de Contabilidade (CFC) etc. – referendar e validar os pronunciamentos por meio da emissão de normatização específica, como cartas circulares, resoluções e ofícios específicos. Dessa forma, o CPC também possui, como membros convidados – com direito a voz, mas não a voto – os seguintes agentes reguladores: Banco Central do Brasil (Bacen), Comissão de Valores Mobiliários (CVM), Secretaria da Receita Federal do Brasil (SRFB) e Superintendência de Seguros Privados (Susep).

Contabilidade gerencial

A **contabilidade gerencial** envolve o desenvolvimento e a interpretação de informação contábil para fins específicos do gerenciamento das atividades operacionais e financeiras das empresas. Os gestores utilizam informação contábil para uma diversidade de fins, tais como avaliação de desempenho das diversas unidades de negócios, das diversas áreas e subáreas das empresas e dos indivíduos. Normalmente, a contabilidade gerencial fornece informações sobre a introdução ou a exclusão de determinada linha de produtos e serviços de acordo com o consumo de recursos e as contribuições geradas por cada produto e diversos outros aspectos das operações empresariais.

Contabilidade gerencial envolve o desenvolvimento e a interpretação de informação contábil para o gerenciamento das atividades operacionais e financeiras das empresas.

Grande parte das decisões possui caráter financeiro, no entanto, a contabilidade gerencial também tem como papel gerar informações e fatores de natureza não financeira, como *market share*, capacidade produtiva, aspectos políticos, sociais e ambientais, imagem da empresa, atuação de concorrentes, produtividade dos trabalhadores etc. No entanto, uma vez que todas as decisões envolvem considerações financeiras, normalmente a maior parte dos sistemas de informação gerencial tem caráter financeiro.

Muitas empresas de fato mantêm sistemas avançados de informações gerenciais que proporcionam as informações requeridas para a gestão do negócio. Diferentemente das informações geradas pela contabilidade financeira, a contabilidade gerencial tem caráter mais analítico, específico, detalhado e customizado, uma vez que os sistemas de informação gerencial variam em função de cada tipo de empresa, dependendo da estrutura e cultura organizacional.

Do ponto de vista teórico, uma vez que não há padronização das decisões gerenciais, não há uma teoria que diga como a contabilidade gerencial deve ser. Normalmente, os estudos estão baseados no impacto da informação gerada pelos diversos sistemas e artefatos gerenciais na tomada de decisão dos gestores. São também tratados como aspectos temporais das decisões e sistemas de incentivo e remuneração dos gestores.

Contabilidade tributária

A contabilidade tributária não se limita à apuração do lucro para fins tributários, também engloba o processo de planejamento tributário.

A **contabilidade tributária (ou fiscal)**, especialmente após a sua separação formal da contabilidade financeira ocorrida em 2010, atua no processo de apuração do lucro tributável (também chamado de lucro real pela legislação brasileira) das entidades. No entanto, a contabilidade tributária não se limita à apuração do lucro para fins tributários, mas também atua no processo de planejamento tributário, ou seja, fornece informações para que os gestores possam antecipar os efeitos tributários gerados pelas diversas decisões

Planejamento tributário é o processo de antever os efeitos tributários gerados pelas diversas decisões operacionais das empresas.

operacionais das empresas. Por exemplo, abrir (ou transferir) uma unidade produtiva onde sejam aplicados benefícios fiscais; utilizar meios logísticos que minimizem o impacto fiscal das operações etc.

No Brasil, a contabilidade tributária sempre exerceu grande influência na contabilidade financeira, ou seja, os padrões da contabilidade financeira eram, em determinadas situações, definidos pelas regras fiscais. Em razão disso, muitas vezes as disciplinas eram analisadas conjuntamente (apesar da nítida especialização da contabilidade fiscal). Atualmente, a contabilidade tributária tem características mais próprias e não emprega todos os conceitos da contabilidade financeira (nem deveria, devido à diferença de propósitos), no entanto, há grandes desafios para os profissionais e pesquisadores em contabilidade tributária: a difícil adequação e acompanhamento das contínuas e volumosas mudanças e exigências tributárias. É sabido que o Brasil é um dos países onde se gasta maior número de horas para se cumprir aspectos burocráticos, formais e tributários.

Ao mesmo tempo em que a contabilidade tributária gera grandes desafios, também gera grandes oportunidades tanto em termos profissionais como em termos de pesquisa científica. Trata-se de uma área que, não fossem as constantes incertezas geradas pelo governo, seria mais bem explorada, inclusive do ponto de vista internacional.

CONCEITOS ECONÔMICOS FUNDAMENTAIS

A contabilidade tem papel central no processo de tomada de decisão. Especificamente, a utilidade da contabilidade pode ser entendida sob três principais óticas: (1) a contabilidade como ferramenta de controle na execução de contratos (poder de *feedback* ou *stewardship*); (2) a contabilidade como ferramenta de quebra de assimetria informacional; e (3) a contabilidade como ferramenta de projeção de desempenho futuro.

A teoria contratual da firma

Organizações podem ser entendidas como grupos de contratos entre diversos indivíduos relacionados.

As organizações podem ser entendidas como grupos de contratos entre diversos indivíduos relacionados com vários fatores de produção em que os indivíduos são motivados por objetivos individuais, porém não egoístas, na busca pela otimização de seus esforços. Nesse sentido, a teoria contratual da firma considera que as empresas são formadas com base em contratos privados, em que o papel do estado é limitado a zelar pelo correto cumprimento dos contratos. Dessa forma, as diversas partes (agentes) são livres para firmarem acordos em conformidade com seus interesses e cada contrato deve possuir proteção legal e constitucional.

Portanto, os contratos são, na verdade, resultado de ações cooperativas entre os agentes para obtenção de um benefício final comum a todos os participantes. Assim, a empresa poderia ser entendida como um conjunto de contratos entre diversos agentes econômicos e, mesmo que haja conflito entre os diversos agentes, há também interesse de cooperação para se chegar a acordos comuns que as partes consideram individualmente adequados. Portanto, cada agente relacionado com a empresa contribui para seu funcionamento e manutenção e espera certa remuneração (também usados os termos direitos, incentivos ou *payoff*, nas páginas adiante) por seu esforço.

Simon (1952) exemplifica isso com uma organização com apenas um empreendedor (proprietário/acionista), um empregado e um consumidor (cliente). O sistema pode ser representado pelo Quadro 1.1:

QUADRO 1.1 Tipos de agentes, suas contribuições e direitos

Tipo de Agente	Contribuições	Direitos/Incentivos/Remuneração
Empreendedor	Custo da produção (capital no início)	Receitas com vendas
Empregado	Trabalho	Salário, benefícios
Consumidor	Preço pago pelo produto	Mercadorias

É fácil perceber que o empreendedor não incorreria em custos de um projeto se não houvesse a perspectiva de geração de receitas; da mesma forma, o empregado só trabalharia se tivesse a perspectiva de recebimento de salário e benefícios e o consumidor só desembolsaria seus recursos caso tivesse interesse pelo produto mediante preço estabelecido. Trata-se, portanto, de esforços colaborativos e complementares.

Em um ciclo inverso, o consumidor, ao pagar pelas mercadorias, proporciona ao empreendedor sua receita, que viabiliza seus custos de produção e, por sua vez, possibilita ao empreendedor pagar o salário ao funcionário, uma vez que este viabilizou a transformação de produtos, possibilitando a geração da receita.

Claramente, temos um sistema em que cada participante possui seu **interesse** e seu **custo de oportunidade**. O consumidor pode comprar mercadorias de outras empresas com características ou preços diferentes; o funcionário pode trabalhar para outras empresas com salário maior ou carga de trabalho menor; e o empreendedor pode optar por projetos que sejam mais lucrativos. Inicia-se aí, a partir do resultado de forças de oferta e demanda, um complexo sistema de equilíbrio, em que TODOS os agentes buscaram maximizar seus benefícios individuais até que um equilíbrio fosse atingido. Com isso, a forma, o montante e o período dos recursos e contribuições que um indivíduo aloca e os direitos esperados são motivos de negociação ou barganha entre as partes.

Os agentes buscam maximizar seus benefícios individuais até que um equilíbrio seja atingido.

No entanto, cabe lembrar que sempre haverá custos e riscos associados ao processo, especialmente custos relacionados à identificação de outros indivíduos para criação de novos esforços colaborativos. Por exemplo, para o consumidor haverá custos para identificar novos fornecedores, descobrir preços e avaliar a qualidade dos produtos, e sempre há o risco de comprar mercadorias com qualidade inferior. Da mesma forma, o empreendedor tem custos para encontrar e manter funcionários e consumidores. Funcionários, apesar de muitas vezes protegidos pela legislação trabalhista, têm custos para identificação de novo empregador e sempre haverá incerteza na troca de empregador (entram aqui outros aspectos relacionados à assimetria de informação, que será tratada adiante).

Um ponto crucial para a teoria dos contratos diz respeito às condições em que os indivíduos continuarão a participar de um contrato de colaboração. É possível dizer que cada indivíduo permanecerá na organização se a sua satisfação (ou utilidade), gerada a partir dos incentivos (direitos) líquidos, for maior do que a contribuição (utilidade) percebida caso ele escolha sair da firma, terminando, assim sua relação cooperativa (Simon, 1952).

Dessa forma, a estabilidade de uma organização (firma) depende de sua habilidade de proporcionar incentivos suficientes aos indivíduos para que eles considerem mais desejável participar da organização do que sair dela. Assim, a firma nada mais é do que um grande conjunto de acordos cooperativos contratuais (que podem ser formais ou não). Como complemento ao exemplo anterior, o quadro a seguir apresenta as contribuições e os direitos de alguns dos principais tipos de agentes envolvidos em contratos com a empresa (Quadro 1.2).

A firma nada mais é do que um grande conjunto de acordos cooperativos contratuais.

Assim, o funcionamento adequado da empresa depende do equilíbrio contratual estabelecido entre as diversas partes. Para um indivíduo ingressar em um contrato cooperativo com outros, formando a empresa, deverá ser levado em conta: (1) qual contribuição

QUADRO 1.2 Tipos de agentes, suas contribuições e direitos

Tipo de Agente	Contribuições	Direitos/Incentivos/Remuneração
Acionista	Capital	Dividendos
Administrador	Habilidades	Salário, bônus, benefícios
Credor	Financiamento	Juros, principal
Empregado	Habilidades	Salário, bônus, benefícios
Fornecedor	Bens, serviços	Caixa
Cliente	Caixa	Bens, serviços
Governo	Ações públicas	Impostos
Auditor	Serviços	Honorários

Fonte: Sunder (1997, p. 16).

Um agente racional não entrará em um contrato que prometa menos do que as melhores e conhecidas alternativas disponíveis.

Informação imperfeita: as regras são claras e todos os participantes as conhecem, porém, um agente não conhece as ações dos outros agentes.

Informação incompleta: as regras não estão totalmente claras e, por isso, é necessário que haja um agente intermediário.

ele tem a oferecer, (2) qual direito ele terá e (3) as alternativas disponíveis para ele no momento do ingresso. Um agente racional não entrará em um contrato que prometa menos do que as melhores e conhecidas alternativas disponíveis. Porém, na prática, há problemas no estabelecimento e na execução dos contratos, uma vez que estes são firmados e operados em condições de incerteza que podem advir de informações imperfeitas ou informações incompletas.

Em ambientes e contratos operados com condições de *informação imperfeita*, as regras são claras e todos os participantes as conhecem, porém, *um agente não conhece as ações dos outros agentes*. Por exemplo, investir na bolsa de valores: todos conhecem as regras de negociação, sabem que o preço dos ativos varia em função de oferta e demanda, porém, um agente não consegue saber, *a priori*, o comportamento dos outros investidores em relação àquela ação. Assim, o comportamento do valor da ação vai proporcionar informação sobre os vários eventos e ações dos outros agentes. O mesmo ocorre com a informação contábil: ao ser divulgada, ela mostra quais foram as ações dos administradores na gestão da empresa, mesmo que esse comportamento não fosse conhecido anteriormente.

Já em ambientes e contratos operados em condições de *informação incompleta*, *as regras não estão totalmente claras* e, por isso, é necessário que haja um agente intermediário. Por exemplo, partilha de bens de uma família ou empresa: muitas disputas ocorrem quando membros de uma família se acham, por qualquer motivo que seja, com direitos maiores ou diferenciados dos demais. Nesses casos, é difícil aplicar uma regra clara de partilha, necessitando de um agente intermediário que gerenciará o conflito indicando as direções mais satisfatórias para a partilha de bens. E o mesmo ocorre com a contabilidade. Muitos contratos, às vezes firmados entre sócios, não são detalhados o suficiente para englobar todos os casos e possibilidades possíveis (inclusive de extinção da empresa), surgindo, nesse ponto, a contabilidade como forma de mostrar a estrutura do contrato e a posição de cada indivíduo em relação a ele.

Além de operarem em condições de informação imperfeita e incompleta, os diversos agentes tendem a maximizar seus próprios benefícios individuais em detrimento dos benefícios de terceiros, gerando conflitos de agência, que será tratado em detalhes no tópico a seguir. Contudo, considerando que a execução de contratos não é perfeita, diversos problemas podem gerar uma variedade de custos contratuais, tais como:

- **Custos de negociação**: por exemplo, a contratação de advogados para causas trabalhistas, cíveis ou tributárias, negociações com sindicatos etc.;
- **Custos de monitoramento dos contratos**: por exemplo, honorários de auditorias independentes, manutenção de departamentos de controles internos, de cobrança e de recursos humanos etc.;
- **Custos de prevenção a fraudes**: por exemplo, controle de estoque, seguros, sistemas de vigilância etc.;
- **Custo de renegociação ou violação de contratos**: por exemplo, a renegociação de taxas de empréstimos bancários, pagamento de multa por atraso no pagamento de obrigações, pagamento de multas por erros ou omissões fiscais etc.;
- **Custos de possíveis falências**: por exemplo, aumento no custo dos empréstimos devido à possibilidade de "calote" ou insolvência da empresa etc.

Com base nos exemplos citados, é fácil perceber que os custos contratuais dependem das características econômicas e legais das empresas, tais como constituição jurídica (sociedade anônima ou de quotas de responsabilidade limitada), setor econômico, estrutura de capital (financiamento por meio de dívidas ou capital próprio) etc. Para otimização da contribuição da empresa no fornecimento de bens e serviços à sociedade e para satisfação dos diversos agentes, é desejável que os custos de transação sejam minimizados, isto é, sejam contratos eficientes.

A contabilidade tem, portanto, papel fundamental no monitoramento dos diversos contratos entre agentes na empresa. Especificamente, a contabilidade financeira tem extrema relevância na mensuração da contribuição e do direito/remuneração de cada indivíduo. Assim, abrangem desde contratos empregatícios entre a empresa e seus

TEXTO PARA DISCUSSÃO

A disputa entre sindicatos e bancos no Brasil

A cada ano os sindicatos dos bancários no Brasil iniciam processo, muitas vezes caloroso, de negociação salarial com os bancos e, como resultado, há greves e paralisações nos serviços bancários por todo o país. O argumento sindical, na maioria das vezes, parece ser sempre o mesmo: o alto lucro dos bancos. Segundo os sindicatos, os bancos não estariam repassando seu desempenho crescente de lucro para a criação de novos postos de trabalho e aumento salarial. Conforme manchete divulgada em novembro de 2013, "apesar dos altos lucros, bancos reduzem agências e cortam empregos".[1]

Os bancos, por sua vez, alegam que as constantes incertezas no país e no mercado internacional, tanto por questões econômicas quanto por ações políticas, dificultam a gestão de riscos e demandam *spread*[2] coerente com essas incertezas enfrentadas. Adicionalmente, os bancos alegam que o cenário de queda nas taxas de juros nas últimas décadas e a maior concorrência no setor financeiro forçam a contenção de custos das instituições financeiras.

Esse é, portanto, um nítido exemplo de agentes visando maximizar seus benefícios individuais em contratos, especificamente em contratos de trabalho. Os trabalhadores, representados por seus sindicatos, buscam maximizar seu bem-estar enquanto empregadores buscam atingir seus objetivos de rentabilidade sobre seu capital alocado. Aqui, também é nítido o papel da contabilidade no monitoramento dos contratos, os sindicatos acompanham a divulgação do lucro visando equilibrar o contrato, de forma que os empreendedores (no caso, proprietários e acionistas das instituições financeiras) não aumentem significativamente seus benefícios em detrimento daqueles que contribuem e viabilizam, com suas aptidões, para o desenvolvimento da atividade bancária (no caso, os funcionários).

Tipicamente, após negociação entre as partes, chega-se a um equilíbrio de interesses que satisfaz a utilidade de cada participante. É exatamente esse equilíbrio que viabiliza a perenidade das corporações. Caso qualquer uma das partes desista integralmente de seus contratos, e não haja substituto para os indivíduos, a firma (no caso, as instituições financeiras) deixa de existir.

---

[1] Contraf-CUT. *Apesar dos altos lucros, bancos reduzem agências e cortam empregos*. 19/11/2013. Disponível em: http://bancariosal.org.br/noticia/26502/apesar-dos-altos-lucros-bancos-reduzem-agencias-e-cortam-empregos. Acesso em: maio 2019.

[2] *Spread* é a diferença entre as taxas de captação e de aplicação dos bancos e que gera o resultado da intermediação financeira (espécie de lucro bruto das instituições financeiras).

---

gestores, contratos de empréstimos entre firma e seus financiadores, até contratos comerciais de fornecimento e compra de bens e serviços.

Toda argumentação apresentada neste capítulo torna explícito que os diversos contratos de cooperação, entre os diversos agentes envolvidos com a firma, possuem naturezas e características diferentes. **Mas será que a contabilidade está desenhada para mensurar eficientemente todo tipo de contrato?**

É nesse ponto que surgem as diferenças no processo de mensuração contábil. As contribuições e os direitos dos diversos indivíduos não são mensurados de maneira homogênea. Do ponto de vista contratual, a mensuração das contribuições e dos direitos de cada agente é simples e direta, por exemplo, número de horas trabalhadas, volume de produção, volume de vendas etc. Entretanto, contratos que possuam a geração de riqueza ou outra variável não observável de forma direta ou objetiva são mais custosos e complexos para se mensurar.

O custo para se produzir medidas específicas para o monitoramento de cada contrato seria maior. Por isso, a contabilidade financeira, especificamente, justifica-se com a utilização de uma única metodologia contábil para fins gerais e não específicos. Mais que isso, a contabilidade financeira, apesar de almejar o maior número de usuários possíveis, tem suas atenções voltadas principalmente para o monitoramento de

Contratos que possuam a geração de riqueza ou outra variável não observável de forma direta ou objetiva são mais custosos e complexos para se mensurar.

A contabilidade financeira tem suas atenções voltadas principalmente para o monitoramento de contratos relacionados com a alocação de capital à firma.

Diferentemente da contabilidade financeira, a contabilidade gerencial não tem uma estrutura conceitual única.

contratos relacionados com a alocação de capital à firma, uma vez que tais contratos são apontados como de maiores riscos e incertezas.

Devido à diversidade de contratos, em relação às suas naturezas e características, a contabilidade gerencial torna-se relevante para mensurar contratos particulares entre gestores, funcionários e detentores de capital. Justamente por isso, diferentemente da contabilidade financeira, a contabilidade gerencial não terá uma estrutura conceitual única, mas sim específica para cada ambiente de interesse, havendo características específicas para monitoramentos de contratos que também são específicos.

Conflito de agência

Como visto na seção anterior, os agentes envolvidos nos diversos contratos da empresa buscam, de forma racional, maximizar seus próprios benefícios individuais. Para tanto, os agentes devem possuir recursos e diferenciais que os façam obter benefícios e, para o mesmo fim, agem de maneira inovadora, ou seja, tomam atitudes que os privilegiem, mesmo que não estipulado previamente nos contratos.

Relação de agência é definida como um contrato em que uma ou mais pessoas (o(s) principal(is)) delega(m) a outra pessoa (o agente) a execução de determinadas atividades e tomada de decisão.

A relação de agência (ou conflito de agência) surge quando há dissonância ou desequilíbrio entre os interesses dos agentes. Relação de agência é definida como um contrato em que uma ou mais pessoas (o(s) principal(is)) delega(m) a outra pessoa (o agente) a execução de determinadas atividades que envolvem, inclusive, a delegação no processo de tomada de decisão em nome do(s) principal(is).

Tipicamente, há três relações de agências que geram problemas na execução de contratos e, consequentemente, custos no monitoramento destes, ou, mais especificamente, custos de agência. A primeira é a relação entre os proprietários (acionistas – principais) e os gestores (agentes). A segunda é a relação entre credores (principais) e gestores (agentes). A terceira é a relação entre acionistas minoritários (principais) e acionistas controladores (agentes).

O principal, especificamente o proprietário (acionista), não possui capacidade ou habilidade para realizar pessoalmente a gestão da empresa. Assim, os proprietários procuram gestores capacitados para representá-los e tomar as melhores decisões em prol da maximização da riqueza dos proprietários. O mesmo ocorre no caso dos credores, em que as decisões deveriam ser tomadas para garantir o pagamento do principal da dívida mais os juros esperados pelos credores.

O principal não consegue observar todas as ações do agente, possibilitando agir em função da maximização de sua própria riqueza ou bem-estar.

Ocorre que os proprietários e os credores não conseguem observar todas as ações dos gestores, possibilitando aos últimos agirem em função da maximização de sua própria riqueza ou bem-estar. Assim, a teoria de agência sugere que haverá conflito entre proprietários (principal) e gestores (agentes); afinal, se ambas as partes desejam maximizar seu bem-estar (sua utilidade), haverá bons motivos para acreditar que os gestores não irão agir sempre em função do melhor interesse dos proprietários. Evidentemente, esse conflito ocorrerá quando o interesse dos gestores é divergente do interesse dos proprietários e, nesse caso, a riqueza dos proprietários não será maximizada.

Por exemplo, gestores podem tomar decisões de investimentos para geração de lucros de curto prazo não sustentáveis em detrimento da geração de lucros persistentes no futuro. Os gestores podem, ainda, escolher práticas contábeis ou manipular a informação contábil de forma a aumentar o lucro atual para obterem bônus maiores. Nessas situações, a remuneração dos gestores aumenta e a riqueza dos proprietários diminui. Para forçar o alinhamento de objetivos, os proprietários assumem custos de monitoramento (ou custos de agência) para limitar a atuação dos gestores, são eles:

Custos de agência são: (1) custo de monitoramento de contrato; (2) custo de alinhamento de interesses; (3) custos residuais.

- **Custos de monitoramento dos contratos:** são gastos com auditores, com divulgação pública de informações (publicações e *sites* de relações com investidores), criação e manutenção de comitês de administração e fiscalização da ação dos gestores etc.

- **Custos para manter alinhados os interesses dos gestores:** são basicamente os gastos com remuneração dos gestores, como remuneração variável por desempenho, bonificação, benefícios etc.
- **Custos residuais:** são todos os gastos adicionais aos dois anteriores oriundos de decisões dos gestores que não seriam tomadas caso os proprietários fossem responsáveis pela operação da empresa.

Assimetria de informação

À diferença de acesso à informação dá-se o nome de **assimetria de informação**.

Como visto nas seções anteriores, (1) as empresas podem ser vistas como um conjunto de contratos entre diversos indivíduos, e o funcionamento adequado da empresa depende, portanto, de um adequado equilíbrio contratual entre os agentes; e (2) no caso específico das relações de agência, o agente pode agir de forma a maximizar sua própria riqueza em detrimento da riqueza do principal, quebrando, assim, uma relação contratual.

Ocorre que alguns indivíduos podem ter acesso a uma maior quantidade de informações sobre as operações das empresas e sobre a execução dos contratos que outros. A essa diferença de acesso à informação dá-se o nome de assimetria de informação. *A priori*, dois grandes problemas surgem da assimetria de informação e que possuem impacto direto na contabilidade: a seleção adversa e o risco moral.

Seleção adversa (*adverse selection*) ocorre quando um indivíduo (ou mais) possui maior acesso às informações sobre um determinado ativo do que outros agentes. Com ausência de informações sobre as empresas, um investidor não será capaz de distinguir entre empresas boas (de capacidade superior de geração de caixa) e empresas ruins (baixa geração de caixa) e, com isso, as decisões de investimento ficam prejudicadas. Assim, com ausência de informação e incapacidade de distinção entre empresas, empresas boas poderiam ser penalizadas por empresas ruins e não estarem dispostas a continuar com ações disponíveis no mercado de capitais.

Portanto, **a seleção adversa ocorre quando um investidor racional interpreta uma informação não divulgada como uma informação desfavorável** sobre o valor ou a qualidade do ativo. Desse modo, a estimativa do valor da empresa passa a ser adversa.

A **seleção adversa** ocorre quando um investidor racional interpreta uma informação não divulgada como desfavorável sobre o valor ou a qualidade do ativo.

Para que a seleção adversa não prejudique o mercado de capitais como um todo, alguns mecanismos ajudam na quebra de assimetria de informação, como (1) a própria divulgação da informação contábil, (2) a inspeção das demonstrações e (3) a inspeção detalhada das informações por especialistas, que seriam agentes de quebra de assimetria informacional ou intermediários informacionais.

Os intermediários informacionais são os agentes de mercado e fazem a transição e o alinhamento de informação entre os agentes interessados em vender e comprar títulos, como auditores independentes, analistas de investimento e analistas financeiros, agências de *rating* etc.

Apesar de uma quantidade considerável de divulgação financeira ser obrigatória (por exemplo, informações trimestrais, relatórios anuais, balanços, demonstração de resultados etc.), os gestores podem ter informações adicionais cuja divulgação não é obrigatória, mas útil para avaliar a perspectiva futura da empresa. Consequentemente, um problema do ponto de vista contábil é identificar em que circunstâncias um gestor divulgará ou não essa informação.

Risco moral (*moral hazard*) é a possibilidade de um indivíduo agir desonestamente de forma a prejudicar outro. Em geral, **surge quando as pessoas agem de determinada forma acreditando (ou sabendo) que não serão punidas ou prejudicadas e sairão ilesas**. Esse conceito corresponde, portanto, ao comportamento de uma pessoa ou agente econômico que, ao receber determinado tipo de cobertura, seguro ou poderes para suas ações, diminui os cuidados ou assume comportamento oposto ao esperado.

Risco Moral (*Moral Hazard*) é a possibilidade de um indivíduo agir desonestamente de forma a prejudicar outro.

A seleção adversa está relacionada com uma informação oculta (não conhecida), e o risco moral está relacionado com uma ação oculta (não conhecida).

Em operações de seguros, por exemplo, risco moral ocorre quando uma pessoa, ao assinar um contrato de seguro, age de maneira a facilitar a ocorrência de um sinistro, diminuindo seu cuidado com o veículo, ou, ainda, instigando a ocorrência intencional de um sinistro.

Do ponto de vista contábil, ao receber recursos de investidores, os gestores, por acreditarem que não serão monitorados, podem agir com displicência na gestão da empresa ou com dolo em provocar perdas aos investidores; assim, gestores podem agir de maneira a não assegurar e maximizar os recursos que lhes foram confiados. Portanto, em condições de assimetria de informações, os acionistas não têm como garantir que os executivos de suas empresas agirão de modo a maximizar o valor da firma. Mais uma vez a contabilidade surge como instrumento de quebra de assimetria informacional.

CASO PRÁTICO

Adiamento da publicação de demonstrações financeiras da Petrobras

Em 06/02/2014, o *Valor Econômico* divulgou a seguinte manchete: "Ação da Petrobras desaba com adiamento de balanço" (por: Tatiane Bortolozi, Alessandra Saraiva e Edna Simão). Segundo a reportagem, "O adiamento da divulgação do balanço da Petrobras acendeu ontem um sinal de alerta entre os analistas que cobrem a empresa. A estatal divulgou que os números do quarto trimestre de 2013 deverão ser divulgados em 25 de fevereiro. A data inicial era 14 de fevereiro. Para os especialistas, o adiamento sinaliza desempenho ruim para o exercício da estatal no ano passado".

De fato, durante o pregão de 5 de fevereiro (data em que foi informado o adiamento da publicação das informações anuais de 2013), as ações chegaram a cair até 4%. Segundo os gestores da Petrobras, o adiamento foi devido a questões técnicas, porém, não houve maiores explicações sobre estas. No entanto, analistas avaliaram essa informação não divulgada (ou pelo menos, postergada) de forma bastante negativa, demonstrando a expectativa de resultados insatisfatórios. Analistas entrevistados na reportagem sugeriram que o adiamento da divulgação do resultado seja, talvez, "um pouco de superstição do mercado. Historicamente, nos últimos anos em que isso ocorreu, veio um resultado pior que o esperado. O mercado não gostou do adiamento" (Lenon Borges, Ativa Corretora).

Reflexão: Afinal, seria esse um caso de seleção adversa? Aparentemente, sim. A informação não divulgada foi interpretada como um sinal negativo sobre o desempenho operacional da empresa, a consequência é que, diante da incerteza, há penalização do preço dos ativos. Eventualmente, problemas podem ter ocorrido na agenda dos gestores ou problemas operacionais na elaboração das demonstrações contábeis, mas o fato é que essa informação também não foi explicitada pela companhia, causando assimetria de informação entre o público interno (que conhece o real motivo do adiamento) e o público externo (que pode apenas fazer suposições e conjecturas).

BORTOLOZI, T.; SARAIVA, A.; SIMÃO, E. Ação da Petrobras desaba com adiamento de balanço. *Valor Econômico*, 06/02/2014. Disponível em: http://www.valor.com.br/empresas/3421028/acao-da-petrobras-desaba-com-adiamento-de-balanco#ixzz37ild0G1w.

Mercado de capitais e informação contábil

Expectativas futuras são mensuradas de forma condicional aos cenários esperados em determinado momento.

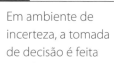

Em ambiente de incerteza, a tomada de decisão é feita com base em cenários esperados.

O valor real de uma empresa, muitas vezes denominado valor intrínseco, não é uma variável diretamente observável. De qualquer forma, esse valor real da empresa reflete as expectativas futuras de seu desempenho. Há uma série de formas para se calcular o valor de uma empresa e, em condições ideais, o valor será sempre o mesmo, independente de como é calculado. Nesse caso, em condições perfeitas, o valor dos ativos da empresa deveria refletir o valor presente dos benefícios futuros esperados por esses ativos. Portanto, o valor das ações da empresa seria estável e sempre entraria em equilíbrio por meio da oferta e da demanda de títulos.

No entanto, a realidade do mundo dos negócios é extremamente incerta e os benefícios futuros estão sujeitos a mudanças, assim como o custo de oportunidade e a aversão/tolerância ao risco variam dinamicamente ao longo do tempo. Em ambiente de incerteza, a tomada de decisão é feita com base em cenários esperados. Dessa forma, expectativas futuras são mensuradas de forma condicional aos cenários esperados em determinado momento.

A definição de cenários e suas respectivas probabilidades são subjetivas, assim como subjetivas serão as expectativas de resultado e, consequentemente, o valor da empresa.

Porém, mesmo com as incertezas sobre o futuro, o valor das ações entraria em equilíbrio por meio da oferta e demanda de títulos.

O fato é que investidores, analistas e gestores possuem conhecimento limitado sobre os cenários e as probabilidades de cada cenário e, com isso, seu poder de projeção também é limitado. Logo, a definição de cenários e suas respectivas probabilidades são subjetivas, assim como subjetivas serão as expectativas de resultado e, consequentemente, o valor da empresa. Uma vez que investidores, analistas e gestores sabem que suas previsões estão sujeitas a erros, eles ficam alertas sobre qualquer nova fonte de informação que possibilite a eles revisar seus cenários e estimativas. A informação contábil é uma dessas fontes.

A análise fundamentalista de ações tenta identificar se determinadas ações ou títulos estão mal precificados por meio de análises detalhadas de toda informação financeira disponível.

Mais que isso, a informação pode não ser distribuída a todos os investidores de maneira uniforme, assim como as novas informações podem ser percebidas de maneira distinta entre os agentes. Por isso surge no mercado de capitais a análise fundamentalista de ações, que tenta identificar se determinadas ações ou títulos estão mal precificados por meio de análises detalhadas de toda informação financeira disponível. A premissa subjacente à análise fundamentalista é que pode haver erro na precificação dos ativos por parte do mercado, ou, em outras palavras, o valor de equilíbrio das ações estaria divergente do valor real (ou valor intrínseco) da ação. Porém, isso só ocorreria se o mercado não reconhecesse eficientemente todas as informações disponíveis, daí surgem diferentes hipóteses sobre a eficiência do mercado.

HIPÓTESE DE MERCADO EFICIENTE

Em economia, os preços dos produtos e serviços são definidos a partir da interação entre oferta e demanda, até que seja atingido um preço de equilíbrio. A intuição geral é bastante simples: se a oferta for maior que a demanda, sobrarão produtos, e o excesso de produtos ofertados fará com que o preço caia, o preço diminuindo pode impulsionar mais indivíduos a comprar o produto até que o novo equilíbrio seja estabelecido. O oposto também é válido: se a demanda for maior que a oferta, o preço dos produtos tende a aumentar, reduzindo a demanda até o equilíbrio.

A premissa subjacente à análise fundamentalista é que pode haver erro na precificação dos ativos por parte do mercado, ou seja, o valor de equilíbrio das ações estaria divergente do valor real da ação.

Dessa forma, o preço das ações de uma empresa deve refletir adequadamente todas as informações relevantes disponíveis sobre a economia como um todo e cada empresa em específico (por meio de demonstrações financeiras, prospectos, relatórios etc.), assim, o mercado seria eficiente ao reconhecer toda informação disponível no preço dos ativos. No entanto, caso isso ocorra, não haveria possibilidade de ganhos adicionais por meio de análises fundamentalistas. Por esse motivo, as discussões e os estudos acadêmicos sobre o grau de eficiência com que o mercado reconhece as informações disponíveis ficam conhecidos como hipótese de mercado eficiente (HME).

A HME sugere três formas de eficiência de mercado: fraca, semiforte e forte.

a) Hipótese de mercado eficiente na forma fraca

A forma fraca sugere que os preços dos ativos possuem comportamento aleatório a partir de suas séries históricas (*random walk process*), ou seja, o preço passado do ativo é uma estimativa adequada para o seu valor futuro. O preço dos ativos mudaria a partir de novas informações sobre a expectativa de benefícios futuros ou de novas alternativas de investimento.

A forma fraca sugere que o mercado incorpora toda informação sobre o preço passado dos ativos, o que implica que um investidor não poderia ter retorno acima dos demais apenas por conhecer a série histórica de preços passados.

Assim, o mercado incorpora toda informação sobre o preço passado dos ativos, o que implica que um investidor não poderia ter retorno acima dos demais apenas por conhecer a série histórica de preços passados. Nesse caso, há espaço para que os analistas fundamentalistas consigam obter retornos acima dos demais agentes de mercado ao considerar que os ativos podem estar precificados incorretamente.

Em sua forma semiforte, a HME sugere que o preço dos ativos incorpora todas as informações publicamente disponíveis, o que implica que nenhum investidor poderia obter ganhos adicionais se operar apenas com informação publicamente disponível.

Em resumo, **a hipótese de mercado eficiente de forma fraca sugere que o preço dos ativos incorpora apenas informações sobre o preço passado dos ativos**, havendo, portanto, possibilidades de ganho adicional ao se buscar o real valor da ação (ou seu valor intrínseco).

b) Hipótese de mercado eficiente na forma semiforte

A HME em sua forma semiforte sugere que o preço dos ativos incorpora todas as informações publicamente disponíveis, sejam elas sobre os preços passados ou sobre informações quanto ao desempenho da empresa que sejam publicamente disponíveis. Isso implica que nenhum investidor poderia obter ganhos adicionais se operar apenas com informação publicamente disponível, porém, investidores operando com informações privilegiadas (*insider information*) poderiam obter retornos acima da média de mercado.

Do ponto de vista contábil, a HME semiforte implica que toda informação contábil é importante e afetará o preço dos ativos assim que tornada pública, o que incluiria as notas explicativas e estimativas; dessa forma, todas essas informações seriam incorporadas imediatamente ao preço dos ativos assim que fossem tornadas públicas. Acima de tudo, a implicação contábil é de que as práticas contábeis adotadas por determinada empresa não influenciam em sua precificação se os investidores forem capazes de ajustar as demonstrações contábeis para a norma que desejarem. Portanto, se a HMF de forma semiforte prevalecer, a mudança das normas brasileiras locais para as IFRS não afetaria o preço das ações.

c) Hipótese de mercado eficiente na forma forte

A HME na forma forte considera que todas as informações, incluindo preços passados, informações públicas e privadas, estão incorporadas no preço dos ativos.

A HME na forma forte considera que todas as informações, incluindo preços passados, informações públicas e informações privadas, estão incorporadas no preço dos ativos. A ideia sugere evidenciação completa de todo tipo de informações (*full disclosure*). Assim, não haveria possibilidade de ganho adicional por qualquer investidor ou agente. Ou seja, qualquer nova informação sobre a empresa seria imediatamente tornada pública e incorporada ao preço.

Do ponto de vista contábil, se todos já possuem informações sobre as operações e as perspectivas futuras das empresas, a informação contábil não geraria nenhum impacto no preço dos ativos; elas já estariam incorporadas ao preço antes de serem tornadas públicas.

CASO PRÁTICO

Caso: Geografia contábil: variações do preço de mercado de instrumentos financeiros na demonstração do resultado ou na demonstração do resultado abrangente?

Em 16/08/2013, o *Valor Econômico* divulgou a seguinte manchete: "'Geografia contábil' sob os holofotes" (por: Fernando Torres). Segundo a reportagem, "A temporada de balanços do segundo trimestre [de 2013] trouxe para o holofote temas contábeis extremamente áridos como 'geografia contábil' e o uso do 'valor justo' para mensurar ativos e passivos".

Você estudará o tema "Geografia Contábil" no Capítulo 14 – Demonstração do Resultado Abrangente.

O fato é que, durante o segundo trimestre de 2013, houve mudanças significativas nas taxas de juros (elevadas pelas autoridades monetárias brasileiras) e no câmbio (o dólar subiu 10% no período). Especificamente, o impacto da variação do dólar provocou um aumento – em reais – da dívida em moeda estrangeira das empresas. Esse aumento de passivo teria como contrapartida natural uma despesa na demonstração do resultado das companhias. No entanto, algumas companhias, como Petrobras, Vale e Braskem, decidiram adotar a contabilidade de *hedge* para evitar esse impacto. Dessa forma, o efeito do câmbio na dívida foi registrado diretamente no patrimônio (resultado abrangente), sem reduzir o lucro líquido das companhias no trimestre.

A princípio, essa "geografia contábil" não deveria gerar diferenças no fluxo de caixa das empresas caso os ajustes da mudança do valor de mercado fossem registrados no resultado ou no patrimônio líquido, já que o impacto final é igual.

Entretanto, isso não foi percebido (ou entendido) por todos os agentes de mercado, motivando análise do caso pela CVM e sugerindo que a forma de classificação e divulgação das informações no balanço é relevante.

A ideia central é que, se o passivo aumenta devido à variação cambial, a empresa reconhece a perda (redução) de patrimônio sem que haja registro dessa redução no resultado. Segundo a reportagem, "o que aparentemente aconteceu é que as empresas preferiram enfrentar o trabalho de ter que provar aos auditores que seus *hedges* funcionam do que ter que passar horas tentando convencer investidores e o público que a despesa 'não caixa' que corroeu o lucro não terá efeito nenhum – quando na maior parte dos casos a distribuição de dividendos é sim afetada pelo sobe e desce cambial".

Reflexão: Considerando a eficiência de mercado, tal classificação (no resultado ou no patrimônio líquido) deveria afetar o preço dos ativos? A princípio, não, apesar de haver uma diferença temporal na distribuição de dividendos. Ao lançar o impacto da variação cambial no resultado corrente, a parcela a pagar de dividendos referente aos resultados correntes deverá ser reduzida. Ao realizar o lançamento pelo patrimônio líquido, a variação do valor futuro efetivo da dívida (e o seu resultado financeiro considerando os efeitos de ganhos com exportação) será conhecida com maior propriedade. Apesar de não ter efeito direto no fluxo de caixa da empresa, a redução na oscilação dos lucros é frequentemente apontada pela literatura como algo positivo.

Lucros com parcelas significativamente transitórias (como é o caso da variação cambial ocorrida) são mais difíceis de serem previstos e, consequentemente, mais incertos em seu comportamento futuro. Assim, práticas que minimizam a variação nos lucros por resultados transitórios podem dar maior estabilidade e previsibilidade aos lucros, fazendo com que o risco percebido da empresa seja menor. Ao mesmo tempo em que isso tem um lado positivo, pode ser entendido como gerenciamento dos resultados a ponto de a manipulação contábil se tornar prejudicial aos investidores, especialmente nos casos de fraude, por isso a preocupação da CVM no caso, e também por isso existe a necessidade de avaliação empírica e acadêmica de tais procedimentos, suas causas e suas consequências.

TORRES, F. (2013). 'Geografia contábil' sob os holofotes. *Valor Econômico*, 18/08/2013. Disponível em: http://www.valor.com.br/empresas/3235436/geografia-contabil-sob-os-holofotes#ixzz2cnvsB7LE.

Macromodelos de governança corporativa

A política pode exercer grande influência no processo legislativo (*standard setting*) e nos mecanismos que forçam o cumprimento da lei (*enforcement*). No entanto, essa influência acontece de maneira muito diferente entre os países. Assim, para se avaliar a influência política na formulação de padrões contábeis, costuma-se dividir os países em dois blocos, aqueles com sistema *code-law* (direito romano – com base em regras) e aqueles com sistema *common-law* (direito consuetudinário – com base em princípios).

- ***Code-law:*** origina-se a partir de interesses coletivos definidos pelo setor público. Nesse caso, a contabilidade seria definida (ou fortemente influenciada) por entidades governamentais ou entidades representantes dos interesses governamentais. Da mesma forma, os mecanismos que forçam o cumprimento da lei são basicamente governamentais e não existe crime caso não possa ser enquadrado no arcabouço legal vigente.
- ***Common-law:*** origina-se a partir de interesses individuais no setor privado. Procedimentos legais se desenvolvem ao se tornarem comumente aceitos na prática, sem que haja formulação de arcabouço legal prévio. Nesse caso, a contabilidade seria definida por práticas aceitas pela prática de mercado, independentemente de uma formulação (codificação) governamental. Assim, o sistema *common-law* se desenvolveu para atender às demandas contratuais de mercado. Tal prática surgiu no Reino Unido (UK) e se espalhou por suas colônias.

Não há nenhum país que seja totalmente *common-law* ou *code-law*. O que há é predominância de um modelo ou outro.

São os principais exemplos de países *common-law*: Austrália, África do Sul, Canadá, Reino Unido, Estados Unidos, Malásia e Nova Zelândia. Em geral, os demais países da Europa, América Latina, África e Ásia são considerados *code-law*. Porém, evidentemente, há características em comum aos dois sistemas. Logo, não há nenhum país que seja totalmente *common-law* ou *code-law*, o que há é a predominância das características de um modelo ou outro.

> **QUESTÃO PARA DISCUSSÃO 1.1**
>
> Afinal, por que a Informação Contábil é importante para a sociedade? Quais aspectos a fazem relevante na tomada de decisões? Sendo a contabilidade a principal, porém não a única, fonte de informação acerca de uma empresa, quais outras fontes de informação sobre empresas e instituições você consegue identificar?

OBJETIVO 4

PRINCIPAIS DEMONSTRAÇÕES FINANCEIRAS: VISÃO GERAL

Adicionalmente, para todas as demonstrações, há necessidade de detalhamento das informações prestadas por meio do uso de Notas Explicativas.

A exigência de elaboração e publicação das demonstrações financeiras depende de uma série de fatores, como porte da empresa, natureza, constituição jurídica (empresas constituídas na forma de sociedade por ações, abertas ou fechadas, ou por quotas de responsabilidade limitada), setor ou país em que está alocada. De maneira geral, há basicamente quatro demonstrações financeiras preparadas por empresas com fins lucrativos:

- O balanço patrimonial (BP).
- A demonstração do resultado (DR).
- A demonstração das mutações do patrimônio líquido (DMPL).
- A demonstração dos fluxos de caixa (DFC).

No Brasil, ainda há exigência da demonstração do valor adicionado (DVA) para empresas listadas em bolsa de valores. Adicionalmente, para todas as demonstrações, há necessidade de detalhamento das informações prestadas por meio do uso de Notas Explicativas, que nada mais são do que parte integrante das demonstrações financeiras.

Os gestores e contadores devem utilizar algumas premissas e julgamentos sobre eventos futuros.

A administração da entidade é quem tem a responsabilidade pela elaboração das demonstrações contábeis e, no processo de elaboração das demonstrações contábeis, os gestores e os contadores devem utilizar algumas premissas e julgamentos sobre eventos futuros. Assim, **os números encontrados nas demonstrações contábeis, em grande parte, estão baseados em estimativas, julgamentos e modelos e não em descrições ou retratos exatos**. Não obstante, tais julgamentos e estimativas devem estar amparados em uma estrutura conceitual vigente.

Evidentemente, as diversas demonstrações citadas se inter-relacionam, uma vez que refletem diferentes aspectos das mesmas transações ou outros eventos. Embora cada demonstração apresente informações diferentes umas das outras, nenhuma provavelmente se presta a um único propósito, nem fornece todas as informações necessárias para necessidades específicas dos usuários.

Balanço patrimonial: a posição patrimonial e financeira

O balanço patrimonial é uma posição estática da situação patrimonial e financeira da entidade em um ponto específico do tempo.

O balanço patrimonial é uma demonstração que evidencia a posição patrimonial e financeira da entidade **em determinada data**. Entende-se por posição patrimonial e financeira o montante de recursos econômicos controlados pelas entidades (ativos), o montante de obrigações para com terceiros (passivos) e o valor residual dos acionistas (patrimônio líquido).

O balanço patrimonial é, portanto, uma posição estática, pois mostra a situação patrimonial e financeira em um ponto específico do tempo (em uma determinada data). O confronto de ativos e passivos gera o patrimônio líquido da entidade, que representa o valor residual para os acionistas depois de utilizar os ativos para liquidar todas as suas obrigações.

Assim, por meio do balanço patrimonial, um usuário pode identificar, por exemplo: (i) como está estruturado o patrimônio da entidade; (ii) se esta possui recursos suficientes para saldar suas dívidas; (iii) se há recursos econômicos para gerar benefícios futuros; (iv) se está alocando adequadamente seus recursos nos diversos itens patrimoniais; (v) se está captando recursos de maneira equilibrada.

Demonstração de resultado: a *performance* financeira

A demonstração de resultado é um relatório que evidencia, sumariamente, o resultado das operações realizadas pela organização ao longo de um período de tempo, podendo ser lucro ou prejuízo, se organização com fins de lucro; déficit ou superávit, se for uma organização sem fins lucrativos. Diferentemente do balanço patrimonial, que é um relatório estático (de fim de período), a demonstração de resultado abrange um período de tempo e, por essa razão, é considerada uma demonstração dinâmica.

A demonstração de resultado é um relatório que evidencia, sumariamente, o resultado das operações realizadas pela organização ao longo de um período de tempo.

A demonstração do resultado é composta por receitas (o que a entidade ganha) e despesas (o que a entidade consome), mostrando o desempenho obtido em determinado período. Logo, ajuda a explicar mudanças ocorridas no balanço patrimonial, especialmente no que diz respeito às variações do patrimônio líquido.

Assim, por meio da demonstração de resultado um usuário pode identificar, por exemplo: (i) se a entidade vem gerando resultado positivo ou negativo; (ii) qual a natureza dos ingressos de recursos na entidade (receitas); (iii) qual o peso de cada categoria de custo e despesa nas receitas; (iv) diferentes níveis de resultados (bruto, operacional, líquido); (v) se tem capacidade de gerar lucros em períodos futuros.

Demonstração das mutações do patrimônio líquido

A demonstração das mutações do patrimônio líquido (DMPL), como o próprio nome indica, evidencia as principais ocorrências num intervalo de tempo no grupo "patrimônio líquido" do balanço patrimonial.

A demonstração das mutações do patrimônio líquido evidencia as principais ocorrências num intervalo de tempo no grupo patrimônio líquido do balanço patrimonial.

Portanto, enquanto o balanço patrimonial retrata os saldos finais do patrimônio líquido em dois diferentes momentos, essa demonstração explica os eventos que levaram à modificação do saldo nesses dois diferentes instantes de tempo.

Por meio da demonstração das mutações do patrimônio líquido, um usuário pode identificar, por exemplo: (i) quanto do crescimento (ou decrescimento) do patrimônio líquido veio do resultado (demonstração de resultado); (ii) políticas de constituição de reservas utilizadas pela organização; (iii) políticas de aumento (ou redução) de capital social e distribuição de dividendos; (iv) comportamento dos prejuízos acumulados, quando existentes.

Demonstração dos fluxos de caixa

A demonstração dos fluxos de caixa (DFC) evidencia as movimentações ocorridas em um importante recurso da organização: o caixa e os recursos equivalentes a caixa. Por meio dessa demonstração, espelham-se, resumidamente, as entradas e as saídas de caixa derivadas das atividades operacionais, das atividades de financiamento e das atividades de investimento ao longo de um período. Portanto, ela permite aos usuários obterem informações úteis sobre as origens e as alocações de caixa ao longo do período.

A Demonstração dos Fluxos de Caixa evidencia as movimentações ocorridas em um importante recurso da organização: o caixa e os recursos equivalentes a caixa.

Por meio da DFC, um usuário pode identificar, por exemplo: (i) se a entidade está gerando caixa com as suas atividades operacionais; (ii) se a entidade está consumindo mais caixa em vez de gerar caixa; (iii) se há indícios de comprometimento de caixa no futuro; (iv) se a geração de caixa é consistente ao longo do tempo.

Demonstração do valor adicionado

A Demonstração do Valor Adicionado retrata a capacidade de a entidade gerar riqueza e a forma como a entidade distribui essa riqueza entre os principais *stakeholders*.

A demonstração do valor adicionado (DVA) retrata o montante de valor adicionado aos insumos adquiridos (riqueza gerada), ao longo de um período de tempo, bem como a forma como a entidade distribui esse valor entre seus principais *stakeholders*: funcionários, governo, credores (terceiros) e acionistas/investidores. Assim, a demonstração do valor adicionado está estruturada em duas partes: (i) a formação e composição do valor adicionado e (ii) a forma de distribuição desse valor adicionado.

Por meio da DVA, um usuário pode identificar, por exemplo: (i) como a organização forma sua riqueza; (ii) como a entidade distribui a riqueza gerada; (iii) quem são os principais destinatários da riqueza gerada pela entidade.

Obrigatoriedade de publicação

Valores mobiliários são títulos ou direitos negociados no mercado de capitais entre diversos investidores.

Segundo as premissas da contabilidade financeira, a elaboração de demonstrações financeiras se aplica para todos os tipos de entidades, tanto aquelas constituídas sob a forma de quota de responsabilidade limitada (empresas "limitadas") quanto as sociedades por ações (S.A.) e demais entidades (clubes de futebol, fundações, ONGs etc.). Porém, como as demonstrações para o público externo são mais relevantes para empresas com diversos sócios, a Lei das Sociedades por Ações (Lei nº 6.404/76) determina que todas as empresas constituídas por ações devem publicar demonstrações ao menos uma vez ao ano.

No entanto, algumas sociedades por ações podem ter valores mobiliários negociados publicamente em bolsa de valores. Tais sociedades são chamadas de sociedade anônima de capital aberto. Para terem valores mobiliários negociados, as entidades devem ter autorização específica da CVM. Ela autoriza, regula e fiscaliza o mercado de valores mobiliários no Brasil, também chamado de mercado de capitais.

Debêntures ou notas promissórias, que proporcionam direito de crédito sobre a entidade – como ocorre em um empréstimo.

Como no mercado de capitais os títulos são normalmente negociados entre um número muito grande de investidores, há necessidade de maior rigor na divulgação das demonstrações contábeis. Assim, a CVM exige que as **empresas abertas devem divulgar demonstrações contábeis em períodos trimestrais**, que são as chamadas "informações trimestrais (ITR)".

Em relação às entidades constituídas por quotas de responsabilidade limitada (Ltda.), apesar de ser necessária a elaboração das demonstrações financeiras, não há necessidade de divulgação ou publicação de tais demonstrações, uma vez que, em tais empresas, os sócios normalmente têm acesso integral às informações gerenciais.

Complementos às demonstrações financeiras

Além das demonstrações descritas anteriormente, entidades podem preparar e divulgar outras demonstrações e material explicativo, bem como quadros e informações suplementares com o objetivo de melhorar o entendimento da situação financeira, econômica e patrimonial da entidade. São exemplos de complemento de informações:

Notas explicativas são parte integrante das demonstrações financeiras e devem complementar e detalhar as informações contidas em tais demonstrações.

NOTAS EXPLICATIVAS

Notas explicativas às demonstrações contábeis: são parte integrante das demonstrações financeiras e devem complementar e detalhar as informações contidas no balanço patrimonial, na demonstração do resultado e demais demonstrações. Além disso, as notas explicativas apresentam informações sobre como foram preparadas as demonstrações (critérios contábeis) e outras informações exigidas que não estejam apresentadas nas demonstrações contábeis.

RELATÓRIO DOS AUDITORES INDEPENDENTES

O relatório (também denominado parecer) dos auditores independentes desempenha papel fundamental no processo de divulgação das informações contábeis das entidades, pois nele os auditores emitem opinião sobre a conformidade ou não das demonstrações aos princípios ou práticas contábeis aceitas e vigentes no país, em aspectos relevantes. Nessa opinião, os auditores independentes devem dizer se as demonstrações contábeis representam, adequadamente, em todos os aspectos relevantes, a posição patrimonial e financeira, o resultado das operações, as mutações do seu patrimônio líquido e as demais demonstrações, de acordo com um determinado padrão ou GAAP.

O relatório (opinião) dos auditores deve ser claro e objetivo. Deverá conter parágrafos (não necessariamente nesta ordem) referentes à: (1) identificação das demonstrações contábeis e definição das responsabilidades da administração e dos auditores; (2) extensão dos trabalhos; (3) opinião sobre as demonstrações contábeis; e (4) principais assuntos de auditoria. O relatório pode assumir as seguintes classificações:

- **Relatório sem ressalva:** quando o auditor está convencido da conformidade das demonstrações às práticas contábeis em todos os aspectos relevantes.
- **Relatório com ressalva:** quando o auditor conclui que existe discordância ou restrição nas demonstrações contábeis que podem afetar a decisão do usuário da informação, porém não é de tal magnitude que requeira relatório adverso ou abstenção de opinião.
- **Relatório adverso:** quando o auditor verifica que as demonstrações contábeis estão incorretas ou incompletas em tal magnitude que impossibilitem a emissão do relatório com ressalva.
- **Relatório com abstenção de opinião:** quando houver limitação significativa na extensão dos exames do auditor, de modo que o impossibilitem de expressar opinião sobre as demonstrações contábeis por não ter obtido comprovação suficiente para fundamentá-la.

Os gestores de uma entidade normalmente têm incentivos para divulgar panoramas e cenários mais favoráveis possíveis sobre a situação financeira da organização nas demonstrações contábeis. A auditoria independente, de certa forma, controla as tendências otimistas dos gestores.

Deve-se destacar, no entanto, que a opinião do auditor, contida em seu relatório, não versa sobre a viabilidade futura da entidade nem a eficiência ou eficácia com a qual a administração conduziu os negócios da entidade, mas tão somente sobre a fidedignidade dos números, de acordo com um determinado padrão contábil.

RELATÓRIO DA ADMINISTRAÇÃO

O relatório da administração é um meio mais direto e flexível de comunicação entre os administradores e os investidores (acionistas). Como se trata de um relatório menos padronizado, cada entidade adota uma abordagem diferenciada.

Em alguns casos e/ou entidades pode haver necessidades adicionais de publicação ou divulgação de informações, especialmente em entidades reguladas, como os bancos, as empresas seguradoras, de previdência e capitalização, as empresas de energia elétrica e telecomunicações etc. Tais casos são regulações específicas que podem fugir da regra geral.

> Relatório da administração é um meio mais direto e flexível de comunicação entre os administradores e os investidores (acionistas).

ESTRUTURA CONCEITUAL BÁSICA DA CONTABILIDADE

Assista ao vídeo do autor sobre este tema

uqr.to/f1v1

Como visto, a contabilidade financeira demanda uma série de informações padronizadas para que um indivíduo possa avaliar e comparar demonstrações de empresas. Assim, deve haver uma estrutura conceitual básica da contabilidade financeira, desenvolvida de forma a ser aplicável a uma gama de modelos e aplicações contábeis.

Estrutura Conceitual da Contabilidade também é conhecida no Brasil como Pronunciamento CPC 00.

A base e o núcleo conceitual de toda a regulação contábil das IFRS (o "padrão internacional de contabilidade") são representados pela Estrutura Conceitual da Contabilidade, também conhecida no Brasil como Pronunciamento Técnico CPC 00. Ou seja, é a plataforma conceitual básica em que todas as regulações devem estar alicerçadas e que apresenta:

- O objetivo das demonstrações financeiras.
- As características qualitativas da informação contábil-financeira útil.
- As definições gerais dos elementos das demonstrações contábeis, bem como seus respectivos reconhecimentos e mensurações.

O objetivo das demonstrações financeiras é oferecer informações úteis para a tomada de decisão sobre uma determinada entidade. Tais informações devem ser úteis para os atuais e os potenciais investidores e para credores em geral, especialmente aqueles que oferecem empréstimos (crédito) para a instituição.

Nesse sentido, a estrutura conceitual adotada no Brasil e baseada nas IFRS, por exemplo, é clara em afirmar que as demonstrações contábeis "objetivam fornecer informações que sejam úteis na tomada de decisões econômicas e avaliações por parte dos usuários em geral, não tendo o propósito de atender finalidade ou necessidade específica de determinados grupos de usuários.

Demonstrações contábeis elaboradas com tal finalidade satisfazem as necessidades comuns da maioria dos seus usuários, uma vez que quase todos eles utilizam essas demonstrações contábeis para a tomada de decisões econômicas, tais como:

(a) decidir quando comprar, manter ou vender instrumentos patrimoniais;

(b) avaliar a administração da entidade quanto à responsabilidade que lhe tenha sido conferida e quanto à qualidade de seu desempenho e de sua prestação de contas;

(c) avaliar a capacidade de a entidade pagar seus empregados e proporcionar-lhes outros benefícios;

(d) avaliar a segurança quanto à recuperação dos recursos financeiros emprestados à entidade;

(e) determinar políticas tributárias;

(f) determinar a distribuição de lucros e dividendos;

(g) elaborar e usar estatísticas da renda nacional; ou

(h) regulamentar as atividades das entidades."

Como já discutido anteriormente, a contabilidade não é uma ciência exata. Apesar de haver núcleo conceitual, aceito e discutido internacionalmente, as bases de reconhecimento, mensuração e evidenciação contábil demandam, em muitos casos, julgamentos e estimativas derivados da incerteza sobre eventos futuros, o que pode aumentar a complexidade das demonstrações contábeis. Para tanto, é fundamental que os usuários da informação contábil:

- Entendam, ainda que minimamente, o processo contábil e conheçam o conteúdo de cada grupo das demonstrações contábeis.
- Saibam que, em muitos casos, gestores podem moldar a informação contábil para atender a necessidades pessoais ou interesses específicos.
- Possam distinguir informações confiáveis daquelas com elevado grau de subjetividade.

Essas considerações diferenciam a **informação contábil útil e de qualidade** das informações de baixa qualidade para fins de tomada de decisão. Assim, para que a contabilidade produza informações úteis, tais informações devem possuir características qualitativas na representação do patrimônio da entidade (conjunto de recursos e reivindicações).

Características qualitativas da informação contábil útil

Essas características qualitativas são divididas em dois grandes grupos: as "características qualitativas fundamentais" e as "características qualitativas de melhoria" da informação.

CARACTERÍSTICAS QUALITATIVAS FUNDAMENTAIS

a) **Relevância**: para contabilidade, informação relevante é aquela capaz de fazer diferença nas decisões dos usuários. Assim, as informações são relevantes quando influenciam as decisões econômicas dos usuários, ajudando-os a avaliar o impacto de eventos passados, presentes ou futuros ou confirmando ou corrigindo as suas avaliações anteriores.

A capacidade de a informação fazer diferença nas decisões depende de seu **valor preditivo** ou de seu **valor confirmatório**. O valor preditivo possibilita ao usuário fazer suas estimativas e predições sobre resultados futuros e o valor confirmatório está ligado à capacidade de a informação servir de *feedback* de avaliações realizadas previamente pelos usuários, permitindo confirmá-las ou alterá-las.

Relevância: para contabilidade, informação relevante é aquela capaz de fazer diferença nas decisões dos usuários.

b) **Representação Fidedigna**: as informações contábeis buscam representar um fenômeno (ou evento) econômico em palavras e números. Assim, tal representação deve ser fidedigna, isto é, deve representar adequadamente aquilo que se propõe a representar, e, para tanto, necessita preencher três atributos: ser **completa**, **neutra** e **livre de erro**. Desse modo, os preparadores de informações devem buscar maximizar referidos atributos tanto quanto possível.

Representação Fidedigna: as informações contábeis buscam representar um fenômeno econômico em palavras e números.

- Informação completa é aquela que inclui toda a informação necessária para que o usuário compreenda adequadamente a situação financeira e o desempenho da entidade.
- Informação neutra refere-se à imparcialidade em sua elaboração. Ou seja, a informação contábil deve ser desprovida de viés, não podendo ser otimista e tampouco pessimista em relação às projeções futuras.
- Informação livre de erro, como o nome sugere, é aquela isenta de erros ou omissões, refletindo fidedignamente as transações econômicas que acontecem na organização.

CARACTERÍSTICAS QUALITATIVAS DE MELHORIA

As características qualitativas de melhoria são as seguintes:

- **Comparabilidade**: refere-se à necessidade de comparação entre as informações contábil-financeiras das entidades que atuam no mesmo setor, no mesmo país, em outros países e, também, da comparação das demonstrações contábeis da organização ao longo do tempo.
- **Verificabilidade**: refere-se ao fato de que, se a informação puder ser verificada, recalculada ou reconstruída pelo usuário, ela terá maior nível de qualidade.
- **Tempestividade**: uma informação será mais útil se ela estiver disponível para o usuário a tempo de poder influenciar em suas escolhas. Portanto, a informação contábil será mais útil se ela servir ao usuário no momento em que ele necessita.
- **Compreensibilidade**: para que uma informação tenha valor para os usuários, ela deve ser prontamente entendida e compreendida por eles. Portanto, o preparador de informações deve buscar sempre clareza e concisão sobre os aspectos descritos.

Regime de Competência: as receitas e as despesas devem ser incluídas na apuração do resultado do período em que ocorrerem seus fatos geradores, independentemente de pagamento ou recebimento.

Além dos conceitos apresentados, a Estrutura Conceitual da Contabilidade também realiza uma série de definições detalhadas dos elementos da posição financeira (ativos, passivos e patrimônio líquido) e do desempenho das entidades (receitas e despesas). Finalmente, a estrutura conceitual básica também apresenta definições acerca do **Regime de Competência** (*Accruals Method*) – em que as receitas e as despesas devem ser incluídas na apuração do resultado do período em que ocorrerem seus fatos geradores, independentemente de pagamento ou recebimento – e do **Processo de Continuidade** (*Going Concern*) – em que se presume que a entidade não tem a intenção nem a necessidade de entrar em liquidação, nem reduzir materialmente a escala das suas operações. **Em todos os casos, tais conceitos serão detalhados ao longo dos diversos capítulos deste livro.**

As demonstrações são elaboradas com a premissa de que a entidade não tem a intenção nem a necessidade de entrar em liquidação, nem reduzir materialmente a escala das suas operações.

Evidentemente, a produção de informação de qualidade exige esforço e sacrifício que muitas vezes vêm através de custos elevados na elaboração de relatórios. Tal aspecto refere-se à restrição de custo na elaboração das informações financeiras. Com isso, os contadores e administradores devem ponderar se os custos para determinado controle, por exemplo, são adequados para gerar informação de qualidade. Caso os custos superem os benefícios de se produzir determinada informação, tais esforços e sacrifícios precisam ser revistos. Obviamente, tais aspectos demandam certo julgamento subjetivo por parte dos contadores e administradores.

Processo de Continuidade: indica que a entidade irá manter-se em operação por um futuro previsível.

RESUMO

A contabilidade pode ser entendida como o sistema que gera informações acerca da situação financeira, patrimonial e de desempenho de uma entidade, por meio do processo de coleta e organização de dados e geração de relatórios. Tal processo está baseado no processo contábil, composto pelas etapas de reconhecimento, mensuração e evidenciação dos eventos econômicos de uma entidade. Adicionalmente, em uma abordagem mais ampla, a contabilidade também pode ser entendida como o ramo do conhecimento que difunde, reflete e aprimora o conhecimento contábil em termos técnicos e em relação às demais áreas que circundam a contabilidade.

A contabilidade visa atender os usuários da informação contábil, que podem ser internos ou externos à instituição. Quando nos referimos ao público externo, temos uma gama diversificada de usuários (sócios, credores, governos, analistas etc.), assim, para que a contabilidade gere informações de maneira útil, deve haver um conjunto de regras (normas) para o processo contábil de reconhecimento, mensuração e evidenciação. Essas regras e normas, formam o núcleo da Contabilidade Financeira (ou Societária). Atualmente, no Brasil, esse conjunto de normas segue a prática internacional, conhecida como *International Financial Reporting Standards* (IFRS).

A utilidade da contabilidade para a tomada de decisão está associada a seus papéis no processo de (1) controle na execução de contratos; (2) quebra de assimetria informacional; e (3) atuação como ferramenta de projeção de desempenho futuro. Entender tais aspectos é compreender a relevância da contabilidade nas relações jurídicas e econômicas entre os diversos indivíduos e instituições. A contabilidade só tem relevância pois é necessária na execução e controle de contratos e na quebra de assimetria de informações.

No Brasil, as regras contábeis, tipicamente, exigem cinco demonstrações contábeis que devem ser preparadas por empresas com fins lucrativos: o Balanço Patrimonial (BP), que mostra a posição patrimonial e financeira em uma data; a Demonstração do Resultado (DR), que mostra o desempenho financeiro (lucro ou prejuízo) na gestão da empresa; a Demonstração das Mutações do Patrimônio Líquido (DMPL), que mostra a destinação do lucro e como se deu a evolução do patrimônio líquido em determinado período; a Demonstração dos Fluxos de Caixa (DFC), que mostra as mutações ocorridas no caixa e equivalentes de caixa em relação às atividades operacionais, de investimento e de financiamento em determinado período; e, para empresas listadas em bolsa de valores, a Demonstração do Valor Adicionado (DVA), que mostra como foi criada e distribuída a riqueza em determinado período. Além disso, são exigidas informações adicionais em notas explicativas e as constantes no relatório dos auditores independentes e no relatório da administração.

OBJETIVO 5 A estrutura conceitual da contabilidade gera as bases para elaboração da informação contábil útil aos diversos usuários, principalmente a quem fornece capital a entidade. A utilidade da informação está associada a dois aspectos qualitativos fundamentais: relevância (na capacidade de a informação impactar nas decisões por meio de seu valor preditivo ou confirmatório) e representação fidedigna (na necessidade de a informação ser completa, neutra e livre de erro). Além disso, a informação contábil útil deve possuir como atributos de melhoria a comparabilidade, a verificabilidade, a tempestividade e a compreensibilidade.

APLICANDO CONHECIMENTOS – QUESTÕES PARA RESOLVER

DILEMA ÉTICO

Uma empresa com ações listadas em bolsa de valores possui um acionista controlador (com mais de 50% dos direitos de voto) e diversos outros investidores (acionistas minoritários).

A empresa está elaborando suas demonstrações para publicação, porém se deparou com a seguinte situação: a área de vendas realizou nos últimos dias do ano um contrato de venda para entregar mercadorias no futuro no valor de $ 5 milhões. Ao final do ano, porém, nenhuma mercadoria foi entregue ao cliente e nenhum pagamento foi recebido pela empresa em relação ao contrato.

Internamente, não se sabia exatamente como tratar o assunto contabilmente e havia várias pressões para se utilizar determinada forma de contabilização. Um dos gestores, indicado pelo acionista controlador, defendia que essa operação deveria ser registrada integralmente e o lucro gerado deveria ser distribuído aos acionistas naquele ano. Outro gestor defendia que, como havia sido realizado um contrato de entrega de mercadorias, deveria ser registrada uma obrigação referente às unidades a entregar, sem que fosse registrado o valor da venda, já que nenhum valor havia sido pago, e, portanto, ainda não haveria lucro com essa operação. Outro gestor alegava que não seria viável registrar a obrigação, pois o valor total das obrigações ficaria elevado e poderia dificultar a obtenção de novos empréstimos bancários. Por fim, outro gestor dizia que nada deveria ser registrado, pois não houve nenhuma movimentação financeira nem de mercadorias.

Com base apenas nos elementos descritos, é possível que uma mesma operação tenha tratamentos possíveis na contabilidade? Do ponto de vista contábil, de que forma deveria ser definida a decisão final sobre qual tratamento adotar? A forma como uma operação é tratada afeta os usuários de forma diferente? No caso proposto, quais seriam os diferentes impactos para o acionista controlador, para os acionistas minoritários, para um credor (um banco, por exemplo) e para o governo? Você mudaria a forma de tratamento contábil, dependendo de quem irá favorecer ou prejudicar, caso sofresse pressão para adotar um determinado procedimento?

CASO PARA DISCUSSÃO

Trecho extraído de: "Bolsa ganha fôlego com previsão de lucro maior"

"As estimativas de analistas procurados pelo Valor é que o lucro das empresas que compõem o Ibovespa cresça, em média, a uma taxa de 11%, nas perspectivas mais conservadoras, a até 27%, nas estimativas mais otimistas, colhidas com Bradesco BBI, BTG Pactual, Franklin Templeton, Itaú BBA, Mauá Capital, Santander, Truxt Investimentos e UBS. Essa perspectiva deve começar a ser testada a partir do dia 29, com o início da safra de balanços de 2017, e sustenta as projeções de um índice perto de 90 mil pontos no fim deste ano, mesmo com as incertezas políticas à frente, em especial as eleições. Em 2014 e 2015, anos em que a crise se abatia sobre a economia, as empresas do Ibovespa tiveram quedas de 23,4% e 83,8% no lucro, respectivamente. Em 2016, houve um ganho excepcional de 600%, distorcido pela melhora nos resultados de Petrobras, Eletrobras e Vale. (...)

Para Renato Ometto, sócio da Mauá Capital, a expansão dos lucros das empresas do Ibovespa será de 10% a 15% este ano, sustentada pela situação doméstica mais favorável, que leva a alta do poder de compra do brasileiro e ao crescimento do consumo – e que beneficia, por exemplo, as empresas de varejo. (...) Já o Bradesco BBI estima que, em média, o crescimento do lucro das companhias que compõem o Ibovespa será de 21% este ano, um resultado que pode ser ainda maior em 2019."

Por que o lucro contábil é importante para a tomada de decisão e para a previsão dos preços das ações na bolsa de valores? Se já havia previsões desses lucros, por que a nova "safra de balanços" é importante para a tomada de decisão? Explique a questão em função da relevância da informação contábil. Descreva de que forma os fatores macroeconômicos citados na matéria estão relacionados com o "lucro" medido pela contabilidade.

Fonte: MACHADO, Juliana; PINTO, Lucinda. *Jornal Valor Econômico*, 23 jan. 2018. Disponível em: https://www.valor.com.br/financas/5274559/bolsa-ganha-folego-com-previsao-de-lucro-maior. Acesso em: 21 maio 2019.

TESTES

1. (CESGRANRIO – 2011 – Transpetro – Adaptado) As demonstrações contábeis objetivam fornecer informações que sejam úteis. Tais demonstrações contábeis são úteis pois:
   a) facilitam a determinação de políticas públicas.
   b) ajudam a desregulamentar as atividades das entidades.
   c) determinam a contenção de investimentos para a aplicação em mercado futuro.
   d) permitem avaliar as variações patrimoniais, econômicas e financeiras ocorridas no exercício social.
   e) fornecem informações para a tomada de decisão e a avaliação por parte dos usuários em geral.

2. (FEPESE – 2010 – Auditor Fiscal) O principal objeto da contabilidade é
   a) o patrimônio das entidades.
   b) a apuração do resultado das entidades.
   c) o planejamento contábil das entidades.
   d) o controle e o planejamento das entidades.
   e) o fornecimento de informações a seus usuários de modo geral.

3. (CESGRANRIO – 2010 – Analista de Gestão Corporativa – Adaptado) Sobre conceitos, objeto, função e objetivos da contabilidade, analise as afirmações a seguir.

   I – O principal objetivo da contabilidade consiste em identificar as contas de apuração dos custos e resultados.

   II – A função da contabilidade tem por principal objetivo o controle do patrimônio e a geração de informação para tomada de decisão dos usuários em geral, especialmente àqueles que aportam capital na empresa (credores e sócios).

   III – O objeto da contabilidade é o patrimônio que compreende apenas a parte positiva do conjunto de bens, direitos e obrigações.

   IV – Os recursos controlados na forma de bens corpóreos e os incorpóreos fazem parte do patrimônio da entidade.

   Está correto APENAS o que se afirma em:
   a) II.
   b) III.
   c) I e III.
   d) II e IV.
   e) I, III e IV.

4. (CESPE – 2011 – Analista Judiciário – Adaptado) Com relação à Ciência Contábil e suas características, julgue os itens que se seguem.

   I – No Brasil, por exigência de lei, a contabilidade deve ser entendida sob três diferentes perspectivas de estudo: ramo do conhecimento, conjunto de funções e sistema de informações ligado a uma unidade organizacional.

   II – O objeto principal da contabilidade é o patrimônio, constituído pelo conjunto de ativos e passivos de determinada entidade.

   III – Patrimônio líquido é o valor residual dos recursos controlados pela entidade (ativos) após descontadas as obrigações com terceiros (passivos).

   IV – Todos os itens relevantes ao patrimônio da entidade devem ser apresentados (evidenciados) em suas demonstrações contábeis.

   Está correto APENAS o que se afirma em:
   a) I e III.
   b) II, III e IV.
   c) I e IV.
   d) II e III.
   e) II e IV.

5. (CESPE – 2010 – Técnico Judiciário – Adaptado) Julgue os seguintes itens:

   I – Os objetivos das demonstrações contábeis incluem apresentar os resultados da atuação da administração na gestão da entidade.

   II – De acordo com o atributo da integridade, para que seja confiável, a informação constante das demonstrações contábeis deve ser baseada em atos formais e jurídicos.

   III – Para os usuários da informação contábil, é dispensável que as demonstrações contábeis apresentem as correspondentes informações de períodos anteriores, pois seu interesse é em informações futuras.

   Está correto APENAS o que se afirma em:
   a) I.
   b) II.
   c) III.
   d) I e II.
   e) I e III.

6. Atualmente, uma das críticas mais recorrentes em relação à contabilidade deve-se ao modo como são divulgadas informações e relatórios por parte do contador. Sobre esta divulgação, o profissional contábil deve
   a) divulgar relatórios que atendam às necessidades e sanem as dúvidas dos diversos usuários.
   b) divulgar somente o que alguns usuários, principalmente os que ocupam altos cargos, desejam.
   c) divulgar somente relatórios positivos, para que a organização não seja "malvista" no mercado.
   d) divulgar relatórios que só os contadores entendam, já que são eles que devem analisá-los e tomar decisões.
   e) divulgar relatórios complexos, enfatizando a importância técnica em detrimento à compreensão por parte dos usuários.

7. Fazem parte do CPC entidades como:
   a) CVM, IFRS e CFC.
   b) CVM, ONU e STJ.
   c) Fipecafi, CFC e TRT.
   d) CFC, Ibracon e Fipecafi.
   e) BM&FBovespa, Ibracon e Iasb.

8. A "base conceitual da contabilidade" serve para
   a) delimitar o que se deve e não se deve fazer em contabilidade.

b) ajudar os usuários a compreenderem os procedimentos contábeis.

c) servir de fundamentação para os trabalhos dos profissionais contábeis.

d) orientar a prática contábil e padronizar uma linguagem comum na contabilidade.

e) todas as alternativas anteriores estão corretas.

9. (CESGRANRIO – 2010 – Analista de Gestão Corporativa) O contador de uma empresa fez a seguinte afirmação: "As receitas e as despesas devem ser incluídas na apuração do resultado do período em que ocorrerem, independente de pagamento ou recebimento". De acordo com os Princípios Fundamentais de Contabilidade, o contador fez referência ao denominado princípio da

   a) competência.
   b) continuidade.
   c) prudência.
   d) relevância.
   e) entidade.

10. (CFC – 1/2011 – Adaptada) Presume-se que a entidade não tem a intenção nem a necessidade de entrar em liquidação, nem reduzir materialmente a escala das suas operações; se tal intenção ou necessidade existir, as demonstrações contábeis têm que ser preparadas numa base diferente e, nesse caso, tal base deverá ser divulgada. A afirmação acima tem por base o princípio da

    a) prudência.
    b) relevância.
    c) continuidade.
    d) competência.
    e) oportunidade.

11. Não é uma característica qualitativa da informação contábil, segundo o pronunciamento conceitual básico do CPC:

    a) conservadorismo.
    b) verificabilidade.
    c) tempestividade.
    d) comparabilidade.
    e) compreensibilidade.

12. (CFC – 1/2011 – Adaptada) A Estrutura Conceitual para Elaboração e Apresentação das Demonstrações Contábeis estabelece os conceitos que fundamentam a preparação e a apresentação de demonstrações contábeis destinadas a usuários externos. Com base nessa observação, julgue os itens a seguir como Verdadeiros (V) ou Falsos (F) e, em seguida, assinale a opção correta.

    ( ) Estão fora do alcance da Estrutura Conceitual informações financeiras elaboradas para fins exclusivamente fiscais.

    ( ) Uma qualidade essencial das informações apresentadas nas demonstrações contábeis é que elas sejam prontamente entendidas pelos usuários. Por essa razão, informações sobre assuntos complexos devem ser excluídas por serem de difícil entendimento para usuários que não conheçam as particularidades do negócio.

    ( ) Regime de Competência e Continuidade são apresentados na Estrutura Conceitual para Elaboração e Apresentação das Demonstrações Contábeis como conceitos fundamentais.

    ( ) Compreensibilidade, relevância, confiabilidade e comparabilidade são apresentadas na Estrutura Conceitual para Elaboração e Apresentação das Demonstrações Contábeis como pressupostos básicos.

    A sequência correta é:

    a) F, F, F, F.
    b) F, F, V, F.
    c) V, F, V, F.
    d) V, V, V, F.
    e) F, V, F, V.

13. A característica da compreensibilidade da informação contábil considera que

    a) para ter valor para o usuário, a informação deve ser entendida por ele.
    b) as demonstrações contábeis precisam ser prontamente entendidas pelos usuários.
    c) mesmo informações complexas, que sejam relevantes aos usuários, devem ser incluídas nas demonstrações contábeis.
    d) é importante que os usuários tenham um conhecimento razoável dos negócios, atividades econômicas e contabilidade para compreenderem as informações contábeis.
    e) todas as alternativas anteriores estão corretas.

14. Sobre a característica da relevância das informações contábeis é correto afirmar que

    a) a relevância é afetada pela sua natureza e ordem de ocorrência.
    b) noticiam os usuários da contabilidade, porém não influenciam nas decisões econômicas destes.
    c) a informação é relevante quando auxilia na avaliação do impacto de eventos passados e presentes, somente.
    d) na relevância da informação a materialidade consiste na influência que sua omissão ou distorção pode ter nas decisões dos usuários.
    e) as informações relevantes são utilizadas apenas pelos gestores das organizações, não interessando aos investidores e outros usuários externos.

15. (CFC – 01/2004 – Adaptada) Para avaliarmos a qualidade e a utilidade de uma informação contábil, além de compará-la ao custo, devemos analisar algumas características da informação. As características da informação são:

    a) Complexidade, Relevância, Confiabilidade e Comparabilidade.
    b) Objetividade, Operacionalidade, Confiabilidade e Tempestividade.
    c) Relevância, Descontinuidade, Confiabilidade e Comparabilidade.
    d) Compreensibilidade, Complexidade, Confiabilidade e Comparabilidade.
    e) Compreensibilidade, Relevância, Confiabilidade e Comparabilidade.

Respostas: 1-e; 2-e; 3-d; 4-b; 5-a; 6-a; 7-d; 8-e; 9-a; 10-c; 11-a; 12-c; 13-e; 14-d; 15-e.

QUESTÕES & EXERCÍCIOS

OBJETIVO 1
1. Qual é o papel fundamental da Informação Contábil?

OBJETIVO 1
2. No que consiste o Processo Contábil? Qual sua relevância no processo de divulgação da informação contábil?

OBJETIVO 2
3. Quais são as grandes categorias de usuários da informação contábil? Quais as características da informação contábil para cada uma das categorias?

OBJETIVO 2
4. O que são os Princípios Contábeis Geralmente Aceitos (GAAP)? Qual sua importância para a contabilidade financeira?

OBJETIVO 2
5. A partir de 2010, a prática da contabilidade financeira adotada no Brasil passou a ser vinculada a quais padrões contábeis? Qual a relevância da mudança ocorrida em 2010?

OBJETIVO 2
6. Como se dá o processo de regulação da contabilidade financeira no Brasil? Quem são os principais agentes envolvidos?

OBJETIVO 3
7. Qual a relevância da contabilidade segundo a Teoria Contratual da Firma?

OBJETIVO 3
8. O que é assimetria de informações? Qual a implicação da assimetria de informações para a contabilidade?

OBJETIVO 3
9. Quais os fatores principais que geram demanda pela informação contábil?

OBJETIVO 3
10. De maneira geral, o que é seleção adversa e risco moral? Qual o papel da contabilidade em relação aos dois conceitos?

OBJETIVO 3
11. Quais as implicações das hipóteses de mercado eficiente em relação à informação contábil?

OBJETIVO 3
12. O que são os macromodelos de governança corporativa e como eles se relacionam com a informação contábil?

OBJETIVO 4
13. Quais são as principais demonstrações contábeis de publicação obrigatória no Brasil e o que elas demonstram?

OBJETIVO 4
14. Qual é o papel do Relatório dos Auditores Independentes? De que forma ele pode auxiliar os usuários da informação contábil?

OBJETIVO 5
15. O que é a Estrutura Conceitual Básica da Contabilidade?

OBJETIVO 5
16. Quais são as características qualitativas fundamentais e as de melhoria da informação contábil?

APÊNDICE
O PAPEL DA CONTABILIDADE NO AMBIENTE EM QUE ESTÁ INSERIDA – EVOLUÇÃO HISTÓRICA

Como a contabilidade tem como objetivo principal fornecer informações úteis para tomada de decisão, a evolução da contabilidade se confunde com a evolução da economia, da sociedade, da tecnologia e das operações das empresas em geral. A seguir são elencados alguns dos grandes marcos da evolução histórica da contabilidade. Esses itens, porém, não são exaustivos.

PRÉ-HISTÓRIA: SURGIMENTO DA CONTABILIDADE

A contabilidade, em sua forma mais rudimentar, remonta aos primórdios da humanidade em diversas partes do mundo, quando os humanos começam a trabalhar de maneira cooperativa, por meio de observação, comunicação, memória sobre comportamento passado e sanções informais em virtudes de desvios das normas sociais.

Mullins, Whitehouse e Atkinson (2013) sugerem que "a escrita e a manutenção de registros [*recordkeeping*] ajudam a resolver problemas de cooperação em grupos numerosos de indivíduos por transcender a diversas limitações do desenvolvimento psicológico por meio da elaboração de quatro ferramentas de cooperação: (1) comportamentos recíprocos, (2) formação e manutenção de reputação, (3) normas sociais e fiscalização das normas e (4) identificação e empatia com o grupo".

Nesse sentido, já nos primórdios da civilização moderna, os grupos de pessoas aumentam de tamanho, assim como sua complexidade, o que dificulta a lembrança, por parte dos indivíduos, sobre interações do passado e obrigações. Dessa forma, as sanções informais aos desonestos (*cheaters and free riders*) tornam-se menos eficazes e, como resultado, novos arranjos são necessários para suportar grandes grupos.

Assim, a contabilidade surge como uma necessidade básica de manutenção de registros (*recordkeeping*). Segundo Basu e Waymire (2006, p. 8):

> "a manutenção de registros [*recordkeeping*] é uma instituição que é necessária (mas não suficiente) para o surgimento de cooperação humana em grande escala. Nosso argumento é que a manutenção de registros evoluiu bio-culturalmente para apoiar a coordenação econômica e uma complexa divisão do trabalho, servindo como um dispositivo mnemônico para complementar a memória humana".

Assim, a contabilidade seria uma instituição cujo desenvolvimento depende da coevolução com outras instituições culturais, tais como comunicação, direito, tecnologia da informação, medição etc., formando, assim, sistemas estáveis em um nível social e coletivo. Adicionalmente, a contabilidade deve coevoluir com nossa composição biológica e genética com maior ênfase às habilidades cognitivas e funções cerebrais ao longo do tempo. Assim, entender a evolução humana ajuda a entender a evolução da contabilidade e vice-versa.

ANTIGUIDADE: ANTIGOS SISTEMAS ORGANIZADOS

Segundo Hain (1966), um antigo papiro encontrado em 1915, conhecido como "Papiro de Zenon" – sendo Zenon um grego que ocupou o cargo de chefe executivo em Apolônio, Egito, 256 a.C. –, mostrou evidências de que os gregos já utilizavam sistemas elaborados de registros contábeis cinco séculos antes de Cristo. O modelo grego de controle, que apresenta informações sobre a construção de projetos, atividades agrícolas e atividades mercantis, se espalhou pelas regiões do oriente médio e leste do mediterrâneo. Conforme essas áreas foram sendo conquistadas pelos romanos, eles também passaram a adotar o sistema grego com algumas modificações. Esse método de controle prevaleceu entre as administrações públicas e privadas até a queda do império romano após as invasões bárbaras e islâmicas (Hain, 1966, p. 699).

Vollmers (2009) mostra que o Império Persa, entre 509 e 494 a.C., também possuía sistema elaborado de controle de bens em blocos de argila (um "tablet" da antiguidade), especificamente, suprimentos alimentares, que eram distribuídos por pessoas específicas para regiões específicas. Tais controles de quantidade física e pessoas envolvidas na distribuição eram sistematicamente anotados e monitorados.

Uma característica geral para as sociedades antigas é que elas estavam baseadas, substancialmente, em regimes de subsistência, escambo e comércio localizado. Para tanto, não eram necessários sistemas contábeis altamente sofisticados ou que fossem aplicados em diversos locais e diversas situações de forma sistemática e padronizada. Basicamente, a contabilidade passava pelo controle de mercadorias e não havia um rigor na medição com base em um denominador monetário comum. Os usuários da informação eram os próprios donos dos ativos e os governos que buscavam tributação. Não havia uma ideia rígida de período contábil. Porém, com a evolução econômica e social, esse cenário mudou, especialmente na alta idade média.

IDADE MÉDIA E RENASCIMENTO: A CONTABILIDADE COMO A CONHECEMOS HOJE

O início da Idade Média (chamada de baixa idade média), especificamente na Europa e leste do Mediterrâneo, foi um período considerado "era da estagnação" ou "idade das trevas". A Europa estava dividida e as atividades produtivas e comerciais eram bastante restritas devido a constantes ataques dos chamados "bárbaros" (denominação dada pelos romanos a todos os povos que não tinham influência da língua e da cultura romana), especialmente os vindos do norte da Europa, e dos árabes, vindos principalmente do norte da África. A insegurança e a forma desigual na qual a sociedade estava estruturada (com senhores, servos e clero) limitaram por muito tempo as formas mais complexas de comércio e de produção. Os senhores feudais basicamente realizavam a contabilidade, que servia como um instrumento de avaliação e controle de suas riquezas, havendo delegação de funções no desenvolvimento das atividades profissionais.

No entanto, com o início das cruzadas, houve aumento do fluxo de pessoas, mercadorias e recursos entre o Ocidente e o Oriente. Com isso, algumas cidades italianas tiraram proveito de suas posições privilegiadas em relação à prática do comércio, especialmente as cidades de Gênova e Veneza que mostraram uma efervescência comercial sem precedente, surgindo, inclusive, uma nova classe social: os burgueses. Com as profundas alterações na estrutura social, iniciou-se a segregação entre propriedade e gestão/execução das atividades comerciais, produtivas e intelectuais: a Europa chega ao seu momento de renascimento.

Cada vez mais o comércio se mostrava uma atividade lucrativa e uma grande quantidade de recursos era necessária para financiá-lo; afinal, havia grande demanda por produtos que não era suprimida. Assim, maiores recursos envolvidos, maiores segregações de atividades profissionais e especialização em determinadas áreas geraram necessidade de maior controle e mais informações para tomada de decisão. Nesse cenário é que, no final do século 15, Frei Luca Pacioli publicou o livro *Summa de Arithmetica, Geometria, Proportioni et Proportionalita*, em 10 de novembro de 1494, obra que, especificamente em seu capítulo "Tractatus de Computis et Scripturis", deu origem à base de escrituração contábil como a conhecemos até hoje: por meio da introdução do método das partidas dobradas. Portanto, os italianos são considerados os "pais da contabilidade moderna".

Apesar de indícios de que as partidas dobradas surgiram por volta de 1200, foi de Luca Pacioli a primeira exposição completa do método contábil por partidas dobradas a partir do inventário. Na época, os números negativos eram considerados absurdos e fictícios, daí a engenharia de controle considerando a subtração por oposição.

AS GRANDES NAVEGAÇÕES: O SURGIMENTO DAS COMPANHIAS

As grandes navegações pelo Atlântico impulsionaram fortemente a contabilidade. Com elas, ampliou-se a separação entre propriedade e gestão e criou-se uma grande necessidade de capital para financiar as expedições. Foi nessa época, por volta de 1600, que houve o surgimento das grandes companhias de navegação com a criação da Companhia das Índias Orientais (*East India Company*), em 1600, na Inglaterra, e da Companhia Holandesa das Índias Orientais (*Dutch East India Company*), em 1602, sendo estas consideradas extensões das commendas italianas e predecessores das sociedades por ações modernas.

No caso inglês, o método de contabilização por meio das partidas dobradas surgiu da influência de mercadores italianos que atuavam em Londres e outras cidades inglesas. Somente no século 16 foram impressos os primeiros livros em inglês sobre o método das partidas dobradas, conhecido como o "método italiano". Já o conceito legal de "corporação" ou "sociedade anônima" – sendo uma pessoa artificial existindo separadamente de seus membros constituidores e que continuaria a existir mesmo que os membros constituidores mudassem – já existia na Idade Média, mas era restrito a alguns órgãos públicos e religiosos. Dessa forma, corporações entendidas como entidades empresariais tiveram seus inícios com autorizações do reino inglês para exploração de atividades monopolísticas específicas, como o caso da Companhia das Índias Orientais.

Como a Companhia das Índias Orientais passou a ser um negócio lucrativo e que demandava grandes volumes de investimento, começou-se a controlar os ativos não mais por "empreitada" (projetos específicos de navegação e exploração), mas sim pelo total acumulado durante um período de tempo (período contábil). Ao final desse período, havia apuração e distribuição dos resultados, não de uma única empreitada, mas de todos os resultados obtidos no período de acordo com a participação no capital, então se iniciou o processo de distribuição de lucros e pagamento de dividendos de acordo com a parcela proporcional de capital empregado.

Assim, com empresas operando em processo de continuidade por diversos períodos, foi necessário desenvolver registros e demonstrações contábeis que refletissem contribuições contínuas ou periódicas de capital e que resumissem o resultado da operação em determinados intervalos de tempo. Nesse contexto, visando separar o desempenho (resultado) de diferentes períodos dos investimentos de capital, houve também a separação entre a demonstração do resultado e o balanço patrimonial (Schroeder, Clark e Cathey, 2011). Adicionalmente, houve a necessidade de tornar públicas as demonstrações contábeis, criando a figura da demonstração financeira para usuários externos e para fins gerais.

Portanto, do ponto de vista contábil, a Companhia das Índias Orientais (inglesa) teve grande importância, pois "mudou de uma corporação empresarial que proporcionava aos proprietários o retorno do capital mais um lucro, para algo que gerava retorno sobre o capital na forma de dividendos regulares" (Napier, 2010).

Neste ponto, importante apontar uma hipótese apresentada na literatura contábil e econômica: a criação das "corporações" (sociedades anônimas) e o método das partidas dobradas e a apuração do retorno sobre o capital, precisamente calculado, possibilitaram a criação das corporações modernas e, consequentemente, possibilitaram a criação da economia capitalista moderna.

> Nesse contexto, a contabilidade deixa de ser mera resposta à demanda dos usuários por informação, e passa a ser um meio para o desenvolvimento da sociedade moderna. Em outras palavras, a contabilidade criou ambiente informativo propício para o surgimento do capitalismo e dos mercados de capitais modernos.

Essa hipótese sempre será alvo de discussão e contestação, e talvez nunca tenhamos uma resposta definitiva para ela, afinal, do ponto de vista científico, essa não é uma hipótese testável, porém, é possível encontrar argumentos, evidências e sugestões que tendam a corroborar ou refutar esse argumento.

REVOLUÇÃO INDUSTRIAL: DO COMÉRCIO À INDÚSTRIA E O MERCADO DE CAPITAIS

Com a revolução industrial, entre 1760 e 1820, outros grandes passos foram dados do ponto de vista contábil. As colônias na América e Ásia já estavam constituídas e gerando recursos para grandes empresários. No entanto, com o advento da revolução industrial e da produção em série, torna-se nítida a grande mudança que se instaurou na sociedade em geral: a atividade econômica principal passa de uma base comercial para uma base industrial, em que se torna necessário apurar custos de produção e otimizar processos produtivos. Assim, surgiram novos conceitos na contabilidade, tais como: rateios, custos, depreciação, capital.

Com a revolução industrial, a contabilidade gerencial, com característica detalhada e refinada, especificamente na gestão de custos de produção, ganhou extrema relevância. Associado à mudança no perfil econômico, houve crescimento substancial da demanda por recursos para financiamento das grandes empresas, especialmente em empresas ferroviárias e metalúrgicas. Com a maior demanda por capital, houve maior necessidade de captação de recursos junto ao público em geral, o que influenciou diretamente no crescimento e desenvolvimento do mercado de capitais e, com isso, houve a necessidade de maior formalidade da contabilidade na prestação de contas sobre o desempenho das atividades operacionais. Assim, vultuosos recursos captados impulsionaram o mercado de títulos e valores mobiliários negociáveis, mas, como contrapartida, demandaram adequada remuneração do capital empregado e detalhada prestação de contas ao público investidor. O Código Comercial Francês de 1673, por exemplo, determinava que todas as empresas deveriam elaborar demonstrações contábeis a cada dois anos.

No entanto, nesse período (século 19 e começo do século 20), a profissão contábil não estava adequadamente estruturada e diversos conceitos contábeis não estavam bem definidos, criando espaço para diversas interpretações e metodologias de mensuração, reconhecimento e evidenciação contábil. Até 1915, por exemplo, o conceito de lucro não estava devidamente formalizado e desenvolvido; e a primeira tentativa de organizar a profissão contábil e criar padrões gerais de contabilidade ocorreu em 1904, com o Congresso Internacional de Contadores organizado por contadores norte-americanos (Schroeder, Clark e Cathey, 2011).

Iniciava-se, portanto, em meados de 1910, uma tentativa de organizar e sistematizar as práticas contábeis entre empresas e ao longo do tempo; ou seja, buscava-se consistência das demonstrações contábeis e princípios gerais para elaboração e divulgação de relatórios contábeis para o público em geral. No entanto, muitos críticos da época sugeriam que a informação contábil era muito mais voltada para atender a gestão interna da empresa do que de prestação de contas ao público externo; com isso, permitia-se muita flexibilidade na publicação dos relatórios contábeis. Esse era o grande desafio enfrentado por contadores e investidores no começo do século 20.

CRISE DE 1929: A MAIOR CRISE CONTÁBIL

Foi na primeira metade do século 20 que a contabilidade conheceu seus principais pensadores nas principais escolas contábeis, incluindo a norte-americana, a europeia, a árabe e a asiática (Japão, principalmente). Aos interessados, Edwards (1994) dedica toda uma obra a estudar os principais pensadores do século 20, de muitos países e escolas contábeis diferentes (ao todo, 19 influentes teóricos). Em linhas gerais, o mercado de capitais assumia um papel de destaque no financiamento produtivo das empresas em diversos países do mundo, sendo esse movimento o mais proeminente nos EUA. Foi principalmente com a quebra da Bolsa de Nova Iorque, em 1929, que ficou clara a necessidade de a contabilidade desempenhar papel fundamental na quebra da assimetria informacional entre gestores/administradores e investidores. Adicionalmente, a contabilidade deveria monitorar contratos entre os diversos agentes envolvidos na atividade operacional e financeira das empresas.

A consequência da Crise de 1929 foi dramática, principalmente nos Estados Unidos, onde muitas famílias ricas simplesmente faliram do dia para a noite e as famílias de classe mais baixa passaram por problemas ainda maiores com a falta de itens básicos, como alimentação, saúde, emprego. Como resposta direta à quebra da bolsa, os Estados Unidos, que naquele momento já possuíam o maior mercado de capitais do mundo, iniciaram uma série de medidas para organizar o mercado de capitais e melhorar as práticas contábeis: foi dado início a uma série de reuniões entre a Associação Americana de Contadores (AAA) e a Bolsa de Valores de Nova Iorque (NYSE) para o desenvolvimento de princípios gerais de contabilidade que deveriam ser seguidos pelas empresas; foi criada a *Securities and Exchange Commission* (SEC); foram criados mecanismos de proteção aos agentes do mercado de capitais por meio de controles e fiscalização mais rigorosos; formação e fortalecimento do que viria a ser no presente o *American Institute of Certified Public Accountants* (AICPA); criação de um Comitê de Procedimentos Contábeis etc.

A partir dessas iniciativas, deu-se início ao desenvolvimento de uma estrutura conceitual básica de contabilidade, de forma organizada e estruturada, para fins de divulgação financeira. Devido à necessidade de representação democrática dos diversos agentes interessados na regulação da contabilidade, em 1973 foi criado o *Financial Accounting Standards Board* (FASB), que possui em sua estrutura representantes de diversas organizações e membros atuantes em tempo integral ao desenvolvimento de normas contábeis.

Com uma base participativa que convergia interesses dos diversos agentes de mercado, a estrutura conceitual norte-americana se destacou muito em relação às demais práticas contábeis ao redor do mundo, especialmente pelo forte apelo do mercado de capitais norte-americano. No entanto, esse modelo contábil era diverso do restante dos demais países do mundo, e isso ficou bastante evidente quando diversas empresas de países ao redor de todo o mundo passaram a listar seus títulos no mercado de capitais norte-americano.

A REVOLUÇÃO TECNOLÓGICA E A INTERNACIONALIZAÇÃO DO MERCADO DE CAPITAIS

Recentemente, durante a década de 1980, o mundo passou por uma grande transformação tecnológica: microcomputadores com alta capacidade de armazenamento e processamento de dados começaram a ser desenvolvidos. Sistemas de rede e transmissão em tempo real de dados tiveram um papel fundamental na otimização das atividades empresarias, na geração de informações e na internacionalização dos mercados de capitais.

Investidores dispersos geograficamente passaram a ter informações sobre oportunidades de investimentos e a ter acesso a um fluxo cada vez mais facilitado de recursos financeiros entre os diversos países. Assim, durante os anos 1990, surge uma verdadeira economia global e essa integração de mercados deixou claro que as práticas contábeis eram extremamente diferentes e geravam resultados completamente díspares entre países.

Ante a grande diversidade de padrões contábeis, verificou-se a necessidade de se criar, internacionalmente, um padrão contábil similar entre os diversos países para fins de publicação de relatórios financeiros. Nesse momento, ganha forma o *International Accounting Standards Board* (IASB), criado em 2001 como sucessor do *International Accounting Standards Committee* (IASC). O *IASB* passou a ser responsável por desenvolver as Normas Internacionais de Contabilidade – *International Financial Reporting Standards* (IFRS).

As IFRS são, atualmente, utilizadas para elaboração de relatórios contábeis e financeiros na maioria das economias mais representativas do mundo (com exceção dos EUA, que ainda mantêm o seu próprio padrão contábil, conhecido como USGAAP). Com isso, foram reduzidas as discrepâncias entre diversos métodos contábeis.

AFINAL, O QUE CONCLUIR AO ESTUDAR A HISTÓRIA DA CONTABILIDADE?

Em resumo, os fatos históricos aqui relatados são pontuais e representaram apenas os maiores impactos nas práticas contábeis ao longo dos tempos. No entanto, a grande conclusão a que se chega é que a contabilidade está em constante evolução para acompanhar a também constante evolução da economia e da sociedade. A contabilidade é, portanto, reflexo das interações e das circunstâncias econômicas e sociais.

Na verdade, **a contabilidade pode ser entendida** não só como mera resposta à demanda dos usuários por informação, mas sim **um meio para o desenvolvimento da sociedade moderna**, uma vez que a contabilidade cria condições e um ambiente informativo propício para o surgimento e a evolução da economia como um todo.

Em uma analogia à área médica, assim como o diagnóstico na medicina evoluiu de uma simples avaliação médica manual para técnicas mais elaboradas, como raios X, tomografia e ressonância magnética, a contabilidade também evolui com um único objetivo: fornecer o melhor conjunto possível de informação para o diagnóstico e a tomada de decisão. Certamente, em ambas as áreas, a pesquisa, a tecnologia, a prática e o tempo criarão formas cada vez mais acuradas para gerar informação. Afinal, as ferramentas de medição evoluem por conta da evolução da medicina ou é a medicina que evolui devido às ferramentas mais sofisticadas de medição?

Hopwood (1987) ilustra essa interdependência entre as mudanças no ambiente (mercado) e as mudanças contábeis, sob o ponto de vista organizacional, conforme apresentado na Figura 1.1. Do ponto de vista organizacional, ao mesmo tempo em que a contabilidade possui papel crucial na mediação de novas políticas de produção, pode ser entendida como a resultante de uma complexa interação das estratégias organizacionais, de marketing e de produção.

FIGURA 1.1 Contabilidade inserida nas ações organizacionais.
Fonte: Hopwood (1987, p. 222).

Assim, a contabilidade é, de fato, parte dos sistemas organizacionais e não pode ser entendida nem concebida de forma separada das instituições. Da mesma forma, as instituições não podem ser concebidas de forma independente da contabilidade: a contabilidade promove governabilidade às estratégias e contratos das instituições. A contabilidade é ao mesmo tempo causa e efeito das mudanças organizacionais, sociais e econômicas.

REFERÊNCIAS

BASU, S.; WAYMIRE, G. B. Recordkeeping and human evolution. *Accounting Horizons*, 2006, 20(3), 201-229.

CARVALHO, Maria Chistina. Balanço confiável abre portas para o crédito. *Jornal Valor Econômico,* 25 set. 2015. Disponível em: http://www.valor.com.br/empresas/4241026/balanco-confiavel-abre-portas-para-o-credito. Acesso em: 22 maio 2019.

EDWARDS, J. R. *Twentieth century accounting thinkers.* New York: Routledge, 1994.

HAIN, H. P. Accounting control in the Zenon Papyri. *The Accounting Review*, 1966, 41(4), 699-703.

HOPWOOD, A. G. The archeology of accounting systems. *Accounting, organizations and society*, 1987; 12(3), 207-234.

MULLINS, D. A.; WHITEHOUSE, H.; ATKINSON, Q. D. The role of writing and recordkeeping in the cultural evolution of human cooperation. *Journal of Economic Behavior & Organization*, 2013, 90, S141-S151.

NAPIER, C. United Kingdom, Chapter 10. In: PREVITS, G. J.; WALTON, P.; WOLNIZER, P. W. *A global history of accounting, financial reporting and public policy*: Europe. Emerald Group Publishing, 2010.

PACIOLI, L. *Summa de arithmetica geometria proportioni*: et proportionalita. Paganino de Paganini, 1994.

SCHROEDER, R. G.; CLARK, M. W.; CATHEY, J. M. *Financial accounting theory and analysis*: text and cases. John Wiley and Sons, 2011.

SIMON, H. A. Comments on the Theory of Organizations. *American Political Science Review*, 1952, 46(4), 1130-1139.

SUNDER, S. *Theory of accounting and control*. South-Western College Pub., 1997.

VOLLMERS, G. L. Accounting and control in the Persepolis fortification tablets. *Accounting Historians Journal*, 2009, 36(2), 93-111.

2

POSIÇÃO FINANCEIRA: O BALANÇO PATRIMONIAL

Assista ao vídeo do autor sobre o tema deste capítulo

uqr.to/f1vj

"O novo perfil de uma das profissões mais estáveis do Brasil

Faça chuva ou faça sol na economia do país, quem trabalha com contabilidade parece estar sempre a salvo de turbulências. Mas toda essa lendária estabilidade da carreira não se traduz em ausência de novidades – ou de mudanças.

A chegada de novas tecnologias está alterando a antiga profissão, e quem não acompanhar esse ritmo acabará ficando para trás. Foi-se o tempo em que o contador era o mero encarregado de registrar manualmente em livros cada ocorrência contábil do negócio. As atividades burocráticas da área passaram a ser cada vez menos feitas por humanos com a chegada da informática e, mais tarde, dos *softwares* especializados.

O profissional deixou de produzir os dados e passou a analisá-los, com o objetivo de prever o impacto

contábil de cada decisão de negócios. Nesse sentido, deixou de olhar para o passado da empresa – o dinheiro que entrou e que saiu no mês anterior, por exemplo –, e passou a fazer projeções para seu futuro.

A automatização de processos em contabilidade transformou um trabalho burocrático em analítico, o que também abriu espaço para que ele pudesse se tornar gerencial: há anos, grandes empresas já contam com a figura do CAO (*Chief Accounting Officer*), uma posição de diretoria alternativa à do tradicional CFO (*Chief Financial Officer*)."

Fonte: GASPARINI, Claudia. *Revista Exame*, 18 dez. 2017.

OBJETIVOS DE APRENDIZAGEM DO CAPÍTULO

Após estudar este capítulo, você será capaz de:
1. Identificar os objetivos e a estrutura do balanço patrimonial.
2. Indicar os elementos e entender os conceitos básicos de ativo, passivo e patrimônio líquido.
3. Entender a dinâmica das operações e alterações dos elementos do balanço patrimonial.
4. Aplicar a mecânica básica dos lançamentos contábeis em razonetes.

OBJETIVO 1

DEMONSTRAÇÃO DA POSIÇÃO FINANCEIRA

Balanço patrimonial

> O balanço patrimonial refere-se a uma apresentação de equilíbrio entre os recursos econômicos à disposição da entidade (ativos) e as reivindicações sobre tais recursos, que podem ser de terceiros (passivos) e dos proprietários (patrimônio líquido).

O balanço patrimonial refere-se a uma apresentação de equilíbrio da posição financeira de uma entidade. O equilíbrio se dá entre os recursos econômicos à disposição da entidade (ativos) e as origens de tais recursos, que podem ser de terceiros (passivos) e dos proprietários (patrimônio líquido). Assim, a posição financeira de uma entidade pode ser entendida como o conjunto de recursos econômicos a sua disposição e as respectivas reivindicações sobre esses recursos. De forma menos rigorosa e mais simples, podemos dizer que há um equilíbrio entre o que a empresa possui (as aplicações de recursos) e a origem de tais recursos (de onde os recursos vieram – capital de terceiros ou próprio).

Ativos são recursos econômicos à disposição de uma entidade, tipicamente na forma de bens e direitos, que irão gerar benefícios econômicos futuros para a entidade. Para que um ativo seja incluído no balanço patrimonial, ele deverá ser mensurável monetariamente e ter valor verificável com certa segurança, assim, normalmente o valor dos ativos é baseado no preço de aquisição.

Já as reivindicações (ou origens de recursos) representam exigibilidades sobre os ativos (exigibilidades sobre os recursos econômicos), ou seja, demonstram a fonte dos recursos aplicados nos ativos. Assim, os **passivos** são obrigações presentes da entidade e representam a parcela dos ativos que cabe a terceiros por meio de obrigações já assumidas pela entidade. Logo, espera-se que os passivos gerem consumo (saídas) de parte dos recursos econômicos, ou seja, os passivos irão gerar consumo dos ativos (tipicamente, utilizam-se recursos de caixa para liquidar as obrigações). O **patrimônio líquido**, por definição, representa a parcela residual da entidade, ou seja, os ativos após descontados os passivos, sendo, portanto, a parte remanescente aos proprietários (sócios ou acionistas).

Sempre há equilíbrio entre os recursos econômicos e as reivindicações. Vejamos, por exemplo, na Figura 2.1, os valores apresentados no balanço patrimonial consolidado da Lojas Renner S/A, em 2017 (em milhões de reais):

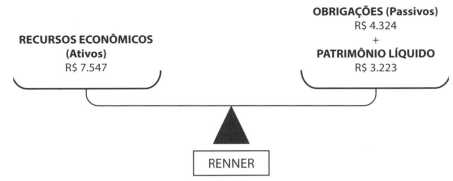

FIGURA 2.1 Saldos patrimoniais consolidados da Renner.

Portanto, todos os recursos à disposição da organização (ativos) são oriundos de obrigações com terceiros (passivos) ou de alocação direta ou indireta dos acionistas (patrimônio líquido). Ou seja:

$$\text{ATIVO} = \text{PASSIVO} + \text{PATRIMÔNIO LÍQUIDO}$$
$$5.547 = 4.324 + 3.223$$

Uma forma análoga de se pensar sobre o equilíbrio (balanço) patrimonial é que, de todos os recursos econômicos (ativos) à disposição da empresa, uma parte refere-se a obrigações junto a terceiros (passivos) e o restante é o que "sobra" para os sócios e acionistas, representando o patrimônio líquido da entidade. Ou seja:

$$\text{ATIVO} - \text{PASSIVO} = \text{PATRIMÔNIO LÍQUIDO}$$
$$5.547 - 4.324 = 3.223$$

O balanço patrimonial é a demonstração contábil que apresenta a posição financeira e patrimonial de uma entidade em uma determinada data.

Balanço patrimonial da controladora refere-se a uma única entidade jurídica (a empresa controladora). Já o balanço patrimonial consolidado refere-se ao conjunto de empresas que formam o grupo empresarial. Tipicamente, para fins de análise, utiliza-se o balanço consolidado por representar o grupo econômico como um todo.

O balanço patrimonial é, portanto, a demonstração contábil que apresenta a posição financeira e patrimonial de uma entidade em uma determinada data, por isso se diz, figuradamente, que o balanço patrimonial é uma fotografia, em determinado instante, da situação financeira e patrimonial da entidade.

Graficamente, o balanço patrimonial é tipicamente apresentado com ativos do lado esquerdo e passivos e patrimônio líquido do lado direito. No entanto, com o aumento do detalhamento das contas, é bastante comum que as entidades apresentem passivos e patrimônio líquido abaixo dos ativos.

Necessariamente, o balanço patrimonial deve possuir identificação clara, em seu cabeçalho, (1) do nome da empresa; (2) da data específica da demonstração; (3) da entidade a que se refere (consolidado ou controladora); (4) e da unidade de medida utilizada. Na Figura 2.2, o balanço patrimonial consolidado adaptado da Lojas Renner S/A em 2017 (em milhões de reais).

O balanço patrimonial é peça fundamental na análise da empresa, seja para uso de investidores ou credores atuais como os potenciais. Os ativos permitem informar se uma entidade possui recursos suficientes para desempenhar suas operações. Adicionalmente, os ativos geram estimativas básicas sobre o valor em caixa a ser recebido caso os ativos sejam todos vendidos (liquidados). Por outro lado, os passivos dão uma visão do grau de comprometimento dos recursos da entidade e, consequentemente, se a empresa possui recursos suficientes para honrar suas obrigações.

Tais informações sobre a posição financeira possibilitam aos bancos, por exemplo, decidirem se podem emprestar ou não para uma entidade e definir quais os riscos associados ao empréstimo. Se uma entidade não possuir condições de honrar seus compromissos com terceiros, os credores podem solicitar a falência da entidade e forçar a venda de ativos para a quitação da dívida. Porém, é muito comum ver casos em que a liquidação (venda)

Lojas Renner S/A
Balanço Patrimonial Consolidado
31 de dezembro de 2017
(em milhões de reais)

Ativo			Passivo e PL		
Ativo Circulante			**Passivo Circulante**		
Caixa e equivalentes de caixa		1.059	Empréstimos, financiamento e debêntures		516
Contas a receber		2.644	Fornecedores		842
Estoques		923	Outros passivos circulantes		1.584
Outros ativos circulantes		282	**Total Passivo Circulante**		**2.942**
Total Ativo Circulante		**4.908**			
			Passivo Não Circulante		
Ativo Não Circulante			Empréstimos, financiamento e debêntures		1.354
Realizável a longo prazo		300	Outros passivos circulantes		28
Investimentos		0	**Total Passivo Não Circulante**		**1.382**
Imobilizado		1.813	**Total Passivo**		**4.324**
Intangível		526			
Total Ativo Não Circulante		**2.639**	**Patrimônio Líquido**		**3.223**
Total do Ativo		**7.547**	**Total do Passivo e Patrimônio Líquido**		**7.547**

Ativos: Recursos Econômicos (como os recursos são alocados)

Reivindicações sobre os Recursos Econômicos (como os recursos são obtidos e a quem são destinados)

FIGURA 2.2 Balanço patrimonial consolidado adaptado da Renner.

dos ativos não é capaz de cobrir as dívidas totais assumidas pela entidade, o que pode causar prejuízos a credores e, consequentemente, aumentar o risco dos empréstimos.

> **QUESTÃO PARA DISCUSSÃO 2.1**
>
> Um pequeno empresário ficou em dúvida sobre o conceito de posição patrimonial e financeira e solicitou sua ajuda. Para ele, não está claro o motivo pelo qual o ativo é sempre igual à soma do passivo e do patrimônio líquido. Explique com suas palavras o motivo pelo qual o equilíbrio patrimonial será sempre atendido.

OBJETIVO 2

CONCEITOS FUNDAMENTAIS: ATIVO, PASSIVO E PATRIMÔNIO LÍQUIDO

Assista ao vídeo do autor sobre este tema

Ativos, passivos e patrimônio líquido são elementos do balanço patrimonial e, assim como as demonstrações financeiras, tais elementos são definidos pela estrutura conceitual da contabilidade (*conceptual framework*). Dessa forma, as definições vigentes são:

- **Ativo:** é um recurso econômico controlado pela entidade como resultado de eventos passados e representa direitos que deverão gerar benefícios futuros para a entidade.
- **Passivo:** é uma obrigação atual da entidade como resultado de eventos já ocorridos, cuja liquidação se espera que resulte na saída de recursos econômicos.
- **Patrimônio líquido:** é o valor residual dos ativos da entidade após a dedução de todos os seus passivos. Trata-se, portanto, de recursos residuais dos sócios, seja em decorrência do capital aportado na entidade ou dos lucros gerados.

Para que um ativo seja reconhecido (registrado) contabilmente, é necessário que haja mensuração monetária confiável de tais ativos. Disso decorre que grande parte dos ativos são normalmente mensurados a valores de aquisição (pelo menos no reconhecimento inicial do ativo), ou seja, valores históricos pagos ou acordados contratualmente a serem pagos.

EXEMPLO

Imagine, por exemplo, que uma empresa acaba de comprar um novo veículo para realizar entregas de mercadorias pelo valor de $ 90.000, sendo $ 50.000 pagos à vista (com transferência de dinheiro) e o restante ($ 40.000) será pago a prazo com prestações a pagar nos próximos meses.

Perceba que o valor de aquisição é de $ 90.000, então $ 50.000 reduziriam o valor disponível no caixa (ou bancos) da empresa e $ 40.000 gerariam uma obrigação de pagamento da empresa, portanto, um passivo. O valor de $ 90.000 ficará registrado na contabilidade até que o veículo seja vendido ou até que esteja tão desgastado que não tenha mais valor. Trata-se, portanto, do custo histórico como base de mensuração do valor dos ativos. Neste momento, o leitor deve se perguntar: "mas se o veículo começa a ser utilizado, a contabilidade não deveria registrar uma perda do valor ao longo do tempo?". A resposta é sim, deve, e a contabilidade faz tal registro por meio do conceito de depreciação, que será tratado em capítulo específico (imobilizado). Porém, o valor de $ 90.000 deverá ficar registrado até a venda ou desgaste total do bem (exceções a esta regra também serão tratadas em capítulo específico). Já alguns ativos, no entanto, podem ser mensurados com base em valores correntes (atuais), sendo mensurados pelo valor justo. Assim, o valor contábil pode variar para mais ou para menos de acordo com as condições atuais do mercado. São exemplos de tais ativos os instrumentos financeiros, os ativos biológicos e as propriedades para investimento. Tais especificidades serão tratadas ao longo deste livro.

Um elemento patrimonial pode apresentar diferentes bases de mensuração.

Perceba ainda que, no exemplo, para a aquisição do veículo, houve o sacrifício de uma parte do dinheiro que havia em caixa e a assunção de uma nova obrigação a pagar. Todas as operações econômicas (compra de novos ativos, pagamento de dívidas, aumento de capital, obtenção de empréstimos etc.) afetam a posição patrimonial e financeira da entidade. Logo, tais posições patrimoniais e financeiras são constantemente alteradas em função das diversas transações desenvolvidas pela empresa.

Tais transações são inerentes à natureza das atividades desenvolvidas pela entidade e podem ser derivadas de dois grandes grupos de eventos: os eventos internos, como a elaboração de mercadorias e produtos para serem vendidos, e os eventos externos, que representam todas as transações feitas com outros agentes relacionados com a empresa, como aquisição e venda de mercadorias, bens e serviços, obtenção e pagamento de empréstimos, obtenção de novos recursos de acionistas, pagamento de dividendos, salários, impostos etc.

Vale destacar que tanto a definição de ativo como a de passivo incluem a expressão "como resultado de eventos já ocorridos". Tais eventos são, portanto, derivados das transações realizadas pela entidade. Assim, um ativo e um passivo só podem existir se houver uma transação (ou evento econômico) associada à geração de um novo recurso controlado (ativo) ou uma nova obrigação (passivo).

Conforme pode ser observado no exemplo do balanço patrimonial apresentado da Lojas Renner S/A, tais transações são agrupadas de acordo com o efeito gerado na posição financeira da entidade através de **grupos de ativos e passivos** e das **contas contábeis**. No Quadro 2.1, apresenta-se um resumo dos exemplos típicos de contas contábeis utilizadas pelas empresas em geral.

Uma primeira grande divisão refere-se ao prazo em que se espera consumir ou realizar um recurso e ao prazo em que se espera liquidar uma obrigação. Assim, ativos que são utilizados ou consumidos em até um ano (doze meses) são chamados de **ativos circulantes**; já os recursos que serão realizados ou consumidos após esse prazo são chamados de **ativos não circulantes**. Assim, um ativo será classificado no circulante quando estiver mantido essencialmente com o propósito de ser negociado, ou quando se espera que o ativo seja realizado, vendido ou consumido em até um ano ou no decurso normal do ciclo operacional da entidade (quando este período for superior a um ano) ou, ainda, quando se refere ao próprio caixa ou equivalente de caixa (a menos que sua utilização seja vedada durante os próximos doze meses).

A divisão dos ativos é baseada na ordem de liquidez.

QUADRO 2.1 Exemplos de contas contábeis típicas

ATIVO	PASSIVO	PATRIMÔNIO LÍQUIDO
■ Caixa e equivalentes	■ Fornecedores (a pagar)	■ Capital social
■ Aplicações financeiras	■ Empréstimos e financiamentos	■ Reservas de capital
■ Contas a receber de clientes	■ Debêntures	■ Reservas de lucro
■ Estoques	■ Impostos a pagar	• Reserva legal
■ Outros valores a receber	■ Contas a pagar	• Reserva estatutária
■ Despesas antecipadas	■ Provisões	• Reserva para expansão
■ Impostos a recuperar	■ Dividendos a pagar	• Reserva para contingências
■ Investimentos	■ Receitas antecipadas	■ Dividendos adicionais propostos
■ Participações societárias	■ Adiantamento de clientes	■ Ajustes da avaliação patrimonial
■ Imobilizado		
• Veículos		
• Imóveis/edificações		
• Móveis e utensílios		
• Máquinas e equipamentos		
■ Ativos intangíveis		

Circulante e não circulante: uma primeira grande divisão refere-se ao prazo em que se espera consumir ou realizar um recurso e ao prazo em que se espera liquidar uma obrigação.

O mesmo ocorre com os passivos: aqueles que serão liquidados (pagos) dentro do prazo de um ano ou dentro do ciclo operacional são chamados de **passivos circulantes**; os que serão liquidados após esse período são chamados de **passivos não circulantes**. Assim, a divisão dos ativos é baseada na ordem de liquidez: ativos mais líquidos (conversíveis em caixa mais rapidamente) são apresentados em primeiro, sendo o ativo mais líquido o próprio caixa e seus equivalentes. Já os passivos seguem a ordem de exigibilidade: obrigações exigíveis mais rapidamente são apresentadas em primeiro.

É importante ressaltar o conceito de ciclo operacional e sua implicação para a classificação de ativos e passivos circulantes. O ciclo operacional pode ser definido como o período de tempo entre a aquisição de ativos para processamento e/ou venda e a sua posterior venda e realização financeira, ou seja, é o tempo médio que a operação de uma empresa demora para ocorrer. Na ampla maioria dos negócios, esse período costuma ser inferior a um ano. Isso significa que, para fins de classificação contábil de ativos e passivos circulantes, vale o período de um ano, que é o maior. Porém, em algumas situações específicas (por exemplo, atividade de construção de certos ativos), o ciclo operacional pode ser superior a um ano. Nesses casos, o período de um ano não é adequado para a apresentação dos ativos e passivos de curto prazo desse tipo de entidade, já que a sua operação tem duração superior a um ano. Por essa razão, nos casos em que o ciclo operacional é superior a um ano, utiliza-se o prazo do ciclo para fins de classificação de ativos e passivos entre curto e longo prazo.

Plano de contas consiste no agrupamento em rubricas, com diversos níveis hierárquicos, de contas contábeis.

Em sequência, após essa grande divisão entre circulantes e não circulantes, é possível agrupar contas contábeis de acordo com sua natureza. Por exemplo, uma empresa pode ter estoques de matéria-prima, de produtos em elaboração, de produtos acabados, de material de almoxarifado etc. E em todos os casos, é possível ter estoques de diversas matérias-primas, de diversos produtos acabados e assim por diante. Para efeito de publicação, no entanto, tais contas contábeis são normalmente agrupadas em uma única rubrica de publicação chamada "**estoque**". Assim, as rubricas de publicação poderão ser compostas por diversos níveis de agrupamentos, e tais contas e níveis hierárquicos de agrupamento são chamados de **plano de contas**. Portanto, as contas contábeis afetadas pelas transações representam o menor nível dentro de um plano de contas contábil.

QUADRO 2.2 Exemplo de plano de contas

CÓDIGO	CONTA
1	**ATIVO**
1.01	**ATIVO CIRCULANTE**
1.01.01	**CAIXA E EQUIVALENTES DE CAIXA**
1.01.01.01	**CAIXA E FUNDO DE CAIXA**
1.01.01.01.001	CAIXA
1.01.01.01.002	FUNDO FIXO
1.01.01.02	**BANCOS CONTA MOVIMENTO**
1.01.01.02.001	BANCO A
1.01.01.02.002	BANCO B
1.01.01.03	**APLICAÇÕES FINANCEIRAS DE LIQUIDEZ IMEDIATA**
1.01.01.03.001	BANCO A
1.01.01.03.002	BANCO B
1.01.02	**APLICAÇÕES FINANCEIRAS**
1.01.02.01	**AVALIADAS AO VALOR JUSTO POR MEIO DO RESULTADO**
1.01.02.02	**AVALIADAS PELO CUSTO**
1.01.02.02.001	APLICAÇÃO FINANCEIRA
1.01.02.02.002	(–) PERDAS ESTIMADAS PARA REDUÇÃO DO VALOR RECUPERÁVEL
1.01.03	**CONTAS A RECEBER E OUTROS CRÉDITOS**
1.01.03.01	**CLIENTES**
1.01.03.01.001	DUPLICATAS A RECEBER

Não há uma regra rígida para elaboração do plano de contas contábil (exceto em alguns segmentos com maior regulação, como as instituições financeiras, que possuem um plano de contas padronizado e definido pelo Banco Central do Brasil – órgão regulador de tais instituições), pois cada empresa deverá montar sua hierarquia de contas a partir de suas necessidades e características operacionais. O importante é que as contas contábeis estejam agrupadas de acordo com os elementos do ativo, passivo e patrimônio líquido que representam.

Para fins de publicação, evidentemente, não há necessidade de apresentação analítica das contas, mas apenas dos grandes grupos de contas.

Tipicamente, os elementos mais relevantes do balanço patrimonial podem ser assim resumidos:

Ativo

ATIVOS CIRCULANTES

De forma geral, um ativo é classificado como circulante quando for caixa ou equivalentes de caixa, ou se estiver mantido essencialmente com o propósito de ser negociado, ou quando se espera que o ativo seja realizado, vendido ou consumido no decurso normal do ciclo operacional da entidade ou em até 12 meses.

Assim, a divisão mais comum do ativo circulante é:

- **Caixa e equivalentes de caixa (disponibilidades):** representam os recursos existentes em caixa (dinheiro em espécie disponível) ou equivalentes de caixa, tais como saldo em bancos e em aplicações financeiras de curto prazo e alta liquidez. As aplicações financeiras devem ser classificadas como equivalentes de caixa sempre que esse recurso aplicado tiver como principal finalidade os pagamentos operacionais rotineiros (tais como pagamentos de funcionários, fornecedores, tributos etc.).
- **Aplicações financeiras:** são ativos representados substancialmente por aplicações de curto prazo em títulos de renda fixa ou de renda variável. Tais aplicações financeiras diferem daquelas classificadas em equivalentes

de caixa, pois podem não apresentar liquidez imediata ou podem não ser destinadas às atividades de pagamentos rotineiros.

- **Contas a receber de clientes:** compreendem os direitos ou valores a receber de terceiros, realizáveis (conversíveis) em dinheiro no exercício social em curso ou até o final do exercício subsequente (12 meses), decorrentes de vendas ou prestação de serviços ligados à operação da entidade. Referem-se, portanto, aos valores a receber derivados da atividade de venda a prazo ou a concessão de prazo para pagamentos de serviços.
- **Estoques:** registra as contas referentes às mercadorias destinadas à venda ou materiais destinados a produção, consumo ou venda. Exemplos de contas: mercadorias, matérias-primas, produtos em elaboração, produtos acabados e provisão para perdas.
- **Despesas pagas antecipadamente (despesas antecipadas):** contemplam as aplicações de recursos em despesas de períodos futuros, isto é, despesas já pagas com direito de utilização no futuro. Exemplos de contas: prêmios de seguro a apropriar, aluguéis pagos antecipadamente, assinaturas de jornais e revistas pagas antecipadamente etc.
- **Outros créditos:** compreendem outros direitos ou valores a receber de terceiros, realizáveis (conversíveis) em dinheiro nos próximos 12 meses.

ATIVOS NÃO CIRCULANTES

De forma geral, o ativo não circulante é composto por recursos que serão transformados em dinheiro em período superior a 12 meses (ou superior ao ciclo operacional, caso este seja maior do que 12 meses), que trarão benefícios à entidade por diversos anos, ou que a entidade não tenha intenção de converter em dinheiro ou de se desfazer.

Assim, a divisão mais comum do ativo não circulante é:

- **Ativo realizável a longo prazo:** recursos a receber de terceiros em que haja expectativa de serem transformados em dinheiro em período superior a 12 meses, a contar da data do encerramento do balanço patrimonial, e outros valores a receber derivados de vendas, adiantamentos ou empréstimos a sociedades coligadas ou controladas, diretores, acionistas ou participantes no lucro da companhia, que não constituírem negócios usuais na exploração do objeto da companhia.
- **Investimentos:** são participações societárias de caráter permanente, ou, ainda, recursos aplicados em bens que não estão ligados às atividades-fins da organização, como imóvel adquirido para renda (aluguel) ou obras de arte. São exemplos os investimentos em controladas, coligadas e outras participações de caráter permanente, obras de arte e propriedades para investimento.
- **Ativo imobilizado:** são os recursos destinados às atividades-fins da entidade sem que haja intenção de serem vendidos. Ou seja, são itens que irão tipicamente permanecer na empresa e gerar benefícios futuros por diversos períodos (mais um exercício social). Assim, devem ser incluídos todos os bens corpóreos (físicos) destinados à manutenção das atividades da organização ou exercidos com essa finalidade, como instalações, móveis e utensílios, máquinas, equipamentos, veículos, terrenos e edifícios.
- **Ativo intangível:** são os recursos não corpóreos destinados à manutenção das atividades da entidade, como *softwares*, direitos de exploração, direitos de concessão, marcas e patentes e fundo de comércio (ágio apurado em aquisições de outras entidades).

Passivo

PASSIVOS CIRCULANTES

De forma geral, o passivo circulante é composto por todas as obrigações presentes de uma entidade, cujo vencimento ocorra até 12 meses a partir da data do balanço. Os elementos do passivo circulante são normalmente os valores a serem pagos no futuro e são apresentados nas seguintes subdivisões:

- Empréstimos e financiamentos, bem como os respectivos encargos e juros a pagar.
- Valores a pagar a fornecedores por compra de mercadorias, bens e serviços.
- Salários e encargos a pagar.
- Impostos e contribuições a pagar/recolher.

- Dividendos a pagar.
- Outras contas a pagar.
- Outros passivos e provisões.

PASSIVOS NÃO CIRCULANTES

Possuem basicamente as mesmas contas e características do passivo circulante, exceto pelo fato de terem prazo de vencimento superior a 12 meses ou superior ao ciclo operacional da empresa a partir da data do balanço.

Patrimônio líquido

Representa o valor residual dos ativos após reduzidos os passivos, sendo, portanto, o montante de recursos da entidade que pode ser reivindicado pelos proprietários (acionistas ou quotistas). Na prática, o patrimônio líquido pode ser dividido basicamente entre os recursos entregues (aportados) pelos sócios e os lucros passados que ficam retidos na entidade, em forma de reservas ou incorporados ao próprio capital social. Assim, o patrimônio líquido será tipicamente composto por (i) recursos dos proprietários referentes aos investimentos realizados por eles em troca de ações, quotas ou outras participações (capital) e (ii) evolução normal da entidade, com a geração de lucros e sua acumulação como fonte (adicional) de financiamento.

QUESTÃO PARA DISCUSSÃO 2.2

Quais decisões podem ser tomadas a partir da composição da posição patrimonial de uma empresa?

A seguir, são apresentados e exemplificados transações e eventos que alteram a posição patrimonial e financeira da empresa (neste momento, ainda não serão apresentadas variações que impliquem a geração de resultado – lucro ou prejuízo –, pois tais variações serão objeto do próximo capítulo – demonstração da performance financeira).

OBJETIVO 3

ALTERAÇÕES DOS ELEMENTOS PATRIMONIAIS

As transações realizadas por uma entidade tendem a afetar seu patrimônio e sua posição financeira. Para que a contabilidade registre os efeitos das transações realizadas, é necessário analisar as características e os efeitos de cada transação na estrutura patrimonial da empresa. Dessa maneira, e como exemplificado no exemplo da compra de um veículo, **cada transação afeta pelo menos duas contas contábeis**, e os efeitos das transações não podem alterar a equação básica de que ativo = passivo + patrimônio líquido. Essa metodologia é chamada de **partidas dobradas**, isso porque, para a entidade receber algo, ela tipicamente abre mão de algo em contrapartida.

Cada transação afeta pelo menos duas contas contábeis.

No exemplo da conta do veículo por $ 90.000, a empresa abriu mão de caixa ($ 50.000) e assumiu uma nova obrigação ($ 40.000). Assim, para compreender como se dá esse processo de integração entre as transações realizadas pela organização e a evidenciação nas demonstrações contábeis, este capítulo mostra como as diversas transações afetam o balanço patrimonial.

Os efeitos das transações não podem alterar a equação básica de que ativo = passivo + patrimônio líquido.

EXEMPLO – CIA. ALLIGATOR

A Cia. Alligator foi constituída por cinco sócios em 30 de novembro do ano X0, mediante o aporte total de capital inicial de $ 500.000 ($ 100.000 de cada sócio) em uma conta bancária específica da empresa (disponibilidades de caixa). A empresa atuará no segmento de produção e comercialização de vestuário. Dessa maneira, o primeiro balanço da Cia. Alligator terá a seguinte formação patrimonial:

a) **30/nov. – Constituição da empresa com aporte de $ 500.000**

Cia. Alligator – Balanço Patrimonial em 30/11/X0

Ativo		Passivo e Patrimônio Líquido	
Ativo Circulante	500.000	**Patrimônio Líquido**	500.000
Disponibilidades	500.000	Capital social	500.000
Total do Ativo	500.000	**Total do Passivo + PL**	500.000

Note que os dois lados do Balanço, apesar de apresentarem o mesmo valor, estão dando informações diferentes: o lado direito demonstra a origem dos recursos, ou seja, de onde os recursos estão vindo, e, nesse caso, por enquanto, estão vindo exclusivamente dos sócios; e o lado esquerdo apresenta a aplicação dos recursos, isto é, onde os recursos que vieram dos sócios estão aplicados, e, nesse caso, também por enquanto, estão no caixa da empresa. Por maior que seja a lista de contas e valores que aparece dos dois lados, **essa lógica contábil sempre funciona, e isso decorre do método das partidas dobradas**.

Continuando com o exemplo, em 01/12/X0 a empresa adquiriu um pequeno imóvel para desenvolver suas atividades pelo valor de $ 380.000 com realização de pagamento à vista. Nesse caso, o caixa é reduzido em $ 380.000 e um novo ativo é registrado na conta de imóveis pelo mesmo valor, que integra o ativo não circulante, imobilizado. Assim, a posição patrimonial da empresa muda para:

b) **01/dez. – Aquisição de imóvel, à vista, por $ 380.000**

Cia. Alligator – Balanço Patrimonial em 01/12/X0

Ativo		Passivo e Patrimônio Líquido	
Ativo Circulante	120.000		
Disponibilidades	120.000		
Ativo Não Circulante	380.000	**Patrimônio Líquido**	500.000
Imobilizado (imóvel)	380.000	Capital social	500.000
Total do Ativo	500.000	**Total do Passivo + PL**	500.000

Perceba que, apesar de a composição do ativo mudar, não houve mudança no total do ativo nem na soma de passivo e PL, isso porque não houve nova origem de recursos, mas apenas a troca de um ativo (disponibilidade) por outro (imobilizado).

Em 03/12/X0, a empresa adquiriu um novo veículo para realizar entregas de mercadorias pelo valor de $ 90.000, sendo $ 50.000 pagos à vista (com transferência de dinheiro) e o restante ($ 40.000) a prazo, com prestações a pagar nos próximos dez meses por meio de financiamento direto com a fábrica. Assim, a nova situação patrimonial será:

c) **03/dez. – Aquisição de veículo por $ 90.000, sendo $ 50.000 à vista e $ 40.000 para pagamento futuro**

Cia. Alligator – Balanço Patrimonial em 03/12/X0

Ativo		Passivo e Patrimônio Líquido	
Ativo Circulante	70.000	**Passivo Circulante**	40.000
Disponibilidades	70.000	Financiamento veículo	40.000
Ativo Não Circulante	470.000		
Imobilizado (veículo)	90.000	**Patrimônio Líquido**	500.000
Imobilizado (imóvel)	380.000	Capital social	500.000
Total do Ativo	540.000	**Total do Passivo + PL**	540.000

Desta vez, tanto a composição quanto o total do ativo mudaram, com um aumento de $ 40.000 em relação à posição anterior. Isso se deve ao fato de que houve uma nova origem de terceiros (o valor remanescente a pagar pelo veículo), ou seja, trata-se de um novo recurso que teve como origem o próprio caixa e uma obrigação assumida (a pagar).

Em 11/12/X0, a empresa adquiriu mercadorias para seus estoques no valor total de $ 60.000, sendo metade pago à vista ($ 30.000) e metade a pagar aos fornecedores de mercadorias no prazo de 90 dias. Dessa forma, sai $ 30.000 do disponível e cria-se uma obrigação de $ 30.000, com a nova situação patrimonial sendo:

d) **11/dez. – Aquisição de mercadorias para estoque por $ 60.000, sendo $ 30.000 à vista e $ 30.000 para pagamento futuro**

Cia. Alligator – Balanço Patrimonial em 11/12/X0

Ativo		Passivo e Patrimônio Líquido	
Ativo Circulante	**100.000**	**Passivo Circulante**	**70.000**
Disponibilidades	40.000	Fornecedores	30.000
Estoques	60.000	Financiamento veículo	40.000
Ativo Não Circulante	**470.000**		
Imobilizado (veículo)	90.000	**Patrimônio Líquido**	**500.000**
Imobilizado (imóvel)	380.000	Capital social	500.000
Total do Ativo	**570.000**	**Total do Passivo + PL**	**570.000**

Novamente, tanto a composição quanto o total do ativo mudaram, com um aumento de $ 30.000 em relação à posição anterior. Isso aconteceu pois houve uma nova origem de terceiros (o valor remanescente a pagar pelos estoques), ou seja, trata-se de um novo recurso que novamente teve como origem o próprio caixa e uma obrigação assumida (a pagar).

Finalmente, a empresa percebeu que havia pouco recurso disponível em caixa para desenvolver as demais transações e, no dia 19/12/X0, obteve um empréstimo no valor de $ 150.000. Esse recurso foi imediatamente incorporado aos recursos disponíveis na conta bancária (disponibilidades) e será pago ao final de 24 meses (passivo não circulante, portanto). Assim:

e) **19/dez. – Obtenção de empréstimos no valor de $ 150.000**

Cia. Alligator – Balanço Patrimonial em 19/12/X0

Ativo		Passivo e Patrimônio Líquido	
Ativo Circulante	**250.000**	**Passivo Circulante**	**70.000**
Disponibilidades	190.000	Fornecedores	30.000
Estoques	60.000	Financiamento veículo	40.000
		Passivo Não Circulante	**150.000**
Ativo Não Circulante	**470.000**	Empréstimo bancário	150.000
Imobilizado (veículo)	90.000	**Patrimônio Líquido**	**500.000**
Imobilizado (imóvel)	380.000	Capital social	500.000
Total do Ativo	**720.000**	**Total do Passivo + PL**	**720.000**

Nesse caso, houve aumento de $ 150.000 nos totais de ativos e passivo + PL em relação à posição anterior. Isso se deve ao fato de que houve uma nova origem de terceiros (do empréstimo que foi disponibilizado em caixa).

A apresentação anterior do impacto das transações foi feita com a apresentação de cada balanço patrimonial após cada transação. Tal forma de apresentação é chamada de **balanços sucessivos**, e, apesar de didática para o entendimento da mecânica contábil, é pouco funcional na prática, pois as empresas podem se deparar com centenas ou até milhões de transações todos os dias.

Para tanto, a contabilidade desenvolve técnicas alternativas para representar e sistematizar as mutações na situação patrimonial de uma empresa. A seguir, veremos o processo de lançamento de operações em razonetes e em livros diários. Tal processo é baseado na sistemática de **débitos** e **créditos**, que, por sua vez, está fundamentada no **método das partidas dobradas**.

QUESTÃO PARA REFLEXÃO 2.1

Após a criação de uma empresa, as seguintes operações ocorreram:
- Aporte/integralização de capital no valor de $ 80.000 em dinheiro.
- Obtenção de empréstimo bancário no valor de $ 20.000.
- Aquisição de mercadorias à vista no valor de $ 5.000.
- Financiamento de um novo veículo no valor de $ 50.000.
- Aquisição de mercadorias a prazo no valor de $ 3.000.

Após as operações descritas, determine o valor do ativo, do passivo e do patrimônio líquido.

QUESTÃO PARA DISCUSSÃO 2.3

Por que é importante controlar todas as operações realizadas em uma empresa para fins contábeis? Quais decisões podem ser tomadas a partir das variações na posição patrimonial de uma empresa?

O PROCESSO DE REGISTRO CONTÁBIL

> A contabilidade utiliza o conceito de partidas dobradas baseadas em débitos e créditos para o registro das transações.

Para registrar as diversas transações realizadas por uma empresa de forma a documentar, organizar e sistematizar os respectivos impactos nas contas contábeis, a contabilidade utiliza o conceito de partidas dobradas baseadas em débitos e créditos. Atualmente, para grande parte das empresas, esse processo é automatizado, uma vez que as empresas frequentemente possuem sistemas de gestão que, ao registrarem uma transação – como a venda de uma mercadoria, por exemplo –, já fazem automaticamente os registros para fins contábeis. Ou seja, muitas vezes um vendedor que registra uma venda já está automaticamente realizando a contabilização dessa operação, mesmo sem saber desse fato.

Tal processo de registros das operações é comumente denominado **escrituração contábil** (*bookkeping process*, em língua inglesa) e refere-se ao ato de registrar as diversas transações em ordem cronológica em um livro contábil (normalmente o "livro diário" ou o "livro caixa", ou ambos). Trata-se, portanto, de um documento formal que deve ser mantido pela entidade para identificar e comprovar as características de qualquer transação efetuada pela entidade e que afete seu patrimônio ou sua posição financeira.

> O mecanismo de débitos e créditos deriva de uma convenção contábil. Consiste em uma terminologia adotada.

Como apresentado no modelo da Cia. Alligator, as diversas transações aumentavam ou diminuíam contas contábeis específicas sempre em contrapartida de alguma outra conta contábil, daí a ideia de "partidas dobradas" e da criação do **mecanismo de débitos e créditos**.

O mecanismo de débitos e créditos deriva de convenção contábil que assume que a somatória dos créditos é igual à somatória dos débitos. Assim, como devemos sempre ter em mente a equação básica de que ativo = passivo + patrimônio líquido, é natural esperar que:

$$\Sigma\ Débitos = \Sigma\ Créditos$$

> Se ativo = passivo + patrimônio líquido, então Σ débitos = Σ créditos.

Há duas formas principais de se demonstrar a evolução de débitos e créditos nas contas contábeis, a primeira é por meio de **razonetes (ou conta T)** e a segunda é por meio do **livro diário**.

Razonete (ou conta T)

O razonete ou conta T é um mecanismo didático utilizado para resumir e sistematizar os efeitos das diversas transações em cada conta contábil, de forma a determinar o saldo de cada conta no momento em que se desejar a fim de apurar os saldos contábeis e, consequentemente, a posição patrimonial e financeira da empresa.

> O razonete consiste em uma representação gráfica em formato de "T" para possibilitar a visualização do total de créditos e débitos de cada conta contábil.

Portanto, o razonete consiste em uma representação gráfica em formato de "T" para possibilitar a visualização do total de créditos e débitos de cada conta contábil, da seguinte forma:

Do lado esquerdo são registrados os débitos e do lado direito, os créditos. Dessa forma, temos:

Nome da Conta	
DÉBITOS	CRÉDITOS

Como mencionado, as contas do ativo aumentam com débitos e diminuem com créditos, enquanto as contas do passivo e do patrimônio líquido aumentam com créditos e diminuem com débitos. Assim, é possível descrevê-las da seguinte forma:

> As contas do ativo aumentam por meio de débitos e diminuem com créditos.

> As contas do passivo e do patrimônio líquido aumentam com créditos e diminuem com débitos.

Novamente, vale destacar que, conforme a equação básica de que ativo = passivo + patrimônio líquido, a somatória de débitos deve ser igual à somatória de créditos (Σ *Débitos* = Σ *Créditos*).

Muitas pessoas, porém, acabam enfrentando dificuldades ao entender essa metodologia de débitos e créditos por associarem que "crédito" é algo bom e "débito" é algo ruim. No entanto, essa ideia de bom ou ruim não se aplica à contabilidade, trata-se apenas de uma convenção contábil em busca de equilíbrio patrimonial. Assim, ocorre que, na "conta contábil caixa", por ser uma conta de ativo, qualquer aumento de saldo é representado por um débito e as reduções são representadas por créditos, o que é diferente do senso comum. **Para facilitar a compreensão, considere apenas que, em uma apresentação gráfica, débito é o lado esquerdo e crédito é o lado direito**.

EXEMPLO – CIA. ALLIGATOR

Operacionalização de débitos e créditos por razonetes

Retornando ao exemplo da Cia. Alligator, ela foi constituída em 30 de novembro do ano X0, mediante o aporte total de capital inicial de $ 500.000 em uma conta bancária específica da empresa (disponibilidades de caixa). Assim, essa transação (e também as demais) é representada em razonetes da seguinte forma:

a) **30/nov. – Constituição da empresa com aporte de $ 500.000**

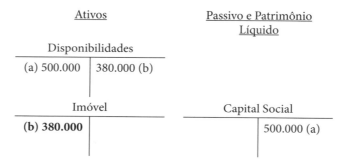

Ressaltamos novamente o cuidado que se deve tomar (especialmente nos primeiros contatos com a metodologia de débitos e créditos) para **não relacionar os termos "débito" e "crédito" ao sentido financeiro já conhecido. Aqui, débito significa lado esquerdo, e crédito, lado direito.**

Como a transação provocou um aumento do ativo, e o ativo é aumentado com débitos, então registramos um débito na conta de ativo, para aumentá-la. De forma análoga, do lado do PL, a transação também provocou um aumento, e como o PL é aumentado com créditos, consequentemente registramos um crédito na conta de PL, para aumentá-la também.

Esse mesmo raciocínio deve ser feito pelo leitor para as transações seguintes!

b) **01/dez. – Aquisição de imóvel, à vista, por $ 380.000**

c) **03/dez. – Aquisição de veículo por $ 90.000, sendo $ 50.000 à vista e $ 40.000 para pagamento futuro**

d) 11/dez. – Aquisição de mercadorias para estoque por $ 60.000, sendo $ 30.000 à vista e $ 30.000 para pagamento futuro

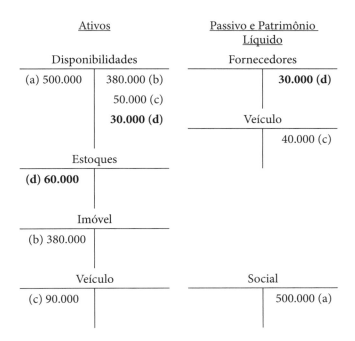

e) 19/dez. – Obtenção de empréstimos no valor de $ 150.000

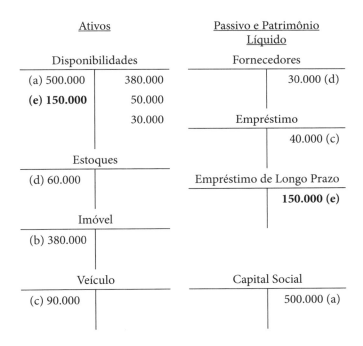

Após o conjunto de transações, no dia 19 de dezembro, a empresa teria os seguintes saldos:

Ativos		Passivo e Patrimônio Líquido	

Disponibilidades		Fornecedores	
(a) 500.000	380.000 (b)		30.000 (d)
(e) 150.000	50.000 (c)		**30.000**
	30.000 (d)		
190.000			

Estoques		Financiamento Veículo	
(d) 60.000			40.000 (c)
60.000			**40.000**

Imóvel		Empréstimo de Longo Prazo	
(b) 380.000			150.000 (e)
380.000			**150.000**

Veículo		Capital Social	
(c) 90.000			500.000 (a)
90.000			**500.000**

Σ Débitos = $ 720.000   Σ Créditos = $ 720.000

Percebe-se que, após toda a movimentação de saldos, o total de débitos é igual ao total de créditos ($ 720.000). Assim, com base nos saldos, é possível elaborar o balanço patrimonial da Cia. Alligator, que será:

Cia. Alligator – Balanço Patrimonial em 19/12/X1

Ativo		Passivo e Patrimônio Líquido	
Ativo Circulante	250.000	**Passivo Circulante**	70.000
Disponibilidades	190.000	Fornecedores	30.000
Estoques	60.000	Financiamento veículo	40.000
		Passivo Não Circulante	**150.000**
Ativo Não Circulante	470.000	Empréstimo bancário	150.000
Imobilizado (veículo)	90.000	**Patrimônio Líquido**	**500.000**
Imobilizado (imóvel)	380.000	Capital social	500.000
Total do Ativo	**720.000**	**Total do Passivo + PL**	**720.000**

Trata-se, portanto, do balanço patrimonial apresentado anteriormente. Porém, desta vez, não foi necessário elaborar diversos balanços intermediários para podermos apurar o balanço final.

Livro diário

A segunda forma de demonstração das transações registradas pela contabilidade é a escrituração com base em registros das transações no livro diário, que expressa o efeito das transações contábeis em débitos e créditos, porém sem apresentar a acumulação de saldos em uma conta específica.

VOCÊ SABIA?

A nomenclatura de "livro" presente até hoje no livro diário decorre das formas antigas de controle, antes do advento dos computadores, em que a contabilidade registrava manualmente as transações em um livro físico. Posteriormente, os registros passaram a ser feitos em sistemas, mas ainda era necessário imprimir os registros contábeis em formato de diário e encaderná-los, mantendo, desse modo, os livros físicos. Mais recentemente, felizmente e para o bem do meio ambiente, essa exigência não existe mais, assim, as empresas apenas mantêm arquivos eletrônicos no formato do livro diário, como se fosse um "e-book diário".

Retornando aos mesmos lançamentos da Cia. Alligator, os registros das transações seriam:

a) **30/nov. – Constituição da empresa com aporte de $ 500.000**

Data	Conta Contábil	Número de Referência	Débito	Crédito
30/nov	Disponibilidades	L001	500.000	
	a Capital Inicial			500.000

b) **01/dez. – Aquisição de imóvel, à vista, por $ 380.000**

Data	Conta Contábil	Número de Referência	Débito	Crédito
01/dez	Imóvel	L002	380.000	
	a Disponibilidades			380.000

c) **03/dez. – Aquisição de veículo por $ 90.000, sendo $ 50.000 à vista e $ 40.000 para pagamento futuro**

Data	Conta Contábil	Número de Referência	Débito	Crédito
03/dez	Veículo	L003	90.000	
	a Disponibilidades			50.000
	a Financiamento Veículo			40.000

d) **11/dez. – Aquisição de mercadorias para estoque por $ 60.000, sendo $ 30.000 à vista e $ 30.000 para pagamento futuro**

Data	Conta Contábil	Número de Referência	Débito	Crédito
11/dez	Estoques	L004	60.000	
	a Disponibilidades			30.000
	a Fornecedores			30.000

e) **19/dez. – Obtenção de empréstimos no valor de $ 150.000**

Data	Conta Contábil	Número de Referência	Débito	Crédito
19/dez	Disponibilidades	L005	150.000	
	a Empréstimo de Longo Prazo			150.000

Uma convenção muito comum utilizada na prática (e também no exemplo apresentado) é a utilização (ou não) da expressão "a" para indicar a conta creditada (ou debitada, no caso da sua ausência). Assim, observando o último registro (em 19/12), verificamos que a conta "disponibilidades" está sendo debitada (pois não começa com "a") e a conta "empréstimo de longo prazo" está sendo creditada (pois inicia com "a").

Perceba também que as transações são registradas com a indicação de quais contas foram afetadas e os respectivos valores. Não há, porém, como saber, por meio das transações do livro diário, o saldo das contas contábeis a cada específico dia ou após cada lançamento.

Quando há o registro de número de referência, a transação normalmente está associada a uma espécie de protocolo que descreve as transações. Trata-se de uma espécie de histórico ou descrição do lançamento contábil realizado.

Finalmente, é importante perceber que um crédito ou débito sempre gera efeitos e **pelo menos uma** outra conta contábil. Ou seja, existem lançamentos que podem ser desmembrados em diversas contas de débito ou de crédito, conforme será visto ao longo do livro. No entanto, **o saldo total de crédito e o saldo total de débito de cada lançamento deverão ser sempre iguais**, independentemente do número de contas afetadas.

Livro razão

Enquanto o razonete tem um forte apelo derivado da facilidade de uso didático, as empresas não trabalham com esse formato na prática, pois, como já dito, os sistemas informatizados facilitam sobremaneira o trabalho de escrituração contábil. Portanto, uma segunda forma de apresentação, alternativa (ou complementar) ao razonete, é o "razão" de uma conta. Trata-se de um papel de trabalho em que são registrados todos os lançamentos em uma determinada conta contábil durante um período.

E o livro diário seria o conjunto completo de todas as contas contábeis, organizado de modo a apresentar, para cada conta, os lançamentos contábeis efetuados em um determinado período.

Vejamos o exemplo da conta "disponibilidade" da Cia. Alligator, representada pela conta bancária:

Data	Conta Contábil: DISPONIBILIDADE Plano de Contas: 1.1.1.001	Número de Referência	Débito (aumento)	Crédito (redução)	Saldo
30/Nov	Aporte de capital pelos sócios	L001	500.000		500.000
01/Dez	Aquisição de imóvel	L002		380.000	120.000
03/Dez	Aquisição de veículo	L003		50.000	70.000
11/Dez	Aquisição de estoques	L004		30.000	40.000
19/Dez	Obtenção de empréstimo bancário	L005	150.000		190.000
...	...				...

Perceba que, enquanto o lançamento no livro diário descreve os lançamentos e todas as contas afetadas e em ordem cronológica (daí vem a lógica de um "diário"), o razão da conta "disponibilidades" apenas apresenta a parcela dos lançamentos que se refere à conta "disponibilidades", não sendo possível saber, por exemplo, qual o valor real do veículo e do estoque adquirido, uma vez que se refere apenas aos lançamentos com efeito caixa.

Assim, para que a contabilidade fosse vista de maneira integrada, de forma didática, teríamos que ter um razão com as mutações de saldo para cada conta contábil, o que pode tomar muito espaço e demandar muito tempo, além de um alto risco de se cometer erros. Na prática, com sistemas informatizados, o razão é um relatório bastante simples de ser obtido e confiável, porém, para fins didáticos, o razonete permite que se tenha uma visão integrada das contas, das transações e dos saldos de maneira muito mais simples. Por esse motivo, este livro e a maioria dos livros contábeis utilizam a metodologia de razonetes; porém, na prática, é muito mais comum a análise dos razões das contas contábeis para fins de conferência e detalhamento.

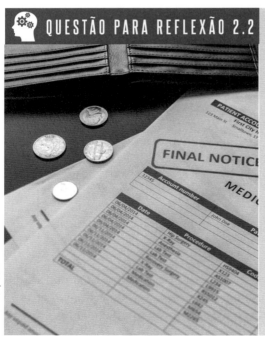

QUESTÃO PARA REFLEXÃO 2.2

Uma empresa iniciou o mês de janeiro de 2019 com $ 230.000 em caixa (disponibilidades). Durante o mês, a empresa realizou as seguintes atividades:

- Compra à vista de mercadorias para revenda por $ 8.300.
- Aquisição de um veículo por $ 53.000, sendo $ 30.000 à vista e o restante a pagar nos meses futuros.
- Obtenção de empréstimos bancários no valor de $ 15.000 para pagamento em 180 meses e primeira parcela a pagar em fevereiro de 2019.
- Financiamento integral de uma nova máquina no valor total de $ 160.000 com prazo de 2 anos para pagamento e com 60 dias de carência para o pagamento da primeira parcela.
- Compra de lote de mercadorias para revenda por $ 95.000, sendo $ 25.000 à vista e o restante a prazo.
- Os sócios aumentaram o capital da empresa por meio da entrega de um imóvel no valor de $ 360.000.

Qual o saldo de caixa no final do mês de janeiro de 2019?

QUESTÃO PARA DISCUSSÃO 2.4

Por que diversas operações associadas à posição patrimonial não afetam o total do ativo? Cite o maior número de exemplos de operações que não afetam o total do ativo.

RESUMO

OBJETIVO 1 — O balanço patrimonial refere-se a uma apresentação de equilíbrio da posição financeira e patrimonial de uma entidade. O equilíbrio se dá entre os recursos econômicos à disposição da entidade (ativos) e as reivindicações sobre tais recursos, que podem ser de terceiros (passivos) e dos proprietários (patrimônio líquido). Assim, a posição financeira de uma entidade pode ser entendida como o conjunto de recursos econômicos a sua disposição e as respectivas reivindicações sobre esses recursos.

OBJETIVO 2 — Ativos são recursos econômicos à disposição de uma entidade que irão gerar benefícios econômicos futuros para a entidade. Já as reivindicações representam exigibilidades sobre os ativos (sobre os recursos econômicos). Assim, os passivos são obrigações presentes da entidade e representam a parcela dos ativos que cabe a terceiros por meio de obrigações já assumidas pela entidade, enquanto o patrimônio líquido, por definição, representa a parcela residual da entidade.

OBJETIVO 3 — As transações realizadas por uma entidade tendem a afetar seu patrimônio e sua posição financeira. Para que a contabilidade registre os efeitos das transações realizadas, é necessário analisar as características e os efeitos de cada transação na estrutura patrimonial da empresa. Dessa maneira, cada transação afeta pelo menos duas contas contábeis e os efeitos das transações não podem alterar a equação básica de que ativo = passivo + patrimônio líquido. Essa metodologia é chamada de partidas dobradas.

OBJETIVO 4 — O processo de registro das operações é comumente denominado escrituração contábil e refere-se ao ato de registrar as diversas transações em ordem cronológica em um livro contábil. As diversas transações que aumentam ou diminuem as contas contábeis específicas vêm sempre acompanhadas de alguma outra conta contábil, daí a ideia de "partidas dobradas" e da criação do mecanismo de débitos e créditos, todavia o valor total dos débitos deve ser equivalente ao valor total dos créditos. Há duas formas principais de se demonstrar a evolução de débitos e créditos nas contas contábeis, a primeira é por meio de razonetes (ou conta T) e a segunda é por meio do livro diário ou razão.

APLICANDO CONHECIMENTOS – QUESTÕES PARA RESOLVER

DILEMA ÉTICO

Um empresário pretende expandir as atividades de sua empresa e está procurando obter novos recursos via empréstimo com um banco. Porém, no atual estado de sua empresa, ele teria dificuldades em conseguir novos recursos, visto que os bancos desejam que o valor dos ativos seja elevado, pois isso geraria maiores garantias para os próprios bancos.

Tendo isso em vista, o empresário realizou um grande pedido de mercadorias para um de seus fornecedores. Tal pedido era de um valor bastante expressivo para a empresa e ele acordou com o fornecedor que a entrega das mercadorias fosse feita ao longo dos próximos doze meses e o pagamento das mercadorias ocorreria assim que os produtos fossem entregues. Dessa forma, tendo a ordem do pedido em mãos, o empresário pediu para que o contador fizesse uma entrada de estoques (débito em estoques) e um aumento da conta de fornecedores (crédito em fornecedores). O contador, inicialmente, achou estranho e questionou o empresário, mas, segundo o que o empresário havia lido em seu curso de graduação, os ativos são recursos derivados de eventos passados e, assim como os passivos, são obrigações derivadas de eventos passados, portanto, a realização do pedido e a emissão de uma ordem de produção embasariam contabilização dos ativos.

Com base na contabilização efetuada, o empresário levou o novo balanço ao banco e obteve o empréstimo necessário, alegando que os estoques poderiam servir como garantia para o banco.

Você concorda com o procedimento adotado pelo empresário e pelo contador? Justifique. Na qualidade de analista de crédito do banco, você acha correto o procedimento adotado? O que o analista poderia fazer ante a situação?

CASO PARA DISCUSSÃO

Trecho extraído e adaptado de: *Venda de ativos pode ser saída para empresas driblarem crise econômica*

Estudo da EY (Ernst & Young) aponta que 54% das firmas projetam aumentar o "desinvestimento" neste ano; 12% das companhias usaram os fundos gerados pela última venda de ativos para pagar dívidas.

A venda de ativos não estratégicos (ou desinvestimento) é apontada como uma saída para as empresas gerarem caixa e fazerem frente aos gastos ou ganharem eficiência em momentos de crise econômica. A solução é dolorosa, porém muitas vezes necessária para a saúde financeira da companhia, principalmente diante de cenários como o enfrentado atualmente pelo Brasil. [...] "Dói muito no bolso e no ego do empresário. Ele pode ter adquirido um ativo por R$ 1 milhão, por exemplo, e ter que vender por R$ 400 mil. A decisão que a empresa precisa tomar é se vale a pena vender o ativo com preço abaixo de mercado para fazer caixa ou ficar sentado em cima desse ativo e esperar a situação melhorar".

As empresas devem buscar, preferencialmente, vender os ativos que não façam parte do *core business* (negócio principal). [...] A venda de ativos pode vir de frentes como a redução da frota da empresa, a venda de plantas de baixa eficiência e a mudança para prédios administrativos menores.

O balanço patrimonial mostra a disponibilidade de recursos à disposição da empresa (ativos) e as reivindicações sobre tais recursos (passivos e patrimônio líquido). Como o balanço patrimonial pode ajudar empresários a tomarem decisões sobre a obtenção de novas dívidas para investir em novos projetos e, simultaneamente, ajudar empresários a decidirem se irão vender ativos para o pagamento de dívidas? Em sua opinião, existe um nível considerado "mais adequado" de comprometimento dos ativos com obrigações junto a terceiros? Por que a geração de caixa é importante para as empresas? Quais as consequências de uma posição (saldo) de caixa inadequada?

Fonte: GARCIA, Pedro. *Jornal DCI*, 1º abr. 2015.

TESTES

OBJETIVO 1

1. Matematicamente, o patrimônio líquido pode ser expresso por
   a) PL = Ativo − Passivo.
   b) PL = Passivo − Ativo.
   c) PL = Ativo + Passivo.
   d) PL = Ativo = Passivo.
   e) PL = Valor da empresa na bolsa de valores.

OBJETIVO 1

2. (CFC 01/2000 – Adaptada) O balanço patrimonial na data de sua elaboração é uma demonstração contábil que reflete uma situação
   a) estática.
   b) dinâmica.
   c) transitória.
   d) permanente.

OBJETIVO 2

3. Quais dos seguintes itens não é um ativo:
   a) Investimentos
   b) Terrenos
   c) Despesas antecipadas
   d) Capital social

OBJETIVO 2

4. (FCC – 2012 – MPE-AP – Analista Ministerial) No ativo, as contas serão dispostas

a) pelo valor presente líquido de liquidação.
b) pela capacidade de gerar receitas futuras.
c) em ordem decrescente de grau de liquidez.
d) em direitos e obrigações para com os acionistas.
e) pelo valor de aquisição atualizado monetariamente.

OBJETIVO 2

5. Ao final de um determinado ano, o passivo total de uma empresa é de $ 150.000, as reservas de lucros retidos é de $ 80.000 e o capital social é $ 35.000. Qual o total de ativos a ser reportado no balanço patrimonial?

a) $ 290.000
b) $ 265.000
c) $ 205.000
d) $ 15.000

OBJETIVO 2

6. Sobre o conceito de ativo, é correto afirmar que

a) É o mesmo que o capital próprio de uma entidade, sendo constituído do capital social que os sócios investiram nela.
b) É um recurso controlado pela entidade como resultado de eventos passados e do qual se espera que resultem futuros benefícios econômicos para a entidade.
c) É o mesmo que o patrimônio positivo da organização, pois por meio dele a entidade mostra que está ativa no mercado, sendo o nome derivado desta definição.
d) É a demonstração de todas as transações realizadas pela entidade, desde que essas sejam da atividade principal e representem o conjunto de bens e direitos.
e) Representam direitos da entidade para com seus credores/devedores, como bancos, dos quais recebeu empréstimos, e clientes, que pagarão a prazo.

OBJETIVO 2

7. Se uma empresa busca aumentar seu valor de mercado percebido pelos investidores, a empresa estará mais inclinada a subestimar qual dos seguintes itens do balanço patrimonial:

a) Ativos
b) Passivos
c) Lucros retidos
d) Capital social aportado

OBJETIVO 3

8. A metodologia contábil de partidas dobradas pode ser mais bem descrita como:

a) Quando uma transação é registrada contabilmente, tal transação terá ao menos dois efeitos na equação contábil.
b) Quando uma operação de troca de produtos entre duas partes ocorre, as duas entidades deverão registrar tal transação.
c) Quando uma transação é registrada, tanto balanço patrimonial quanto demonstração de resultados serão afetados.
d) Quando uma transação é registrada, uma conta contábil irá sempre aumentar e outra conta irá sempre diminuir.

OBJETIVO 2

9. (CFC 1/2012 – Adaptada) Assinale a opção que apresenta apenas itens registráveis no ativo não circulante:

a) Despesas pagas antecipadamente, marcas e patentes e estoques.
b) Investimentos em controladas e coligadas, imóveis destinados ao uso, imóveis para aluguel.
c) Estoques, aplicações financeiras classificadas como equivalentes de caixa, imóveis destinados ao uso.
d) Aplicações financeiras classificadas como equivalentes de caixa, imóveis destinados ao uso, imóveis para aluguel.
e) Saldos a receber de clientes até doze meses da data do balanço, investimentos em controladas e coligadas, estoques.

OBJETIVO 3

10. (CFC 1/2018) Observe a seguir as representações gráficas da situação patrimonial das empresas Alfa e Beta em dois momentos subsequentes. Considerando as modificações nos elementos básicos dos balanços patrimoniais representados anteriormente, marque V para as afirmativas verdadeiras e F para as falsas.

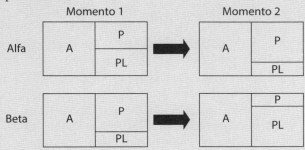

( ) No Momento 2 a empresa Alfa reverteu um passivo contingente que estava anteriormente reconhecido no Momento 1.
( ) No Momento 2 a empresa Beta realizou uma operação de financiamento para aquisição de novos ativos.
( ) Ao contrário da empresa Alfa, a empresa Beta reduziu significativamente seu endividamento em relação ao patrimônio líquido.

A sequência está correta em

a) V, V, F.
b) V, F, V.
c) F, V, F.
d) F, F, V.

OBJETIVO 2

11. (CFC 1/2018) Em determinado período, a empresa Dom Casmurro Comercial apresentou a seguinte estrutura patrimonial:

Capital Social	262.000	Duplicatas a receber	84.500
Fornecedores	300.000	Banco	99.500
Caixa	50.000	Estoques	70.000
Empréstimos a pagar (longo prazo)	100.000	Móveis e utensílios	19.000
Salários a pagar	24.000	Veículo	45.000
Terrenos	230.000	Edificações	88.000

Com base nos dados anteriores, os valores de Ativo Circulante, Passivo Não Circulante e Patrimônio Líquido são, respectivamente:

a) 686.000,00; 100.000,00; e 262.000,00.
b) 304.000,00; 100.000,00; e 424.000,00.
c) 304.000,00; 100.000,00; e 262.000,00.
d) 686.000,00; 124.000,00; e 262.000,00.

OBJETIVO 2

12. (CFC 01/2000 – Adaptada) Marque a alternativa que reúne características fundamentais do ativo imobilizado:

a) Destina-se à venda e é utilizado na atividade operacional.
b) Não destina-se à venda e é utilizado na atividade operacional.
c) Destina-se à venda e não é utilizado na atividade operacional.
d) Destina-se a operações de aluguel ou venda.
e) Não destina-se à venda e não é utilizado na atividade operacional.

OBJETIVO 2

13. (CFC 1/2018) De acordo com a Estrutura Conceitual Básica da contabilidade brasileira, um ativo pode ser considerado como circulante em determinadas ocasiões. Das situações a seguir, qual NÃO condiz com a classificação de ativo circulante?

a) Quando o ativo está mantido essencialmente com o propósito de ser negociado.
b) Quando espera-se que o ativo seja realizado, ou pretende-se que seja vendido ou consumido no decurso normal do ciclo operacional da entidade.
c) Quando o ativo é caixa ou equivalente de caixa, a menos que sua troca ou uso para liquidação de passivo se encontre vedada durante pelo menos doze meses após a data do balanço.
d) Quando o ativo representar direitos que tenham por objeto bens corpóreos destinados à manutenção das atividades da companhia ou da empresa ou exercidos com essa finalidade, inclusive os decorrentes de operações que transfiram à companhia os benefícios, riscos e controle desses bens.

OBJETIVO 4

14. (CFC 1/2018) A empresa Exemplo Ltda. obtém um empréstimo bancário em uma instituição financeira, no valor de R$ 120.000,00, a ser pago em 120 parcelas de R$ 1.000,00. O primeiro pagamento será efetuado no prazo de 30 dias, e os demais seguirão nos meses seguintes. A empresa efetua o registro contábil da operação de empréstimo na data da operação.

Qual o efeito do registro contábil na data da operação?

a) Diminui o ativo.
b) Mantém inalterado o ativo.
c) Altera o resultado do exercício.
d) Mantém inalterado o patrimônio líquido da empresa.

OBJETIVO 2

15. (CFC 1/2018) Os atos praticados pelos administradores ou donos da empresa, que afetam o patrimônio empresarial, são denominados Fatos Administrativos ou Contábeis. Tais fatos geram transações que necessitam ser registradas por meio de lançamentos contábeis. Em determinado período, a empresa Madame *Bovary* apresentou alguns fatos contábeis:

Fato	Valor
Entrada de capital inicial em dinheiro	1.800
Depósito bancário	800
Compra de estoques para revenda, a prazo	600
Pagamento a fornecedores com transferência bancária	200
Aumento de capital com terreno	1.000

Com base nos dados anteriores, os valores de ativo, passivo e patrimônio líquido são, respectivamente:

a) 3.200; 400; e 2.800.
b) 3.200; 2.800; e 400.
c) 3.200; 400; e 1.000.
d) 2.800; 3.200; e 1.000.

Respostas: 1-a; 2-a; 3-d; 4-c; 5-b; 6-b; 7-b; 8-a; 9-b; 10-d; 11-c; 12-b; 13-d; 14-d; 15-a.

EXERCÍCIOS

OBJETIVO 1

1. Quais as principais características e os principais componentes do balanço patrimonial?

OBJETIVO 1

2. Quais as principais informações que podem ser extraídas do balanço patrimonial? Cite alguns dos usuários da informação apresentada no balanço patrimonial e algumas de suas decisões que podem ser obtidas a partir da análise dessa demonstração.

OBJETIVO 2

3. Defina ativo, passivo e patrimônio líquido.

OBJETIVO 2

4. O que é uma conta contábil? Como as contas contábeis são organizadas?

OBJETIVO 2

5. Dê exemplos de transações econômicas e financeiras e explique como elas afetam as posições patrimonial e financeira da entidade.

OBJETIVO 3

6. O que significa o método das partidas dobradas? Por que ele é importante para a contabilidade?

OBJETIVO 3

7. Cite exemplos de transações que afetam:

a) simultaneamente ativos e passivos
b) simultaneamente ativos e patrimônio líquido
c) apenas ativos

OBJETIVO 3

8. Qual o efeito na posição patrimonial de uma entidade para uma transação de compra de estoques com parte do pagamento à vista e parte do pagamento a prazo?

OBJETIVO 4

9. O que são os razonetes, qual sua importância para se entender o impacto das transações no patrimônio da entidade?

OBJETIVO 4

10. O que o livro diário registra e quais as informações que podem ser obtidas por meio de sua análise? E quanto ao "razão", qual sua vantagem em relação ao registro diário da operação?

EXERCÍCIOS ADICIONAIS

OBJETIVO 2 OBJETIVO 3

1. No espaço disponível, classifique as seguintes contas contábeis, de acordo com a legenda:

AC – Ativo circulante
PC – Passivo circulante
PL – Patrimônio líquido
ANC – Ativo não circulante
PNC – Passivo não circulante

(1) _____ Investimentos de longo prazo
(2) _____ Provisões (após 1 ano)
(3) _____ Contas a pagar (até 1 ano)
(4) _____ Dividendos a pagar (até 1 ano)
(5) _____ Estoques
(6) _____ Capital social
(7) _____ Máquinas e equipamentos
(8) _____ Empréstimos (após 1 ano)
(9) _____ Intangível
(10) _____ Caixa e equivalentes
(11) _____ Contas a receber (até 1 ano)
(12) _____ Veículos

OBJETIVO 3 OBJETIVO 4

2. Para cada transação a seguir, indicar qual o tratamento contábil conforme o exemplo:

Transação: Compra à vista de veículo por 50.000
Resposta → Débito: Veículo (ativo imobilizado)   50.000
           Crédito: Caixa e equivalentes   50.000

a) Obtenção de empréstimo de $ 80.000, a pagar após 12 meses.
b) Compra de mercadorias para estoque por $ 90.000, sendo 50% à vista e o restante a prazo.
c) Aumento de capital com a entrega de um imóvel com valor de $ 400.000.
d) Financiamento de uma nova máquina por $ 30.000 com pagamento em até 12 meses.

OBJETIVO 3 OBJETIVO 4

3. A Cia. Fantástica iniciou suas atividades em 01/02/X0 e apresentou as seguintes transações durante o mês de fevereiro:

1) Em 01/02 – Constituição da empresa com a integralização de capital em dinheiro, depositado em conta bancária, no valor de $ 300.000.
2) Em 03/02 – Aquisição de um veículo por $ 55.000, com pagamento à vista.
3) Em 04/02 – Aquisição de máquinas, equipamentos, móveis e utensílios operacionais no valor total de $ 150.000, sendo $ 50.000 pago à vista e o restante por meio de financiamento a pagar nos próximos 12 meses.
4) Em 18/02 – Aquisição de estoques por $ 70.000, sendo 50% pago à vista e o restante a pagar nos próximos meses.
5) Em 29/02 – Obtenção de um empréstimo no valor de $ 20.000, com pagamento nos próximos 6 meses.

Pede-se: elabore o balanço patrimonial após cada transação.

OBJETIVO 3 OBJETIVO 4

4. A Cia. Turiassu foi fundada em 01/12/X0 e apresentou as seguintes transações durante o mês de dezembro:

1) Em 01/12 – Constituição da empresa com a integralização de capital em dinheiro, depositado em conta bancária, no valor de $ 800.000.
2) Em 03/12 – Aquisição de um imóvel para desenvolvimento das atividades operacionais por $ 550.000, com pagamento à vista.
3) Em 04/12 – Aquisição de máquinas e equipamentos operacionais por meio de financiamento junto a um banco comercial no valor de $ 200.000.
4) Em 20/12 – Aquisição de veículo, pago à vista, por $ 70.000.
5) Em 21/12 – Aquisição de estoques por $ 50.000, sendo 50% pago à vista e o restante a pagar nos próximos 5 meses.
6) Em 29/12 – Obtenção de um empréstimo no valor de $ 60.000, para financiamento do capital de giro da empresa. O pagamento ocorrerá ao final dos próximos 10 meses.
7) Em 30/12 – Pagamento da primeira parcela do financiamento das máquinas e equipamentos, no valor de $ 13.000.

Pede-se: efetue os lançamentos em razonetes e apure a posição final do balanço em 31/12/X0.

3

Assista ao vídeo do autor sobre o tema deste capítulo

PERFORMANCE FINANCEIRA: A DEMONSTRAÇÃO DE RESULTADO

"Alta do dólar encarece matéria-prima e pressiona margem de lucro da indústria

Moeda americana subiu 18% no 1º semestre, pressionando as margens de lucro, que já estavam apertadas; estudo indica que, se aumentos fossem repassados, inflação de manufaturados ao consumidor estaria em 3,5% e não em 1,9%.

A alta de 18% do dólar no primeiro semestre fez subir os custos com matéria-prima e investimentos, principalmente na indústria, num momento em que as empresas já estão com pouca gordura para queimar. Isso pode levar as companhias a adiar investimentos e contratações.

A valorização do dólar encarece a compra de insumos importados ou cotados na moeda americana. Em condições normais, as empresas reajustariam preços, mantendo seus ganhos e acelerando a inflação ao consumidor. Só que, no quadro atual, por causa da grande recessão de 2014 a 2016 e à recuperação ainda lenta da economia, as famílias estão consumindo menos.

As empresas já estão absorvendo altas de custos porque há um descompasso entre a inflação de bens industriais no atacado e os preços ao consumidor. [...] As indústrias estão diante de uma "escolha de Sofia": se reajustam os preços finais, podem vender menos e perder mercado, mas a opção de reduzir o lucro para absorver a alta de custos depende da situação financeira de cada empresa.

Manter uma margem de lucro mínima é importante para que as empresas tenham condições de investir e contratar. Os lucros são a principal fonte de financiamento dos investimentos nas empresas e que parte importante do maquinário é importada."

Fonte: Adaptado de NEDER, Vinicius. *O Estado de S.Paulo*, 17 jul. 2018.

OBJETIVOS DE APRENDIZAGEM DO CAPÍTULO

Após estudar este capítulo, você será capaz de:

1. Entender os conceitos fundamentais de Performance Financeira, Demonstração dos Resultados, Receitas e Despesas.
2. Entender os conceitos, os objetivos e a estrutura da Demonstração do Resultado do Exercício (DRE).
3. Estudar a mecânica dos lançamentos contábeis de receitas e despesas em razonetes.
4. Compreender as implicações do Regime de Competência.
5. Estudar receitas e despesas à vista, a prazo e antecipadas.

PERFORMANCE FINANCEIRA, DEMONSTRAÇÃO DO RESULTADO, RECEITAS E DESPESAS

Conceitos iniciais

A performance financeira das entidades é, provavelmente, o mais importante conceito para investidores, credores e demais tomadores de decisão. A performance financeira (ou desempenho financeiro) refere-se ao resultado obtido por uma entidade durante um determinado período no curso normal de suas atividades operacionais.

A demonstração do resultado é o relatório contábil responsável por apresentar a medida de performance baseada no resultado (lucro ou prejuízo) de um período, bem como os componentes do resultado: receitas e despesas. O resultado contábil auxilia, portanto, os usuários da informação contábil a, por exemplo, calcular o retorno do investimento, o resultado por ação, ou a estimar os potenciais fluxos de caixa futuros de uma entidade.

Apesar de demonstrações distintas, demonstração de resultado e balanço patrimonial estão intimamente relacionados e devem ser considerados como complementares. Isso porque, como visto no capítulo anterior, o patrimônio líquido é definido como o valor residual dos ativos, após deduzidos os passivos e, do ponto de vista contábil, o resultado de um exercício é definido em termos de variações no patrimônio líquido da entidade que não aquelas relacionadas com aportes (emissão de novas ações ou quotas) ou distribuição de capital (pagamento de dividendos). Para ilustrar, veja a dinâmica entre balanço patrimonial e demonstração de resultado na Figura 3.1.

A demonstração do resultado é o relatório contábil responsável por apresentar a medida de performance baseada no resultado (lucro ou prejuízo) de um período.

O resultado de um exercício é definido em termos de variações no patrimônio líquido da entidade que não aquelas relacionadas com aportes ou distribuição de capital.

Ou seja, a demonstração do resultado faz a ponte entre dois balanços patrimoniais (do início e do final do período). Portanto, as variações ocorridas no patrimônio líquido em um determinado período são oriundas da diferença entre receitas e despesas (exceto eventuais aportes de capital ou retirada de lucros, que afetam o patrimônio líquido, mas não alteram o resultado). Em outras palavras, balanços são fotos, ou seja, posições estáticas em uma determinada data, e resultados são vídeos, isto é, representações dinâmicas do que ocorreu em um período de tempo.

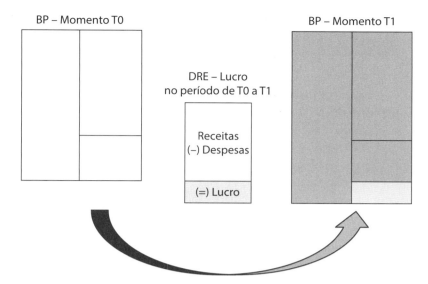

FIGURA 3.1 Dinâmica entre balanço patrimonial e demonstração de resultado.

Além disso, a demonstração do resultado não somente evidencia o resultado *per se* (lucro ou prejuízo), mas mostra **como esse resultado foi gerado**, ou seja, quais os principais componentes responsáveis pela variação do patrimônio líquido.

Dessa forma, a demonstração do resultado resume as transações que levaram a empresa a apresentar lucro ou prejuízo e, portanto, o principal objetivo dessa demonstração é mensurar e reportar quanto de resultado (lucro ou prejuízo) a entidade apurou durante um determinado período, bem como evidenciar como esse resultado foi gerado, ou seja, apresentar os seus componentes.

O período em que o lucro ou prejuízo é apurado é chamado de **período contábil**, que pode variar em função de regulamentação ou de decisão da empresa. Por exemplo, como visto, todas as sociedades anônimas precisam elaborar relatórios anualmente, assim, no relatório anual, o período contábil é de um ano – daí a frequente denominação "demonstração do resultado do exercício – DRE"; essa seria a regra geral para fins de elaboração das demonstrações financeiras. Porém, as sociedades anônimas de capital aberto (empresas listadas no mercado de capitais) precisam divulgar informações trimestralmente, nesse caso, o período contábil é de três meses. Há ainda entidades que apuram (e divulgam) o resultado em bases semestrais (como algumas instituições financeiras) ou entidades que apuram resultados em bases mensais, especialmente para fins gerenciais ou, em alguns casos, por conta de agentes reguladores, como as instituições bancárias.

A demonstração do resultado resume as transações que levaram a empresa a apresentar lucro ou prejuízo e, portanto, o principal objetivo da demonstração do resultado é mensurar e reportar quanto de resultado.

Basicamente, temos as receitas, que representam aumentos do patrimônio líquido, e as despesas, que representam as reduções do patrimônio líquido. A estrutura conceitual da contabilidade define receitas e despesas, como se segue:

- **Receitas:** são aumentos de ativos ou diminuição de passivos, que resultam em aumentos do patrimônio líquido, e que não estejam relacionados à contribuição dos proprietários (aporte de capital dos detentores de instrumentos patrimoniais). São exemplos de receitas: vendas de mercadorias, serviços prestados, juros recebidos etc.

- **Despesas:** são reduções de ativos ou aumentos de passivos, que resultam em reduções do patrimônio líquido, e que não estejam relacionados com distribuições aos proprietários (pagamentos de dividendos aos detentores dos instrumentos patrimoniais). São exemplos de despesas: salários e encargos do período, despesas com aluguel, seguros, propaganda, juros incorridos etc.

As definições de receitas e despesas já indicam o efeito provocado na posição financeira e patrimonial.

Como pode ser percebido, as próprias definições de receitas e despesas já indicam o efeito provocado na posição financeira e patrimonial. Tipicamente, uma receita proveniente de vendas de mercadorias, por exemplo, tem impacto direto no caixa (quando o recebimento pela venda é realizado à vista) ou em valores a serem recebidos (quando o recebimento pela venda é realizado a prazo). Logo, a receita gera, simultaneamente, um aumento no patrimônio líquido e um aumento no ativo (caixa ou contas a receber de clientes).

Regime de competência: registra as receitas quando geradas (ou "ganhas") e as despesas quando incorridas, independente do momento do recebimento ou do pagamento em caixa.

Da mesma forma, as despesas são consumos de recursos para se gerar receitas e que geram redução no patrimônio líquido e redução de ativos ou aumento de passivos. Por exemplo, o aluguel de uma impressora utilizado durante um mês é uma despesa que reduz o resultado (e, portanto, o patrimônio líquido) e diminui caixa, caso o aluguel tenha sido pago no decorrer do mês. Caso a entidade tenha utilizado a impressora e, ao final do mês, não realizou ainda o pagamento devido, a entidade terá uma despesa, porém com um valor a pagar associado, logo, uma obrigação a pagar, que, como visto anteriormente, está configurado no passivo. Assim, a equação geral para um determinado período é simples:

RESULTADO = RECEITAS – DESPESAS

Pelos parágrafos anteriores, é possível verificar que tanto as receitas como as despesas não precisam ser recebidas ou pagas para que sejam reconhecidas pela contabilidade, basta que haja uma **transação** (também chamada de "fato gerador") que gere um direito ou uma obrigação (conforme discutido no capítulo anterior), independentemente de haver impacto no caixa. Isso se deve a um dos pilares da contabilidade: **o regime de competência**, apresentado em detalhes no Objetivo 4 deste capítulo.

ESTRUTURA DA DEMONSTRAÇÃO DO RESULTADO DO EXERCÍCIO

Como visto anteriormente, a demonstração do resultado é o relatório contábil responsável por apresentar a medida de performance de um determinado período. A forma de apresentação da demonstração do resultado pode variar de acordo com o tipo de atividade e contexto operacional da entidade. Porém, há duas formas gerais de apresentação das despesas: (1) por função das despesas (método exigido pela Lei das S/As e, portanto, mais comum na apresentação das demonstrações contábeis de companhias brasileiras) e (2) por natureza das despesas.

Demonstração do resultado for função das despesas

A demonstração do resultado por função das despesas é o método exigido pela Lei das S/As e pelas legislações comercial e tributária. Veja-se a seguir, a título de exemplo, a demonstração da Lojas Renner S/A durante o ano de 2017. Nesse método, inicia-se o resultado com as **receitas operacionais líquidas** geradas pela empresa no período e as despesas são apresentas logo abaixo da receita, de forma dedutiva, de acordo com a "proximidade" da despesa no processo de geração das receitas.

LUCRO BRUTO E MARGEM BRUTA

Assim, o primeiro item a ser deduzido das receitas operacionais são os **custos das mercadorias vendidas** (para empresas comerciais), **custo dos produtos vendidos** (para empresas industriais) ou **custo dos serviços prestados** (para prestadores de serviços); também é possível encontrar as denominações "custos das vendas" ou "custo dos serviços".

Ou seja, tais despesas são diretamente associadas à formação dos estoques de produtos vendidos ou à prestação efetiva de um serviço. Normalmente, o custo das vendas tende a ser a despesa mais significante de uma empresa, pois se refere diretamente ao sacrifício para se obter receita. Assim, cria-se a primeira parte da demonstração do resultado: o **lucro bruto**, que representa o resultado obtido pela compra e venda de mercadorias (no caso de empresas comerciais) ou pela produção de produção e venda de produtos (no caso de empresas industriais) ou pela prestação de serviços.

Receitas operacionais líquidas: referem-se a todas as receitas obtidas pela empresa durante um período contábil, conforme definição de receita apresentada. Porém, o termo "líquidas" refere-se ao fato de que tais receitas devem estar deduzidas de eventuais devoluções de mercadorias, vendas canceladas, abatimentos no valor de venda e impostos incidentes sobre a receita, sendo tais impostos:

- ICMS – Imposto sobre Circulação de Mercadorias e Serviços;
- IPI – imposto sobre Produtos Industrializados;
- PIS – Programa de Integração Social;
- COFINS – Contribuição para o Financiamento da Seguridade Social;
- ISS – Imposto sobre Serviços de Qualquer Natureza;
- IE – Imposto sobre Exportação.

A incidência e a alíquota de cada um dos tributos podem variar conforme o tipo de atividade desenvolvida pela entidade, incentivos fiscais, tipo de produto ou serviço e localização geográfica do vendedor e do comprador.

Lojas Renner S/A – Consolidado
Demonstração do Resultado
Para o exercício findo em 31 de dezembro de 2017
(Consolidado, em milhões de reais)

Receita operacional líquida	7.444
(–) Custos das vendas	(2.945)
(=) Lucro bruto	4.499
(–) Despesas operacionais, líquidas	(3.412)
Vendas	(1.792)
Administrativas e gerais	(611)
Outros resultados operacionais	(1.009)
(=) Lucro operacional antes do resultado financeiro	1.087
Receitas financeiras	59
Despesas financeiras	(142)
(=) Lucro antes do imposto de renda e contribuição social	1.004
Imposto de renda e contribuição social, líquidos	(271)
(=) Lucro líquido do exercício	733

Para fins de análise e tomada de decisão, a comparação entre o lucro bruto e a receita gerada forma a chamada **margem bruta**, que mostra o percentual das receitas que virou lucro bruto. No caso da Lojas Renner, a margem bruta é de 60% ($ 4.499/$ 7.444 = 0,60), ou seja, de tudo que foi vendido, 60% "sobrou" após deduzir o custo direto das mercadorias vendidas e virou lucro bruto.

LUCRO E MARGEM OPERACIONAL

Após a dedução dos custos, são deduzidas as chamadas **despesas operacionais**, que incluem:

- **Despesas com vendas:** são as despesas derivadas do esforço de venda de produtos ou serviços e podem incluir salários, encargos e comissões da equipe de vendas, despesas com representantes comerciais, despesas com propaganda e publicidade, depreciação de veículos e demais bens utilizados pela equipe vendas/comercial, fretes, seguros e demais gastos para transporte (entrega) de produtos vendidos.
- **Despesas administrativas:** são as despesas derivadas das atividades administrativas, tais como salários e encargos da equipe administrativa, que normalmente envolve as áreas financeira, compras, tesouraria, jurídica,

Ganhos: são tipos específicos de receitas que geram aumentos de ativos ou redução de passivos derivados de transações periféricas à atividade operacional ou de natureza transitória (não recorrentes).

Perdas: são tipos específicos de despesas que geram diminuição de ativos ou aumento de passivos derivados de transações periféricas à atividade operacional ou de natureza transitória (não recorrentes).

contábil e de gestão em geral etc. Pode incluir também despesas acessórias, tais como limpeza, segurança e aluguel de imóveis e consumo de materiais de escritório, bem como a depreciação de bens utilizados na atividade administrativa.

- **Outras despesas (ou receitas) operacionais:** são as demais despesas ligadas a operação que não se enquadram nas definições anteriores. São, tipicamente, resultados, **ganhos** ou **perdas** derivados de atividades não fundamentais da entidade, como resultado de equivalência patrimonial derivado de participações societárias, ganho/perda na venda de um ativo imobilizado (venda de um veículo com lucro, por exemplo), provisões relacionadas com contingências cíveis, fiscais e trabalhistas, perda do valor recuperável de ativos (perdas por *impairment*). Em todos os casos mencionados haverá capítulo específico para tratar dos temas ao longo deste livro.

Assim, o lucro bruto menos as despesas operacionais geram o **resultado** (lucro ou prejuízo) **operacional antes do resultado financeiro**, que é frequentemente denominado "lucro antes dos juros e impostos sobre a renda" (LAJIR), ou sua expressão em inglês "*earnings before interest and tax*" (EBIT).

Para fins de análise e tomada de decisão, a comparação entre o EBIT e a receita gerada forma a chamada **margem EBIT** (ou margem operacional), que mostra o percentual das receitas que virou lucro operacional. No caso da Lojas Renner, a margem operacional é de 14,6% (1.087/7.444 = 0,146), ou seja, de tudo que foi vendido, 14,6% "sobrou" após deduzir o custo das mercadorias e as despesas operacionais e virou lucro operacional.

LUCRO LÍQUIDO E MARGEM LÍQUIDA

Após a dedução dos custos e despesas operacionais, é deduzido o chamado **resultado financeiro**, que nada mais é do que a confrontação das receitas e das despesas financeiras. Tipicamente, as **receitas financeiras** são provenientes de aplicações financeiras registradas nos ativos; tais aplicações podem ser em fundos de investimentos e em títulos públicos ou privados. Já as **despesas financeiras** são tipicamente oriundas de passivos financeiros, tais como empréstimos, financiamentos e captações no mercado de capitais e referem-se, portanto, aos juros incorridos em operações de obtenção de recursos de terceiros (chamados passivos onerosos). Logo, é normal que entidades que possuam maiores passivos financeiros em relação aos ativos financeiros tenham maiores despesas financeiras e, portanto, resultado financeiro negativo. Já empresas que possuem como atividade investimentos em ativos financeiros (tais como empresas *holdings*) tendem a possuir maiores receitas financeiras e, portanto, resultado financeiro positivo.

Após dedução do resultado financeiro, chega-se ao chamado **resultado antes dos impostos e contribuições sobre a renda** (frequentemente abreviado como LAIR – Lucro Antes do Imposto de Renda). É a partir desse resultado, e com os devidos ajustes exigidos pela legislação fiscal, que se obtêm os valores de impostos e contribuições sobre a renda a serem pagos pelas instituições. Após a dedução dos impostos sobre a renda, chega-se, finalmente, ao **resultado** (lucro ou prejuízo) **líquido do período**. O lucro líquido é, sem dúvida, um dos principais números oferecidos pela contabilidade, pois mostra a performance financeira em um período, evidenciando o resultado final de uma entidade em determinado período, na geração de receitas após deduzidas todas as despesas inerentes ao processo de obtenção dessa receita.

Para fins de análise e tomada de decisão, a comparação entre o lucro líquido e a receita gerada forma a chamada **margem líquida**, que mostra o percentual das receitas que virou lucro líquido. No caso da Lojas Renner, a margem líquida é de 9,8% (732/7.444 = 0,098), ou seja, de tudo o que foi vendido, 9,8% "sobrou" após deduzir o custo das mercadorias, as despesas operacionais, o resultado financeiro e os impostos sobre a renda e virou lucro líquido.

Demonstração do resultado por natureza das despesas

A segunda forma de apresentação da demonstração do resultado refere-se à divisão das despesas de acordo com suas naturezas. Tal diferenciação tem impactos mais significativos em empresas industriais, isso porque, enquanto a demonstração do resultado por função inclui no item "custo dos produtos vendidos" todos os custos associados à produção, tais como salários e encargos dos funcionários da produção, matéria-prima, depreciação de máquinas e outros custos indiretos (energia elétrica, aluguel, taxas etc.), são consolidados em uma única conta de custo dos produtos vendidos. Porém, na prática, a natureza do custo pode ser diferente. Da mesma forma, as despesas de vendas e as administrativas podem incluir também itens como salários e encargos do pessoal de vendas e do pessoal administrativo, ou também depreciação de ativos alocados aos departamentos de vendas ou aos departamentos administrativos.

A demonstração do resultado por natureza agrupa todas as contas referentes à natureza das despesas, como salários e encargos, depreciação dos ativos etc.

Assim, a demonstração do resultado por natureza agrupa todas as contas referentes à natureza das despesas, como salários e encargos, depreciação dos ativos etc. Isso pode dar mais informações no processo de tomada de decisão.

Em relação a isso, o CPC 26 (IAS 1) requer que as entidades que classificarem os gastos por função também divulguem informação adicional sobre a natureza das despesas, incluindo as despesas de depreciação e de amortização e as despesas com benefícios aos empregados. Como exemplo, veja o detalhamento oferecido pela Gerdau S/A em relação às suas despesas de acordo com a natureza das operações.

| \multicolumn{4}{c}{Gerdau S/A – Consolidado} |
| \multicolumn{4}{c}{Demonstração do Resultado por Natureza} |
| \multicolumn{4}{c}{Para o exercício findo em 31 de dezembro de 2017} |
| \multicolumn{4}{c}{(em milhões de reais)} |

Demonstração do Resultado por natureza	2017	Classificados como:	2017
Depreciação e amortização	(2.092.551)	Custo dos produtos vendidos	(33.312.995)
Salários, encargos sociais e benefícios	(5.514.721)	Despesas com vendas	(524.965)
Matéria-prima e materiais de uso e consumo	(23.423.950)	Despesas gerais e administrativas	(1.129.943)
Fretes	(2.281.773)	Outras receitas operacionais	260.618
Perdas pela não recuperabilidade de ativos	(1.114.807)	Outras despesas operacionais	(168.887)
Resultado em operações com empresas controladas	(721.682)	Perdas pela não recuperabilidade de ativos	(1.114.807)
Reversão de passivos contingentes, líquido	929.711	Resultado em operações com empresas controladas	(721.682)
Outras despesas/receitas	(1.563.177)	Reversão de passivos contingentes, líquido	929.711
	(35.782.950)		(35.782.950)

A demonstração do resultado abrangente

Na demonstração do resultado, o lucro líquido está associado às receitas e despesas decorrentes do funcionamento da entidade. Tais receitas e despesas são reflexos de alterações em ativos e passivos provocadas pelas decisões tomadas pelos gestores na condução dos negócios da organização.

Na DRA são apresentados outros resultados que impactam o patrimônio líquido, porém não foram ainda realizados e não são decorrentes de operações com os sócios.

Todavia, existem outros eventos que afetam os ativos e passivos da entidade e, consequentemente, o patrimônio líquido, necessitando, portanto, serem apurados e evidenciados. Por conta disso, com os pronunciamentos do CPC, a demonstração do resultado passou a ter, além da versão tradicional, abrangente (uma espécie de extensão da DRE): a demonstração do resultado abrangente (DRA).

No caso da demonstração do resultado abrangente, após a evidenciação da composição do lucro líquido, devem ser apresentados os outros resultados que impactam o patrimônio líquido, que ainda não foram realizados ou que não sejam decorrentes de operações com os sócios.

Assim, a demonstração abrangente se inicia com a última linha da demonstração do resultado do exercício (lucro líquido ou prejuízo) e, então, são acrescidos ou reduzidos os valores integrantes da demonstração abrangente que compreendem, no mínimo:

i. Alguns ganhos e perdas provenientes da conversão de demonstrações contábeis de operação no exterior, isto é, variações em moedas estrangeiras em operações fora do país (exemplo: variação cambial de investimento).

ii. Alguns ganhos e perdas atuariais (exemplo: alterações em obrigações futuras com fundos de pensão).

iii. Algumas mudanças nos valores justos de instrumentos financeiros (exemplo: operações de *hedge* ou investimento em títulos negociáveis).

iv. Ganhos referentes a reavaliação de ativo imobilizado, quando permitido legalmente.

Eventos decorrentes de variações macroeconômicas, tais como taxa de juros, câmbio, valor de mercado de ativos etc., acabam gerando impacto na posição financeira e patrimonial da entidade. No entanto, muitas dessas variações podem ter suas realizações incertas, razão pela qual não têm caráter operacional nem devem estar associados à performance efetiva da empresa e, muitas vezes, tais variações podem ser revertidas ao longo do tempo. Por exemplo, a cotação do dólar pode subir, gerando ganho para algumas empesas com investimento no exterior, porém, tal ganho pode ser revertido com futuras reduções do câmbio e retorno aos patamares iniciais. Veja-se, a título de exemplo, a DRA da Lojas Renner S/A.

Lojas Renner S/A – Consolidado
Demonstração do Resultado Abrangente
Para o exercício findo em 31 de dezembro de 2017
(em mil de reais)

	2017
Lucro líquido do exercício atribuível aos acionistas controladores	732.679
Itens que não serão reclassificados para o resultado	
Hedge de fluxo de caixa	60.944
Impostos relacionados com resultado do *hedge* de fluxo de caixa	(20.721)
	40.223
Itens que podem ser posteriormente reclassificados para o resultado	
Ajustes cumulativos de conversão de moeda estrangeira	1.701
Valor justo de ativos financeiros disponíveis para venda	1
	1.702
Outros componentes do resultado abrangente	41.925
Total dos resultados abrangentes atribuível aos acionistas controladores	774.604

Uma vantagem da DRA é que ela evita que o resultado da empresa seja demasiadamente volátil em função de variações de mercado (tais como câmbio, juros ou preço de *commodities*) e que não serão necessariamente realizados em períodos futuros, pois tais variações de mercado podem ser revertidas de um período para outro. Apesar de deixar o resultado menos volátil, a DRA não ignora tais variações, pelo contrário, a DRA antecipa o potencial efeito das variações no patrimônio líquido, sem, no entanto, afetar o resultado.

Por ser mais complexa que a DRE e por conter elementos que fogem ao escopo deste capítulo, mais detalhes sobre a DRA e seu funcionamento não serão aqui abordados. Após percorrer os próximos capítulos, o leitor encontrará a DRA discutida em maior grau de profundidade no Capítulo 14 deste livro.

QUESTÃO PARA DISCUSSÃO 3.1

É muito comum no ambiente empresarial a discussão sobre margens de resultado. O que as margens de resultado podem nos trazer de informação útil?

Como poderíamos analisar as margens de resultado de uma empresa? Ou seja, ter uma margem líquida de 10% é bom ou ruim? Quais aspectos e contextos deveríamos levar em consideração para que o percentual da margem (10%, por exemplo) seja mais informativo e relevante sobre a situação da empresa?

O PROCESSO DE REGISTRO CONTÁBIL

Vamos retornar ao exemplo da Cia. Alligator utilizado no capítulo anterior, constituída em dezembro de X0 para atuar no ramo de comercialização de vestuário. Em 19 de dezembro de X0, a empresa apresentava a seguinte estrutura patrimonial:

Cia. Alligator – Balanço Patrimonial em 19/12/X0

Ativo		Passivo e Patrimônio Líquido	
Ativo Circulante	250.000	**Passivo Circulante**	70.000
Disponibilidades	190.000	Fornecedores	30.000
Estoques	60.000	Financiamento veículo	40.000
		Passivo Não Circulante	150.000
Ativo Não Circulante	470.000	Empréstimo bancário	150.000
Imobilizado (veículo)	90.000	**Patrimônio Líquido**	500.000
Imobilizado (imóvel)	380.000	Capital social	500.000
Total do Ativo	**720.000**	**Total do Passivo + PL**	**720.000**

Até aquela data (19/12) não havia sido realizada nenhuma venda, e todas as operações contábeis referiam-se a estruturar a empresa para realizar suas atividades operacionais de venda de vestuário, condição que durou até 31/12/X0. Em janeiro de X1, a empresa iniciou de fato sua operação no dia 04/01/X1.

a) Venda de mercadoria à vista

No dia 05/01/X1, a empresa vendeu seu primeiro lote de roupas por $ 5.500 à vista, e essas mercadorias que estavam em estoque haviam sido adquiridas pelo valor de $ 2.500. Nesse caso, houve uma receita de $ 5.500 e, para realizar essa venda, a empresa entregou ("sacrificou") mercadorias que estavam em estoque e que haviam custado $ 2.500, ou seja, a empresa abriu mão de estoques ao custo de $ 2.500 para receber em caixa (à vista) o valor de $ 5.500.

Apesar de, nesse caso, indissociáveis, o reconhecimento da receita e do custo da venda gera dois lançamentos distintos:

a.1) 05/01 – Reconhecimento da receita de vendas de $ 5.500, à vista

- Aumento da receita de venda (aumento do patrimônio líquido) de $ 5.500
- Aumento das disponibilidades (caixa e equivalentes) de $ 5.500

Cia. Alligator – Balanço Patrimonial em 05/01/X1

Ativo		Passivo e Patrimônio Líquido	
Ativo Circulante	255.500	**Passivo Circulante**	70.000
Disponibilidades	195.500	Fornecedores	30.000
Estoques	60.000	Financiamento veículo	40.000
		Passivo Não Circulante	150.000
Ativo Não Circulante	470.000	Empréstimo bancário	150.000
Imobilizado (veículo)	90.000	**Patrimônio Líquido**	505.500
Imobilizado (imóvel)	380.000	Capital social	500.000
		Receita de vendas	5.500
Total do Ativo	**725.500**	**Total do Passivo + PL**	**725.500**

CAPÍTULO 3 • PERFORMANCE FINANCEIRA: A DEMONSTRAÇÃO DE RESULTADO 67

a.2) 05/01 – Reconhecimento do custo das mercadorias vendidas de $ 2.500

- Redução (saída) de estoque no valor de $ 2.500
- Custo da mercadoria vendida (redução do patrimônio líquido) de $ 2.500

Cia. Alligator – Balanço Patrimonial em 05/01/X1

Ativo		Passivo e Patrimônio Líquido	
Ativo Circulante	**253.000**	**Passivo Circulante**	**70.000**
Disponibilidades	195.500	Fornecedores	30.000
Estoques	57.500	Financiamento veículo	40.000
		Passivo Não Circulante	**150.000**
Ativo Não Circulante	**470.000**	Empréstimo bancário	150.000
Imobilizado (veículo)	90.000	**Patrimônio Líquido**	**503.000**
Imobilizado (imóvel)	380.000	Capital social	500.000
		Receita de vendas	5.500
		(–) Custo das vendas	(2.500)
Total do Ativo	**723.000**	**Total do Passivo + PL**	**723.000**

Note que:

- O valor do caixa (disponibilidades) era de $ 190.000 e, após a venda à vista, passou a ser de $ 195.500. Esse mesmo aumento ($ 5.500) foi refletido no patrimônio líquido na conta receita de vendas.
- O valor do estoque, que era de $ 60.000, passou a ser de $ 57.500. Essa mesma redução ($ 2.500) foi refletida no patrimônio líquido, na conta custo das vendas.

Em suma, com a venda de mercadorias ocorrida do dia 05/01/X1, a empresa registrou um aumento líquido no total dos ativos de $ 3.000 ($ 723.000 – $ 720.000), e esse valor é igual ao resultado de $ 3.000 ($ 5.500 – $ 2.500) refletido no patrimônio líquido, fruto da venda de mercadorias naquela data.

b) Venda de mercadoria a prazo

Em 12/01/X1 a empresa vendeu, com prazo de recebimento em 90 dias, mercadorias no valor de $ 15.000. Essas mercadorias estavam em estoque e haviam custado $ 7.500. Novamente, a venda de mercadorias gera dois registros: (1) reconhecimento da receita e a sua respectiva forma de pagamento e (2) reconhecimento do custo das mercadorias vendidas e a consequente baixa no estoque. Assim, com a venda de um produto, gera-se uma receita (aumento de patrimônio líquido que se origina no curso das atividades normais da entidade). Como essa receita não foi recebida à vista, cria-se um direito a receber, que é a contrapartida da receita (aumento de ativo).

b.1) 12/01 – Reconhecimento da receita de vendas de $ 15.000, a prazo

- Aumento da receita de venda (aumento do patrimônio líquido) de $ 15.000
- Aumento de contas a receber de clientes de $ 15.000

Cia. Alligator – Balanço Patrimonial em 12/01/X1

Ativo		Passivo e Patrimônio Líquido	
Ativo Circulante	**268.000**	**Passivo Circulante**	**70.000**
Disponibilidades	195.500	Fornecedores	30.000
Contas a receber de clientes	15.000	Financiamento veículo	40.000
Estoques	57.500	**Passivo Não Circulante**	**150.000**
		Empréstimo bancário	150.000
Ativo Não Circulante	**470.000**	**Patrimônio Líquido**	**518.000**
Imobilizado (veículo)	90.000	Capital social	500.000
Imobilizado (imóvel)	380.000	Receita de vendas	20.500
		(–) Custo das vendas	(2.500)
Total do Ativo	**738.000**	**Total do Passivo + PL**	**738.000**

b.2) 12/01 – Reconhecimento do custo das mercadorias vendidas de $ 7.500

- Redução (saída) de estoque no valor de $ 7.500
- Custo da mercadoria vendida (redução do patrimônio líquido) de $ 7.500

Cia. Alligator – Balanço Patrimonial em 12/01/X1

Ativo		Passivo e Patrimônio Líquido	
Ativo Circulante	**260.500**	**Passivo Circulante**	**70.000**
Disponibilidades	195.500	Fornecedores	30.000
Contas a receber de clientes	15.000	Financiamento veículo	40.000
Estoques	50.000	**Passivo Não Circulante**	**150.000**
		Empréstimo bancário	150.000
Ativo Não Circulante	**470.000**	**Patrimônio Líquido**	**540.500**
Imobilizado (veículo)	90.000	Capital social	500.000
Imobilizado (imóvel)	380.000	Receita de vendas	20.500
		(–) Custo das vendas	(10.000)
Total do Ativo	**730.500**	**Total do Passivo + PL**	**730.500**

Note que:

- Gerou-se um valor a receber no valor de $ 15.000 e houve um aumento equivalente das receitas e do patrimônio líquido de $ 15.000, passando a $ 20.500 ($ 5.500 + $ 15.000).
- O valor do estoque, que era de $ 57.500, passou a ser de $ 50.000. Essa mesma redução ($ 7.500) foi refletida no patrimônio líquido, na conta custo das vendas.

Em suma, com a venda de mercadorias ocorrida no dia 12/01/X1, mesmo sem o ingresso imediato de recursos no caixa (disponibilidades), a empresa registrou um aumento líquido no total dos ativos de $ 7.500 ($ 730.500 – $ 723.000); esse valor é igual ao resultado de $ 7.500 ($ 15.000 – $ 7.500) refletido no patrimônio líquido, fruto da venda de mercadorias naquela data.

c) Venda de mercadoria parte à vista e parte a prazo

Em 23/01/X1 a empresa vendeu o total de $ 40.000 de mercadorias, sendo $ 10.000 pagos à vista e o restante a pagar em 30 e 90 dias, respectivamente. As mercadorias vendidas estavam em estoque e haviam custado $ 17.000. Assim:

c.1) 23/01 – Reconhecimento da receita de vendas de $ 40.000, sendo $ 10.000 à vista e $ 30.000 a prazo

- Aumento da receita de venda (aumento do patrimônio líquido) de $ 40.000
- Aumento de caixa (disponibilidades) de $ 10.000
- Aumento de contas a receber de clientes de $ 30.000

Cia. Alligator – Balanço Patrimonial em 23/01/X1

Ativo		Passivo e Patrimônio Líquido	
Ativo Circulante	**300.500**	**Passivo Circulante**	**70.000**
Disponibilidades	205.500	Fornecedores	30.000
Contas a receber de clientes	45.000	Financiamento veículo	40.000
Estoques	50.000	**Passivo Não Circulante**	**150.000**
		Empréstimo bancário	150.000
Ativo Não Circulante	**470.000**	**Patrimônio Líquido**	**540.500**
Imobilizado (veículo)	90.000	Capital social	500.000
Imobilizado (imóvel)	380.000	Receita de vendas	60.500
		(–) Custo das vendas	(10.000)
Total do Ativo	**770.500**	**Total do Passivo + PL**	**730.500**

c.2) 23/01 – Reconhecimento do custo das mercadorias vendidas por $ 17.000

- Redução (saída) de estoque no valor de $ 17.000
- Custo da mercadoria vendida (redução do patrimônio líquido) de $ 17.000

Cia. Alligator – Balanço Patrimonial em 23/01/X1

Ativo		Passivo e Patrimônio Líquido	
Ativo Circulante	**283.500**	**Passivo Circulante**	**70.000**
Disponibilidades	205.500	Fornecedores	30.000
Contas a receber de clientes	45.000	Financiamento veículo	40.000
Estoques	33.000	**Passivo Não Circulante**	**150.000**
		Empréstimo bancário	150.000
Ativo Não Circulante	**470.000**	**Patrimônio Líquido**	**533.500**
Imobilizado (veículo)	90.000	Capital social	500.000
Imobilizado (imóvel)	380.000	Receita de vendas	60.500
		(–) Custo das vendas	(27.000)
Total do Ativo	**753.500**	**Total do Passivo + PL**	**753.500**

Note que:

- O valor de caixa (disponibilidades) aumentou em $ 10.000 e o valor a receber de clientes aumentou em $ 30.000, totalizando a venda de $ 40.000. Houve um aumento equivalente das receitas e do patrimônio líquido de $ 40.000, passando a $ 60.500 ($ 40.000 + $ 20.500).
- O valor do estoque, que era de $ 50.000, passou a ser de $ 33.000. Essa mesma redução ($ 17.000) foi refletida no patrimônio líquido, na conta custo das vendas.

Em suma, com a venda de mercadorias ocorrida no dia 23/01/X1, mesmo sendo parte à vista e parte a prazo, gerou-se um aumento líquido no total dos ativos de $ 23.000 ($ 753.500 – $ 730.500); esse valor é igual ao resultado de $ 23.000 ($ 40.000 – $ 17.000) refletido no patrimônio líquido, fruto da venda de mercadorias naquela data.

d) Despesa de propaganda, paga à vista

Durante o mês de janeiro, a empresa fez um anúncio de seus produtos em um programa local de rádio e distribuiu folhetos divulgando sua marca pela cidade. O valor total desses serviços foi de $ 15.500 e a empresa pagou tudo no dia 29/01/X1.

Como se trata de um serviço já utilizado e já pago, houve uma despesa do mês que gerou uma saída de caixa (disponibilidades). Assim:

d.1) 29/01 – Pagamento de despesas com publicidade realizadas no mês por $ 15.500

- Redução (saída) de disponibilidades no valor de $ 15.500
- Despesa com propaganda de $ 15.500

Cia. Alligator – Balanço Patrimonial em 29/01/X1

Ativo		Passivo e Patrimônio Líquido	
Ativo Circulante	**268.000**	**Passivo Circulante**	**70.000**
Disponibilidades	190.000	Fornecedores	30.000
Contas a receber de clientes	45.000	Financiamento veículo	40.000
Estoques	33.000	**Passivo Não Circulante**	**150.000**
		Empréstimo bancário	150.000
Ativo Não Circulante	**470.000**	**Patrimônio Líquido**	**518.000**
Imobilizado (veículo)	90.000	Capital social	500.000
Imobilizado (imóvel)	380.000	Receita de vendas	60.500
		(–) Custo das vendas	(27.000)
		(–) Despesas de publicidade	(15.500)
Total do Ativo	**738.000**	**Total do Passivo + PL**	**738.000**

Dessa forma, registra-se uma despesa que reduz o patrimônio líquido e que tem como contrapartida a redução de um ativo, no caso, disponibilidades no valor total de $ 15.000.

e) Despesa de salários, a pagar no mês de fevereiro

A empresa contratou funcionários que trabalharam durante todo o mês de janeiro, sendo acordado que os salários de um mês seriam sempre pagos no quinto dia útil do mês subsequente. Assim, em 31/01/X1, os funcionários já haviam trabalhado e já tinham o direito de receber seus salários. Similarmente, a empresa tem a obrigação de pagar pelos serviços prestados pelos funcionários, bem como os respectivos encargos trabalhistas. Portanto, a empresa deve reconhecer um passivo (obrigação a pagar) referente aos salários e encargos, que totalizaram $ 11.000 no mês. Assim:

e.1) 31/01 – Reconhecimento das despesas de salários e encargos do mês de janeiro a pagar em fevereiro de $ 11.000

- Aumento de obrigações (passivo) no valor de $ 11.100
- Despesa com salários e encargos de $ 11.000

Cia. Alligator – Balanço Patrimonial em 31/01/X1

Ativo		Passivo e Patrimônio Líquido	
Ativo Circulante	**268.000**	**Passivo Circulante**	**81.000**
Disponibilidades	190.000	Fornecedores	30.000
Contas a receber de clientes	45.000	Salários e encargos a pagar	11.000
Estoques	33.000	Financiamento veículo	40.000
		Passivo Não Circulante	**150.000**
Ativo Não Circulante	**470.000**	Empréstimo bancário	150.000
Imobilizado (veículo)	90.000	**Patrimônio Líquido**	**507.000**
Imobilizado (imóvel)	380.000	Capital social	500.000
		Receita de vendas	60.500
		(–) Custo das vendas	(27.000)
		(–) Despesas de publicidade	(15.500)
		(–) Despesas de salários e encargos	**(11.000)**
Total do Ativo	**738.000**	**Total do Passivo + PL**	**738.000**

Como pode ser percebido, há o registro contábil de uma nova obrigação (passivo) e uma redução proporcional no patrimônio líquido, o que, por consequência, não afeta o valor total dos ativos; trata-se de uma despesa que aumenta um passivo, no caso, salários e encargos a pagar.

f) Despesas com juros, a pagar no término do empréstimo

No final de dezembro de X0, a empresa havia realizado financiamento do veículo e tomado empréstimo bancário para reforçar seu caixa. Já em 31/01/X1, a empresa deve reconhecer as despesas com juros, referentes às duas operações, sabendo que, por contrato, os juros serão pagos juntamente com o principal no final dos contratos. Logo, deve-se reconhecer a despesa de juros relativa ao mês de janeiro, porém, o valor das despesas com juros será somado ao valor da obrigação a pagar. Sabendo-se que os juros do financiamento do veículo foram de $ 1.000 e do empréstimo de longo prazo foram de $ 3.000, o reconhecimento das despesas com juros fica assim:

f.1) 31/01 – Reconhecimento das despesas com juros do mês de janeiro a pagar no final dos contratos de financiamento e de empréstimos no valor de $ 1.000 e $ 3.000, respectivamente.

Cia. Alligator – Balanço Patrimonial em 31/01/X1

Ativo		Passivo e Patrimônio Líquido	
Ativo Circulante	**268.000**	**Passivo Circulante**	**82.000**
Disponibilidades	190.000	Fornecedores	30.000
Contas a receber de clientes	45.000	Salários e encargos a pagar	11.000
Estoques	33.000	**Financiamento veículo**	**41.000**
		Passivo Não Circulante	**153.000**
Ativo Não Circulante	**470.000**	**Empréstimo bancário**	**153.000**
Imobilizado (veículo)	90.000	**Patrimônio Líquido**	**503.000**
Imobilizado (imóvel)	380.000	Capital social	500.000
		Receita de vendas	60.500
		(–) Custo das vendas	(27.000)
		(–) Despesas de publicidade	(15.500)
		(–) Despesas de salários e encargos	(11.000)
		(–) Despesas com juros	**(4.000)**
Total do Ativo	**738.000**	**Total do Passivo + PL**	**738.000**

Como se pode perceber, há um aumento das obrigações referentes aos contratos de financiamento ($ 1.000) e de empréstimos bancários ($ 3.000) e uma redução proporcional no patrimônio líquido ($ 4.000), o que, por consequência, não afeta o valor total dos ativos; trata-se de uma despesa que aumenta os valores do passivo, no caso, financiamentos e empréstimos a pagar.

Portanto, em 31/01/X1, o balanço patrimonial da Cia. Alligator é:

Cia. Alligator – Balanço Patrimonial em 31/01/X1

Ativo		Passivo e Patrimônio Líquido	
Ativo Circulante	**268.000**	**Passivo Circulante**	**82.000**
Disponibilidades	190.000	Fornecedores	30.000
Contas a receber de clientes	45.000	Salários e encargos a pagar	11.000
Estoques	33.000	Financiamento veículo	41.000
		Passivo Não Circulante	**153.000**
Ativo Não Circulante	**470.000**	Empréstimo bancário	153.000
Imobilizado (veículo)	90.000	**Patrimônio Líquido**	**503.000**
Imobilizado (imóvel)	380.000	Capital social	500.000
		Receita de vendas	60.500
		(–) Custo das vendas	(27.000)
		(–) Despesas de publicidade	(15.500)
		(–) Despesas de salários e encargos	(11.000)
		(–) Despesas com juros	(4.000)
Total do Ativo	**738.000**	**Total do Passivo + PL**	**738.000**

Perceba que todas as receitas e despesas apresentadas no patrimônio líquido, sem exceção, tiveram impacto direto em ativos e/ou em passivos. Todavia, como na realidade empresarial milhares de transações são efetuadas diariamente, não seria adequado apresentar no balanço patrimonial (especificamente no patrimônio líquido) todos os eventos de receita e despesa. Isso poderia deixar tal demonstração extremamente extensa (aqui foram apresentadas poucas operações para fins meramente didáticos).

Por essa razão, a contabilidade apresenta em uma demonstração própria os eventos relacionados às receitas obtidas e despesas incorridas em um determinado período: a **demonstração do resultado**. Assim, desconsiderando, por enquanto, o cálculo do imposto de renda, a demonstração do resultado do mês de janeiro seria:

Cia. Alligator – Demonstração de Resultado
De 01/02/X1 a 31/01/X1

Receita de vendas	60.500
(–) Custo das mercadorias vendidas	(27.000)
(=) Lucro bruto	**33.500**
(–) Despesas operacionais	(26.500)
Despesas de publicidade	(15.500)
Despesas de salários e encargos	(11.000)
(=) Lucro antes dos juros e impostos	**7.000**
Despesas com juros	(4.000)
(=) Lucro líquido	**3.000**

E o lucro líquido do período é integralmente transferido para uma única conta do balanço patrimonial, no patrimônio líquido, chamada de "lucros ou prejuízos acumulados". Dessa maneira, o balanço patrimonial é apresentado de forma mais condensada:

Cia. Alligator – Balanço Patrimonial em 31/01/X1

Ativo		Passivo e Patrimônio Líquido	
Ativo Circulante	**268.000**	**Passivo Circulante**	**82.000**
Disponibilidades	190.000	Fornecedores	30.000
Contas a receber de clientes	45.000	Salários e encargos a pagar	11.000
Estoques	33.000	Financiamento veículo	41.000
		Passivo Não Circulante	**153.000**
Ativo Não Circulante	**470.000**	Empréstimo bancário	153.000
Imobilizado (veículo)	90.000	**Patrimônio Líquido**	**503.000**
Imobilizado (imóvel)	380.000	Capital social	500.000
		Lucros (ou prejuízos) acumulados	3.000
Total do Ativo	**738.000**	**Total do Passivo + PL**	**738.000**

Note que o lucro líquido de $ 3.000 é refletido integralmente no patrimônio líquido da entidade. Por essa razão, a demonstração do resultado pode ser entendida como uma demonstração dinâmica que mostra como foi formada a conta de resultado durante um período (janeiro, neste exemplo), ou seja, ela evidencia e explica os fatores que provocaram alterações numa seção do patrimônio líquido.

Uma vez apurado o saldo final da conta de resultado, é necessário que a empresa faça as devidas destinações de tal resultado. Se negativo (prejuízo), ele ficará na conta "prejuízos acumulados". Se o resultado for positivo (lucro), deverá ser distribuído aos acionistas (sob a forma de dividendos) ou reinvestido (retido) na empresa para constituição de reservas para futura expansão, futuras contingências ou futuro aumento de capital, por exemplo.

A destinação do lucro é evidenciada na demonstração das mutações do patrimônio líquido (DMPL), tratada no próximo capítulo deste livro.

Apuração do resultado do período com base em razonetes

Como visto no capítulo anterior, o razonete ou conta T resume e sistematiza os efeitos das diversas transações em cada conta contábil, de forma a determinar o saldo de cada conta a cada momento que se desejar apurar os saldos contábeis. Relembrando, a contabilidade convencionou a seguinte abordagem:

Como visto, as contas de resultado (receitas e despesas) representam componentes do patrimônio líquido durante um período, assim, é natural que, como aumentam o patrimônio líquido, as **receitas possuam natureza credora**. Em contrapartida, como representam reduções no patrimônio líquido, as **despesas possuem natureza devedora**. Logo:

Como as receitas e despesas possuem impacto nos ativos e passivos, é possível esperar o seguinte esquema:

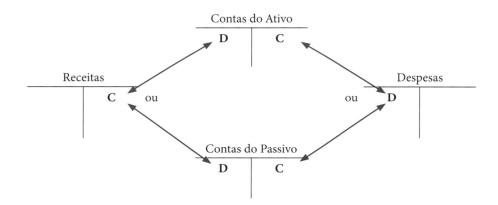

Novamente, vale destacar que, conforme a equação básica de que ativo = passivo + patrimônio líquido, a somatória de débitos deve ser igual à somatória de créditos (Σ *débitos* = Σ *créditos*), e isso se estende também às contas de resultado (que podem ser entendidas como subcontas do patrimônio líquido). Porém, uma diferença fundamental é que **as contas de resultado deverão ser encerradas ao final de cada período de apuração do resultado**. Isso porque as contas patrimoniais representam sempre o saldo em determinada data. Já as contas do resultado apresentam as transações ocorridas em um período contábil específico. Portanto, ao término de um período, deve-se apurar o resultado das contas para se iniciar o controle das transações de um novo período contábil.

Aplicando tais conceitos à Cia. Alligator, tínhamos a seguinte estrutura de saldos iniciais (SI) em 31/12/X0:

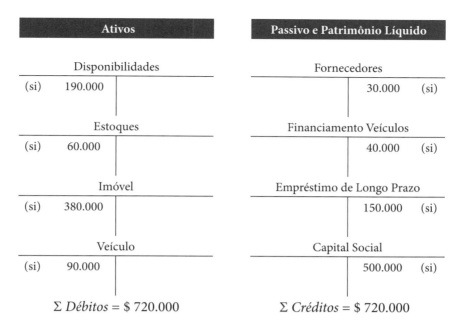

a) Venda de mercadoria à vista

No dia 05/01/X1, a empresa vendeu um lote de roupas por $ 5.500 à vista, e essas mercadorias que estavam em estoque haviam sido adquiridas pelo valor de $ 2.500.

	Ativos			Passivo e Patrimônio Líquido			Contas de Resultado	

Ativos

Disponibilidades
(si) 190.000
(a1) 5.500

Estoques
(si) 60.000 | 2.500 (a2)

Imóvel
(si) 380.000

Veículo
(si) 90.000

Passivo e Patrimônio Líquido

Fornecedores
| 30.000 (si)

Financiamento Veículos
| 40.000 (si)

Empréstimo de Longo Prazo
| 150.000 (si)

Capital Social
| 500.000 (si)

Contas de Resultado

Receita de vendas
| 5.500 (a1)

Custo das Vendas
(a2) 2.500

No formato do livro diário teríamos:

Data	Conta Contábil	Número de Referência	Débito	Crédito
05/Jan	Disponibilidades	L00a1	5.500	
	a Receita de vendas			5.500
05/Jan	Custo das vendas	L00a2	2.500	
	a Estoques			2.500

b) Venda de mercadoria a prazo

Em 12/01/X1, a empresa vendeu, com prazo de recebimento em 90 dias, mercadorias no valor de $ 15.000. Essas mercadorias estavam em estoque e haviam custado $ 7.500.

Ativos				Passivo e Patrimônio Líquido			Contas de Resultado		
Disponibilidades				**Fornecedores**			**Receita de vendas**		
(si)	190.000				30.000	(si)		5.500	(a1)
(a1)	5.500							**15.000**	**(b1)**
Contas a receber de clientes				**Financiamento Veículos**			**Custo das Vendas**		
(b1)	**15.000**				40.000	(si)	(a2)	2.500	
							(b2)	**7.500**	
Estoques				**Empréstimo de Longo Prazo**					
(si)	60.000	2.500	(a2)		150.000	(si)			
		7.500	**(b2)**						
Imóvel				**Empréstimo de Longo Prazo**					
(si)	380.000				150.000	(si)			
Veículo				**Capital Social**					
(si)	90.000				500.000	(si)			

No formato do livro diário teríamos:

Data	Conta Contábil	Número de Referência	Débito	Crédito
12/Jan	Contas a receber de clientes	L00b1	15.000	
	a Receita de vendas			15.000
12/Jan	Custo das vendas	L00b2	7.500	
	a Estoques			7.500

c) Venda de mercadoria parte à vista e parte a prazo

Em 23/01/X1, a empresa vendeu o total de $ 40.000, sendo $ 10.000 pagos à vista e o restante a pagar em 30 e 90 dias, respectivamente. As mercadorias vendidas estavam em estoque e haviam custado $ 17.000.

Ativos

Disponibilidades
(si)	190.000	
(a1)	5.500	
(c1)	**10.000**	

Contas a receber de clientes
(b1)	15.000	
(c1)	**30.000**	

Estoques
(si)	60.000	2.500	(a2)
		7.500	(b2)
		17.000	**(c2)**

Imóvel
(si)	380.000	

Veículo
(si)	90.000	

Passivo e Patrimônio Líquido

Fornecedores
	30.000	(si)

Financiamento Veículos
	40.000	(si)

Empréstimo de Longo Prazo
	150.000	(si)

Empréstimo de Longo Prazo
	150.000	(si)

Capital Social
	500.000	(si)

Contas de Resultado

Receita de vendas
	5.500	(a1)
	15.000	(b1)
	40.000	**(c1)**

Custo das Vendas
(a2)	2.500	
(b2)	7.500	
(c2)	**17.000**	

No formato do livro diário teríamos:

Data	Conta Contábil	Número de Referência	Débito	Crédito
23/Jan	Disponibilidades	L00c1	10.000	
	Contas a receber de clientes		30.000	
	a Receita de vendas			40.000
23/Jan	Custo das vendas	L00c2	17.000	
	a Estoques			17.000

d) Despesa de publicidade, paga à vista

Durante o mês de janeiro, a empresa fez um anúncio de seus produtos em um programa local de rádio e distribuiu folhetos divulgando sua marca pela cidade. O valor total desses serviços foi de $ 15.500 e a empresa pagou tudo no dia 29/01/X1.

Ativos				Passivo e Patrimônio Líquido				Contas de Resultado			
Disponibilidades				**Fornecedores**				**Receita de vendas**			
(si)	190.000	15.500	(d)			30.000	(si)			5.500	(a1)
(a1)	5.500									15.000	(b1)
(c1)	10.000									40.000	(c1)
Contas a receber de clientes				**Financiamento Veículos**				**Custo das Vendas**			
(b1)	15.000					40.000	(si)	(a2)	2.500		
(c1)	30.000							(b2)	7.500		
								(c2)	17.000		
Estoques				**Empréstimo de Longo Prazo**				**Despesa de publicidade**			
(si)	60.000	2.500	(a2)			150.000	(si)	(d)	15.500		
		7.500	(b2)								
		17.000	(c2)								
Imóvel				**Empréstimo de Longo Prazo**							
(si)	380.000					150.000	(si)				
Veículo				**Capital Social**							
(si)	90.000					500.000	(si)				

No formato do livro diário teríamos:

Data	Conta Contábil	Número de Referência	Débito	Crédito
29/Jan	Despesa de publicidade	L00d1	15.500	
	a Disponibilidade			15.500

e) Despesa de salários, a pagar no mês de fevereiro

Os salários de um mês são sempre pagos no quinto dia útil do mês subsequente. Assim, em 31/01/X1, os funcionários já haviam trabalhado o mês de janeiro e já tinham o direito de receber seus salários no valor total de $ 11.000 no mês (salários e encargos).

Ativos				Passivo e Patrimônio Líquido				Contas de Resultado			
Disponibilidades				**Fornecedores**				**Receita de vendas**			
(si)	190.000	15.500	(d)			30.000	(si)			5.500	(a1)
(a1)	5.500									15.000	(b1)
(c1)	10.000									40.000	(c1)
				Salários e encargos a pagar							
Contas a receber de clientes						**11.000**	**(e)**	**Custo das vendas**			
(b1)	15.000							(a2)	2.500		
(c1)	30.000							(b2)	7.500		
				Financiamento veículos				(c2)	17.000		
						40.000	(si)				
Estoques								**Despesa de publicidade**			
(si)	60.000	2.500	(a2)					(d)	15.500		
		7.500	(b2)	**Empréstimo de longo prazo**							
		17.000	(c2)			150.000	(si)				
Imóvel				**Empréstimo de longo prazo**				**Despesa com salários e encargos**			
(si)	380.000					150.000	(si)	**(e)**	**11.000**		
Veículo				**Capital social**							
(si)	90.000					500.000	(si)				

No formato do livro diário teríamos:

Data	Conta Contábil	Número de Referência	Débito	Crédito
31/Jan	Despesa com salários e encargos	L00e1	11.000	
	a Salários e encargos a pagar			11.000

f) Despesas com juros, a pagar no término do empréstimo

Já em 31/01/X1, a empresa deve reconhecer as despesas com juros, referentes às duas operações, sabendo que, por contrato, os juros serão pagos juntamente com o principal ao final dos contratos. Em janeiro, os juros referentes ao financiamento do veículo foram de $ 1.000 e ao empréstimo de longo prazo foram de $ 3.000.

Ativos				**Passivo e Patrimônio Líquido**				**Contas de Resultado**			
Disponibilidades				*Fornecedores*				*Receita de vendas*			
(si)	190.000	15.500	(d)			30.000	(si)			5.500	(a1)
(a1)	5.500									15.000	(b1)
(c1)	10.000									40.000	(c1)
				Salários e encargos a pagar							
Contas a receber de clientes						11.000	(e)	*Custo das vendas*			
(b1)	15.000							(a2)	2.500		
(c1)	30.000							(b2)	7.500		
								(c2)	17.000		
				Financiamento veículos							
						40.000	(si)				
Estoques						**1.000**	**(f)**	*Despesa de publicidade*			
(si)	60.000	2.500	(a2)					(d)	15.500		
		7.500	(b2)	*Empréstimo de longo prazo*							
		17.000	(c2)			150.000	(si)				
						3.000	**(f)**	*Despesa com salários e encargos*			
Imóvel								(e)	11.000		
(si)	380.000			*Empréstimo de longo prazo*							
						150.000	(si)				
Veículo								*Despesa com juros*			
(si)	90.000							**(f)**	**4.000**		
				Capital social							
						500.000	(si)				

No formato do livro diário teríamos:

Data	Conta Contábil	Número de Referência	Débito	Crédito
31/Jan	Despesa com juros	L00f1	4.000	
	a Financiamento veículo			1.000
	a Empréstimo de longo prazo			3.000

Assim, têm-se os lançamentos em razonetes e nos livros diários das transações ocorridas no mês de janeiro. Porém, como mencionado anteriormente, as contas de resultado deverão ser encerradas ao final de cada período de apuração do resultado para que se possa iniciar o controle das transações de um novo período contábil. Dessa forma, é necessário realizar a **apuração do resultado do período**. Para tanto, a contabilidade utiliza-se de uma conta (razonete) transitória e específica para essa finalidade e que leva o mesmo nome "apuração do resultado do exercício" ou simplesmente "ARE", como usualmente é conhecido.

Assim, todas as contas do resultado são "zeradas" e seus saldos transportados para "apuração do resultado". Ao serem "zeradas", o próximo período será iniciado a partir das novas transações realizadas no período. Ignorando a incidência de impostos sobre a renda, os lançamentos contábeis de apuração do resultado do exercício seriam assim demonstrados:

Contas de Resultado

Receita de vendas

		5.500	(a1)
		15.000	(b1)
		40.000	(c1)
(A)	60.500	60.500	

Custo das vendas

(a2)	2.500		
(b2)	7.500		
(c2)	17.000		
	27.000	27.000	(B)

Despesa de publicidade

(d)	15.500		
		15.500	(C)

Apuração do Resultado (ARE)

(B)	27.000	60.500	(A)
(C)	15.500		
(D)	11.000		
(E)	4.000		
	57.500	60.500	
		3.000	

Despesa com salários e encargos

(e)	11.000		
		11.000	(D)

Despesa com juros

(f)	4.000		
		4.000	(E)

Com isso, utilizando-se os saldos das contas contábeis do resultado, forma-se novamente a demonstração do resultado de janeiro de X1 que, em sua forma estruturada, ficará disposta do seguinte modo:

Cia. Alligator – Demonstração de Resultado
De 01/02/X1 a 31/01/X1

Receita de vendas	*60.500*
(–) Custo das mercadorias vendidas	*(27.000)*
(=) Lucro bruto	**33.500**
(–) Despesas operacionais	*(26.500)*
Despesas de publicidade	*(15.500)*
Despesas de salários e encargos	*(11.000)*
(=) Lucro antes dos juros e impostos	**7.000**
Despesas com juros	*(4.000)*
(=) Lucro líquido	**3.000**

Assim, como se pode perceber, o resultado apurado é o mesmo que os $ 3.000 apurados na metodologia dos balanços sucessivos. No entanto, a conta "apuração do resultado" também é uma conta de resultado e deve também ser encerrada e, para tanto, seu saldo é transportado para o balanço patrimonial na conta "lucros ou prejuízos acumulados" (nesse caso, lucros acumulados). Pela metodologia dos razonetes, é nesse momento que se vinculam as contas do resultado (que formam a demonstração do resultado) e as contas patrimoniais (do balanço patrimonial).

A conta apuração do resultado do exercício (ARE) é uma conta de resultado e deve ser encerrada no final do exercício.

Novamente um lançamento é feito:

Passivo e Patrimônio Líquido			Contas de Resultado			
Lucros (ou prejuízos) acumulados			Apuração do Resultado (ARE)			
	3.000	(F)	(B)	27.000	60.500	(A)
			(C)	15.500		
			(D)	11.000		
			(E)	4.000		
				57.500	60.500	
			(F)	**3.000**	3.000	

No formato do livro diário teríamos:

Data	Conta Contábil	Número de Referência	Débito	Crédito
31/Jan	Apuração do resultado (ARE)	L00F1	3.000	
	a Lucros (ou prejuízos) acumulados			3.000

Com os saldos das contas patrimoniais, apresentados em razonetes nas contas, incluindo a conta de lucros (ou prejuízos) acumulados, forma-se o balanço patrimonial em 31/01/X1:

Cia. Alligator – Balanço Patrimonial em 31/01/X1

Ativo		Passivo e Patrimônio Líquido	
Ativo Circulante	**268.000**	**Passivo Circulante**	**82.000**
Disponibilidades	190.000	Fornecedores	30.000
Contas a receber de clientes	45.000	Salários e encargos a pagar	11.000
Estoques	33.000	Financiamento veículo	41.000
		Passivo Não Circulante	**153.000**
Ativo Não Circulante	**470.000**	Empréstimo bancário	153.000
Imobilizado (veículo)	90.000	**Patrimônio Líquido**	**503.000**
Imobilizado (imóvel)	380.000	Capital social	500.000
		Lucros (ou prejuízos) acumulados	3.000
Total do Ativo	**738.000**	**Total do Passivo + PL**	**738.000**

Como se pode perceber nos exemplos, a compra de estoques não representa uma despesa no momento de sua aquisição, apenas em seu uso, consumo ou venda. Assim, como o nome já diz, o custo da mercadoria vendida refere-se apenas à parcela dos estoques que foi vendida em um determinado período. Logo, uma empresa pode contar com estoques no início (Ei) de um período, comprar (C) mais estoques ao longo de um período e vender/utilizar tais estoques ao longo do período, formando o custo das mercadorias vendidas (CMV). Ocorre que é natural que possa haver uma parcela de estoques adquirida e não vendida no período contábil, que irá configurar um estoque final de mercadorias (Ef). Assim, é possível descrever o custo dos produtos utilizados da seguinte forma:

$$CMV = Ei + C - Ef$$

Em que o CMV é o custo das mercadorias vendidas, Ei é o estoque inicial do período, C são as compras efetuadas no período e Ef é o estoque final do período. Apesar de simplista (como será visto no Capítulo 5 – Estoques), com essa metodologia (fórmula), é possível estimar os custos das mercadorias vendidas de maneira indireta, ou seja, pela diferença entre os estoques finais, as compras no período e os estoques finais.

QUESTÃO PARA REFLEXÃO 3.1

Uma empresa iniciou o ano com $ 600.000 de mercadorias em estoque. Durante esse mesmo ano, o departamento de compras registrou o pedido e o recebimento de diversas mercadorias que tiveram custo total de $ 2.350.000. Ao final do ano, a empresa realizou um inventário detalhado dos estoques e verificou que o valor total de estoques remanescente é de $ 420.000. Já o departamento de vendas apresentou relatório com total de vendas de $ 3.845.000. Qual o lucro bruto do período?

Em empresas industriais, além dos custos de aquisição dos estoques (de matérias-primas), há também os custos de formação, produção e transformação dos estoques de matérias-primas em produtos acabados. Tais custos incluem, além dos custos de matéria-prima (MAT), os valores de mão de obra direta (MOD) utilizada na produção e os demais custos indiretos de fabricação (CIF), compostos por gastos gerais de energia elétrica, depreciação de máquinas e equipamentos e estrutura fabril, aluguéis, impostos não recuperáveis ou taxas das áreas de produção.

QUESTÃO PARA DISCUSSÃO 3.2

Já que as contas do resultado (receitas e despesas) possuem efeitos diretos no patrimônio líquido, por que tais contas não são apresentadas diretamente como subgrupo do patrimônio líquido (diretamente no balanço patrimonial)?

Contabilização básica dos impostos e contribuições sobre a renda

Para fins didáticos, na apuração do resultado da Cia. Alligator, ignoramos a existência de impostos e contribuições sobre a renda. No entanto, para a grande maioria de entidades, há sempre incidência de impostos e contribuições sobre a renda. Assim, o exemplo apresentado tratou a última linha da demonstração do resultado, no valor de $ 3.000, como "lucro líquido", porém, sobre esse valor deve haver a incidência de impostos. Assim, na verdade, o nome correto seria o que se conhece na prática como "lucro antes dos impostos e contribuições sobre a renda" ou simplesmente "LAIR".

Apuração do Resultado (ARE)

(B)	27.000	60.500	(A)
(C)	15.500		
(D)	11.000		
(E)	4.000		
	57.500	60.500	
		3.000	← LAIR

> Para a grande maioria de entidades, há sempre incidência de impostos e contribuições sobre a renda, sendo necessário apurar o resultado após a tributação.

Ocorre que, até este momento do livro, estamos tratando do lucro com base na estrutura conceitual da contabilidade e, portanto, nas bases da contabilidade financeira (para usuários externos em geral). Porém, na prática, muitas receitas e despesas específicas tratadas pela contabilidade financeira podem não ser tributáveis ou dedutíveis para fins fiscais, conforme regulamentação instituída pelo regulamento do imposto de renda e contribuição social.

Adições e exclusões ocorrem ao LAIR, com o objetivo de conciliar a contabilidade financeira com o tratamento fiscal aplicado na entidade.

São exemplos de despesas não dedutíveis da base fiscal: as provisões, as estimativas de perdas em créditos de liquidação duvidosa, multas e infrações ou outros aspectos que conflitam entre o tratamento contábil e o fiscal, uma vez que muitas despesas estão sujeitas a alto grau de julgamento e, portanto, alto grau de arbitragem e possibilidade de manipulação por parte dos gestores. Ressalte-se que algumas despesas não são dedutíveis no momento de sua constituição, mas serão em momento posterior, conforme determina a legislação tributária. Veja-se, por exemplo, o caso das estimativas de perdas com créditos de liquidação duvidosa que não são dedutíveis no momento do reconhecimento da estimativa, mas sim em momento posterior, quando a efetiva realização da "perda" for fiscalmente comprovada. Tais aspectos serão abordados nos próximos capítulos do livro. Tais despesas geram **adições** ao LAIR e, portanto, devem ser somadas à base de cálculo dos impostos e contribuições sobre a renda.

Lucro Real: é o lucro líquido do período de apuração ajustado pelas adições, exclusões ou compensações prescritas ou autorizadas pelo Regulamento do Imposto de Renda (RIR/99), Decreto nº 3.000/1999.

Como exemplos de receitas não tributáveis, podem-se citar os ganhos com participações societárias na forma de resultado de equivalência patrimonial ou dividendos; veja-se que tais resultados referem-se ao reconhecimento de lucros que já foram tributados nas empresas investidas e, segundo a interpretação atual, não deveriam ser tributados novamente, uma vez que causariam bitributação. Novamente, tais aspectos serão tratados em detalhes nos capítulos específicos (capítulo de investimentos, no caso). Tais receitas geram **exclusões** ao LAIR e, portanto, devem ser excluídas da base de cálculo dos impostos e contribuições sobre a renda.

Assim, para se considerar tais aspectos, criou-se um mecanismo de conciliação entre o lucro contábil (LAIR) e o lucro tributável, também chamado de "Lucro Real". Logo, esse mecanismo chama-se "Livro de Apuração do Lucro Real" ou simplesmente "LALUR". Trata-se de um livro formal e específico em que a empresa deve controlar todas as diferenças entre o lucro contábil e o lucro tributável. Mais detalhes a esse respeito podem ser encontrados no Capítulo 13 – Tributos sobre o Lucro.

EXEMPLO - CIA. FALCON

Imagine que a Cia. Falcon tenha obtido um lucro antes dos impostos e contribuições sobre a renda (LAIR) de $ 270.000. Desse valor, sabe-se que $ 40.000 são despesas não dedutíveis e que $ 10.000 são receitas não tributáveis e a alíquota de impostos é de 34%. O LALUR e os impostos devidos seriam:

LALUR – Cia. Falcon Livro de Apuração do Lucro Real	
Lucro antes dos impostos e contribuições sobre a renda	270.000
(+) Adições	40.000
(–) Exclusões	(10.000)
(=) Base de cálculo dos impostos (Lucro Real)	300.000
Alíquota de impostos e contribuições (%)	34%
Imposto de renda devido ($)	**102.000**

QUESTÃO PARA DISCUSSÃO 3.3

Apesar de a regulamentação tributária determinar quais as despesas e receitas que não são dedutíveis ou tributáveis e tornar mais complexa a determinação dos impostos a pagar, você considera correta essa abordagem de adicionar ou excluir itens da base de cálculo? Ou seja, faz sentido utilizar esse mecanismo que diferencia o lucro da contabilidade financeira e da contabilidade tributária? Justifique com base nas informações apresentadas no texto.

EXEMPLO – CIA. ALLIGATOR

Retornando ao exemplo da Cia. Alligator, pela natureza introdutória do capítulo, não há exemplos de despesas ou receitas que não sejam dedutíveis ou tributáveis. Logo, o LAIR da Cia. Alligator é igual ao seu Lucro Real e, portanto, o imposto de renda devido, assumindo a alíquota de 34%, será de:

→ $ 3.000 × 34% = **$ 1.020**

Esse valor deve ser considerado como uma despesa de impostos sobre a renda (no resultado) e um imposto a pagar (no passivo). Assim, o lançamento é:

Passivo		Contas de Resultado	
Impostos a pagar		Despesa com Impostos sobre a Renda	
	1.020 (F)	(F) 1.020	

Ou

Conta Contábil	Débito	Crédito
Despesa com Impostos sobre a Renda	1.020	
a Impostos a pagar		1.020

Como se pode perceber, criou-se uma nova conta de resultado do período (despesa com impostos sobre a renda) e, portanto, essa nova conta também precisa ser "zerada" no encerramento do exercício. Logo, deve-se lançar esse saldo novamente contra a ARE e será obtido o novo lucro líquido, agora, de fato, líquido dos impostos, no valor de $ 1.980:

Alíquotas de imposto de renda e contribuição social

Apesar de repleto de peculiaridades, a regulamentação tributária determina uma alíquota de 15% sobre a renda (aplicado ao lucro real) mais o adicional de 10% quando o lucro real exceder R$ 240 mil em um ano, totalizando, assim, a alíquota de 25%.

Já a Contribuição Social sobre o Lucro Líquido (CSLL) tem alíquota de 9% sobre o lucro ajustado. Portanto, a alíquota nominal de impostos e contribuições sobre a renda, para a maioria das empresas brasileiras de médio e grande porte, é de 34%.

Contas de Resultado			Contas de Resultado		
Despesa com Impostos sobre a Renda			Apuração do Resultado (ARE)		
(F) 1.020	1.020 (G)		(B) 27.000	60.500	(A)
			(C) 15.500		
			(D) 11.000		
			(E) 4.000		
			57.500	60.500	
				3.000	
			(G) 1.020		
				1.980	

Como pode ser percebido, todas as contas do resultado foram "zeradas" e o saldo, agora líquido, deverá ser transferido para a conta de "lucros ou prejuízos acumulados" no patrimônio líquido, conforme visto anteriormente:

Passivo e Patrimônio Líquido			Contas de Resultado			
Lucros (ou prejuízos) acumulados			Apuração do Resultado (ARE)			
	1.980	(H)	(B)	27.000	60.500	(A)
			(C)	15.500		
			(D)	11.000		
			(E)	4.000		
				57.500	60.500	
					3.000	
			(G)	1.020		
			(H)	**1.980**	1.980	

Ou

Conta Contábil	Débito	Crédito
Apuração do resultado (ARE)	1.980	
a Lucros (ou prejuízos) acumulados		1.980

Com os novos saldos das contas patrimoniais, apresentados em razonetes nas contas, incluindo a conta de lucros (ou prejuízos) acumulados e impostos a pagar, forma-se o balanço patrimonial em 31/01/X1:

Cia. Alligator – Balanço Patrimonial em 31/01/X1

Ativo		Passivo e Patrimônio Líquido	
Ativo Circulante	**268.000**	**Passivo Circulante**	**83.020**
Disponibilidades	190.000	Fornecedores	30.000
Contas a receber de clientes	45.000	Salários e encargos a pagar	11.000
Estoques	33.000	Financiamento veículo	41.000
		Impostos a pagar	1.020
		Passivo Não Circulante	**153.000**
Ativo Não Circulante	**470.000**	Empréstimo bancário	153.000
Imobilizado (veículo)	90.000	**Patrimônio Líquido**	**501.980**
Imobilizado (imóvel)	380.000	Capital social	500.000
		Lucros (ou prejuízos) acumulados	1.980
Total do Ativo	**738.000**	**Total do Passivo + PL**	**738.000**

QUESTÃO PARA REFLEXÃO 3.2

Uma empresa apresentou lucro antes dos impostos sobre a renda (LAIR) de 900.000. Sabe-se que na demonstração do resultado haviam sido contabilizadas despesas com provisões trabalhistas no valor de $ 50.000 e despesas com multas no valor de $ 30.000, ambas não são dedutíveis da base de cálculo dos impostos. Sabe-se também que haviam sido registradas receitas com dividendos recebidos de empresas investidas no valor de $ 120.000, e tal receita não é tributável. Sendo a alíquota total de impostos sobre a renda de 34%, determine: (1) o imposto de renda a pagar e (2) o lucro líquido do período.

OBJETIVO 4

APURAÇÃO DO RESULTADO E O REGIME DE COMPETÊNCIA

Assista ao vídeo do autor sobre este tema

uqr.to/f1vm

Um ponto fundamental na mensuração do resultado (lucro ou prejuízo) em um período refere-se ao processo de reconhecimento de receitas e despesas. Como apresentado no tópico anterior, as receitas e despesas não são reconhecidas, necessariamente, quando ocorrem entradas ou saídas de caixa, mas sim quando há uma transação (ou evento econômico) que gera um incremento nos benefícios econômicos no caso das receitas. Pelo contrário, é possível que haja o reconhecimento da receita antes do reconhecimento de caixa ou reconhecimento da receita após o recebimento de caixa (são tratados como adiantamentos). O mesmo raciocínio vale para as despesas: há despesas que são pagas em períodos posteriores, assim como há despesas que são pagas antes e incorridas depois (são as chamadas despesas pagas antecipadamente, ou simplesmente "despesas antecipadas"). O regime de competência busca representar melhor a situação econômica de uma entidade por meio das demonstrações financeiras, independentemente do fator meramente financeiro – entradas e saídas de caixa.

As receitas e despesas não são reconhecidas, necessariamente, quando ocorre entradas ou saídas de caixa, mas sim quando há uma transação (ou evento econômico).

Receitas derivadas da venda de mercadorias ou da prestação de serviços poderiam, potencialmente, ser reconhecidas em diversos pontos. Imagine a simples venda de uma geladeira por uma loja localizada em um centro comercial qualquer que entrega a mercadoria na casa do consumidor em até 15 dias. A receita poderia ser reconhecida:

- No momento em que o pedido é efetuado presencialmente na loja.
- No momento da entrega da mercadoria para o consumidor.
- No momento do pagamento pela compra (que pode inclusive ser parcelado).

Em alguns casos, esses três momentos distintos podem ser diferentes uns dos outros – especialmente quando falamos de mercadorias ou serviços muito específicos –, o que pode provocar impacto muito significativo na receita total de uma entidade e, consequentemente, em seu resultado em determinado período. Para agravar tais dificuldades, algumas atividades, como aquelas nos segmentos de construção civil, de fabricação de ativos de longo período de produção (navio, sondas etc.) e com vida útil longa ou, ainda, de serviços que são prestados por um longo período de tempo superior ao período contábil, geram dificuldades significativas na determinação do momento e do valor pelo qual tais receitas devem ser reconhecidas. No pedido/contratação? Na entrega? E quando a entrega é parcial, alguma receita pode ser reconhecida? E quando há pagamento já na formalização do pedido? Ou se o pagamento só é efetuado após a total entrega dos produtos ou serviços contratados?

Como se pode perceber, tais questões estão associadas ao dia a dia de muitos contadores e, portanto, esta seção será dividida em duas partes: (1) o modelo geral do regime de competência e (2) o modelo básico de reconhecimento de receitas de acordo com a IFRS 15/CPC 47.

Modelo geral do regime de competência

Como já discutido e visto nos exemplos, a contabilidade registra os elementos do resultado com base em transações que geram direitos e obrigações entre as partes envolvidas, independentemente do recebimento ou pagamento em caixa. Tais transações que originam o reconhecimento das receitas e despesas são comumente chamadas de "fato gerador", em que se determina o momento em que as receitas são geradas e as despesas incorridas.

Talvez esteja no regime contábil de competência a maior virtude da contabilidade financeira, pois os efeitos das transações (compra e venda de mercadorias ou prestações de serviços) são reconhecidos

Reconhecimento geral da receita: ocorre quando (1) produtos, mercadorias ou serviços são entregues, (2) há evidência suficiente de que o cliente irá pagar suas obrigações, (3) o preço da venda é fixado ou determinado, (4) o recebimento do valor é razoavelmente certo.

FIGURA 3.2 Momentos do recebimento de caixa e reconhecimento da receita.

quando ocorrem, ou seja, no momento em que existe a venda ou a prestação do serviço, independentemente do recebimento em dinheiro (ou pagamento) da operação, conforme ilustra a Figura 3.2.

Quando há recebimento de caixa no momento da entrega da mercadoria, o reconhecimento da receita ocorre no mesmo momento da entrada de caixa; assim, nesses casos, não há descasamento entre os regimes de caixa e competência. No entanto, na prática, é muito frequente encontrarmos operações com datas distintas para reconhecimento da receita e impacto no caixa.

QUESTÃO PARA DISCUSSÃO 3.4

Quais as vantagens e desvantagens do regime de competência em relação ao regime de caixa?

EXEMPLO – CIA. DELPHOS

Considere os dados a seguir da Cia. Delphos referentes ao mês de dezembro de 2018:

- Despesa de dezembro/2018, paga em janeiro/2019 no valor de $ 46.
- Despesa de janeiro/2019, paga em dezembro/2018 no valor de $ 52.
- Despesa de dezembro/2018, paga em dezembro/2018 no valor de $ 50.
- Receita de dezembro/2018, recebida em janeiro/2019 no valor de $ 30.
- Receita de janeiro/2019, recebida em dezembro/2018 no valor de $ 60.
- Receita de dezembro/2018, recebida em dezembro/2018 no valor de $ 54.

Determine o resultado do referido mês a ser apresentado na demonstração do resultado.

Resposta: neste caso, para o mês de dezembro, ou seja, não devem ser consideradas as receitas e despesas de períodos anteriores recebidas/pagas em dezembro ou as receitas e despesas recebidas/pagas em dezembro que afetarão o resultado no futuro. Assim, o resultado de dezembro é:

Receita de dezembro/2018, recebida em janeiro/2019	$ 30
(+) Receita de dezembro/2018, recebida em dezembro/2018	$ 54
(−) Despesa de dezembro/2018, paga em janeiro/2019	($ 46)
(−) Despesa de dezembro/2018, paga em dezembro/2018	($ 50)
Resultado (prejuízo) de dezembro de 2018	**($ 12)**

EXEMPLOS APLICADOS - CIA. ALLIGATOR

Receitas geradas com recebimento futuro

Como visto nos exemplos anteriores, a venda e a entrega da mercadoria geravam receita que podia ser à vista ou a prazo. Assim, mesmo que a entidade não receba qualquer valor em caixa, ela tem o direito de receber, ao transformar o valor de estoque em um valor maior a receber. Logo, é possível desmembrar a transação em dois momentos: (1) a venda e entrega da mercadoria; e (2) o recebimento por esse valor.

Retornando ao exemplo da Cia. Alligator (item b), tivemos a venda de mercadoria a prazo: Em 12/01/X1, a empresa vendeu, com prazo de recebimento em 90 dias, mercadorias no valor de $ 15.000. Essas mercadorias estavam em estoque e haviam custado $ 7.500.

Ao reconhecer a receita, fizemos:

Data	Conta Contábil	Débito	Crédito
12/Jan	Contas a receber de clientes	15.000	
	a Receita de vendas		15.000

A conta contábil "contas a receber de cliente" terá esse valor a receber de $ 15.000 durante os 90 dias acordados para o recebimento. Ao final do prazo, espera-se que o cliente realize o pagamento integral dos $ 15.000; assim, haverá ingresso no caixa (débito em caixa) e o valor a receber deixará de existir (crédito em contas a receber):

Data	Conta Contábil	Débito	Crédito
12/Jan	Caixa e equivalentes (disponibilidades)	15.000	
	a Contas a receber de clientes		15.000

Esse é o padrão normal para reconhecimento de receitas que irão gerar ingresso no caixa no futuro (vendas a prazo).

Receitas com recebimento antecipado

É muito comum em algumas atividades econômicas que a fabricação de um produto ou a execução de um serviço só ocorra mediante uma antecipação do pagamento em caixa, um sinal. Isso poder ser fruto normal da atividade desenvolvida por uma empresa ou uma forma de minimizar o risco de se produzir um produto ou serviço suficientemente customizado e não receber por esse produto ou serviço após a entrega do item acordado.

Nesse caso, o regime de competência funciona de maneira inversa das vendas a prazo: enquanto na venda a prazo a entidade que entrega o bem ou serviço tem um direito de receber, nas antecipações de receita a entidade tem uma **obrigação de entregar o produto ou serviço acordado**, portanto, um passivo deve ser reconhecido.

Suponha-se que a Cia. Alligator receba $ 20.000 hoje, para entregar um lote específico e customizado de vestuário após quatro meses. Na data do pedido e do recebimento, a Cia. Alligator deve registrar uma entrada de caixa de $ 20.000 e esse valor deve ter como contrapartida um passivo chamado de "adiantamento de clientes" ou "receitas antecipadas". Assim:

Conta Contábil	Débito	Crédito
Caixa e equivalentes (disponibilidades)	20.000	
a Receitas antecipadas		20.000

Essa obrigação de $ 20.000 deverá ficar registrada no passivo até que, ao final dos quatro meses, a empresa entregue as mercadorias conforme o combinado. Nesse caso, ao entregar a mercadoria, a empresa estará liquidando sua obrigação e, com isso, exaurindo o esforço para se gerar a receita. É nesse momento, portanto, que a receita é reconhecida:

Conta Contábil	Débito	Crédito
Receitas antecipadas (passivo)	20.000	
a Receitas de vendas (resultado)		20.000

É muito comum que a entrega de produtos ou serviços seja feita em partes, ao longo de um período, conforme as disposições acordadas entre as partes. Nesses casos, a receita deve ser reconhecida proporcionalmente de acordo com a entrega das mercadorias ou serviços e, portanto, a receita vai sendo reconhecida parcialmente em função do desempenho das obrigações contratuais assumidas.

Despesas incorridas que serão pagas no futuro

Como vimos no exemplo da Cia. Alligator, tanto as despesas de salários e encargos como as despesas com juros relativas ao mês de janeiro foram registradas no resultado, porém, até o término do mês, não havia sido efetuado nenhum pagamento em relação aos salários e encargos nem em relação aos juros incorridos. Isso porque o fato gerador, no caso dos salários, é a utilização da mão de obra do funcionário no período. Assim, ao final do mês, o funcionário já entregou sua força laboral e agora tem direito de receber os valores acordados. Já a empresa tem uma obrigação, daí a criação de um passivo (salários e encargos a pagar).

Ao reconhecer as despesas, registramos:

Conta Contábil	Débito	Crédito
Despesa de salários e encargos	11.000	
a Salários e encargos a pagar		11.000

Assim, o valor de salários e encargos a pagar ficará registrado no passivo até que ocorra, no 5º dia útil do mês, seu pagamento e o encerramento da obrigação. Nesse caso, a liquidação da obrigação será registrada com uma saída de caixa (crédito em caixa) e a eliminação da obrigação (débito em salários a pagar):

Conta Contábil	Débito	Crédito
Salários e encargos a pagar	11.000	
a Caixa e equivalentes (disponibilidades)		11.000

O mesmo raciocínio se aplica às despesas com juros e demais despesas que são incorridas em um período (há consumo de bens ou serviços) e pagas em períodos posteriores.

Despesas pagas antecipadamente que serão incorridas no futuro

Em relação às despesas, o regime de competência pode gerar uma situação oposta ao discutido anteriormente: uma entidade poder pagar hoje por produtos e serviços que serão utilizados em períodos futuros. São as chamadas "despesas pagas antecipadamente" ou, simplesmente, "despesas antecipadas".

São exemplos típicos: o pagamento antecipado de aluguéis para utilizar um imóvel ao longo de um período; o pagamento e contratação de seguros que irão proteger os bens de uma empresa ao longo do tempo; o pagamento de assinaturas de revista, jornais e outros itens que darão à entidade o direito de recebimento de mercadorias ou serviços no futuro.

Imagine que a Cia. Alligator, em 01/02/X1, acaba de contratar, com pagamento à vista, seguro para seu imóvel e para seu veículo no valor de $ 12.000, e a apólice de seguro tem vigência e cobertura pelo prazo de um ano. No momento da assinatura do contrato, a empresa reconhece uma saída de caixa (crédito em caixa) e um novo ativo (débito em despesas antecipadas):

Conta Contábil	Débito	Crédito
Despesas antecipadas (seguros)	12.000	
a Caixa e equivalentes (disponibilidades)		12.000

Ou seja, a empresa reconhece um novo ativo que representa um direito de ter seus bens assegurados e protegidos pelo período de 12 meses. Nesse caso, a cada mês, a empresa "consumirá" parte desse direito e, portanto, uma despesa deve ser reconhecida periodicamente de forma proporcional ao "consumo". Assim, em 28/02/X1 (um mês após a contratação), a empresa deverá reconhecer como despesa um doze avos (1/12) do valor do seguro, portanto, $ 12.000/12 = $ 1.000 por mês e o registro da despesa será:

(ATIVO)
Despesas antecipadas (seguros)
| 1.000

(RESULTADO)
Despesas com seguros
1.000 |

Conta Contábil	Débito	Crédito
Despesas com seguros	1.000	
a Despesas antecipadas (seguros)		1.000

Perceba que esse mesmo procedimento de reconhecimento da despesa ocorrerá nos 12 meses da vigência do seguro. Ao final dos 12 meses, o saldo de "despesas antecipadas (seguros)" será zero e todo o valor terá sido lançado como despesa ao longo da vigência do contrato, conforme o direito de proteção estiver sendo consumido.

RECONHECIMENTO DE RECEITAS: IFRS 15/CPC 47 RECEITA DE CONTRATO COM CLIENTE

Após um longo período de debates e divergências sobre o reconhecimento de receitas, o IASB emitiu a IFRS 15, que no Brasil é representado pelo Pronunciamento do CPC 47 – "Receita de Contrato com Cliente". Essa norma contábil passou a vigorar no ano de 2018. Segundo o pronunciamento, a identificação, o reconhecimento e a mensuração das receitas devem ser realizados com base em cinco etapas, representadas na Figura 3.3:

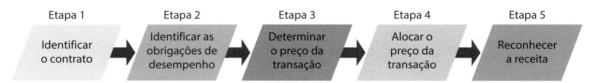

FIGURA 3.3 Etapas de identificação, reconhecimento e mensuração das receitas.

Apesar de a expressão "contrato com cliente" sugerir uma grande formalidade nas operações a serem registradas, tais contratos podem ter origens em base escrita ou simplesmente verbal ou fruto de práticas usuais de negócios e, em muitos casos, os passos anteriores estão altamente conectados. Assim, muitos contratos com clientes podem não ter nenhuma duração fixa e podem ser rescindidos ou modificados por qualquer das partes a qualquer tempo. Dada a natureza introdutória deste capítulo, serão tratadas apenas as operações mais simples sem prejuízo à continuidade do tema, porém o Pronunciamento CPC 47 prevê uma série de especificidades e exemplos que são frequentemente encontrados na prática contábil.

Assim, um contrato pode ser visto, simplesmente, como um acordo entre duas ou mais partes que cria direitos e obrigações entre essas partes. Resumindo as etapas para identificação, reconhecimento e mensuração, temos os seguintes conceitos e descrições:

- **Etapa 1:** Identificar o contrato: um contrato é um acordo entre duas ou mais partes que cria direitos e obrigações entre as partes.
- **Etapa 2:** Identificar as obrigações de desempenho: refere-se às promessas de entrega de bens ou serviços a um cliente.
- **Etapa 3:** Determinar o preço da transação: refere-se à determinação do montante da remuneração por um contrato (definição do preço) que a entidade espera obter para entregar bens ou serviços.
- **Etapa 4:** Alocar o preço da transação: uma vez que se identificaram as obrigações de desempenho e o preço da transação nos itens anteriores, a entidade precisa alocar o valor total da transação a cada etapa de desempenho.
- **Etapa 5:** Reconhecer a receita: uma entidade deve reconhecer a receita sempre que ela satisfaz uma obrigação de desempenho por meio da **transferência de controle** de um bem ou de um serviço prometido. Assim, uma obrigação de desempenho é cumprida em um ponto de tempo (tipicamente em operações comerciais) quando da entrega do produto ou mercadorias ou ao longo de um período (tipicamente em operações de serviços), conforme as obrigações de desempenho vão sendo cumpridas.

> **EXEMPLO**

Imagine que você vá até uma livraria e se interesse pelo livro *Vidas Secas*, de Graciliano Ramos, que custa $ 50,00. Você pega o livro, vai até o caixa, paga pelo livro e deixa a loja com o livro nas mãos. Assim, teremos:

- **Etapa 1:** Identificação do contrato: trata-se de um contrato de compra e venda de mercadoria (um livro, no caso).
- **Etapa 2:** Identificação das obrigações de desempenho: a livraria se compromete a entregar o livro ao cliente (você, no caso).
- **Etapa 3:** Determinação do preço da transação: o valor do livro já estava estampado na capa (ou no sistema de consulta pelo código de barras), que é de $ 50,00, portanto, o preço que a livraria pretende obter para entregar a mercadoria.
- **Etapa 4:** Alocação do preço da transação: a única obrigação de desempenho é a entrega do livro e o preço já estava determinado pela livraria, portanto, apenas alocamos os $ 50,00 da etapa 3 à obrigação de entrega do livro, identificada como uma obrigação de desempenho na etapa 2.
- **Etapa 5:** Reconhecer a receita: como a obrigação de desempenho já está sendo cumprida (entrega da mercadoria), a livraria deve reconhecer, no mesmo momento, a receita de $ 50,00 referente à venda do livro.

Apesar de simples, este exemplo apresenta todos os passos/etapas do reconhecimento das receitas. Porém, outros contratos mais específicos são, na prática, muito mais complexos. Imagine, por exemplo, contratos de construção de prédios/edificações, aeronaves, navios ou para prestação de serviços de auditoria, publicidade etc. Nesses casos, as obrigações de desempenho podem acontecer ao longo de um período e diversas atividades concluídas. Também, pode-se questionar em que momento a alocação do preço deverá ser feita em função das obrigações de desempenho liquidadas. A própria precificação (determinação do preço da transação) pode ser alterada em função do desempenho na entrega de bens, produtos e serviços. Para esses e diversos outros casos, a IFRS 15/CPC 47 fornece uma série de detalhamentos, especificações e orientação de aplicação, incluindo exemplos.

QUESTÃO PARA REFLEXÃO 3.3

Em 28/02/2019, uma empresa fechou o contrato de prestação de serviços de reforma predial com valor total de $ 300.000 e duração determinada de, no máximo, 18 meses. O contrato prevê o adiantamento de 40% ($ 120.000) do valor total na assinatura do contrato, o início imediato das atividades e possui uma cláusula de que o valor total de $ 300.000 só será devido se o prestador de serviço executar totalmente o serviço, ou seja, finalizar a reforma do edifício. Caso, por algum motivo, a reforma não seja concluída no prazo determinado, o prestador do serviço não receberá a parcela final e terá de devolver a parcela antecipada de $ 120.000 na assinatura do contrato.

Em 31/12/2019, após 10 meses do início das atividades de reforma, a empresa prestadora de serviços havia estimado que já havia prestado 30% dos serviços contratados.

A empresa deverá reconhecer receita em 2019? Se sim, por qual valor?

RESUMO

OBJETIVO 1   A performance financeira refere-se ao resultado operacional obtido por uma entidade em determinado período contábil. O resultado é obtido/calculado a partir da confrontação entre receitas e despesas ocorridas no período. Assim, quando as receitas são maiores que as despesas, temos um lucro no período, e, portanto, performance financeira positiva. Quando as despesas são maiores que as receitas, temos um prejuízo no período. O impacto das receitas e despesas está diretamente associado a aumentos e reduções no patrimônio líquido, respectivamente, e tais impactos geram como contrapartidas aumentos ou reduções em diversos ativos e passivos durante um período contábil, resultado do regime de competência adotado pela contabilidade.

OBJETIVO 2 A demonstração do resultado do período é o relatório contábil que evidencia a performance da empresa (lucro ou prejuízo) e também mostra como a performance foi constituída. Há duas formas básicas de apresentação das despesas, por função (mais comum na demonstração do resultado) e por natureza. A primeira apresenta de forma dedutível das receitas as despesas que estão mais associadas ao processo de geração de receitas (custos das vendas, despesas com vendas, administrativas, financeiras e outras). Tais divisões geram subtotais de resultados (resultado bruto, operacional e líquido), que são muito utilizados na prática para se analisar margens de lucratividade. A segunda forma apresenta a natureza das contas, como salários e encargos totais, depreciação total de ativos, impostos incidentes etc.

OBJETIVO 3 A formação do resultado do exercício deriva de diversas transações no patrimônio líquido que têm como contrapartida ativos e passivos. Assim, a demonstração do resultado do período nada mais é do que o agrupamento de transações operacionais que aumentaram ou diminuíram o patrimônio líquido no período. Do ponto de vista técnico, ao aumentarem o patrimônio líquido, as receitas possuem natureza credora, enquanto as despesas têm natureza devedora, uma vez que diminuem o patrimônio líquido. Ao final de cada período contábil, todas as contas de resultado devem ser "zeradas" para dar início a um novo período. Assim, o resultado é apurado por meio de uma conta contábil específica e transitória: a "apuração do resultado – ARE". Ao final, o saldo remanescente na ARE deve ser alocado no patrimônio líquido da empresa na conta "lucros ou prejuízos acumulados" para então ser destinado (distribuído ou retido por meio de reservas).

OBJETIVO 4 O regime de competência, utilizado pela contabilidade para apuração do resultado do período, indica que as receitas e despesas não são reconhecidas, necessariamente, quando ocorrem entradas ou saídas de caixa, mas sim quando há uma transação (ou evento econômico) que gere alteração nos benefícios econômicos (ativos) ou nas obrigações (passivos) da entidade. Assim, o impacto no caixa pode ocorrer antes, durante ou depois do reconhecimento de uma receita ou despesa. Há casos em que a definição do momento de reconhecimento da receita é muito complexa. Para tanto, o pronunciamento IFRS 15/CPC 47 se dedica integralmente a discutir aspectos específicos para reconhecimento de receita em contratos com clientes, sendo a identificação, o reconhecimento e a mensuração das receitas determinados em cinco etapas predeterminadas.

APLICANDO CONHECIMENTOS – QUESTÕES PARA RESOLVER

DILEMA ÉTICO

No início de 2019, os diretores da Cia. Pérsia estavam confiantes que o resultado da entidade naquele ano seria de, ao menos, $ 4 milhões e, com isso, iriam agradar os proprietários da empresa, uma família de iranianos que chegou ao Brasil há mais de duas décadas e iniciou negócios na área de tapeçaria e tecelagem. Apesar de terem fundado o negócio, os sócios não acompanhavam o dia a dia dos negócios, pois confiavam na equipe de diretores devido ao longo tempo de relacionamento e sabiam que havia um bom sistema de remuneração que valorizava o esforço dos diretores para gerar maiores lucros, uma vez que a meta era definida de acordo com o lucro apurado pela contabilidade. Assim, os diretores trabalhariam para sempre atingir as metas determinadas pela família.

A confiança e a forma de remuneração baseada no desempenho, de fato, incentivavam os diretores, pois, ao atingirem as metas, recebiam bônus de produtividade que equivaleriam aos 14º, 15º e 16º salários, como eles costumavam dizer entre eles. No entanto, ao final de novembro, os diretores passaram a ficar bastante preocupados, pois perceberam que o lucro apurado até aquele momento estava bem abaixo das expectativas ($ 2 milhões). Assim, os diretores fizeram uma reunião para discutir o assunto.

Durante a reunião, chegaram à conclusão de que a meta de lucro dificilmente seria atingida. Porém, o diretor comercial fez a seguinte sugestão: dar desconto significativo para clientes que antecipassem as compras de mercadorias para 2019.

Com isso, eles poderiam tentar chegar na meta do ano. Inicialmente, todos acharam a ideia boa, pois, apesar de diminuir a margem dos produtos, o esforço poderia aumentar o volume de vendas, o que poderia gerar aumento no resultado.

Nos últimos dias de novembro e durante o mês dezembro, a equipe comercial fez todo o esforço e, poucos dias antes do término do ano, o diretor comercial se reuniu novamente com os demais diretores e, todo confiante, ele apresentou o resultado do esforço: $ 5 milhões em vendas nos dois últimos meses do ano e que, conforme a margem praticada baseada nos custos e despesas da empresa, gerariam lucro de $ 2,5 milhões. Superando a meta do ano de $ 4 milhões ($ 2 + $ 2,5 = $ 4,5 milhões), todos ficaram animados e aliviados, pois iriam atender à expectativa dos donos e receberiam os bônus.

No entanto, o diretor financeiro ficou intrigado em como as vendas tinham dobrado em apenas dois meses, e gerado, nos últimos dois meses do ano, lucro maior que todo o lucro dos 10 primeiros meses.

O diretor comercial então explicou: a equipe de vendas ofereceu antecipação das vendas com preços bem abaixo dos praticados pela empresa. Dos $ 5 milhões vendidos, $ 1,5 milhão foram vendidos, entregues e recebidos nos próprios meses de novembro e dezembro, $ 2,5 milhões eram pedidos feitos para entrega futura de mercadorias em 2020, sem que houvesse nenhum pagamento, e $ 1 milhão foi recebido pela empresa em caixa como adiantamento para entrega das mercadorias no ano de 2020, e com esse valor recebido antecipadamente seria, inclusive, possível de pagar os bônus de meta para os diretores.

ANALISE O CASO. Você concorda com o pagamento do bônus aos diretores? Em sua opinião, a prática adotada pelo setor comercial é válida (justifique)? Qual deverá ser o procedimento do diretor financeiro (que é o responsável pela elaboração das demonstrações contábeis)? Na qualidade de proprietário, você concorda com o sistema de remuneração adotado? Quais as vantagens e desvantagens do modelo de remuneração adotado?

CASO PARA DISCUSSÃO

Texto extraído e adaptado de: "'Geografia contábil' sob os holofotes"

Não há como negar que nos relatórios de analistas de corretoras e na imprensa especializada temas como impacto "não caixa" da variação cambial sobre a dívida e o registro da marcação a mercado de títulos públicos na conta de resultado ou diretamente no patrimônio líquido tiveram um destaque que fugiu ao padrão nas últimas semanas.

O dólar saltou 10% e as taxas de juros subiram bastante tanto no Brasil como no exterior. O impacto da variação do dólar provocou um aumento – em reais – da dívida em moeda estrangeira das empresas. E teria como contrapartida natural uma despesa na conta de lucros e perdas das companhias. Embora isso tenha ocorrido para muitas empresas, e provocado as despesas "não caixa" no resultado, não foi assim com Petrobras e Braskem, que decidiram adotar a contabilidade de *hedge* para evitar esse impacto. Dessa forma, o efeito do câmbio na dívida foi registrado diretamente no patrimônio, sem reduzir o lucro das companhias no trimestre.

Como oscilações bruscas no câmbio não são novidade no Brasil, o que aparentemente aconteceu é que as empresas preferiram enfrentar o trabalho de ter que provar aos auditores que seus *hedges* funcionam do que ter que passar horas tentando convencer investidores e o público que a despesa "não caixa" que corroeu o lucro não terá efeito nenhum – quando na maior parte dos casos a distribuição de dividendos é, sim, afetada pelo sobe e desce cambial.

Fonte: TORRES, Fernando. *Jornal Valor Econômico*, 16 ago. 2013.

Como sugere o texto, a forma como uma transação econômica é registrada pode ter impacto na posição financeira e patrimonial de uma entidade.

Quais impactos podem ocorrer na tomada de decisão dos investidores caso uma receita ou uma despesa seja reconhecida dentro ou fora da demonstração do resultado? Quais as principais diferenças entre a demonstração do resultado e a demonstração do resultado abrangente do exercício? Em sua opinião, a mudança na forma de reconhecimento das demonstrações pode prejudicar a decisão dos investidores? Quais as vantagens e desvantagem de cada tratamento (transitando ou não transitando pelo resultado) para os gestores da empresa?

TESTES

OBJETIVO 4

1. (UNIRIO 2009) As receitas e as despesas devem ser incluídas na apuração do resultado do período em que ocorrerem, sempre, simultaneamente, quando se correlacionarem, independentemente de recebimento ou pagamento. Esta afirmativa está diretamente relacionada com o princípio da:

a) Entidade.
b) Prudência.
c) Competência.
d) Continuidade.
e) Oportunidade.

OBJETIVO 1

2. (CFC 2/2004 – Adaptada) As despesas incorridas e não pagas geram:

a) Redução do ativo.
b) Aumento do ativo.
c) Redução do passivo.
d) Aumento do passivo.
e) Redução do ativo e aumento do passivo.

OBJETIVO 2

3. (CFC 2017/1) Resultado do Período é o total das receitas deduzido das despesas, exceto os itens reconhecidos como outros resultados abrangentes no Patrimônio Líquido.

Assinale a alternativa que contém apenas contas de Resultado do Período.

a) Aluguel pago antecipadamente, devoluções de vendas e patentes.
b) Patentes, descontos incondicionais e duplicatas descontadas.
c) Devoluções de vendas, custo das mercadorias vendidas e descontos concedidos a clientes.
d) Custo das mercadorias vendidas, descontos financeiros obtidos e duplicatas descontadas.

OBJETIVO 2

4. (CFC 2017/1) Uma sociedade empresária coletou os saldos de algumas contas de resultado constantes em seu balancete anual emitido em 31.12.2016, conforme a seguir (em R$):

Contas	Débito	Crédito
Abatimentos sobre Vendas	15.000	
Cofins sobre Faturamento	22.800	
Comissões sobre Vendas	9.000	
Descontos Incondicionais	1.050	
Devoluções de Vendas	6.000	
ICMS sobre Vendas	54.000	
PIS sobre Faturamento	4.950	
Receita Bruta de Vendas		300.000

Considerando-se apenas as informações apresentadas, o valor a ser divulgado como receita líquida da sociedade empresária, na demonstração do resultado do período encerrado em 31.12.2016, é de:

a) R$ 187.200,00.
b) R$ 196.200,00.
c) R$ 218.250,00.
d) R$ 277.950,00.

OBJETIVO 2

5. (CFC 2017/1) Uma sociedade empresária comercial apresenta os seguintes dados, referentes ao período de janeiro a dezembro de 2016, extraídos do seu balancete de verificação:

Custo das Mercadorias Vendidas	560.000,00
Faturamento Bruto de Vendas	800.000,00
ICMS sobre Vendas	93.000,00
Receita de Dividendos	70.000,00
Receita Financeira	30.000,00
Vendas Canceladas	25.000,00

Considerando-se apenas as informações apresentadas e de acordo com a Lei nº 6.404/76, o valor do lucro bruto a ser evidenciado na demonstração do resultado do período é de:

a) R$ 122.000,00.
b) R$ 152.000,00.
c) R$ 240.000,00.
d) R$ 270.000,00.

OBJETIVO 3

6. (CFC 1/2004 – Adaptada) No mês de setembro de 2003, uma empresa comprou a prazo material de expediente, no valor de R$ 30.000,00. Os pagamentos das faturas ocorreram em 30 de outubro, 30 de novembro e 30 dezembro de 2003. O material utilizado em dezembro de 2003 totalizou R$ 20.000,00. Em conformidade com o Princípio de Competência, o valor a ser apropriado como Despesas, em 2003, será de:

a) R$ 10.000,00, em outubro de 2003.
b) R$ 20.000,00, em dezembro de 2003.
c) R$ 20.000,00, em novembro de 2003.
d) R$ 30.000,00, em setembro de 2003.
e) R$ 30.000,00, em dezembro de 2003.

OBJETIVO 2

7. (CESPE 2010 – TRE-BA – Técnico Judiciário) Com relação ao conceito, ao objetivo e à composição da demonstração do resultado do exercício (DRE) das companhias, assinale a alternativa INCORRETA:

a) O valor da receita líquida das vendas e serviços é apurado antes do valor do lucro bruto.
b) Deduzindo-se o valor do custo das mercadorias vendidas sobre o valor das receitas líquidas, é possível apurar o valor do lucro bruto.
c) Os valores das vendas canceladas e dos impostos incidentes sobre vendas e serviços devem ser evidenciados juntamente com o valor das despesas operacionais, isto é, após a apuração do lucro bruto.
d) Nas companhias, a DRE deve ser apresentada na forma dedutiva, com os detalhes necessários de receitas, despesas, ganhos/perdas, e de forma a definir claramente o lucro ou prejuízo do exercício.
e) Na elaboração da DRE, as receitas e as despesas devem ser apropriadas ao resultado do período em função de sua incorrência e da vinculação da despesa à receita, independentemente de seus reflexos nas disponibilidades.

OBJETIVO 1

8. (CFC 1/2000 – Adaptada) A compra de mercadorias a prazo:

a) Aumenta o ativo e o passivo.
b) Altera o patrimônio líquido.
c) Não aumenta nem diminui o ativo.
d) Não gera modificações na riqueza da organização.
e) Aumenta o ativo circulante e diminui a dívida da empresa com os fornecedores.

OBJETIVO 2

9. (CFC 2018/2) Com base na Estrutura Conceitual, reconhecimento envolve a descrição do item, a mensuração do seu montante monetário e a sua inclusão no balanço patrimonial ou na demonstração do resultado. Segundo a norma, os itens que satisfazem os critérios de reconhecimento devem ser reconhecidos no balanço patrimonial ou na demonstração do resultado. A falta de reconhecimento de tais itens não é corrigida pela divulgação das práticas contábeis adotadas nem tampouco pelas notas explicativas ou material elucidativo. Referente ao assunto intitulado reconhecimento à luz da referida norma, assinale a alternativa INCORRETA.

a) As despesas devem ser reconhecidas na demonstração do resultado quando ocasionarem em decréscimo nos benefícios econômicos futuros, relacionado com o aumento de um ativo ou a diminuição de um passivo, e puder ser mensurado com confiabilidade. Isso significa, na prática, que o reconhecimento da despesa ocorre simultaneamente com o reconhecimento de aumento nos passivos ou de diminuição nos ativos (por exemplo, a alocação por competência de obrigações trabalhistas ou da depreciação de equipamento).
b) A receita deve ser reconhecida na demonstração do resultado quando resultar em aumento nos benefícios econômicos futuros relacionado com o aumento de ativo ou com a diminuição de passivo, e puder ser mensurado com confiabilidade. Isso significa, na prática, que o reconhecimento da receita ocorre simultaneamente com o reconhecimento do aumento nos ativos ou da diminuição nos passivos (por exemplo, o aumento líquido nos ativos originado da venda de bens e serviços ou o decréscimo do passivo originado do perdão de dívida a ser paga).
c) Um ativo não deve ser reconhecido no balanço patrimonial quando os gastos incorridos não proporcionarem a expectativa provável de geração de benefícios econômicos para a entidade além do período contábil corrente. Ao invés disso, tal transação deve ser reconhecida como despesa na demonstração do resultado. Esse tratamento não implica dizer que a intenção da administração ao incorrer nos gastos não tenha sido a de gerar benefícios econômicos futuros para a entidade ou que a administração tenha sido mal conduzida.
d) Um passivo deve ser reconhecido no balanço patrimonial quando for provável que uma saída de recursos detentores de benefícios econômicos seja exigida em liquidação de obrigação presente e o valor pelo qual essa liquidação se dará puder ser mensurado com confiabilidade.

OBJETIVO 1

10. (CFC 1/2014 – Adaptada) Uma sociedade empresária vendeu mercadorias em 02.01.2014, pelo valor de R$ 200.000,00, com entrega imediata das mercadorias e recebimento do valor da venda em 02.03.2014. O Custo da Mercadoria Vendida é de R$ 50.000,00. A empresa remunera seus vendedores, a título de comissão sobre vendas, no valor de R$ 6.000,00, a ser paga quando do recebimento da venda efetuada. Em relação ao registro da transação, é correto afirmar que em:

a) 02.03.2014, a empresa reconhece uma receita de R$ 200.000,00 e uma despesa comercial no valor de R$ 6.000,00.
b) 02.01.2014, a empresa reconhece uma receita de R$ 200.000,00 e o custo da mercadoria vendida no valor de R$ 56.000,00.
c) 02.03.2014, a empresa reconhece uma receita de R$ 200.000,00 e o custo da mercadoria vendida no valor de R$ 56.000,00.
d) 02.01.2014, a empresa reconhece uma receita de R$ 200.000,00, o custo da mercadoria vendida no valor de R$ 50.000,00, e, em 02.03.2014, uma despesa comercial no valor de R$ 6.000,00.
e) 02.01.2014, a empresa reconhece uma receita de R$ 200.000,00, o custo da mercadoria vendida no valor de R$ 50.000,00 e uma despesa comercial no valor de R$ 6.000,00.

OBJETIVO 2

11. (CESGRANRIO – 2010 – Petrobras) Observe os seguintes dados, em reais, extraídos da contabilidade da empresa Comercial Aruba Ltda., em dezembro de 2009:
- Compras de mercadorias no mês: $ 120.000,00;
- Estoque de mercadorias em 30.11.2009: $ 36.000,00;
- Despesas operacionais do mês: $ 77.000,00;
- Receita de vendas do mês: $ 260.000,00;
- Estoque de mercadorias em 31.12.2009: $ 48.000,00.

Desconsiderando-se a incidência de qualquer tipo de imposto e considerando-se exclusivamente os dados acima, afirma-se que, em reais, o

a) Lucro bruto apurado foi 70.000,00.
b) Lucro operacional apurado foi 108.000,00.
c) Custo das mercadorias vendidas foi 108.000,00.
d) Custo das mercadorias vendidas foi 152.000,00.
e) Resultado com mercadorias apurado foi 157.000,00.

OBJETIVO 4

12. (CFC 2017/2) Em 1º.7.2017, uma academia de ginástica inaugurou suas instalações com o lançamento de uma campanha que consiste em que seus alunos paguem o pacote trimestral promocional no valor de R$ 375,00, à vista, no ato da matrícula.

Aderindo a esse pacote, o contrato firmado entre as partes garante ao aluno o direito de frequentar a academia em qualquer horário, durante três meses, sete dias da semana.

O contrato prevê que, independentemente da frequência do contratante, ao fim de cada mês o valor proporcional é considerado devido e não mais passível de devolução.

No mesmo dia da inauguração, a academia de ginástica efetuou a matrícula de 20 alunos e registrou o recebimento, em dinheiro, em seu caixa no valor de R$ 7.500,00.

Durante todo o mês de julho, a academia de ginástica não efetuou mais nenhuma matrícula e funcionou regularmente. Ao final do mês, apurou que, em média, o comparecimento dos alunos foi de 50%.

A academia de ginástica apura mensalmente suas receitas e despesas, em atendimento ao regime de competência.

Considerando-se apenas as informações apresentadas e desconsiderando-se os aspectos tributários, o valor da receita que deve ser reconhecida no mês de julho de 2017 é de:

a) R$ 1.250,00.
b) R$ 2.500,00.
c) R$ 3.750,00.
d) R$ 7.500,00.

OBJETIVO 2

13. (CFC 2017/2) Uma sociedade empresária apresenta as seguintes informações, referentes ao período de janeiro a dezembro de 2016, extraídas do seu balancete de verificação em 31.12.2016, das contas de resultado referentes a operações continuadas:

Custo com Venda do Imobilizado	17.000,00
Custo das Mercadorias Vendidas	260.000,00
Despesas Administrativas	15.000,00
Despesas Comerciais	45.000,00
Faturamento Bruto de Vendas	400.000,00
ICMS sobre Vendas	48.000,00
Receita com Venda de Imobilizado	14.000,00
Receita de Aluguéis	40.000,00
Receita Financeira	20.000,00
Vendas Canceladas	10.000,00

Considerando-se apenas as informações apresentadas, o valor do Resultado antes das Receitas e Despesas Financeiras a ser evidenciado na Demonstração do Resultado do período é de:

a) R$ 19.000,00.
b) R$ 22.000,00.
c) R$ 59.000,00.
d) R$ 62.000,00.

OBJETIVO 3

14. (CFC 2017/1) Em 10.01.2017, uma sociedade empresária celebrou um contrato para venda de 100 unidades de uma determinada mercadoria pelo valor total de R$ 50.000,00. Conforme demonstrado a seguir, o contrato estabeleceu o cronograma para entrega das mercadorias e recebimento das vendas, o que foi integralmente cumprido.

Data	Evento
10.01.2017	Entrega de 20 unidades
30.01.2017	Recebimento de R$ 25.000,00
02.02.2017	Entrega de 20 unidades
27.02.2017	Recebimento de R$ 25.000,00
10.03.2017	Entrega de 60 unidades

Não existe efeito relevante na operação que justifique a consideração do ajuste a valor presente.

Por ocasião das entregas, todas as condições necessárias para o reconhecimento da receita são satisfeitas.

Os registros contábeis são realizados diariamente e os ajustes, ao final de cada mês.

Desconsiderando-se os efeitos tributários, o valor da receita dessa operação, a ser reconhecido em janeiro de 2017, é de:

a) R$ 5.000,00.
b) R$ 10.000,00.
c) R$ 25.000,00.
d) R$ 50.000,00.

OBJETIVO 3

15. (CFC 2017/1) Em 31.01.2017, uma sociedade empresária recebeu de cliente o valor de R$ 10.000,00, a título de adiantamento de serviços a serem prestados durante o mês de fevereiro. No dia 28.02.2017, a sociedade empresária concluiu os serviços e emitiu uma nota fiscal de prestação de serviços no valor de R$ 9.200,00. Na mesma data, devolveu ao cliente, em dinheiro, o valor de R$ 800,00.

Considerando-se apenas as informações apresentadas e desconsiderando-se a incidência de tributos, entre as opções apresentadas indique o lançamento contábil realizado pela sociedade empresária que reflete o registro da transação ocorrida em 28.02.2017.

a) Débito: Caixa – Ativo Circulante   10.000
  Crédito: Adiantamento de
  Cliente – Passivo Circulante   800
  Crédito: Receita de Serviços – Resultado   9.200

b)	Débito: Adiantamento de Cliente – Passivo Circulante	10.000
	Crédito: Receita de Serviços – Resultado	9.200
	Crédito: Caixa – Ativo Circulante	800
c)	Débito: Receita de Serviços – Resultado	9.200
	Débito: Caixa – Ativo Circulante	800
	Crédito: Adiantamento de Cliente – Passivo Circulante	10.000
d)	Débito: Adiantamento de Cliente – Passivo Circulante	9.200
	Débito: Caixa – Ativo Circulante	800
	Crédito: Receita de Serviços – Resultado	10.000

Respostas: 1-c; 2-d; 3-c; 4-b; 5-a; 6-b; 7-c; 8-a; 9-a; 10-e; 11-c; 12-b; 13-c; 14-b; 15-b.

EXERCÍCIOS

OBJETIVO 1

1. O que é demonstração do resultado do exercício? Qual o seu objetivo (para que serve)? O que ela contém?

OBJETIVO 1 **OBJETIVO 2**

2. Defina receita, despesa, ganho e perda.

OBJETIVO 1 **OBJETIVO 2**

3. O que é resultado? Como ele é formado? Que denominações e subdivisões ele recebe?

OBJETIVO 2

4. Quais as duas grandes formas de apresentação das despesas na demonstração do resultado? Quais as vantagens de cada uma?

OBJETIVO 2

5. O que é a demonstração do resultado abrangente?

OBJETIVO 4

6. Descreva em linhas gerais o regime de competência. Qual sua importância para a contabilidade e a avaliação da estrutura patrimonial?

OBJETIVO 4

7. Cite exemplos de operações (receitas e despesas):
   a) que geram primeiro impacto na demonstração do resultado e posteriormente impacto no caixa.
   b) que geram primeiro impacto no caixa e posteriormente impacto na demonstração do resultado.

OBJETIVO 3 **OBJETIVO 4**

8. O proprietário da Empresa Valente Ltda. está inseguro ao analisar o desempenho de sua empresa em um determinado mês e precisa de ajuda. A demonstração do resultado da empresa, preparada pelo departamento de contabilidade, apresentou um lucro líquido de $ 80.000 no mês de agosto de 2019. No entanto, durante esse mesmo mês, os saldos bancários apesentaram uma saída total de recursos de $ 25.000. Quais razões podem explicar essa diferença? Que recomendações você daria ao proprietário?

OBJETIVO 3 **OBJETIVO 4**

9. Para cada transação a seguir, indique qual o tratamento contábil conforme o exemplo:

   Transação: Venda de produtos no valor de $ 50.000 recebidos à vista e que haviam custado $ 30.000

   Resposta → Reconhecimento da receita:

Débito: Caixa (disponibilidades)	50.000
Crédito: Receita de vendas	50.000
Reconhecimento do custo:	
Débito: Custo das vendas	30.000
Crédito: Estoques	30.000

   a) Recebimento de $ 200.000 referentes a produtos a serem entregues em data futura.
   b) Venda de produtos no valor de $ 30.000, sendo 40% à vista e o restante a prazo. Sabe-se que os produtos haviam custado $ 10.000.
   c) Compra de mercadorias para revenda por $ 80.000, sendo $ 30.000 pagos à vista e o restante a prazo.
   d) Entrega parcial de $ 60.000 em mercadorias que haviam sido encomendadas anteriormente e que já haviam sido pagas antecipadamente pelo cliente no valor total de $ 150.000.
   e) Contratação de um seguro por $ 5.000 com vigência de 12 meses, os pagamentos ocorrerão em 30, 60 e 90 dias.

OBJETIVO 4

10. Uma empresa comercial registra sua movimentação patrimonial pelo regime de competência com as seguintes contas:
    - Despesas relativas a dez/2018 pagas em dez/2018 por $ 34.000.
    - Despesas relativas a jan/2019 pagas em dez/2018 por $ 43.000.
    - Despesas relativas a dez/2018 pagas em jan/2019 por $ 26.000.
    - Receitas relativas a dez/2018 recebidas em jan/2019 por $ 17.000.
    - Receitas relativas a jan/2004 recebidas em dez/2018 por $ 53.000.
    - Receitas relativas a dez/2018 recebidas em dez/2018 por $ 41.000.

    Para fins de análise da diretoria e com base nas informações apresentadas, determine os resultados dessa empresa em dezembro de 2018:
    a) pelo regime de caixa
    b) pelo regime de competência

    Analise os resultados apresentando as vantagens e desvantagens de cada abordagem.

OBJETIVO 2

11. Considere os saldos apresentados nas contas especificadas a seguir:

COFINS sobre receita operacional	21.600
Custo de mercadorias vendidas	288.000
Abatimentos sobre vendas	12.000
Despesas administrativas	35.000
Despesas financeiras	13.000
ICMS sobre vendas	122.400
PIS sobre receita operacional	11.880
Despesa com contribuição social sobre lucros	18.551
Despesa com imposto de renda	30.918
Devoluções de vendas (vendas canceladas)	10.000
Vendas de mercadorias	720.000

Elabore a demonstração do resultado, determinando: vendas líquidas, resultado bruto, o resultado antes dos juros e impostos (EBIT) e o resultado líquido do período.

EXERCÍCIOS ADICIONAIS

OBJETIVO 3

1. A Cia. Mesopotâmia iniciou suas atividades em 01/02/X0 e apresentou as seguintes transações durante o mês de fevereiro:

1) Em 01/02 – Constituição da empresa com a integralização de capital em dinheiro, depositado em conta bancária, no valor de $ 300.000.

2) Em 03/02 – Aquisição de imobilizado (máquinas, equipamentos, móveis e utensílios operacionais) no valor total de $ 150.000, sendo $ 50.000 pago à vista e o restante por meio de financiamento a pagar nos próximos 12 meses.

3) Em 04/02 – Aquisição de estoques por $ 90.000, sendo 50% pago à vista e o restante a pagar nos próximos meses.

4) Em 05/02 – Venda de mercadorias por $ 30.000, sendo $ 20.000 à vista e o restante a prazo. Tais mercadorias haviam custado $ 12.000.

5) Em 16/02 – Pagamento de aluguel do imóvel referente ao mês de fevereiro no valor de $ 5.000.

6) Em 25/02 – Pagamento de despesas gerais (água, energia elétrica e telefone) no valor de $ 3.000.

7) Em 26/02 – Venda de mercadorias por $ 50.000 que serão recebidas em março de/X0. Tais mercadorias haviam custado $ 16.000.

8) Em 28/02 – A empresa registrou a despesa de salários dos funcionários que será paga no 5º dia útil do mês subsequente (março) no valor de $ 14.000.

9) Ignore a incidência de impostos.

Pede-se:

(1) Registrar as operações em razonetes.

(2) Fazer a apuração do resultado do período.

(3) Elaborar o balanço patrimonial em 28/02/X0 e a demonstração do resultado do mês de fevereiro.

OBJETIVO 3   OBJETIVO 4

2. O balancete de verificação com saldos contábeis da Cia. Babilônia em 30/11/X1 era:

Caixa e equivalentes	70.000	Empréstimos e financiamentos	60.000
Contas a receber (clientes)	60.000	Despesas financeiras	9.900
Receitas de vendas	370.000	Salários a pagar	14.000
Despesas com propaganda	5.000	Despesa de aluguel	44.000
Estoques	80.000	Despesa com seguros	3.000
Seguros antecipados	9.000	Fornecedores	65.000
Máquinas e equipamentos	120.000	Capital social	250.000
Veículos	90.000	Custos das mercadorias vendidas	130.000
Despesas com salários	154.000	Lucros acumulados	15.900

Durante o mês de dezembro de X1 ocorreram as seguintes transações:

1. Compra, a prazo, de estoques de mercadorias no valor de $ 30.000.
2. Pagamento de aluguel do mês de dezembro no valor de $ 4.000.
3. Venda de mercadorias no valor total de $ 65.000, sendo $ 35.000 recebidos no próprio mês de dezembro e o restante a receber a prazo.
4. Em 3/12/X1, a Cia. Babilônia recebeu, em dinheiro, $ 15.000 referente a venda de mercadorias para entrega futura, e ao término do mês de dezembro, a empresa já havia entregue o equivalente a $ 8.000 das mercadorias contratadas.
5. A despesa financeira (despesa de juros) do mês de dezembro foi de $ 1.100, os juros serão totalmente pagos no final dos empréstimos no ano de X2.

Outras informações:

6. A despesa mensal de salários e encargos tem o valor total de $ 14.000, e a empresa tem como política, o pagamento no 5º dia útil do mês subsequente.
7. O valor de seguros antecipados refere-se a uma apólice contratada em 01/09/X1 para proteção de veículos e maquinário no valor total de $ 12.000 com duração de um ano.
8. O estoque final de mercadorias em 31/12/X1 é de $ 45.000.
9. Ignore a incidência de impostos.

Pede-se:

(1) Lançar os saldos iniciais em razonetes.
(2) Registrar as operações em razonetes.
(3) Fazer a apuração do resultado do período (ano X1).
(4) Elaborar o balanço patrimonial em 31/12/X1 e a demonstração do resultado de X1.

OBJETIVO 3 OBJETIVO 4

3. A Cia. Athenas apresentava os seguintes saldos em 31/12/X3 em seu balancete de verificação:

Caixa e equivalentes	40.000	Empréstimos e financiamentos	70.000
Despesas com propaganda	2.000	Despesas financeiras	5.000
Fornecedores	10.000	Despesas com comissões	3.000
Capital social	150.000	Despesas com fretes sobre vendas	2.000
Estoques	50.000	Lucros acumulados	15.000
Imobilizado	160.000	Despesa de aluguel	15.000
Custos das mercadorias vendidas	84.000	Contas a receber (clientes)	20.000
Ganho da venda de ativos	4.000	Receitas de vendas	192.000
Despesa com seguros	5.000	Despesas com salários	70.000
Contas a pagar	15.000	Receitas financeiras	2.000

Pede-se:

(1) Sabendo-se que a alíquota de impostos e contribuição sobre a renda é de 34%, apurar o resultado do exercício de X3.
(2) Elaborar a demonstração do resultado do exercício de X3 e o balanço patrimonial em 31/12/X3.
(3) Calcular a margem bruta, a margem operacional (margem EBIT) e a margem líquida.

OBJETIVO 3 OBJETIVO 4

4. A Cia. Esparta foi constituída em 02/01/X1 e as seguintes operações contábeis foram realizadas durante o ano de X1:

1. Integralização do capital social no total de $ 500.000, sendo $ 250.000 em dinheiro (disponibilidades), $ 200.000 pela entrega de um imóvel para ser utilizado na operação da empresa e $ 50.000 pela entrega de mercadorias em estoque para serem revendidas.
2. Durante o ano, foram realizadas diversas vendas de mercadorias no valor total de $ 970.000, desse total, $ 120.000 serão recebidos em X2 enquanto o restante já foi recebido em X1.
3. Diversas aquisições de estoques durante o ano que totalizaram $ 590.000, e, desse total, $ 75.000 serão pagos em X2 e o restante já foi pago em X1.
4. Os funcionários foram contratados em 02/01/X1 e a despesa mensal de salários e encargos é de $ 13.000, a empresa adota política de pagamento dos salários no 5º dia útil do mês subsequente.
5. Em 01/07/X1, a empresa contratou um seguro de imóveis e de veículo com duração de 12 meses no valor total de $ 24.000, sendo esse valor pago à vista.
6. Em agosto de X1, a empresa assinou um contrato de fornecimento de mercadorias e, para tanto, a empresa recebeu $ 40.000 à vista. Em 31/12/X1 a empresa já tinha entregue 20% dos produtos contratados.
7. Em 01/10/X1, a empresa contratou serviços para uma campanha de marketing e publicidade que terá duração contínua de 10 meses no valor total de $ 70.000. Desse valor, $ 50.000 foram pagos no ato da assinatura do contrato e o restante emitiu uma nota promissória a pagar com vencimento em X2. Os serviços serão prestados de forma homogênea ao longo dos 10 meses.
8. Também em 01/10/X1 a empresa obteve um empréstimo no valor de $ 40.000, com juros mensais de $ 400. Os juros e o principal serão pagos em uma única parcela em junho de X3.
9. Em cada um dos 12 meses de X1 a empresa pagou despesas gerais ligadas à administração da empresa (água, energia, telefone e internet) no valor mensal de $ 2.000.

10. Em novembro de X1, pensando em expandir as atividades da empresa, os acionistas aumentaram o capital da empresa com aporte de $ 50.000 em dinheiro.

11. Em 01/12/X1, a empresa realizou aplicações financeiras no valor de $ 50.000, e, durante o mês, as aplicações geraram juros de $ 900. Os juros serão recebidos apenas no resgate da aplicação.

Informações adicionais:

12. Em 31/12/X1, o saldo de estoques era de $ 270.000.

13. A alíquota de impostos e contribuições sobre a renda é de 34%.

Pede-se:

(1) Lançar os saldos iniciais em razonetes.

(2) Registrar as operações em razonetes.

(3) Fazer a apuração do resultado do período (ano X1).

(4) Elaborar o balanço patrimonial em 31/12/X1 e a demonstração do resultado de X1.

4
DEMONSTRAÇÃO DAS MUTAÇÕES DO PATRIMÔNIO LÍQUIDO

Assista ao vídeo sobre o tema deste capítulo

"Cielo propõe aumento de capital de R$ 1 bilhão a acionistas"

A administração da Cielo propôs aos acionistas um aumento de capital de R$ 1 bilhão, sem a emissão de novas ações, mediante capitalização de parcela da reserva de lucros. Segundo a companhia, a operação tem por objetivo tornar o capital social 'mais compatível com a realidade operacional da Cielo e com o segmento em que atua, bem como demonstrar ao seu novo regulador a solidez de seu capital'.

(...) A proposta será avaliada nas assembleias gerais ordinária e extraordinária a serem realizadas no dia 20 de abril. Se aprovado o aumento, o capital social passará a ser de R$ 5,7 bilhões.

A administração da Cielo também propõe pagamento de dividendo adicional relativo a 2017 de R$ 1,058 bilhão, além de R$ 318,2 milhões em juros sobre capital. (...)."

Fonte: Adaptado de CAMPOS, Álvaro. *Valor Econômico*, 21 mar. 2018.

"Eletrobras pode ter dividendos em 2017"

A Eletrobras pode distribuir dividendos no ano que vem se terminar 2016 com lucro líquido, ainda que seja reflexo da contabilização das indenizações por ativos antigos de transmissão, devido ao seu estatuto social.

(...) No primeiro semestre, a Eletrobras acumulou lucro de cerca de R$ 8,9 bilhões, refletindo a contabilização das indenizações por ativos de transmissão anteriores a maio de 2000 (...) Segundo Casado, como o lucro é sem efeito caixa, a companhia não é obrigada pela lei a distribuir proventos, podendo formar uma reserva de lucros não realizados e distribuir os dividendos quando as indenizações entrarem no caixa. No entanto, o estatuto da empresa determina a distribuição de 6% do capital social aos preferencialistas, se for apurado lucro.

(...) Se o cenário do lucro se concretizar, a Eletrobras deve utilizar o fluxo de caixa gerado no ano para pagar os dividendos. Não deve haver impacto significativo nas contas da empresa, uma vez que o valor é considerado pequeno, explicou Casado."

Fonte: Adaptado de MAIA, Camila. *Valor Econômico*, 26 ago. 2018.

OBJETIVOS DE APRENDIZAGEM DO CAPÍTULO

Após estudar este capítulo, você será capaz de:
1. Entender o conceito de patrimônio líquido bem como sua composição.
2. Compreender o conceito de capital social.
3. Compreender o conceito e os tipos de reservas de capital.
4. Compreender as formas de destinações do lucro: retenção (reservas de lucros) e distribuição de dividendos.
5. Compreender a forma de contabilização da destinação dos lucros.
6. Entender os conceitos, os objetivos e a estrutura da Demonstração das Mutações do Patrimônio Líquido (DMPL).

Para maior detalhamento do assunto, consulte o Capítulo 15 – Patrimônio Líquido.

PATRIMÔNIO LÍQUIDO

Conceitos básicos

Patrimônio líquido representa os recursos próprios da entidade que são provenientes dos sócios ou acionistas e do desempenho das atividades da empresa. O Pronunciamento Conceitual Básico (R1), no item 4.4, apresenta a seguinte definição de patrimônio líquido: "c) patrimônio líquido é o interesse residual nos ativos da entidade depois de deduzidos todos os seus passivos."

Patrimônio Líquido = Ativo – Passivo

Nesse sentido, tem-se:

Ativos (bens e direitos que gerarão fluxo de caixa futuro)

(–) Passivos (obrigações)

(=) Patrimônio líquido (recursos que pertencem aos sócios)

Essa equação pode ser mais bem compreendida pela representação do balanço patrimonial (Figura 4.1):

FIGURA 4.1 Representação do balanço patrimonial.

Composição do PL

Seguindo os conceitos básicos do PL, em essência, este grupo é composto por apenas dois itens: recursos advindos dos sócios (denominados "capital social" no jargão contábil) e resultados gerados pela própria companhia e não distribuídos aos sócios (batizados de "lucros ou prejuízos acumulados"). Porém, de acordo com a legislação societária brasileira (Lei nº 6.404/76 e alterações posteriores), há uma composição mais detalhada para este grupo. Seguindo essa legislação, o patrimônio líquido é formado pelos seguintes itens:

- Capital social
- Reservas de capital
- Ajustes de avaliação patrimonial
- Reservas de lucros
- Ações em tesouraria
- Prejuízos acumulados
- Dividendos adicionais propostos

É importante destacar que, dado o caráter introdutório deste capítulo, nem todas essas contas serão abordadas aqui ou mesmo discutidas em detalhes. Uma abordagem mais avançada do tema será tratada no Capítulo 15 – Patrimônio Líquido, após o aluno ter um maior conhecimento dos temas contábeis tratados ao longo deste livro.

OBJETIVO 2
CAPITAL SOCIAL

Assista ao vídeo do autor sobre este capítulo

O **capital social** representa, inicialmente, o valor investido pelos acionistas ou sócios na empresa (por meio da emissão de ações ou quotas), para que esta financie suas atividades. Com o passar do tempo, o capital social pode ser alterado tanto por novos investimentos feitos pelos acionistas quanto por lucros retidos e incorporados formalmente ao capital social. Tanto a constituição inicial do capital social quanto suas alterações posteriores devem estar formalizadas no estatuto ou contrato social da empresa, que é o documento que formaliza a relação jurídica entre a companhia e seus acionistas.

O art. 182 da Lei nº 6.404/76 estabelece que a conta capital social discriminará o montante subscrito e, por dedução, a parcela ainda não realizada.

O capital social corresponde ao capital efetivo da empresa, valor que os acionistas ou sócios se comprometeram a integralizar, conforme o estatuto ou contrato social da empresa, devendo ser subscrito na data da criação da empresa. Sua integralização, porém, pode depender do prazo, da forma e das condições estabelecidas no estatuto social ou no contrato.

A parcela do capital ainda não integralizada pelos acionistas é denominada capital a integralizar (ou capital a realizar), enquanto a parcela de capital efetivamente integralizada é chamada capital integralizado ou capital realizado.

O capital realizado (ou integralizado) (CR) é igual ao capital subscrito (CS) menos o capital a integralizar (CI):

$$CR = CS - CI$$

Assim, o capital social corresponde ao valor integralizado pelos acionistas ou sócios.

A parcela do capital ainda não integralizada pelos acionistas é denominada Capital a Integralizar.

A parcela de capital efetivamente integralizada é chamada Capital Integralizado ou Capital Realizado.

QUESTÃO PARA REFLEXÃO 4.1

Os sócios João e Pedro constituíram uma empresa e decidiram que o capital social seria de $ 20.000. No entanto, no primeiro mês, eles decidiram integralizar apenas $ 8.000, em dinheiro, e o restante seria integralizado apenas após 6 meses.

a) Contabilize a subscrição e a integralização do capital.

b) Demonstre o capital social da empresa.

VOCÊ SABIA?

- Subscrição é o ato em que o interessado formaliza sua vontade de adquirir um valor mobiliário (ação ou quota de uma empresa).
- Integralização é o ato de fazer o investimento na aquisição do valor mobiliário.

OBJETIVO 3

RESERVAS DE CAPITAL

> As reservas de capital são constituídas por recursos que não transitaram pelo lucro do período.

As reservas de capital são constituídas por recursos obtidos pela empresa que não transitaram pelo lucro do período, mas representam um ingresso efetivo de recursos econômicos advindos dos acionistas, e são tratadas como acréscimo de patrimônio líquido em função de determinação legal.

Note que, conceitualmente, as reservas de capital são equivalentes ao próprio capital social. Portanto, ainda conceitualmente, esses valores poderiam ser lançados diretamente na conta "capital social" e, portanto, não seria necessária a criação desse grupo de reservas de capital. Porém, juridicamente, para que um valor seja registrado na conta "capital social", deve, necessariamente, ocorrer uma alteração do estatuto ou contrato social. Ocorre que nem sempre essa alteração é feita, por essa razão, faz sentido a existência de outro grupo de contas, denominado "reservas de capital", para que a empresa possa registrar recebimentos de recursos de sócios que, em essência, são parte do capital social, mas que, formalmente, ainda não estão reconhecidos no estatuto ou contrato social.

De acordo com a Lei nº 6.404/76 e alterações posteriores, as reservas de capital podem ser originadas de ágio na emissão de ações, alienação de partes beneficiárias e alienação de bônus de subscrição.

Mas como a empresa pode usufruir dessas reservas?

O art. 200 da Lei nº 6.404/76 e alterações posteriores estabelecem que as reservas de capital somente poderão ser utilizadas para:

- Absorção de prejuízos, quando estes ultrapassarem as reservas de lucros.
- Resgate, reembolso ou compra de ações.
- Resgate de partes beneficiárias.
- Incorporação ao capital social.
- Pagamento de dividendo a ações preferenciais, quando essa vantagem lhes for assegurada.

Não entraremos em mais detalhes sobre esse tema, pois, conforme já destacamos no início deste capítulo, a ideia nesse momento é tratar de conceitos introdutórios, e há um capítulo mais avançado neste livro, em que o estudante poderá entender com mais detalhes e exemplos esse assunto.

OBJETIVO 4

DESTINAÇÃO DOS LUCROS

Quando uma empresa gera lucro, há basicamente dois possíveis caminhos: manter o lucro "dentro da empresa", ou seja, reter o lucro; ou então "tirar da empresa" esse lucro, ou seja, pagar dividendos aos donos da empresa, como forma de remuneração do seu investimento. Essas duas opções não são excludentes. Isso significa que a empresa pode reter uma parte e distribuir a outra. Quanto será retido e quanto será distribuído é uma decisão, em última análise, dos donos da empresa, porém, há certos aspectos da legislação societária que devem ser seguidos.

Por falar em legislação, em relação à destinação do lucro líquido apurado em um determinado período, a Lei nº 6.404/76, art. 202, § 6º, estabelece que todo o lucro líquido do exercício deve ser destinado para reservas de lucros ou distribuído como dividendos. Assim, a empresa deverá destinar o seu lucro para atender às disposições legais e estatutárias.

Em relação às retenções do lucro (formalizadas na contabilidade por meio da constituição das reservas de lucros), estas podem decorrer de previsão legal, como a reserva legal, ou por definição do Estatuto Social da empresa, tal como a reserva estatutária, ou por aprovação em Assembleia Geral, como reserva para expansão.

Em relação à distribuição de dividendos, esta decorre de previsão legal ou estatutária, por exemplo, dividendos mínimos obrigatórios, ou por aprovação em Assembleia Geral, por exemplo, dividendos adicionais propostos.

A seguir, serão apresentadas as reservas de lucros e as formas de distribuição de dividendos.

Reservas de lucros

As reservas de lucros representam as parcelas dos lucros obtidos pela empresa em suas atividades e retidas para uma finalidade específica. Em essência, possuem a mesma natureza da conta "lucros acumulados", pois representam recursos advindos da atividade da empresa, e que não foram destinados aos acionistas, e, portanto, foram retidos ou acumulados.

A formalização da destinação dos lucros para contas específicas de reservas de lucros é exigida por lei e faz com que a informação contábil indique para os seus usuários os motivos específicos da retenção dos lucros. Dessa forma, **o acionista pode entender as razões que justificaram a não distribuição dos lucros a ele, na forma de dividendos**.

De acordo com a Lei nº 6.404/76 e alterações posteriores, são exemplos de reservas de lucros:

- Reserva legal.
- Reserva estatutária.
- Reserva para contingências.
- Reservas de incentivos fiscais.
- Reserva de lucros a realizar.
- Reserva de lucros para expansão.

RESERVA LEGAL

A reserva legal foi instituída pelo art. 193 da Lei nº 6.404/76 com a finalidade de garantir a integridade do capital social. Das reservas de lucro, é a única de constituição obrigatória.

Esta deverá ser constituída à base de 5% do lucro líquido do exercício, antes de qualquer outra destinação, até que atinja 20% do capital social realizado. Poderá, a critério da companhia, deixar de ser constituída, quando o saldo da reserva legal, somado ao montante das reservas de capital, atingir 30% do capital social.

Como essa reserva é definida pela lei, sua utilização também é restrita aos critérios legais. De acordo com a Lei nº 6.404/76, a utilização dessa reserva está restrita à compensação de prejuízos e ao aumento do capital social.

QUESTÃO PARA REFLEXÃO 4.2

Determinada companhia possuía, em 31/12/X1, em seu patrimônio líquido, as seguintes contas:

Capital Social:	$ 150.000
Reservas de Capital:	$ 10.000
Reserva Legal:	$ 27.000

A companhia apurou lucro líquido de $ 100.000 em X1.

Qual valor deverá ser destinado para a reserva legal desta companhia?

RESERVA ESTATUTÁRIA

Esta reserva é constituída por determinações do estatuto social da empresa, devendo o estatuto definir sua finalidade de modo preciso e completo, fixar os critérios para determinar a parcela anual do lucro líquido a ser destinada à sua constituição, bem como estabelecer seu limite máximo. Portanto, a reserva estatutária é semelhante à reserva legal, que também possui finalidade, critérios e limites, porém a reserva estatutária é específica de cada empresa, podendo, inclusive, nem existir.

Uma observação a ser feita é que a destinação dos lucros para a constituição das reservas estatutárias não poderá ser aprovada, em cada exercício, em prejuízo da distribuição do dividendo obrigatório (art. 198 da Lei nº 6.404/76).

RESERVA PARA CONTINGÊNCIAS

A Lei nº 6.404/76, em seu art. 195, estabelece que a assembleia geral poderá destinar parte do lucro líquido à formação de reserva com a finalidade de compensar, em exercício futuro, a diminuição do lucro decorrente de perda julgada provável, cujo valor possa ser estimado.

A proposta dos órgãos da administração deverá indicar a causa da perda prevista e justificar a constituição da reserva que será revertida no exercício em que deixarem de existir as razões que justificaram a sua constituição, ou no período em que ocorrer a perda.

RESERVA DE INCENTIVOS FISCAIS

Esta reserva poderá ser constituída com a parcela do lucro líquido decorrente de doações e subvenções governamentais para investimentos. O art. 195-A da Lei nº 6.404/76 estabelece que a constituição desta reserva deve ser feita por proposta dos órgãos da administração e aprovada em assembleia e que a companhia poderá excluir os valores destinados para esta reserva da base de cálculo dos dividendos mínimos obrigatórios.

Caso os incentivos fiscais sejam excluídos da base de cálculo dos dividendos, eles serão isentos (enquanto não distribuídos), de acordo com a legislação tributária.

RESERVA DE LUCROS A REALIZAR

No exercício em que o montante do dividendo obrigatório ultrapassar a parcela realizada do lucro líquido do exercício, a assembleia geral poderá, por proposta dos órgãos de administração, destinar o excesso à constituição de reserva de lucros a realizar. Nesse sentido, a constituição dessa reserva está associada à não realização financeira do lucro líquido do exercício.

O art. 197 da Lei nº 6.404/76 considera realizada a parcela do lucro líquido do exercício que exceder a soma dos seguintes valores:

a. o resultado líquido positivo da equivalência patrimonial; e

b. o lucro, o ganho ou o rendimento em operações cujo prazo de realização financeira ocorra após o término do exercício social seguinte.

A reserva de lucros a realizar poderá ser utilizada para o pagamento do dividendo obrigatório (quando da realização dos lucros não realizados) ou para compensar prejuízos futuros (caso o prejuízo ocorra antes da realização dos lucros não realizados).

RETENÇÃO DE LUCROS – RESERVA DE LUCROS PARA EXPANSÃO

Essa reserva deve ser criada por proposta da administração e aprovada em assembleia geral, devendo estar prevista no orçamento de capital da companhia previamente aprovado.

O orçamento deverá compreender todas as fontes de recursos e aplicações de capital, fixo ou circulante, e poderá ter a duração de até cinco exercícios, salvo no caso de execução, por prazo maior, de projeto de investimento.

Contudo, a constituição dessa reserva não poderá ser aprovada, em cada exercício, em prejuízo da distribuição do dividendo obrigatório (art. 198 da Lei nº 6.404/76).

LIMITE DO SALDO DAS RESERVAS DE LUCROS

A Lei nº 6.404/76, em seu art. 199, estabelece que o saldo das reservas de lucros, exceto as reservas para contingências, de incentivos fiscais e de lucros a realizar, não poderá ultrapassar o capital social. Quando esse limite for atingido, a assembleia deliberará sobre a aplicação do excesso na integralização ou no aumento do capital social, ou na distribuição de dividendos.

Distribuição de dividendos

DIVIDENDOS MÍNIMOS OBRIGATÓRIOS

Os dividendos representam a destinação dos lucros da companhia para os acionistas.

> Os dividendos representam a destinação dos lucros para os acionistas.

Para o pagamento dos dividendos poderão ser utilizados:

- Lucro do exercício.
- Reservas de lucros.
- Reservas de capital. Esta última, apenas em casos específicos, para ações preferenciais.

Quando o estatuto social da empresa for omisso em relação à distribuição de dividendos, a Lei nº 6.404/76 regula a forma de distribuição dos dividendos mínimos obrigatórios a fim de proteger os acionistas. No entanto, o estatuto social da empresa é soberano quando definir a forma de distribuição dos dividendos.

Caso o estatuto seja omisso, a lei define o seguinte critério:

	Lucro do Exercício
(–)	Parcela do lucro destinada à constituição da reserva legal
(–)	Parcela do lucro destinada à constituição da reserva para contingências
(+)	Reversão da reserva para contingências
=	Lucro Líquido Ajustado

- Dividendos = 50% × Lucro Líquido Ajustado

Quando o estatuto da empresa for omisso e a assembleia geral deliberar alterá-lo para introduzir norma sobre o assunto, o dividendo obrigatório não poderá ser inferior a 25% do lucro líquido ajustado.

A lei também estabelece que o estatuto da companhia pode definir o dividendo como porcentagem do lucro ou do capital social, ou fixar outros critérios para determiná-lo, desde que sejam regulados com precisão e minúcia e não sujeitem os acionistas não controladores (ou minoritários) ao arbítrio da administração ou dos acionistas controladores. Mas, na prática, observa-se que grande parte das companhias costuma definir o dividendo obrigatório com base no lucro líquido ajustado, estabelecido pelo art. 202 da Lei nº 6.404/76, conforme apresentado acima.

DIVIDENDOS ADICIONAIS PROPOSTOS

O art. 202 da Lei nº 6.404/76 estabelece a distribuição dos dividendos mínimos obrigatórios aos acionistas, fazendo com que a empresa tenha um compromisso contratual ou legal perante estes e, como tal, esse compromisso representa um passivo da empresa, devendo ser reconhecido na data do balanço patrimonial.

No entanto, a assembleia dos sócios é soberana em suas deliberações quanto à distribuição de dividendos, podendo deliberar pelo pagamento de dividendos acima ou abaixo dos valores propostos pela administração. Todavia, em relação ao dividendo mínimo obrigatório, há limites muito estreitos para deliberar quanto ao seu não pagamento, sendo essas situações muito raras, em especial no caso das companhias abertas (para mais detalhes, consulte a Interpretação do CPC (ICPC) 08 (R1), itens 2 a 5).

Assim, a parcela da proposta dos órgãos da administração que exceder o mínimo obrigatório deve ser mantida no patrimônio líquido, em conta específica (dividendo adicional proposto), até a deliberação definitiva que vier a ser tomada pelos sócios. Afinal, esse dividendo adicional não se caracteriza como obrigação presente na data do balanço, já que a assembleia dos sócios ou outro órgão competente poderá, não havendo nenhuma restrição estatutária ou contratual, deliberar ou não pelo seu pagamento ou por pagamento de valor diferente do proposto. Tal deliberação ocorre após a data da publicação do balanço e, por isso, na data do balanço, considera-se que a empresa ainda não está obrigada a fazer esse pagamento aos sócios, já que se trata apenas de uma proposta da administração e os acionistas ainda não decidiram se irão aceitar ou não tal proposta.

VOCÊ SABIA?

Que os dividendos mínimos obrigatórios devem ser registrados no passivo?
E que os dividendos adicionais devem ser registrados no Patrimônio Líquido?

Aplicação prática

EXEMPLO 1

A Cia. de Transportes obteve um lucro líquido de $ 1.000.000 em X1, o seu estatuto era omisso em relação à distribuição dos dividendos mínimos obrigatórios e a Cia. não constituiu reserva de contingências.

Pede-se: Determine o valor dos dividendos mínimos obrigatórios.

Base de cálculo do dividendo mínimo obrigatório:

	Lucro do Exercício	$ 1.000.000
(–)	Parcela do lucro destinada à constituição da reserva legal	($ 50.000)
(+/–)	Parcela do lucro destinada à reversão/constituição da reserva para contingências	–
=	Lucro Líquido Ajustado	$ 950.000

- Dividendos = 50% × $ 950.000 = $ 475.000

EXEMPLO 2

A Cia. Para Tudo obteve um lucro líquido de $ 1.000.000 em X2. De acordo com seu estatuto, o lucro líquido deve ter a seguinte destinação:

Constituição da Reserva Legal: de acordo com a Lei nº 6.404/76

Constituição da Reserva Estatutária = 10% do lucro líquido

Reserva para Expansão = $ 300.000

Dividendos Mínimos Obrigatórios = 40% do lucro líquido ajustado

Saldo remanescente: distribuído como dividendos adicionais.

Pede-se: Demonstre a destinação completa do lucro líquido.

Destinação do Lucro:

Reserva Legal = $ 50.000 (5% do lucro líquido)

Reserva Estatutária = $ 100.000 (10% do lucro líquido)

Reserva para Expansão = $ 300.000

Dividendos Mínimos Obrigatórios = $ 380.000 (40% × $ 950.000)

Dividendos Adicionais = $ 170.000 (lucro líquido – todas as demais destinações)

Lucros ou prejuízos acumulados

O § 6º do art. 202 da Lei nº 6.404/76 estabelece que todo o lucro líquido do exercício deve ser destinado para reservas ou distribuído como dividendos (alteração incluída pela Lei nº 10.303/2001). Assim, essa conta somente apresentará saldo, no balanço patrimonial, quando a companhia apresentar prejuízos acumulados.

A referida lei, contudo, não eliminou a conta de lucros acumulados e sua movimentação deve ser apresentada na Demonstração das Mutações do Patrimônio Líquido (DMPL), que será explicada adiante neste capítulo. Na realidade, essa conta passou a ter natureza transitória, devendo ser utilizada para receber a transferência do lucro líquido do período, reversões de reservas de lucro e para as destinações do lucro e, portanto, só terá saldo se apresentar prejuízos acumulados.

> **! IMPORTANTE**
>
> Sociedades que não são regidas pela Lei das S.A., no Brasil, podem ter saldo na conta Lucros Acumulados, o qual poderá ser destinado às reservas ou a pagamento de dividendos no futuro!

CONTABILIZAÇÃO DA DESTINAÇÃO DO LUCRO

Após a apuração do resultado do período (lucro ou prejuízo), este deve ser transferido para o patrimônio líquido da Cia. utilizando a conta lucros ou prejuízos acumulados.

Se a empresa apurar prejuízo, este deve ser absorvido pelas reservas de lucros existentes. Nesse sentido, o parágrafo único do art. 189 da Lei nº 6.404/76 estabelece que "o prejuízo do exercício será obrigatoriamente absorvido pelos lucros acumulados, pelas reservas de lucros e pela reserva legal, nessa ordem".

Se a empresa apurar lucro, este deve, a partir da conta Lucros e Prejuízos Acumulados, ser destinado para as contas das respectivas reservas de lucros e para dividendos (obrigatórios e adicionais, caso existam).

O exemplo a seguir demonstra, em razonetes, como funciona a mecânica contábil de transferência do resultado para a conta lucros ou prejuízos acumulados e sua respectiva destinação para as reservas e dividendos.

Aplicação prática

Em 31/12/X0, a Cia. Azul apresentava as seguintes contas em seu patrimônio líquido:

Capital social: $ 200.000

Reservas de capital: $ 20.000

Reserva legal: $ 10.000

Durante o ano de X1, a Cia. Azul apurou lucro líquido de $ 80.000, o qual teve a seguinte destinação:

Reserva legal: 5% do lucro líquido
Reserva estatutária: 10% do lucro líquido
Dividendos mínimos obrigatórios: 30% do lucro líquido
Reserva para expansão: saldo remanescente

Pede-se: Contabilize a destinação do lucro obtido pela Cia. Azul.

Resolução:
Determinação dos valores:
Reserva legal: $ 4.000
Reserva estatutária: $ 8.000
Dividendos mínimos obrigatórios: $ 24.000
Reserva para expansão: $ 80.000 − ($ 4.000 + $ 8.000 + $ 24.000) = $ 44.000

Contabilização:

PATRIMÔNIO LÍQUIDO

Capital Social			Reservas de Capital			Reserva Legal	
	200.000	(SI)		20.000	(SI)		10.000 (SI)
							4.000 (1)
	200.000			20.000			14.000

	Lucros/Prejuízos Acumulados			Reserva Estatutária			Reserva para Expansão
(1) 4.000	80.000	(A)		8.000	(2)		44.000 (4)
(2) 8.000							
(3) 24.000							
(4) 44.000							
	–			8.000			44.000

PASSIVO
Dividendos a Pagar

	24.000	(3)
	24.000	

Como é possível verificar, todo o lucro do período ($ 80.000) foi destinado ou para reservas ou para dividendos.

Ressalta-se que o débito correspondente ao crédito de $ 80.000 do lançamento (A) não está demonstrado no exemplo apenas para fins de simplificação. Porém, é importante lembrar que esse débito é feito na conta transitória de resultado, que serve para a apuração do resultado do exercício. Ou seja, esse débito encerra as contas de resultado, transferindo o lucro para a conta de PL, denominada Lucros ou Prejuízos Acumulados.

DEMONSTRAÇÃO DAS MUTAÇÕES DO PATRIMÔNIO LÍQUIDO

A DMPL é uma demonstração que apresenta a movimentação ocorrida em todas as contas que compõem o patrimônio líquido em um determinado período. Sendo assim, a DMPL é constituída por todas as contas do patrimônio líquido. Sua estrutura é bastante simples: nas colunas, são indicadas as contas do PL (com uma coluna final para apresentar o total das contas); e nas linhas, são apresentadas as operações que provocaram alterações das contas do PL durante o período de apresentação. Essas operações costumam ser apresentadas em ordem cronológica, por isso, a primeira linha registra o saldo inicial das contas, o "miolo" apresenta as mutações propriamente ditas e, finalmente, a última linha contempla o saldo final das contas. O Quadro 4.1 demonstra um modelo de apresentação de DMPL seguindo esta lógica:

DMPL é uma demonstração que apresenta a movimentação ocorrida em todas as contas que compõem o PL.

QUADRO 4.1 Modelo de apresentação da DMPL

	Capital Social	Reserva de Capital	Reservas de Lucros			Lucros ou Prejuízos Acumulados	Total
			Reserva Legal	Reserva Estatutária	Reserva para Expansão		
Saldo Inicial							
Aumento de Capital							
Lucro do Período							
Constituição Reserva Legal							
Constituição Res. Estatutária							
Constituição Res. Expansão							
Dividendos							
Saldo Final							

A DMPL apresenta todas as contas que compõem o patrimônio líquido, evidenciando a movimentação de cada uma dessas contas. A soma de todas as contas resultará no saldo existente no patrimônio líquido da companhia tanto no início quanto no final do período.

As movimentações que ocorrem nas contas do patrimônio líquido podem impactar ou não o total do PL. Porém, o fato de uma operação não alterar o total do PL não elimina a necessidade de apresentá-la na DMPL, já que há uma alteração da composição das contas do PL.

Como exemplos de movimentações que alteram o total do patrimônio líquido têm-se:

- Resultado do período: lucro ou prejuízo.
- Distribuição de dividendos obrigatórios.
- Aumento de capital com recursos novos.

Como exemplos de movimentações que não alteram o total do patrimônio líquido têm-se:

- Aumento de capital com utilização de reservas.
- Constituição de reservas com lucros.
- Compensação de prejuízos com reservas.

A DMPL não é uma demonstração exigida pela Lei nº 6.404/76. Esta exige a publicação da Demonstração dos Lucros ou Prejuízos Acumulados (DLPA), que se refere às movimentações ocorridas apenas na conta Lucros ou Prejuízos Acumulados, ou seja, a DLPA está contida na DMPL. No entanto, o CPC 26 (R1) estabelece a obrigatoriedade de divulgação da DMPL. Desse modo, trabalharemos sempre com a DMPL em vez da DLPA, pois a DMPL é uma demonstração mais completa, além de ser a demonstração exigida pelos CPCs (e também pelas IFRS).

Aplicação prática 1

Em 31/12/X0, a Cia. Azul apresentava as seguintes contas em seu patrimônio líquido:

Capital Social: $ 200.000

Reservas de Capital: $ 20.000

Reserva Legal: $ 10.000

Durante o ano de X1, a Cia. Azul apurou lucro líquido de $ 80.000, o qual teve a seguinte destinação:

Reserva Legal: $ 4.000

Reserva Estatutária: $ 8.000

Dividendos Mínimos Obrigatórios: $ 24.000

Reserva para expansão: saldo remanescente = $ 44.000

Pede-se: Elabore a DMPL da Cia. Azul, para o ano de X1.

Cia. Azul Demonstração das Mutações do Patrimônio Líquido de 01/01/X1 a 31/12/X1								
	Capital Social	Reservas de Capital	Reservas de Lucros			Lucros ou Prejuízos Acumulados	Total
			Reserva Legal	Reserva Estatutária	Reserva para Expansão		
Saldo Inicial	200.000	20.000	10.000	-	-	-	**230.000**
Lucro do Período						80.000	80.000
Constituição Reserva Legal			4.000			(4.000)	-
Constituição Res. Estatutária				8.000		(8.000)	-
Constituição Res. Expansão					44.000	(44.000)	-
Dividendos Obrigatórios						(24.000)	(24.000)
Saldo Final	200.000	20.000	14.000	8.000	44.000	-	**286.000**

Perceba que as movimentações do lucro e da distribuição de dividendos alteraram o total do PL. Isso ocorre porque tais operações são registradas no PL, em contrapartida a contas que não estão no PL. Já a constituição das reservas de lucros representam movimentações internas do PL, ou seja, mudam a configuração interna do PL, porém não alteram o total do PL.

Em termos estruturais, é importante observar que o total de $ 286.000 (saldo final do PL) pode ser obtido pela soma da linha (saldos finais das contas do PL) ou pela soma da coluna (movimentação total que provocou alteração do total do PL). **E isso sempre tem que ocorrer!** Caso não ocorra, certamente há algum erro (ou mais de um) na apresentação da DMPL.

Outro ponto interessante a destacar é que deve haver consistência na apresentação da DMPL, se compararmos essa demonstração com o balanço patrimonial (BP) e a demonstração do resultado do exercício (DRE). Por exemplo, se observarmos as contas do PL apresentadas no BP, tais contas e saldos devem também estar apresentados na DMPL. Da mesma forma, o resultado apresentado na DRE deve ser o mesmo indicado na DMPL. Essa consistência entre demonstrações também evidencia que a DMPL "conecta" os valores da DRE aos do BP, já que o usuário da informação contábil poderá enxergar na DMPL de que forma o resultado apresentado na DRE acabou sendo incorporado nas contas do BP.

Aplicação prática 2

Vamos supor os mesmos dados da Cia. Azul, com exceção de uma alteração na destinação dos lucros: além do dividendo mínimo obrigatório de $ 24.000, a empresa também destinou mais $ 6.000 para os acionistas como dividendo adicional. Consequentemente, a constituição da reserva para expansão foi reduzida para $ 38.000.

Pede-se: Elabore a DMPL da Cia. Azul para o ano de X1.

Cia. Azul
Demonstração das Mutações do Patrimônio Líquido de 01/01/X1 a 31/12/X1

	Capital Social	Reservas de Capital	Reserva Legal	Reserva Estatutária	Reserva para Expansão	Lucros ou Prejuízos Acumulados	Dividendos Adicionais Propostos	Total
Saldo Inicial	200.000	20.000	10.000	-	-	-	-	230.000
Lucro do Período						80.000		80.000
Constituição Reserva Legal			4.000			(4.000)		-
Constituição Res. Estatutária				8.000		(8.000)		-
Constituição Res. Expansão					38.000	(38.000)		-
Dividendos Obrigatórios						(24.000)		(24.000)
Dividendos Adicionais						(6.000)	6.000	-
Saldo Final	200.000	20.000	14.000	8.000	38.000	-	6.000	286.000

Observe que a distribuição de dividendos adicionais, conforme explicado na seção em que discutimos a destinação dos lucros, não configura, no momento da destinação do lucro, um passivo, já que os acionistas ainda não deliberaram a esse respeito. Assim, esse valor deve continuar em conta de PL até que ocorra a sua aprovação (e, consequentemente, a sua transferência ao passivo). Por essa razão, deve-se criar uma nova coluna na DMPL para registrar a transferência da conta Lucros ou Prejuízos Acumulados para a nova conta Dividendos Adicionais Propostos. E tal mutação também não provoca alteração do total do PL, assim como ocorre com a constituição das reservas de lucros.

RESUMO

 Patrimônio líquido representa os recursos próprios da entidade que são provenientes dos sócios ou acionistas e do desempenho das atividades da empresa. É o interesse residual nos ativos da entidade depois de deduzidos todos os seus passivos. É formado pelo Capital Social, Reservas de Capital, Ajustes de Avaliação Patrimonial, Reservas de Lucros, Ações em Tesouraria, Prejuízos Acumulados e Dividendos Adicionais propostos.

 Capital Social representa, inicialmente, o valor investido pelos acionistas ou sócios na empresa (por meio da emissão de ações ou quotas), para que esse valor financie as atividades da entidade. Com o passar do tempo, o Capital Social pode ser alterado tanto por novos investimentos feitos pelos acionistas quanto por lucros retidos e incorporados formalmente ao Capital Social.

 As reservas de capital são constituídas por recursos obtidos pela empresa que não transitaram pelo lucro do período, mas representam um ingresso efetivo de recursos econômicos, e são tratadas como acréscimo de patrimônio líquido em função de determinação legal. Exemplos das reservas de capital são: ágio na emissão de ações, alienação de partes beneficiárias e alienação de bônus de subscrição.

 Em relação à destinação do lucro líquido apurado em um determinado período, a Lei nº 6.404/76, art. 202, § 6º, estabelece que todo o lucro líquido do exercício deve ser destinado para reservas ou distribuído como dividendos. Em relação às reservas de lucros, estas representam as parcelas dos lucros obtidos pela empresa em suas atividades e retidos para uma finalidade específica. São exemplos de reservas de lucros: Reserva Legal, Reserva Estatutária, Reserva para Contingências, Reservas de Incentivos Fiscais, Reserva de Lucros a Realizar e Reserva de Lucros para Expansão. Em relação à distribuição de dividendos, esta decorre de previsão legal ou estatutária, como Dividendos Mínimos Obrigatórios, ou por aprovação em assembleia geral, como Dividendos Adicionais Propostos.

O resultado do período (lucro ou prejuízo) deve ser incorporado ao patrimônio líquido da companhia por meio da conta Lucros ou Prejuízos Acumulados. Se a empresa apurar prejuízo, este deve ser absorvido pelas reservas de lucros existentes. Se a empresa apurar lucro, este deve, a partir da conta Lucros ou Prejuízos Acumulados, ser destinado para as contas das respectivas reversas de lucros e para dividendos (obrigatórios e adicionais, caso existam).

 A DMPL é uma demonstração que apresenta a movimentação ocorrida em todas as contas que compõem o patrimônio líquido em um determinado período. As movimentações que ocorrem nas contas do patrimônio líquido podem impactar o total do PL ou não.

APLICANDO CONHECIMENTOS - QUESTÕES PARA RESOLVER

DILEMA ÉTICO

A Cia. Iniciante apresentava, em 31/12/X1, a seguinte situação patrimonial:

Ativo		Passivo	
Ativo Circulante		Passivo Circulante	
Disponível	430.000	Empréstimos	500.000
Duplicatas a receber de clientes	100.000	Patrimônio Líquido	
Ativo Não Circulante		Capital social	250.000
Imobilizado	320.000	Lucro líquido	100.000
Total do Ativo	850.000	Total do Passivo + PL	850.000

No ano de X1, a Cia. apurou $ 100.000 de lucro líquido e o seu estatuto social prevê a seguinte destinação:

- Reserva Legal: 5% do lucro líquido
- Dividendos Mínimos Obrigatórios: 30% do lucro líquido

A Cia. não possui planos para novos investimentos e em função disso, a assembleia geral propôs a distribuição de $ 50.000 como dividendos adicionais propostos.

Informações adicionais:

- Duplicatas a receber de clientes vencem em 30 dias
- Empréstimos vencem em 60 dias

Pede-se: Analise a situação da Cia. Iniciante e responda:

1. Qual a sua opinião sobre a proposta apresentada pela assembleia geral? Apresente argumentos que suporte sua opinião.
2. Qual a ordem de prioridade: o acionista ou a empresa?
3. Haveria alguma alternativa?

TESTES

OBJETIVO 1

1. É incorreto afirmar que:
   a) Os dividendos adicionais propostos devem ser aprovados em assembleia geral para que sejam distribuídos.
   b) Os dividendos mínimos obrigatórios propostos e aprovados em assembleia geral devem ser apresentados no passivo.
   c) A destinação do lucro para constituição da reserva estatutária e da retenção de lucros não poderá ser aprovada, em cada exercício, em prejuízo da distribuição dos dividendos obrigatórios.
   d) O total das reservas de lucros (legal, estatutária, para contingências, incentivos fiscais e retenção de lucros) pode ultrapassar o capital social.
   e) A reserva legal deve ser constituída à base de 5% do lucro líquido do período, até que atinja o limite de 20% do capital social.

OBJETIVO 4

2. Considere as seguintes transações realizadas pela Cia. das Pastilhas durante X1:

   I – Apurou lucro líquido no ano no valor de $ 300.000 com a seguinte destinação: reserva legal: $ 15.000; reserva estatutária: $ 30.000; dividendos obrigatórios: $ 50.000; dividendos adicionais: $ 25.000 e o restante retido para expansão.

   II – Aumento do capital social no valor de $ 80.000, Sendo 30% com reservas de lucros existentes em 31/12/X0 e o restante em dinheiro.

   Após o registro dessas transações, a alteração no patrimônio líquido da Cia. das Pastilhas foi de
   a) $ 300.000.
   b) $ 250.000.
   c) $ 306.000.
   d) $ 281.000.
   e) $ 330.000.

OBJETIVO 4

3. A Cia. dos Lucros apurou, no ano de X3, lucro líquido de $ 500.000. O seu estatuto social estabelece que 40% do lucro líquido do período devem ser distribuídos na forma de dividendos mínimos obrigatórios. Ao contabilizar a distribuição e o pagamento dos dividendos, a Cia.
   a) Reduziu o capital social.
   b) Reduziu o lucro líquido do período.
   c) Reduziu o resultado operacional.
   d) Reduziu as reservas de lucros.
   e) Reduziu o patrimônio líquido.

OBJETIVO 6

4. São conhecidas as seguintes informações sobre uma empresa, correspondentes ao ano de X2:
   - A empresa apurou lucro líquido de $ 2.000.000.
   - Destinação do lucro do período: reserva legal no valor de $ 100.000; reserva estatutária no valor de $ 200.000 e reserva para expansão no valor de $ 1.100.000.
   - Proposta de distribuição de dividendos obrigatórios no valor de $ 600.000.

   A variação ocorrida no valor total do patrimônio líquido da empresa em X2 foi
   a) $ 2.000.000.
   b) $ 1.400.000.
   c) $ 1.100.000.
   d) $ 1.300.000.
   e) $ 600.000.

OBJETIVO 6

5. A Cia. Só Gelo apresentava, em 31/12/X0, o seguinte patrimônio líquido:

   Capital social: $ 1.000.000
   Reserva legal: $ 200.000
   Reserva estatutária: $ 100.000
   Reserva para expansão: $ 300.000

   Durante X1, a Cia. Só Gelo apurou lucro líquido de $ 400.000 e o estatuto da Cia. determina a seguinte destinação do lucro líquido:
   - Reserva legal: constituída nos termos da Lei nº 6.404/76
   - Reserva estatutária: 10% do lucro líquido
   - Reserva para expansão: até 50% do lucro líquido
   - Dividendos mínimos obrigatórios: 40% do lucro líquido ajustado de acordo com a Lei nº 6.404/76

   Após a destinação do lucro, o valor total do patrimônio líquido da Cia. em 31/12/X1 era
   a) $ 2.000.000.
   b) $ 1.848.000.
   c) $ 1.840.000.
   d) $ 1.860.000.
   e) $ 1.800.000.

OBJETIVO 6

6. O patrimônio líquido da Cia. Solar, em 31/12/X1, era composto pelas seguintes contas:

   Capital social: $ 900.000
   Reserva de capital: $ 50.000
   Reserva legal: $ 175.000

   A Cia. Solar apurou, em X2, um lucro líquido de $ 200.000, e o estatuto estabelece a seguinte destinação:
   - Reserva legal: constituída nos termos da Lei nº 6.404/76
   - Dividendos mínimos obrigatórios: 30% do lucro líquido ajustado nos termos da Lei nº 6.404/76
   - Reserva para expansão: saldo remanescente

   Com base nestas informações, é correto afirmar que a Cia. Solar
   a) Reteve na forma de reserva legal $ 10.000.
   b) Distribuiu na forma de dividendos obrigatórios $ 57.000.
   c) Reteve na forma de reserva para expansão $ 133.000.
   d) Distribuiu na forma de dividendos obrigatórios $ 60.000.
   e) Reteve na forma de reserva para expansão $ 136.500.

OBJETIVO 4

7. O estatuto social da empresa Metais Leves S.A. determina a seguinte destinação do lucro:
   - Reserva legal – constituída nos termos da Lei nº 6.404/76, e o limite estabelecido na Lei não foi atingido.
   - Reserva estatutária – 10% do lucro líquido.
   - Dividendo mínimo obrigatório – 40% do lucro líquido.
   - Reserva para expansão: saldo remanescente.

   Sabendo que no período o lucro apurado foi de $ 150.000, o valor retido como reserva para expansão e o valor distribuído como dividendo mínimo obrigatório foram, respectivamente,

   a) $ 67.500 e $ 60.000.
   b) $ 82.500 e $ 52.500.
   c) $ 82.500 e $ 60.000.
   d) $ 67.500 e $ 37.500.
   e) $ 90.000 e $ 60.000.

OBJETIVO 6

8. A empresa Malhas S.A. apresentava em 31/12/X1 um patrimônio líquido composto por:
   - Capital social: $ 200.000
   - Reserva de capital: $ 80.000
   - Reserva legal: $ 36.000
   - Reserva para contingência: $ 20.000
   - Reserva de incentivos fiscais: $ 10.000

   Sabendo que, em X2, a empresa apurou um lucro de $ 100.000, que as razões para a constituição da reserva de contingência não mais existem e que o estatuto é omisso em relação ao pagamento de dividendos, o valor que a companhia reteve na forma de reserva legal e distribuiu como dividendos mínimos obrigatórios, de acordo com a regulamentação vigente, foram, respectivamente,

   a) $ 5.000; $ 57.500.
   b) $ 4.000; $ 58.000.
   c) $ 4.000; $ 48.000.
   d) $ 4.000; $ 29.000.
   e) $ 5.000; $ 47.500.

Respostas: 1-d; 2-c; 3-e; 4-b; 5-c; 6-e; 7-a; 8-b.

EXERCÍCIOS

OBJETIVO 1

1. Como pode ser conceituado o patrimônio líquido? Ele é formado por quais contas?

OBJETIVO 2

2. Explique como o capital social pode ser alterado.

OBJETIVO 3

3. Defina reservas de capital e como podem ser utilizadas pela empresa.

OBJETIVO 4

4. Quais são as destinações do lucro?

OBJETIVO 4

5. Qual é a finalidade das reservas de lucros?

OBJETIVO 5 OBJETIVO 6

6. O patrimônio líquido da Cia. Ano Novo, em 31/12/X1, era composto pelas seguintes contas:

   Capital social: $ 1.000.000
   Reserva legal: $ 160.000
   Reserva estatutária: $ 90.000

   Em X2, a Cia. Ano Novo apurou lucro líquido de $ 100.000 e o estatuto da Cia. estabelece a seguinte destinação:
   - Reserva legal: constituída nos termos da Lei nº 6.404/76
   - Reserva estatutária: 10% do lucro líquido
   - Dividendos mínimos obrigatórios: 30% do lucro líquido ajustado nos termos da Lei nº 6.404/76
   - Retenção de lucros: saldo remanescente

   Pede-se:

   a) Faça a distribuição do lucro de acordo com o estabelecido no estatuto da Cia. Ano Novo.
   b) Contabilize a destinação do lucro da Cia. Ano Novo.
   c) Elabore a demonstração das mutações do patrimônio líquido, sabendo que a Cia. Ano Novo aumentou o seu capital social em $ 100.000, sendo $ 20.000 com reserva legal e o restante em dinheiro.

OBJETIVO 5 OBJETIVO 6

7. A empresa Luz S.A. apresentava, em 31/12/X0, o seguinte patrimônio líquido:

   Capital social: $ 800.000
   Reserva legal: $ 120.000
   Reserva estatutária: $ 100.000
   Reserva para expansão: $ 200.000

   Durante X1, a empresa Luz S.A. apurou lucro líquido de $ 500.000 e o estatuto da Cia. determina a seguinte destinação do lucro líquido:
   - Reserva legal: constituída nos termos da Lei nº 6.404/76
   - Reserva estatutária: 10% do lucro líquido
   - Reserva para expansão: 20% do lucro líquido
   - Saldo remanescente: distribuído como dividendos, sabendo que o valor dos dividendos mínimos obrigatórios é de 30% do lucro líquido

   Pede-se:

   a) Faça a distribuição do lucro de acordo com o estabelecido no estatuto da empresa Luz S.A.
   b) Contabilize a destinação do lucro da empresa Luz S.A.
   c) Elabore a demonstração das mutações do patrimônio líquido da empresa Luz S.A.

EXERCÍCIOS ADICIONAIS

1. A Cia. Distribuidora de Lucros apresentava em seu balancete de verificação antes do encerramento os saldos das seguintes contas em 31/12/X8 (em $):

Conta	Débito	Crédito
Caixa	2.000	
Bancos	3.000	
Fornecedores		10.000
Imóveis	25.000	
Mercadorias	2.000	
Clientes	5.000	
Seguros antecipados	16.000	
Capital		25.000
Títulos a pagar		8.000
Vendas		100.000
Custo das mercadorias vendidas	63.000	
Despesas bancárias	1.000	
Despesas de salários	10.500	
Despesas de aluguel	6.000	
Despesas de seguros	8.000	
Despesas de juros	2.000	
Despesas gerais	3.000	
Receitas de aplicações financeiras		3.500
Total	**146.500**	**146.500**

Pede-se:

a) Apure o resultado do exercício, procedendo à distribuição do lucro, se houver, da seguinte forma: 5% de reserva legal, 20% para reservas estatutárias e o restante distribuído na forma de dividendos, e o dividendo mínimo obrigatório é de 30% do lucro do exercício.

b) Elabore a demonstração do resultado do exercício, o balanço patrimonial e a demonstração das mutações do patrimônio líquido.

2. Os saldos das contas da Cia. Tijuco Verde em 30/11/X2 estavam compostos da seguinte forma:

Contas	Débito	Crédito
Bancos	5.840	
Adiantamento de clientes		400
Aluguéis a pagar		100
Capital social		8.000
Contas a receber	1.300	
Despesas gerais	460	
Despesas de aluguel	1.100	
Estoques	800	
Fornecedores		800
Imóveis	4.000	
Receitas de vendas		3.800
Receitas financeiras		400
Total	**13.500**	**13.500**

Em dezembro, a Cia. Tijuco Verde realizou as seguintes transações:

1. Em 01/12, pagou seguro do imóvel para o período de 1 ano (de 01/12/X2 a 30/11/X3), no valor de $ 600.
2. Em 05/12, adquiriu estoques a prazo no valor de $ 700.
3. Em 10/12, pagou o aluguel do mês anterior, no valor de $ 100, e o aluguel de dezembro, no mesmo valor, será pago em 10/01.
4. Em 15/12, vendeu os estoques relativos a todo o valor recebido antecipadamente de clientes.
5. Em 20/12, vendeu estoques no valor de $ 600, sendo 30% à vista e o restante a prazo.
6. Em 24/12, houve um aumento de capital em dinheiro, no valor de $ 1.200.
7. Em 30/12, pagou despesas gerais do mês, no valor de $ 40.
8. Em 30/12, foi realizado um inventário dos estoques, e apurou-se o valor de $ 550.

Pede-se:

a) Registre em razonetes os saldos iniciais de 30/11/X2.

b) Efetue os lançamentos das operações de dezembro nos razonetes.

c) Apure o resultado do exercício, procedendo à distribuição do lucro, se houver, da seguinte forma: 5% de reserva legal e o restante distribuído na forma de dividendos, o dividendo mínimo obrigatório é de 25% do lucro do exercício.

d) Elabore a demonstração do resultado de X2, o balanço patrimonial em 31/12/X2 e a demonstração das mutações do patrimônio líquido para o ano de X2.

5 ESTOQUES

Assista ao vídeo da autora sobre o tema deste capítulo

uqr.to/f1x

"Hypermarcas reitera meta de maior resultado em 2017

Maior farmacêutica do país, a Hypermarcas reiterou a meta de encerrar 2017 com resultado antes de juros, impostos, depreciação e amortização (Ebitda) das operações continuadas de cerca de R$ 1,2 bilhão, equivalente a crescimento de 6%. [...] A expansão no trimestre foi de 4,6%, para R$ 318,9 milhões, com alta menor do que o potencial devido à ruptura nos estoques acima da média histórica.

Dmitry Kalinovsky | 123RF

Crédito

[...]
A ruptura de estoques, que levou ao não atendimento de pedidos da ordem de R$ 35 milhões, é explicada por uma diferença entre as previsões de venda e de produção. Segundo Bergamo, a Hypermarcas iniciou o trimestre com estoques baixos e previsão de vendas mais conservadora. 'A demanda reagiu a partir de maio, e não houve tempo para a produção reagir.'

Agora, a empresa trabalha na recomposição de estoques para que, neste trimestre, seja possível atender à demanda e até a que não foi atendida no trimestre.

'A falta de produto é um bom problema, porque significa que a demanda está bem. A empresa vem trabalhando para se certificar de que isso não ocorra', afirmou."

Fonte: FONTES, Stella. *Valor Econômico*, 1 ago. 2017.

OBJETIVOS DE APRENDIZAGEM DO CAPÍTULO

Após estudar este capítulo, você será capaz de:

1. Entender os conceitos básicos dos estoques.
2. Estudar as formas de mensuração dos estoques no reconhecimento inicial.
3. Determinar a apuração do resultado com mercadorias.
4. Entender as formas de controle e mensuração subsequente.
5. Compreender alguns tratamentos específicos incorridos na compra e na venda dos estoques.
6. Determinar os componentes para apuração do lucro bruto.
7. Compreender o efeito das compras e vendas a prazo.
8. Entender o tratamento dos tributos sobre compra e sobre venda.
9. Compreender a importância da redução dos estoques ao valor realizável líquido.

OBJETIVO 1

O QUE SÃO ESTOQUES?

Conceitos básicos

Estoques são ativos relacionados com a atividade operacional da empresa.

Estoques são ativos mantidos para venda no curso normal dos negócios da empresa, ou seja, são ativos relacionados com a atividade operacional da empresa.

Adicionalmente, são considerados estoques os produtos que estão em fase de produção (produtos em processo) para serem comercializados quando estiverem prontos e os materiais ou suprimentos que serão utilizados no processo produtivo ou na prestação de serviços.

Para as empresas industriais e comerciais, os estoques representam um importante elemento de suas operações, sendo a gestão e o controle deles fundamentais, pois a compra, a produção e a venda desses produtos impactam o desempenho dessas empresas.

A gestão dos estoques envolve tarefas relacionadas com a gestão da produção e de fornecedores, para que a empresa tenha os produtos certos na quantidade certa tanto para serem vendidos quanto para serem utilizados no processo de produção. A gestão dos estoques também envolve o controle dos custos de produção, perdas, roubos, bem como os custos financeiros relacionados com a aquisição a prazo dos produtos que serão revendidos ou que serão utilizados no processo de produção.

Em resumo, a gestão adequada dos estoques permite à empresa: atender a demanda de seus clientes, atingir eficiência operacional e obter os benefícios da economia de escala.

A correta mensuração dos estoques é fundamental para a apuração do valor a ser evidenciado no balanço patrimonial, bem como para a determinação do resultado do período, uma vez que o custo dos produtos vendidos ou das mercadorias vendidas é, normalmente, a principal despesa reconhecida na demonstração do resultado.

A correta mensuração dos estoques é fundamental para a apuração do valor a ser evidenciado no Balanço Patrimonial e Demonstração de Resultado.

Assim, o entendimento do critério de reconhecimento, sua mensuração inicial e subsequente são fundamentais para a apuração do resultado do período e do ativo que a empresa possui em determinada data.

Reconhecimento inicial

Um item será reconhecido no balanço patrimonial como estoques: (1) se for provável que benefícios econômicos futuros associados ao ativo irão fluir para a entidade; e (2) se o custo for mensurável confiavelmente.

Esses critérios são intrínsecos à aquisição, pois, se uma entidade adquirir um ativo em que ela não visualize benefícios econômicos futuros, não teria muito sentido ela adquirir esse ativo. Também não seria esperado realizar uma aquisição sem conhecer os custos envolvidos.

A seguir, serão explorados com mais detalhes os conceitos relacionados com a mensuração (inicial e posterior) desses ativos.

> **QUESTÃO PARA DISCUSSÃO 5.1**
>
> A sua empresa possui um estoque de equipamentos que foram danificados por uma enchente. Qual o tratamento a ser dado a esses equipamentos, sabendo que estão completamente danificados?

OBJETIVO 2

MENSURAÇÃO INICIAL DOS ESTOQUES

Os estoques devem ser mensurados pelo valor de custo de aquisição ou pelo valor realizável líquido, dos dois o menor.

O CPC 16 estabelece em seu item 10 que o valor de custo do estoque deve incluir todos os custos de aquisição e de transformação, bem como outros custos incorridos para trazer os estoques à sua condição e localização atuais.

Os custos de aquisição dos estoques compreendem: o preço de compra, os impostos de importação e outros tributos não recuperáveis, bem como os custos de transporte, seguro, manuseio e outros diretamente atribuíveis à aquisição de produtos acabados, materiais e serviços. Descontos comerciais, abatimentos e outros itens semelhantes devem ser deduzidos na determinação do custo de aquisição.

> Os estoques devem ser mensurados pelo valor de custo de aquisição ou pelo valor realizável líquido, dos dois o menor.

Já o valor realizável líquido, segundo o item 6 do CPC 16, refere-se ao preço de venda estimado no curso normal dos negócios deduzido dos custos estimados para a sua conclusão e dos gastos necessários para se concretizar a venda. Porém, não se espera que os estoques sejam mensurados pelo valor realizável líquido, já que este, em condições normais da operação de uma empresa, costuma ser superior ao valor de custo. De qualquer modo, essa situação pode ocorrer, e será discutida na última seção deste capítulo.

Aplicação prática

Aquisição de equipamentos para revenda

Suponha que a empresa Gama adquiriu equipamentos para revenda por $ 300.000 à vista. Nesse valor, estavam inclusos tributos recuperáveis de $ 25.000. A empresa ficou responsável pela retirada das mercadorias na fábrica da empresa vendedora e efetuou o pagamento do frete no valor de $ 8.000. No valor total do frete estavam inclusos $ 600 de tributos recuperáveis. Adicionalmente, pagou $ 2.000 a uma seguradora para garantir o transporte das mercadorias até o depósito da empresa.

Nesse caso, o custo dos equipamentos adquiridos será:

	Custos dos equipamentos	$ 300.000
(–)	Tributos recuperáveis	($ 25.000)
(+)	Frete	$ 8.000
(–)	Tributos recuperáveis	($ 600)
(+)	Seguro	$ 2.000
Total		$ 284.400

O registro contábil será:

Estoques (débito – ativo)	$ 284.400
Impostos recuperáveis (débito – ativo)	$ 25.600
Caixa (crédito em diversas saídas)	$ 310.000

OBJETIVO 3

APURAÇÃO DO RESULTADO COM MERCADORIAS

Como evidenciado, os estoques são adquiridos ou produzidos com o objetivo de serem comercializados, sendo, portanto, importante apurar o resultado obtido nessas transações. O resultado bruto obtido com a negociação de produtos ou mercadorias corresponde à diferença entre o valor líquido obtido pela venda e o custo do produto vendido.

O resultado bruto ou resultado com mercadorias é obtido a partir da seguinte expressão matemática:

$$RB = RV - CMV$$

em que:

RB = resultado bruto (ou resultado com mercadorias ou lucro bruto)

RV = receita líquida de vendas[1]

CMV = custo das mercadorias vendidas

Assim, para a apuração do resultado bruto obtido com a venda dos estoques, é necessário determinar o custo dos produtos ou mercadorias vendidas para a confrontação com a receita de vendas.

Nesse sentido, a empresa precisa determinar como irá alocar o custo do estoque inicial mais os custos incorridos na aquisição ou produção dos produtos em um determinado período entre os produtos que permaneceram no estoque no final desse período e os produtos que foram vendidos (custo dos produtos vendidos) durante esse período.

Para atender às necessidades de avaliação dos estoques, podem ser utilizados dois sistemas de controle e avaliação dos estoques, conhecidos como sistemas de inventário.

Para apurar o resultado bruto obtido com a venda dos estoques, é necessário confrontar o custo dos estoques e a receita de vendas.

OBJETIVO 4

FORMAS DE CONTROLE DOS ESTOQUES

Sistemas de inventário

Sistema de inventário corresponde ao modo como uma empresa controla e avalia seus estoques.

Um sistema de inventário diz respeito ao modo como uma empresa controla e avalia seus estoques. Assim, o valor dos estoques e do custo dos produtos vendidos é influenciado pelo sistema adotado pela empresa. É importante ressaltar que o inventário deve abranger todas as mercadorias de propriedade da empresa, incluindo as que estão sob custódia de terceiros ou em trânsito.

Há dois tipos de sistema de inventário: sistema de inventário periódico e o sistema de inventário permanente, os quais são detalhados a seguir.

---

[1] Receita líquida de vendas é calculada deduzindo-se da receita bruta de vendas as devoluções de vendas, os abatimentos e os impostos sobre vendas, os quais serão abordados nas próximas seções.

SISTEMA DE INVENTÁRIO PERIÓDICO

No sistema de inventário periódico, a companhia registra todas as compras, bem como todas as vendas realizadas durante o período, mas não mantém um controle contínuo do estoque existente, ou seja, não apura ou contabiliza o custo das mercadorias vendidas após cada venda, sendo o valor dos estoques apurado periodicamente com o levantamento físico para a atualização dos estoques.

Para apurar o resultado bruto obtido com a venda dos estoques, é necessário confrontar o custo dos estoques e a receita de vendas.

Assim, ao final de cada período definido pela empresa, ocorre a realização do inventário físico (contagem de unidades de produtos existentes), ao qual é atribuído valor, obtendo-se o saldo que deverá constar no Balanço Patrimonial e, por variação, o custo das mercadorias vendidas a ser considerado na Demonstração do Resultado do Período.

Apenas no momento da realização do inventário físico é que a empresa tem conhecimento sobre a quantidade existente em seu estoque, bem como a quantidade vendida no período. Para a obtenção do custo das mercadorias vendidas (CMV) utiliza-se a seguinte expressão matemática:

$$CMV = EI + C - EF$$

em que,

CMV = custo das mercadorias vendidas

EI = estoque inicial

C = compras efetuadas no período

EF = estoque final

Sistema de inventário periódico é um sistema simplificado de apuração para determinar o valor dos estoques finais e do custo das mercadorias. vendidas.

Por meio do inventário físico, obtém-se a quantidade de unidades de produtos existentes nos estoques da empresa. No entanto, para determinar o valor do estoque final que a empresa possui, faz-se necessária a atribuição de valor a essas unidades, sendo o critério da média ponderada o mais usado.

Esse sistema de controle de estoques é um sistema simplificado de apuração para se determinar o valor dos estoques finais e do custo das mercadorias vendidas, uma vez que não exige controles minuciosos, não permitindo à empresa acompanhar o custo unitário das mercadorias vendidas, identificar perdas, roubos e outros.

Aplicação prática

A Cia. BMG possuía em 01/01/X1 um estoque de $ 100.000, o qual correspondia a 100 unidades de determinada mercadoria. Durante o ano de X1, realizou as seguintes compras:

1. Compra, a prazo, de 50 unidades da mercadoria por $ 87.500, em 20/03/X1.

2. Compra, a prazo, de 50 unidades da mercadoria por $ 62.500, em 10/10/X1.

Em 31/12/X1, a Cia. realizou o inventário físico e apurou um estoque final de 60 unidades. Sabendo-se que a empresa realizou uma venda em 06/06/X1 no valor total de $ 420.000 a prazo, pede-se: contabilize as operações e apure o resultado bruto com mercadorias.

Apuração do valor do estoque final e do custo das mercadorias vendidas:

Cálculo do custo médio das unidades adquiridas no período		
Descrição	Quantidade	Valor ($)
Saldo inicial	100	100.000
1ª compra	50	87.500
2ª compra	50	62.500
Total	200	250.000
Custo médio	250.000/200 = 1.250/unidade	

Como a Cia. possuía 60 unidades no final do período (obtidas por meio do inventário físico), o valor a ser atribuído ao estoque final que constará no balanço patrimonial do período será igual a:

Estoque final = 60 × $ 1.250 = $ 75.000

O valor do custo das mercadorias vendidas será igual a:

CMV = EI + C − EF

CMV = $ 100.000 + $ 150.000 − $ 75.000 = $ 175.000

Os lançamentos contábeis correspondentes aos eventos são:

Estoque				Clientes		Fornecedores	
(SI)	100.000	175.000	(3)	(4) 420.000		87.500	(1)
(1)	87.500					62.500	(2)
(2)	62.500						
(SF)	75.000					150.000	

CMV		Receita de vendas	
(3) 175.000			420.000 (4)
175.000			420.000

Apuração do resultado bruto com mercadorias

Receita de Vendas	$ 420.000
(−) Custo das mercadorias vendidas	($ 175.000)
(=) Resultado bruto	**$ 245.000**

💬 QUESTÃO PARA DISCUSSÃO 5.2

A Cia. de Revenda, na noite de 31/01/X1, foi assaltada. Felizmente, a Cia. possuía seguro contra roubo. Contudo, para que possa ser indenizada, a Cia. de Revenda necessitava apurar o valor das mercadorias roubadas. Os assaltantes levaram todos os produtos da Cia.

O último inventário da empresa, realizado em 31/12/X0, indicava um saldo de $ 150.000. Analisando os controles da empresa, o *controller* identificou que a Cia. havia adquirido no mês de janeiro de X1 $ 280.000. Adicionalmente, verificou que as vendas realizadas foram $ 530.000 e que a devolução de vendas foi $ 25.000. O *controller* também sabe que o lucro bruto da Cia. corresponde a 40% das vendas.

Determine o valor das mercadorias roubadas.

Sistema de inventário permanente consiste em um controle contínuo sobre as entradas e saídas de mercadorias.

SISTEMA DE INVENTÁRIO PERMANENTE

Nesse sistema de inventário, há o controle contínuo sobre as entradas (compras) e saídas (vendas) de mercadorias, tanto em quantidade quanto em valores. Desse modo, o custo das mercadorias vendidas e o valor dos estoques são apurados a cada operação de compra ou de venda, possibilitando um melhor controle do nível dos estoques, planejamento de compras e vendas e acompanhamento da evolução dos custos das mercadorias vendidas.

Dado o monitoramento constante do custo das mercadorias vendidas bem como das quantidades existentes no estoque, esse sistema possibilita uma melhor gestão tanto do estoque, para que não falte ou tenha excesso de alguma mercadoria, quanto do desempenho da empresa. No entanto, mesmo usando o sistema de inventário permanente, o inventário físico se faz necessário para que a empresa possa identificar possíveis roubos, perdas normais ou anormais em relação à suas mercadorias. A magnitude da diferença entre o que o sistema de inventário indica e o inventário físico é muito importante para fins de controle dos estoques.

Critérios de valoração dos estoques

Os critérios de valoração dos estoques referem-se ao modo de atribuição dos custos incorridos na aquisição ou na produção das mercadorias às mercadorias mantidas em estoque e às mercadorias vendidas. Esses critérios são necessários em função de os custos unitários das mercadorias adquiridas ou produzidas em um determinado período de tempo serem diferentes. Esses critérios de valoração se aplicam ao sistema de inventário periódico e ao sistema de inventário permanente.

Os critérios de valoração dos estoques referem-se ao modo de atribuição dos custos incorridos às mercadorias mantidas em estoque e à mercadoria vendida.

Os mais utilizados[2] são:

- Custo específico.
- Primeiro que entra, primeiro que sai (PEPS) ou *first in, first out* (FIFO).
- Média ponderada móvel ou custo ponderado médio (MPM).

CUSTO ESPECÍFICO

De acordo com o CPC 16, item 23, o custo dos estoques de itens que não são normalmente intercambiáveis deve ser atribuído pelo uso da identificação específica dos seus custos individuais. Desse modo, por esse critério de valoração, o custo das mercadorias vendidas é apurado de acordo com o custo específico de cada unidade, ou seja, o custo de cada mercadoria vendida está atrelado especificamente ao custo incorrido na aquisição de cada mercadoria vendida. Assim, esse critério é utilizado quando for possível identificar para cada item do estoque seu respectivo custo.

Custo específico – atribuído a itens do estoque que não são normalmente intercambiáveis.

Aplicação prática

Uma concessionária possui 5 caminhões novos de modelos diferentes. Entre eles possui um Volkswagen 8.160 que custou $ 110.000 e um Volkswagen 24.280 que custou $ 200.000, os quais foram vendidos por $ 180.000 e $ 290.000, respectivamente.

Nessas transações, o valor da receita obtida com a venda foi de $ 470.000 ($ 180.000 + $ 290.000) e o custo dos caminhões vendidos pode ser identificado claramente pelo valor pago na aquisição de cada um deles.

Desse modo, o resultado bruto obtido nessas operações é de:

Receita de vendas	470.000
(–) Custo das mercadorias vendidas	(310.000)
(=) Resultado bruto	160.000

PRIMEIRO QUE ENTRA, PRIMEIRO QUE SAI (PEPS) OU *FIRST IN, FIRST OUT* (FIFO)

Por esse critério, o controle é efetuado considerando que os valores pagos na aquisição das primeiras mercadorias são os primeiros a serem computados como custo das mercadorias vendidas. Nesse sentido, o estoque será avaliado pelos últimos custos incorridos e o custo das mercadorias vendidas será avaliado pelos primeiros custos incorridos (Figura 5.1).

PEPS – os primeiros custos incorridos são os primeiros a serem computados como custo das mercadorias vendidas.

---

[2] Existe também o critério Último que entra, primeiro que sai – UEPS (*last in, first out* – LIFO). No entanto, esse critério não é aceito pelas Normas Internacionais de Contabilidade nem pelos critérios fiscais.

FIGURA 5.1 Representação do método PEPS.
Fonte: Adaptado de http://certificacaomahle.com.br/como_agir_gestao.html.

Aplicação prática

A Cia. BMG possuía em 01/01/X1 um estoque de $ 100.000, o qual correspondia a 100 unidades de determinada mercadoria a $ 1.000 cada. Durante o ano de X1, a Cia. realizou as seguintes operações:

1. Compra, a prazo, de 50 unidades da mercadoria por $ 87.500, em 20/03/X1.
2. Venda, a prazo, em 06/06/X1, de 140 unidades da mercadoria por $ 420.000.
3. Compra, a prazo, de 50 unidades da mercadoria por $ 62.500, em 10/10/X1.

Pede-se: contabilize as operações e apure o resultado bruto com mercadorias.

a) Determinação do CMV:

Operação	Entrada			Saída			Saldo		
	Quant	$ un.	$ Total	Quant.	$ un.	$ Total	Quant	$ un.	$ Total
Saldo inicial							100	1.000	100.000
Compra 20/03/X1	50	1.750	87.500				100	1.000	100.000
							50	1.750	87.500
Venda 06/06/X1				100	1.000	100.000			
				40	1.750	70.000	10	1.750	17.500
Compra 10/10/X1	50	1.250	62.500				10	1.750	17.500
							50	1.250	62.500
Saldo	100		**150.000**	140		**170.000**	60		**80.000**

Analisando a ficha de estoques, verifica-se que o valor total das compras (total da coluna das entradas) foi $ 150.000 e correspondeu a 100 unidades. Já o custo das mercadorias vendidas (total da coluna das saídas) foi $ 170.000 e correspondeu a 140 unidades. Os saldos apresentados nas colunas do Saldo, quantidade e total, representam as unidades em estoque, 60, e o valor do estoque final, $ 80.000, respectivamente.

Observa-se que, utilizando esse método, os estoques estão sendo avaliados pelas compras mais recentes e o custo das mercadorias vendidas pelas compras mais antigas.

b) Contabilizações do exemplo em razonetes:

Estoque				Clientes				Fornecedores	
(SI)	100.000	170.000	(2a)	(2)	420.000			87.500	(1)
(1)	87.500							62.500	(3)
(3)	62.500								
(SF)	80.000				420.000			150.000	

CMV			Receita de vendas	
(2a)	170.000		420.000	(2)
	170.000		420.000	

c) **Apuração do resultado bruto com mercadorias:**

Receita de vendas	420.000
(–) Custo das mercadorias vendidas	(170.000)
(=) Resultado bruto	**250.000**

Percebe-se que a única diferença dessas contabilizações em relação ao mesmo exemplo utilizando o sistema de inventário periódico é o momento da contabilização do CMV. No inventário permanente, o controle do estoque é contínuo, então, no momento de cada venda tem-se o respectivo CMV. No inventário periódico, a baixa do estoque não é feita a cada venda, mas apenas quando a empresa realiza um inventário físico e apura a baixa total do estoque.

MÉDIA PONDERADA MÓVEL (MPM)

Nesse critério, o valor das mercadorias é determinado pelo valor médio de todas as unidades em estoque e se altera pela compra de outras unidades por um preço diferente ao da média existente na data da compra. Assim, o valor médio das mercadorias é apurado dividindo-se o custo total incorrido na aquisição do estoque pelas unidades existentes. Por esse critério, tanto o estoque quanto o custo das mercadorias vendidas são compostos pelos valores médios das compras realizadas (Figura 5.2).

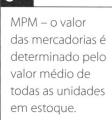

MPM – o valor das mercadorias é determinado pelo valor médio de todas as unidades em estoque.

FIGURA 5.2 Representação do critério da média ponderada móvel (MPM).

É interessante notar que, no exemplo dado, o custo médio unitário final ($ 15) é dado pela média entre o custo unitário inicial ($ 10) e o custo unitário das compras ($ 20). Porém, ressalta-se que há uma ponderação da média pelas quantidades correspondentes a cada custo unitário. Veja, por exemplo, o que ocorreria se a entidade tivesse adquirido 7 unidades ao custo unitário de $ 20. Teríamos, ao final, 10 unidades no estoque, a um custo total de $ 170 ($ 30 das unidades em estoque mais $ 140 das unidades adquiridas), resultando em um custo médio unitário de $ 17. A média está mais próxima do custo de $ 20 do que do custo de $ 10, pois há mais unidades adquiridas ao custo de $ 20. Em outras palavras, a média foi "ponderada" em função das quantidades.

Outro aspecto importante diz respeito ao termo "móvel". Isso ocorre, pois, as compras vão normalmente ocorrendo por diferentes custos e, consequentemente, a cada atualização do saldo final, a média "se movimenta", dependendo do custo unitário das unidades adquiridas *versus* o custo médio unitário anterior à compra.

Aplicação prática

A Cia. BMG possuía em 01/01/X1 um estoque de $ 100.000, o qual correspondia a 100 unidades de determinada mercadoria a $ 1.000 cada. Durante o ano de X1, a Cia. realizou as seguintes operações:

1. Compra, a prazo, de 50 unidades da mercadoria por $ 87.500, em 20/03/X1.
2. Venda, a prazo, em 06/06/X1, de 140 unidades da mercadoria por $ 420.000.
3. Compra, a prazo, de 50 unidades da mercadoria por $ 62.500, em 10/10/X1.

Pede-se: contabilize as operações e apure o resultado bruto com mercadorias.

a) Determinação do CMV:

Operação	Entrada			Saída			Saldo		
	Quant	$ un.	$ Total	Quant	$ un.	$ Total	Quant.	$ un.	$ Total
Saldo inicial							100	1.000	100.000
Compra 20/03/X1	50	1.750	87.500				150	1.250	187.500
Venda 06/06/X1				140	1.250	175.000	10	1.250	12.500
Compra 10/10/X1	50	1.250	62.500				60	1.250	75.000
Saldo	100		**150.000**	140		**175.000**	60	1.250	**75.000**

Analisando a ficha de estoques, verifica-se que o valor total das compras (total da coluna das entradas) foi de $ 150.000 e correspondeu a 100 unidades. Já o custo das mercadorias vendidas (total da coluna das saídas) foi $ 175.000 e correspondeu a 140 unidades. Os saldos apresentados nas colunas do saldo, quantidade e total, representam as unidades em estoque, 60, e o valor do estoque final, $ 75.000, respectivamente.

Observa-se que, utilizando esse método, os estoques e o custo das mercadorias vendidas estão sendo avaliados pelos valores médios das compras realizadas.

b) Contabilizações do exemplo em razonetes:

Estoque			
(SI)	100.000	175.000	(2a)
(1)	87.500		
(3)	62.500		
(SF)	75.000		

Clientes			
(2)	420.000		
		420.000	

Fornecedores			
		87.500	(1)
		62.500	(3)
		150.000	

CMV	
(2a) 175.000	
175.000	

Receita de vendas	
	420.000 (2)
	420.000

c) Apuração do resultado bruto com mercadorias:

Receita de vendas	420.000
(−) Custo das mercadorias vendidas	(175.000)
(=) Resultado bruto	**245.000**

Aplicação prática − Comparação dos resultados

Comparando-se os resultados obtidos, tem-se:

	PEPS (FIFO)	MPM
Vendas	420.000	420.000
(−) CMV	(170.000)	(175.000)
(=) Lucro bruto	250.000	245.000
Estoque final	80.000	75.000

Podemos verificar que tanto o valor do custo das mercadorias vendidas quanto o valor do estoque final mudam de acordo com o critério utilizado.

No entanto, quando o restante das mercadorias for vendido, por exemplo, por $ 180.000,00, teremos os seguintes resultados:

	PEPS ou FIFO	MPM
Vendas	180.000	180.000
(–) CMV	(80.000)	(75.000)
(=) Lucro bruto	100.000	105.000

Estoque final	0	0

Somando tudo...

	PEPS ou FIFO	MPM
Vendas	600.000	600.000
(–) CMV	(250.000)	(250.000)
(=) Lucro bruto	350.000	350.000

Estoque final	0	0

Desse modo, verifica-se que a diferença entre os resultados obtidos em cada método de avaliação dos estoques é apenas temporal, pois, quando todas as mercadorias forem vendidas, os resultados apresentados por eles serão iguais.

ASPECTOS ESPECÍFICOS RELACIONADOS COM OS ESTOQUES

Adicionalmente às operações de compra e de venda, faz-se necessário estudar o tratamento contábil de outras operações relacionadas com elas, como devoluções, abatimentos, descontos e gastos adicionais do ponto de vista tanto do comprador quanto do vendedor.

Eventos relacionados com as compras

a) **Devoluções de compra**

Devoluções podem ser motivadas por diferentes situações, como uma aquisição em quantidade incorreta, recebimento de mercadoria fora de um determinado padrão de qualidade, não cumprimento de cláusulas do contrato estabelecido entre comprador e vendedor etc. Além disso, as devoluções podem ser parciais ou totais.

Assim, as devoluções de compras devem ajustar as compras efetuadas anteriormente, sendo registradas na ficha de controle dos estoques como uma entrada "negativa", ou seja, ajustando a quantidade comprada e o valor das compras. Um ponto importante é que a devolução deve ser registrada pelo montante pago na respectiva aquisição, pois representa um ajuste daquela determinada aquisição.

Outro detalhe a ser considerado é que, embora as mercadorias devolvidas estejam saindo da empresa, tais devoluções nunca deverão ser consideradas como uma saída de mercadorias na ficha de controle dos estoques, pois, dessa forma, haveria alteração no custo das mercadorias vendidas, em valor e em quantidade. Assim, pode-se pensar que as mercadorias devolvidas estão saindo "pela porta de entrada", já que as devoluções de compra implicam retificações nos valores da entrada de mercadorias.

Para exemplificar tais situações, a partir dos dados da Cia. BMG, será desenvolvido um exemplo numérico que abrangerá todos os aspectos adicionais de compra e de venda.

Considere que a Cia. BMG devolveu 10 unidades da compra efetuada em 10/10/X1.

A partir dos dados da Cia. BMG e utilizando o método MPM, tem-se:

Operação	Entrada			Saída			Saldo		
	Quant	$ un.	$ Total	Quant	$ un.	$ Total	Quant	$ un.	$ Total
Saldo inicial							100	1.000	100.000
Compra 20/03/X1	50	1.750	87.500				150	1.250	187.500
Venda 06/06/X1				140	1.250	175.000	10	1.250	12.500
Compra 10/10/X1	50	1.250	62.500				60	1.250	75.000
Devolução de compra	(10)	1.250	(12.500)				50	1.250	62.500
Saldo	90		**137.500**	140		**175.000**	50	1.250	**62.500**

Os registros correspondentes a esses eventos nos razonetes são:

```
            Estoque                              Fornecedores
   (SI)  100.000 | 175.000  (2a)        (4) 12.500 | 87.000  (1)
   (1)    87.500 |  12.500   (4)                   | 62.500  (3)
   (3)    62.500 |                                 |
   (SF)   62.500 |                                 | 137.500
```

O lançamento da devolução de compra representa um lançamento de estorno de uma parte da compra realizada anteriormente, sendo também, neste caso, estornado do saldo a pagar ao fornecedor. Porém, caso a aquisição original tivesse ocorrido à vista, o valor relativo à devolução poderia ser recebido em dinheiro do fornecedor (nessa situação, o débito ocorreria no caixa), ou então poderia ocorrer um abatimento da dívida de outras faturas do mesmo fornecedor (nesse caso, o débito seria feito na própria conta de fornecedores, mediante acordo entre as partes). De qualquer modo, o importante é que o registro contábil represente a realidade econômica da transação ocorrida.

b) Abatimento sobre compras

Os abatimentos sobre compras são obtidos, normalmente, em função de alguma divergência entre as características solicitadas pela empresa e aquelas apresentadas pelas mercadorias entregues. Em função disso, a empresa pode negociar com seu fornecedor para que este lhe forneça um abatimento sobre o valor originalmente acertado pelas mercadorias. Geralmente, esse fato ocorre após o recebimento das mercadorias pela empresa compradora. Portanto, dadas tais características, os abatimentos não podem ser confundidos com descontos comerciais, que representam reduções de preços concedidas no ato da transação, por motivações comerciais.

Os abatimentos devem ajustar as compras efetuadas anteriormente, sendo registrados na ficha de controle dos estoques como uma entrada "negativa", ajustando, porém, apenas os valores, já que as quantidades de mercadorias compradas permanecem inalteradas.

A partir dos dados da Cia. BMG, considere que ela identificou que as mercadorias recebidas referentes à compra do dia 10/10/X1, não estavam de acordo com as especificações feitas e obteve do fornecedor um abatimento de $ 2.500 sobre as unidades remanescentes.

A partir dos dados da Cia. BMG e utilizando o método MPM, tem-se:

Operação	Entrada			Saída			Saldo		
	Quant.	$ un.	$ Total	Quant.	$ un.	$ Total	Quant.	$ un.	$ Total
Saldo inicial							100	1.000	100.000
Compra 20/03/X1	50	1.750	87.500				150	1.250	187.500
Venda 06/06/X1				140	1.250	175.000	10	1.250	12.500
Compra 10/10/X1	50	1.250	62.500				60	1.250	75.000
Devolução de compra	(10)	1.250	(12.500)				50	1.250	62.500
Abatimento			(2.500)				50	1.200	60.000
Saldo	90		**135.000**	140		**175.000**	50	1.200	**60.000**

Os registros correspondentes a esses eventos nos razonetes são:

	Estoque				Fornecedores		
(SI)	100.000	175.000	(2a)	(4)	12.500	87.000	(1)
(1)	87.500	12.500	(4)	(5)	2.500	62.500	(3)
(3)	62.500	2.500	(5)				
(SF)	60.000					130.000	

O lançamento contábil do abatimento de compra é idêntico ao registro da devolução de compras, representando um lançamento de estorno de uma parte da compra realizada anteriormente, sendo também estornado do saldo a pagar ao fornecedor.

c) Gastos adicionais com compras

Todos os gastos adicionais com as compras, como fretes, seguros, impostos não recuperáveis, são considerados como parte do custo das mercadorias compradas. Desse modo, devem ser registrados na ficha de controle de estoque, na coluna de entrada, na parte relativa apenas a valores, aumentando assim o custo total das mercadorias compradas e não alterando a quantidade comprada.

Já o registro contábil será realizado mediante um débito na conta de estoques e o crédito dependerá da forma de pagamento desses custos.

Eventos relacionados com as vendas

a) Devoluções de venda

Quando uma empresa realiza a venda de mercadorias, faz o registro da receita de vendas bem como o registro relacionado com a saída das mercadorias vendidas do estoque (custo das mercadorias vendidas). De forma inversa, quando a empresa recebe a devolução de uma venda realizada anteriormente, a empresa precisa ajustar o montante da receita de vendas reconhecida, assim como o CMV reconhecido, ajustando, respectivamente, os valores a receber de clientes (ou devolução do valor recebido) e o valor dos estoques (as mercadorias voltam para o estoque da empresa).

A receita de vendas será diminuída em função do preço de venda que havia sido praticado quando da realização da venda. A devolução de vendas deve ser registrada em conta separada e retificadora da receita de vendas, para que se mantenha o registro histórico do total das vendas efetuadas e das devoluções de vendas ocorridas.

O CMV será diminuído em função do custo da venda realizada, ou seja, pelo valor que havia sido baixado do estoque quando da realização da venda.

Como há a volta das mercadorias devolvidas para o estoque, as devoluções de venda devem ser registradas na ficha de controle dos estoques de modo a corrigir o custo das mercadorias vendidas, ou seja, devem ser registradas como uma saída "negativa", ajustando a quantidade vendida e o custo das mercadorias vendidas.

Da mesma forma que na devolução de compras (em que não devemos registrar a saída na coluna de saída), deve-se ter o cuidado para não registrar essa entrada na coluna de entrada, pois é uma entrada que está "vindo pela porta da saída", ou seja, representa uma saída frustrada, e não uma aquisição de mercadorias.

A partir dos dados da Cia. BMG, considere que ela recebeu, da venda realizada em 06/06/X1, 20 unidades em devolução em função de as mercadorias apresentarem problemas.

A partir dos dados da Cia. BMG e utilizando o método MPM, tem-se:

Operação	Entrada			Saída			Saldo		
	Quant.	$ un.	$ Total	Quant.	$ un.	$ Total	Quant.	$ un.	$ Total
Saldo inicial							100	1.000	100.000
Compra 20/03/X1	50	1.750	87.500				150	1.250	187.500
Venda 06/06/X1				140	1.250	175.000	10	1.250	12.500
Compra 10/10/X1	50	1.250	62.500				60	1.250	75.000
Devolução de compra	(10)	1.250	(12.500)				50	1.250	62.500
Abatimento			(2.500)				50	1.200	60.000
Devolução de venda				(20)	1.250	25.000	70	1.214,29	85.000
Saldo	90		**135.000**	120		**150.000**	70	1.214,29	**85.000**

Os registros correspondentes a esses eventos nos razonetes são:

Estoque			
(SI) 100.000	175.000 (2a)		
(1) 87.500	12.500 (4)		
(3) 62.500	2.500 (5)		
(6a) 25.000			
(SF) 85.000			

Clientes	
(2) 420.000	60.000 (6)
360.000	

Fornecedores	
(4) 12.500	87.500 (1)
(5) 2.500	62.500 (3)
	135.000

CMV	
(2a) 175.000	25.000 (6a)
150.000	

Receita de vendas	
	420.000 (2)
	420.000

Devolução de venda	
(6) 60.000	
60.000	

O lançamento (6) representa o estorno da receita de vendas e do valor a receber decorrente da venda. O valor da devolução correspondente às 20 unidades devolvidas multiplicadas pelo preço unitário de venda de $ 3.000.

O lançamento (6a) representa o estorno da baixa do estoque. Como a empresa está recebendo os estoques em devolução, o CMV é reduzido em contrapartida ao aumento dos estoques. O valor da mercadoria devolvida corresponde às 20 unidades devolvidas multiplicadas pelo valor unitário de custo, o qual corresponde ao valor que havia sido baixado do estoque ($ 1.250).

Uma observação importante: estamos assumindo que os estoques recebidos em devolução estão em plenas condições de serem vendidos novamente. Porém, na prática, isso pode não ser verdade. Por essa razão, as empresas costumam fazer avaliações técnicas para poder decidir a respeito do destino desses itens: se realmente voltam para o estoque para serem vendidos, ou se devem ser descartados ou vendidos por valores reduzidos em razão de alguma avaria.

b) Abatimento sobre vendas

Os abatimentos concedidos sobre vendas não afetam os estoques da empresa vendedora e, portanto, não há nenhum registro na ficha de controle dos estoques. Os abatimentos alteram somente os valores referentes à Receita de Vendas.

Conforme já discutido quando tratamos dos abatimentos sobre compras, da mesma forma os abatimentos sobre vendas são normalmente concedidos após a venda, por motivos relacionados com a discordância entre comprador e vendedor quanto à entrega das mercadorias. Dessa forma, tais abatimentos não devem ser confundidos com descontos comerciais, concedidos no ato da transação que, em geral, nem são reconhecidos na contabilidade, uma vez que a operação costuma ser registrada pelo preço real praticado, líquido de tais descontos comerciais.

Vale lembrar que os abatimentos sobre vendas não alteram os estoques da empresa vendedora, e que, na ficha de estoques, tem-se o controle do estoque (quantidade e valor) e do custo das mercadorias vendidas (quantidade e valor), os quais não são alterados pelos abatimentos sobre as vendas.

A partir dos dados da Cia. BMG, considere que ela concedeu um abatimento sobre a venda realizada em 06/06/X1, no valor de $ 1.000.

	Clientes				Abatimento s/ vendas	
(2)	420.000	60.000	(6)	(7)	1.000	
		1.000	(7)			
	359.000				1.000	

O lançamento 7 representa um estorno da receita de vendas, sendo registrado em conta à parte, que representa a dedução da receita por conta de abatimentos concedidos.

c) Gastos adicionais com vendas

Os gastos adicionais com as vendas, como fretes e seguros que a empresa vendedora venha a assumir, não alteram os estoques da empresa e, portanto, não há nenhum registro na ficha de controle dos estoques. Esses gastos são despesas relacionadas às vendas efetuadas pela empresa, sendo assim, são contabilizadas diretamente no resultado do período a que competem.

Descontos comerciais × Desconto financeiro

DESCONTOS COMERCIAIS SOBRE COMPRAS E VENDAS

Os descontos comerciais nas operações de compra e venda são concedidos pelo vendedor a favor do comprador, no ato da negociação. Esses descontos, normalmente, são concedidos em função da quantidade negociada, para clientes especiais, entre outros motivos. Os descontos comerciais, por serem concedidos no ato da negociação, são descontados diretamente do valor da transação, ocorrendo o registro pelo valor líquido, ou seja, pelo valor efetivamente pago ou recebido.

Os descontos comerciais nas operações de compra e venda são concedidos no ato da negociação.

A Cia. BMG efetuou a compra, à vista, de 30 unidades a $ 1.300 cada, com um desconto de 10%.

O registro dessa operação nos razonetes será:

Valor líquido da compra = 39.000 − (10% × 39.000) = 35.100

Estoque		Depósitos bancários	
35.100		XXXXXXX	35.100

Os descontos comerciais são descontados diretamente do valor da transação.

Conforme já ressaltado anteriormente, a diferença entre descontos comerciais e abatimentos é que os descontos comerciais são negociados no ato da transação de compra/venda, já os abatimentos são concedidos após a compra/venda já terem sido concretizadas e os produtos entregues de uma empresa para a outra.

DESCONTOS FINANCEIROS

Os descontos financeiros ocorrem em função da liquidação antecipada de uma obrigação ou de um direito a receber.

Os descontos financeiros ocorrem em função da liquidação antecipada de uma obrigação ou de um direito a receber, ou seja, quando uma empresa opta por pagar antecipadamente uma obrigação que se venceria no futuro, negocia a diminuição do valor que seria pago apenas no vencimento. Essa diferença entre o valor futuro menos o valor pago na liquidação é caracterizada como um desconto financeiro. Dessa forma, a empresa que obtém o pagamento antecipado está recebendo um desconto, caracterizado como uma receita financeira e que recebe, normalmente, o nome de desconto financeiro obtido. Por sua vez, a empresa que recebe o valor antecipado concede um desconto que é caracterizado como despesa financeira e recebe, normalmente, o nome de desconto financeiro concedido.

Os descontos financeiros são classificados como receitas ou despesas financeiras.

Esses descontos devem ser registrados em contas específicas na demonstração do resultado e são classificados como **receitas** ou **despesas financeiras**.

A Cia. BMG decidiu, em 31/12/X1, pagar antecipadamente a compra realizada em 10/10/X1. O saldo remanescente dessa compra era $ 47.500 e o fornecedor concedeu-lhe um desconto de $ 1.000 em função da antecipação.

O registro dessa operação nos razonetes será:

Valor pago = 47.500 – 1.000 = 46.500

Clientes			Fornecedores				Desconto fin. obtido		
XXXX	46.500	(8)	(4)	12.500	87.500	(1)		1.000	(8)
			(5)	2.500	62.500	(3)			
			(8)	47.500					
XXXX					87.500				

No fornecedor, por sua vez, o registro será:

Clientes			Caixa			Desconto fin. concedido		
62.500	12.500		(8)	46.500			(8)	1.000
	2.500							
	47.500	(8)						
-				XXXX				

FORMA DE APRESENTAÇÃO DA DEMONSTRAÇÃO DO RESULTADO

Na demonstração do resultado, devem ser evidenciados todos os valores que impactam a apuração do resultado bruto.

A receita bruta de vendas deve ser diminuída dos valores que se caracterizam como redutores das receitas de vendas (devoluções, abatimentos e impostos sobre vendas para que se obtenha a receita líquida de vendas).

As demais despesas relacionadas com as vendas, bem como os efeitos relacionados aos recebimentos ou pagamentos antecipados, são apresentadas como despesas operacionais.

A seguir, apresenta-se a estrutura de apresentação desses elementos na demonstração do resultado.

Cia. BMG Demonstração do resultado de X1	
Receita bruta de vendas	420.000
(–) Devoluções de vendas	(60.000)
(–) Abatimentos sobre vendas	(1.000)
(–) Impostos sobre vendas	–
(=) Receita líquida de vendas	359.000
(–) CMV	(150.000)
(=) Resultado Bruto	**209.000**
(–) Despesas operacionais	
Frete sobre vendas	–
(±) Receitas e despesas financeiras	
Descontos financeiros concedidos	–
Descontos financeiros obtidos	1.000
(=) Lucro Líquido	**210.000**

ASPECTOS ADICIONAIS SOBRE COMPRAS E VENDAS – AJUSTE A VALOR PRESENTE

Assista ao vídeo da autora sobre este tema

Os arts. 183 e 184 da Lei nº 6.404/76 e alterações posteriores estabelecem que os elementos do ativo e do passivo decorrentes de operações de longo prazo devem ser ajustados a valor presente. Já os elementos do ativo circulante e passivo circulante devem ser ajustados quando houver efeito relevante. A esse respeito, o Pronunciamento Técnico CPC 12, item 9, estabelece que ativos e passivos monetários com juros implícitos ou explícitos embutidos devem ser mensurados pelo seu valor presente quando do reconhecimento inicial. Para a determinação do valor presente, devem ser utilizadas taxas de desconto que reflitam as melhores avaliações do mercado quanto ao valor do dinheiro no tempo e aos riscos específicos do ativo e do passivo em suas datas originais.

Consequentemente, as contas a receber de clientes e as contas a pagar aos fornecedores que vencerem no longo prazo devem ser mensuradas a valor presente e aquelas que vencerem no curto prazo serão reconhecidas a valor presente se o **efeito for relevante**. Assim, se as compras de mercadorias ou os valores a receber de clientes forem ajustados a valor presente e forem contabilizados os encargos financeiros ao longo do tempo, quando ocorrer a

As contas a receber de clientes e as contas a pagar aos fornecedores que vencerem no curto prazo serão reconhecidas a valor presente se o efeito for relevante.

antecipação do pagamento ou do recebimento não haverá nenhum registro contábil de desconto financeiro (exceto se o desconto for concedido a uma taxa de juros diferente da taxa originalmente contratada).

Se, contudo, a empresa não registrar as respectivas contas a valor presente, quando ocorrer a antecipação de pagamento ou recebimento, o registro do desconto financeiro concedido ao cliente ou o desconto financeiro obtido do fornecedor serão registrados conforme demonstrado no exemplo apresentado na seção anterior.

É importante lembrar que o ajuste a valor presente de passivos, como a obrigação com fornecedores, implica ajuste no custo de aquisição de ativos, significando que os juros embutidos na compra devem ser expurgados do custo de aquisição dos ativos, sendo apropriados pelo prazo da operação como despesa financeira.

Já o ajuste a valor presente do valor a receber em uma venda a prazo implica ajuste na receita de vendas, significando que os juros embutidos na venda devem ser expurgados da receita, sendo apropriados pelo prazo da operação como receita financeira.

As apropriações dos ajustes a valor presente dos ativos e passivos monetários ao longo do tempo são reconhecidas como receitas ou despesas financeiras.

A seguir, apresentaremos um exemplo numérico para ilustrar os cálculos e contabilizações de compras e vendas a valor presente, porém, ressaltamos que, na prática, as empresas aplicam tais ajustes apenas em operações de longo prazo ou em operações de curto prazo em que o efeito do ajuste seja relevante, por determinação da legislação e normas contábeis.

Logicamente, o ideal, para fins de uma informação contábil mais próxima da realidade econômica, seria aplicar tais ajustes em todas as situações, porém, conforme será visto, esses ajustes podem ser trabalhosos para serem implementados, gerando custos de controle para as empresas. Assim, quando os ajustes não produzem efeitos relevantes, o custo de sua implantação não costuma compensar os benefícios informacionais gerados por eles.

A Cia. BMG realizou uma venda a prazo pelo valor de $ 2.000 que será recebido após dois meses e sabe-se que, se a venda fosse realizada à vista, o valor seria $ 1.850.

O cálculo da taxa de juros do financiamento da venda é obtido pela equação da matemática financeira, da seguinte forma:

$$M = C \times (1 + i)^n$$

Com os valores da venda temos:

$$2.000 = 1.850 \times (1 + i)^2 \Rightarrow i = 3,975\% \text{ a.m.}$$

Essa taxa será utilizada em cada mês para a apropriação dos encargos financeiros que correspondem à diferença entre o valor presente da venda e o seu valor a prazo.

A seguir, demonstraremos a mesma operação sendo contabilizada na empresa vendedora, e, posteriormente, na empresa compradora.

1) Contabilização na empresa vendedora

a) No momento da venda

Os lançamentos correspondentes à venda, com o ajuste a valor presente, são:

Clientes	Encargos a apropriar (Ativo)	Receita de vendas
(1) 2.000	150 (1)	1.850 (1)

Essa conta "encargos a apropriar" é uma conta retificadora da conta de clientes, já que o saldo líquido do ativo no momento da venda representa o quanto a empresa receberia relativamente apenas à venda da mercadoria.

b) No final do 1º mês

Cálculo do valor dos encargos a serem apropriados:

$$\text{Juros} = 3{,}975\% \times 1.850 = \$\,74$$

Os lançamentos correspondentes à apropriação dos encargos do 1º mês são:

Clientes		Encargos a apropriar (Ativo)		Receita financeira	
(1) 2.000		(2) 74 | 150 (1)			74 (2)

c) No final do 2º mês

Cálculo do valor dos encargos a serem apropriados:

$$\text{Juros} = 3{,}975\% \times (1.850 + 74) = \$\,76$$

Os lançamentos correspondentes à apropriação dos encargos do 2º mês são:

Clientes		Encargos a apropriar (Ativo)		Receita financeira	
(1) 2.000		(2) 74 | 150 (1)			74 (2)
		(3) 76			76 (3)

No vencimento, todo o valor reconhecido como encargos a apropriar fora reconhecido como receita financeira no decorrer do tempo entre a data da venda e a data de vencimento. E, agora, o saldo a receber representa o quanto a empresa deverá receber do seu cliente, totalizando $ 2.000, que pode ser subdividido em duas partes: $ 1.850 cobrados do cliente pela mercadoria propriamente dita; e os outros $ 150 relativos a juros cobrados do cliente pelo fato de a transação ter sido feita a prazo.

2) Contabilização na empresa compradora

a) No momento da compra

Os lançamentos correspondentes à compra, com o ajuste a valor presente, são:

Estoques		Encargos a apropriar (Passivo)		Fornecedores	
(1) 1.850		(1) 150			2.000 (1)

b) No final do 1º mês

Cálculo do valor dos encargos a serem apropriados:

$$\text{Juros} = 3{,}975\% \times (2.000 - 150) = \$\,74$$

Os lançamentos correspondentes à apropriação dos encargos do 1º mês são:

Encargos a apropriar (Passivo)				Fornecedores			Despesa financeira	
(1)	150	74	(2)		2.000	(1)	(2)	74

c) No final do 2º mês

Cálculo do valor dos encargos a serem apropriados:

$$\text{Juros} = 3{,}975\% \times (2.000 - 76) = \$\ 76$$

Os lançamentos correspondentes à apropriação dos encargos do 2º mês são:

Encargos a apropriar (Passivo)				Fornecedores			Despesa financeira	
(1)	150	74	(2)		2.000	(1)	(2)	74
		76	(3)				(3)	76

No vencimento, todo o valor reconhecido como encargos a apropriar fora reconhecido como despesa financeira no decorrer do tempo entre a data da compra e a data de vencimento.

TRIBUTOS SOBRE COMPRAS E VENDAS DE ESTOQUES

Até aqui, todos os exemplos de transações com mercadorias foram apresentados sem nenhum efeito de tributos. Porém, na prática, tais tributos incidem tanto sobre as compras quanto sobre as vendas. Assim, mesmo que aqui não tenhamos o objetivo de discutir questões tributárias avançadas, é importante apresentar, mesmo que de forma simplificada, os impactos na contabilidade decorrentes desses tributos.

O valor dos tributos incidentes sobre compras impacta o custo do produto adquirido, e os tributos incidentes sobre vendas impactam o resultado obtido com a venda de mercadorias.

Vejamos a seguir quais são esses tributos no Brasil, quando incidem sobre as operações de compras e vendas, e de que forma são reconhecidos contabilmente.

Tributos sobre vendas

Os tributos que incidem sobre as receitas de vendas ou de serviços são caracterizados como *redutores da receita bruta*.

Os tributos que incidem sobre as receitas de vendas ou de serviços são caracterizados como redutores da Receita Bruta.

Os tributos incidentes sobre a receita de vendas são o Imposto sobre Operações Relativas à Circulação de Mercadorias e sobre Prestação de Serviços de Transporte Interestadual e Intermunicipal e de Comunicações (ICMS), o Imposto sobre Produtos Industrializados (IPI), o Programa de Integração Social (PIS) e a Contribuição Social sobre Faturamento (COFINS).

Os tributos incidentes sobre a receita de serviços são o Imposto sobre Serviços (ISS), o PIS e a COFINS.

Os tributos sobre a receita são demonstrados na DRE do seguinte modo:

Demonstração do resultado

Receita bruta de vendas (ou serviços)

(–) Devoluções e abatimentos de vendas (ou serviços)

(–) Impostos sobre vendas (ou serviços)

    IPI (sobre receitas de vendas)

    ICMS (sobre receitas de vendas)

    PIS (sobre receitas de vendas ou receitas de serviços)

    COFINS (sobre receitas de vendas ou receitas de serviços)

    ISS (Imposto sobre Serviços)

(=) RECEITA LÍQUIDA DE VENDAS (ou serviços)

(–) Custo das mercadorias vendidas (ou dos serviços prestados)

(=) RESULTADO BRUTO COM MERCADORIAS

Tributos sobre compras

Em relação aos tributos incidentes sobre as compras, o CPC 16 estabelece que o valor a ser atribuído aos estoques deve incluir, além dos custos de aquisição e de transformação, outros custos incorridos até que os estoques estejam em condição de utilização. Além do preço de compra, devem ser incluídos nesses custos os impostos de importação e outros **tributos não recuperáveis** pela entidade, gastos com transporte, seguro, manuseio e outros diretamente atribuíveis à aquisição de produtos acabados, materiais e serviços. Os descontos comerciais, abatimentos e outros itens semelhantes devem ser deduzidos na determinação do custo de aquisição.

Os tributos recuperáveis pela entidade que constem no valor da compra não devem compor o custo dos estoques.

Já os **tributos recuperáveis** pela entidade que constem no valor da compra não devem compor o custo dos estoques, devendo ser registrados em conta própria e segregados dos valores que compõem o custo dos estoques. Os tributos recuperáveis são, normalmente, o ICMS, o IPI, o PIS no regime não cumulativo e a COFINS no regime não cumulativo.

Assim, os tributos sobre compras são contabilizados como:

- Componentes do custo de aquisição do ativo, no caso de tributos não recuperáveis pela entidade; OU
- Valores a serem recuperados no momento da venda.

Logo, o critério de contabilização depende da característica do tributo (recuperável ou não), mas também de a empresa ser ou não contribuinte do referido tributo.

Por exemplo, se um produto é adquirido de uma empresa que desempenha a atividade de comercialização, no valor da compra estará incluído o valor do ICMS.

Se a empresa adquirente também for contribuinte do ICMS, significa que ela irá recuperar o ICMS pago na aquisição quando tiver que recolher ICMS sobre o valor de venda. Assim:

- O valor do imposto incluído no preço da compra não deve compor o custo do estoque (o produto deverá figurar na conta de estoque pelo valor líquido do ICMS).
- O valor do ICMS deve ser destacado e registrado em uma conta separada do ativo (Imposto a ser recuperado no futuro).
- Quando a empresa efetuar a venda dos seus produtos e determinar o valor do ICMS correspondente, ela poderá reduzir (compensar), no momento do pagamento, o valor que constar na conta do ativo (*ICMS a recuperar* ou *ICMS a compensar*).

O esquema da Figura 5.3 ilustra a contabilização do ICMS incidente sobre compras e vendas para uma empresa que seja contribuinte do ICMS:

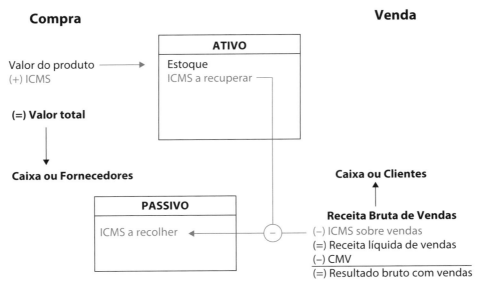

FIGURA 5.3 Contabilização do ICMS incidente sobre compras e vendas.

Por outro lado, **se a empresa adquirente não for contribuinte do ICMS**, então o produto deverá figurar na conta de estoque pelo valor total da compra (incluindo o ICMS).

Esses tratamentos contábeis se aplicam a todos os tributos incidentes sobre as compras e vendas (quando aplicável) da empresa.

CASO PRÁTICO

A Cia. Enrolada é uma empresa comercial, atua na comercialização de parafusos e iniciou as suas atividades em 01/12/X1. Durante o mês de dezembro de X1, a Cia. realizou as seguintes transações:

1. A Cia. adquiriu parafusos para revenda no valor total de $ 15.000, estando incluídos nesse valor $ 3.500 de ICMS e $ 2.500 de IPI. O pagamento ao fornecedor seria efetuado em fevereiro de X2.

2. Adicionalmente, a Cia. pagou frete sobre essas compras no valor de $ 1.000, estando incluídos nesse valor $ 200 de ICMS.

3. A empresa vendeu 40% dos produtos adquiridos por $ 30.000, sendo 80% recebidos à vista. No valor da venda já estavam incluídos todos os impostos incidentes sobre vendas.

A Cia. Enrolada é contribuinte do ICMS, sendo este o único imposto incidente sobre a receita. A alíquota do ICMS incidente sobre o preço de venda a que a empresa está sujeita é de 18%.

Pede-se:

1. Contabilize os eventos ocorridos em dezembro de X1.

2. Elabore a demonstração do resultado de X1.

Estoques			
(1)	11.500	4.920	(3a)
(2)	800		
	7.380		

ICMS a recuperar			
(1)	3.500		
(2)	200		
	3.700	3.700	(A)

Fornecedores			
		15.000	(1)
		15.000	

Disponível			
	XXXX	1.000	(2)
(3)	24.000		
	XXXX		

Clientes			
(3)	6.000		
	–6.000		

ICMS a recolher			
(A)	3.700	5.400	(4)
		1.700	

Receita de vendas			CMV			ICMS sobre vendas	
30.000	(3)	(3a)	4.920		(4)	5.400	
30.000			4.920			5.400	

Demonstração do resultado	
Receita bruta de vendas	30.000
(–) Impostos sobre vendas	
ICMS (sobre receitas de vendas)	(5.400)
(=) RECEITA LÍQUIDA DE VENDAS	24.600
(–) Custo das mercadorias vendidas	(4.920)
(=) RESULTADO BRUTO COM MERCADORIAS	19.680

É interessante notar nesse exemplo que o tratamento dado ao ICMS foi diferenciado em relação ao IPI. Isso ocorreu, pois a empresa adquiriu mercadorias com ICMS e IPI, porém, ao vender, recolheu apenas ICMS. Disso decorre que o ICMS é recuperável, mas o IPI não.

Portanto, ao ICMS foi dado o tratamento contábil de **tributo recuperável**, destacando-o como um ativo no momento da compra e confrontando-o com o passivo decorrente da venda. Já o IPI incidente na compra foi tratado como um **tributo não recuperável**, sendo embutido ao custo do estoque no momento da compra.

OBJETIVO 9

REDUÇÃO DOS ESTOQUES AO VALOR REALIZÁVEL LÍQUIDO

As empresas adquirem estoques com a expectativa de vendê-los por um valor acima do que foi pago na aquisição, ou seja, com lucro. Contudo, em algumas circunstâncias esse lucro pode não ocorrer, por exemplo, um revendedor de celular, que possui em seu estoque uma quantidade grande de iPhones, que foi adquirido em função da expectativa de venda. Ao ser lançado um novo modelo de iPhone, o preço de venda dos iPhones remanescentes no estoque reduzirá, e talvez esse preço esteja abaixo do seu custo histórico. Assim, a empresa não conseguirá recuperar o valor investido em seu estoque com a venda deles e, por consequência, os benefícios econômicos futuros que fluirão para a empresa também serão menores. Nesse sentido, a manutenção da mensuração dos iPhones adquiridos anteriormente pelo custo fará com que o estoque esteja superavaliado, evidenciando um ativo superior ao que existe de fato.

Por essa razão, de acordo o CPC 16, os estoques devem ser reduzidos ao valor realizável líquido, quando este for menor do que o custo de aquisição ou produção.

De forma semelhante, a Lei nº 6.404/76, em seu art. 183, determina que os direitos que tiverem por objeto mercadorias e produtos do comércio da companhia, assim como matérias-primas, produtos em fabricação e bens em almoxarifado, serão avaliados pelo custo de aquisição ou produção, deduzido de provisão para ajustá-lo ao valor de mercado, quando este for inferior. Nesse mesmo artigo, a lei considera valor justo das matérias-primas e dos bens em almoxarifado, o preço pelo qual possam ser repostos, mediante compra no mercado.

Assim, a adoção desse critério, batizado na prática de "custo ou mercado, dos dois o menor", tem como objetivo eliminar dos estoques os valores que não serão recuperados com a venda, fazendo com que o ativo esteja mensurado adequadamente em função dos benefícios econômicos futuros.

> A adoção do critério "custo ou mercado, dos dois o menor" tem como objetivo eliminar dos estoques os valores que não serão recuperados com a venda.

RESUMO

OBJETIVO 1 — Estoques são ativos mantidos para venda no curso normal dos negócios da empresa, produtos em processo de produção e materiais ou suprimentos a serem consumidos ou transformados no processo de produção ou prestação de serviços.

OBJETIVO 2 — Os estoques devem ser mensurados pelo valor de custo de aquisição ou pelo valor realizável líquido, dos dois o menor.

OBJETIVO 3 — O resultado bruto obtido com a negociação de produtos ou mercadorias corresponde à diferença entre o valor líquido obtido pela venda e o custo do produto vendido.

OBJETIVO 4 — Para atender às necessidades de avaliação dos estoques, podem ser utilizados dois sistemas de controle e avaliação dos estoques, conhecidos como sistemas de inventário periódico e sistema de inventário permanente.

OBJETIVO 5 — As devoluções e os abatimentos de compras devem ajustar as compras efetuadas anteriormente, sendo assim registradas na ficha de controle dos estoques como uma entrada "negativa". Todos os gastos adicionais com as compras, como fretes, seguros, impostos não recuperáveis, são considerados como parte do custo das mercadorias compradas. Nas devoluções de venda, a empresa precisa ajustar o montante da receita de vendas reconhecida, assim como o CMV reconhecido, ajustando, respectivamente, os valores a receber de clientes e o valor dos estoques. Os abatimentos sobre vendas são reconhecidos diretamente no resultado, ajustando o montante da venda realizada. Os gastos adicionais com vendas, como fretes e seguros, são despesas relacionadas com as vendas efetuadas pela empresa, sendo contabilizadas diretamente no resultado do período. Descontos financeiros (obtidos ou concedidos) decorrem de antecipação da liquidação financeira e, consequentemente, são tratados contabilmente como resultado financeiro.

OBJETIVO 6 — Os valores que se caracterizam como redutores das receitas de vendas (devoluções, abatimentos e impostos sobre vendas) devem ser apresentados em seguida à receita bruta de vendas, diminuindo esse valor para a identificação da receita líquida de vendas. Subtraindo-se da receita líquida de vendas o CMV, obtém-se o resultado bruto (ou lucro bruto).

OBJETIVO 7 — Os elementos do ativo e do passivo decorrentes de operações de longo prazo devem ser ajustados a valor presente. Já os elementos do ativo circulante e do passivo circulante devem ser ajustados quando houver efeito relevante.

OBJETIVO 8 — Os tributos que incidem sobre as receitas de vendas ou de serviços são caracterizados como *redutores da receita bruta*. Os **tributos recuperáveis** pela entidade que constem no valor da compra não devem compor o custo dos estoques, devendo ser registrados em conta própria e segregados dos valores que compõem o custo dos estoques. Já os **tributos** não **recuperáveis** pela entidade que constem no valor da compra devem compor o custo dos estoques.

OBJETIVO 9 — A adoção do critério "custo ou mercado, dos dois o menor" tem como objetivo eliminar dos estoques os valores que não serão recuperados com a venda, fazendo com que o ativo esteja mensurado adequadamente em função dos benefícios econômicos futuros.

APLICANDO CONHECIMENTOS – QUESTÕES PARA RESOLVER

DILEMA ÉTICO

A Cia. Rede adquiriu a Cia. A com o objetivo de aumentar sua participação do mercado, bem como melhorar a sua rentabilidade nos próximos anos. No entanto, você foi indicado para realizar um inventário físico dos estoques da Cia. A.

Após a conclusão dos trabalhos, você identificou que aproximadamente 5% dos estoques de $ 5.000.000 estavam obsoletos, os quais deveriam ser baixados para o resultado da Cia. A como perdas.

Contudo, o seu chefe determinou que você deveria ser conservador e reconhecer como perda 20% dos estoques, ou seja, deveria reconhecer uma perda de $ 1.000.000.

O que você decidiu fazer?

Discuta as implicações éticas da sua decisão.

CASO PARA DISCUSSÃO

A empresa Níquel S.A., em função da queda do preço de mercado do seu único produto (níquel) e dos altos custos para a sua extração, decidiu paralisar completamente a sua fábrica. Os custos incorridos na extração do níquel que está em seu estoque foram $ 10.000.000. Ao analisar os preços de venda, a empresa Níquel identificou que os produtos poderiam ser vendidos por $ 8.700.000. Adicionalmente, para que esses produtos fossem vendidos, a empresa incorreria em gastos de $ 300.000.

A diretoria da empresa Níquel S.A. tem a expectativa de que em um ano o valor de venda será superior ao custo dos estoques. Em um ano, a empresa espera ter vendido 50% do seu estoque atual.

Diante dessas informações, qual o tratamento que a empresa Níquel S.A. deve dar para seu estoque de níquel?

TESTES

OBJETIVO 4

1. A Cia. Comércio & Comércio adota o critério da média ponderada móvel para controle dos estoques e, durante o mês de dezembro de X1, realizou as seguintes operações:

Data	Operação	Quantidade (unidades)	Preço de compra (unitário)	Preço de venda (unitário)
05/12/X1	Compra	200	$ 110	–
12/12/X1	Venda	120	–	$ 180
16/12/X1	Compra	320	$ 100	–
19/12/X1	Venda	150	–	$ 170
30/12/X1	Venda	130	–	$ 175

Sabendo que a empresa Comércio & Comércio não apresentava estoque inicial, o custo das mercadorias vendidas no mês de dezembro de X1 foi

a) $ 69.850.
b) $ 42.000.
c) $ 41.760.
d) $ 41.200.
e) $ 41.200.

OBJETIVO 5

2. A empresa Vende S.A., ao adquirir mercadorias para revenda, pagou os seguintes valores:

Mercadorias: $ 200.000, sem impostos;

Seguro: R$ 5.000;

Impostos recuperáveis: $ 25.000;

Impostos não recuperáveis: $ 18.000.

Sabendo que a empresa revendeu todas essas mercadorias por $ 350.000, com 10% de desconto, o custo das mercadorias vendidas e o lucro bruto apurado pela empresa Vende S.A. foram, respectivamente,

a) $ 200.000 e $ 150.000.
b) $ 225.000 e $ 125.000.
c) $ 230.000 e $ 85.000.
d) $ 223.000 e $ 92.000.
e) $ 218.000 e $ 132.000.

OBJETIVO 3

3. Estoque adquirido em março, pago 70% em abril e 30% em maio, vendido em julho e recebido em agosto, será reconhecido, na demonstração de resultados, como custo dos produtos vendidos em:

a) Março.
b) Abril.
c) Abril e maio.
d) Julho.
e) Agosto.

OBJETIVO 5

4. Determinada empresa adquiriu, em 30/04/X1, um lote de mercadorias para revenda pelo valor de $ 600.000, efetuando o pagamento à vista. Por condições negociais, ficou definido que a compradora seria responsável pela retirada das mercadorias no depósito do fornecedor e, pelo transporte dessas mercadorias até o depósito da empresa compradora, foram pagos $ 20.000 de frete. A empresa compradora pagou, também, o valor de $ 12.000 por um seguro contra roubo das mercadorias durante o transporte do depósito do fornecedor até o seu depósito.

A empresa compradora vendeu, em 30/05/X1, todo o lote de mercadorias que havia adquirido em 31/04/X1 por $ 800.000 à vista. Desconsidere a incidência de qualquer imposto na compra e na venda das mercadorias.

Os efeitos apresentados na demonstração do resultado de X1 da empresa compradora, em relação exclusivamente à compra e à venda das mercadorias, foram:

a) Resultado bruto com vendas = $ 200.000; Despesa com frete = $ 20.000; Despesa com Seguro = $ 12.000.
b) Resultado bruto com vendas = $ 180.000; Despesa com Seguro = $ 12.000.
c) Resultado bruto com vendas = $ 188.000; Despesa com Frete = $ 20.000.
d) Resultado bruto com vendas = $ 168.000.
e) Resultado bruto com vendas = $ 200.000; Despesa com vendas = $ 32.000.

OBJETIVO 3 OBJETIVO 6

5. Uma empresa comercial adquiriu, em 02/01/X0, mercadorias no valor de $ 40.000, pagando 30% à vista e o restante em fevereiro de X0. No dia 20 de janeiro de X0, a empresa vendeu todas essas mercadorias por $ 65.000, recebendo 50% à vista e o restante em fevereiro de X0. O resultado apurado pela empresa comercial com a venda dessas mercadorias foi

a) $ 65.000, em janeiro de X0.
b) $ 25.000, em janeiro de X0.
c) $ 20.500, em janeiro de X0.
d) $ 20.500, em janeiro de X0, e $ 4.500 em fevereiro de X0.
e) $ 7.500 negativo, em janeiro de X0, e $ 32.500 positivo, em fevereiro de X0.

OBJETIVO 4

6. Uma empresa comercial que não apresentava estoque inicial realizou as seguintes operações durante o mês de julho de X1:

Data	Operação	Quantidade (em unidades)	Preço de compra unitário (em R$)	Preço de venda unitário (em R$)
05/07	Compra	50	20,00	
08/07	Venda	30	-	40,00
16/07	Compra	80	15,00	
27/07	Compra	20	22,00	
31/07	Venda	40	-	25,00

O custo das mercadorias vendidas no mês de julho de X1, pelo critério PEPS, foi:

a) $ 1.040.
b) $ 1.232.
c) $ 1.300.
d) $ 1.340.
e) $ 2.200.

OBJETIVO 5

7. Em relação aos abatimentos sobre as compras, é correto afirmar que

a) Alteram o valor dos estoques.
b) Alteram a quantidade existente no estoque.
c) São registrados como uma saída na ficha de estoque.
d) São registrados como despesas para o comprador.
e) São registrados como uma receita para o vendedor.

OBJETIVO 5

8. Em relação às devoluções de vendas, pode-se afirmar que

a) Alteram o preço de venda unitário.
b) Alteram o custo unitário da venda.
c) São registradas como uma entrada na ficha de estoques.
d) Alteram o valor das saídas na ficha de estoques.
e) São registradas no passivo circulante pelo valor da venda.

OBJETIVO 5

9. (CFC – 2017 – CFC 1º Exame – Bacharel em Ciências Contábeis) Uma Sociedade Empresária comercializa equipamentos de informática. Em 31.12.2016, apurou saldo da conta de mercadorias para revenda no valor de R$ 100.000,00, formado por 50 notebooks. Até então, o preço de venda praticado pela Sociedade Empresária era de R$ 3.000,00 a unidade. Diante do encalhe do estoque desse modelo de notebook, a Sociedade Empresária realizou uma pesquisa de mercado e identificou que seus concorrentes estavam vendendo o mesmo notebook por R$ 1.500,00 a unidade e, imediatamente, reduziu seu preço de venda para esse valor. Os vendedores da Sociedade Empresária recebem 10% de comissão sobre as vendas. Na mesma data, o fornecedor dos notebooks para a sociedade empresária foi consultado e informou que estava comercializando o mesmo modelo de notebook por R$ 800,00 cada um, no atacado. Considerando-se apenas as informações apresentadas e de acordo com a NBC TG 16 (R1) – ESTOQUES, a Sociedade Empresária apresenta valor contábil do Estoque, em 31.12.2016, de:

a) R$ 40.000,00, pois deve-se reconhecer perda de R$ 60.000,00 devido ao valor praticado atualmente pelo fornecedor.
b) R$ 67.500,00, pois deve-se reconhecer perda de R$ 32.500,00, considerando-se o valor realizável líquido.
c) R$ 135.000,00, pois deve-se considerar o preço de venda atualmente praticado, líquido das comissões sobre vendas.
d) R$ 100.000,00, pois deve-se considerar o custo de aquisição dos 50 notebooks praticado pelos fornecedores.

OBJETIVO 5

10. (CFC – 2016 – CFC 1º Exame – Bacharel em Ciências Contábeis) De acordo com a NBC TG 16 (R1) – Estoques, julgue os itens quanto à inclusão no custo dos estoques e, em seguida, assinale a alternativa CORRETA.

I. Despesas administrativas que não contribuem para trazer o estoque ao seu local e condição atuais.

II. Despesas de comercialização, incluindo a venda e a entrega dos bens e serviços aos clientes.

III. O preço de compra, os impostos de importação e outros tributos não recuperáveis.

IV. Os custos de transporte, seguro, manuseio e outros diretamente atribuíveis à aquisição de produtos acabados, materiais e serviços.

V. Valor anormal de desperdício de materiais, mão de obra ou outros insumos de produção.

NÃO estão incluídos no custo dos estoques, porém são reconhecidos no resultado do período os itens:

a) II, IV e V, apenas.
b) II, III e IV, apenas.
c) I, III e IV, apenas.
d) I, II e V, apenas.

Respostas: 1-c; 2-d; 3-d; 4-d; 5-b; 6-c; 7-a; 8-d; 9-b; 10-d.

EXERCÍCIOS

OBJETIVO 4

1. A empresa Só Fanta controla seus estoques pelo Sistema de Inventário Permanente e os mensura pelo critério da média ponderada móvel. Durante o ano de X0, realizou, em ordem cronológica, as seguintes transações:

Data	Operação
03/03/X0	Compra de 400 unidades ao preço unitário de $ 60
07/04/X0	Venda de 100 unidades ao preço unitário de $ 80
08/04/X0	Pagamento de frete correspondente à venda do dia 07/04, no valor total de $ 400
23/07/X0	Compra de 100 unidades ao preço unitário de $ 40
25/07/X0	Pagamento de frete correspondente à compra do dia 23/07, no valor total de $ 400
20/08/X0	Compra de 100 unidades ao preço unitário de $ 61
21/09/X0	Compra de 500 unidades ao preço unitário de $ 59
26/10/X0	Venda de 700 unidades ao preço unitário de $ 82

Determine o custo dos produtos vendidos em X0 da empresa Só Fanta.

OBJETIVO 4

2. A empresa comercial Produz & Vende adota o critério da média ponderada móvel para controle dos seus estoques. Durante o mês de janeiro de X1 realizou as seguintes transações:

Data	Operação	Quantidade (unidades)	Preço de compra (unitário)	Preço de venda (unitário)
04/05/X1	Compra	390	R$ 30	
08/05/X1	Venda	180	-	$ 80
12/05/X1	Compra	105	R$ 33	
23/05/X1	Venda	100	-	$ 83
30/05/X1	Venda	120	-	$ 81

Sabendo que a empresa Produz & Vende não apresentava estoque inicial, determine o Lucro Bruto apurado pela empresa no mês de janeiro de X1.

OBJETIVO 4

3. Uma empresa comercial adota o critério do Primeiro que Entra Primeiro que Sai para avaliação dos estoques e realizou as seguintes operações durante o mês de junho de X1:

Data	Operação	Quantidade (em unidades)	Preço de compra unitário (em R$)	Preço de venda unitário (em R$)
05/06	Compra	100	15	
08/06	Venda	80	-	30
12/06	Compra	100	21	
20/06	Venda	30	-	31
30/06	Venda	20	-	32

Sabendo que a empresa comercial não apresentava estoque inicial, determine o custo das mercadorias vendidas no mês de junho de X1.

OBJETIVO 3   OBJETIVO 6

4. Um lote de mercadorias foi adquirido do exterior para comercialização no Brasil. A compra ocorreu em 15/10/X0 e o preço pago ao fornecedor no exterior foi $ 5.000.000. A empresa pagou, adicionalmente, os seguintes encargos para dispor das mercadorias em condições de venda:

- $ 500.000 de transporte aéreo para trazer a mercadoria do país de origem até o Brasil.
- $ 340.000 de taxas e tarifas alfandegárias para ingresso das mercadorias no Brasil.
- $ 120.000 para transporte da mercadoria do aeroporto até a sede da empresa.
- $ 180.000 correspondente aos seguintes impostos:
- $ 80.000 a título de imposto de importação não recuperável.
- $ 100.000 a título de outros impostos locais que podem ser compensados com os impostos incidentes no momento da venda das mercadorias.

Em dezembro de X0, a empresa vendeu 80% dessas mercadorias. O valor bruto das vendas foi $ 9.500.000 e os impostos incidentes sobre essas vendas totalizaram $ 1.375.000.

Determine o resultado bruto apurado pela empresa em X0, referente a essa venda.

OBJETIVO 6

5. A Cia. Comerciante adquiriu, em 01/07/X1, produtos para serem revendidos. Os produtos foram adquiridos à vista por $ 150.000. Adicionalmente, a Cia. Comerciante contratou e pagou frete e seguro, para transporte dos produtos adquiridos até a empresa, no valor de $ 6.000. Em 31/07/X1, a empresa Comerciante revendeu todos esses produtos por $ 300.000, à vista. Sobre o valor da venda há incidência de ICMS no valor de $ 45.000 e pagamento de comissão para os vendedores de $ 9.000. Com base nessas informações, determine o valor do lucro bruto apurado pela Cia. Comerciante no mês de julho de X1.

OBJETIVO 9

6. Explique por que as empresas avaliam seus estoques de mercadorias para revenda ao valor de mercado quando este é superior ao custo incorrido na aquisição.

OBJETIVO 3   OBJETIVO 6

7. A Cia. Boas Ideias reconheceu, durante o ano de 2014, $ 2.000.000 em vendas realizadas. Adicionalmente, durante X1, reconheceu os seguintes fatos: devoluções de vendas $ 60.000; abatimento sobre vendas $ 40.000; comissões sobre as vendas realizadas $ 30.000; impostos sobre vendas $ 360.000. Sabendo que o custo das mercadorias vendidas foi $ 1.180.000, determine a receita líquida e o lucro bruto que a Cia. Boas Ideias apurou em X1.

OBJETIVO 3   OBJETIVO 6

8. Determinada Cia. adquiriu, em 31/12/X0, produtos para revenda no valor de $ 120.000, para serem pagos em junho de X2. Sabe-se que, se esses produtos tivessem sido adquiridos à vista, a Cia. teria pago $ 100.000. Em 05/01/X1, a Cia. vendeu esses produtos por $ 250.000 a prazo, tendo concedido o prazo de 2 anos para pagamento, ou seja, o valor será recebido em 05/01/X3. Sabe-se que a Cia. concede, normalmente, um prazo para pagamento de 40 dias e que, se a venda tivesse sido feita para pagamento à vista, o seu valor seria de $ 196.000. Determine o lucro bruto que a Cia. reconheceu em relação a essa venda.

EXERCÍCIOS ADICIONAIS

1. A Companhia TXP atua no mercado comercializando peças de vestuário infantil. A empresa comercial, contribuinte do ICMS, adquiriu no mês de fevereiro de X1 mercadorias para revenda, com prazo de pagamento para seis meses, o equivalente a 800 peças pelo valor de $ 110.000, estando incluídos nesse valor $ 17.500 de ICMS. Em março de X1, a Companhia TXP realizou mais uma compra de 150 mercadorias para revenda, da coleção especial do mesmo fornecedor, com pagamento à vista, no valor de $ 22.000 mercadorias para revenda, estando incluídos nesse valor $ 3.700 de ICMS.

No mês subsequente, a empresa, que adota o critério do Inventário Periódico para controle dos estoques, vendeu 60% dos produtos adquiridos por $ 90.000, e 80% foram recebidos à vista. No valor da venda já estavam incluídos todos os impostos incidentes sobre vendas, e a alíquota do ICMS, único tributo incidente sobre o preço de venda no caso da empresa, é de 18%.

a) Contabilize os eventos ocorridos no período citado.

b) Elabore a demonstração do resultado.

c) Determine o valor dos tributos a recolher.

2. No mês de outubro, a empresa MóveisBR S.A., que revende camas infantis temáticas para quartos de crianças, resolveu realizar uma campanha de marketing com o objetivo de aumentar o resultado da empresa e saldar parte de seus compromissos com fornecedores, permitindo, assim, a aquisição de novas mercadorias.

Seu balancete inicial no mês de outubro apresentava saldos nas seguintes contas:

Capital social	$ 70.000	Terrenos	$ 20.000
Disponível	$ 17.000	Fornecedor	$ 30.000
Reserva de lucro	$ 13.000	Clientes	$ 10.000
Móveis a pagar	$ 10.000	Instalações (Prédio)	$ 40.000
Móveis e equipamentos	$ 22.000	Salários a pagar	$ 7.000
Estoque	$ 20.000	Aplicações	$ 1.000

O estoque inicial da empresa MóveisBR S.A. é composto por 130 unidades, e o critério utilizado para o Controle de Estoque é PEPS. A ficha de controle de estoque, no início de outubro, apresentava os seguintes valores:

Controle de estoque (PEPS)			
Data de aquisição	Entrada		
	Unidades	$ Uni.	Total ($)
20/ago	40	140,00	5.600,00
10/set	50	150,00	7.500,00
25/set	40	172,50	6.900,00

Durante o mês de outubro, a MóveisBR S.A. realizou as seguintes operações:

1. 02/out — Pagamento de campanha de marketing, no valor de $ 2.000 à vista.
2. 05/out — Venda de 45 camas por $ 270 cada, sendo 70% à vista e 30% a prazo. Pagamento de frete, para a entrega da venda realizada, no valor de $ 450.
3. 06/out — Pagamento da parcela referente à compra de móveis realizada em julho, no valor de $ 2.500.
4. 08/out — Recebimento de $ 5.000 de diversos clientes.
5. 10/out — Devolução de três camas da venda realizada no dia 05/out.
6. 11/out — Abatimento de $ 225 sobre as unidades restantes da venda do item 2.
7. 13/out — Compra, à vista, de 20 camas a $ 180 cada e pagamento de frete no valor de $ 200.
8. 14/out — Venda de 30 camas no valor de $ 280 cada, a prazo, com desconto comercial de 5%. Pagamento de frete, para a entrega da venda realizada, no valor de $ 300.

9. 15/out — Devolução de 4 camas adquiridas em 25/set em função de problema estrutural constatado. A devolução também gerou um abatimento de $ 432 concedido pelo fornecedor. A compra havia sido realizada a prazo.

10. 16/out — Recebimento, em devolução, de 4 camas vendidas no item 8. Foi gerado um abatimento de $ 11 sobre as demais camas vendidas no dia 14/out.

11. 17/out — Pagamento de fornecedor no valor de $ 5.000.

12. 20/out — Pagamento dos salários do mês de setembro, no valor de $ 7.000.

13. 22/out — Outras despesas do mês: Salários $ 5.300, Gerais $ 1.350. Os salários são pagos no mês subsequente.

14. 23/out — Venda de 20 camas no valor de $ 280 cada, com recebimento de 30% à vista e 70% a prazo. Pagamento de frete, para a entrega da venda realizada, no valor de $ 200.

15. 25/out — Um cliente entrou em contato com a empresa para pagar antecipadamente sua dívida, cujo valor era de $ 2.000. Assim, a empresa concedeu um desconto de 10% sobre o valor da dívida, diante do pagamento realizado (a empresa não mensura a valor presente as contas a receber de clientes).

16. 26/out — Compra, a prazo, de 25 camas a $ 185 cada e pagamento de frete no valor de $ 250.

17. 30/out — Devolução de 3 camas adquiridas em 26/out em função da falta de peças no produto enviado.

18. 31/out — Todo o lucro da empresa foi retido para expansão.

Pede-se:

a) Elabore a ficha de controle de estoque pelo método PEPS (utilize duas casas decimais).

b) Lance os saldos iniciais e os ajustes em razonetes, considerando o controle de estoques pelo PEPS (faça arredondamentos para contabilização).

c) Faça o encerramento das contas de resultado e apuração do resultado do período.

d) Elabore a demonstração do resultado do período.

e) Elabore o balanço patrimonial em 31/10.

3. A Empresa Festas S.A. trabalha com artigos para decorações de festas e eventos empresariais. Em junho, com a proximidade da realização da Copa do Mundo, a empresa precisou aumentar os seus estoques devido à grande procura de materiais de decoração vinculada ao evento esportivo. Seu balancete, no início de junho, apresentava as seguintes contas:

Conta	Valor	Conta	Valor
Aplicação financeira de curto prazo	$ 1.200	Disponível	$ 5.000
Móveis	$ 4.500	Capital social	$ 12.800
Equipamentos	$ 3.000	Fornecedor B	$ 2.100
Estoques	$ 3.500	Clientes	$ 1.100
Reserva de lucros	$ 3.700	Seguros pagos antecipadamente	$ 2.500
Salário a pagar	$ 1.200	Reserva de capital	$ 1.000

Adicionalmente, o controle de estoque apontou que o estoque da Empresa Festas S.A. era composto por dois produtos, A e B, e apresentava as seguintes quantidades e valores:

Controle de Estoque			
Tipo	Unidades	$ Uni.	Total
A	280	$ 5	$ 1.400
B	300	$ 7	$ 2.100
Total	580	–	$ 3.500

Durante o mês de junho de X1, com o aumento das operações de compras e vendas as seguintes operações foram realizadas:

1. Compra de 120 unidades do produto A por $ 6 cada, a prazo, e deste valor $ 0,9 por unidade refere-se a ICMS a recuperar. Nessa operação, o Fornecedor A cobrou um adicional de $ 250 pelo frete e $ 98 referente ao seguro, que também serão pagos a prazo.

2. Aquisição de 210 artigos de decoração do Fornecedor B no valor de $ 7,30 cada, com pagamento de 40% à vista. O ICMS a recuperar já incluso no valor da compra equivale ao total de $ 216.

3. Venda de 70 unidades do produto A e 100 unidades do produto B por $ 20 e $ 15, respectivamente, à vista. Alíquota do ICMS, único tributo incidente sobre o preço de venda no caso da empresa, é de 18%.

4. Negociação para pagamento antecipado da fatura do Fornecedor B, no valor $ 2.100, referente à compra realizada no mês de maio. Com o pagamento antecipado realizado, foi obtido desconto financeiro no valor de $ 110.

5. Venda de 220 unidades do produto A por $ 15 cada, a prazo, com incidência de ICMS de 18%.

6. Recebimento de $ 900 de diversos clientes.

7. Compra de móveis para a loja a prazo, no valor de $ 3.000.

8. Compra de 60 unidades do produto A a $ 6,40 cada, a prazo, e deste valor $ 0,95 por unidade refere-se a ICMS a recuperar. Para essa operação o Fornecedor A cobrou um adicional de $ 100 pelo frete e $ 63 referente ao seguro, que foram pagos à vista.

9. Aquisição de um plano de assinatura anual de hospedagem do site da empresa, no valor de $ 720, pagos à vista.

10. Venda de 360 unidades do produto B por $ 15 cada, sendo 50% à vista e com incidência de ICMS de 18%. Tendo em vista o volume da venda, a empresa Festas S.A. se responsabilizou pelo frete no valor de $ 100 e como o transporte somente é realizado mediante a contratação de seguro, a empresa desembolsou mais $ 70 referente ao seguro, tais valores foram pagos à vista.

11. Pagamento do Fornecedor A no valor de $ 1.000.

12. Venda de 200 unidades de cada produto da empresa por $ 13 e $ 15 cada, à vista. Como a empresa não possuía as unidades adquiridas em estoque, somente foi reconhecida como receita de vendas, com incidência de ICMS 18%, o valor das unidades entregues ao cliente.
13. Pagamento dos salários do mês de maio, no valor de $ 1.200.
14. Outras despesas do mês: Salários $ 1.300; Aluguel $ 1.200; $ Gerais $ 450. Os salários são pagos no mês subsequente.
15. Reconhecimento da despesa mensal do seguro empresarial, anteriormente adquirido em regime anual, no valor de $ 400. Adicionalmente, reconhecimento da despesa mensal do plano de assinatura anual de hospedagem do site da empresa.
16. Compra de 50 unidades do produto A a $ 6,40 cada, a prazo, e deste valor $ 0,95 por unidade refere-se a ICMS a recuperar. Para essa operação o Fornecedor A cobrou um adicional de $ 100 em frete e $ 77,50 de seguro, que foram pagos à vista.
17. Entrega do produto A para cliente, referente a operação de adiantamento do item 12.
18. Todo o lucro da empresa destinado para reserva de lucros.

Pede-se:

a) Elabore a ficha de controle de estoque pelo método MPM (utilize duas casas decimais).

b) Lance os saldos iniciais e os ajustes em razonetes, considerando o controle de estoques pelo MPM (faça arredondamentos para contabilização).

c) Faça o encerramento das contas de resultado e apuração do resultado do período.

d) Elabore a demonstração do resultado do período.

e) Elabore o balanço patrimonial em 30/06/X1.

6

Assista ao vídeo da autora sobre o tema deste capítulo

CONTAS A RECEBER

"Light: Prejuízo cai 51% no 2º trimestre, para R$ 25 milhões

A Light registrou prejuízo de R$ 25 milhões no segundo trimestre de 2018, uma queda de 50,1% em comparação com o mesmo período do ano passado.

De abril a junho deste ano, a receita operacional líquida subiu 21,5% em base anual, para R$ 2,78 bilhões.

A redução das perdas de abril a junho da empresa foi proporcionada pela Light Distribuição, cujo lucro antes de juros, impostos, depreciação e amortização (Ebitda, na sigla em inglês) cresceu cinco vezes na comparação anual, para R$ 328 milhões. O impacto positivo neste segmento, segundo a Light, veio da recuperação do mercado faturado e da diminuição das perdas estimadas para créditos de liquidação duvidosa (PECLD). [...]."

Fonte: Adaptado de GUTIERREZ, Marcelle. *Valor Econômico*, 13 ago. 2018.

OBJETIVOS DE APRENDIZAGEM DO CAPÍTULO

Após estudar este capítulo, você será capaz de:
1. Compreender quando as contas a receber devem ser reconhecidas.
2. Identificar o modelo de negócio da entidade.
3. Identificar critérios de mensuração, bem como as perdas por *impairment*.
4. Compreender como são reconhecidas as perdas estimadas com créditos de liquidação duvidosa (PECLD).

 OBJETIVO 1

RECONHECIMENTO DAS CONTAS A RECEBER

Conceitos básicos

Para compreensão de contas a receber, é importante observar o CPC 47 – Receita de Contrato com Cliente.

"Contas a Receber" é uma nomenclatura geral para identificar recursos que determinada entidade tem a receber de terceiros e que podem surgir de diversas operações de natureza diretamente operacional, como venda a prazo de mercadorias ou serviços (*trade receivables*), ou de operações que podem não representar o objeto principal da empresa, como valores a receber derivados da venda de ativos imobilizados, dividendos a receber de outras empresas, títulos e outros créditos a serem recebidos de natureza geral (*non-trade receivables*).

Tais contas geralmente representam uma parcela significativa dos ativos das entidades e, portanto, é importante a separação desses valores a receber de acordo com suas naturezas. Ocorre que, na prática, como a maioria das entidades desenvolve atividades operacionais de venda de produtos e serviços e como muitas vezes a venda para recebimento a prazo é parte natural das operações das empresas, as contas a receber com maiores relevâncias são aquelas ligadas às operações com clientes, ou seja, "contas a receber de clientes", muitas vezes denominadas simplesmente de "clientes" ou "contas a receber", neste último caso, desde que os demais valores a receber estejam identificados no balanço patrimonial.

Portanto, como, em geral, os montantes mais significativos dos recursos a receber são os que estão diretamente relacionados ao reconhecimento das vendas a prazo (*trade receivables*), este capítulo abordará o tratamento a ser dispensado a esse ativo.

Nesse sentido, conforme analisado no Capítulo 3, um dos desafios para o reconhecimento de contas a receber de clientes passa pela aplicação do Pronunciamento CPC 47, em que as receitas de contratos com clientes são reconhecidas com base em cinco etapas, de acordo com a Figura 6.1:

Etapa 1	Etapa 2	Etapa 3	Etapa 4	Etapa 5
Identificar o contrato	Identificar as obrigações de desempenho	Determinar o preço da transação	Alocar o preço da transação	Reconhecer a receita

FIGURA 6.1 Etapas de reconhecimento de receitas de contratos com clientes.

Apesar de a expressão "contrato com cliente" sugerir uma grande formalidade nas operações a serem registradas, tais contratos podem ter origens em base escrita ou simplesmente verbal ou fruto de práticas usuais de negócios e, em muitos casos, os passos anteriores estão altamente conectados. Assim, muitos contratos com clientes podem não ter nenhuma duração fixa e podem ser rescindidos ou modificados por qualquer das partes a qualquer tempo. De maneira simplificada, um contrato pode ser visto como um acordo entre duas ou mais partes que cria direitos e obrigações entre essas partes.

Nas cinco etapas para identificação, reconhecimento e mensuração, têm-se os seguintes conceitos e descrições:

Etapa 1 – Identificar o contrato: um contrato é um acordo entre duas ou mais partes que cria direitos e obrigações entre as partes.

Etapa 2 – Identificar as obrigações de desempenho: refere-se às promessas de entrega de bens ou serviços a um cliente.

Etapa 3 – Determinar o preço da transação: refere-se à determinação do montante da remuneração por um contrato (definição do preço) que a entidade espera obter para entregar bens ou serviços.

Etapa 4 – Alocar o preço da transação: uma vez que se identificaram as obrigações de desempenho e o preço da transação nos itens anteriores, a entidade precisa alocar o valor total da transação a cada etapa de desempenho.

Etapa 5 – Reconhecer a receita: uma entidade deve reconhecer a receita sempre que ela satisfaz uma obrigação de desempenho através da transferência de controle de um bem ou de um serviço prometido.

> Um **contrato** pode ser visto como um acordo entre duas ou mais partes que cria direitos e obrigações entre essas partes.

> O **reconhecimento** de contas a receber será efetuado no momento em que as obrigações de desempenhos assumidas forem satisfeitas.

Assim, o reconhecimento das receitas brutas de contratos com clientes e, consequentemente, das contas a receber de clientes (supondo que a receita não seja à vista) será efetuado no momento em que as obrigações de desempenho assumidas forem satisfeitas.

De acordo com o CPC 47, a parcela da receita reconhecida e que terá recebimento (liquidação financeira) no futuro (a prazo), deverá ser reconhecida como contas a receber de clientes pelo **valor justo na data da transação**.

Os demais créditos a receber (outras contas a receber) são tipicamente derivados de atividades acessórias à empresa e devem ser reconhecidos de acordo com o valor esperado de recebimento ou de realização do crédito.

Em todos os casos (valores a receber de clientes ou outros créditos a receber), os administradores deverão segregar no balanço patrimonial os valores a receber circulantes (realização em até 12 meses) e não circulantes (realização após 12 meses).

Adicionalmente, é importante destacar que os valores a receber (de clientes ou não) são atualmente classificados como instrumentos financeiros, de acordo com o CPC 48, o qual define instrumento financeiro como sendo qualquer contrato que dê origem a um ativo financeiro para a entidade (direito) e a um passivo financeiro (obrigação ou, ainda, um instrumento patrimonial) para outra entidade, e sua classificação e mensuração decorrem da forma como as empresas utilizam e gerem tais recursos. Ou seja, a classificação e a mensuração dos valores a receber devem estar de acordo com o "Modelo de Negócio da Entidade".

MODELO DE NEGÓCIOS DA ENTIDADE

Os valores reconhecidos como contas a receber de clientes, por se tratarem de ativos financeiros, são impactados pela maneira como a empresa gerencia esses ativos.

O **modelo de negócios** refere-se ao modo como a entidade gerencia seus ativos financeiros para gerar fluxos de caixa.

O modelo de negócios da entidade para a gestão dos ativos financeiros e as características do fluxo de caixa contratual do ativo financeiro impactam a maneira como tais ativos financeiros devem ser mensurados.

Nesse sentido, o modelo de negócios refere-se ao modo como a entidade gerencia seus ativos financeiros para gerar fluxos de caixa, ou seja, se os fluxos de caixa resultam do recebimento dos valores contratualmente pactuados, da venda desses ativos ou de ambos.

Imagine, por exemplo, que duas empresas exerçam exatamente a mesma atividade: revenda de automóveis. Ambas oferecem prazo para seus clientes pagarem os veículos (normalmente, aproximadamente 24 meses para pagamento) e, naturalmente, cobram juros pelo pagamento parcelado, sendo tais juros determinados em contrato no momento da venda do veículo. Logo, tais financiamentos dos veículos (vendas financiadas) geram, contratualmente, "valores a receber" no futuro (ativos para as empresas de revenda de automóveis).

Uma das empresas, a Empresa A, permanece com esses valores a serem recebidos ao longo dos 24 meses e tais recebimentos serão acrescidos de juros conforme determinado no momento do contrato de compra e venda do veículo. Já a Empresa B, imediatamente após a assinatura do contrato de compra e venda, tem como prática negociar (vender) para uma Empresa W esses ativos (ou seja, ela vende os direitos de recebimento), uma vez que a Empresa W é especialista na negociação de créditos comerciais e financeiros. Como prática usual do mercado, para adquirir os ativos financeiros, a Empresa W exige um desconto no valor total do contrato (chamado frequentemente de deságio). Esse desconto irá compor a receita da Empresa W.

Perceba que, para a Empresa A, o fluxo de caixa virá, ao longo do tempo, através do recebimento das parcelas acordadas com seus clientes pela venda dos veículos. Já para a Empresa B, o fluxo de caixa será imediato, por meio da venda do ativo (direitos de recebimento). No entanto, o valor a ser recebido pela Empresa B está exposto à taxa de desconto (deságio) imposta pela Empresa W, e tal taxa de desconto varia em função das condições das taxas de juros (independentemente da taxa de compra e venda firmada no contrato do veículo).

Nesse sentido, como a Empresa A receberá os fluxos de caixa conforme definidos na operação de compra e venda, os valores a receber de clientes serão mensurados pelo custo contratual do ativo ou, em outras palavras, ao **custo amortizado**. Já na Empresa B, o modelo de negócio sugere que ela deve levar em consideração as condições atuais (correntes) de mercado ao definir o valor de seus ativos (independentemente das cláusulas contratuais estabelecidas), sendo os valores a receber mensurados ao **valor justo**.

Assim, o modelo de negócios da entidade para gerenciar ativos é um fato observável por meio de atividades com as quais a entidade se compromete para atingir o objetivo do modelo de negócios. Portanto, o modelo de negócio deve ser levado em conta no momento da mensuração dos instrumentos financeiros, nesse caso, dos valores das contas a receber.

QUESTÃO PARA DISCUSSÃO 6.1

A Cia. Campeã vendeu $ 100.000, para serem recebidos após 60 dias, para o Sr. João. A Cia. mantém esse valor para que seja liquidado pelo Sr. João. Qual é o modelo de negócios da Cia. Campeã? Justifique.

OBJETIVO 3

CRITÉRIOS DE MENSURAÇÃO E *IMPAIRMENT*

Base de mensuração

Como comentado anteriormente, a parcela da receita reconhecida e que será recebida no futuro (a prazo) deverá ser reconhecida como contas a receber de clientes pelo **valor justo na data da transação**.

Importante destacar que, caso o valor a ser recebido no futuro seja maior que o valor justo na data da transação e admitindo-se que esse efeito seja relevante, a receita e, consequentemente, o valor a receber devem ser avaliados a valor presente, sendo a diferença entre o valor presente e o valor a ser recebido no futuro reconhecida como receita financeira. Para mais detalhes sobre esse assunto, veja o objetivo 7 do Capítulo 5 (Estoques) deste livro, em que discutimos o tratamento do ajuste a valor presente nas operações de compras e vendas.

Para os valores a receber de clientes mensurados ao custo amortizado, a empresa precisa realizar, periodicamente, o teste de *impairment*, cujos conceitos são apresentados a seguir.

Redução ao valor recuperável – *impairment* – de contas a receber

Assista ao vídeo com a autora sobre o CPC 48 – Instrumentos Financeiros

uqr.to/f1x4

Como visto nos capítulos anteriores, um dos requisitos para que um recurso econômico seja registrado como ativo pela contabilidade é que tais recursos tragam benefícios econômicos futuros para a entidade. Em decorrência disso, uma regra geral na avaliação de todos os ativos é que nenhum item apresentado pela contabilidade pode estar registrado por valor superior à expectativa de benefício futuro esperado desse ativo.

Se por qualquer motivo isso ocorrer, ou seja, um ativo estiver registrado por um valor superior ao que se espera de benefícios econômicos futuros, a contabilidade deverá corrigir essa "distorção" por meio do reconhecimento de uma perda no valor recuperável desse ativo. Essa perda é frequentemente denominada (inclusive no Brasil) de perda por ***impairment*** dos ativos.

> Teste de ***impairment*** consiste na análise de recuperabilidade desses valores pela empresa.

Portanto, o objetivo da redução ao valor recuperável (*impairment*) é reconhecer perdas de crédito esperadas para todos os instrumentos financeiros, incluindo-se as contas a receber, para os quais houve aumentos significativos no risco de crédito desde o reconhecimento inicial.

Se o modelo de negócio da entidade considera que as contas a receber de clientes devem ser mantidas em carteira para serem recebidas pelos valores transacionados quando do vencimento, tais recursos são classificados como mensurados ao custo amortizado, sendo ajustados a valor presente em algumas situações. Em função do critério de mensuração, esses ativos financeiros estão sujeitos ao teste de *impairment*, ou seja, à análise de recuperabilidade desses valores pela empresa.

> A estimativa de perdas está relacionada com o risco de não receber valores futuros, decorrentes de vendas a prazo.

Desse modo, uma entidade deve reconhecer no resultado do período, como perda por redução ao valor recuperável, o valor das perdas de crédito esperadas, ou seja, deve registrar como perda a parcela das vendas a prazo que a entidade espera não receber no futuro (*bad debt expenses estimates*). De modo complementar, a entidade poderá reverter tais perdas, caso haja melhora na expectativa de recebimento dos créditos.

A estimativa de perdas ou sua forma mais usual, perdas estimadas em créditos de liquidação duvidosa (PECLD), está relacionada com o risco de não receber valores futuros, decorrentes de vendas a prazo, e o objetivo de sua constituição é ajustar os valores a receber ao valor provável de realização. Identificado o risco da perda, que é associado à probabilidade de não receber parte dos direitos, a estimativa deve ser reconhecida nas demonstrações contábeis.

A determinação do valor da estimativa pode ser feita por análise individual dos créditos a receber (com avaliação da situação econômica dos clientes, dos seus setores de atuação, das garantias existentes para os créditos etc.) ou utilizando modelos estatísticos que mensurem adequadamente o risco potencial.

Lojas Renner S.A. – Contas a receber de clientes (Texto Adaptado das notas explicativas de 2018)

As contas a receber de clientes das Lojas Renner correspondem aos recebíveis pelas vendas de mercadorias a prazo realizadas por meio de cartão de crédito e aos valores de empréstimos pessoais concedidos aos seus clientes.

Ajuste a valor presente: as operações de vendas a prazo prefixadas são trazidas ao seu valor presente na data das transações, em função de seus prazos, com base em taxa estimada do custo médio ponderado de capital da Companhia, sendo que a taxa de desconto aplicada nos ajustes a valor presente envolve a análise da estrutura de capital e as incertezas do contexto macroeconômico, que influenciam nas variáveis utilizadas para determinação da taxa.

Perdas estimadas em crédito (PECLD): a perda estimada em crédito é constituída com base na análise da carteira de clientes, em montante considerado suficiente pela Administração para fazer frente a eventuais perdas na realização dos créditos. O critério das perdas estimadas em crédito tem como base o histórico de realização da carteira, levando em consideração a performance de recuperação dos recebíveis até 360 dias após o vencimento. Essa metodologia tem suportado as estimativas de perdas nessa carteira com elevado grau de assertividade, atendendo aos conceitos da norma internacional IFRS 9/CPC 48.

OBJETIVO 4

CONTABILIZAÇÃO DAS PERDAS ESTIMADAS COM CRÉDITOS DE LIQUIDAÇÃO DUVIDOSA

Para facilitar o entendimento da contabilização dos eventos relacionados com as perdas estimadas com créditos de liquidação duvidosa, será desenvolvido um exemplo.

Aplicação prática

Ano X1

Em X1, a Cia. Enrolada vendeu $ 350.000 para diversos clientes, para serem recebidos em X2. Considerando que o componente financeiro embutido no valor das vendas não é relevante, as vendas, e consequentemente, as contas a receber, são reconhecidas pelo valor bruto.

Ao estimar as perdas com estas vendas, em função do não recebimento dos valores, a Cia. estimou que 2% do total não seriam recebidos.

Assim, em X1, a Cia. Enrolada realizou os seguintes lançamentos:

a) Reconhecimento da venda realizada

Duplicatas a receber de clientes (ativo circulante – débito)	$ 350.000
Receita de venda (conta de resultado – crédito)	$ 350.000

b) Reconhecimento da perda estimada

Despesa com PECLD (conta de resultado – débito)	$ 7.000
PECLD (conta retificadora do ativo – crédito)	$ 7.000

O registro da despesa de PECLD em X1 (em contrapartida à conta retificadora do ativo) objetiva reconhecer, por competência, a melhor estimativa relativa ao real benefício econômico futuro esperado do ativo da empresa.

Ano X2

O Sr. Antônio decretou falência e disse não ter condições de pagar os $ 3.000 devidos à Cia. Enrolada. Em função dessa informação, a Cia. realizou o seguinte lançamento:

c) Reconhecimento da perda efetiva

PECLD (conta retificadora do ativo – débito)	$ 3.000
Duplicatas a receber de clientes (ativo circulante – crédito)	$ 3.000

Esse lançamento justifica-se da seguinte maneira: por um lado, estamos dando baixa nas contas a receber, efetuando um crédito, considerando o fato de que o Sr. Antônio decretou falência e não pagará sua dívida. Mas, por outro, o débito não deve ir para resultado do exercício, pois o resultado da empresa já foi afetado, por estimativa, no ano anterior. Por esse motivo, o que fazemos agora é debitar a própria PECLD, confirmando que a perda estimada se materializou, mas não deve afetar o resultado, pois já o afetou no ano anterior.

Observe que a conta PECLD é uma conta retificadora da conta duplicatas a receber. Portanto, ao debitar PECLD e creditar clientes, não estamos modificando o saldo líquido da conta de clientes, mas apenas confirmando que uma perda que era estimada agora é um fato concreto. Apenas para ilustrar esse raciocínio, imagine, por exemplo, que o único saldo de contas a receber fosse o saldo do Sr. Antônio, de $ 3.000, e esse saldo já havia sido considerado como uma perda estimada. Nessa situação, a empresa teria contas a receber de $ 3.000 e PECLD também de $ 3.000, portanto, saldo líquido de zero. Considerando a informação de que o Sr. Antônio pediu falência, debitamos a PECLD em $ 3.000 e creditamos as contas a receber em $ 3.000, ficando todos os saldos zerados. Logo, estaríamos apenas "limpando" os registros, apenas confirmando aquilo que já se considerava por estimativa.

Continuando com o exemplo, ainda em X2, o cliente Carlos também informou a Cia. de que não tinha condições de pagar os $ 5.000 devidos à Cia. Enrolada. Em função dessa informação, a Cia. realizou o seguinte lançamento:

d) Reconhecimento da perda efetiva

PECLD (conta retificadora do ativo – débito)	$ 4.000
Prejuízo com clientes (conta de resultado – débito)*	$ 1.000
Duplicatas a receber de clientes (ativo circulante – crédito)	$ 5.000

* Como o saldo da PECLD é insuficiente, a perda adicional deve ser reconhecida no resultado do período.

A explicação para isso tem a ver com a lógica da explicação do item anterior. Quando a perda efetiva ocorre, creditamos as contas a receber em contrapartida à PECLD. Isso ocorre, pois, no período anterior, a perda já foi reconhecida por estimativa. Porém, caso a perda efetiva tenha sido superior à perda estimada, então a PECLD não é suficiente. Em outras palavras, a empresa perdeu mais do que havia estimado e, portanto, precisa reconhecer perdas adicionais no resultado. É justamente o que está ocorrendo nesse exemplo: estimou-se, inicialmente, perder $ 7.000, mas a perda de fato foi $ 8.000 (considerando os saldos do Sr. Antônio e do Sr. Carlos).

Até o final de X2, a Cia. Enrolada recebeu a totalidade dos valores a receber dos demais clientes ($ 342.000), realizando o seguinte lançamento:

e) Reconhecimento do recebimento dos valores dos clientes

Disponível (ativo circulante – débito)	$ 342.000
Duplicatas a receber de clientes (ativo circulante – crédito)	$ 342.000

Durante X2, a Cia. vendeu $200.000 para diversos clientes, para serem recebidos X3. Ao estimar as perdas com estas vendas, em função do não recebimento dos valores, a Cia. estimou que 3% do total não seriam recebidos.

Assim, a Cia. Enrolada realizou os seguintes lançamentos:

f) Reconhecimento da venda realizada

Duplicatas a receber de clientes (ativo circulante – débito)	$ 200.000
Receita de venda (conta de resultado – crédito)	$ 200.000

g) Reconhecimento da perda estimada

Despesa com PECLD (conta de resultado – débito)	$ 6.000
PECLD (conta retificadora do ativo – crédito)	$ 6.000

Assim como feito em X1, esse registro corresponde à melhor estimativa do real benefício econômico futuro de contas a receber da empresa. E é importante ressaltar que o saldo da PECLD anterior era zero. Isso ocorreu porque em X2 a empresa perdeu mais do que havia estimado em X1. Assim, para reconhecer a nova estimativa, basta apurar o valor e reconhecer a despesa.

Ano X3

O cliente Francisco informou que não tinha condições de pagar os $ 4.000 devidos à Cia. Enrolada. Em função dessa informação, a Cia. realizou o seguinte lançamento:

h) Reconhecimento da perda efetiva

PECLD (conta retificadora do ativo – débito)	$ 4.000
Duplicatas a receber de clientes (ativo circulante – crédito)	$ 4.000

Durante X3, a Cia. Enrolada recebeu a totalidade dos valores a receber dos demais clientes ($ 196.000), realizando o seguinte lançamento:

i) Reconhecimento do recebimento dos valores dos clientes

Disponível (ativo circulante – débito)	$ 196.000
Duplicatas a receber de clientes (ativo circulante – crédito)	$ 196.000

Durante X3, a Cia. vendeu $ 300.000 para diversos clientes, para serem recebidos em X4. Ao estimar as perdas com essas vendas, em função do não recebimento dos valores, a Cia. estimou que 3% do total não seriam recebidos.

Assim, a Cia. Enrolada realizou os seguintes lançamentos:

j) Reconhecimento da venda realizada

Duplicatas a receber de clientes (ativo circulante – débito)	$ 300.000
Receita de venda (conta de resultado – crédito)	$ 300.000

k) Reconhecimento da perda estimada

Diferentemente de X2, em X3 a empresa perdeu menos do que havia estimado perder, terminando o ano com um saldo de PECLD de $ 2.000. Desse modo, há duas opções para ajustar o saldo da PECLD: complementar a PECLD até atingir o saldo desejado ou reverter todo o saldo remanescente e reconhecer a nova PECLD. Ambos os métodos são válidos e chegam aos mesmos resultados. Demonstraremos os dois métodos a seguir:

Método do complemento (complementa o saldo remanescente)

Despesa com PECLD (conta de resultado – débito)	$ 7.000
PECLD (conta retificadora do ativo – crédito)	$ 7.000

Valor de $ 7.000 obtido pela redução de $ 9.000 menos $ 2.000 do saldo remanescente.

Note que, em X2, a empresa havia estimado perder $ 6.000, porém perdeu de fato apenas $ 4.000 durante X3. Agora, as novas estimativas apontam para um saldo de $ 9.000. Logo, como a empresa está com um saldo de $ 2.000 de PECLD e precisa ter um saldo de $ 9.000, complementará a PECLD em $ 7.000.

Método da reversão – Reversão do saldo inicial

PECLD (conta retificadora do ativo – débito)	$ 2.000
Reversão da PECLD (conta de resultado – crédito)	$ 2.000

Método da reversão – Constituição do novo saldo da PECLD

Despesa com PECLD (conta de resultado – débito)	$ 9.000
PECLD (conta retificadora do ativo – crédito)	$ 9.000

Nesse método, todo o saldo anterior é revertido ao resultado, e, na sequência, a nova PECLD é constituída. Obviamente, o resultado final é o mesmo do método anterior (efeito líquido negativo de $ 7.000).

Ano X4

A Cia. Enrolada recebeu $ 1.000 do Sr. Antônio. Esse valor já havia sido considerado incobrável em X2. Em função dessa informação, a Cia. realizou o seguinte lançamento:

l) Pela recuperação do valor que já tinha sido baixado

Disponível (ativo circulante – débito)	$ 1.000
Recuperação de prejuízos (conta de resultado – crédito)	$ 1.000

É importante ressaltar que o reconhecimento dessa receita ocorre, pois se refere a contas a receber já baixadas em períodos anteriores, ou seja, não há nenhum registro referente a essas contas a receber na contabilidade, pois já haviam sido baixadas em X2. Por esse motivo, a única alternativa para o registro contábil é o reconhecimento de uma receita de recuperação de créditos. Porém, se o recebimento ocorresse no mesmo período da baixa, então o crédito seria feito na própria PECLD, recompondo a sua baixa feita indevidamente quando o crédito fora considerado incobrável.

A seguir, apresenta-se um resumo dos lançamentos realizados para reconhecimento dos eventos:

Reconhecimento no momento da venda a prazo

Pelo valor da venda a prazo realizada.

Duplicatas a receber de clientes (débito)
Receita bruta de vendas ou serviços (crédito)

Na identificação do risco de não recebimento

Pelo valor da perda estimada.

Despesa com PECLD (conta de resultado – débito)
PECLD (conta retificadora do ativo – crédito)

No momento da identificação da perda efetiva

Pela baixa do ativo que não apresenta mais perspectiva de realização.

Perdas estimadas com créditos de liquidação duvidosa (conta retificadora do ativo – débito)
Duplicatas a receber de clientes (crédito)

O valor desse lançamento deve ser até o limite do saldo da conta "perdas estimadas com créditos de liquidação duvidosa".

Se a estimativa for insuficiente

Pelo valor da perda efetiva que ultrapassar a estimativa constituída anteriormente.

Prejuízo com clientes (conta de resultado – débito)
Duplicatas a receber de clientes (crédito)

Se houver saldo na PECLD no final do período

Pelo estorno do saldo de estimativa de perda não ocorrida.

PECLD (conta retificadora do ativo – débito)
Reversão das PECLD (conta de resultado – crédito)

Pela constituição da estimativa de perdas para o próximo período.

Despesa com PECLD (conta de resultado – débito)
PECLD (conta retificadora do ativo – crédito)

OU

Pelo complemento do saldo da estimativa de perda para o próximo período.

Despesa com PECLD (conta de resultado – débito)
PECLD (conta retificadora do ativo – crédito)

Quando há recuperação de prejuízo depois de baixado o ativo

Depósitos bancários (débito)
Recuperação de créditos baixados (conta de resultado – crédito)

Impactos tributários

No Capítulo 3, no item Contabilização Básica dos Impostos e Contribuições sobre a Renda, foram apresentados alguns pontos referentes ao cálculo desses tributos, evidenciando que muitas receitas e despesas reconhecidas pela contabilidade financeira podem não ser tributáveis ou dedutíveis para fins fiscais, conforme regulamentação instituída pelo regulamento do imposto de renda e contribuição social.

São exemplos de despesas não dedutíveis da base fiscal as provisões, as estimativas de perdas em créditos de liquidação duvidosa, multas e infrações.

No caso das perdas estimadas com créditos de liquidação duvidosa, os valores não são dedutíveis no momento do "provisionamento", mas sim quando a "perda" for fiscalmente comprovada. Logo, tais despesas geram adições ao Lucro Antes do Imposto de Renda (LAIR) e, portanto, devem ser somadas à base de cálculo dos impostos e contribuições sobre a renda. Por outro lado, quando as perdas se tornarem fiscalmente dedutíveis, elas não afetarão o resultado, pois já afetaram quando foram lançadas por estimativa. Apesar disso, fiscalmente, são dedutíveis, por isso, tornam-se exclusões à base de cálculo. Logo, é importante que a empresa tenha controle detalhado dessas perdas segundo critérios contábeis e fiscais, para que possa comprovar a sua dedutibilidade, quando possível.

Não é escopo deste livro discutir detalhes tributários dos assuntos tratados aqui, porém, é importante chamarmos atenção para o fato de que, ao calcularmos a despesa de imposto de renda, a legislação tributária deve ser levada em consideração. Para maiores informações, ver Capítulo 13, Tributos sobre o lucro.

RESUMO

 O reconhecimento das contas a receber de clientes e das receitas brutas de contratos com clientes será efetuado no momento em que as obrigações de desempenhos assumidas forem satisfeitas.

 Modelo de negócios refere-se ao modo como a entidade gerencia seus ativos financeiros para gerar fluxos de caixa, ou seja, se os fluxos de caixa resultam do recebimento dos valores contratualmente pactuados, da venda desses ativos ou de ambos.

 As contas a receber de clientes estão sujeitas ao teste de *impairment*, ou seja, à análise de recuperabilidade desses valores pela empresa.

 As perdas estimadas com créditos de liquidação duvidosa (PECLD) devem ser adequadamente contabilizadas, de modo a fornecer informações úteis acerca dos eventos ocorridos.

APLICANDO CONHECIMENTOS – QUESTÕES PARA RESOLVER

DILEMA ÉTICO

A Cia. dos Batuques recebeu, em 15/01/X1, $ 1.000.000 para a entrega futura de mercadorias ao cliente Antônio. Durante o ano de X1, a Cia. produziu e entregou apenas 30% das mercadorias encomendadas, pois o seu fornecedor não conseguiu entregar a matéria-prima necessária para a produção. Em função do problema no recebimento da matéria-prima, o volume de vendas da Cia. dos Batuques caiu 20% em relação ao ano anterior.

Para melhorar o resultado apresentado, um dos diretores sugeriu que a Cia. dos Batuques apropriasse todo o valor recebido do cliente Antônio como receita, uma vez que o valor já tinha sido recebido e não havia risco de a Cia. não entregar as mercadorias encomendadas.

Analise a situação proposta apresentando argumentos que suportem sua resposta.

CASO PARA DISCUSSÃO

A Cia. das Dúvidas fez uma análise detalhada dos valores a receber de seus clientes. Após a análise, concluiu que as perdas estimadas com as vendas a prazo seria de 7%. Nos dois últimos anos, estimou-se uma perda de 3%, sendo a perda efetiva de 4%.

No entanto, se a Cia. reconhecer os 7% que estima de perda, o seu resultado final será negativo (prejuízo), uma vez que o valor das vendas a prazo é alto. Por outro lado, se a Cia. mantiver os mesmos 3% dos anos anteriores, o seu resultado final será positivo (lucro).

Você, como contador da Cia., precisa emitir um parecer indicando o tratamento a ser adotado, sabendo que, caso a Cia. apresente prejuízo, não haverá pagamento de bônus aos seus funcionários (incluindo você).

TESTES

OBJETIVO 1

1. O reconhecimento das perdas estimadas com crédito de liquidação duvidosa (PECLD) faz com que os valores a receber de clientes sejam avaliados ao:

a) Valor justo.
b) Valor corrente de mercado.
c) Valor provável de realização.
d) Valor presente dos recebimentos.
e) Valor histórico corrigido.

OBJETIVO 4

2. A empresa Credora S. A. possui $ 300.000 em duplicatas a receber e uma perda estimada com créditos de liquidação duvidosa (PECLD) no valor de $ 9.000. O cliente Pedro, que devia $ 5.000, tornou-se incobrável. Nesse momento, a empresa:

a) Reconheceu um passivo.
b) Reduziu o patrimônio líquido.
c) Reduziu o ativo.
d) Reduziu o saldo PECLD.
e) Reconheceu uma perda com duplicatas a receber.

OBJETIVO 4

3. Em 31/12/X1, a Cia. Sem Crédito possuía em seu balanço patrimonial os seguintes saldos:

- Duplicatas a receber de clientes: $ 400.000.
- Perdas estimadas com crédito de liquidação duvidosa (PECLD): $ 8.000.

Em janeiro de X2, um cliente que devia $ 12.000 comunicou a Cia. que não tinha condições de saldar a sua dívida, sendo sua dívida considerada incobrável. Ao reconhecer este evento, a Cia. Sem Crédito:

a) Debitou a PECLD em $ 12.000.
b) Reconheceu uma perda com clientes no valor de $ 12.000.
c) Reduziu o total do ativo em $ 12.000.
d) Creditou duplicatas a receber de clientes em $ 8.000.
e) Reduziu o patrimônio líquido em $ 4.000.

OBJETIVO 4

4. Em 05/01/X1, a Cia. Sem Fundo recebeu $ 2.300 de um cliente que havia sido considerado incobrável em dezembro de X0. Ao contabilizar esse evento, a Cia. debitou:

a) PECLD e creditou reversão de PECLD no valor de $ 2.300.
b) Caixa e creditou recuperação de créditos no valor de $ 2.300.
c) Caixa e creditou PECLD no valor de $ 2.300.

d) Caixa e creditou reversão de PECLD no valor de $ 2.300.

e) PECLD e creditou recuperação de créditos no valor de $ 2.300.

OBJETIVO 4

5. (FCC – 2014 – TCE-RS – Auditor Público Externo – Bacharel em Ciências Contábeis – Conhecimentos Específicos) A empresa Egito & Lima S.A. estima as perdas com créditos de liquidação duvidosa com base no saldo a receber das vendas realizadas a prazo. Nos últimos cinco anos, o percentual aplicado sobre o saldo a receber foi de 8%. Os saldos de algumas contas em 31/12/2012 eram os seguintes:

- Disponível: R$ 20.000,00
- Clientes: R$ 200.000,00
- Estimativa de perdas com créditos de liquidação duvidosa (EPCLD): R$ 16.000,00
- Estoques: R$ 950.000,00

Durante o exercício de 2013, ocorreram os seguintes eventos:

– A Dinamarca Ltda. decretou falência e sua dívida de R$ 40.000,00 teve de ser considerada incobrável.

– O valor de R$ 24.000,00 devido por um cliente, que havia sido considerado incobrável há mais de três anos, foi recebido durante o ano.

– Por um grave problema financeiro, a Suécia Ltda. teve de ser considerada incobrável. Sua dívida era de R$ 10.000,00.

– As vendas totais em 2013 foram de R$ 400.000,00, das quais, 20% foram realizadas a prazo e o custo das mercadorias vendidas foi de R$ 150.000,00.

– O saldo remanescente da conta clientes existente em 31/12/2012 não foi recebido durante o ano.

Após essas operações, o saldo da conta EPCLD no balanço patrimonial de 2013 será, em reais:

a) 18.400,00.
b) 2.400,00.
c) 20.320,00.
d) 52.400,00.
e) 34.000,00.

OBJETIVO 4

6. (CONSULPLAN – 2018 – CFC – Bacharel em Ciências Contábeis – 1º Exame) Os seguintes saldos em duplicatas a receber e perdas estimadas com créditos de liquidação duvidosa (PECLD) constavam no ativo circulante do balanço patrimonial de uma sociedade anônima.

	Duplicatas a receber R$	PECLD R$
Cliente A	10.000,00	(200,00)
Cliente B	30.000,00	(1.500,00)

Sabe-se que, depois de esgotadas diversas tentativas de cobrança sem sucesso, inclusive utilizando-se de meios judiciais, o departamento jurídico informou ao departamento contábil que havia evidências significativas e objetivas de que o Cliente B não pagaria a dívida de R$ 30.000,00. Considerando-se somente as informações apresentadas, e que os relatórios contábil-financeiros devem representar fidedignamente a realidade econômica da entidade, assinale o valor da perda incorrida com o Cliente B que a Sociedade Anônima deveria reconhecer no resultado do exercício.

a) R$ 1.500,00.
b) R$ 1.700,00.
c) R$ 28.500,00.
d) R$ 30.000,00.

OBJETIVO 4

7. (FCC – 2017 – ARTESP – Agente de Fiscalização à Regulação de Transporte – Técnico em Contabilidade/Administração) A empresa Só Luxo S.A. possuía R$ 100.000,00 na conta de clientes e uma perda estimada com créditos de liquidação duvidosa (PECLD) no valor de R$ 10.000,00 no balanço patrimonial de 31/12/2016. Em março de 2017, o cliente A, que devia R$ 9.000,00, tornou-se incobrável. Ao registrar este evento na contabilidade, a empresa Só Luxo S.A:

a) Reconheceu uma perda com clientes, no resultado, no valor de R$ 9.000,00.

b) Diminuiu em R$ 9.000,00 o total do ativo.

c) Aumentou em R$ 9.000,00 o passivo.

d) Diminuiu em R$ 1.000,00 o patrimônio líquido.

e) Diminuiu o saldo da PECLD em R$ 9.000,00.

OBJETIVO 4

8. (FCC – 2017 – TRT – 11ª Região (AM e RR) – Analista Judiciário – Contabilidade) Em 31/12/2015, a empresa ATP S.A. possuía R$ 520.000,00 em duplicatas a receber de clientes e saldo na conta Perdas Estimadas com Créditos de Liquidação Duvidosa (PECLD) no valor de R$ 20.800,00. Em fevereiro de 2016, o cliente Ônix, que devia R$ 22.000,00, tornou-se incobrável. Ao registrar este evento na contabilidade, a empresa ATP S.A.

a) Debitou o valor de R$ 22.000,00 na conta patrimonial duplicatas a receber.

b) Debitou o valor de R$ 20.800,00 na conta patrimonial PECLD.

c) Debitou o valor de R$ 1.200,00 na conta patrimonial ajuste de avaliação patrimonial.

d) Creditou o valor de R$ 1.200,00 na conta de resultado perda com clientes.

e) Creditou o valor de R$ 20.800,00 na conta de resultado reversão de PECLD.

OBJETIVO 4

9. (FGV – 2014 – COMPESA – Assistente de Saneamento – Técnico de Contabilidade) Uma empresa vendeu mercadorias a prazo no valor de R$ 100.000,00. Na contabilização do valor como contas a receber, no balanço patrimonial desta empresa, deve-se deduzir:

a) As perdas estimadas em crédito de liquidação duvidosa e a provisão para perda de estoques.

b) As perdas estimadas em crédito de liquidação duvidosa e o ajuste a valor presente.

c) O ajuste a valor presente e a provisão para devoluções.

d) A provisão para devoluções e o ICMS sobre vendas.

e) A provisão para devoluções e as perdas estimadas em créditos de liquidação duvidosa.

OBJETIVO 4

10. Ao vender a prazo, as empresas assumem o risco referente a eventuais perdas decorrentes do não recebimento dos seus créditos e, para tanto, devem constituir a conta de perdas

estimadas com créditos de liquidação duvidosa (PECLD). Assinale a alternativa INCORRETA sobre PECLD.

a) O uso de saldo existente na PECLD reduz o valor do ativo.
b) Sua constituição afeta o resultado do período em que é registrada.
c) É um ajuste constituído em função do regime da competência.
d) Seu saldo reduz pelos débitos e aumenta pelos créditos.
e) É uma conta de natureza credora que retifica os valores a receber de clientes.

Respostas: 1-c; 2-d; 3-e; 4-b; 5-a; 6-c; 7-e; 8-b; 9-b; 10-a.

EXERCÍCIOS

1. A Cia. dos Sonhos possuía, em 30/06/X1, $ 100.000 em duplicatas a receber e uma perda estimada com créditos de liquidação duvidosa (PECLD) no valor de $ 5.000. Em julho de X1, o cliente Encrenca, que devia $ 8.000, informou que não tinha como pagar a sua dívida. No entanto, o cliente João pagou $ 2.000, referente a um crédito que havia sido considerado incobrável em X0.

   Pede-se: contabilize os eventos.

2. Em 31/12/X0, a Cia. Credora possuía em seu balanço patrimonial os seguintes saldos:
   - Duplicatas a receber de clientes: $ 500.000
   - Perdas estimadas com crédito de liquidação duvidosa (PECLD): $ 15.000

   Em janeiro de X1, um cliente que devia $ 12.000 comunicou a Cia. que não tinha condições de saldar a sua dívida, sendo sua dívida considerada incobrável. No final de janeiro de X1, o saldo de duplicatas a receber de clientes era $ 350.000 e a Cia. estimou que as perdas com incobráveis seriam de 4%.

   Pede-se: contabilize os eventos acima e evidencie o valor do impacto no resultado de janeiro de X1 da Cia. Credora.

3. No início de X1, a Cia. das Bagunças possuía em seu balanço patrimonial os seguintes saldos:
   - Estoques: $ 130.000
   - Duplicatas a receber de clientes: $ 300.000
   - Perdas estimadas com créditos de liquidação duvidosa (PECLD): $ 9.000
   - Capital social: $ 421.000

   Durante X1, o valor de $ 8.000 foi considerado incobrável e a Cia. realizou vendas no valor total de $ 400.000, sendo 60% para serem recebidos em X2. O custo dos produtos vendidos foi $ 80.000. Os valores a receber existentes no início de X1, que não foram considerados incobráveis, foram recebidos. A estimativa de perdas com os valores a receber de clientes é de 3%.

   Pede-se: contabilize os eventos acima e apure o resultado obtido pela Cia. das Bagunças em X1.

EXERCÍCIOS ADICIONAIS

1. A Cia. Só Fiado apresentava os seguintes saldos em seu balanço patrimonial de 31/10/X0:
   - Disponível: $ 50.000
   - Estoques: $ 110.000
   - Capital social: $ 160.000

   Durante os meses de novembro e dezembro de X0, a Cia. realizou as seguintes operações:

   1. Em novembro de X0, a Cia. Só Fiado vendeu $ 470.000 para diversos clientes, para serem recebidos em dezembro de X0. Ao estimar as perdas com estas vendas, em função do não recebimento dos valores, a Cia. estimou que 3% do total não seriam recebidos.
   2. No dia 05 de dezembro de X0, o Sr. Paulo decretou falência e disse que não tinha condições de pagar os $ 5.000 devidos à Cia. Só Fiado. No dia 18 de dezembro de X0, a cliente Mariana também informou a Cia. que não tinha condições de pagar os $ 7.000 devidos à Cia.
   3. No dia 23 de dezembro de X0, a Cia. Só Fiado recebeu a totalidade dos valores a receber dos demais clientes e o custo das mercadorias vendidas foi $ 50.000.
   4. No dia 28 de dezembro de X0, a Cia. vendeu $ 280.000 para diversos clientes, para serem recebidos em janeiro de X1. Ao estimar as perdas com estas vendas, em função do não recebimento dos valores, a Cia. estimou que 2% do total não seriam recebidos. O custo das mercadorias vendidas foi $ 35.000.
   5. No dia 29/12/X0, a Cia. recebeu $ 1.500 do Sr. Pedro. Este valor havia sido considerado incobrável em julho de X0.

   Pede-se:
   a) Registre em razonetes as operações realizadas no período.
   b) Elabore a demonstração do resultado para o ano de X0.
   c) Elabore o balanço patrimonial em 31/12/X0.

2. A Cia. Vende e Revende estima as perdas com créditos de liquidação duvidosa com base nas vendas realizadas a prazo. Nos últimos dois anos, o percentual aplicado sobre esse tipo de venda foi de 6%.

   Os saldos de algumas contas existentes em 31/12/X2 eram:
   - Disponível: $ 20.000
   - Duplicatas a receber de clientes: $ 300.000
   - PECLD: $ 18.000
   - Estoques: $ 280.000

   Durante o exercício de X2 ocorreram as seguintes operações:
   1. A empresa Gambá decretou falência e sua dívida no valor de $ 10.000 foi considerada incobrável.

2. A Cia. Cristal pagou $ 4.000 referentes a uma dívida considerada incobrável há dois anos.
3. Por apresentar dificuldade financeira, a Cia. Comercial não quitou sua dívida no valor de $ 6.000, sendo considerada incobrável.
4. A Cia. das Flores devia $ 20.000 e conseguiu quitar apenas 30% desse valor, sendo o restante considerado incobrável.
5. O saldo remanescente de duplicatas a receber de clientes foi inteiramente recebido.
6. As vendas realizadas durante X2 totalizaram $ 800.000, dos quais 30% foram a prazo.
7. O custo das mercadorias vendidas totalizou $ 180.000.

Pede-se:
a) Lance os saldos iniciais em razonetes e registre as operações referentes ao exercício de X2.
b) Constitua a PECLD para o próximo exercício, sabendo que a estimativa de perdas é de 7%.
c) Apure o resultado de X2.

7

Assista ao vídeo do autor sobre o tema deste capítulo

PROVISÕES E CONTINGÊNCIAS

"Provisões para desastre levam Samarco a prejuízo de R$ 5,8 bilhões

As provisões realizadas para o pagamento de multas e exigências do governo frente ao desastre com a barragem de Fundão, em Bento Rodrigues, subdistrito de Mariana (MG), ocorrido em novembro, levaram a Samarco a registrar prejuízo líquido de R$ 5,84 bilhões no ano passado. Em 2014, a mineradora, controlada pela Vale e BHP Billiton, havia contabilizado lucro de R$ 2,81 bilhões. A paralisação de suas operações em Minas Gerais no fim do ano também ajudou a reduzir as vendas no período. Em 2015, a companhia produziu 25,37 milhões de toneladas de concentrado de minério de ferro, queda de 3,5%.

(...) O que mais chama a atenção no balanço anual da Samarco de fato é o rompimento da barragem de Fundão, que devastou Bento Rodrigues. Por conta do acordo fechado com o governo e as perspectivas de multas e exigências, foram provisionados R$ 9,83 bilhões em 2015, que aparecem na linha de outras despesas operacionais. Efetivamente, a companhia gastou R$ 144,4 milhões. (...)

Auditoria

O balanço de 2015 de Samarco foi aprovado sem ressalvas pela auditoria independente, a PricewaterhouseCoopers (PwC). Mas o escritório ressaltou alguns pontos de preocupação em sua ênfase. Em primeiro lugar, os valores provisionados pela companhia, na hora de efetivamente serem pagos, podem ser muito diferentes do previsto. Essa ênfase é normal quando há litígios desse tamanho, pois há sempre uma dificuldade em prever quanto será necessário a companhia gastar. A auditoria

também chamou a atenção para o estouro dos limites de alavancagem determinado pelos credores à Samarco. A maioria dos contratos determina um teto de quatro vezes na relação entre dívida líquida e lucro antes de juros, impostos, depreciação e amortização (Ebitda, na sigla em inglês) e em 2015 o índice ficou em 3,05 vezes. Mas a PwC afirma que no primeiro trimestre, pelo congelamento das operações, o chamado 'covenant' foi estourado."

Fonte: Adaptado de ROSTÁS, Renato. *Valor Econômico*, 28 abr. 2016.

OBJETIVOS DE APRENDIZAGEM DO CAPÍTULO

Após estudar este capítulo, você será capaz de:
1. Entender os conceitos básicos relacionados a provisões e contingências.
2. Reconhecer os critérios de reconhecimento das provisões e das contingências.
3. Conhecer as formas de mensuração das provisões e das contingências.

OBJETIVO 1

PROVISÕES E CONTINGÊNCIAS

Conceitos básicos

Provisão é um passivo de prazo ou de valor incerto.

O termo "provisão" é provavelmente um dos termos mais conhecidos do jargão contábil, sendo utilizado em diversos contextos com diferentes sentidos. É comum se dizer, no âmbito empresarial, que é necessário provisionar a despesa de férias e 13º salário. Também se utiliza, "na prática", o termo provisão para as contas redutoras de ativos, como a "provisão para devedores duvidosos – PDD", a "provisão para perdas em estoque" etc.

Acontece que, desde a convergência das normas contábeis brasileiras às normas internacionais, mais especificamente com a aprovação do Pronunciamento Técnico CPC 25 – Provisões, Passivos Contingentes e Ativos Contingentes, correlacionado com a IAS 37 – *Provisions, Contingent Liabilities and Contingent Assets*, o termo "provisão" não deve ser mais utilizado de forma indiscriminada. Isso porque o referido Pronunciamento Técnico define e restringe o uso do termo provisão. Portanto, para fins de normas internacionais (IFRS) e, consequentemente, para fins das normas do CPC, aquilo que não se enquadra na referida definição não deve ser chamado de provisão.

Conforme o item 10 do CPC 25, provisão é "um passivo de prazo ou de valor incerto". Dessa definição é possível extrairmos:

(i) Provisão é um passivo. Passivo, conforme a Estrutura Conceitual, é uma obrigação presente da qual se espera a saída de recursos. Logo, não se deve mais utilizar o termo provisão para as contas redutoras de ativo derivadas de ajustes a perdas esperadas. Como visto no Capítulo 6, tais ajustes decorrentes de perdas no valor esperado de recebimento ou de recuperação dos ativos devem ser denominados "perdas estimadas", tal como ocorre nas perdas estimadas com créditos de liquidação duvidosa (PECLD), ou nas perdas estimadas por redução ao valor realizável líquido etc.

(ii) O prazo ou o valor da provisão é incerto. Note-se que o prazo (quando a obrigação será liquidada), o valor (por quanto a obrigação será liquidada) ou ambos são incertos. Portanto, não devemos mais utilizar o termo provisão para os passivos oriundos do regime de competência, conhecidos na literatura como *accruals*. Esse é o caso dos passivos relacionados, por exemplo, com tributos, dividendos, férias, 13º etc. Note-se que tais passivos não possuem prazo ou valor incerto. Não existe grande incerteza relacionada ao montante das férias a serem pagas aos funcionários ou, ainda, ao montante a pagar de dividendos. Para tais passivos – derivados das apropriações derivadas do regime de competência –, utiliza-se, por exemplo, a expressão "a pagar".

O objetivo da norma para tal distinção – qual seja a da provisão dos demais passivos oriundos de competência – é justamente evidenciar aqueles que possuem maior grau de subjetividade e incerteza.

Provisão envolve grau de subjetividade e demanda maior julgamento de seus responsáveis.

Note-se, por exemplo, que a contabilização de uma provisão relativa a um processo judicial tributário envolve um maior grau de subjetividade e, consequentemente, a necessidade de maior julgamento por parte daqueles responsáveis pela elaboração das demonstrações financeiras. Isso porque o valor a ser pago nesse processo poderá variar sensivelmente, dependendo da decisão final; o prazo considerando os julgamentos nas esferas administrativas e judiciais também é incerto, e poderá ser de vários anos. Logo, a natureza desse passivo é sensivelmente diferente da de um relativo às férias a serem pagas dentro de um ano ou, ainda, daquela relativa aos tributos a serem pagos no período subsequente.

Portanto, entendeu-se dentro do âmbito das normas internacionais que os passivos mais incertos, mais subjetivos, deveriam receber uma nomenclatura diferenciada. Assim, o usuário das demonstrações contábeis conseguirá distinguir o passivo "mais certo" daqueles cujo prazo ou valor é incerto – as provisões. Essa distinção é justamente para permitir que o usuário consiga fazer melhores previsões a partir dos dados apresentados nas demonstrações financeiras das entidades.

Passivos **mais incertos, mais subjetivos**, devem receber uma nomenclatura diferenciada.

Em suma: chamar contas redutoras de ativos e passivos oriundos de competência de provisões está tecnicamente incorreto e em desacordo com as normas do CPC. Por essa razão, recomendamos, principalmente quando da elaboração de planos de contas, relatórios e demonstrações contábeis, a correta utilização do termo.

Outro termo utilizado de forma indiscriminada na prática em diferentes contextos é "contingências". Em geral, o termo está relacionado com a possibilidade de algo ruim acontecer; por isso os chamados "planos de contingenciamento". No âmbito contábil, utiliza-se, por vezes, o termo "contingência" ou "passivo contingente" para tratar de um risco que pode trazer uma saída de caixa para a empresa, como no caso de um processo judicial. Em razão disso, ainda é comum a utilização "na prática" do termo "provisão para contingências" para se referir às provisões judiciais.

Acontece que, assim como o termo "provisão", o termo "passivo contingente" possui um sentido específico no CPC 25. Logo, qualquer utilização fora desse contexto, para fins contábeis, encontra-se equivocada.

O termo **"provisão"** e o termo **"passivo contingente"** possuem sentido específico no CPC 25.

Conforme o item 12 do CPC 25, "em sentido geral, todas as provisões são contingentes porque são incertas quanto ao seu prazo ou valor". Porém, o termo **"contingente" é usado para passivos e ativos que não sejam reconhecidos** porque a sua existência somente será confirmada pela ocorrência ou não de um ou mais eventos futuros incertos não totalmente sob o controle da entidade. Adicionalmente, o **termo "passivo contingente" é usado para passivos que não satisfaçam os critérios de "reconhecimento"**.

Passivo contingente é:

(a) uma obrigação possível, cuja existência será confirmada por eventos futuros incertos; ou

(b) uma obrigação presente que resulta de eventos passados, mas que não é reconhecida.

Note-se, a partir da citação acima, que:

a. toda provisão, pela sua própria definição – passivo de prazo ou valor incerto –, é contingente; mas

b. não devemos utilizar os termos "contingência", "contingentes" etc. quando nos referimos às provisões ou a itens que são registrados no Balanço, pois o pronunciamento utiliza tais termos para referir-se aos passivos que não devem ser reconhecidos nas demonstrações financeiras.

Assim, quando se fala, para fins contábeis, em algo contingente, a referência é a algo "não contabilizado", isto é, não reconhecido no corpo das demonstrações contábeis. Portanto, "passivo contingente" ou, ainda, "ativo contingente", são passivos ou ativos não contabilizados.

Portanto, é incorreto o termo "provisão para contingência". Isso porque ou é provisão – registrada nas demonstrações contábeis – ou é contingência – que é um passivo não reconhecido. No tópico a seguir abordaremos os critérios de reconhecimento das provisões, e a distinção entre provisão e contingências ficará mais clara.

OBJETIVO 2

CRITÉRIOS PARA RECONHECIMENTO

Reconhecimento

Como visto nos capítulos anteriores, reconhecimento é processo de incorporação de um elemento (ativo, passivo, receita ou despesa) nas demonstrações contábeis, que é realizado por meio do registro contábil. No caso específico das provisões, a contabilização, qual seja o lançamento contábil, é bastante simples, conforme apresentado a seguir:

A provisão poderá ser apresentada no circulante ou no não circulante, dependendo do prazo de realização.

Despesa com provisões (conta de resultado – débito)
Provisões (conta do passivo – crédito)

A despesa com provisões, regra geral, será registrada no resultado do exercício. Já o saldo passivo deverá ser apresentado no circulante ou no não circulante, dependendo do prazo de realização estimado pela administração e seus respectivos assessores. Tipicamente, as provisões decorrentes de processos judiciais (tributários, cíveis, trabalhistas etc.) tendem a ser apresentadas no passivo não circulante em razão da demora no julgamento desses processos. Importante destacar que, apesar de a provisão, em muitos casos, não produzir um impacto imediato no caixa, ela afetará, sim, o resultado e o lucro do período.

Assim, uma vez que a entidade seja obrigada a desembolsar recursos para a liquidação financeira de uma provisão (tipicamente por perda no processo judicial – tributário, cível ou trabalhista), há o reconhecimento da liquidação financeira, com a respectiva saída de recursos de caixa (ou outra conta específica de ativo, como depósitos judiciais), e a consequente eliminação da provisão.

Provisões (conta do passivo – débito)
Caixa e equivalentes (ou outra conta do ativo – crédito)

Alternativamente, caso a entidade fique isenta de pagamento ou liquidação financeira derivada da provisão (por exemplo, por ganho do processo judicial), uma reversão da provisão deverá ser reconhecida:

Provisões (conta do passivo – débito)
Reversão de provisão (conta de resultado – outros resultados operacionais – crédito)

O mesmo lançamento de reversão ocorre quando o *status* da avaliação da probabilidade de perda muda (de provável para possível ou remoto, como veremos mais à frente), de forma que não faça mais sentido o reconhecimento de uma provisão.

Evidentemente, há incertezas inerentes ao reconhecimento de uma provisão devido à subjetividade na classificação de uma obrigação com liquidação financeira provável, possível ou remota. Assim, os gestores das entidades deverão avaliar continuamente, ao menos por força da elaboração das demonstrações financeiras, a situação de suas provisões e contingências a fim de reconhecer possíveis alterações na classificação por meio de novas informações relativas às provisões. Portanto, é necessário reconhecer, de forma tempestiva, qualquer alteração que mude a classificação de uma contingência passiva para provisão, e vice-versa.

DILEMA ÉTICO

Você é o contador de determinada empresa que está prestes a encerrar seus balanços. Os colaboradores da empresa estão ansiosos e na expectativa da divulgação do lucro líquido do exercício, uma vez que todos os funcionários recebem remuneração variável em razão dos resultados da empresa, mais precisamente recebem participação nos lucros (PLR) ao final de cada exercício social. Porém, ao concluir as apurações preliminares do resultado, você verificou que, por ocasião de uma provisão judicial contabilizada no último trimestre, a empresa apresentará prejuízo no referido ano. Ao comentar esse fato com seu superior, o Diretor Financeiro, ele lhe sugeriu que tal provisão fosse "revertida" e só reconhecida novamente no exercício subsequente, de tal forma que a empresa tivesse lucro no período e todos os colaboradores recebessem participação nos lucros. Qual a sua atitude em relação ao pedido do diretor? Quais as implicações para as diversas partes envolvidas?

Requisitos para o reconhecimento contábil

No caso específico das provisões, conforme consta no item 14 do CPC 25, são três os requisitos para o reconhecimento contábil:

(i) a entidade tem uma **obrigação presente** (legal ou não formalizada) como resultado de evento passado;

(ii) é **provável** que seja necessária uma saída de recursos que incorporam benefícios econômicos para liquidar a obrigação; e

(iii) pode ser feita uma **estimativa confiável** do valor da obrigação.

Requisitos para reconhecimento de provisão:
(a) obrigação presente;
(b) provável saída de recursos; e
(c) estimativa confiável do valor da obrigação.

OBRIGAÇÃO PRESENTE

Obrigação é um dever ou responsabilidade de agir ou fazer de determinada forma. Em alguns casos, essa obrigação decorre da própria lei, por exemplo, no caso da venda de produtos em que esteja prevista uma garantia legal conforme o Código de Defesa do Consumidor. As obrigações também podem decorrer de contratos celebrados entre as partes. No CPC 25 essas obrigações, decorrentes de lei ou contrato, são chamadas de **obrigações legais** e derivam de contratos, explícitos ou implícitos, de legislação ou de outra ação da lei.

Entretanto, também podem surgir obrigações para as empresas que não decorram de lei ou contratos. Em alguns casos, as obrigações podem surgir em razão de práticas da empresa que geram expectativas nos seus *stakeholders*. O CPC 25 define **obrigações não formalizadas** (*constructive obligations*) como obrigações que decorrem das ações da entidade derivadas de práticas, políticas ou declarações suficientemente específicas, de forma que a entidade assuma e aceite certas responsabilidades (ainda que isso não seja formalizado em contrato). Em consequência de tais práticas, políticas ou declarações, a entidade cria uma expectativa válida junto a terceiros de que cumprirá com tais responsabilidades. São exemplos de obrigações não formalizadas, políticas de reembolso, caso o cliente não esteja satisfeito, políticas de garantia estendida oferecida pela entidade ou planos de fidelidade que gerem certos benefícios aos clientes.

Obrigação legal é uma obrigação que deriva de:
(a) contrato (por meio de termos explícitos ou implícitos);
(b) legislação; ou
(c) outra ação da lei.

Assim, o **primeiro critério** a ser avaliado para fins de reconhecimento de uma provisão é a existência de uma obrigação presente. No exemplo da venda do produto, essa obrigação poderia derivar:

- Da própria lei, no caso do prazo legal previsto pelo Código de Defesa do Consumidor.
- Do contrato de compra e venda, no caso de a empresa ter concedido ao cliente um prazo superior ao previsto legalmente.
- Da política e da prática passada da empresa, nos casos em que – apesar de já haver transcorrido os prazos da garantia legal e contratual – ainda assim a empresa se compromete a fornecer a garantia ao cliente.

PROVÁVEL SAÍDA DE RECURSOS

O **segundo critério** para o reconhecimento de uma provisão envolve a probabilidade de saída de recursos para liquidar esse passivo. Para fins do CPC 25, apenas são contabilizadas as obrigações cuja saída de recursos é considerada provável. O referido pronunciamento define, no seu item 23, uma saída de recurso como provável se "**o evento for mais provável que sim do que não de ocorrer, isto é, se a probabilidade de que o evento ocorra for maior do que a probabilidade de não ocorrer**". Na IAS 37, definição de *probable* é "*more likely than not*".

QUESTÃO PARA DISCUSSÃO 7.1

Sua empresa possui um processo judicial referente ao não recolhimento de determinado tributo. Nesse contexto, por conta do encerramento do exercício e elaboração das demonstrações financeiras, você consultou o escritório responsável pela causa para verificar o andamento do processo e a probabilidade de perda visando verificar a necessidade de reconhecimento de uma provisão tributária.

De acordo com as avaliações dos assessores jurídicos responsáveis pela causa – com base na jurisprudência mais atualizada e nas últimas teses legais sobre o tema –, existe uma probabilidade de 49% de a empresa perder a causa, cujo valor é de 1 bilhão de reais. Como proceder com relação à provisão?

A avaliação da probabilidade de saída de recursos deverá levar em conta a natureza da provisão, sendo necessário que a entidade desenvolva uma política contábil sobre o tema. Observe no Quadro 7.1 trecho da nota explicativa do balanço do BNDES no exercício findo em 2016 evidenciando a política contábil para suas provisões decorrentes de processos judiciais.

QUADRO 7.1 Nota explicativa do balanço do BNDES – exercício findo em 2016

> Considerando a natureza das ações, sua similaridade com processos anteriores, sua complexidade, jurisprudência aplicável e fase processual, os processos são classificados em três categorias de risco: mínimo, médio e máximo. Essa classificação considera a probabilidade de ocorrência de perda, tendo como base a opinião de assessores jurídicos internos e externos.
> **Risco mínimo** – são classificadas nesta categoria todas as ações em primeira instância e também, de acordo com a matéria impugnada no recurso, todas as que possuem decisões favoráveis em primeira ou segunda instância. Apresenta risco remoto de perda, não ensejando seu provisionamento ou divulgação.
> **Risco médio** – são classificadas nesta categoria as ações que possuem decisão desfavorável em primeira ou em segunda instância, mas, de acordo com a matérias impugnada no recurso, existe a probabilidade de reversão do resultado. Apresenta risco possível de perda, não ensejando seu provisionamento, porém requerendo sua divulgação.
> **Risco máximo** – são classificadas nesta categoria as ações que possuem decisão desfavorável, em primeira ou em segunda instância, e outras que, de acordo com a matéria impugnada no recurso, dificilmente poderão ter sua decisão revertida. Apresenta risco provável de perda, sendo requerido seu provisionamento e divulgação.

Fonte: http://www.bndes.gov.br/wps/portal/site/home/relacoes-com-investidores/demonstracoes-financeiras/demonstracoes-financeiras-bndes.

Ainda sobre a avaliação da probabilidade de saída de recursos, é importante ressaltar que, quando houver várias obrigações semelhantes, como no exemplo da venda de produto com garantia apresentado acima, a probabilidade da saída de recursos deverá considerar as obrigações similares como um todo (em conjunto).

Note-se que nesses casos poderá não ser provável a saída de recursos caso se analise uma venda isolada; já que a probabilidade isolada de uma única venda gerar uma demanda por garantia tende a não ser alta. Entretanto, quando se analisam todas as vendas da empresa em determinado período, é provável que alguns clientes demandem a garantia. Portanto, é provável que haja, sim, alguma saída de recursos e, nesse sentido, uma provisão seria reconhecida desde que obviamente os outros critérios sejam atendidos.

ESTIMATIVA CONFIÁVEL

O **terceiro e último requisito** para reconhecimento de uma provisão é que seja possível fazer uma estimativa confiável do valor da provisão. Sobre esse aspecto, é importante destacar que, dadas a incerteza e a subjetividade envolvidas no cômputo das provisões, a utilização de estimativas é algo previsto pelas normas contábeis e essencial para a mensuração das provisões.

Nesse sentido, esse requisito não deve servir de desculpa para que uma empresa não reconheça uma provisão sob a justificativa de "não ser possível se fazer uma estimativa confiável". O próprio CPC 25, no seu item 26, reforça esse entendimento ao afirmar que, "**nos casos extremamente raros** em que nenhuma estimativa confiável possa ser feita, existe um passivo que não pode ser reconhecido. Esse passivo é divulgado como passivo contingente" (grifo nosso).

Nessa exceção, a Lojas Renner S.A. apresentou em sua nota explicativa o seguinte caso: "A Lojas Renner discute judicialmente em processo movido pelo Banco Renner, a associação da marca 'Renner' na exploração de serviços financeiros, exceto aqueles relacionados com o Cartão de Crédito 'Renner', serviços de suporte a ele relacionados, e seguro. O processo encontra-se em disputa judicial e é **avaliado como de perda provável** por nossos assessores jurídicos, **sem contingência financeira determinada nos autos**" (grifos nossos).

Em suma: são três os requisitos para reconhecimento contábil de uma provisão. Caso esses requisitos não sejam atendidos, estaremos diante de um passivo contingente – que é um passivo não reconhecido (não registrado na contabilidade). De fato, uma vez compreendidos os requisitos para reconhecimento das provisões, fica mais fácil compreender os passivos contingentes. Estes nada mais são do que passivos que não atendem aos critérios de reconhecimento, isto é:

(i) não são obrigações presentes, ou

(ii) não é provável que haja uma saída de recursos, ou ainda

(iii) não é possível fazer uma estimativa confiável da saída de recursos (casos extremamente raros).

Importante salientar que os passivos contingentes devem ser divulgados em Nota Explicativa. Isso para permitir que os usuários das demonstrações financeiras identifiquem o risco potencial dessas obrigações que, apesar de não ser reconhecido nas demonstrações financeiras, poderá afetar, sim, os fluxos de caixa futuros da empresa. A divulgação dos passivos contingentes em Nota Explicativa é exigida pelo CPC 25, exceto nos casos em que a chance de perda é apenas remota.

A seguir, na Figura 7.1, apresentamos uma **Árvore de Decisão**, que é apresentada no Apêndice B do CPC 25, cujo propósito é resumir os principais requerimentos de reconhecimento das provisões e passivos contingentes.

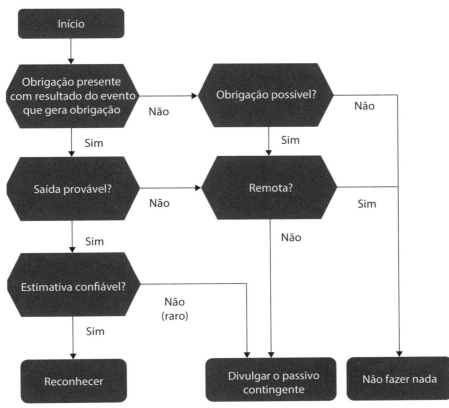

FIGURA 7.1 Árvore de decisão – principais requerimentos de reconhecimento das provisões e dos passivos contingentes.

A regra de bolso do CPC 25, muito conhecida pelos contadores na prática, é a seguinte:

- **Se for provável:** deve ser reconhecido no balanço patrimonial, exceto quando não se puder mensurar com confiabilidade.
- **Se for possível:** não é reconhecido no balanço, mas deve ser divulgado em nota.
- **Se for remoto:** também não há reconhecimento, não sendo obrigatória a divulgação em nota explicativa.

Ressalte-se que as contingências de natureza remota podem ser divulgadas de forma voluntária pelas empresas, como fez, por exemplo, a CESP, cuja nota explicativa do balanço de 2016 é apresentada no Quadro 7.2.

QUADRO 7.2 Nota explicativa da CESP – Balanço de 2016

Em 31 de dezembro de 2016, os riscos legais, nas suas diferentes espécies, foram avaliados e classificados segundo a probabilidade de risco econômico-financeiro para a companhia, como demonstrado a seguir:

Espécie	Provável	Possível	Remota	Total
Ações trabalhistas	240.790	113.358	5.116	359.264
Ações cíveis diversas	29.403	232.202	2.264	263.869
Ações tributárias	22.432	65.799	9.226	97.457
Ações ambientais	1.005.115	1.034.156	2.187.428	4.226.699
Ações cíveis	1.129.361	1.247.021	2.485.838	4.862.220
Ações de desapropriações – Usinas CESP	232.613	349.664	1.285.730	1.868.007
Ações de desapropriações – empresas cindidas	214.581	410.040	1.287	625.908
Total em 31 de dezembro de 2016	**2.874.295**	**3.452.240**	**5.976.889**	**12.303.424**
Total em 31 de dezembro de 2015	**2.790.081**	**4.110.301**	**6.615.285**	**13.515.667**

Fonte: http://ri.cesp.com.br/informacoes-financeiras/demonstracoes-financeiras.

Ressalta-se, ainda, que a análise dos requisitos, especialmente sobre a probabilidade de saída de recursos (provável, possível, remoto), deve ser realizada de maneira frequente pela empresa, especialmente nas datas de encerramentos das demonstrações financeiras, já que o que era "passivo contingente" em determinado período pode se tornar "provisão" em data subsequente.

O Apêndice C do CPC 25 apresenta um exemplo que ilustra a necessidade de revisão das provisões nos períodos de fechamento dos balanços.

EXEMPLO – CASO JUDICIAL

Após um casamento em 20X0, dez pessoas morreram, possivelmente por resultado de alimentos envenenados oriundos de produtos vendidos pela entidade. Procedimentos legais são instaurados para solicitar indenização da entidade, mas esta disputa o caso judicialmente. Até a data da autorização para a publicação das demonstrações contábeis do exercício findo em 31 de dezembro de 20X0, os advogados da entidade aconselham que seja provável que a entidade não será responsabilizada. Entretanto, quando a entidade elabora as suas demonstrações contábeis para o exercício findo em 31 de dezembro de 20X1, os seus advogados aconselham que, dado o desenvolvimento do caso, é provável que a entidade será responsabilizada.

(a) Em 31 de dezembro de 20X0

Obrigação presente como resultado de evento passado que gera obrigação – baseado nas evidências disponíveis até o momento em que as demonstrações contábeis foram aprovadas, não há obrigação como resultado de eventos passados.

Conclusão – nenhuma provisão é reconhecida (ver itens 15 e 16). A questão é divulgada como passivo contingente, a menos que a probabilidade de qualquer saída seja considerada remota (item 86).

(b) Em 31 de dezembro de 20X1

Obrigação presente como resultado de evento passado que gera obrigação – baseado na evidência disponível, há uma obrigação presente.

Saída de recursos envolvendo benefícios futuros na liquidação – Provável.

Conclusão – Uma provisão é reconhecida pela melhor estimativa do valor necessário para liquidar a obrigação (itens 14 a 16).

QUESTÃO PARA REFLEXÃO 7.1 Assumindo que uma entidade está em um processo judicial com possibilidade de ganhos (ou seja, potencialmente, um ativo), o critério para o reconhecimento desse ativo é o mesmo usado para o passivo, ou seja, reconhece-se um ativo quando for provável que um recebimento futuro ocorrerá e a estimativa seja confiável?

OBJETIVO 3

MENSURAÇÃO DAS PROVISÕES E DAS CONTINGÊNCIAS

Mensuração é o processo que consiste em determinar os montantes monetários, financeiros de um item. No caso específico das provisões, o valor a ser reconhecido no passivo deverá ser a **melhor estimativa do desembolso exigido para liquidar a obrigação na referida data**.

A Figura 7.2 ilustra uma pesquisa realizada pela FGV Direito SP acerca dos montantes das provisões e contingências passivas das 10 maiores empresas do país por faturamento no ano de 2016.

Tamanho do contencioso
Números das dez maiores empresas do país por faturamento – em R$

- Contingência passiva

	Fiscal	Trabalhista	Cível
Petrobras	98,25 bilhões	12,38 bilhões	14,33 bilhões
JBS	ND	ND	ND
Vale	16,18 bilhões	5,19 bilhões	6,71 bilhões
Ultrapar	573,99 milhões	ND	23,10 milhões
GPA	8,05 bilhões	ND	502 milhões
Raízen	2,82 bilhões	489,96 milhões	437,99 milhões
Braskem	5,47 bilhões	463 milhões	447,41 milhões
Gerdau	6,12 bilhões	ND	334,38 milhões
Cosan	5,38 bilhões	347,61 milhões	1,10 bilhão
Ambev	18,90 bilhões	207,86 milhões	3,54 bilhões
Total	**161,77 bilhões**	**19,08 bilhões**	**27,44 bilhões**

- Provisão

	Fiscal	Trabalhista	Cível
Petrobras	276 milhões	1,90 bilhão	1,87 bilhão
JBS	386,47 milhões	241,10 milhões	78,26 milhões
Vale	1,08 bilhão	1,87 bilhão	441 milhões
Ultrapar	557,60 milhões	71,50 milhões	58,30 milhões
GPA	589 milhões	524 milhões	231 milhões
Raízen	152,17 milhões	157,29 milhões	33,80 milhões
Braskem	270,32 milhões	141,24 milhões	1,25 milhão
Gerdau	1,30 bilhão	228,47 milhões	39,79 milhões
Cosan	341,23 milhões	163,93 milhões	139,25 milhões
Ambev	292 milhões	132,22 milhões	15,97 milhões
Total	**5,26 bilhões**	**5,43 bilhões**	**2,91 bilhões**

Fonte: FGV Direito SP.

FIGURA 7.2 Dez maiores empresas do país por faturamento, em 2016.

Fonte: *Valor Econômico*, 14/09/2016.

Quando a liquidação esperada das obrigações ocorrer em prazo superior a um ano, a mensuração deverá considerar o valor do dinheiro no tempo conforme dispõe o CPC 25 em seu item 45: "quando o efeito do valor do dinheiro no tempo é material, o valor da provisão deve ser o valor presente dos desembolsos que se espera que sejam exigidos para liquidar a obrigação." Ou seja, quando o efeito do valor do dinheiro no tempo for relevante, a mensuração inicial da provisão deverá ser o valor presente, na data em que a demonstração financeira é elaborada, do desembolso futuro esperado. Assim, a cada demonstração financeira elaborada, o valor de mensuração subsequente da provisão deve reconhecer, ao menos, a passagem do tempo e os ajustes de valor do dinheiro no tempo.

A obrigação deverá ser estimada ponderando-se todos os desfechos possíveis e as probabilidades associadas.

Outro ponto importante diz respeito às incertezas relativas aos acontecimentos futuros. Nesse aspecto, é fundamental que os responsáveis pela elaboração das demonstrações financeiras obtenham apoio dos *experts* das referidas áreas. Quando se tratar de uma obrigação de natureza ambiental, por exemplo, serão fundamentais as informações prestadas por engenheiros, biólogos etc. Nos casos de processos judiciais, são os assessores legais os mais preparados para fornecer os *inputs* necessários para a mensuração da obrigação. E assim sucessivamente. Conforme já discutido em outros capítulos deste livro, com o advento das normas internacionais, tornou-se essencial a comunicação da contabilidade com outras áreas da empresa para a adequada representação dos eventos econômicos nas demonstrações financeiras.

Salienta-se novamente que, quando envolver uma vasta gama de itens similares, a obrigação deverá ser estimada ponderando-se todos os desfechos possíveis e as probabilidades associadas. O CPC 25, no seu item 39, apresenta um exemplo que ilustra essa forma de mensuração das provisões.

QUESTÃO PARA REFLEXÃO 7.2

A entidade vende bens com uma garantia segundo a qual os clientes estão cobertos pelo custo da reparação de qualquer defeito de fabricação que se tornar evidente dentro dos primeiros seis meses após a compra. Se forem detectados defeitos menores em todos os produtos vendidos, a entidade incorrerá em custos de reparação de 1 milhão.

Se forem detectados defeitos maiores em todos os produtos vendidos, a entidade incorrerá em custos de reparação de 4 milhões. A experiência passada da entidade e as expectativas futuras indicam que, para o próximo ano, 75% dos bens vendidos não terão defeito, 20% dos bens vendidos terão defeitos menores e 5% dos bens vendidos terão defeitos maiores. De acordo com o item 24 do CPC 25, qual o valor esperado do custo das reparações dos produtos vendidos?

Mudanças no valor das provisões

As provisões devem ser reavaliadas e ajustadas periodicamente, ao menos por ocasião da elaboração das demonstrações financeiras, a fim de refletir as melhores estimativas correntes sobre sua classificação, montante e data de exigibilidade. Assim, caso se verifique que a ocorrência de uma saída de recursos não é mais provável, a provisão deverá ser revertida.

Da mesma forma, caso sejam verificadas mudanças no valor dos possíveis desembolsos, tais mudanças devem ser reconhecidas contabilmente, tanto para mais (constituição de mais provisão) quanto para menos (reversão de parte da provisão constituída anteriormente).

Finalmente, quando for utilizado o ajuste a valor presente para as provisões, a provisão aumentará a cada período para refletir a passagem do tempo.

OUTROS PONTOS ESPECÍFICOS TRATADOS NO CPC 25

O Pronunciamento CPC 25 discorre e exemplifica diversos outros aspectos específicos e peculiares sobre as provisões e as contingências ativas e passivas, tais como tratamento de terreno contaminado, políticas de reembolso, fechamento, divisão, reparo e manutenção, custo de reforma, bem como peculiaridades na atividade de extração de petróleo e as respectivas obrigações futuras para recuperação ambiental de área atingida pelas atividades da empresa e nos requerimentos legais para instalação de sistema de benefício ambiental.

Em linhas gerais, caso a legislação sob a qual uma entidade opere exija obrigações futuras desta para recuperação ambiental da área impactada ou a retirada e desmontagem de ativos (*asset retirement obligation*) ao término da atividade operacional, tais obrigações devem ser reconhecidas no momento inicial das atividades operacionais, pela melhor estimativa do valor de desmontagem ou recuperação da área no futuro. Nesses casos, a contrapartida da provisão (no passivo) ocorre no custo do ativo que deverá ser retirado (no ativo). E o reconhecimento da provisão no resultado ocorre ao longo da vida útil do ativo por meio da depreciação ou exaustão (no caso de recursos naturais). Tais aspectos são tratados em detalhes no Capítulo 10, sobre imobilizado.

Adicionalmente, como já destacado ao longo do texto, obrigações referentes a garantias oferecidas aos clientes ou políticas de reembolso são detalhadas no Pronunciamento CPC 25 e, de forma, geral, sempre que a entidade possuir estimativas de desembolso derivadas de tais práticas, políticas ou declarações e que gerem expectativas válidas de terceiros, tais obrigações devem ser registradas com provisão pela melhor expectativa dos valores de desembolsos futuros, independentemente de formalização contratual.

Cabe destacar também que, por serem estimativas subjetivas, a regulamentação atual de impostos e contribuições sobre a renda não permite que sejam deduzidas provisões da base de cálculo do lucro tributável (exceto em casos muito específicos). Assim, regra geral, as provisões constituídas ou revertidas em um período geram adições ou exclusões, respectivamente, da base de cálculo dos impostos e contribuições sobre a renda.

RESUMO

OBJETIVO 1 Provisão é um passivo de prazo ou valor incerto. Portanto, é uma obrigação presente da empresa da qual se espera a saída de recursos. O valor dessa saída de recursos ou o prazo no qual esta ocorrerá é incerto; por isso o nome provisão.

Passivo contingente, por sua vez, é um passivo não reconhecido nas demonstrações contábeis. Esse termo é utilizado para se referir às obrigações da empresa que não atendem aos critérios de reconhecimento previstos nas normas.

OBJETIVO 2 As provisões devem ser reconhecidas quando forem atendidos três requisitos: (i) a entidade tiver uma obrigação presente, (ii) for provável a saída de recursos para liquidar o passivo e (iii) puder ser feita uma estimativa confiável do valor da obrigação.

Quando tais critérios não forem atendidos, estaremos diante de um passivo contingente, que é justamente uma obrigação não reconhecida contabilmente. Os passivos contingentes, apesar de não contabilizados, devem ser obrigatoriamente divulgados em nota explicativa, exceto nos casos em que a probabilidade de saída de recursos é remota.

OBJETIVO 3 As provisões devem ser mensuradas pela melhor expectativa do desembolso exigido para liquidar a obrigação na referida data da mensuração.

A mensuração deverá refletir o valor do dinheiro no tempo e, igualmente, as incertezas relacionadas ao evento. Dada a subjetividade inerente nesse processo, é fundamental que os responsáveis pela elaboração das demonstrações financeiras utilizem premissas desenvolvidas por especialistas como advogados, engenheiros, entre outros, dependendo da natureza das obrigações.

APLICANDO CONHECIMENTOS - QUESTÕES PARA RESOLVER

CASO PARA DISCUSSÃO — OBJETIVO 2

Você foi contratado como contador de uma empresa do ramo de construção civil. Após sua chegada, você notou que a empresa nunca paga as horas extras que os funcionários efetivamente trabalham nas obras. Ao perceber a situação, você conversou com funcionários mais antigos que confirmaram que a empresa tem como política nunca pagar as horas extras devidas. De acordo com um funcionário do alto escalão: nós só pagamos quando somos "obrigados", isto é, quando somos condenados a pagar pela Justiça do Trabalho e já não existe mais possibilidade de recurso.

Pergunta-se: É necessário o reconhecimento de uma provisão judicial trabalhista? Se sim, em que momento, considerando o período temporal apresentado a seguir:

a. Agora, considerando que a empresa não está pagando as horas extras.

b. Quando do desligamento do funcionário, pois este provavelmente entrará com um processo trabalhista contra a empresa.

c. No momento em que a empresa toma ciência de que o funcionário entrou com o processo contra a empresa buscando o pagamento das horas extras.

d. Na condenação em 1ª estância, uma vez que a chance de a empresa ter que pagar as horas extras é praticamente certa.

e. Na condenação em última estância, já que não há mais possibilidade de recurso e o pagamento é eminente.

f. Por conta do efetivo pagamento do valor devido no processo em consequência das horas extras.

TESTES

OBJETIVO 3

1. Em 31 de dezembro de X10, a empresa ABC apresentava os seguintes processos judiciais:

Tipo de Processo	Montante Estimado – R$	Probabilidade Perda
Processo Trabalhista 1	100.000	Provável
Processo Fiscal 1	185.000	Remota
Processo Fiscal 2	220.000	Provável
Processo Cível 1	115.000	Possível
Processo Cível 2	Não pode ser estimado nesse momento	Provável

Com base nesses dados, qual o montante deverá ser reconhecido no balanço patrimonial dessa empresa, a título de provisão judicial, em 31 de dezembro de X10?

a) R$ 435.000
b) R$ 620.000
c) R$ 320.000
d) R$ 285.000
e) R$ 520.000

OBJETIVO 2   OBJETIVO 3

2. Ao consultar seu departamento jurídico, a Cia. XYZ verificou que é alta a probabilidade de perda de um processo trabalhista reclamado por um grupo de ex-funcionários. Ao final do exercício de X10, a referida empresa estima que terá que desembolsar cerca de $ 100.000, e, de acordo com seus advogados, o referido desembolso deverá ocorrer ao final do ano de X12, isto é, dentro de um período de 2 anos. Dado que a empresa utiliza uma taxa de juros de 10% para o ajuste a valor presente de suas obrigações, qual o valor da referida provisão no reconhecimento inicial?

a) R$ 100.000,00
b) R$ 82.644,62
c) R$ 50.000,00
d) R$ 90.909,09
e) Nenhum, haja vista que o desembolso ocorrerá apenas dentro de 2 anos.

OBJETIVO 1

3. São exemplos de provisões, conforme a definição do CPC 25/IAS 37:

a) Provisão para garantia, provisão para processos trabalhistas, provisão para créditos de liquidação duvidosa e provisão para *impairment*.

b) Provisão para redução dos estoques ao valor de mercado, provisão para INSS, provisão para férias e provisão para IR e CS.

c) Provisão para processos tributários, provisão para créditos de liquidação duvidosa e provisão para processos ambientais.

d) Provisão para reestruturação, provisão para garantia e provisão para processos judiciais.

e) Provisão para processos trabalhistas, provisão para férias e provisão para garantias.

OBJETIVO 1

4. De acordo com o CPC 25, provisões são:

a) Passivos decorrentes de apropriação por competência.

b) Passivos relativos a eventos previstos a ocorrer no futuro, com valores incertos.

c) Passivos relativos a eventos passados, com valores ou prazos incertos.

d) Passivos relativos a eventos futuros, apropriados por competência.

e) Passivos relativos a eventos passados, com valores e prazos certos.

OBJETIVO 2

5. De acordo com a IAS 37/CPC 25, a provisão deve ser reconhecida quando:
   a) Há obrigação presente (legal ou não formalizada) como resultado de evento passado.
   b) É provável que será necessária uma saída de recursos que incorporam benefícios econômicos para liquidar a obrigação.
   c) Possa ser feita uma estimativa confiável do valor da obrigação.
   d) Alternativas "a", "b" e "c" estão corretas.
   e) Nenhuma das alternativas.

OBJETIVO 2

6. Segundo a IAS 37/CPC 25:
   a) A entidade sempre reconhece um passivo contingente.
   b) O passivo contingente deve ser divulgado a não ser que seja remota a possibilidade de uma saída de recursos que incorporam benefícios econômicos.
   c) Passivo contingente é um direito possível que resulta de eventos passados e cuja existência será confirmada apenas pela ocorrência ou não de um ou mais eventos futuros incertos não totalmente sob controle da entidade.
   d) Passivo contingente é uma obrigação futura que resulta de eventos passados, mas que não é reconhecida porque é provável que uma saída de recursos que incorporam benefícios econômicos seja exigida para liquidar a obrigação.
   e) Todas corretas.

Respostas: 1-c; 2-b; 3-d; 4-c; 5-d; 6-b.

EXERCÍCIOS

OBJETIVO 2   OBJETIVO 3

1. Durante o ano de X0, a Cia. XYZ vendeu 100.000 unidades de seu produto totalizando uma receita líquida de $ 1.000.000 ($ 10 por produto). Sua experiência passada indica que 90% dos produtos vendidos não requerem reparos dentro da garantia; 6% dos produtos vendidos requerem reparos pequenos, que custam 30% do preço de venda; e 4% dos produtos vendidos requerem reparos maiores ou substituição, que custam 70% do preço de venda.

   Dado que a XYZ avalia a probabilidade de uma saída para as obrigações de garantias como um todo, qual o valor a ser reconhecido como provisão para garantias?

OBJETIVO 3

2. No encerramento do exercício findo em X0, a Cia. Presente identificou como provável a chance de perda de um processo trabalhista. De acordo com os advogados da Cia. Presente, é alta a probabilidade de que a empresa tenha que desembolsar o valor pedido pelas partes, mais especificamente $ 150.000, e a saída de caixa deverá ocorrer ao final de X3.

   Conforme a IAS 37, registre a referida provisão a valor presente, utilizando uma taxa de juros de 12% e reconheça ao longo dos 3 anos as referidas despesas financeiras e a realização da provisão.

OBJETIVO 2

3. A Cia. Locadora recebeu um incentivo fiscal para abrir uma fábrica no Estado do Pará, região norte do país. Em razão disso, ela se mudará até o final do exercício atual, transferindo a fábrica do Estado de São Paulo para o Pará. Acontece que o contrato de locação do galpão, um acordo de arrendamento operacional, onde fica atualmente sua fábrica em São Paulo, não é cancelável e tem validade por dois anos, a partir do encerramento do exercício. De acordo com esse contrato, a entidade deverá pagar ainda duas parcelas anuais, ao final de cada ano, no valor de $ 100.000 cada. Apesar disso, a Cia. Locadora considera que, do ponto de vista econômico, é muito mais vantajoso mudar suas instalações para o Pará e, portanto, irá fazê-lo. A taxa de juros utilizada pela entidade para ajustar a valor presente suas obrigações é de 10% ao ano.

   Pergunta-se: existe necessidade de reconhecimento de uma provisão para contrato oneroso? Se sim, qual valor?

EXERCÍCIOS ADICIONAIS

1. A Cia. Diferida vende eletrodomésticos e concede garantia de 1 ano para seus produtos. Ao final do exercício de X10 ela estimou sua provisão com garantias como 5% das receitas líquidas, conforme DRE a seguir:

DRE X10	$
Receita líquida de vendas	40.000
CPV	–15.000
Lucro bruto	25.000
Despesas operacionais	–10.000
Despesa com provisão para garantias	**–2.000**
LAIRCS	13.000
Despesa de IR (contábil)	**–4.420**
Lucro líquido	8.580

Durante o ano de X11, a provisão com garantias referentes às receitas de X10 se realizou havendo, portanto, a saída efetiva de caixa. Ao final do ano de X11, em razão de mudança tecnológica de seus produtos, a entidade não considera que haverá uma obrigação com garantias para as vendas realizadas durante o ano. Sendo assim, a Cia. Diferida não reconheceu nenhuma despesa com provisão para garantias nesse ano. Sua DRE de X11 é apresentada a seguir:

DRE X11	$
Receita líquida de vendas	40.000
CPV	−15000
Lucro bruto	25.000
Despesas operacionais	−10.000
Despesa com provisão para garantias	**0**
LAIRCS	15.000
Despesa de IR (contábil)	**−5.100**
Lucro líquido	9.900

Sabendo que, de acordo com as regras fiscais vigentes, a despesa com provisão para garantias é dedutível apenas quando realizada financeiramente, pede-se:

(i) Registre as transações referentes à constituição e à realização da provisão com garantias.

(ii) Registre os impactos da provisão com garantias no imposto de renda a pagar.

(iii) Registre os impactos da provisão com garantias no imposto de renda diferido (Questão de natureza avançada, faça apenas se já estudou o conteúdo abordado no Capítulo 13 – Tributos sobre o lucro).

8
OPERAÇÕES FINANCEIRAS

Assista ao vídeo do autor sobre o tema deste capítulo

"Área técnica da CVM determina republicação de balanços da Petrobras

A Petrobras deve refazer e republicar as demonstrações financeiras de 2013, 2014 e 2015 por conta do uso da contabilidade de hedge, conforme determinou a área técnica da Comissão de Valores Mobiliários (CVM) na terça-feira. A decisão final da CVM ainda não foi tomada. A estatal diz em comunicado ao mercado divulgado na noite de terça-feira que vai recorrer da exigência e que tomará as medidas necessárias em defesa de seus interesses.

(...)

A Petrobras diz que, 'conforme divulgado ao mercado em 2013, passou a aplicar às suas exportações a prática contábil conhecida por Contabilidade de *Hedge*, a partir de maio daquele ano'. 'Com base na referida prática, que é regulada no Brasil pelo pronunciamento contábil CPC 38 – Instrumentos Financeiros: Reconhecimento e Mensuração e pela norma contábil internacional IAS 39 – *Financial Instruments Recognition and Measurement*, a companhia designa relações de

hedge entre 'exportações futuras altamente prováveis' e parcelas de certas obrigações em dólares norte-americanos, para que os efeitos cambiais de ambos sejam reconhecidos ao mesmo momento na demonstração de resultado, conforme divulgado ao mercado nas demonstrações contábeis anuais'.

A estatal reafirma em comunicado o seu entendimento de que utiliza corretamente a prática contábil de contabilidade de *hedge* e reitera que as demonstrações financeiras relativas aos anos de 2013, 2014 e 2015 estão de acordo com as práticas contábeis adotadas no Brasil."

Fonte: Adaptado de MACHADO, Juliana. *Valor Econômico*, 8 mar. 2017.

OBJETIVOS DE APRENDIZAGEM DO CAPÍTULO

Após estudar este capítulo, você será capaz de:
1. Entender os conceitos básicos de operações financeiras ativas e passivas, além da classificação.
2. Estudar os critérios de mensuração e contabilização das operações financeiras ativas.
3. Estudar os critérios de mensuração e contabilização das operações financeiras passivas.

O QUE SÃO OPERAÇÕES FINANCEIRAS E QUAIS SÃO AS SUAS CLASSIFICAÇÕES

Conceitos e classificação

Na economia, há organizações com potencial para realização de investimentos, contudo, muitas vezes, não apresentam projetos capazes de produzir retornos para seus recursos; por outro lado, há os agentes econômicos desprovidos de capital para investir em projetos que podem ser considerados como promissores e rentáveis. Esses dois entes da economia podem se conectar por meio do mercado financeiro. Assim, quando as transações são interessantes para ambos os lados, são estabelecidas as chamadas **operações financeiras**.

No caso dos poupadores, aqueles que dispõem de recursos para investimento, essa operação estabelecida irá gerar valor por meio dos retornos diante dos recursos entregues; já para o outro ente da transação, os devedores, ao usufruírem dessas operações por meio do financiamento, se comprometem a gerar retornos para os poupadores. Dessa maneira, pode-se perceber a existência de operações financeiras ativas e passivas. As **operações financeiras ativas** são aquelas capazes de gerar entrada de recursos para a entidade por meio da cobrança de juros, enquanto as **operações financeiras passivas** funcionam como fonte de recursos (financiamento), ou seja, irão gerar recursos para a entidade à medida que esta assume um passivo. A esse passivo será acrescentado o valor dos juros devidos, os quais correspondem ao custo do dinheiro no tempo.

Operações financeiras passivas são aquelas que podem gerar benefícios para a entidade, mas também significam a assunção de passivos.

Operações financeiras ativas são aquelas que produzem recursos para a entidade sem a assunção de passivo.

Várias operações foram criadas no mercado financeiro. A genialidade humana, a necessidade e a complexidade empresarial são um campo fértil para que diferentes tipos e operações financeiras sejam estabelecidas, tanto ativas como passivas. As operações ativas mais conhecidas são: certificados de depósitos bancários (mais conhecido como CDB), poupança, títulos públicos (os Federais são os mais conhecidos e os Estaduais e Municipais, ainda existentes, são menos conhecidos e com baixa liquidez), ações, cotas de fundos de investimentos, cotas de clubes de investimentos, entre outros. Já as operações passivas mais frequentes são: desconto de duplicatas, empréstimos, financiamentos, debêntures, entre outros.

Há outras operações financeiras bem mais sofisticadas e complexas, que não serão tratadas neste livro em razão do seu escopo, porém, são muito relevantes no mercado. Um desses exemplos é a chamada operação de *hedge*, que apresenta uma sofisticada contabilização, como pode ser percebido pela notícia de capa deste capítulo.

Quando as operações financeiras são analisadas, há duas definições importantes que precisam ser observadas, tendo em vista seu impacto no processo de contabilização das operações firmadas. Para tanto, é necessário observar:

> Quando analisamos a operação financeira, é necessário observar o tipo de rendimento gerado e o modelo de negócio da empresa.

- **Definição do papel quanto ao rendimento:** renda fixa ou renda variável. Caso um papel seja de renda fixa, já se sabe qual será a regra estabelecida para o cálculo do rendimento, podendo ser um papel de renda fixa prefixado ou pós-fixado. A diferença entre o prefixado e o pós-fixado é que, nos papéis prefixados, a remuneração já está predeterminada desde o início. Já nos títulos pós-fixados, em geral, a regra de remuneração está atrelada a um indexador não conhecido previamente. Logo, os juros só vão sendo conhecidos ao longo da vida do título. Por exemplo, entre os prefixados, suponha um papel que remunera a 3% a.a., 5% a.a., 7% a.a., ou seja, nesse caso há o conhecimento prévio sobre quanto será o rendimento. Já no pós-fixado, há o conhecimento de que o rendimento será calculado com base na variação do IGPM + 7% a.a., por exemplo (ou seja, há uma regra fixa de rendimento, por essa razão esse título é chamado de renda fixa). Mas o IGPM (indicador que mede a variação da inflação) só será conhecido depois que ele for medido, logo, a remuneração só será conhecida depois que for mensurado o indicador fixado. A renda variável caracteriza-se por não haver uma regra fixa de rendimento, logo, o investidor não sabe quanto será a renda. O exemplo mais simples que pode ser dado é o das ações, em que o investidor não sabe qual será o preço delas no futuro e até mesmo no dia.
- **Definição do modelo de negócio:** refere-se ao modelo que a empresa utiliza para gerenciar seus ativos e passivos financeiros. Um exemplo que pode ser dado é perceber que a firma compra os seus ativos financeiros apenas para vendê-los no mercado; ou para permanecer com os ativos financeiros até que eles vençam. Analisando como a empresa gerencia seus negócios, será possível identificar qual o seu modelo de negócio para gerenciar com seus ativos e passivos financeiros.

Além do modelo de negócio utilizado, as características do fluxo de caixa contratual do ativo financeiro são muito importantes, pois ambos influenciam o processo de classificação e mensuração dos ativos financeiros. Os ativos financeiros devem ser classificados como mensurados ao custo amortizado, ao valor justo por meio de outros resultados abrangentes ou ao valor justo por meio do resultado, os quais são apresentados a seguir:

- **Ao custo amortizado:** se o ativo financeiro for mantido dentro de um modelo de negócios cujo objetivo seja obter fluxos de caixa contratuais e seus termos contratuais derem origem a fluxo de caixa que sejam pagamentos somente de principal e juros (critério de pagamento Principal e Juros – P&J).
- **Ao valor justo por meio de outros resultados abrangentes (VJORA):** desde que satisfaça o critério principal e juros (P&J) e seja mantido em um modelo de negócios cujo objetivo seja atingido tanto pela obtenção de fluxos de caixa contratuais quanto pela venda do ativo financeiro.
- **Ao valor justo por meio do resultado (VJR):** são ativos financeiros que não são classificados nem ao custo amortizado nem ao valor justo por meio de outros resultados abrangentes.

Com relação aos passivos financeiros, em função da característica do modelo de negócio, poderão ser mensurados ao custo amortizado ou ao valor justo por meio do resultado.

Como exemplo, no Quadro 8.1, há a nota explicativa 17 do Grupo Pão de Açúcar com relação aos seus instrumentos financeiros e classificações publicados no ITR de 2018.

VOCÊ SABIA?

É possível perceber que a classificação dos instrumentos financeiros é bem subjetiva e conecta-se com a matemática financeira, dessa forma, é muito importante saber conceituar principal e juros:

Principal: é o valor justo do ativo financeiro no reconhecimento inicial. No entanto, o principal pode mudar ao longo do tempo, por exemplo, se houver pagamentos do principal.

Juros: é o custo do dinheiro no tempo, que remunera o risco de crédito associado ao valor do principal a receber durante certo período de tempo.

QUADRO 8.1 Nota explicativa do grupo Pão de Açúcar – ITR 2018

17. **Instrumentos financeiros**

As informações detalhadas de instrumentos financeiros foram apresentadas nas demonstrações financeiras anuais de 2017, na nota explicativa nº 18.

Os principais instrumentos financeiros e seus valores registrados nas informações contábeis intermediárias, por categoria, são os seguintes:

	Controladora Valor contábil 31.03.2018	Controladora Valor contábil 31.12.2017 Reapresentado	Consolidado Valor contábil 31.03.2018	Consolidado Valor contábil 31.12.2017 Reapresentado
Ativos financeiros:				
Custo amortizado				
Partes relacionadas – ativo	**231**	206	**52**	25
Contas a receber e outras contas a receber	**924**	872	**1.150**	1.133
Valor justo por meio do resultado				
Caixa e equivalentes de caixa	**1.264**	2.868	**1.701**	3.792
Instrumentos Financeiros – *Hedge* de valor justo	**9**	12	**26**	28
Valor justo por meio de outros resultados abrangentes				
Contas a receber com administradoras de cartão de crédito e *tickets* de vendas	**579**	336	**729**	474
Passivos financeiros:				
Outros passivos financeiros – custo amortizado				
Partes relacionadas – passivo	**(427)**	(387)	**(161)**	(153)
Fornecedores	**(3.398)**	(5.377)	**(5.511)**	(8.128)
Financiamento por compra de ativos	**(14)**	(95)	**(24)**	(116)
Debêntures	**(3.842)**	(3.015)	**(3.842)**	(3.015)
Empréstimos e financiamentos	**(449)**	(470)	**(645)**	(520)
Valor justo por meio do resultado				
Empréstimos e financiamento	**(552)**	(552)	**(980)**	(989)
Instrumentos Financeiros – *Hedge* de valor justo	**(14)**	(62)	**(23)**	(64)

O valor justo de outros instrumentos financeiros descritos na tabela anterior se aproximam do valor contábil com base nas condições de pagamento existentes. Os instrumentos financeiros mensurados ao custo amortizado, cujos valores justos diferem dos saldos contábeis, encontram-se divulgados na nota explicativa nº 17.3.

Fonte: Balanço patrimonial do Grupo Pão de Açúcar/2018.

Modelo de negócio

Assista ao vídeo do autor sobre este tema

O Pronunciamento Técnico CPC 48, que trata dos Instrumentos Financeiros, requer a verificação do modelo de negócio da empresa, ou seja, o levantamento de como a empresa gerencia e utiliza-se de seus ativos e passivos financeiros, seja por meio de um grupo ou carteira de ativos/passivos mantida pela empresa.

A análise do modelo de negócio pode ser feita por meio dos seguintes passos:

1. Separar os ativos e passivos financeiros de acordo com a gestão da entidade sobre eles.
2. Identificar os objetivos do modelo de negócio da empresa com o gerenciamento de cada grupo separado para confirmar a homogeneidade estratégica.
3. Verificar a forma de recebimento ou pagamento desses ativos/passivos e classificá-los em:
   a. Recebimento dos fluxos de caixa contratuais.
   b. Recebimento dos fluxos contratuais estar disponível para venda.
   c. Outros modelos que não os anteriores.
4. Analisar os itens que apenas recebem fluxos de caixa contratuais e verificar o histórico passado.

Para facilitar os conceitos verificados anteriormente, pode-se desenhar o seguinte fluxo (Figura 8.1):

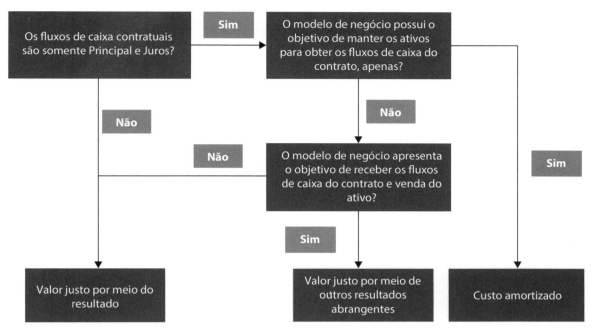

 Fluxo para decisão de modelo de negócio.

OBJETIVO 2

OPERAÇÕES FINANCEIRAS ATIVAS: MENSURAÇÃO E CONTABILIZAÇÃO

Mensuração – ativos financeiros

No reconhecimento inicial, a entidade deve mensurar o ativo financeiro ao seu valor justo mais os custos de transação que sejam diretamente atribuíveis à aquisição do ativo financeiro, exceto para os ativos financeiros mensurados ao valor justo por meio do resultado, os quais devem ser reconhecidos diretamente no resultado do período.

Com relação à mensuração subsequente, o CPC 48 estabelece os seguintes critérios:

- **Ativos financeiros classificados como mensurados ao custo amortizado:** a receita de juros, as perdas de créditos esperadas e os ganhos ou perdas cambiais serão reconhecidos no resultado. Além disso, não há reconhecimento de ganhos e perdas decorrentes da mensuração ao valor justo. Importante destacar que os juros devem ser calculados utilizando-se a taxa efetiva de juros. Caso haja desreconhecimento, qualquer ganho ou perda é reconhecido no resultado.
- **Ativos mensurados ao valor justo por meio de outros resultados abrangentes:** a receita de juros (taxa efetiva de juros), as perdas de crédito esperadas e os ganhos ou perdas cambiais são reconhecidos no resultado. Os ganhos e perdas na mensuração ao valor justo são reconhecidos em outros resultados abrangentes. Quando há o desreconhecimento, os ganhos ou perdas acumulados, anteriormente reconhecidos em outros resultados abrangentes, devem ou não ser reclassificados do patrimônio líquido para o resultado, dependendo de certas condições de classificação do CPC 48.
- **Ativos avaliados ao valor justo por meio do resultado:** todos os ganhos ou perdas na mensuração ao valor justo serão reconhecidos no resultado do período.

VOCÊ SABIA?

A melhor evidência do valor justo no reconhecimento inicial de um ativo é o preço de transação, ou seja, o valor justo dado ou recebido.

Reclassificação

A reclassificação ocorre quando um título apresenta uma classificação e é alocado em outra. Isso faz com que ocorram alguns ajustes na contabilização do título, os quais não serão discutidos aqui, em função dos objetivos do livro.

EXEMPLO PRÁTICO RESOLVIDO

Custo amortizado

Considere que a empresa Praia de Majorlandia S.A. adquiriu um título de renda fixa, prefixado, em um mercado ativo com as seguintes características:

- Valor do título: $ 50.000.
- Data da aplicação: 30 de abril de X0.
- Data de vencimento: 30 de setembro de X0.
- Taxa de juros: 2% ao mês (juros compostos).
- Modelo de negócio: permanecer com o título e receber os fluxos de caixa.

Com base nas informações, esse título deve ser mensurado ao custo amortizado, sendo contabilizado do seguinte modo:

a) Na aquisição

Aplicações financeiras	$ 50.000
Caixa e equivalentes	$ 50.000

b) Pela atualização no primeiro mês

Após um mês, considerando o valor de $ 50.000 e os juros contratados de 2% ao mês, tem-se:

VF = 50.000 × 1,02 = $ 51.000

Aplicações financeiras	$ 1.000
Receita financeira (resultado)	$ 1.000

Lançamentos:

Aplicações financeiras		Caixa e equivalentes		Receita financeira	
(1) 50.000			50.000 (1)		1.000 (2)
(2) 1.000					
(SF) 51.000					1.000

Importante destacar que, mesmo que esse título apresentasse um valor de mercado diferente de $ 51.000, como ele foi classificado como mensurado ao custo amortizado, a única atualização que deve ser reconhecida serão os juros contratados.

c) Pela atualização no segundo mês

Após mais um mês, considerando o valor de $ 51.000 (valor atualizado) e os juros contratados de 2% ao mês, tem-se:

Aplicações financeiras	$ 1.020
Receita financeira (resultado)	$ 1.020

Lançamentos:

Aplicações financeiras			Caixa e equivalentes			Receita financeira	
(1) 50.000			50.000 (1)				1.000 (2)
(2) 1.000							1.020 (3)
(3) 1.020							
(SF) 52.020							2.020

Sabendo que o valor de mercado nesta data é $ 51.000, caso a empresa decida vender o título, teria um prejuízo, pois o título estaria valendo menos do que a contabilização realizada. A diferença entre o valor contábil ($ 52.000) e o valor de mercado ($ 51.000) decorre de estar sendo utilizado um critério de mensuração (custo amortizado) que pressupõe a manutenção do título até o vencimento, momento em que não haveria diferença entre os dois critérios.

VOCÊ SABIA?

Quando há um título que é corrigido monetariamente, primeiro corrigimos o ativo/passivo, para depois multiplicarmos os juros incorridos sobre o valor corrigido.

Exemplo: IGPM + 2% ao mês. Primeiro é necessário atualizar pelo IGPM para depois calcular os juros sobre o valor atualizado.

EXEMPLO PRÁTICO RESOLVIDO

Valor justo por meio do resultado

Considere que a empresa Praia de Cumbuco S.A. adquiriu um título no mercado financeiro com as seguintes características:

- Valor do título: $ 50.000.
- Taxa de juros: 2% ao mês (juros compostos).
- Modelo de negócio: mensurado ao valor justo por meio do resultado.

Com base nas informações e sabendo que, após 30 dias, o valor de mercado do título era $ 52.000, deve-se realizar a seguinte contabilização:

a) Na aquisição

Aplicações financeiras	$ 50.000
Caixa e equivalentes	$ 50.000

b) Pelos juros incorridos no primeiro mês

Após um mês, considerando o valor de $ 50.000 e os juros contratados de 2% ao mês, tem-se:

VF = 50.000 × 1,02 = $ 51.000

Aplicações financeiras	$ 1.000
Receita financeira	$ 1.000

Aplicações financeiras		Caixa e equivalentes		Receita financeira	
(1) 50.000		50.000 (1)			1.000 (2)
(2) 1.000					
(SF) 51.000					1.000

c) Ganho com a avaliação do ativo pelo valor de mercado no primeiro mês

Como o valor justo do ativo era $ 52.000 e o critério de mensuração do ativo é valor justo por meio do resultado, deve-se reconhecer o ganho de $ 1.000 decorrente da diferença entre o valor atualizado pelas condições contratuais e o valor justo. Esse ganho será reconhecido no resultado.

Aplicações financeiras	$ 1.000
Ajuste ao valor justo (resultado)	$ 1.000

Aplicações financeiras		Caixa e equivalentes		Receita financeira	
(1) 50.000		50.000 (1)			1.000 (2)
(2) 1.000					
(3) 1.000					
(SF) 52.000					1.000

Ajuste ao valor justo	
	1.000 (3)

Considere que, ao final do segundo mês, o título estivesse valendo no mercado $ 52.500. A empresa continuaria reconhecendo o valor dos juros ($ 51.000 × 2% = $ 1.020), mas teria que reconhecer uma perda no resultado para ajustar o valor do título ao valor de mercado.

d) Pelos juros incorridos no segundo mês

Aplicações financeiras	$ 1.020
Receita financeira (resultado)	$ 1.020

e) Perda com avaliação do ativo pelo valor de mercado no segundo mês

Ajuste ao valor justo (resultado)	$ 520
Aplicações financeiras	$ 520

Aplicações financeiras				Caixa e equivalentes		Receita financeira	
(1) 50.000				50.000 (1)			1.000 (2)
(2) 1.000	520	(5)					1.020 (4)
(3) 1.000							
(4) 1.020							
52.500							2.020

Ajuste ao valor justo			
(5) 520		1.000	(3)
		480	

EXEMPLO PRÁTICO RESOLVIDO

Valor justo por meio de outros resultados abrangentes

Considere que a empresa Praia do Futuro S.A. adquiriu um título no mercado financeiro com as seguintes características:

- Valor do título: $ 50.000.
- Taxa de juros: 2% ao mês (juros compostos).
- Modelo de negócio: receber os fluxos de caixa ou vender o título – mensurado ao valor justo por meio de outros resultados abrangentes.

Com base nas informações e sabendo que, após 30 dias, o valor de mercado do título era $ 52.000, deve-se realizar a seguinte contabilização:

a) Na aquisição

Aplicações financeiras	$ 50.000
Caixa e equivalentes	$ 50.000

b) Pelos juros incorridos no primeiro mês

Após um mês, considerando o valor de $ 50.000 e os juros contratados de 2% ao mês, tem-se:

VF = 50.000 × 1,02 = $ 51.000

Aplicações financeiras	$ 1.000
Receita financeira (resultado)	$ 1.000

Como o valor justo do ativo era $ 52.000 e o critério de mensuração do ativo é valor justo por meio de outros resultados abrangentes, deve-se reconhecer o ganho de $ 1.000 decorrente da diferença entre o valor atualizado pelas condições contratuais e o valor justo. Esse ganho será reconhecido no patrimônio líquido na conta de Ajuste de Avaliação Patrimonial.

c) Ganho com avaliação do ativo pelo valor de mercado no primeiro mês

Aplicações financeiras	$ 1.000
Ajuste de avaliação patrimonial (patrimônio líquido)	$ 1.000

Aplicações financeiras		Caixa e equivalentes		Receita financeira	
(1) 50.000			50.000 (1)		1.000 (2)
(2) 1.000					
(3) 1.000					1.000
52.000					

Ajuste de avaliação patrimonial	
	1.000 (3)

Diferenças entre os títulos

O Quadro 8.2 apresenta, de maneira resumida, as diferenças entre os três critérios de classificação das operações financeiras ativas.

QUADRO 8.2 Diferenças entre os três critérios de classificação das operações financeiras ativas

Classificação	Avaliação	Contabilização
Custo amortizado	Custo amortizado	Receitas financeiras (taxa efetiva de juros): reconhecidas no resultado do período
Valor justo por meio do resultado – VJR	Valor justo	Receitas financeiras (taxa efetiva de juros): reconhecidas no resultado do período Diferença entre o valor atualizado pela taxa efetiva de juros e o valor justo: reconhecida no resultado do período
Valor justo por meio de outros resultados abrangentes – VJORA	Valor justo	Receitas financeiras (taxa efetiva de juros): reconhecidas no resultado do período Diferença entre o valor atualizado pela taxa efetiva de juros e o valor justo: reconhecida no Patrimônio Líquido

VOCÊ SABIA?

As aplicações em renda variável (ações) com o objetivo de negociação, seja imediata ou futura, devem ser classificadas em aplicações financeiras e avaliadas ao valor justo. Caso a intenção seja permanecer por muitos anos, ou seja, uma participação duradoura, deve ser reconhecida como investimentos, no ativo não circulante.

OBJETIVO 3
OPERAÇÕES FINANCEIRAS PASSIVAS: MENSURAÇÃO E CONTABILIZAÇÃO

Mensuração – passivos financeiros

Os passivos financeiros podem ser classificados como mensurados ao custo amortizado ou ao valor justo por meio do resultado, de acordo com as orientações do CPC 48.

No reconhecimento inicial, a entidade deve mensurar o passivo financeiro ao seu valor justo menos os custos de transação que sejam diretamente atribuíveis à emissão do passivo financeiro, exceto para os passivos financeiros mensurados ao valor justo por meio do resultado, em que tais custos devem ser reconhecidos diretamente no resultado do período.

Passivos financeiros poderão ser mensurados ao custo amortizado ou ao valor justo por meio do resultado.

Com relação à mensuração subsequente, o CPC 48 estabelece os seguintes critérios:

- **Passivos financeiros classificados como mensurados ao custo amortizado:** os juros devem ser calculados utilizando-se a taxa efetiva de juros e reconhecidos no resultado do período.
- **Passivos financeiros classificados como mensurados ao valor justo por meio do resultado:** os ganhos ou perdas na mensuração ao valor justo serão reconhecidos no resultado do período.

Alguns exemplos de operações financeiras passivas são: empréstimos, financiamentos, duplicatas descontadas, debêntures, notas promissórias, entre outros.

Aplicação prática

DESCONTO DE DUPLICATAS

As duplicatas são títulos de crédito de posse da empresa que representam montantes financeiros a receber de seus clientes. Por necessidade de capital de giro, as empresas descontam (antecipam) esses valores com uma instituição financeira. Contudo, o montante líquido recebido pela empresa é menor que o valor total dado à instituição financeira, pois esta cobra juros e taxas pelo serviço.

Quando a empresa realiza o desconto de duplicatas, caso haja algum problema no recebimento dos valores das duplicatas no futuro, a empresa que efetuou o desconto reembolsará a instituição financeira no montante não recebido, pois normalmente, nesse tipo de operação, a empresa não transfere o risco de crédito à instituição financeira. Desse modo, o montante dos títulos descontados deve ser demonstrado no passivo, representando a essência econômica da transação, a qual corresponde a uma dívida assumida pela empresa, responsável final pelo pagamento.

EXEMPLO PRÁTICO RESOLVIDO

A empresa Canoa Quebrada S.A. fez um desconto de duplicatas no montante total de $ 32.000. O banco cobrou uma despesa administrativa de $ 250 e uma taxa de desconto de 6,7% a.m. (taxa de desconto simples, calculada sobre o valor da duplicata). O prazo da operação é de três meses.

A partir das informações, o cálculo do valor líquido recebido, na data do desconto, foi:

Valor dos juros: $ 32.000 × 0,067 × 3 = $ 6.432

Taxa administrativa bancária = $ 250

Valor líquido recebido = $ 32.000 − $ 6.432 − $ 250 = **$ 25.318**

Contudo, como comentado anteriormente, os juros devem ser reconhecidos no resultado utilizando-se a taxa efetiva de juros.

Assim, o cálculo da taxa de custo efetivo da operação é:

$M = C \times (1+i)^n$

$32.000 = 25.318 \times (1 + i)^3$

i = 8,12% a.m.

ou com o uso da calculadora financeira:

n = 3; PV = 25.318 (CHS); FV = 32.000; i = 8,12% a.m.

Desse modo, no primeiro mês, os juros serão de:

J_1 = $ 25.318 × 0,0812 = $ 2.055,82

O saldo devedor, ao final do primeiro mês, é:

Saldo devedor (1º mês) = $ 25.318 + $ 2.055,82 = $ 27.373,82

Para o segundo mês, os juros serão:

J_2 = $ 27.373,82 × 0,0812 = $ 2.222,75

Logo, o saldo devedor, ao final do segundo mês, é:

Saldo devedor (2º mês) = $ 27.373,82 + $ 2.222,75 = $ 29.596,57

E, por fim, os juros do terceiro mês:

J_3 = $ 29.596,57 × 0,0812 = $ 2.403,43

Chegando, assim, ao final do terceiro mês, ao saldo devedor de $ 32.000, valor este que será liquidado nesta data, ou pelo recebimento do título de crédito ou pela cobrança do valor da empresa que efetuou o desconto.

Com relação às contabilizações, têm-se:

a) Desconto de duplicatas realizado pela companhia junto à instituição financeira:

Disponível	$ 25.318,00
Encargos a apropriar (passivo)	$ 6.682,00
Duplicatas descontadas (passivo)	$ 32.000,00

b) Apropriação dos juros referentes ao primeiro mês de competência:

Despesa financeira	$ 2.055,82
Encargos a apropriar (passivo)	$ 2.055,82

c) Apropriação dos juros referentes ao segundo mês de competência:

Despesa financeira	$ 2.222,75
Encargos a apropriar (passivo)	$ 2.222,75

d) Apropriação dos juros referentes ao terceiro mês de competência:

Despesa financeira	$ 2.403,43
Encargos a apropriar (passivo)	$ 2.403,43

e) Recebimento das duplicatas pelo banco e aviso à empresa do recebimento:

Duplicatas descontadas	$ 32.000,00
Clientes	$ 32.000,00

Despesa financeira		Encargos a apropriar (passivo)		Clientes
(2) 2.055,82	(1) 6.682	2.055,82 (2)	(SI) xxxxxx	32.000 (5)
(3) 2.222,75		2.222,75 (3)		
(4) 2.403,43		2.403,43 (4)		
		–		

Disponível		Duplicatas descontadas
(1) 25.318	(5) 32.000	32.000 (1)
		–

Importante destacar que, caso o cliente não efetue o pagamento do título, na data de vencimento, a empresa é responsável pelo pagamento.

Assim, levando-se em consideração que ao final do período, entre várias duplicatas que teriam sido descontadas pelo banco, apenas uma no valor de $ 5.000 não foi paga pelo cliente à instituição financeira, então, o último lançamento realizado anteriormente seria:

Duplicatas descontadas	$ 32.000,00
Clientes	$ 27.000,00
Caixa e equivalentes	$ 5.000,00

EMPRÉSTIMOS E FINANCIAMENTOS

As operações financeiras passivas são muito importantes, principalmente no Brasil, em que a maioria das empresas se financia com capital de terceiros em vez do capital próprio.

A diferenciação entre empréstimos e financiamentos é bem simples. Nos financiamentos, sempre há um bem que foi financiado pela instituição financeira, enquanto nos empréstimos não há relação com tais ativos. Vários exemplos podem ser dados como financiamentos que ocorrem no dia a dia, entre eles: financiamento da casa própria, de automóvel e de equipamentos.

Vale salientar que os empréstimos e financiamentos são regidos por contratos, os quais estipulam as características contratadas, como valor, forma de liberação dos recursos e pagamentos, taxas de juros, garantias e outras.

Vejamos a seguir alguns exemplos numéricos e suas contabilizações.

EXEMPLO 1

Empréstimo bancário com taxa de juros fixada, atualizado pela variação de um indicador de inflação

A empresa Praia de Iracema S.A. obteve, em 31/12/X0, um empréstimo no valor de $ 100.000, com vencimento em 2 meses. O empréstimo é atualizado pela inflação (medida pela variação do IPCA) e juros de 1,5% ao mês. Tanto a variação monetária quanto os juros e o principal serão pagos ao final do empréstimo.

Esse empréstimo tem taxa pós-fixada, dado que a variação do IPCA só será obtida quando ele for publicado.

Para o cálculo dos valores devidos, considere que a variação do IPCA foi de 0,44% no primeiro mês e 0,55% no segundo mês. Os valores devidos são evidenciados a seguir:

Período	Variação monetária	Juros (1,5% a.m.)	Pagamento	Saldo
Aquisição	–	–	–	100.000,00
1º mês	440,00	1.506,60	–	101.946,60
2º mês	560,71	1.537,61	104.044,92	–

Observe que a variação monetária do primeiro mês foi calculada multiplicando a variação do IPCA pelo saldo no início do mês. Depois, sobre o saldo total de $ 100.440,00, foram calculados os juros de 1,5%. Para o segundo mês, o valor da variação monetária foi calculado sobre o valor de $ 101.946,60. Depois, sendo calculados os juros de 1,5%, resultando, ao final do segundo mês, o valor de $ 104.044,92.

Os lançamentos contábeis referentes a essa operação são:

a) Obtenção do empréstimo

Disponível	$ 100.00,00
Empréstimo	$ 100.00,00

b) Reconhecimento da variação monetária e juros no primeiro mês de competência

Despesa financeira	$ 1.946,60
Empréstimos	$ 1.946,60

c) Reconhecimento da variação monetária e dos juros pelo segundo mês de competência

Despesa financeira	$ 2.098,32
Empréstimos	$ 2.098,32

d) Pagamento do empréstimo no final do segundo mês

Empréstimos	$ 104.044,92
Disponível	$ 104.044,92

A seguir, apresentamos os razonetes contemplando todos os registros contábeis da operação.

Empréstimo		Despesa financeira		Disponível	
(4) 104.044,92	100.000,00 (1)	(2) 1.946,60		XXXXX	104.044,92 (4)
	1.946,60 (2)	(3) 2.098,32		(1) 100.000,00	
	2.098,32 (3)				
	–				

Sobre esse exemplo, duas observações são pertinentes. Primeiramente, é importante observar que a despesa financeira pode ser segregada em dois componentes: despesa de variação monetária (relativa à parcela de atualização do empréstimo pela variação do IPCA) e despesa de juros (referente ao custo de 1,5% do contrato).

Além disso, cabe destacar que, diferentemente do exemplo da duplicata descontada, em que foi utilizada a conta retificadora dos juros a apropriar, neste caso seria mais complicado fazer uso desse expediente, pois, como se trata de um empréstimo pós-fixado (ou seja, não se sabe no início do contrato o rendimento total, em razão de a variação do IPCA não ser conhecida previamente), as despesas financeiras a serem apropriadas no futuro vão se alterando conforme o IPCA vai sofrendo variações. Desse modo, o registro dos juros a apropriar como uma conta retificadora desde o início da operação teria de ser feito por estimativa, e, ao longo do tempo, sendo ajustado pela real variação do IPCA, o que seria bem mais complicado do que manter o registro do passivo pelo saldo líquido.

Empréstimo prefixado

A empresa Jeri obteve, em 31/12/X2, um empréstimo com as seguintes características:

- Valor do empréstimo: $ 100.000
- Prazo do empréstimo: 2 meses
- Taxa de juros: 3% ao mês (regime de capitalização composta)
- Forma de pagamento do principal e juros: no vencimento
- Custos de captação: $ 1.000, pagos no dia da obtenção do empréstimo

Resolução:

Cálculo da taxa de custo efetivo da operação (utilizando calculadora financeira):

n = 2

PV = 99.000 (100.000 − 1.000) (CHS)

FV = 106.090 (100.000 × $(1,03)^2$)

i = ?

i = 3,5189% a.m.

Com base na taxa de custo efetivo (3,5189% a.m.), os valores dos encargos financeiros de cada mês são os seguintes:

Data	Encargos financeiros (i = 3,5189% a.m.)	Saldo contábil no passivo
31/12/X2	–	99.000,00
31/01/X3	3.483,71	102.483,71
28/02/X3	3.606,29	106.090,00

Nesse exemplo, como estamos diante de um empréstimo prefixado, diferentemente do exemplo anterior, já sabemos desde o início do contrato os valores de juros a serem apropriados ao longo do contrato. Logo, podemos efetuar a contabilização do passivo pelo líquido ou então pelo bruto com sua respectiva conta retificadora de juros a apropriar. Na sequência, iremos apresentar as duas alternativas.

1ª alternativa: contabilização do passivo inicial pelo valor líquido.

Disponível				Empréstimos				Despesa financeira	
XXXXXX	106.090,00	(4)			99.000,00	(1)	(2)	3.483,71	
(1) 99.000,00					3.483,71	(2)	(3)	3.606,29	
			(4)	106.090,00	3.606,29	(3)			
XXXXX					–			7.090,00	

2ª alternativa: contabilização do passivo inicial pelo valor bruto, utilizando a conta retificadora de juros a apropriar.

Disponível			
(1)	XXXXXX	106.090,00	(4)
	99.000,00		
	XXXXX		

Empréstimos			
		106.090,00	(1)
(4)	106.090,00		
		–	

Despesa financeira		
(2)	3.483,71	
(3)	3.606,29	
	7.090,00	

Juros a apropriar			
(1)	7.090,00	3.483,71	(2)
		3.606,29	(3)
		–	

EXEMPLO 3

Empréstimo bancário com variação cambial

A empresa Pipa S.A. obteve, em 31/12/X1, um empréstimo em dólar no valor de US$ 100.000, com vencimento em 2 meses. A taxa de juros do empréstimo é de 1% ao mês. Tanto os juros quanto o principal serão pagos no vencimento.

As taxas de câmbio na contratação do empréstimo e ao final de cada mês eram as seguintes: 3,80, 3,90 e 4,00.

A partir dessas informações, podemos calcular os valores em reais relativos à variação cambial e à taxa de juros durante o período do contrato:

Período	Variação cambial	Juros (1% a.m.)	Pagamento	Saldo
Aquisição	–	–	–	380.000,00
1º mês	10.000,00	3.900,00	–	393.900,00
2º mês	10.100,00	4.040,00	408.040,00	–

É importante salientar que, assim como a variação monetária (apresentada no exemplo 1), a variação cambial deve ser calculada antes dos juros. Assim, o empréstimo em reais atualizado ao final do primeiro mês é de R$ 390.000,00 (já que a taxa de câmbio saiu de 3,80 para 3,90), e portanto, os juros do primeiro mês são de R$ 3.900,00 (1% sobre o saldo em reais atualizado). O mesmo procedimento é feito no segundo mês.

Os lançamentos contábeis referentes a essa operação são:

e) Obtenção do empréstimo

Disponível	$ 380.000,00
Empréstimo	$ 380.000,00

f) Reconhecimento da variação cambial e juros no primeiro mês de competência

Despesa de variação cambial	$ 10.000,00
Despesa de juros	$ 3.900,00
Empréstimos	$ 13.900,00

g) Reconhecimento da variação monetária e dos juros pelo segundo mês de competência

Despesa de variação cambial	$ 10.100,00
Despesa de juros	$ 4.040,00
Empréstimos	$ 14.140,00

h) Pagamento do empréstimo no final do segundo mês

Empréstimos	$ 408.040,00
Disponível	$ 408.040,00

Novamente, ressaltamos que, nesse exemplo, não cabe o uso de conta retificadora, dado o componente incerto da variação cambial.

Outro ponto interessante é o fato de que, apesar de o contrato ter sido feito com uma taxa de 1% em dólar, não foi essa a taxa efetiva que a empresa pagou ao final do contrato, já que a taxa de câmbio oscilou. A taxa efetiva acabou sendo de 3,62%, ou seja, bem superior à taxa originalmente contratada.

DILEMA ÉTICO

A Cia. Praia de Icapuí adquiriu ativos financeiros da Cia. Praia de Taiba. Sabe-se que, no modelo de negócio da Cia. Praia de Icapuí, a ideia é que os investimentos sejam realizados para obtenção dos fluxos de caixa do contrato, apenas.

Devido à crise ocorrida recentemente no mercado, os resultados da companhia não estão tão bons. Com isso, o CEO da Icapuí decidiu inserir a valorização dos ativos financeiros adquiridos da Cia. Praia de Taíba, também, no resultado, pois gostaria de mostrar essa valorização no mercado.

Você, como contador da empresa, o que pode indicar como mais coerente para o CEO da Icapuí, sabendo que o título estava sendo inicialmente classificado como ativo financeiro ao custo amortizado?

O que você decidiu fazer?

Discuta as implicações éticas da sua decisão e a do CEO.

RESUMO

 As operações financeiras ativas e passivas representam investimentos e captações de recursos. As características do fluxo de caixa contratual do ativo financeiro e o modelo de negócio são importantes para a classificação e mensuração desses ativos. O modelo de negócio refere-se à maneira pela qual uma entidade administra seus ativos financeiros. Os ativos financeiros são classificados como mensurados ao custo amortizado, ao valor justo por meio de outros resultados abrangentes (VJORA) e ao valor justo por meio do resultado (VJR).

 No reconhecimento inicial, a entidade deve mensurar o ativo financeiro ao seu valor justo mais os custos de transação que sejam diretamente atribuíveis à aquisição do ativo financeiro, exceto para os ativos financeiros mensurados ao valor justo por meio do resultado, os quais devem ser reconhecidos diretamente no resultado do período.

Com relação aos ativos classificados como mensurados ao custo amortizado, a receita de juros (taxa efetiva de juros), as perdas de créditos esperadas e os ganhos ou perdas cambiais serão reconhecidos no resultado. Além disso, caso haja desreconhecimento, qualquer ganho ou perda é reconhecido no resultado. Para os ativos mensurados ao valor justo por meio de outros resultados abrangentes, a receita de juros (taxa efetiva de juros), as perdas de crédito esperadas e os ganhos ou perdas cambiais são reconhecidos no resultado. Os ganhos e perdas da mensuração ao valor justo são reconhecidos em outros resultados abrangentes. Quando há o desreconhecimento, os ganhos e perdas acumulados, anteriormente reconhecidos em outros resultados abrangentes, devem ou não ser reclassificados do patrimônio líquido para o resultado. Por último, com relação aos ativos avaliados ao valor justo por meio do resultado, todos os ganhos ou perdas são reconhecidos no resultado do período.

OBJETIVO 3 — Os passivos financeiros podem ser classificados como mensurados ao custo amortizado ou ao valor justo por meio do resultado. No reconhecimento inicial, a entidade deve mensurar o passivo financeiro ao seu valor justo menos os custos de transação que sejam diretamente atribuíveis à emissão do passivo financeiro, exceto para os passivos financeiros mensurados ao valor justo por meio do resultado, em que tais custos devem ser reconhecidos diretamente no resultado do período.

APLICANDO CONHECIMENTOS - QUESTÕES PARA RESOLVER

CASO PARA DISCUSSÃO

A empresa Tibau S.A. adquiriu um título no mercado financeiro com as seguintes características:

- Valor do título: $ 20.000
- Taxa de juros: 2% ao mês (juros compostos)
- Modelo de negócio considera o título como Valor Justo por Meio do Resultado.

Após um mês de operações, o título vale no mercado $ 20.500. Após todos os lançamentos contábeis, a controladoria está em reunião para definições sobre qual seria o melhor modelo de negócio para a companhia.

Diante dessas informações, quais os resultados que a empresa teria utilizando os modelos de negócios existentes?

TESTES

OBJETIVO 1

1. Entre as operações financeiras passivas utilizadas por empresas comerciais, pode-se citar:
   a) Certificados de depósitos bancários (mais conhecido como CDB).
   b) Poupança.
   c) Desconto de duplicatas.
   d) Títulos públicos federais.
   e) Cotas de fundos de investimentos.

OBJETIVO 1

2. Como um exemplo de um título com taxa prefixada, tem-se um ativo que remunera a:
   a) IGPM + 6% a.a.
   b) IPCA.
   c) 5% a.a.
   d) Câmbio + 2% a.a.
   e) Selic.

OBJETIVO 2

3. A empresa Volta da Jurema S.A. fez uma aplicação financeira em 30/11/X1, adquirindo um título no valor de $ 7.000, que remunera à taxa de 6% ao mês. O título foi classificado, dado o modelo de negócio e seu fluxo de caixa, na data da aquisição, como mensurado ao valor justo por meio do resultado (VJR) e o seu valor de mercado, 30 dias após a sua aquisição, era de $ 7.350. De acordo com estas informações, na demonstração do resultado de X1 e no balanço patrimonial de 31/12/X1, a empresa reconheceu apenas:

   a) Receita financeira no valor de $ 420 e aumento na conta no ativo no mesmo valor.
   b) Receita financeira no valor de $ 350 e aumento na conta no ativo no mesmo valor.
   c) Receita financeira no valor de $ 420 e ajustes de avaliação patrimonial, no patrimônio líquido, no valor de $ 350 (saldo devedor), sendo o ativo aumentado pelo primeiro valor e depois diminuído pelo segundo.
   d) Receita financeira no valor de $ 420 e ajustes de avaliação patrimonial, no patrimônio líquido, no valor de $ 70 (saldo devedor), sendo o ativo aumentado por aquele e o depois diminuído por este.
   e) Receita financeira no valor de $ 350 e ajustes de avaliação patrimonial, no patrimônio líquido, no valor de $ 70, sendo o ativo aumentado em $ 420.

4. A empresa Praia de Aracati S.A. fez uma aplicação financeira em 30/04/X2, adquirindo um título no mercado financeiro no valor de $ 39.000, que remunera à taxa de 4% ao mês. Este título foi classificado, na data da aquisição, como mensurado ao custo amortizado. O seu valor de mercado 30 dias após a sua aquisição era de $ 40.600. De acordo com estas informações, em 30/05/X2, a empresa reconheceu:

   a) Receita financeira no valor de $ 1.560.
   b) Receita financeira no valor de $ 1.600.
   c) Receita financeira no valor de $ 1.560 e ajustes de avaliação patrimonial, no patrimônio líquido, no valor de $ 40 (saldo credor).

d) Receita financeira no valor de $ 1.600 e ajustes de avaliação patrimonial, no patrimônio líquido, no valor de $ 40 (saldo devedor).

e) No patrimônio líquido, ajustes de avaliação patrimonial, no valor de $ 1.560.

5. A Cia. das Águas obteve, em 01/12/X1, um empréstimo no valor de $ 150.000, para pagamento integral (principal e juros) em 01/12/X3. A taxa de juros compostos contratada foi de 3% ao mês. Os custos incorridos e pagos para a obtenção deste empréstimo foram $ 4.200. Sabendo-se que este empréstimo é mensurado pelo custo amortizado e que a taxa efetiva de juros é 3,12% a.m., o valor da despesa financeira reconhecida na Demonstração do resultado de dezembro de X1 foi:

a) $ 4.500.
b) $ 4.680.
c) $ 8.700.
d) $ 4.200.
e) $ 4.374.

6. Determinada empresa aplicou $ 130.000 em ativos financeiros, sendo $ 60.000,00 em títulos classificados como mensurados ao custo amortizado e $ 70.000 em títulos classificados como mensurados ao valor justo por meio de outros resultados abrangentes. As aplicações foram efetuadas no dia 01/08/X1 e todos os títulos remuneram a taxa de juros compostos de 2% ao mês. Em 31/08/X1, os valores justos dos dois títulos eram $ 63.000 e $ 71.000, respectivamente.

Com base nessas informações, é correto afirmar que a empresa:

a) Reconheceu receita financeira no valor de $ 2.600, no mês de agosto de X1.
b) Reconheceu receita financeira no valor de $ 4.000, no mês de agosto de X1.
c) Reconheceu receita financeira no valor de $ 2.200, no mês de agosto de X1
d) Apresentou no ativo o valor total de $ 134.000, em 31/08/X1.
e) Apresentou no ativo o valor total de $ 132.600, em 31/08/X1.

OBJETIVO 1

7. Faça a associação entre o nome do título e suas características:

I. Custo amortizado

II. Valor justo por meio de outros resultados abrangentes (VJORA)

III. Valor justo por meio do resultado (VJR)

( ) São ativos financeiros que não são classificados como mensurados ao custo amortizado ou ao valor justo por meio de outros resultados abrangentes.

( ) Ativo financeiro mantido dentro de um modelo de negócios cujo objetivo seja obter fluxos de caixa contratuais (somente principal e juros).

( ) Ativo financeiro que seja mantido em um modelo de negócios cujo objetivo seja atingido tanto pela obtenção de fluxos de caixa contratuais quanto pela venda do ativo financeiro.

Respostas: 1-c; 2-c; 3-b; 4-a; 5-d; 6-c; 7-III, I, II.

EXERCÍCIOS

OBJETIVO 1
1. O que são instrumentos financeiros?

OBJETIVO 1
2. Qual a diferença entre operações financeiras passivas e ativas?

OBJETIVO 2
3. Defina modelo de negócio e como isso impacta na classificação dos instrumentos financeiros.

OBJETIVO 2
4. A empresa Praia do Céu S.A. realizou um investimento em 31/01/X1, com as seguintes características:

   i. Valor aplicado: $ 10.000
   ii. Prazo: 4 anos
   iii. Taxa de juros: 7% a.a. (juros compostos)
   iv. Valor de mercado do título ao final de cada ano, para os 4 anos: $ 11.000,00; $ 11.600,00; $ 12.000,00; e, $ 13.107,96.

Pede-se: efetue os lançamentos contábeis dos 4 anos, considerando que o título está sendo classificado como sendo mensurado ao:

a) Custo amortizado.
b) Valor justo por meio de outros resultados abrangentes.
c) Valor justo por meio do resultado.

OBJETIVO 2
5. A empresa Praia de Beberibe S.A. fez um desconto de duplicatas no montante total de $ 20.000, em 31/12/X1. O banco cobrou uma despesa administrativa de $ 150 e uma taxa de desconto comercial de 5% a.m. O prazo da operação era de 3 meses (vencimento em 31/03/X2).

Pede-se:

a. Calcular o valor recebido pela empresa.
b. Realizar os lançamentos contábeis no momento do desconto.
c. Realizar os lançamentos contábeis referentes aos meses de janeiro, fevereiro e março de X2, sabendo que os clientes liquidaram as duplicatas no vencimento.

EXERCÍCIOS ADICIONAIS

1. A empresa Praia de Morro Branco possuía em 30/11/X8, os seguintes saldos, nas seguintes contas:

   Caixa e equivalente caixa – $ 200.000

   Clientes – $ 82.000

   Capital – $ 282.000

   Durante o mês de dezembro de X8, ocorreram os seguintes eventos:

   1) Em 01/12/X8, a empresa aplicou $ 20.000 em títulos que foram classificados como mensurados ao custo amortizado. Esses títulos rendem à taxa de juros compostos de 2% a.m.
   2) Em 01/12/X8, a empresa fez um desconto de duplicatas no montante total de $ 32.000. O banco cobrou tarifas no valor de $ 250 e uma taxa de desconto comercial de 4% a.m. O prazo da operação é de 3 meses.
   3) A empresa adquiriu produtos para revenda no valor de $ 70.000, sendo pago 50% à vista.
   4) A empresa realizou vendas no valor de $ 300.000, sendo 30% à vista. O saldo final do estoque era de $ 10.000.
   5) Em 31/12/X8, o valor de mercado dos títulos adquiridos em 01/12/X8 era $ 20.200.

   Pede-se:

   a) Fazer os lançamentos contábeis dos eventos acima.
   b) Elaborar a demonstração do resultado do exercício findo em 31/12/X8.
   c) Elaborar a demonstração das mutações do patrimônio líquido, sabendo que a empresa adota a seguinte destinação do lucro: a) Reserva Legal – 5% do lucro líquido; b) Dividendos – 25% do lucro líquido; e, c) Reserva para expansão – saldo remanescente.
   d) Elaborar o balanço patrimonial em 31/12/X8.

2. A Cia. Só Chocolate apresentava, em 31/12/X0, a seguinte situação patrimonial:

   Disponível $ 100.000
   Estoques $ 80.000
   Capital social $ 180.000

   Durante o ano de X1 ocorreram as seguintes transações:

   1) Vendas no valor de $ 200.000, das quais 60% foram recebidas à vista e o saldo será recebido em X2. O custo das mercadorias vendidas foi de $ 50.000.
   2) Em 30/06/X1, a empresa obteve um empréstimo no valor de $ 120.000 com as seguintes características:
   - Data de vencimento = 30/06/X2.
   - Taxa de juros = 3% ao mês (**juros compostos**).
   - Pagamento de principal e juros na data de vencimento.

   3. Em 31/10/X1, a empresa obteve um empréstimo no valor de $ 70.000, que será pago integralmente (principal e juros) em 31/01/X2. A taxa de juros contratada foi 2% ao mês (juros compostos) e as despesas e comissões bancárias cobradas no ato do empréstimo totalizaram $ 1.000. A taxa de custo efetivo da operação é 2,4904% a.m.

   4. Em 01/11/X1, a empresa realizou uma operação de desconto de duplicata cujo valor total era $ 90.000, com vencimento em 4 meses. Os seguintes encargos foram pagos à vista:
   - Taxa de desconto = 4% ao mês
   - Despesas de cobrança = 1% do valor das duplicatas descontadas.

   A taxa de custo efetivo é 4,7684% a.m.

   5) As despesas incorridas e pagas no ano de X1 totalizaram $ 30.000.

   Pede-se:

   a) Contabilizar os eventos ocorridos em X1.
   b) Elaborar a demonstração do resultado de X1.
   c) Elaborar, para o ano de X1, a demonstração das mutações do patrimônio líquido, sabendo-se que a empresa adota a seguinte destinação dos resultados:
   - Reserva legal = 5% do lucro líquido.
   - Reserva estatutária = 10% do lucro líquido.
   - O saldo remanescente de lucros acumulados será distribuído aos acionistas, e o dividendo obrigatório previsto no estatuto da empresa é de 30% do lucro líquido.

   d) Elaborar o balanço patrimonial em 31/12/X1.

9

Assista ao vídeo do autor sobre o tema deste capítulo

uqr.to/f1vw

ATIVO NÃO CIRCULANTE – INVESTIMENTOS

"Buffett quis investir US$ 3 bilhões na Uber, mas conversas fracassaram

Nova York – O bilionário investidor Warren Buffett negociou um investimento de US$ 3 bilhões na Uber no começo deste ano, mas as conversas acabaram não indo para a frente, segundo fontes com conhecimento do assunto. Buffett geralmente diz que não gosta de investir em empresas de tecnologia, porque não é especialista nessa área, mas seu conglomerado Berkshire Hathaway vem comprando ações da Apple recentemente e hoje já é um dos maiores acionistas da companhia. (...)

O executivo-chefe da Uber, Dara Khosrowshahi, trabalha para preparar a empresa para uma oferta pública inicial de ações (IPO, na sigla em inglês) em 2019. Ele busca reduzir custos, após a companhia registrar um prejuízo de

US$ 4,5 bilhões no ano passado, além de melhorar a imagem da Uber, depois de uma série de problemas recentes. Mesmo com o prejuízo, a receita da Uber vem crescendo rapidamente, com expansão anual de 70% no primeiro trimestre deste ano, a US$ 2,59 bilhões. Além disso, a empresa tem uma forte posição de caixa, depois de rodadas anteriores de aporte de capital. No fim de março, a Uber possuía US$ 6,3 bilhões em caixa, segundo dados obtidos pelo *Wall Street Journal*."

Fonte: NEWSWIRES, Dow Jone. *Valor Econômico*, 31 maio 2018.

OBJETIVOS DE APRENDIZAGEM DO CAPÍTULO

Após estudar este capítulo, você será capaz de:
1. Entender os conceitos básicos de investimentos, classificados no ativo não circulante.
2. Estudar as formas de mensuração e contabilização das participações societárias em outras companhias.

OBJETIVO 1

O QUE SÃO INVESTIMENTOS?

Conceitos básicos

Investimento
é uma aplicação de recursos com a finalidade de se obter algo.

No âmbito econômico, o conceito de investimento está relacionado com a aplicação de um capital com o objetivo de obter retornos financeiros em data futura.

O conceito de investimento é bastante intuito e pode ser definido como a aplicação de recursos a fim de se obter algo. Investe-se tempo, por exemplo, estudando os conceitos presentes neste livro a fim de se obter conhecimento contábil.

Especificamente no âmbito econômico, o conceito de investimento está relacionado à aplicação de um capital com o objetivo de obter retornos financeiros em data futura. Essa ideia é também bastante intuitiva, pois não são apenas empresas que realizam investimentos. Ao contrário, é bastante comum pessoas físicas aplicarem suas sobras de recursos em investimentos, como caderneta de poupança, certificados de depósitos bancários (CDBs), fundos de investimento, imóveis ou, ainda, no mercado de ações. Nesses casos, aplica-se determinado capital com vistas à obtenção de rendimentos em data futura, como juros, dividendos, aluguéis etc.

Do ponto de vista contábil, o conceito de investimento encontra-se intimamente relacionado com o conceito de ativo. Afinal, um ativo nada mais é do que um investimento realizado pela empresa do qual se esperam benefícios futuros, seja na forma de entrada de novos ativos ou redução de saídas de recursos. Investe-se em estoques, por exemplo, para obtenção de retornos por meio da venda por um preço superior ao custo de aquisição. Investe-se em imobilizado – ao se automatizar o processo produtivo – com vistas à redução do custo de produção etc. Conceitualmente, portanto, todos os ativos são investimentos.

É preciso ressaltar ainda que, conceitualmente, até determinadas despesas podem ser consideradas investimentos. Pode-se mencionar, por exemplo, o investimento em treinamento de funcionários no segmento de prestação de serviços; ou ainda os gastos com pesquisa em uma indústria farmacêutica. Apesar de serem contabilizados como despesas, não há dúvida de que, ao menos conceitualmente, tais gastos possuem natureza de investimentos. Afinal, são recursos aplicados com vistas à obtenção de retornos futuros. Assim, no caso de uma prestadora de serviços, quanto mais treinados forem seus funcionários, mais produtivos serão – e mais valiosos para a entidade.

Dentro desse contexto – considerando que a ideia de investimento é bastante intuitiva e de conhecimento geral –, faz-se necessário conceituar investimento sob a ótica contábil deste capítulo, qual seja: os investimentos classificados no Ativo Não Circulante.

Conforme a Lei nº 6.404/76, em seu art. 179, III, serão classificados no grupo de investimentos:

> "as **participações permanentes em outras sociedades** e os direitos de qualquer natureza, não classificáveis no ativo circulante, e que não se destinem à manutenção da atividade da companhia ou da empresa." (Grifos não constam no original.)

Para mais detalhes sobre o tratamento contábil de Ativos Financeiros, veja-se o **Capítulo 8** deste livro.

Note-se que as participações permanentes caracterizam-se pelos investimentos em outras sociedades na forma de ações ou quotas.

Importante diferenciá-los daqueles classificados como aplicações financeiras, cujo objetivo é obtenção de retorno por meio de dividendos e de ganhos de capital. Tais investimentos nada mais são do que ativos financeiros, estando sob o escopo das exigências de reconhecimento e mensuração da norma de Instrumentos Financeiros, quais sejam os CPC 39, 40 e 48.

As participações permanentes em outras sociedades, como o próprio nome já indica, são representadas por investimentos de caráter duradouro, que indicam uma espécie de extensão da atividade econômica da investidora. Isso decorre do crescimento orgânico da própria atividade empresarial ou por meio da aquisição de novas participações em outras empresas.

Participações permanentes em outras sociedades são de caráter duradouro, que indicam uma espécie de extensão da atividade econômica da investidora.

A título exemplificativo, veja-se na Figura 9.1 o organograma da Companhia de Saneamento de São Paulo (Sabesp), em que é possível identificar, além do seu acionista controlador (Estado de São Paulo), as participações societárias permanentes da referida empresa.

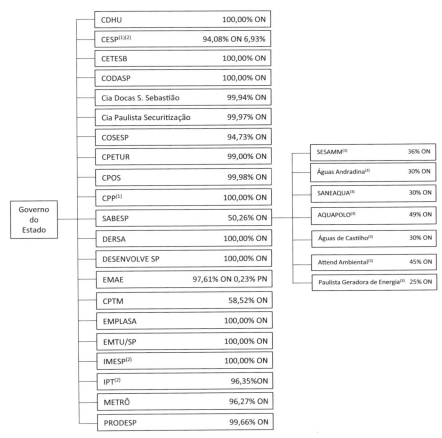

FIGURA 9.1 Organograma da Sabesp.

Fonte: Formulário de Referência da Sabesp de 2017, p. 370.

As empresas investidas poderão ser classificadas como controladas, controladas em conjunto (*joint ventures* ou *joint operations*) e coligadas.

De maneira geral, os investimentos de caráter permanente em outras sociedades devem ser classificados conforme o nível do relacionamento entre a empresa investidora e a empresa investida. Com base nesse critério, as empresas investidas poderão ser classificadas como controladas, controladas em conjunto (*joint ventures* ou *joint operations*) e coligadas. Veja-se a seguir uma breve descrição dos investimentos em outras sociedades da Sabesp, todos classificados como entidades controladas em conjunto.

QUADRO 9.1 Sabesp: investimentos em participações societárias

Controlada em conjunto	Atividade
Águas de Andradina	Prestação de serviços de água e de esgoto no município de Andradina.
Águas de Castilho	Prestação de serviços de água e esgoto no município de Castilho.
Aquapolo Ambiental S.A.	Produção, fornecimento e comercialização de água de reúso para a Quattor Química S.A.; Quattor Participações S.A. e demais empresas integrantes do Polo Petroquímico.
Attend Ambiental S.A.	Implantações e operação de uma estação de pré-tratamento de efluentes não domésticos e condicionamentos de lodo, na região metropolitana da capital do Estado de São Paulo, bem como o desenvolvimento de outras atividades correlatas e a criação de infraestrutura semelhante em outros locais, no Brasil e Exterior.
Paulista Geradora de Energia S.A.	Implantação e exploração comercial de potenciais hidráulicos em Pequenas Centrais Hidrelétricas (PCHs), localizadas na ETA Guaraú e Vertedouro Cascata, dentro do Sistema Cantareira.
Saneaqua Mairinque	Exploração do serviço público de água e esgoto do município de Mairinque.
Sesamm – Serviços de Saneamento de Mogi Mirim S.A.	Prestação de serviços de complementação da implantação do sistema de afastamento de esgoto e implantação e operação do sistema de treinamento de esgotos do Município de Mogi Mirim, incluindo a disposição dos resíduos sólidos gerados.

Fonte: Formulário de Referência da Sabesp de 2017, p. 95.

A classificação contábil dependerá do relacionamento e da influência que a investidora possui sobre a investida.

Conforme mencionado anteriormente, a classificação contábil (controladas, controladas em conjunto ou coligadas) dependerá do relacionamento e da influência que a investidora possui sobre a investida. A seguir, apresentamos as definições contábeis que devem ser observadas para a adequada classificação dessas participações societárias.

Controladas

Conforme o § 2º do art. 243 da Lei nº 6.404/76, considera-se:

A entidade controladora é geralmente aquela que possui a maioria das ações ordinárias, ou seja, aquelas que dão direito a voto nas assembleias de acionistas.

"**controlada** a sociedade na qual a controladora, diretamente ou através de outras controladas, é **titular de direitos de sócio que lhe assegurem**, de modo permanente, **preponderância nas deliberações sociais e o poder de eleger a maioria dos administradores**." (Grifos não constam no original.)

Implícito nesse conceito encontra-se a ideia de que a entidade investidora (controladora) **controla** a entidade investida. Na maioria dos casos, isso decorre de seus direitos de sócios, mais especificamente o direito de voto. Por essa razão, a entidade controladora é geralmente aquela que possui a maioria das ações ordinárias, ou seja, aquelas que dão direito a voto nas assembleias de acionistas.

Assim, na classificação de uma entidade como controlada, torna-se fundamental o conceito de controle, definido pelo **Pronunciamento Técnico CPC 36**, no seu item 7:

"um investidor **controla** a investida quando está **exposto a**, ou tem direitos sobre, **retornos variáveis decorrentes de seu envolvimento** com a investida e tem a **capacidade** de afetar esses retornos **por meio de seu poder sobre a investida**." (Grifos não constam no original.)

Assim, a determinação do controle baseia-se no conceito de poder sobre as atividades relevantes da investida de modo a direcionar seus retornos financeiros. Note-se que os retornos a serem obtidos têm natureza variável, uma vez que estamos falando de investimentos em quotas ou ações.

Conforme ressaltado, geralmente a entidade controladora é aquela que detém a maioria das ações com direito a voto. Entretanto, outros aspectos deverão ser igualmente observados. Alguns exemplos de direitos que, individualmente ou combinados, podem dar poder ao investidor são apresentados pelo CPC 36, no seu item B15:

> "(a) direitos na forma de direitos de voto (ou direitos de voto potenciais) da investida (ver itens B34 a B50);
> (b) direitos de nomear, realocar ou destituir membros do pessoal-chave da administração da investida que tenham a capacidade de dirigir as atividades relevantes;
> (c) direitos de nomear ou destituir outra entidade que dirija as atividades relevantes;
> (d) direitos de instruir a investida a realizar transações, ou vetar quaisquer mudanças a essas transações, em benefício do investidor; e
> (e) outros direitos (tais como direitos de tomada de decisões especificados em contrato de gestão) que deem ao titular a capacidade de dirigir as atividades relevantes."

> Caso fique evidenciado que a investidora possui direitos que lhe assegurem o controle de determina entidade, esta deverá ser classificada como controlada.

Em suma, caso fique evidenciado que a investidora possui direitos que lhe assegurem o controle de determina entidade, esta deverá ser classificada como controlada.

No Quadro 9.2 são apresentados os investimentos classificados como controladas pela Petrobras, conforme dados extraídos de suas demonstrações financeiras de 2017.

QUADRO 9.2 Petrobras: investimentos em controladas.

11. Investimentos

11.1. Investimentos diretos (Controladora)

	Principal segmento de atuação	% de participação direta da Petrobras	% no Capital votante	Patrimônio líquido (passivo a descoberto)	Lucro líquido (prejuízo) do exercício	País
Empresas Consolidadas						
Subsidiárias e controladas						
Petrobras Netherlands B.V. – PNBV (i)	E&P	100,00	100,00	89.713	8.202	Holanda
Petrobras Distribuidora S.A. – BR	Distribuição	71,25	71,25	8.826	1.151	Brasil
Petrobras International Braspetro – PIB BV (i) (ii)	Diversos (iii)	100,00	100,00	27.116	(5.429)	Holanda
Petrobras Transporte S.A. – Transpetro	Abastecimento	100,00	100,00	4.227	121	Brasil
Petrobras Logística de Exploração e Produção S.A. – PB-LOG	E&P	100,00	100,00	3.934	789	Brasil
Transportadora Associada de Gás S.A. – TAG	Gás e Energia	100,00	100,00	12.457	2.334	Brasil
Petrobras Gás S.A. – Gaspetro	Gás e Energia	51,00	51,00	1.953	257	Brasil
Petrobras Biocombustível S.A.	Biocombustível	100,00	100,00	1.490	159	Brasil
Petrobras Logística de Gás – Logigás	Gás e Energia	100,00	100,00	621	312	Brasil
Liquigás Distribuidora S.A.	Abastecimento	100,00	100,00	971	106	Brasil
Araucária Nitrogenados S.A.	Gás e Energia	100,00	100,00	175	(485)	Brasil
Termomacaé Ltda.	Gás e Energia	100,00	100,00	86	(600)	Brasil
Braspetro Oil Services Company – Brasoil (i)	Corporativo	100,00	100,00	581	29	Ilhas Cayman
Breitener Energética S.A.	Gás e Energia	93,66	93,66	726	45	Brasil
Companhia Integrada Têxtil de Pernambuco S.A. – CITEPE	Abastecimento	100,00	100,00	269	(177)	Brasil
Termobahia S.A.	Gás e Energia	98,85	98,85	614	61	Brasil
Companhia Petroquímica de Pernambuco S.A. – PetroquímicaSuape	Abastecimento	100,00	100,00	(9)	(84)	Brasil
Baixada Santista Energia S.A.	Gás e Energia	100,00	100,00	324	96	Brasil
Petrobras Comercializadora de Energia Ltda. – PBEN	Gás e Energia	99,91	99,91	94	13	Brasil
Fundo de Investimento Imobiliário RB Logística – FII	E&P	99,20	99,20	150	43	Brasil

Fonte: Notas Explicativas as Demonstrações Financeiras da Petrobras 2017, p. 46.

QUESTÃO PARA DISCUSSÃO 9.1

A Petrobras é uma empresa cujo acionista controlador é a União, isto é, o Estado Brasileiro. Por ser uma das maiores empresas do setor de Petróleo e Gás do mundo e ao mesmo tempo uma companhia aberta com ações listadas na Bolsa Brasileira (B3) e na Bolsa Norte-Americana (NYSE), uma questão fundamental tem sido levantada:

A Petrobras deve ser "privatizada", isto é, a União deveria alienar parte de suas ações e passar o controle da empresa para a iniciativa privada?

Controladas em conjunto

No âmbito empresarial, não é incomum que as empresas unam forças na condução de atividades econômicas. Em tais casos, pode ocorrer a criação de uma nova empresa cujo controle será conduzido por ambas as entidades investidoras de forma compartilhada; o chamado **controle conjunto**. Veja-se a notícia apresentada no início do capítulo referente à formação de uma *joint venture* na área de mobilidade urbana entre as empresas alemãs Daimler e BMW.

O ponto que diferencia uma controlada de uma controlada em conjunto é justamente a existência do controle conjunto.

O ponto que diferencia uma controlada de uma controlada em conjunto é justamente a existência do controle conjunto, definido pelo **Pronunciamento Técnico CPC 19 – Negócio em Conjunto**, no seu item 7, como:

> "o **compartilhamento**, contratualmente convencionado, do **controle de negócio**, que existe somente quando **decisões sobre as atividades relevantes** exigem o **consentimento unânime das partes** que compartilham o controle." (Grifos não constam no original.)

Como regra geral, o compartilhamento do controle é manifestado pela divisão igualitária das ações, ou seja, 50% do capital social para cada investidor. Mas este não precisa necessariamente ser o caso. De fato, a análise da existência de controle conjunto independe do montante de participação que cada investidor detém. Deve-se avaliar, conforme prevê a definição acima, se as decisões sobre as atividades relevantes do negócio exigem consenso entre as partes.

Para uma controlada em conjunto, é importante avaliar se as decisões sobre as atividades relevantes do negócio exigem consenso entre as partes.

Nesse sentido, caso um investidor consiga tomar as decisões relevantes de forma isolada, sozinho, estaremos diante de controle (isolado), sendo o investimento classificado como controlada. Por outro lado, caso as decisões relevantes demandem consenso entre os investidores, ficará caracterizado o controle conjunto.

Além disso, um negócio controlado em conjunto pode ser operacionalizado de duas formas: uma operação em conjunto (*joint operation*) ou um empreendimento controlado em conjunto (*joint venture*). Tal classificação dependerá dos direitos e obrigações dos investidores. O Quadro 9.3 apresenta as definições dessas duas espécies de negócio em conjunto, conforme definido nos itens 15 e 16 do CPC 19.

QUADRO 9.3 Negócios controlados em conjunto: *joint venture* e *joint operation*.

Operações em conjunto (*Joint operation*)	Empreendimento controlado em conjunto (*Joint venture*)
É um negócio em conjunto segundo o qual as partes integrantes que detêm o controle conjunto do negócio têm direitos sobre os ativos e têm obrigações pelos passivos relacionados ao negócio.	É um negócio em conjunto segundo o qual as partes que detêm o controle conjunto do negócio têm direitos sobre os ativos líquidos do negócio. Essas partes são denominadas de empreendedores em conjunto.

Fonte: CPC 19 – Negócio em conjunto, itens 15 e 16.

Perceba-se que, enquanto na *joint venture* os investidores possuem direitos sobre ativos líquidos (ativos – passivos, qual seja o patrimônio líquido), numa *joint operation* as partes possuem direitos sobre ativos e obrigações sobre passivos. Por essa razão, as *joint ventures* são geralmente estruturadas por meio da criação de uma entidade separada, um "CNPJ".

No Quadro 9.4, são apresentados os investimentos classificados como negócios em conjunto pela Petrobras, conforme suas demonstrações financeiras de 2017.

QUADRO 9.4 Petrobras: investimentos em negócios em conjunto.

PETROBRAS	Principal segmento de atuação	% de participação direta da Petrobras	% no Capital votante	Patrimônio líquido (passivo a descoberto)	Lucro líquido (prejuízo) do exercício	País
Operações em conjunto						
Fábrica Carioca de Catalizadores S.A. – FCC	Abastecimento	50,00	50,00	256	69	Brasil
Ibiritermo S.A.	Gás e Energia	50,00	50,00	187	39	Brasil
Empreendimentos controlados em conjunto						
Logum Logística S.A.	Abastecimento	17,14	17,14	1.043	(150)	Brasil
Cia Energética Manauara S.A.	Gás e Energia	40,00	40,00	129	7	Brasil
Petrocoque S.A. Indústria e Comércio	Abastecimento	50,00	50,00	184	60	Brasil
Refinaria de Petróleo Riograndense S.A.	Abastecimento	33,20	33,20	179	106	Brasil
Brasympe Energia S.A.	Gás e Energia	20,00	20,00	84	5	Brasil
Brentech Energia S.A.	Gás e Energia	30,00	30,00	87	2	Brasil
Metanol do Nordeste S.A. – Metanor	Abastecimento	34,54	34,54	28	5	Brasil
Eólica Mangue Seco 4 – Geradora e Comercializadora de Energia Elétrica S.A.	Gás e Energia	49,00	49,00	44	5	Brasil
Eólica Mangue Seco 3 – Geradora e Comercializadora de Energia Elétrica S.A.	Gás e Energia	49,00	49,00	42	4	Brasil
Eólica Mangue Seco 1 – Geradora e Comercializadora de Energia Elétrica S.A.	Gás e Energia	49,00	49,00	40	3	Brasil
Eólica Mangue Seco 2 – Geradora e Comercializadora de Energia Elétrica S.A.	Gás e Energia	51,00	51,00	39	3	Brasil
Companhia de Coque Calcinado de Petróleo S.A. – Coquepar	Abastecimento	45,00	45,00	(6)	(9)	Brasil
Participações em Complexos Bioenergéticos S.A. – PCBIOS	Biocombustível	50,00	50,00	–	–	Brasil

Fonte: Notas explicativas das demonstrações financeiras da Petrobras 2017, p. 46.

💬 QUESTÃO PARA DISCUSSÃO 9.2

Você e um colega de infância decidiram iniciar uma sociedade em conjunto, uma *startup*, que tem como objeto social a prestação de serviços de consultoria financeira e contábil. Você é o grande idealizador do negócio e o *expert* no assunto. Além disso, se dedicará integralmente à empresa. Seu parceiro, por outro lado, proverá o capital necessário para o início das atividades, uma vez que você não possui os referidos recursos. Entre as decisões que precisam ser tomadas, encontra-se a divisão do capital social da empresa. Seu parceiro sugeriu uma divisão igual, em que cada acionista receberá 50% das quotas do capital da empresa. Nesse caso, vocês exercerão o controle conjunto da nova entidade. Pergunta-se: **quais as vantagens e desvantagens desse modelo de divisão?**

Coligadas

Em determinados casos, apesar de a entidade investidora não possuir controle isolado ou controle compartilhado sobre a entidade investida, pode ocorrer a existência de **influência significativa**. Nesses casos estaremos diante de um investimento em **coligada**.

Uma entidade coligada, conforme dispõem tanto o §1º do art. 243 da **Lei nº 6.404/76** quanto o item 3 do **CPC 18 – Investimento em Coligada, em Controlada e em Empreendimento Controlado em Conjunto**, é:

> "a entidade sobre a qual o investidor tem **influência significativa**." (Grifos não constam no original.)

O conceito de **influência significativa** está relacionado ao poder de participar nas **decisões das políticas financeira ou operacional da investida, sem controlá-la ou controlá-la conjuntamente**. O item 6 do CPC 18 apresenta formas de manifestação da influência significativa sobre uma entidade investida:

> "(a) representação no conselho de administração ou na diretoria da investida;

Nos casos em que pode ocorrer a existência de influência significativa, estaremos diante de um investimento em coligada.

(b) participação nos processos de elaboração de políticas, inclusive em decisões sobre dividendos e outras distribuições;

(c) operações materiais entre o investidor e a investida;

(d) intercâmbio de diretores ou gerentes;

(e) fornecimento de informação técnica essencial."

Importante ressaltar, ainda, que tanto o CPC 18 quanto a Lei das Sociedades por Ações presumem que exista influência significativa quando a entidade investidora tiver 20% ou mais das ações com direito a voto da investida. Entretanto, essa presunção é relativa, ou seja, pode ser afastada com base nas evidências do caso concreto. Do mesmo modo, é possível ter um percentual inferior de ações e possuir influência significativa. Novamente, deve-se avaliar cada caso e a classificação de um investimento como coligada deve refletir a essência econômica dos fatos.

Apresentam-se, no Quadro 9.5, os investimentos classificados como coligadas pela Petrobras, conforme dados extraídos de suas demonstrações financeiras de 2017. Veja que há casos em que o percentual sobre o capital votante é superior a 20%, assim como há casos em que isso não ocorre. Isso demonstra que apenas a referência numérica do percentual de participação muitas vezes não resolve a situação da classificação do investimento. É preciso ir além disso, refletindo nessa classificação a realidade econômica das relações entre investidora e investida.

QUADRO 9.5 Petrobras: investimentos em negócios em coligadas.

PETROBRAS	Principal segmento de atuação	% de participação direta da Petrobras	% no Capital votante	Patrimônio líquido (passivo a descoberto)	Lucro líquido (prejuízo) do exercício	País
Coligadas						
Sete Brasil Participações S.A. (iv)	E&P	5,00	5,00	(22.460)	(258)	Brasil
Fundo de Investimento em Participações de Sondas – FIP Sondas	E&P	4,59	4,59	(1)	(2)	Brasil
Braskem S.A. (v)	Abastecimento	36,20	47,03	7.779	3.697	Brasil
UEG Araucária Ltda.	Gás e Energia	20,00	20,00	522	(50)	Brasil
Deten Química S.A.	Abastecimento	27,88	27,88	393	60	Brasil
Energética SUAPE II	Gás e Energia	20,00	20,00	324	122	Brasil
Termoelétrica Potiguar S.A. – TEP	Gás e Energia	20,00	20,00	109	1	Brasil
Nitroclor Ltda.	Abastecimento	38,80	38,80	1	–	Brasil
Bioenergética Britarumã S.A.	Gás e Energia	30,00	30,00	–	–	Brasil
Nova Transportadora do Sudeste – NTS	Gás e Energia	10,00	10,00	3.943	1.381	Brasil

Por fim, note-se que a Lei nº 6.404/76, além dos investimentos em participações societárias, também prevê a classificação de **outros direitos de qualquer natureza não classificáveis no circulante** – desde que não destinados à manutenção das atividades da empresa – no grupo de investimentos. Este seria o caso, por exemplo, de obras de arte adquiridas com a finalidade de valorização.

Sobre esse aspecto, é importante salientar ainda que o presente capítulo não abordará essas outras espécies de investimento também classificadas no Ativo Não Circulante. Dentre elas, chamamos a atenção para os imóveis adquiridos com a finalidade de obtenção de renda (aluguel) ou valorização que devem ser classificados contabilmente como **Propriedade para Investimento**. Tais ativos também são classificados no grupo dos Investimentos. Para mais detalhes, favor consultar o **Pronunciamento Técnico CPC 28 – Propriedade para Investimento**.

VOCÊ SABIA?

Que as principais detentoras de propriedades para investimento são as administradoras de *shopping centers*? Tais empresas constroem e/ou adquirem *shoppings* com a intenção de obter rendas de aluguel de lojistas. Se a intenção fosse a venda, tais imóveis deveriam ser classificados como estoques – como no caso de uma incorporadora imobiliária ou imobiliária. Perceba-se ainda que, para a maior parte das empresas, os imóveis são classificados como imobilizado, pois são destinados ao uso.

Ainda sobre o escopo do presente capítulo, ressalte-se que não abordaremos os temas mais avançados relacionados às participações societárias. O aprofundamento desse assunto demandaria um estudo mais detalhado em razão da complexidade inerente às transações de fusões, aquisições, incorporações etc. De fato, esse é um dos temas mais difíceis e polêmicos da ciência contábil, em razão da montagem de complexas estruturas societárias e dos efeitos tributários decorrentes de reestruturações societárias.

Nesse sentido, o presente capítulo – em razão de seu caráter introdutório – limitar-se-á a apresentar os aspectos iniciais da contabilização de participações societárias. Para um estudo complementar, recomendamos o estudo de livros de contabilidade avançada e dos Pronunciamentos Contábeis relacionados.

OBJETIVO 2
MÉTODOS DE AVALIAÇÃO DE PARTICIPAÇÕES SOCIETÁRIAS

De maneira geral, o método de avaliação das participações societárias a ser utilizado na avaliação desses investimentos dependerá do relacionamento entre a entidade investidora e a investida, conforme pode ser observado na Figura 9.2.

FIGURA 9.2 Métodos de avaliação das participações societárias e relacionamento entre a investidora e a investida.

Perceba-se que, quando a investidora tiver o controle sobre a investida, estaremos diante de um investimento em controlada que deverá ser avaliado pelo **método de equivalência patrimonial** (MEP) nos Balanços Individuais; além, é claro, da necessidade de consolidação do investimento nas Demonstrações Consolidadas (ressalta-se que esse tema também não está no escopo deste capítulo nem deste livro).

O MEP também deverá ser aplicado para os investimentos em coligadas e controladas em conjunto caracterizadas como *joint venture* (empreendimento controlado em conjunto). Já nos casos em que o empreendimento controlado em conjunto se caracterizar como uma *joint operation* (operação em conjunto), aplicam-se as exigências gerais relacionadas com o reconhecimento e a mensuração de ativos, passivos, receitas e despesas.

No Quadro 9.6, apresentamos a política contábil da Petrobras referente aos seus investimentos societários, conforme dados extraídos de suas Demonstrações Financeiras de 2017.

QUADRO 9.6 Petrobras: política contábil – investimentos

4.5. Investimentos societários

Coligada é a entidade sobre a qual a companhia possui influência significativa, definida como o poder de participar na elaboração das decisões sobre políticas financeiras e operacionais de uma investida, mas sem que haja o controle individual ou conjunto dessas políticas. A definição de controle é apresentada na nota explicativa 4.1.

Negócio em conjunto é aquele em que duas ou mais partes têm o controle conjunto estabelecido contratualmente, podendo ser classificado como uma operação em conjunto ou um empreendimento controlado em conjunto, dependendo dos direitos e obrigações das partes.

Enquanto em uma operação em conjunto, as partes integrantes têm direitos sobre os ativos e obrigações sobre os passivos relacionados ao negócio, em um empreendimento controlado em conjunto, as partes têm direitos sobre os ativos líquidos do negócio. No segmento de exploração e produção, algumas atividades são conduzidas por operações em conjunto.

Nas demonstrações financeiras individuais, os investimentos em entidades coligadas, controladas e empreendimentos controlados em conjunto são avaliados pelo método da equivalência patrimonial (MEP) a partir da data em que elas se tornam sua coligada, empreendimento controlado em conjunto e controlada. Apenas as operações em conjunto constituídas por meio de entidade veículo com personalidade jurídica própria são avaliadas pelo MEP. Para as demais operações em conjunto, a companhia reconhece seus ativos, passivos e as respectivas receitas e despesas nestas operações.

Fonte: Notas explicativas das demonstrações financeiras da Petrobras 2017, p. 18.

Já quando a entidade investida não for uma controlada, controlada em conjunto ou coligada, estaremos diante de um ativo financeiro sujeito às normas do **Pronunciamento Técnico CPC 48 – Instrumentos Financeiros**. Como regra geral, tal ativo financeiro deverá ser mensurado pelo **valor justo**. A contrapartida dos ganhos e perdas decorrente da mensuração ao valor justo deverá ser reconhecida no resultado do período ou no patrimônio líquido e deverá observar o modelo de negócios da entidade (para mais detalhes sobre a contabilização de instrumentos financeiros, veja-se o Capítulo 8 deste livro).

Importante salientar que, como regra geral, não é mais permitido o **método de custo** como base de mensuração das participações societárias de caráter permanente. Conforme ressaltado, controladas, coligadas e *joint ventures* são avaliadas pelo MEP; as outras participações devem ser mensuradas a valor justo.

De fato, o método de custo só pode ser utilizado em situações específicas na avaliação de participações societárias. Isso porque os ativos financeiros decorrentes de investimentos em ações ou quotas devem ser necessariamente mensurados pelo valor justo, **sendo a mensuração pelo custo uma exceção**. Sobre esse aspecto, caso o investimento seja registrado pelo custo, ele deverá ser ajustado pelas perdas por redução ao valor recuperável (*impairment*), caso necessário.

Note-se que essa proibição da utilização do custo como método de avaliação das participações societárias decorre justamente do pouco poder informativo que essa base de mensuração possui. Veja-se um exemplo a seguir.

Aplicação prática – Método de custo

Em 01/01/X1 a Cia. Start adquiriu uma participação de 13% da Fera Ltda. por R$ 260.000,00. No momento da aquisição deverá realizar o seguinte registro contábil:

Reconhecimento do investimento na Cia. Start

Investimento na Fera Ltda. (Ativo não circulante – Investimento – débito)	$ 260.000,00
Bancos (Ativo – Ativo circulante – crédito)	$ 260.000,00

Após identificar que não detém o controle, o controle conjunto e tampouco possui influência significativa sobre a investida, a investidora classificou o investimento na Fera Ltda. como um ativo financeiro. Na impossibilidade de mensurar a participação societária pelo valor justo, utilizou o método do custo para avaliar o investimento na Fera.

(i) No ano de X1 a Fera apresentou prejuízo de R$ 500.000.

Não há nenhum registro contábil

(ii) Já no ano de X2 a investida apresentou lucro de R$ 1.000.000,00.

Não há nenhum registro contábil

(iii) Em X3 a investida optou por pagar R$ 100.000,00 a título de dividendos referentes ao lucro de X2. Como a Start tem 13% das quotas da Fera, ela faz jus a um dividendo de R$ 13.000,00.

Registro do recebimento de dividendos pela Start

Bancos (Ativo – Ativo circulante)	$ 13.000
Receita de dividendos da Fera Ltda.	$ 13.000

Razonetes

Bancos		Investimento na Fera Ltda.
	R$ 260.000	R$ 260.000
R$ 13.000		

Receita de dividendos

	R$ 13.000

Nesse simples exemplo, fica nítida a deficiência informacional do método de custo na avaliação de participações societárias. Não há nenhum registro na investidora por conta do lucro ou prejuízo da investida. De fato, o investimento é mantido pelo custo de aquisição durante toda a sua vida, só sendo diminuído por conta de eventuais perdas por redução ao valor recuperável (*impairment*). Os dividendos recebidos são registrados como receita de dividendos no resultado do exercício. Verifica-se, portanto, que a conta de investimentos na entidade investidora não acompanha as mutações patrimoniais da investida.

Em razão dessas deficiências é que o método de custo não é mais permitido pelas normas contábeis, sendo apenas uma exceção ao método do valor justo na mensuração de instrumentos financeiros. Para as coligadas, controladas e *joint ventures*, entretanto, é obrigatório o MEP – apresentado a seguir.

Método de equivalência patrimonial (MEP)

O MEP é definido no item 3 do CPC 18 como:

> "o método de contabilização por meio do qual o investimento é inicialmente reconhecido pelo custo e, a partir daí, é **ajustado para refletir a alteração pós-aquisição na participação do investidor sobre os ativos líquidos da investida**. As receitas ou as despesas do investidor incluem sua participação nos lucros ou prejuízos da investida, e os outros resultados abrangentes do investidor incluem a sua participação em outros resultados abrangentes da investida." (Grifos não constam no original.)

Note-se que, diferentemente do método de custo – que não registra as variações patrimoniais da entidade investida –, o MEP implica o reconhecimento, pelas empresas investidoras, dos resultados de suas investidas no momento da respectiva geração e não quando da distribuição dos dividendos ou de sua alienação.

Importante salientar que, além das controladas (no balanço individual), *joint ventures* e coligadas, a Lei nº 6.404/76 prevê que as "sociedades sobre controle comum" também sejam avaliadas pelo MEP. Nesse sentido, se uma empresa investidora tiver uma participação em uma investida que não seja classificada como controlada, coligada ou *joint venture* – e ambas estiverem sob o controle comum (mesmo grupo econômico) –, a investidora deverá avaliar essa participação pelo MEP, conforme dispõe o art. 248 da Lei das S.A.

Esse mesmo artigo da Lei, na mesma linha das exigências do CPC 18, prevê os seguintes **procedimentos para aplicação do MEP:**

(i) O valor do investimento no balanço da empresa investidora será obtido mediante a aplicação do percentual (%) de participação no capital social da investida sobre o valor do patrimônio líquido dela.

(ii) A diferença entre o valor apurado na data de encerramento dos Balanços e o saldo anterior deverá ser registrada como resultado do exercício (receita ou despesa de equivalência patrimonial), se decorrer de lucro ou prejuízo da investida.

(iii) Caso as mutações no patrimônio líquido da investida decorram de outros resultados abrangentes (por exemplo, ajustes de avaliação patrimonial), essa variação deve ser reconhecida igualmente, de forma reflexa, no resultado abrangente da investidora. Para mais detalhes sobre o conceito de outros resultados abrangentes, veja o Capítulo 14 – Demonstração do resultado abrangente.

Importante salientar, ainda, que existem diversas outras previsões específicas acerca da aplicação do MEP, como aquelas relativas aos ajustes em decorrência de lucros não realizados, variações de participações relativas, ajustes de exercícios anteriores etc. Tais assuntos – em razão do foco e do alcance deste livro – não serão abordados no presente capítulo (para mais detalhes, veja-se o Pronunciamento Técnico CPC 18 e os livros de contabilidade avançada).

Nosso objetivo neste capítulo é apresentar o racional básico do MEP. Vejamos um exemplo compreensivo utilizando balanços sucessivos e razonetes para demonstrar a operacionalização do MEP.

Aplicação prática – MEP

(i) Em 01/01/X5 a Cia. Start decidiu, em conjunto com um parceiro estratégico, constituir a empresa Leme Ltda. Nesse momento aportou R$ 700.000,00 de um capital social total de R$ 1.000.000,00, sendo o restante integralizado pelo outro sócio investidor.

Em decorrência desse evento, deverá realizar o seguinte lançamento contábil:

Reconhecimento da constituição e do aumento de capital na Leme Ltda.

Investimento na Leme Ltda. (Ativo não circulante – Investimento – débito)	$ 700.000
Caixa e equivalente de caixa (Ativo circulante – crédito)	$ 700.000

A relação entre o saldo do investimento na investidora (Cia. Start) e o patrimônio líquido da investida (Leme Ltda.) pode ser visualizada na Figura 9.3.

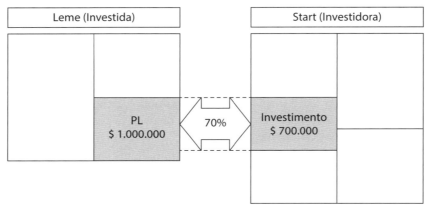

FIGURA 9.3 Relação entre o saldo do investimento na investidora e o patrimônio líquido da investida.

Veja-se que, em linhas com as exigências normativas, a conta do investimento na investidora reflete a aplicação do percentual de participação no capital social da investida sobre o valor do seu patrimônio líquido: R$ 1.000.000,00 × 70% = R$ 700.000,00.

(ii) Em 31/12/X5, por conta do encerramento de seus balanços, a investida apurou um lucro de R$ 180.000,00. Como a investidora possui 70% das quotas da investida, tem direito a esse mesmo percentual do seu lucro, qual seja R$ 126.000,00 (R$ 180.000,00 × 70%). E esse resultado, que reflete o aumento patrimonial da investida em decorrência de lucro, deverá ser registrado como resultado de equivalência patrimonial pela investidora.

Em razão do lucro da Leme Ltda., a investidora deverá registrar o resultado de equivalência patrimonial como se segue:

Reconhecimento do resultado de equivalência patrimonial na Cia. Start

Investimento na Leme Ltda. (Ativo não circulante – Investimento – débito)	$ 126.000
Resultado de equivalência patrimonial – REP (DRE – crédito)	$ 126.000

Note-se que, em razão desse lucro, o patrimônio líquido da investida totaliza R$ 1.180.000,00 (R$ 1.000.000,00 + R$ 180.000,00). E a conta de investimento na investidora monta 70% desse total, ou seja, R$ 726.000,00 (R$ 1.180.000,00 × 70%), conforme pode ser visto na Figura 9.4.

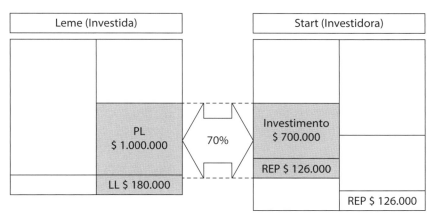

FIGURA 9.4 Reconhecimento do resultado de equivalência patrimonial.

Note que, diferentemente do método de custo, no MEP o investimento é ajustado para refletir as variações no patrimônio líquido da investida. Do mesmo modo, ele é baseado no regime de competência, já que não espera o recebimento de dividendos para que a investidora registre eventuais receitas ou despesas de equivalência patrimonial. Nesse sentido, o método de equivalência patrimonial reflete de maneira mais fidedigna as valorizações e desvalorizações do investimento societário.

(iii) Em 04/04/X6, a Leme Ltda. decide distribuir 50% do seu lucro líquido na forma de dividendos. Perceba-se que 50% do lucro líquido de R$ 180.000,00 totaliza R$ 90.000,00. Como a investidora tem direito a 70% desse montante, receberá R$ 63.000,00 de dividendos.

Nesse momento, a Cia. Start deverá efetuar o seguinte lançamento contábil:

Reconhecimento da distribuição de dividendos

Caixa e equivalente de caixa (Ativo circulante – débito)	$ 63.000
Investimento na Leme Ltda. (Ativo não circulante – Investimento – crédito)	$ 63.000

Note-se que não existe nenhum impacto no resultado do exercício da investidora. Em outras palavras, não há registro de nenhuma receita de dividendos, como acontece no método de custo. Isso porque a receita já foi registrada em momento anterior em razão do lucro obtido pela investida. Logo, o registro do dividendo implicaria uma receita dobrada.

Do mesmo modo, existe uma diminuição do valor do investimento na investidora (lançamento a crédito acima). Isso em razão de o patrimônio líquido da investida ter diminuído em função do pagamento de dividendos. Note-se que a distribuição de dividendos implica, para a empresa investida, a diminuição de um ativo (saída de caixa) e, consequentemente, a diminuição do patrimônio líquido.

Outra forma de entender essa diminuição do investimento é fazer uma analogia com o resgate de uma aplicação financeira. Quando a aplicação obtém rendimentos (lucro), o valor do investimento aumenta; já quando se resgata parte do investimento (retirar caixa da empresa na forma de dividendos), o valor do investimento diminui.

De qualquer forma, basta lembrar que o valor do investimento da investidora representa o valor do patrimônio líquido da investida multiplicado pelo percentual de participação do capital social. Essa é a essência do MEP: o valor do investimento equivale ao patrimônio líquido da investida. A Figura 9.5 ilustra o registro do recebimento dos dividendos na investidora.

Os saldos finais após as transações são:

- **Patrimônio líquido da Leme Ltda. (Investida):** R$ 1.090.000,00, sendo R$ 1.000.000,00 de capital social, R$ 180.000,00 de incremento oriundo do lucro líquido de X5 e uma diminuição de R$ 90.000,00 decorrente da distribuição de dividendos.
- **Conta de investimento na Cia. Start (Investidora):** R$ 763.000,00, que representa justamente 70% de R$ 1.090.000,00.

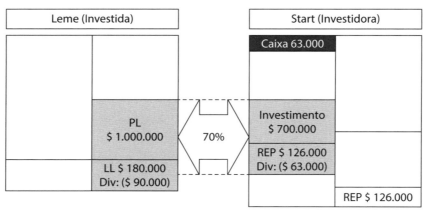

FIGURA 9.5 Reconhecimento do recebimento dos dividendos.

A seguir, apresentamos os razonetes com a movimentação e o saldo na investidora.

Razonetes

Caixa		Investimento na Leme Ltda.	
	R$ 700.000	R$ 700.000	
R$ 63.000		R$ 126.000	R$ 63.000
		R$ 763.000	

Receita de equivalência (REP)	
	R$ 126.000

Como forma de ilustrar os procedimentos discutidos no exemplo, apresenta-se no Quadro 9.7 trecho extraído das demonstrações financeiras da Sabesp.

QUADRO 9.7 Sabesp: nota de investimentos

	Investimentos		Dividendos distribuídos		Resultado de equivalência patrimonial			Percentual de participação	
	31 de dezembro de 2017	31 de dezembro de 2016	31 de dezembro de 2017	(*)	31 de dezembro de 2017	(*)	31 de dezembro de 2016	31 de dezembro de 2017	31 de dezembro de 2016
Sesamm	14.135	13.391	(231)	-	975	-	3.096	36%	36%
Águas de Andradina	5.818	4.849	-	240	1.341	(612)	532	30%	30%
Águas de Castilho	1.465	1.112	-	66	280	7	189	30%	30%
Saneaqua Mairinque	1.298	1.227	-	-	117	(46)	217	30%	30%
Attend Ambiental	2.326	1.766	-	-	596	(36)	378	45%	45%
Aquapolo Ambiental	9.191	6.047	-	-	3.170	(26)	338	49%	49%
Paulista Geradora de Energia	2.111	2.117	-	-	(6)	-	(10)	25%	25%
Total	36.344	30.509	(231)	306	6.473	(713)	4.740		
Outros investimentos	588	587							
Total geral	36.932	31.096							

Fonte: Notas explicativas das demonstrações financeiras da Sabesp 2017, p. 121.

Veja, por exemplo, que o investimento na Cia. Sesamm ao final de 2016 totalizava $ 13.391. Durante 2017, houve aumento do investimento em $ 975 por conta do resultado de equivalência patrimonial e redução do investimento em $ 231 por ocasião da distribuição de dividendos. Assim, o saldo do investimento ao final de 2017 foi de $ 14.135.

Assista ao vídeo do autor sobre este tema

Importante salientar que, em geral, os resultados (positivos ou negativos) de equivalência patrimonial não são utilizados no cálculo dos tributos sobre o lucro (imposto de renda e contribuição social). Isso porque representam a participação da investidora nos resultados da investida. E esses resultados já são líquidos de tais tributos, ou seja, se lucro, já foram tributados, e se prejuízo, serão compensáveis pela investida. Assim, quando da apuração de tais tributos, a Receita de Equivalência Patrimonial não é tributável, e, portanto, deve ser excluída para o cálculo do Lucro Real (lucro que representa a base de cálculo do Imposto de Renda), assim como a Despesa de Equivalência Patrimonial não é dedutível, sendo adicionada a esse mesmo cálculo.

Ágio por expectativa de rentabilidade futura (*Goodwill*) e Mais-valia por diferença de valor de mercado

Conforme já ressaltado anteriormente, não se encontra sob o escopo deste livro uma discussão exaustiva sobre a contabilização de participações societárias. Uma análise aprofundada desse assunto encontra-se no escopo de livros de contabilidade avançada. Especificamente nas transações caracterizadas como combinações de negócios, são diversas as exigências a serem observadas nas contabilizações.

Assim, considerando o caráter mais introdutório deste livro e igualmente do presente capítulo, trazemos, apenas a título de conhecimento, dois conceitos importantes que envolvem o registro contábil de participações societárias: (i) **a mais-valia por diferença de valor de mercado**, e (ii) **o ágio por expectativa da rentabilidade futura**.

Nas aquisições de empresas, é bastante comum que o valor pago seja superior ao valor contábil da empresa adquirida. Isso decorre de alguns motivos:

(i) Pelas regras contábeis, grande parte dos ativos não é mensurada pelo seu valor de mercado ("valor justo"). Isso implica que muitos ativos encontram-se registrados por valores inferiores a seus respectivos valores justos. Isso origina, quando da compra de empresas, o ágio por diferença de valor de mercado. Ressalta-se que o ágio também pode decorrer de ativos intangíveis não registrados pela empresa adquirida, por exemplo, aqueles gerados internamente, como marcas, carteira de clientes etc.

(ii) As empresas podem obter sinergias decorrentes da utilização conjunta de seus diversos ativos, de tal forma que o "todo" seja superior ao valor do somatório de todos os seus ativos avaliados isoladamente. Isso origina o chamado ***goodwill* ou ágio por expectativa de rentabilidade futura**.

Assim, para fins contábeis, quando da aquisição de uma participação societária, o valor do investimento deverá ser segregado em três partes: (i) valor contábil, (ii) mais-valia por diferença de valor de mercado, e (iii) ágio por expectativa de rentabilidade futura (*goodwill*). Vejamos um simples exemplo para ilustrar tais conceitos.

Aplicação prática – Contabilização de participação societária com ágio por diferença de valor de mercado e *goodwill*

EXEMPLO

Em 31/12/X7, a Cia. Start adquiriu 100% da Cia. Value por R$ 800.000,00. O balanço patrimonial da adquirida possuía ativos no valor de R$ 600.000,00 e passivos no valor de R$ 100.000,00. Por conta da aquisição, procedeu-se à avaliação dos ativos e passivos da Cia. Value a valores de mercado. Em razão disso, identificou-se que um terreno que se encontrava avaliado contabilmente por R$ 50.000,00 tinha valor de mercado de R$ 150.000,00.

Assim, tem-se que:

Valor pago por 100% do capital: R$ 800.000,00.

Valor contábil da adquirida: R$ 500.000,00 (R$ 600.000,00 – R$ 100.000,00).

Valor de mercado da adquirida: R$ 600.000,00 (R$ 700.000,00 – R$ 100.000,00), em razão do terreno que valia R$ 150.000,00, mas se encontrava registrado por R$ 50.000,00.

A partir desses dados, tem-se que o ágio por diferença de valor de mercado foi de R$ 100.000,00 (R$ 600.000,00 – R$ 500.000,00) e o ágio por expectativa de rentabilidade futura (*goodwill*) montou R$ 200.000,00, que é justamente a diferença entre o valor pago de R$ 800.000,00 e o valor de mercado dos ativos líquidos da adquirida de R$ 600.000,00.

Com base nessas informações, teríamos o seguinte lançamento contábil:

Reconhecimento da compra da Cia. Value

Investimento Cia. Value (Valor Contábil – débito)	$ 500.000
Investimento Cia. Value (Ágio por Diferença de Valor de Mercado – débito)	$ 100.000
Investimento Cia. Value (*Goodwil* – débito)	$ 200.000
Caixa e equivalente de caixa (Ativo circulante – crédito)	$ 800.000

TEXTO PARA DISCUSSÃO

Com base nos dados da matéria jornalística a seguir e igualmente no seu conhecimento sobre o tema, responda: O que justifica o valor da compra do WhatsApp pelo Facebook, no caso US 19 bilhões? Como o Facebook deverá registrar essa transação nas suas demonstrações financeiras?

"Mercado ignora apreensões com compra do WhatsApp pelo Facebook

A cotação das ações do Facebook Inc. subiu ontem na bolsa Nasdaq, num sinal de que os possíveis benefícios antevistos na compra do aplicativo de mensagens instantâneas WhatsApp superam o valor salgado do negócio: US$ 19 bilhões. "O preço da aquisição provavelmente será um choque para muitos investidores", diz Jordan E. Rohan, analista da corretora Stifel Nicolaus. Os investidores atuais terão ainda a participação reduzida em 8%, já que o Facebook está fazendo parte do pagamento em ações, acrescenta. Ainda assim, a ação do Facebook, que chegou a cair 3,4% ontem, fechou com alta de 2,3%, para US$ 69,63.

O negócio, que inclui US$ 3 bilhões em ações restritas a serem concedidas ao longo de quatro anos aos fundadores e funcionários do WhatsApp, é o maior já realizado por uma empresa financiada por capital de risco. Além de tirar o aplicativo do alcance de concorrentes como o Google, ele pode impulsionar a popularidade do Facebook entre os jovens e seu crescimento nos mercados internacionais e em aparelhos móveis. "A compra do WhatsApp dá ao Facebook uma posição sólida no setor de mensagens móveis, que acreditamos ser uma parte vital da missão da empresa de conectar o mundo", disse Doug Anmuth, analista do J.P. Morgan.

A aquisição do WhatsApp – cujo aplicativo funciona nos smartphones como uma alternativa para os torpedos convencionais – supera a de qualquer outra empresa novata, inclusive a do aplicativo de compartilhamento de fotos Instagram, que o próprio Facebook comprou por mais de US$ 1 bilhão em 2012, e a do serviço de chamadas de vídeo Skype, adquirido pela Microsoft por US$ 8,5 bilhões, em 2011. O negócio coloca o valor do WhatsApp, uma empresa com 55 empregados, acima dos de 275 companhias que compõem o índice de ações S&P 500, e analistas alertam que os investidores não devem usar os métodos usuais para avaliar a compra. "É difícil avaliar esse negócio com base na métrica tradicional de lucro e receita, dado que o WhatsApp ainda está em estágio inicial de crescimento", diz Shyam Patil, analista da firma de serviços financeiros Wedbush. Não está claro quanto o WhatsApp fatura e a empresa não quis comentar sobre sua receita. Ela cobra US$ 0,99 por um ano pelo uso irrestrito do aplicativo e não veicula anúncios. Em uma teleconferência, o diretor-presidente do Facebook, Mark Zuckerberg, disse não acreditar que anúncios sejam o meio certo de monetizar sistemas de mensagens. Os analistas sugerem que a aquisição seja avaliada em termos de quanto o Facebook está pagando por cada usuário do WhatsApp. Ainda assim a análise pode ter resultados conflitantes.

O Facebook está pagando cerca de US$ 36 por cada um dos 450 milhões de usuários do WhatsApp, mais que os US$ 9 por usuário que a empresa japonesa de comércio eletrônico Rakuten pagou este mês pelo serviço de mensagens Viber Media Inc., dizem analistas. Mas ainda é muito menos que o valor de mais de US$ 130 que o mercado acionário atribuiu a cada usuário do Facebook, LinkedIn e Twitter."

Fonte: Adaptado de ALBERGOTTI, Reed; MACMILLAN, Doug; STAHL, George. *Valor Econômico*, 21 fev. 2014.

Perdas por redução ao valor recuperável (*impairment*) de investimentos

Os investimentos em participações societárias, que são ativos de longo prazo, também estão sujeitos ao teste de recuperabilidade (*impairment*), conforme previsto no **Pronunciamento Técnico CPC 01 – Redução ao Valor Recuperável de Ativos**.

Conforme o referido Pronunciamento Técnico, um ativo está desvalorizado (*impaired*) quando se encontrar registrado contabilmente por valor superior ao seu valor recuperável. Quando isso ocorrer, deve-se registrar uma perda por desvalorização (*impairment loss*).

Nesse sentido, caso existam indícios de que o valor de uma participação societária esteja desvalorizado, deverá ser realizado o teste de *impairment*. Caso o valor recuperável da participação – o maior entre o valor em uso e o valor justo menos as despesas de venda – seja inferior ao valor contábil registrado, será necessário o reconhecimento de uma perda por *impairment* pela empresa investidora.

Mais detalhes sobre o Teste de *Impairment* podem ser encontrados no Capítulo 12 deste livro.

Desreconhecimento (ou "baixa") do investimento

Os investimentos tratados neste capítulo, assim como qualquer ativo, permanecem no ativo pois representam potencial de benefícios econômicos futuros. Quando tais potenciais se reduzem (ou ao menos demonstram indícios de redução), aplica-se o teste de *impairment*.

Entretanto, essa redução de benefícios pode ser definitiva, ou seja, o ativo não irá gerar mais benefícios econômicos e, em geral, isso ocorre por ocasião da venda do investimento, ou por falência da empresa investida. Em qualquer uma das situações, o ativo deve ser "desreconhecido", ou seja, retirado do ativo. Na prática profissional das contabilidades, o termo "desreconhecimento" costuma ser substituído por "baixa".

Os ganhos ou perdas decorrentes da baixa de um investimento devem ser reconhecidos no resultado quando o item for baixado, os quais são determinados pela diferença entre o valor líquido de venda e o valor contábil do bem.

Descreveremos a seguir os registros contábeis que devem ser feitos por ocasião da baixa do ativo.

Em primeiro lugar, caso esteja ocorrendo uma venda, haverá o registro da receita de venda, da seguinte forma:

Caixa ou contas a receber (ativo circulante – débito)
Receita de venda de imobilizado (conta de resultado – crédito)

Além desse registro (que, conforme destacado, somente será realizado caso haja uma venda), deve ser registrada a baixa do investimento, pelo saldo contábil do investimento na data da baixa:

Custo do investimento vendido (conta de resultado – débito)
Investimentos (ativo não circulante – crédito)

Desse modo, caso o ativo tenha sido vendido, haverá no resultado a receita da venda bem como o custo do ativo vendido, compondo, dessa forma, o resultado na venda do investimento (positivo ou negativo, dependendo da transação). Porém, caso o ativo esteja apenas sendo baixado por não gerar mais benefícios futuros (por exemplo, na falência da empresa investida), apenas ocorrerá o registro da baixa do ativo, tendo como consequência uma perda reconhecida no resultado.

DILEMA ÉTICO

Uma entidade controlada do grupo empresarial do qual você é contador apresenta sérias dificuldades financeiras. Tal controlada foi adquirida em período de alto *boom* econômico, o que gerou o registro de montante significativo de ágio por expectativa de rentabilidade futura (*goodwill*) em razão do alto preço pago na aquisição das ações.

Suas análises preliminares indicam que haverá necessidade de registro de perda por *impairment* nesse investimento, uma vez que o valor recuperável encontra-se acima do valor registrado (*carrying amount*).

> Ao comentar esse fato com seu superior, o Diretor Financeiro, ele lhe sugeriu que você revisasse novamente todas as premissas relacionadas ao teste de *impairment*. Segundo ele: "nosso resultado já está bastante ruim neste ano e não podemos piorá-lo ainda mais com o registro de perda por *impairment* de uma controlada". Ele ressaltou, ainda, a importância de que o resultado do ano não incorpore tal perda, pois os *covenants* de dívida da controladora estavam bem próximos do limite permitido. Após conversa com outros colegas da empresa, você também identificou que alguns executivos iriam exercer seus direitos de compra de ações (*stock options*) logo após a publicação dos balanços.
>
> Quais aspectos você levaria em consideração ao avaliar o investimento na referida entidade controlada?

Divulgações relacionadas com os investimentos

Diversas são as exigências de *disclosure* referentes aos investimentos em participações societárias. O CPC 18, além de outras normas que abordam o assunto, exige uma série de divulgações sobre tais investimentos. Sugerimos a consulta ao referido Pronunciamento Técnico. A título exemplificativo, apresenta-se, no Quadro 9.8, a movimentação dos investimentos extraída das Demonstrações Financeiras da Petrobras. Tal forma de apresentação é bastante utilizada por empresas brasileiras para ilustrar a movimentação contábil dos investimentos em participações societárias.

QUADRO 9.8 Petrobras: movimentação dos investimentos.

11.2. Mutação dos investimentos (Controladora)

	Saldo em 31.12.2016	Aportes de capital	Reorganizações, redução de capital e outros	Resultado de participação em investimentos (*)	Ajuste acumulado de conversão (CTA)	Outros resultados abrangentes	Dividendos	Saldo em 31.12.2017
Controladas								
PNBV	68.167	9.261	80	8.045	1.540	–	–	87.093
PIB BV	20.076	10.345	–	(5.525)	410	(16)	–	25.290
TAG	8.494	4.015	(842)	1.082	–	1.275	(1.677)	12.347
BR Distribuidora	7.294	6.313	(8.846)	1.019	–	401	(195)	5.986
Transpetro	3.879	–	–	124	18	134	(53)	4.102
PB-LOG	3.348	–	–	649	–	–	(1.060)	2.937
PBIO	1.350	38	–	160	(132)	74	–	1.490
Logigás	1.190	–	(523)	312	–	3	(361)	621
Gaspetro	952	–	–	122	–	–	(80)	994
Termomacaé Ltda	705	–	–	(599)	–	–	(20)	86
Breitener	633	–	–	48	–	–	(3)	678
Araucária Nitrogenados	194	529	–	(556)	–	8	–	175
Downstream (vide nota 10.3)	3	–	(59)	56	–	–	–	–
Outras Controladas	805	1	169	118	(1)	(11)	(41)	1.041
Operações em conjunto	233	–	–	54	–	–	(64)	223
Empreendimentos controlados em conjunto	314	210	3	(206)	–	4	(61)	264
Coligadas								
Nova Transportadora do Sudeste – NTS (**)	–	–	1.150	138	–	–	(194)	1.094
Demais coligadas	3.535	–	(177)	1.507	19	410	(378)	4.916
Subsidiárias, controladas, operações/empreendimentos em conjunto e coligadas	**121.172**	**30.712**	**(9.045)**	**6.548**	**1.854**	**2.282**	**(4.187)**	**149.337**
Outros investimentos	19	–	–	–	–	–	–	19
Total dos Investimentos	**121.191**	**30.712**	**(9.045)**	**6.548**	**1.854**	**2.282**	**(4.187)**	**149.356**
Provisão para perda em controladas				(86)				
Resultado de empresas classificadas como mantidas para venda				251				
Resultado de participações em investimentos e outros resultados abrangentes				**6.714**				

(*) Inclui lucros não realizados de transações entre empresas.
(**) Investimento remanescente de 10% na NTS (R$ 452), que inclui remensuração a valor justo (R$ 698).

Fonte: Notas explicativas das demonstrações financeiras da Petrobras 2017, p. 47.

RESUMO

OBJETIVO 1 O grupo dos Investimentos no Ativo Não Circulante é composto pelas participações permanentes em outras sociedades e pelos direitos de qualquer natureza, não classificáveis no ativo circulante, e que não se destinem à manutenção da atividade da empresa.

Os investimentos de caráter permanente em outras sociedades devem ser classificados, conforme o nível do relacionamento entre a empresa investidora e a investida, em: controladas, controladas em conjunto (*joint ventures* ou *joint operations*) ou coligadas.

Os investimentos em outras sociedades serão classificados como controladas quando a investidora tiver o controle sobre as atividades relevantes da investida, utilizando seu poder para direcionar os retornos financeiros do investimento.

As entidades investidas serão classificadas como controladas em conjunto quando o controle sobre as atividades relevantes for compartilhado com outro investidor, de tal forma que seja necessário consentimento unânime nas decisões relevantes.

Coligadas são entidades nas quais a entidade investidora detém influência significativa, que é evidenciada pelo poder de participar nas decisões das políticas financeiras ou operacionais da investida, sem controlá-la ou controlá-la conjuntamente.

OBJETIVO 2 O MEP deverá ser aplicado para os investimentos em controladas, coligadas e *joint ventures*. Já nos casos em que o negócio controlado em conjunto se caracterizar como uma *joint operation*, aplicar-se-ão as exigências gerais relacionadas com o reconhecimento e mensuração de ativos, passivos, receitas e despesas.

Quando a entidade investida não for uma controlada, controlada em conjunto ou coligada, estaremos diante de um ativo financeiro que deverá ser mensurado pelo valor justo. O método de custo só deve ser aplicado como exceção, não sendo mais um método permitido para avaliação das participações societárias de caráter permanente.

Pelo método de custo, não há nenhum registro na investidora por conta do lucro ou prejuízo da investida. De fato, o investimento é mantido pelo custo de aquisição durante toda a sua vida, só sendo diminuído por conta de eventuais perdas por redução ao valor recuperável (*impairment*). Os dividendos recebidos são registrados como receita de dividendos no resultado do exercício.

Pelo MEP, o investimento é inicialmente reconhecido pelo custo e, a partir daí, é ajustado para refletir a alteração pós-aquisição na participação do investidor sobre os ativos líquidos da investida. Lucros e prejuízos na investida geram resultado de equivalência patrimonial na investidora. Já o recebimento de dividendos não impacta no resultado da investidora, apesar de reduzir o investimento e gerar um aumento nas disponibilidades.

Todos os investimentos em participações societárias estão sujeitos ao reconhecimento de perdas por não recuperabilidade de ativos (*impairment*). Do mesmo modo, deve ser dada ampla divulgação da movimentação desses investimentos nas notas explicativas às Demonstrações Contábeis.

Quando o ativo não mais apresenta potencial de gerar benefícios futuros, deve ser baixado. Tal baixa tem como consequência o reconhecimento de um resultado, que pode ser positivo (caso o investimento esteja sendo vendido por um valor superior ao saldo contábil de tal investimento) ou negativo (caso o ativo esteja sendo vendido, por um valor inferior ao saldo contábil, ou por ocasião da evidência de que o ativo não gera mais benefícios futuros, de forma definitiva, como no caso do investimento em uma empresa falida).

APLICANDO CONHECIMENTOS – QUESTÕES PARA RESOLVER

CASO PARA DISCUSSÃO

Você é o contador de determinada empresa investidora que possui participação societária em empresa classificada como coligada, a qual é avaliada pelo MEP.

A entidade coligada vem apresentando sucessivos prejuízos que, por consequência, fizeram com que o seu patrimônio líquido ficasse negativo. Em razão disso, o saldo contábil desse investimento no Balanço da investidora é zero.

Na data de encerramento dos Balanços, você recebeu a informação de que a entidade coligada teve novo prejuízo. Inclusive, o auditor da referida empresa está questionando o risco de continuidade dela. Isso porque, além de prejuízos sucessivos, as dívidas financeiras aumentaram de forma significativa e a empresa vem enfrentando uma série de processos trabalhistas, cíveis e tributários.

rido | 123RF

Pergunta-se: Qual o tratamento contábil deve ser dado para o referido investimento em coligada?

1. Dado que investimento já se encontra zerado, o resultado negativo de equivalência patrimonial deve ser reconhecido?
2. Existe a necessidade de registro de algum passivo (provisão) decorrente de uma obrigação presente na data do Balanço?
3. Caso a empresa optasse por vender sua participação nessa entidade coligada, haveria a necessidade de dar algum tratamento contábil diferenciado?
4. Quais divulgações seriam úteis ao usuário da informação contábil da investidora acerca da referida coligada?

TESTES

OBJETIVO 1 OBJETIVO 2

1. (Extraída da Prova do CFC – Técnico em Contabilidade – 1ª Edição – 2012) A empresa investidora A detém 90% do capital votante da empresa B, e avalia os investimentos pelo método da equivalência patrimonial. Em 31.12.2010, o investimento da empresa A no capital da empresa B estava avaliado em R$ 180.000,00. Durante o ano de 2011, a empresa B obteve lucro de R$ 45.000,00 e distribuiu dividendos relativos a lucros de períodos anteriores no valor de R$ 5.000,00.

   Em 31.12.2011, o valor do investimento da empresa A na empresa B era de:

   a) R$ 198.000,00.
   b) R$ 216.000,00.
   c) R$ 220.500,00.
   d) R$ 225.000,00.

OBJETIVO 1 OBJETIVO 2

2. (Extraída da Prova da FCC – PST/Técnico em Contabilidade/Infraero) A distribuição de dividendos, por uma controlada avaliada pelo método da equivalência patrimonial, deve ser contabilizada na controladora, debitando a conta:

   a) Disponível e creditando a conta outras receitas.
   b) Disponível e creditando receita de equivalência patrimonial.
   c) Disponível e creditando a conta receita de dividendos.
   d) Receita de dividendos e creditando a conta disponível.
   e) Disponível e creditando a conta investimentos.

OBJETIVO 1 OBJETIVO 2

3. (Extraída da Prova da FCC – Analista Contador – Contábeis Copergás) Ao examinar as contas referentes às participações societárias permanentes de propriedade da Cia. Esmeralda, o profissional constatou que a referida companhia possui 55% das ações com direito a voto da Cia. Quartzo, o que corresponde a 40% do total de ações da investida. O auditor procedeu à conferência dos cálculos da avaliação do investimento pelo MEP. O patrimônio líquido da controlada no final do exercício em exame era de R$ 1.500.000,00, e o valor contabilizado da participação societária na contabilidade da controladora correspondia a R$ 700.000,00. Com base nessas informações, o auditor concluiu que o valor do ajuste a ser efetuado corretamente na conta que registra o valor dessa participação societária deveria ser:

   a) R$ 100.000,00 negativos.
   b) R$ 125.000,00 positivos.
   c) R$ 100.000,00 positivos.
   d) R$ 150.000,00 negativos.
   e) R$ 125.000,00 negativos.

4. (Extraída da Prova do CFC – Bacharel em Contabilidade – 2ª Edição – 2011). Uma sociedade empresária "A" apresentou em seu balanço patrimonial, no grupo de passivo circulante, a quantia de R$ 1.000.000,00 a título de dividendos propostos e, na demonstração de resultado, um lucro do período no valor de R$ 4.000.000,00. Considerando que uma determinada sociedade investidora "B" participa do capital dessa empresa com um percentual de 10% e que apresenta no ativo não circulante a participação na sociedade "A", classificada como investimento avaliado pelo método de custo, por ser a forma adequada de classificação, o registro contábil dessa mutação patrimonial na investidora "B", será:

a) Débito   Dividendos propostos a receber   R$ 100.000,00
   Crédito Receita de dividendos   R$ 100.000,00
b) Débito   Dividendos propostos a receber   R$ 100.000,00
   Débito   Investimentos   R$ 400.000,00
   Crédito Ganho por equivalência patrimonial R$ 500.000,00
c) Débito   Dividendos propostos a receber   R$ 100.000,00
   Crédito Investimentos   R$ 100.000,00
d) Débito   Dividendos propostos a receber   R$ 100.000,00
   Débito   Investimentos   R$ 300.000,00
   Crédito Ganho por equivalência patrimonial R$ 400.000,00

Respostas: 1-b; 2-e; 3-a; 4-a.

EXERCÍCIOS

OBJETIVO 1   OBJETIVO 2

1. Em 31/12/X3 a Cia. NRF adquiriu uma participação na Cia. Future por R$ 135.000,00, equivalente a 8% do capital social da referida empresa. Diante da impossibilidade de mensurar a participação nesse ativo financeiro pelo valor justo, utilizou-se o método do custo para avaliar a participação na investida. Durante os anos de X4 e X5 a investida apresentou consecutivos prejuízos contábeis de R$ 327.000,00 e R$ 563.000,00 respectivamente. Já no ano de X6 a Cia. Future apurou um lucro de R$ 550.000,00 e optou por pagar 25% desse valor na forma de dividendos.

   Pede-se: contabilize os eventos ocorridos nas demonstrações financeiras da Cia. NRF ao longo dos anos de X3 a X6.

OBJETIVO 1   OBJETIVO 2

2. A Cia. Investidora disponibiliza parte de seus investimentos para aportar recursos em novos empreendimentos de cunho tecnológico, que usualmente são vistos pela companhia como potenciais desenvolvedores de produtos e também promessas de retorno do seu investimento por meio dos dividendos que são distribuídos. Em X2, a Cia. Investidora lançou um edital para financiar novos negócios que fossem iniciados naquele período e estivessem dentro do escopo de interesse da empresa. As empresas ganhadoras do edital foram a Empresas Avanti, Beta e Compt, cujo percentual de participação no capital social das empresas foi determinado em 50%, 40% e 30%, respectivamente, visto seus potenciais.

   a) A empresa "Avanti" iniciou suas atividades com um capital de R$ 1.500.000,00;

   b) A empresa "Beta" iniciou suas atividades integralizando R$ 750.000,00 de capital;

   c) A empresa "Compt", da mesma forma, iniciou com capital de R$ 1.100.000,00.

   Durante o exercício de X2, a empresa Avanti auferiu lucro de R$ 120.000,00; a empresa Beta de R$ 100.000,00; e a empresa Compt apresentou prejuízo de R$ 50.000,00.

   Como acordado previamente via contrato social, em caso de lucro, as empresas investidas deveriam distribuir dividendos em 50% do lucro gerado no período.

   Nesse caso, como registrar em razonetes os eventos relacionados com a participação da Cia. Investidora nas empresas Avanti, Beta e Compt durante o exercício, sabendo-se que os investimentos nas empresas são avaliados pelo MEP? Para realização do exercício, suponha que haja saldo suficiente na conta Bancos para a realização dos investimentos.

OBJETIVO 1   OBJETIVO 2

3. Ao final do ano de X4, a companhia Invest adquire 80% das ações da companhia Beta. Nessa data, o balanço patrimonial da adquirida era composto da seguinte forma: ativos de R$ 3.000,00; passivos de R$ 500,00 e PL de R$ 2.500,00. A companhia adquirente paga R$ 4.000,00 para adquirir o controle da companhia B.

   Contabilize a referida transação no balanço da adquirente, desconsiderando os aspectos fiscais e assumindo que o único ajuste referente à mensuração a valor justo seja a identificação da marca da companhia B, não registrada no seu balanço patrimonial e mensurada a um valor de R$ 300,00.

EXERCÍCIOS ADICIONAIS

A Companhia Mega possui um gestor de investimentos, somente voltado para gerenciar os investimentos que são realizados pela Mega em outras empresas, bem como administrar oportunidades de investimentos em ativos corpóreos cujo objetivo seja o ganho por valorização, visto a importância desses ativos na empresa. Em 31/12/X0, a Companhia Mega apresentava os seguintes saldos em suas contas:

Disponível	120.000	Despesa antecipada	20.000
Contas a receber	65.000	Financiamentos de LP	210.000
Reservas de capital	95.000	Estoques	60.000
Investimento na Cia. A	100.000	Capital social	500.000
Investimento na Cia. B	120.000	Investimento na Cia. C	160.000
Fornecedores	60.000	Reservas de lucros	300.000
Obras de arte	110.000	Investimento na Cia. D	150.000
Investimento na Cia. E	200.000	Equipamentos	60.000

Durante o período de X1, ocorreram as seguintes operações:

1. A Companhia Mega realizou a venda, 50% à vista, de 70% do seu estoque por R$ 147.000,00 e sobre a operação há a incidência de 18% de ICMS.
2. Compra de mercadorias no valor de R$ 70.000,00 com pagamento à vista e há incidência de ICMS 18% sendo plausível de recuperação.
3. O capital social foi aumentado em R$ 100.000,00 por meio dos recursos da reserva de lucros.
4. Apropriação de R$ 2.000,00 da despesa antecipada, referente à utilização da assinatura do website da companhia.
5. Receitas de aplicações financeiras no valor de R$ 30.000,00 recebidas durante o período.
6. Reconhecimento e pagamento das despesas de salário R$ 100.000,00 e despesas gerais R$ 20.000,00.
7. A Cia. A apresentou, no ano de X1, lucro de R$ 50.000,00 e determinou o pagamento de dividendos para o próximo período em 50% do lucro.
8. A Cia. B apresentou prejuízo durante o ano no valor de R$ 15.000,00.
9. A Cia. C apresentou um lucro de R$ 70.000,00 e pagou R$ 50.000,00 em dividendos.
10. A Cia. D apresentou no seu balanço patrimonial de 31/12/X1 declaração de dividendos a pagar no valor de R$ 30.000,00.
11. A Cia. E apresentou um lucro de R$ 40.000,00.
12. As obras de arte registradas em investimentos passaram para teste de *impairment*, que revelou a necessidade de reconhecer uma perda de R$ 10.000,00 devido à desvalorização de um dos artistas.
13. O resultado gerado durante o período é destinado para reserva de lucros por prática da empresa.

Informações adicionais:

1. Não houve aquisições ou vendas de participações acionárias no período.
2. Os investimentos das empresas A e C são avaliados pelo MEP, enquanto os demais são avaliados pelo método de custo.
3. As participações da Cia. Mega em cada Cia. são apresentadas a seguir:

Cia	Participação da Cia. Mega
A	60%
B	8%
C	15%
D	10%
E	10%

Com base nas informações apresentadas, elabore os lançamentos do período em razonetes, e, em seguida, elabore o balanço patrimonial e a demonstração de resultado da companhia Mega para o ano de X1.

10

Assista ao vídeo do autor sobre o tema deste capítulo

ATIVO IMOBILIZADO

"Lucro da Telefônica Brasil sobe 9% no quarto trimestre, para R$ 1,2 bi"

A Telefônica Brasil, dona da marca Vivo, registrou lucro líquido de R$ 1,2 bilhão no balanço do quarto trimestre de 2016, crescimento de 9% em relação ao mesmo período de 2015. No ano, o lucro atingiu R$ 4,08 bilhões, alta de 22,6% na comparação anual.

(...)

A companhia atribuiu a evolução do lucro à menor depreciação, devido

à reavaliação da vida útil de ativos imobilizados."

Fonte: SANTANA, Ivone. *Valor Econômico*, 21 fev. 2017.

"Techint aumenta lucro com efeitos não operacionais"

Beneficiada por uma série de fatores sem relação direta com suas operações, a empresa de engenharia e construção do grupo Techint no Brasil viu seu lucro líquido passar de R$ 572 mil, em 2015, para R$ 6,02 milhões, no ano passado. As ajudas vieram principalmente da venda de máquinas e equipamentos para outras empresas do grupo e de menos imposto pago.

(...) A linha de 'outras receitas' do balanço cresceu 275% – de R$ 2,72 milhões, passou para R$ 10,19 milhões. Desse total, R$ 9,1 milhões dizem respeito a venda de imobilizado, com R$ 8,1 milhões para outras companhias no mesmo grupo. É uma estratégia, segundo as notas explicativas do balanço, de 'readequar e realocar máquinas e equipamentos estratégicos' (...)."

Fonte: MANTOAN, Victória; ROSTÁS, Renato. *Valor Econômico*, 23 mar. 2017.

OBJETIVOS DE APRENDIZAGEM DO CAPÍTULO

Após estudar este capítulo, você será capaz de:
1. Entender os conceitos básicos de ativo imobilizado, classificado no ativo não circulante.
2. Estudar as formas de mensuração do ativo imobilizado no reconhecimento inicial.
3. Entender os modelos de mensuração subsequente: custo ou reavaliação.
4. Entender as características, os métodos e o cálculo da depreciação.
5. Estudar o tratamento contábil de gastos adicionais após o reconhecimento inicial do ativo.
6. Estudar o reconhecimento das operações de arrendamento mercantil.
7. Compreender em que condições o ativo imobilizado é retirado do ativo e os efeitos contábeis.

OBJETIVO 1

O QUE É ATIVO IMOBILIZADO?

Conceitos básicos

Antes de entendermos as questões contábeis específicas relativas ao ativo imobilizado, é muito importante entendermos do que estamos falando.

O ativo imobilizado é todo ativo tangível mantido para uso na atividade principal de uma entidade, seja ela qual for. Além disso, deve ter expectativa de utilização por mais de um exercício social, afinal esse grupo de ativos está classificado no ativo não circulante.

Ativo imobilizado é todo ativo tangível necessário para que a atividade da empresa seja desenvolvida.

Em outras palavras, ativo imobilizado é todo ativo tangível necessário para que a atividade da empresa seja desenvolvida. E, dependendo do tipo de atividade empresarial, esses ativos podem representar a parte mais substancial de todos os ativos da empresa, especialmente em atividades de capital intensivo, como indústrias pesadas, siderúrgicas, companhias aéreas, entre outras.

Como exemplos mais comuns, temos terrenos, imóveis, máquinas e equipamentos, veículos, móveis e utensílios, entre outros.

Contudo, esses itens somente serão considerados ativo imobilizado se estiverem sendo utilizados na atividade principal. Por exemplo, se a empresa detiver um imóvel que não está utilizando mas apenas mantendo para investimento, será considerado uma propriedade para investimento, e não imobilizado. Se a empresa detiver um veículo que não está sendo utilizado, mas sim colocado à venda (como numa empresa fabricante de veículos), esse ativo será considerado um estoque, e não imobilizado.

Outra diferenciação importante diz respeito à característica de tangibilidade, isso porque os ativos de uso intangíveis são classificados no grupo de ativos intangíveis, conforme será estudado no Capítulo 11.

Reconhecimento inicial

Agora que já sabemos de quais ativos estamos falando, vamos passar a estudar em que condições esses ativos são reconhecidos no balanço patrimonial.

Assim como qualquer ativo, para ser reconhecido, o ativo imobilizado somente será reconhecido (1) se for provável que benefícios econômicos futuros associados ao ativo fluirão para a entidade; e (2) se o custo for mensurável confiavelmente.

Claro que esses critérios são intrínsecos à aquisição, pois, se uma entidade adquirir um ativo em que ela não visualize benefícios econômicos futuros, não teria muito sentido ela adquirir esse ativo. Também não seria esperado realizar uma aquisição sem conhecer os custos envolvidos.

Critérios para o reconhecimento inicial do ativo imobilizado:
(1) Provável obtenção de benefícios futuros;
(2) Custo mensurável confiavelmente.

QUESTÃO PARA REFLEXÃO 10.1 Sua empresa acaba de adquirir peças de reposição para o seu maquinário produtivo. Essas peças devem ser classificadas como ativo imobilizado?

A seguir, serão explorados com mais detalhes os conceitos relacionados com a mensuração (inicial e posterior) desses ativos.

OBJETIVO 2
MENSURAÇÃO INICIAL DO ATIVO IMOBILIZADO

Tipicamente, o ativo imobilizado é registrado contabilmente por meio de seu custo de aquisição mais todos os gastos para se deixar o ativo pronto para o uso. Ou seja, são incorporados ao valor do imobilizado o preço, à vista, do bem, mais todos os gastos diretamente relacionados com o esforço (1) de levar o ativo ao seu local de utilização, por exemplo, gastos com transporte, frete, seguros, manuseio e taxas de desembaraço aduaneiro etc. e (2) de colocá-lo em condições necessárias para entrada em operação da maneira pretendida pela administração, por exemplo, gastos com montagem, instalação, customização, testes, honorários profissionais, impostos e taxas não recuperáveis etc. O valor inicial do imobilizado deve estar líquido de eventuais receitas obtidas durante o período de construção e testes.

Aplicação prática

AQUISIÇÃO DE UM TERRENO

Assim como a regra geral do ativo imobilizado, o custo de aquisição de um terreno deve conter o valor de aquisição mais todos os gastos relacionados com o terreno até o momento em que ele esteja nas condições desejadas pelos gestores e líquido de eventuais receitas ou ganhos durante o processo. Os custos adicionais, podem ser taxas, comissões e impostos incidentes sobre a operação, bem como custos de limpeza, escavação, terraplanagem, demolição (líquido de eventuais receitas na venda do material demolido).

Tomemos como exemplo uma empresa gestora de estacionamentos que está interessada em adquirir um terreno próximo a um aeroporto e utilizá-lo como estacionamento. Porém, considerando as condições atuais, para que o terreno seja utilizado como estacionamento, há necessidade de limpeza, terraplanagem e demarcação do terreno. Adicionalmente, há necessidade de pagamento da comissão dos corretores imobiliários, taxas e comissões de licenciamento para alteração do terreno. Assim, supondo que o valor do terreno seja de $ 230.000, os gastos com limpeza, terraplanagem e demarcação $ 25.000, a comissão dos corretores totalize $ 5.000 e as taxas e comissões de licenciamento $ 10.000, em caso de aquisição do terreno, o valor a ser registrado, após estar pronto para o uso, será de $ 270.000. Caso o pagamento seja feito à vista, o registro contábil será:

Terrenos (débito)	$ 270.000
Caixa (crédito em diversas saídas)	$ 270.000

Nos casos em que a compra de ativos do imobilizado seja feita por meio de financiamento, o registro contábil será:

Terrenos (débito)	$ 270.000
Financiamentos (conta do passivo – crédito)	$ 270.000

QUESTÃO PARA REFLEXÃO 10.2

Imagine que sua empresa acaba de comprar um terreno para construção de um galpão, porém nesse terreno há uma velha construção que precisa ser demolida. O custo do terreno é de $ 150.000, as taxas e comissões referentes a documentação e corretagem são de $ 6.000, o custo de demolição é de $ 23.000. Sabe-se que a construção a ser demolida irá gerar uma pequena receita com a venda de ferros e materiais antigos que totalizam $ 2.000. Qual o valor que deverá ser reconhecido no terreno?

AQUISIÇÃO OU CONSTRUÇÃO DE IMÓVEIS

Imóveis são locais físicos utilizados para a atividade operacional ou administrativa de uma instituição. Podem ser escritórios, fábricas, pontos comerciais, galpões etc. Em casos mais específicos, podem ser portos, hangares de aviões, *shoppings centers* ou centros comerciais, moinhos etc. Os imóveis podem ser adquiridos ou construídos internamente pela empresa.

Em caso de **aquisição de um imóvel**, como visto, todos os gastos necessários para tornar o bem em condições de uso conforme pretendido pela administração devem ser incluídos. Assim, deverão compor o valor inicial de um imóvel o valor de aquisição e eventuais taxas e comissões mais todo e qualquer gasto associado a uma eventual reforma ou adequação do imóvel às necessidades da empresa compradora, incluindo-se nesses gastos mão de obra, materiais, produtos e serviços utilizados na reforma. Os gastos então são controlados até que o imóvel esteja em condições de uso conforme pretendido pela gestão da empresa.

Já no caso de **construção de um imóvel**, todos gastos desde os honorários dos arquitetos até os salários dos operários envolvidos na construção, bem como os gastos com materiais e produtos utilizados na obra, deverão ser controlados ao longo de toda a obra a fim de se compor o valor inicial do imóvel, quanto este estiver em condições de funcionamento/operação, conforme pretendido pela administração da empresa. Vale notar que muitas vezes a construção de um imóvel pode demorar mais de um período social, assim, todos os gastos vão sendo paulatinamente lançados (como débito) no ativo imobilizado em contrapartida às diversas saídas de caixa ou eventuais contas a pagar no passivo (como créditos).

AQUISIÇÃO, MONTAGEM OU CONSTRUÇÃO DE EQUIPAMENTOS, MÓVEIS E UTENSÍLIOS

Equipamentos incluem maquinário da produção, computadores, sistemas de ventilação e de ar-condicionado, projetores, televisores, impressoras, câmeras de gravação etc. Móveis e utensílios incluem móveis de escritório, dos pontos de venda, cadeiras, mesas, ferramentas etc. Assim, como nos casos anteriores, são incluídos os custos de aquisição, transporte, montagem, configuração, parametrização e testes, até que os bens estejam nas condições de uso desejadas.

QUESTÃO PARA REFLEXÃO 10.3

Em 23/01/X1, uma empresa de telecomunicações adquiriu novos equipamentos para gerenciamento de rede de banda larga por $ 1.600.000. Para deixar os equipamentos em condições de uso, a empresa arcou com gastos de $ 565.000 referentes à instalação e à configuração de funcionamento. A instalação e a configuração de tais equipamentos foram concluídas em 30/05/X1. A partir do dia 30/05/X1, a empresa passou a testar esses equipamentos com 100 clientes específicos que aceitaram contratar o serviço ainda em período de testes. Esses clientes pagaram $ 5.000 para terem o serviço ainda no período de testes. No dia 31/07/X1, os equipamentos entraram em operação normal e passaram a gerenciar a rede local. Qual valor deverá ser reconhecido como equipamento?

Casos específicos

ATIVOS ADQUIRIDOS EM GRUPO

Cada ativo precisa ter seu valor identificado individualmente, assim, o preço total de aquisição de um grupo de ativos dever ser decomposto em base individual, uma vez que o método de depreciação e de estimação da vida útil vai diferir de ativo para ativo. Dessa forma, a compra de terreno, imóvel, máquinas e equipamentos por valor único deve ser decomposta (individualizada) entre os bens adquiridos. Portanto, é necessário estimar, sobre o valor total pago, qual é a parcela que se refere ao terreno, somente, qual é a parcela que se refere ao edifício e qual é a parcela dos equipamentos.

Por exemplo, imagine que uma empresa acabou de comprar uma propriedade por $ 980.000. Considere que, desse valor, estima-se que $ 190.000 referem-se ao terreno onde o imóvel está construído, $ 420.000 referem-se ao imóvel em si (construção) e $ 370.000 referem-se a equipamentos já instalados no prédio, como equipamentos de refrigeração (ar-condicionado), equipamentos do sistema de monitoramento e segurança, elevadores etc. Nesse caso, apesar de o valor de aquisição ser único, o reconhecimento inicial deverá segregar individualmente cada elemento:

Terreno (débito)	$ 190.000
Imóvel (débito)	$ 420.000
Máquinas e equipamentos (individualizados – débito)	$ 370.000
Caixa ou 'Imóvel a Pagar' (crédito)	$ 980.000

Perceba que, ao individualizar cada elemento, saberemos que o valor referente ao terreno não será depreciado, já o imóvel será depreciado de acordo com sua vida útil esperada, assim como as máquinas e os equipamentos serão depreciados de acordo com a vida útil esperada de cada elemento.

IMOBILIZADOS CONSTRUÍDOS/FORMADOS INTERNAMENTE

Imagine que uma empresa construa um novo edifício para sua sede utilizando seus próprios funcionários no processo de produção. Nesse caso, o custo de construção deverá incluir os salários dos funcionários, bem como os encargos e benefícios, diretamente alocados na construção do novo edifício. Caso o funcionário continue realizando outras atividades na empresa, seu salário deverá ser alocado parcialmente (rateado) entre o custo de construção do novo ativo e as despesas operacionais relacionadas com a sua atuação.

RECEITAS EVENTUAIS DURANTE O PERÍODO DE CONSTRUÇÃO/FORMAÇÃO DO IMOBILIZADO

Como mencionado anteriormente, o valor inicial do imobilizado deve estar líquido de eventuais receitas obtidas durante o período de construção e testes. Assim, quando tais receitas ocorrerem, em vez de se reconhecer uma receita no resultado do exercício, deverá haver uma redução do custo do imobilizado:

| Caixa ou recebíveis (débito) | |
| Imobilizado (crédito) | |

Para ilustrar, relembre recentes construções de arenas de futebol no Brasil. A autorização de funcionamento definitiva só é obtida após eventos testes com capacidade reduzida. Assuma que esse estádio de futebol, por exemplo, com capacidade para cerca de 42 mil pessoas, teve, antes de sua inauguração, dois eventos testes. O primeiro contou com a participação de 3 mil pessoas e o segundo com a participação de 10 mil pessoas. Todas as eventuais receitas desses eventos, se relevantes, deveriam ser deduzidas do valor total de construção do estádio.

JUROS SOBRE OS EMPRÉSTIMOS DURANTE O PERÍODO DE CONSTRUÇÃO DE EDIFÍCIOS

Quando um edifício demora mais de um exercício social para ser construído/finalizado, a norma contábil permite incluir os juros de empréstimos e financiamentos diretamente associados à construção desse ativo como parte de seu custo. Assim, em vez de se tratar tais juros como despesa financeira do período, esses montantes podem ser incorporados ao valor do ativo imobilizado em questão. Assim, o lançamento dos juros passaria a ser:

Imobilizado (débito)
Empréstimos e financiamentos (crédito)

Há, no entanto, restrição clara que esses juros só sejam contabilizados como ativo imobilizados durante o período de construção do imóvel. Quando a construção é concluída, todo registro dos juros deverá ser feito como despesa financeira.

TROCA DE UM ATIVO POR OUTRO (TROCA POR ATIVO NÃO MONETÁRIO) E ATIVOS RECEBIDOS EM DOAÇÃO

Casos em que uma empresa "adquira" um novo ativo imobilizado por meio de troca por um de seus ativos (ou conjunto de ativos), a mensuração inicial deverá ocorrer por meio do valor justo dos bens transferidos na dada da operação. Caso exista diferença entre o valor justo e o valor contábil do ativo entregue, tal diferença deverá ser computada como ganho ou perda, dependendo do caso, no resultado do exercício.

Imagine, como exemplo, que uma empresa resolva trocar sua frota de veículos já utilizados por um determinado equipamento de outra empresa. Nessa transação, estima-se que os valores justos dos ativos entregues (veículos) e recebidos (equipamentos) são semelhantes e a melhor estimativa desse valor justo, para ambos, é de $ 380.000. Sabe-se que os veículos estão registrados pelo valor contábil líquido (custo menos depreciação acumulada) de $ 320.000, sendo o valor contábil bruto dos veículos de $ 430.000 e a depreciação acumulada de $ 110.000. Os lançamentos de reconhecimento são:

Equipamentos (débito)	$ 380.000
Depreciação acumulada (débito)	$ 110.000
Veículos (crédito)	$ 430.000
Ganho na troca (crédito)	$ 60.000

Da mesma forma, os ativos imobilizados recebidos em doação (geralmente feita por governo ou indivíduos) deverão ter sua mensuração inicial baseada na melhor estimativa do valor justo na data da doação. A contrapartida das doações recebidas tipicamente é uma receita do período, salvo se a doação estiver atrelada a algum tipo de obrigação por parte da empresa, nesse caso, haverá o reconhecimento de um passivo.

ATIVOS QUE DEVERÃO SER REMOVIDOS NO FUTURO (ASSET RETIREMENT OBLIGATION)

Em algumas atividades operacionais, tais como mineração ou exploração de petróleo, as empresas são obrigadas por lei ou por responsabilidades ambientais a recuperar o solo e a área afetada por sua atividade. Nesses casos, quando há obrigação de desmontagem e remoção do ativo imobilizado, o valor estimado dessa obrigação futura deverá compor, já na mensuração inicial, o valor do imobilizado. Assim, a empresa deverá constituir, em contrapartida, um passivo (provisão) para retirada de equipamentos (ou recuperação do solo) ao final da vida útil do ativo ou no momento em que deixar de operar naquela área.

O valor a ser considerado no ativo imobilizado (em contrapartida à provisão passiva) deve corresponder à melhor expectativa presente dos custos de remoção que ocorrerão no futuro.

Como exemplo típico, imagine que uma empresa de petróleo inicia exploração de uma nova bacia. Ao instalar os equipamentos de extração do petróleo (perfuratrizes), a empresa imediatamente se vê responsável por remover tais equipamentos ao final do período de exploração e respectiva exaustão dos recursos minerais. Supondo que o valor presente dos custos de remoção dos equipamentos no futuro esteja estimado em $ 2.500.000, já no momento do reconhecimento inicial do imobilizado, a empresa deverá reconhecer tal valor como custo do imobilizado em contrapartida a uma provisão no passivo:

Imobilizado (débito)	$ 2.500.000
Provisões (crédito)	$ 2.500.000

Outro exemplo surge de obrigações contratuais de devolução de propriedades arrendadas aos seus arrendadores nas condições em que foram inicialmente entregues. Por exemplo, imagine que uma empresa comercial varejista, tal como Lojas Renner, C&A, Lojas Marisa etc., instale uma nova loja em um *shopping center*. Inicialmente, a loja arrendada pelo *shopping* está em sua forma "bruta" sem a infraestrutura necessária. Porém, tais empresas necessitam customizar as lojas com seus *layouts* específicos e identidade visual. Tais customizações são ativos imobilizados chamados de "benfeitorias em imóveis de terceiros", e possuem vida útil geralmente compatível com o período de arrendamento. Ao final do período de arrendamento, a empresa comercial pode decidir encerrar aquele ponto de venda, para tanto, deverá entregar a loja assim como recebeu, de forma "bruta". Dessa forma, tais gastos com a remoção das benfeitorias deverão ser estimados e contabilizados já no reconhecimento inicial do imobilizado.

Esse ponto também é explorado no Capítulo 7 – Provisões e contingências.

OBJETIVO 3

MENSURAÇÃO SUBSEQUENTE DO ATIVO IMOBILIZADO

Ativos imobilizados, pela sua natureza, tendem a permanecer registrados no balanço patrimonial por vários períodos, a depender da sua vida útil. Assim, a forma de mensurá-los ao longo desse tempo pode impactar sensivelmente os números apresentados nas demonstrações contábeis. Dessa forma, passaremos a tratar esse tema a partir de agora.

Mensuração subsequente:
(1) Método de Custo;
(2) Reavaliação.

A mensuração inicial do imobilizado, como visto no tópico anterior, utiliza o princípio de custo de aquisição mais todos os gastos para se deixar o ativo pronto para o uso. Após o reconhecimento e mensuração inicial, as normas internacionais de contabilidade caracterizam duas formas de mensuração subsequente: Método de Custo e da Reavaliação. É importante destacar que o modelo de mensuração subsequente escolhido deve ser aplicado para a classe toda de ativo imobilizado. Por exemplo, se a empresa escolhe adotar o método da reavaliação para um imóvel, terá que reavaliar todos os seus imóveis. Esse procedimento é realizado para que não haja escolha seletiva de ativos a serem reavaliados, além de auxiliar o usuário da contabilidade a avaliar melhor os dados sinteticamente.

Método de custo

O método de custo pressupõe que ativo imobilizado será mantido pelo custo do bem menos a depreciação acumulada ao longo do tempo e, ainda, eventuais perdas por *impairment*.

Como exemplo, imagine que determinada empresa possui um ativo imobilizado que foi reconhecido pelo valor de $ 1.000.000. Esse ativo, ao final do ano, teve um desgaste de 5%, totalizando o valor de depreciação de $ 50.000. A depreciação será reconhecida como uma redução do ativo, em contrapartida ao resultado do exercício. Dessa forma, no balanço da companhia, teremos os valores de:

Imobilizado (custo histórico)	$ 1.000.000
(–) Depreciação acumulada	$ 50.000

Tanto o conceito quanto os critérios, métodos e contabilização da depreciação serão tratados em uma seção específica.

Método da reavaliação

Assista ao vídeo do autor sobre este tema

Após reconhecer um ativo imobilizado e seu valor justo puder ser mensurado confiavelmente, esse ativo pode ser reavaliado a esse novo valor menos qualquer depreciação e perda por redução ao valor recuperável acumuladas.

Vale salientar que esse método só pode ser usado se permitido por lei e deve ser um método que acompanhe o valor justo do ativo no tempo, devendo fazer novas reavaliações quando houver necessidade e forem materiais. No caso do Brasil, desde 2008, o modelo de reavaliação de ativo imobilizado foi proibido por lei e, caso houvesse alguma reserva de reavaliação, esta teria que ser:

- mantida até sua efetiva realização; ou
- estornada até o término do exercício social de 2008.

Quando um item do ativo imobilizado é reavaliado, o valor contábil deve ser ajustado para esse novo valor.

Para ilustrar, imagine uma empresa que possui um único ativo imobilizado no valor de $ 100.000 e depreciação acumulada de $ 15.000. O seu valor justo, após estudos de mercado, é de $ 90.000. A empresa decidiu reavaliar o bem, dessa forma, os lançamentos serão:

Depreciação acumulada (débito)	$ 15.000
Imobilizado (crédito)	$ 15.000
Imobilizado (débito)	$ 5.000
Reavaliação de imobilizado (conta de patrimônio – crédito)	$ 5.000

Outra forma de contabilização seria realizar o lançamento contábil em um único lançamento:

Depreciação acumulada (débito)	$ 15.000
Imobilizado (crédito)	$ 10.000
Reavaliação de Imobilizado (conta de patrimônio – crédito)	$ 5.000

O exemplo dado foi de o ativo ter seu valor aumentado. Mas, no caso de o ativo ter seu valor diminuído, essa diminuição deve ser reconhecida no resultado, a menos que haja saldo no patrimônio líquido decorrente de uma reavaliação passada. Nesse caso, primeiro dever-se-ia consumir o saldo da conta do PL para, depois, a diferença ser lançada no resultado.

Utilizando os mesmos dados do exemplo anterior, porém, assumindo que o novo valor do imobilizado, pelo valor justo, seria de $ 60.000, os lançamentos seriam:

Depreciação acumulada (débito)	$ 15.000
Imobilizado (crédito)	$ 15.000
Reavaliação de Imobilizado (conta de resultado)	$ 25.000
Imobilizado (crédito)	$ 25.000

Se o método de reavaliação for utilizado para certo ativo imobilizado, toda a classe desse ativo imobilizado deve ser reavaliada também.

REAVALIAÇÃO DE BENS E O FISCO

O Fisco também já se manifestou sobre esse assunto, conforme ementa ao Processo de Consulta nº 19/2009, a seguir transcrito:

Ministério da Fazenda – Secretaria da Receita Federal: Solução de Consulta Nº 19 de 09 de Março de 2009

Assunto: Imposto sobre a Renda de Pessoa Jurídica – IRPJ

Ementa: Reavaliação de Bens do Ativo Intangível após a Vigência da Lei 11.638/07.

Impossibilidade: A partir de 1º de janeiro de 2008, data de vigência da Lei nº 11.638/2007, vedou-se às empresas a possibilidade de fazer, de forma espontânea, registros contábeis de reavaliação de ativos, face à extinção da conta "Reservas de Reavaliação". Ajustes de avaliação patrimonial. Utilização restrita aos casos previstos na Lei nº 6.404/76 e àqueles estabelecidos pela CVM. A "Reserva de Reavaliação" não foi substituída pela conta de "Ajustes de Avaliação Patrimonial", que tem natureza e finalidade distinta. Esta se destina a escriturar, exclusivamente, os valores decorrentes de avaliação de instrumentos financeiros, além dos casos estabelecidos pela CVM com base na competência que lhe foi atribuída pela Lei nº 11.638/2007 e pela Lei 11.941/2009. Aquela se destinava a escriturar as contrapartidas de valores atribuídos a quaisquer elementos do ativo em virtude de novas avaliações com base em laudo.

DEPRECIAÇÃO

Conceitos e definições

O conceito de depreciação é bastante intuitivo para a maior parte das pessoas. Adquirimos veículos, computadores, celulares etc. que perdem valor ao longo do tempo. Afinal, uma geladeira, uma televisão ou, ainda, uma bicicleta tenderá a valer menos, após cinco anos de uso, do que o valor originalmente pago.

Essa perda de valor pode ocorrer, por exemplo, em razão do desgaste físico ou ainda por obsolescência tecnológica. Nesse sentido, apesar de não estarmos desembolsando necessariamente nenhum valor ao longo do tempo, temos consciência de que o nosso bem está perdendo valor, isto é, depreciando.

Do ponto de vista prático, o conceito de depreciação é facilmente compreensível a todos nós.

Contabilmente, o conceito de depreciação é disciplinado e normatizado para que as empresas o apliquem de maneira consistente, produzindo demonstrações contábeis com informações úteis. No cenário nacional, esse tema é abordado pelo CPC 27, que define a depreciação como "a alocação sistemática do valor depreciável de um ativo ao longo da sua vida útil". Para a completa compreensão desse conceito, faz-se necessário apresentarmos algumas outras definições trazidas pelo referido pronunciamento técnico.

Valor depreciável é "o custo de um ativo ou outro valor que substitua o custo, menos o seu valor residual." Nota-se, portanto, que o valor depreciável de um imobilizado é justamente a diferença entre seu custo e seu valor residual.

Valor residual, por sua vez, é "o valor estimado que a entidade obteria com a venda do ativo, após deduzir as despesas estimadas de venda, caso o ativo já tivesse a idade e a condição esperadas para o fim de sua vida útil". Constata-se que o valor residual nada mais é do que o valor esperado de venda do referido ativo, considerando a sua condição e idade ao final de sua vida útil. Importante salientar que, em determinados casos, o valor residual poderá ser zero, haja vista que o ativo não terá nenhum valor ao final de sua vida útil.

Por fim, a **vida útil** é:

"(a) o período de tempo durante o qual a entidade espera utilizar o ativo; ou

(b) o número de unidades de produção ou de unidades semelhantes que a entidade espera obter pela utilização do ativo." A vida útil pode ser definida tanto em termos de unidade de tempo (anos, meses etc.) quanto em unidades de produção (horas-máquinas, turnos etc.).

De posse dos conceitos de valor depreciável, vida útil e valor residual, é possível compreender a definição de depreciação do CPC 27: alocação sistemática do valor depreciável de um ativo ao longo da sua vida útil. Simplificadamente, **a depreciação é o reconhecimento como despesa do valor que eu paguei por um ativo (custo) menos o valor pelo qual eu espero vender (valor residual), ao longo do tempo que espero utilizá-lo (vida útil).** Ou seja, a depreciação representa a alocação ao resultado, de acordo com o regime de competência, do desembolso de caixa feito para comprar o ativo. Esse conceito é importante, pois muitas vezes o mercado interpreta (incorretamente) a despesa de depreciação como sendo uma despesa sem efeito no caixa.

Tal definição pode ser expressa através da seguinte fórmula:

$$Depreciação = \frac{Valor\ depreciável}{Vida\ útil}$$

Onde:
Valor depreciável: Custo – Valor residual
Vida útil: número de horas, anos etc. que a entidade espera utilizar o ativo imobilizado

Para ilustrar os referidos conceitos, vejamos um exemplo que utiliza o método de depreciação linear. Posteriormente, serão abordados outros métodos de depreciação.

EXEMPLO

Determinada empresa comprou um caminhão para utilização na sua produção pelo valor de $ 160.000, pagos à vista. A empresa estima o valor residual em $ 60.000 e a vida útil em cinco anos. No Quadro 10.1, apresentamos o cálculo da despesa de depreciação e a evolução do saldo da depreciação acumulada.

QUADRO 10.1 Cálculo da depreciação pelo método linear

Período	Despesa Anual de Depreciação	Depreciação Acumulada
Ano 1	$ 20.000	$ 20.000
Ano 2	$ 20.000	$ 40.000
Ano 3	$ 20.000	$ 60.000
Ano 4	$ 20.000	$ 80.000
Ano 5	$ 20.000	$ 100.000
Total	**$ 100.000**	

Valor depreciável: Custo – Valor residual
Valor depreciável: $ 160.000 – $ 60.000 = **$ 100.000**

$$Depreciação = \frac{Valor\ depreciável}{Vida\ útil}$$

$$Depreciação = \frac{\$\ 100.000}{5\ anos} = \mathbf{\$\ 20.000/ano}$$

O lançamento contábil para registrar a depreciação ao final de cada ano será:

Despesa de depreciação (débito)	$ 20.000
Depreciação acumulada (crédito)	$ 20.000

Importante destacar que a despesa de depreciação é uma conta de resultado, sendo reconhecida pelo regime de competência na demonstração do resultado do exercício (DRE) quando incorrida, exceto nos casos em que a referida despesa é reconhecida como custo de elaboração de um ativo em elaboração ou construção, como a depreciação de uma máquina que está produzindo o estoque. Já a conta de depreciação acumulada tem natureza credora, sendo uma conta redutora de ativo. É, portanto, apresentada no balanço patrimonial no grupo do ativo imobilizado, no ativo não circulante. Tal apresentação permite que o usuário das demonstrações contábeis tenha conhecimento tanto do custo do ativo imobilizado quanto da despesa de depreciação acumulada até a referida data do balanço.

No Quadro 10.2 apresentamos a contabilização utilizando razonetes.

QUADRO 10.2 Contabilização da depreciação em razonetes

Desp. Depreciação Ano 1		Caminhão	
(1) 20.000		100.000	

Desp. Depreciação Ano 2		Depreciação acumulada	
(2) 20.000			20.000 (Ano 1)
			20.000 (Ano 2)
Desp. Depreciação Ano 3			20.000 (Ano 3)
(3) 20.000			20.000 (Ano 4)
			20.000 (Ano 5)
			100.000

Desp. Depreciação Ano 4	
(4) 20.000	

Desp. Depreciação Ano 5	
(5) 20.000	

Percebe-se, com base no referido exemplo, que a despesa de depreciação reflete justamente a alocação do valor pago (custo) deduzido do valor futuro da venda (valor residual), ao longo do tempo (vida útil). A Figura 10.1 ilustra esse conceito:

FIGURA 10.1 Ilustração da alocação do custo do imobilizado ao longo do tempo.

Conforme ilustrado pela figura, a depreciação é um processo de alocação de custo, e não um processo de avaliação do ativo. Por essa razão, o valor contábil de um ativo, considerando sua depreciação, poderá ser diferente de seu valor justo em determinada data. Relevante, portanto, compreender o conceito contábil de depreciação que eventualmente pode diferir do conceito do senso comum das pessoas.

> **QUESTÃO PARA DISCUSSÃO 10.1**
>
> Você é o contador de determinada companhia que está prestes a divulgar as suas informações financeiras e sabe que o mercado possui uma determinada expectativa de lucro. Porém, ao concluir as apurações do resultado, a companhia percebeu que o seu lucro está abaixo da expectativa do mercado.
>
> Para evitar que os investidores se frustrem com essa informação, o CEO da companhia sugeriu que você revisasse a vida útil do ativo imobilizado, de forma a aumentá-la, fazendo com que a despesa de depreciação fosse reduzida e, como consequência, o lucro seria aumentado, atingindo as expectativas dos investidores.
>
> Quais seriam as consequências dessa revisão?

No processo de cálculo da depreciação, a estimação tanto da vida útil quanto do valor residual envolve julgamento por parte daqueles que preparam as demonstrações contábeis. Por essa razão, os critérios utilizados pela empresa devem ser revisados, no mínimo, anualmente. Observe no Quadro 10.3 trecho da Nota Explicativa da Gerdau S.A. no exercício findo em 2015 evidenciando a política contábil da companhia e a vida útil de seus imobilizados.

QUADRO 10.3 Nota explicativa da Gerdau – 2015

	Vida útil dos ativos imobilizados
Prédios e construções	20 a 33 anos
Máquinas, equipamentos e instalações	10 a 20 anos
Móveis e utensílios	5 a 10 anos
Veículos	3 a 5 anos
Equipamentos eletrônicos de dados	2,5 a 6 anos

A depreciação é calculada pelo método linear ajustado pelo nível de utilização de certos ativos, a taxas que levam em consideração a vida útil estimada dos bens e o valor residual estimado dos ativos no final de sua vida útil. O valor residual ao final da vida útil e a vida útil estimada dos bens são revisados e ajustados, se necessário, na data de encerramento do exercício.

Fonte: http://www.valor.com.br/sites/default/files/upload_element/23.03.2016_balanco_gerdau.pdf.

Conforme mencionado, a determinação da vida útil de um ativo imobilizado é algo subjetivo que envolve uma análise detalhada por parte daqueles envolvidos no processo de elaboração das demonstrações contábeis. Nesse contexto, o CPC 27, em seu item 56, ressalta que os seguintes fatores devem ser considerados nessa estimação:

a. **uso esperado do ativo** que é avaliado com base na capacidade ou produção física esperadas do ativo;

b. **desgaste físico normal esperado**, que depende de fatores operacionais, tais como o número de turnos durante os quais o ativo será usado, o programa de reparos e manutenção e o cuidado e a manutenção do ativo enquanto estiver ocioso;

c. **obsolescência técnica ou comercial** proveniente de mudanças ou melhorias na produção, ou de mudança na demanda do mercado para o produto ou serviço derivado do ativo. Reduções futuras esperadas no preço de venda de item que foi produzido usando um ativo podem indicar expectativa de obsolescência técnica ou comercial do bem, que, por sua vez, pode refletir uma redução dos benefícios econômicos futuros incorporados no ativo;

d. **limites legais ou semelhantes no uso do ativo**, tais como as datas de término dos contratos de arrendamento mercantil relativos ao ativo.

QUESTÃO PARA DISCUSSÃO 10.2

Você acaba de adquirir o último modelo de smartphone disponível no mercado pelo preço de $ 4.000. Como estudante de contabilidade, pretende registrar corretamente a despesa de depreciação ao longo dos anos. Para isso, defina: (i) qual a vida útil do seu novo smartphone e (ii) qual é o seu valor residual?

Importante destacar que, com as raras exceções dos ativos que não sofrem depreciação (ex.: terrenos), todos os ativos imobilizados deverão ter sua depreciação reconhecida de forma tempestiva. E essa despesa começará a ser reconhecida a partir do momento em que o ativo se encontre disponível para uso, ou seja, quando estiver no local e na condição de funcionamento pretendida pela administração da empresa.

Métodos de depreciação

Existem diferentes métodos de depreciação. As normas contábeis não prescrevem ou fixam determinado método; ao contrário, a escolha do método a ser utilizado cabe à empresa que elabora a informação contábil.

Para que a informação contábil tenha aderência ao evento econômico reportado, a escolha por parte da empresa deverá refletir o padrão de consumo do referido ativo. Em outras palavras, o método de depreciação adequado é aquele que melhor demonstra a maneira como o ativo imobilizado é consumido por meio de seu uso nas atividades empresariais.

Neste tópico discutiremos os três principais métodos de depreciação: linha reta, unidades de produção e soma dos dígitos.

MÉTODO DA LINHA RETA OU QUOTAS CONSTANTES

O método da linha reta também é conhecido como método das quotas constantes e método linear. Isso porque ele produz uma depreciação constante, linear ao longo do tempo.

É de longe o método mais utilizado pelas empresas no cenário nacional e também internacional. Dentre as principais justificativas para sua utilização encontram-se a facilidade de cálculo e a influência da legislação tributária brasileira, que determina esse método para fins de apuração do Imposto de Renda e Contribuição Social.

Considere os dados a seguir que serão utilizados para os três métodos de depreciação apresentados neste tópico.

Custo da Máquina	$ 32.000
Valor Residual	$ 8.000
Valor Depreciável	$ 24.000
Vida Útil	6 anos
Unidades a serem produzidas	12.000
Depreciação pelo Método Linear: $ 24.000/6 anos: $ 4.000/ano	

Note-se que a despesa de depreciação será a mesma em todos os anos, 1-6, independentemente da forma como a máquina for utilizada em cada ano, assumindo, é claro, que os critérios não se alterem ao longo do tempo. Nesse sentido, apesar de simples, o método linear poderá não produzir a melhor informação para todos os tipos de ativo.

MÉTODO DAS UNIDADES DE PRODUÇÃO

Esse método é baseado na estimativa do número de unidades a serem produzidas pelo ativo ou, ainda, com base em outros indicadores de produção, como: horas trabalhadas, horas máquinas etc. Tal método resulta em uma despesa de depreciação baseada no uso ou produção esperado pela administração da empresa.

Vejamos o exemplo a seguir, que utiliza os mesmos dados do anterior.

Para obter a depreciação por unidade, basta dividir o valor depreciável pela unidade esperada de produção, no exemplo, o número de unidades a serem produzidas.

Despesa de depreciação: $ 24.000 / 12.000 unidades = $ 2/unidade

Assim, dada a produção de determinado período, basta multiplicar o número de unidades produzidas pela depreciação por unidade, conforme ilustra o Quadro 10.4.

QUADRO 10.4 Exemplo de cálculo da despesa de depreciação com o método das unidades de produção

Anos	Produção (un)	Despesa de Depreciação
1	1.000	$ 2.000
2	2.500	$ 5.000
3	3.000	$ 6.000
4	2.000	$ 4.000
5	1.000	$ 2.000
6	2.500	$ 5.000
Total	12.000	$ 24.000

Note que, diferentemente do método linear, esse método produzirá uma despesa variável ao longo dos anos, em razão da efetiva produção do período.

MÉTODO DA SOMA DOS DÍGITOS

Esse método resulta em uma despesa de depreciação maior no início e menor no fim da vida útil do ativo. Nesse sentido, ele tende a contrapor os custos de manutenção e reparos do imobilizado, que tendem a ser menores no início e maiores no final da vida útil. Por essa razão, o método das somas dos dígitos permite que a despesa total com o ativo (depreciação + custos com reparo e manutenção) seja relativamente constante, linear ao longo do tempo. A Figura 10.2 ilustra essa lógica.

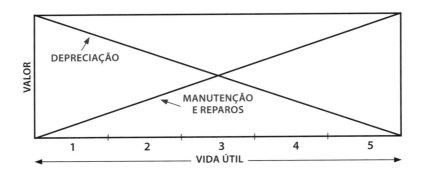

FIGURA 10.2 Evolução dos custos com manutenção e depreciação, utilizando o método da soma dos dígitos.

Para cálculo da depreciação pelo método da soma dos dígitos, faz-se necessário encontrar a fração a ser aplicada em cada ano, onde:

(i) o denominador é: a soma dos algarismos que compõem o número de anos e

(ii) os numeradores são: (n) no primeiro ano, (n-1) no segundo ano, (n-2) no terceiro ano e assim sucessivamente; em que (n) = número de anos da vida útil do ativo.

Vejamos a seguir os cálculos, utilizando os dados do exemplo anterior:

(i) denominador: 1 + 2 + 3 + 4 + 5 + 6 = 21

(ii) numeradores: 6 no primeiro ano, 5 no segundo ano, 4 no terceiro ano etc.

(iii) frações: 6/21 no primeiro ano, 5/21 no segundo ano, 4/21 no terceiro ano etc.

QUADRO 10.5 Exemplo de cálculo de depreciação com o método da soma dos dígitos

Anos	Fração	Despesa de Depreciação
1	6/21	$ 6.857
2	5/21	$ 5.714
3	4/21	$ 4.571
4	3/21	$ 3.429
5	2/21	$ 2.286
6	1/21	$ 1.143
Total	21/21	$ 24.000

Note, conforme ressaltado, que o método da soma dos dígitos produz uma despesa de depreciação decrescente, isto é, maior no início e menor ao final. Conforme ressaltado, tal critério pode ser adequado para determinados ativos que tenham uma produtividade estável, porém custos de manutenção crescentes ao longo da vida útil do ativo.

Apenas a título de curiosidade, graficamente, a despesa de depreciação pelo método da soma dos dígitos também gera uma linha reta, porém, com grau de inclinação decrescente. Já o método linear gera uma linha reta sem inclinação, por isso o método também é chamado de quotas constantes.

Por fim, no Quadro 10.6 apresentamos uma comparação da despesa de depreciação pelos três métodos.

QUADRO 10.6 Comparação entre os três métodos de cálculo da despesa de depreciação

Anos	Despesa de Depreciação		
	Linear	Unidades de Produção	Soma dos Dígitos
1	$ 4.000	$ 2.000	$ 6.857
2	$ 4.000	$ 5.000	$ 5.714
3	$ 4.000	$ 6.000	$ 4.571
4	$ 4.000	$ 4.000	$ 3.429
5	$ 4.000	$ 2.000	$ 2.286
6	$ 4.000	$ 5.000	$ 1.143
Total	$ 24.000	$ 24.000	$ 24.000

Note que a diferença entre os três métodos é apenas intertemporal. Em outras palavras, o total da despesa de depreciação é o mesmo pelos três métodos. Isso porque, conforme discutido anteriormente, os métodos são apenas formas de alocar a despesa ao longo do tempo. Portanto, no final da vida útil, o total alocado será sempre o valor depreciável (custo – valor residual). Nesse sentido, não existe um método que seja melhor que o outro. Todos têm pontos positivos e negativos, devendo a empresa escolher aquele que melhor reflita o consumo dos benefícios do imobilizado ao longo do tempo.

QUESTÃO PARA DISCUSSÃO 10.3

Seu pai comprou um notebook novo e não sabe qual método de depreciação utilizar. Você, como estudioso da contabilidade, recomenda a utilização de qual método para depreciar o computador: (i) linha reta, (ii) horas de utilização ou (iii) soma dos dígitos?

DILEMA ÉTICO

Determinada empresa, ao reavaliar a vida útil econômica de seus ativos imobilizados e os respectivos valores residuais, verificou que os gestores anteriores haviam superestimado esses valores. Ao analisar o impacto que a alteração da vida útil e respectivos valores residuais provocariam, verificou que o resultado da empresa seria fortemente impactado e que o resultado apurado seria muito aquém do esperado pelos investidores, provocando uma forte queda no preço das ações dessa empresa.

Considerando um cenário econômico de crise e que o reconhecimento dessas alterações evidenciaria uma situação econômico-financeira muito ruim da empresa, podendo a empresa ir à falência, qual decisão a gestão atual deve tomar?

OBJETIVO 5

GASTOS ADICIONAIS DURANTE A VIDA ÚTIL DO ATIVO

Gastos subsequentes

Os gastos incorridos durante a vida útil do ativo imobilizado precisam ser adequadamente reconhecidos nas demonstrações financeiras das empresas. No entanto, existem situações que suscitam dúvidas quanto ao tratamento a ser dado. Essas dúvidas ocorrem principalmente com gastos incorridos na área de manutenção industrial, em que os gastos atingem valores significativamente altos, levando a crer que por esse motivo deveriam ser classificados como investimento.

Assim, a identificação e a segregação dos gastos em "despesas de manutenção" e "gastos de capital" são fundamentais.

GASTOS DE MANUTENÇÃO (OPEX)

As despesas de manutenção são entendidas como os gastos periódicos com reparo e conservação do bem e das instalações destinadas a mantê-los em condições eficientes de operação. Tais gastos são apropriados ao resultado e integram os custos indiretos de produção do período e são formados principalmente pelos custos de mão de obra e de produtos consumíveis, e podem incluir o custo de pequenas peças, tais como, óleos, graxa, ferramentas e peças de pouca duração. À medida que são utilizados ou consumidos, tais itens são apropriados como despesas ou custos da produção do período.

OPEX (*Operational Expenditure*) refere-se ao custo associado à manutenção dos equipamentos e aos gastos de consumíveis e outras despesas operacionais, necessários à produção e à manutenção do ativo em funcionamento.

Os dispêndios relativos à manutenção possuem as seguintes principais características:

- Têm como objetivo manter o funcionamento do bem em condições normais de operação.
- Não visam a aumento de produtividade.
- Valores dos gastos não são significativos ou representativos em relação ao próprio bem.
- Os itens sofrem desgastes ou consumo constante em períodos relativamente curtos.
- Podem estar previstos em "plano de manutenção" do próprio bem, entretanto possuem a característica de correção.
- Podem estar substituindo parte do bem que sofreu desgaste ou avaria relacionado com o uso em condições normais.

GASTOS DE CAPITAL (CAPEX)

Para que um gasto seja considerado gasto de capital e, consequentemente, incorporado ao valor contábil do ativo, faz-se necessária a análise de algumas condições:

- Ser provável que futuros benefícios econômicos associados ao item fluirão para a companhia.
- Pode ser mensurado o custo do item de forma confiável.
- Vida útil da reforma ou peça ser superior a um período.

Atendidos esses requisitos, o custo é capitalizado como um complemento do ativo e será depreciado em função da vida útil remanescente do ativo. Importante salientar que o valor contábil de itens ou peças substituídos deve ser baixado.

Os estoques de sobressalentes principais e equipamentos de reserva devem ser classificados como ativo imobilizado quando a entidade esperar usá-los durante mais do que um período. Esses itens não são depreciados até serem utilizados e estão sujeitos ao teste de *impairment*. No entanto, se esses sobressalentes tiverem uso específico para um determinado ativo, eles devem ser depreciados de acordo com a vida útil do respectivo ativo.

CAPEX (*Capital Expenditure*, gastos de capital) refere-se às aquisições ou introdução de melhorias de bens de capital e, consequentemente, ao montante de investimentos realizados em equipamentos e instalações de forma a manter a atividade operacional.

Em resumo, a aquisição de uma máquina ou a troca do seu motor é **CAPEX**, enquanto os custos com a sua manutenção é **OPEX**.

Os dispêndios relativos ao aumento do ativo imobilizado possuem, normalmente, as seguintes principais características:

- Aumentam a vida útil do bem.
- Aumentam o valor do ativo em questão.
- Têm durabilidade superior a um ano.
- Podem estar previstos em "plano de inspeção" do próprio bem, entretanto possuem a característica de prevenção.
- São usualmente significativos e relevantes.
- Podem estar substituindo parte do bem que sofreu desgaste ou avaria relacionado com um sinistro e, nesse caso, a parcela a ser baixada é identificável.

- Aumentam a produtividade pela melhor eficiência ou expansão.
- Contabilmente, são registrados pelo regime de competência, *i.e.*, aumento do ativo imobilizado quando da aquisição, independentemente do pagamento, tendo como contrapartida a redução de caixa ou acréscimo do passivo (financiamento) quando comprar à vista ou a prazo, respectivamente.

OPERAÇÕES DE ARRENDAMENTO MERCANTIL

Entendendo as operações e o problema contábil

As operações de arrendamento mercantil são transações bem semelhantes a um aluguel. Em essência, o que ocorre é a transferência de um ativo do arrendador (o dono jurídico do bem) para o arrendatário (a parte que irá utilizar o bem). E, para utilizar o bem durante um determinado período, o arrendatário paga prestações ao arrendador. No caso do aluguel, mudam as terminologias (locador e locatário) e as legislações aplicáveis, mas a lógica econômica é a mesma.

Há diversas décadas, os normatizadores contábeis nacionais e internacionais vêm se debruçando sobre esse tema em busca de uma forma adequada de reconhecimento dessas operações. Apenas para ilustrar uma das grandes questões debatidas ao longo desses anos, podemos questionar: esse bem, que normalmente se refere a um ativo de uso (imóvel, máquina, equipamento, veículo, terreno etc.), deve figurar no balanço de qual entidade? Do arrendatário? Do arrendador? Ou de nenhuma delas?

Evolução das normas contábeis sobre arrendamento mercantil no Brasil

No Brasil, podemos resumir o tratamento contábil dessas operações em três fases:

Fase 1 – até 2007: nesse período, prevalecia (como em muitos outros assuntos) a lógica tributária: o dono do bem é quem deve registrá-lo em seu ativo, e, portanto, o imobilizado era reconhecido no balanço do arrendador. O arrendatário apenas reconhecia despesas periódicas de arrendamento, por competência, mas sem afetar o ativo imobilizado (e, consequentemente, o seu passivo).

Fase 2 – de 2008 a 2018: a partir de 2008, houve a implementação da Lei nº 11.638/2007, que alterou a Lei nº 6.404/76, e essa alteração fez com que o arrendatário tivesse que reconhecer as operações de arrendamento mercantil financeiro em seu balanço (como um ativo, e em contrapartida a um passivo, já que se tratava de um financiamento). Já as operações de arrendamento mercantil operacional continuavam fora do balanço, de forma semelhante ao descrito na Fase 1. Esse modelo de reconhecimento estava baseado na abordagem da transferência de riscos e benefícios e foi detalhado no Pronunciamento Técnico CPC 06 – Operações de Arrendamento Mercantil, que, por sua vez, havia sido construído com base na norma internacional IAS 17 – *Leases*, emitida pelo IASB. Porém, esse órgão internacional já estava há alguns anos revendo essa norma, o que acabou culminando na emissão da IFRS 16 (também intitulada *Leases*) em 2016, a ser aplicável a partir de 2019. Logo, o Brasil acabou por adotar nesta fase um modelo que já estava em fase de substituição, o que acabou de fato ocorrendo.

Fase 3 – de 2019 em diante: o Comitê de Pronunciamentos Contábeis emitiu o CPC 06 revisado, contemplando o novo texto da IFRS 16, e as empresas tiveram de se adaptar para reconhecer as suas operações a partir de 2019, segundo essa norma. O novo modelo sai da abordagem da transferência de riscos e benefícios utilizada pela norma anterior e segue a linha do reconhecimento do direito de uso. E, nesse novo modelo, todas as operações (apenas com algumas exceções bem específicas, detalhadas no CPC 06) entram no balanço como um ativo (o direito de usar o ativo) e um passivo (a obrigação de pagar prestações). Isso significa que, na transição da fase 2 para a fase 3, houve um impacto significativo no balanço patrimonial, principalmente devido ao reconhecimento das operações que anteriormente eram denominadas de arrendamentos operacionais e, consequentemente, não eram contabilizadas no balanço patrimonial. Só que o modelo da Fase 2 ainda continua sendo aplicável aos arrendadores, pois o IASB entendeu que a mudança era necessária na contabilidade dos arrendatários. Sendo assim, para o dono jurídico do bem, continuam existindo duas classificações: o arrendamento operacional ou o financeiro.

Em relação aos impactos ocorridos na transição da Fase 2 para a Fase 3, em especial na contabilidade dos arrendatários, destacamos a seguir trechos selecionados da notícia veiculada no jornal *Valor Econômico* em 20/05/2019:

TEXTO PARA DISCUSSÃO

"Os aviões pousaram nos balanços, e o estrago foi grande

Os investidores que tentarem decifrar os números das empresas no primeiro trimestre correm o risco de ficar com mais dúvidas do que certezas. Não bastasse o cenário político e econômico já suficientemente conturbado, as empresas tiveram que adotar uma nova norma contábil sobre arrendamento mercantil que teve um impacto forte o suficientemente nas contas a ponto de aumentar a dívida da Petrobras em mais de R$ 100 bilhões.

(...)

Adotadas pelo Brasil em 2010, as IFRS trocaram, com o aval e apoio da Comissão de Valores Mobiliários (CVM), um enfoque mais formal na elaboração das demonstrações financeiras por uma busca da essência econômica das milhares de transações que acontecem numa empresa.

(...)

O caso mais emblemático até virou anedota. Um ex-presidente da entidade que edita as normas internacionais dizia sempre que podia que seu sonho era 'viajar num avião que estivesse no balanço da companhia aérea'. De fato, eles não estavam até agora, deserdados, escondidos por trás de um contrato de arrendamento no qual estabelecia-se que o dono era a empresa de *leasing*, e não a companhia aérea que ficaria com a aeronave por muitos anos, teria todos os benefícios econômicos desse bem imprescindível para a sua atividade e, no fim do contrato, tinha a opção de ficar com ele. Os pensadores contábeis olhavam isso e achavam que não fazia sentido. Dez anos de discussões depois (nada é simples no mundo da contabilidade), novos bens foram para o ativo e novas dívidas, para o passivo. Estimativas oficiais davam conta que US$ 2,2 trilhões estavam fora dos balanços no mundo todo.

Essa sacudida no balanço patrimonial – mais forte nas aéreas, na já citada Petrobras, com seus afretamentos de navios, no setor de varejo e nas empresas de base florestal – transbordou para a demonstração do resultado, com reflexos em indicadores importantes, a começar pelo lucro líquido. Afetou também o resultado antes de juros, impostos, depreciação e amortização (Ebitda, na sigla em inglês), que não faz parte oficialmente do balanço, mas é o favorito do mercado, em suas várias versões ajustadas ao gosto do freguês.

(...).

Fonte: Adaptado de NIERO, Nelson. *Valor Econômico*, 20 maio 2019.

Além dessa notícia, apresentamos também os Quadros 10.7 e 10.8, extraídos diretamente dos materiais produzidos pelo IASB, que resumem a mudança ocorrida com a adoção da IFRS 16 e os principais impactos decorrentes dessa mudança na contabilidade dos arrendatários.

EXEMPLO NUMÉRICO

A seguir, apresentamos um exemplo numérico simplificado para demonstrar os cálculos e lançamentos contábeis relativos às operações de arrendamento mercantil, conforme a norma vigente atualmente (CPC 06-R2 / IFRS 16).

Vamos imaginar uma companhia que efetue um contrato de uso de uma máquina durante cinco anos. Os pagamentos serão feitos ao final de cada ano, pelo valor de $ 30.000, e, ao final do contrato, caso a companhia queira adquirir a máquina, precisa pagar mais $ 8.000, ou seja, esse é o valor da opção de compra do contrato. A taxa de juros contratual é de 8% ao ano.

Se calcularmos o valor presente das prestações, mais o valor da opção de compra (utilizando as fórmulas da matemática financeira), chegamos a um valor de $ 125.225,97. Esse valor representa, no momento da contratação, o valor presente da obrigação do arrendatário, a ser registrado no passivo em contrapartida ao ativo. Esse ativo, que na versão anterior da norma de arrendamento, era tratado como ativo imobilizado, atualmente é segregado

QUADRO 10.7 Principais impactos no balanço patrimonial

	IAS 17 / Topic 840		IFRS 16 / FASB model
	Finance leases	Operating leases	All leases
Assets	✈ 🏛	---	✈✈ 🚗 🚌 🏛🏛🏛
Liabilities	$$	---	$$$$$$$
Off balance sheet rights / obligations	---	🚗 🚌 ☐ ✈ 🏛🏛 $$$$$	---

Fonte: IFRS 16 – Effect Analysis.
Disponível em: https://www.ifrs.org/-/media/project/leases/ifrs/published-documents/ifrs16-effects-analysis.pdf.

QUADRO 10.8 Principais impactos no resultado do exercício

	IAS 17 / Topic 840 / FASB model		IFRS 16
	Finance leases	Operating leases	All leases
Revenue	x	x	x
Operating costs (excluding depreciation and amortisation)	---	Single expense	---
EBITDA			⇧⇧
Depreciation and amortisation	Depreciation	---	Depreciation
Operating profit			⇧
Finance costs	Interest	---	Interest
Profit before tax			⇔

Fonte: IFRS 16 – Effect Analysis.
Disponível em: https://www.ifrs.org/-/media/project/leases/ifrs/published-documents/ifrs16-effects-analysis.pdf.

em uma conta denominada "ativo de direito de uso", porém, passível de depreciação de forma semelhante às contas do ativo imobilizado.

Logo, o valor presente é registrado no ativo, em contrapartida ao passivo. Posteriormente, o ativo será depreciado ao longo do tempo, em princípio pelo tempo do contrato, a menos que a empresa já tenha clara intenção de ficar com o bem e a vida útil do bem seja superior à do contrato. No exemplo, vamos considerar a depreciação com base no tempo do contrato.

Já o passivo vai sendo contabilizado normalmente como um passivo financeiro, mediante apropriação de despesa de juros e pagamento das prestações. No Quadro 10.9, demonstramos os cálculos da evolução do passivo ao longo do tempo, já assumindo o pagamento da opção de compra ao final do quinto ano.

QUADRO 10.9 Evolução do passivo ao longo dos cinco anos do contrato

Período	Pagamento anual	Despesa de juros	Redução da dívida	Dívida do arrendamento
0				125.225,97
1	30.000,00	10.018,08	19.981,92	105.244,05
2	30.000,00	8.419,52	21.580,48	83.663,57
3	30.000,00	6.693,09	23.306,91	60.356,66
4	30.000,00	4.828,53	25.171,47	35.185,19
5	38.000,00	2.814,81	35.185,19	–
Total	158.000,00	32.774,03	125.225,97	–

Desse modo, com base nesses dados e cálculos apresentados, podemos elaborar os razonetes a seguir, que sintetizam a contabilização da operação como um todo. Não demonstraremos a abertura do passivo em curto e longo prazo para fins de simplificação do exemplo.

Direito de uso	
(in) 125.225,97	

Passivo arrendamento			
(1c)	30.000,00	158.000,00	(in)
(2c)	30.000,00		
(3c)	30.000,00		
(4c)	30.000,00		
(5c)	30.000,00		
		8.000,00	
(6)	8.000,00		
		0,00	

Depr. acumulada		
	23.445,19	(1a)
	23.445,19	(2a)
	23.445,19	(3a)
	23.445,19	(4a)
	23.445,19	(5a)
	117.225,97	

Juros a apropriar			
(in)	32.774,03	10.018,08	(1b)
		8.419,52	(2b)
		6.693,09	(3b)
		4.828,53	(4b)
		2.814,81	(5b)
	0,00		

Caixa		
xxxxxx	30.000,00	(1c)
	30.000,00	(2c)
	30.000,00	(3c)
	30.000,00	(4c)
	30.000,00	(5c)
	8.000,00	(6)

Desp. depreciação		
(1a)	23.445,19	
(2a)	23.445,19	
(3a)	23.445,19	
(4a)	23.445,19	
(5a)	23.445,19	
	117.225,97	

Desp. juros		
(1b)	10.018,08	
(2b)	8.419,52	
(3b)	6.693,09	
(4b)	4.828,53	
(5b)	2.814,81	
	32.774,03	

É possível ainda perceber que, ao adquirir o ativo, faria sentido que a empresa transferisse o ativo da conta "direito de uso" para a conta "máquinas", uma vez que, a partir desse momento, o ativo pertence juridicamente à empresa.

Há ainda muitos outros detalhes técnicos sobre esse assunto, mas que fogem ao escopo deste capítulo. Para mais detalhes, recomendamos consulta a Gelbke *et al.* (2018), capítulo 24.

BAIXA DO ATIVO IMOBILIZADO

Da mesma forma que discutimos no início do capítulo, quando o ativo imobilizado deve ser reconhecido, e por qual valor, agora vamos passar a discutir o momento em que o ativo é retirado do balanço patrimonial, conhecido como "baixa".

O ativo imobilizado deve ser baixado:

a. por ocasião de sua venda; ou

b. quando não há expectativa de benefícios econômicos futuros com a sua utilização ou alienação.

Os ganhos ou perdas decorrentes da baixa de um ativo imobilizado devem ser reconhecidos no resultado quando o item for baixado, os quais são determinados pela diferença entre o valor líquido de venda e o valor contábil do bem.

Descreveremos a seguir os registros contábeis que devem ser feitos por ocasião da baixa do ativo.

Em primeiro lugar, caso esteja ocorrendo uma venda, haverá o registro da receita de venda, da seguinte forma:

Caixa ou contas a receber (ativo circulante – débito)
Receita de venda de imobilizado (conta de resultado – crédito)

Além desse registro (que, conforme destacado, somente será realizado caso haja uma venda), deve ser registrada também a baixa do ativo imobilizado:

Custo do imobilizado vendido (conta de resultado – débito)
Depreciações acumuladas (ativo imobilizado – débito)
Custo de aquisição (ativo imobilizado – crédito)

Desse modo, assumindo que o ativo foi vendido, haverá no resultado a receita da venda bem como o custo do ativo vendido, compondo, dessa forma, o resultado na venda do imobilizado (positivo ou negativo, dependendo da transação). Porém, caso o ativo esteja apenas sendo baixado por não gerar mais benefícios futuros (por exemplo, um descarte), apenas ocorrerá o registro da baixa do ativo, tendo como consequência uma perda reconhecida no resultado.

Vejamos a seguir um exemplo numérico. Uma máquina estava registrada por um custo histórico de $ 1.000 e já depreciada em $ 800. Nesse momento, ela foi vendida à vista por $ 230. Assim, os registros contábeis dessa venda seriam:

Caixa (ativo circulante – débito)	$ 230
Receita de venda de imobilizado (conta de resultado – crédito)	$ 230
Custo do imobilizado vendido (conta de resultado – débito)	$ 200
Depreciação acumulada (ativo imobilizado – débito)	$ 800
Custo de aquisição (ativo imobilizado – crédito)	$ 1.000

Com isso, essa empresa apurou um lucro na venda da máquina, no valor de $ 30 (receita de $ 230 menos o custo do ativo de $ 200). Porém, caso a venda tivesse sido feita por um valor inferior a $ 200, a empresa apuraria prejuízo.

Já se a empresa estivesse apenas baixando o ativo por ocasião do seu descarte, apenas o registro da baixa seria feito, configurando um prejuízo na baixa de $ 200.

💬 QUESTÃO PARA DISCUSSÃO 10.4

Você havia adquirido em 31/12/X3 o último modelo de smartphone disponível no mercado, naquele momento, pelo preço de $ 4.000. Em 31/12/X6, você decidiu trocar o seu antigo smartphone pelo último modelo disponível então. Considerando a vida útil e o valor residual que você definiu no item XXX, qual o resultado obtido com a venda do seu antigo smartphone, sabendo que foi vendido por $ 500 à vista. Qual seria a contabilização recomendada?

RESUMO

 OBJETIVO 1 Ativo imobilizado são ativos tangíveis, mantidos para uso na atividade empresarial e com expectativa de utilização por mais de um exercício social. Devem ser reconhecidos se for provável que

os benefícios econômicos futuros fluirão para a entidade e seus custos de aquisição ou construção forem confiavelmente mensurados.

OBJETIVO 2 A ideia geral para mensuração inicial de um ativo imobilizado considera que a contabilidade deverá incluir todos os custos para tornar o ativo disponível para o uso conforme pretendido pela administração da empresa. Assim, considerando que os ativos imobilizados irão gerar benefícios por mais de um período contábil, o procedimento geral é determinar qual o custo incorrido que irá proporcionar benefícios econômicos futuros para a empresa além do período atual (corrente).

No entanto, devido à peculiaridade de algumas transações, alguns procedimentos demandam maior atenção, é o caso de ativos adquiridos em conjunto, imobilizados construídos internamente, receitas geradas e despesas financeiras incorridas durante o período de construção, troca de ativos e ativos que deverão ser retirados no final de sua vida útil ou período de exploração.

OBJETIVO 3 Cada classe de ativos imobilizados de mesma natureza (por exemplo, imóveis, terrenos, veículos, máquinas etc.) pode ser mensurada após o reconhecimento inicial de duas formas: custo ou reavaliação. O método do custo faz com que o ativo permaneça registrado pelo custo de aquisição e sejam reconhecidas reduções desse valor, via depreciação ou eventualmente perdas por *impairment*. Já o método da reavaliação exige novas avaliações periódicas, ao valor justo, com o excedente positivo reconhecido diretamente no patrimônio líquido.

No Brasil, o método de reavaliação foi proibido pela Legislação Societária desde 2008, assim, enquanto a lei não for alterada, esse método não pode ser escolhido pelas empresas do mercado brasileiro.

OBJETIVO 4 A depreciação é a alocação sistemática do custo do ativo ao longo do tempo. Existem diferentes formas de realizar tal alocação e, por isso, cabe à entidade julgar qual é a forma que melhor reflete a realidade econômica, ou seja, que melhor representa o consumo dos benefícios econômicos do ativo.

OBJETIVO 5 Os gastos adicionais incorridos durante a vida útil do ativo devem ser segregados entre gastos de manutenção e gastos de capital. Os gastos de manutenção são tipicamente periódicos e não aumentam a vida útil do ativo, sendo considerados despesas quando incorridos. Já os gastos de capital costumam ser mais relevantes e agregam vida útil ao ativo, sendo contabilizados como parte do ativo.

OBJETIVO 6 As operações de arrendamento mercantil passaram a ser reconhecidas no balanço patrimonial integralmente a partir de 2019, por força da adoção da IFRS 16, norma internacional que trata do assunto. Até então, somente as operações de arrendamento financeiro eram reconhecidas como ativo e passivo. A adoção dessa norma traz grandes impactos aos balanços das empresas, bem como aos resultados.

OBJETIVO 7 O ativo imobilizado deve ser baixado do balanço patrimonial por ocasião de sua venda ou quando não há expectativa de benefícios econômicos futuros com a sua utilização ou alienação. Os reflexos de ganhos ou perdas decorrentes da baixa de um ativo imobilizado devem ser reconhecidos no resultado, e tal resultado será obtivo pela diferença entre o valor líquido de venda e o valor contábil do bem.

APLICANDO CONHECIMENTOS – QUESTÕES PARA RESOLVER

DILEMA ÉTICO

Durante o fechamento do ano de X7, você, como contador responsável da Cia. ABC, identificou que a empresa havia se esquecido de contabilizar uma despesa de depreciação no valor de $ 300.000, no ano de X6, relativa a um novo ativo imobilizado adquirido naquele ano. Aparentemente, houve um problema no sistema e a referida despesa não foi lançada. Ressalte-se que você foi o único a identificar tal problema, e a companhia estava prestes a publicar seus balanços.

A Demonstração do Resultado do Exercício e a movimentação da conta Lucros Acumulados, dos anos de X6 e X7, **antes da retificação do erro**, eram as seguintes:

Demonstração do Resultado do Exercício	X7	X6
Receita de Vendas de Mercadorias	1.200.000	1.500.000
Custo das Mercadorias Vendidas	(400.000)	(600.000)
Lucro Bruto	800.000	900.000
Despesas Operacionais	(300.00)	(350.000)
Lucro Líquido	500.000	550.000

DLPA	X7	X6
Lucros Acumulados Saldo Inicial	512.500	100.000
Lucro Líquido	500.000	550.000
Dividendos	(125.000)	(137.500)
Lucro Acumulado Saldo Final	887.500	512.500

Com base na situação descrita, você deve tomar uma decisão. Caso opte por ajustar as referidas demonstrações, deverá seguir as exigências das normas contábeis acerca do ativo imobilizado e igualmente sobre ajustes de erros de exercícios passados. É importante que seja dada a devida transparência e que seja igualmente elaborada uma nota explicativa sobre o assunto.

CASO PARA DISCUSSÃO   OBJETIVO 4

A empresa Níquel S.A., em função da queda do preço de mercado do seu único produto (níquel) e dos altos custos para a sua extração, decidiu paralisar completamente a sua fábrica. Apesar dessa situação, a empresa não pretende se desfazer desses ativos. Em decorrência dessa situação, qual o tratamento a ser dado para esses ativos em relação à depreciação?

TESTES

OBJETIVO 1

1. Os ativos classificados no subgrupo do imobilizado são
   a) Bens e direitos que serão realizados em dinheiro em um longo período de tempo.
   b) Bens corpóreos destinados à venda para outras sociedades.
   c) Obrigações que serão liquidadas em um longo período de tempo.
   d) Bens corpóreos utilizados na manutenção da operação da empresa.
   e) Bens e direitos destinados à manutenção da atividade da empresa.

OBJETIVO 1

2. São exemplos de bens que fazem parte do ativo imobilizado de uma empresa industrial e comercial:
   a) Terrenos, máquinas e empresas controladas.
   b) Equipamentos, móveis e utensílios e direitos autorais.
   c) Terrenos, móveis e utensílios e empresas coligadas.
   d) Veículos, marcas e patentes e imóveis.
   e) Máquinas, equipamentos e benfeitorias em propriedades de terceiros.

OBJETIVO 2

3. A Cia. Prospera adquiriu um ativo imobilizado e incorreu nos seguintes gastos:
   I) $ 120.000 referentes ao preço de compra à vista, acrescido de impostos não recuperáveis.
   II) $ 40.000 referentes aos custos de instalação e preparação do local para que o mesmo seja capaz de entrar em operação.
   III) $ 10.000,00 referentes às atividades promocionais.
   IV) A entidade estima que os custos de desmontagem, remoção e restauração do local em que o ativo imobilizado está localizado será de $ 20.000 na data da aquisição (valor presente).

Com base nestas informações, o custo do ativo imobilizado adquirido deve incluir:

a) I.
b) I e II.
c) II e IV.
d) I, II e IV.
e) I, II, III e IV.

OBJETIVO 4

4. A Cia. de Fumaça comprou uma máquina pelo valor de $ 200.000, cujo valor residual era $ 20.000 e vida útil estimada de 10 anos. Sabendo que a empresa utiliza o método de quotas constantes, após o primeiro mês de compra da máquina a empresa

a) Debitou despesa de depreciação no valor de $ 1.500 e creditou depreciação acumulada no valor de $ 1.500.
b) Debitou despesa de depreciação no valor de $ 1.500 e creditou máquina no valor de $ 1.500.
c) Creditou depreciação acumulada no valor de R$ 1.500 e debitou máquina no valor de $ 1.500.
d) Debitou despesa de depreciação no valor de $ 1.666,67 e creditou passivo circulante no valor de $ 1.666.67.
e) Debitou perdas com máquinas no valor de $ 1.666,67 e creditou máquinas no valor de $ 1.666,67.

OBJETIVO 3

5. No caso de Reavaliações de itens de imobilizado, no Brasil, pode-se inferir que:

a) É um procedimento bastante comum no Brasil.
b) Foi adotado a partir de 2008.
c) É proibido, no momento, no Brasil.
d) Havendo alguma reserva anterior, teria que sempre ser baixada.
e) Os estornos foram muito comuns para se diminuir imposto de renda.

OBJETIVO 4

6. Determinada empresa adquiriu, em 31/12/X4, uma máquina por $ 229.000, à vista. Na data de aquisição, a vida útil econômica estimada da máquina foi 10 anos e o valor residual foi $ 9.000. Em 31/12/X5, a empresa reavaliou a vida útil da máquina e determinou que a vida útil remanescente era de 5 anos e o valor residual de R$ 7.000,00. Com base nestas informações, o valor da depreciação acumulada evidenciado no Balanço Patrimonial da empresa utilizando o método das quotas constantes, em 31/12/X6, era

a) $ 22.000.
b) $ 62.000.
c) $ 74.000.
d) $ 88.800.
e) $ 66.400.

OBJETIVO 7

7. A empresa Gula & Gula adquiriu, em 31/12/X3, um equipamento por $ 40.000, à vista. A vida útil econômica estimada do equipamento, na data de aquisição, foi 8 anos e valor residual foi $ 8.000. Em 30/06/X7, a empresa vendeu este equipamento por $ 10.000 a prazo. Com base nessas informações, o resultado obtido com a venda do equipamento foi evidenciado na Demonstração do Resultado, como

a) Prejuízo não operacional de $ 16.000.
b) Prejuízo não operacional de $ 8.000.
c) Outras receitas operacionais de $ 10.000.
d) Outras despesas operacionais de $ 16.000.
e) Outras despesas operacionais de $ 8.000.

OBJETIVO 7

8. Uma empresa comprou, em 01/05/X3, uma máquina pelo valor de $ 340.000. Essa máquina possuía vida útil de 10 anos e valor residual de $ 40.000. Em 01/08/X6, a empresa vendeu essa máquina por $ 210.000. Na Demonstração do Resultado foi evidenciado

a) Lucro de $ 7.500.
b) Prejuízo de $ 32.500.
c) Lucro de $ 10.000.
d) Prejuízo de $ 30.000.

OBJETIVO 4

9. A empresa Mineira adquiriu o direito de exploração de uma mina de ferro por $ 880.000. Sabe-se que a capacidade da mina era de 20.000 toneladas. No primeiro ano, a empresa extraiu 5.000 toneladas. No início do segundo ano, a empresa descobriu que a mina possuía uma capacidade adicional de 5.000 toneladas. Sabe-se que no segundo ano a empresa extraiu 4.000 toneladas. Com base nessas informações, a empresa apresentou, no final do segundo ano, um saldo de

a) Amortização acumulada de $ 396.000.
b) Exaustão acumulada de $ 316.800.
c) Exaustão acumulada de $ 252.000.
d) Amortização acumulada de $ 316.800.

OBJETIVO 7

10. Uma determinada empresa apresentava, em 31/12/X5, em seu Balanço Patrimonial, as seguintes informações a respeito de um imobilizado:

Custo de aquisição: $ 500.000,00

Depreciação acumulada: $ 150.000,00

Perda por *Impairment*: $ 80.000,00

Em 31/12/X5, a empresa decidiu vender esse imobilizado por $ 300.000,00 à vista. Com base nessas informações, o resultado obtido com a venda do imobilizado foi, em reais,

a) 200.000 de prejuízo.
b) 30.000 de lucro
c) 50.000 de prejuízo.
d) 300.000 de lucro.

OBJETIVO 4

11. Em 31/12/X5, a empresa Revisão S.A. adquiriu uma máquina por $ 1.300.000 à vista. Na data da aquisição, a empresa Revisão S.A. estimou que a vida útil econômica era 5 anos e o valor residual era $ 200.000. Em 01/01/X6, a empresa reavaliou a vida útil econômica remanescente para 8 anos e valor residual $ 0,00 (zero).

O valor contábil apresentado pela empresa, no Balanço Patrimonial de 31/12/X6, foi, em reais:

a) 945.000.
b) 1.011.111.
c) 975.000.
d) 770.000.

OBJETIVO 5

12. Um gasto que não altera a vida útil do ativo nem lhe acrescenta benefícios econômicos futuros deve ser considerado
    a) gastos de capital.
    b) gastos de manutenção.
    c) parte do custo do ativo.
    d) depreciado em função da vida útil do ativo.

OBJETIVO 4

13. A empresa ABC comprou móveis em 1º de janeiro de X1 por R$ 40.000,00. A empresa estimou um valor residual de 5% e uma vida útil de 10 anos. Ao final do ano de X2, o valor líquido dos móveis será de:
    a) R$ 40.000.
    b) R$ 32.400.
    c) R$ 32.000.
    d) R$ 30.400.

OBJETIVO 4

14. Uma máquina foi adquirida em 1º de março de X0 por R$ 3.200.000,00.
    Sabendo-se que o bem é depreciado em 20% ao ano e o valor residual atribuído é zero, o saldo da depreciação acumulada em 31/12/X2 será de:
    a) 640.000.
    b) 1.280.000.
    c) 1.813.000.
    d) 1.920.000.

OBJETIVO 1

15. Sobre ativo imobilizado, não se pode afirmar:
    a) A depreciação retrata a diminuição do valor dos bens do ativo imobilizado, resultante do consumo pelo uso, ação na natureza ou obsolescência.
    b) Valor residual corresponde ao saldo remanescente no balanço (custo menos depreciação acumulada).
    c) Na contabilização do bem deve ser incluso o seu valor de aquisição, todos os demais desembolsos necessários para o colocar em condições de uso, no processo operacional da empresa, e os custos estimados para o desmontar e remover.
    d) Operações que transfiram à companhia os benefícios, riscos e controles dos bens também devem ser registrados no ativo imobilizado, mesmo que eles ainda não sejam de sua propriedade.

Respostas: 1-d; 2-e; 3-d; 4-a; 5-c; 6-b; 7-a; 8-b; 9-c; 10-b; 11-a; 12-b; 13-b; 14-c; 15-b.

EXERCÍCIOS

OBJETIVO 2

1. Ao adquirir um Equipamento a Cia. Votomar incorreu nos seguintes gastos:
    a. Preço pago pelo equipamento: $ 80.000
    b. Impostos recuperáveis (inclusos no preço acima): $ 9.000
    c. Impostos não recuperáveis (inclusos no preço acima): $ 5.000
    d. Pagamento de frete para transporte do equipamento até a empresa: $ 12.000
    e. Pagamento de seguro para o transporte do equipamento até a empresa: $ 10.000
    f. Gastos com instalação e testes iniciais: $ 15.000
    g. Custos estimados, na data de aquisição, para a desmontagem e remoção do equipamento do local em que está instalado: $ 8.000 (valor presente)

    Qual é o valor que deve ser reconhecido como custo do equipamento? Justifique a sua resposta.

OBJETIVO 4

2. Ao reavaliar a vida útil econômica de um ativo, como deve ser reconhecida a revisão da depreciação? Por quê?

OBJETIVO 3

3. Determinada empresa possui um único ativo imobilizado no valor de $ 250.000, com depreciação acumulada de $ 50.000. O bem foi reavaliado, após estudos de mercado, e agora é de $ 210.000. A empresa decidiu reavaliar o bem. Dessa forma, elabore os lançamentos contábeis.

OBJETIVO 3

4. Considera uma Cia. que adquiriu um ativo imobilizado no valor de $ 100.000 em 02/jan de X7. Sabe-se que a depreciação é linear a 4% ao ano. Após 3 anos de uso, o bem foi reavaliado, sendo o novo valor de $ 60.000. Dessa forma, elabore os lançamentos, desde a compra até a reavaliação do bem.

OBJETIVO 4

5. Um equipamento foi adquirido em 1º de janeiro de X7 por R$ 220.000,00. Nessa data a empresa estimou sua vida útil de 5 anos e valor residual como sendo zero. Calcule e compare a depreciação pelos métodos linear e soma dos dígitos.

OBJETIVO 4   OBJETIVO 7

6. A Cia. de Metais adquiriu, em 31/12/X2, uma máquina por $ 400.000, à vista. A máquina tem sido depreciada pelo

método das cotas constantes, tendo vida útil econômica estimada de 5 anos e valor residual de $ 20.000. Em 30/06/X5, a Cia. vendeu essa máquina por $ 160.000 à vista. Realize os lançamentos contábeis desde a aquisição até a venda, indicando os impactos no resultado de cada ano.

OBJETIVO 4

7. Determinada empresa adquiriu um equipamento pelo valor de $ 480.000 para ser utilizado em suas operações. A vida útil econômica, estimada pela empresas, para esse equipamento foi 6 anos, sendo que a empresa esperava vendê-lo por $ 120.000 ao final desse prazo. No entanto, no final do primeiro ano de uso a empresa reavaliou que a vida útil econômica remanescente do equipamento era de mais três anos (vida útil total de 4 anos) e o valor estimado de venda ao final deste período era $ 90.000.

Sabendo que a empresa utiliza o método das quotas constantes, calcule o valor da depreciação para os anos 1 e 2.

OBJETIVO 4

8. Um equipamento que está temporariamente paralisado deve ser depreciado? Justifique sua resposta.

OBJETIVO 4

9. Defina o que é valor depreciável.

OBJETIVO 5

10. Diferencie Gastos de Capital e Gastos de Manutenção.

OBJETIVO 5

11. A Cia. de Transportes realizou os seguintes gastos para melhorar a sua frota:
    a. Troca dos motores de 3 caminhões no valor de $ 20.000 cada.
    b. Pintura de 5 veículos no valor de $ 8.000.
    c. Funilaria de pequenos amassados no valor de $ 5.000.
    d. Troca de óleo e respectivo filtro no valor de $ 1.500.
    e. Gastos com mão de obra para realizar as inspeções no valor de $ 2.000.

Indique o tratamento a ser dado para cada um dos gastos incorridos pela Cia. de Transportes. Justifique a sua resposta.

OBJETIVO 7

12. Em 01/01/X5, determinada empresa adquiriu um imóvel pelo valor de $ 900.000 para utilizá-lo em suas operações. A estimativa feita da vida útil econômica para esse imóvel foi de 25 anos e valor residual de $ 100.000,00. Em 01/01/X6, a empresa reavaliou a vida útil do imóvel, cuja estimativa indicou uma vida útil remanescente de 25 anos. O valor residual reestimado foi $ 130.000. Em 31/12/X6, em função de uma oferta irrecusável, a empresa vendeu este imóvel por $ 1.200.000,00 à vista. Com base nessas informações e sabendo que a empresa utiliza o método das quotas constantes, efetue os lançamentos contábeis desde a aquisição até a venda, indicando os impactos no resultado decorrentes da venda.

EXERCÍCIOS ADICIONAIS

1. Sabendo que em 02/01/X1 a Cia. Importadora adquiriu uma máquina alemã, por $ 48.000.000, pagando à vista. Adicionalmente ao valor da máquina, para o recebimento e funcionamento da mesma, incorreu nos seguintes gastos:

Fretes e armazenagem:	$ 800.000
Seguros de translado:	$ 600.000
Mão de obra de para instalação:	$ 400.000
Testes de funcionamento:	$ 200.000
Adequação de estrutura física:	$ 2.000.000
Instalações hidráulicas e elétricas:	$ 100.000

Considere as seguintes informações:
- Vida útil estimada do bem para utilização em um turno de trabalho: 20 anos;
- No início de X3 a empresa passa a operar em três turnos de trabalho, sendo que a depreciação da máquina se dará na mesma intensidade da sua utilização;
- O método de depreciação utilizado pela empresa é o de cotas constantes.

Pede-se:
a. Calcular a depreciação acumulada do bem até 31/12/X4 e contabilizá-la em razonetes;
b. Apurar e contabilizar o resultado que seria obtido pela empresa se, após 4 anos de uso, essa máquina fosse vendida à vista pelo valor de $ 28.000.000.

2. Em 31/12/X6, o imobilizado da Cia. TroKa Tudo era constituído das seguintes contas:

Máquinas	$ 6.000.000
Veículos	$ 6.000.000
Terrenos	$ 30.000.000
Móveis e Utensílios	$ 800.000
Depreciações Acumuladas	$ (10.580.000)
Total	**$ 32.220.000**

No decorrer de X7, a movimentação desses ativos foi a seguinte:

1. A máquina A no valor de $ 3.600.000, adquirida em 01/07/X4, com valor residual estabelecido em $ 600.000 e vida útil econômica de 5 anos e depreciada pelo método da soma dos dígitos, foi trocada pela máquina F no valor de $ 2.000.000 em 01/07/X7. A nova máquina é depreciada à base de 15% a.a.

2. O veículo Alpha no valor de $ 6.000.000, adquirido em 02/01/X3, depreciado à base de 20%a.a., foi totalmente reformado no final de X7. Na ocasião a empresa gastou $ 1.000.000 e reestimou a vida útil do bem em 4 anos. A depreciação é calculada pelo método das quotas constantes.

3. A máquina B no valor de $ 2.400.000, adquirida em 01/04/X0, depreciada à base de 10% a.a., foi vendida à vista no final de dezembro de X7 por $ 630.000;

4. Móveis e Utensílios no valor de $ 800.000, depreciados até dezembro de X6 em 40%, foram baixados no início do exercício X7, por estarem totalmente inutilizados;

5. Conforme laudo pericial de 31/12/X7, os terrenos foram avaliados para $ 45.000.000.

Com base nessas informações, determine qual o valor do ativo imobilizado em 31/12/X7 e o impacto dessas movimentações no resultado da empresa.

3. A Cia. Vende & Compra é uma empresa líder do setor de comercialização de equipamentos especiais. Seu exercício social é encerrado anualmente em 31/12 e, em 30/11/X0, apresentava os seguintes saldos:

Reserva Legal	12.000	Despesas Gerais	50.000
Fornecedores	90.000	Capital	300.000
Bancos	110.000	Clientes	170.000
Instalações	96.000	Deprec. Ac. Equipamentos	30.000
Custo das Merc. Vendidas	450.000	Deprec. Ac. Instalações	17.600
Receita de Vendas	880.000	Despesas com Salários	35.000
Descontos Financeiros Obtidos	10.000	Despesas de Comissões	4.500
Despesas Financeiras	9.000	Notas Promissórias (LP)	89.000
Aplicações Financeiras	30.000	Estoques	130.000
Receitas Financeiras	6.000	Veículos	150.000
Despesas de Aluguéis	20.000	EPCLD	5.000
Equipamentos	260.000	Salários a Pagar	10.000
Deprec. Acumulada Veículos	36.000	Retenção de lucros	28.900

As seguintes operações foram efetuadas em dezembro de X0:

a. Venda de 150 unidades de máquinas, a prazo, no valor total de $ 225.000;

b. Recebeu, em devolução, 5 unidades de máquinas referentes à venda do item a;

c. Pagamento à vista de apólice de seguro no valor de $ 18.000, cujo contrato possui vigência de um ano a partir de dezembro de X0;

d. Um cliente que devia $ 60.000 efetuou o pagamento antecipado de suas duplicatas, tendo sido concedido um desconto de $ 1.500;

e. O cliente A foi considerado incobrável e sua dívida era de $ 3.000;

f. Em 01/12/X0, contraiu empréstimo no valor de $ 200.000, com vencimento para 01/12/X3. A taxa de juros desse empréstimo é de 1% ao mês. Os juros são pagos ao final de cada mês;

g. Aquisição, em 01/12/X0, de um equipamento moderno para utilizar no processo produtivo. O valor pago à vista foi de $ 300.000, além de gastos relacionados ao transporte e instalação no valor de $ 60.000. A vida útil do equipamento é em função de sua capacidade produtiva que é estimada em 900 unidades. Durante o mês de dezembro de X0 a empresa produziu 50 unidades.

h. Os demais custos incorridos e pagos na produção das 50 unidades foram de $ 30.000.

i. O saldo final do estoque em 31/12/X0 era $ 60.000.

Ajustes necessários para o encerramento do exercício de X0:

a. A empresa vendeu suas instalações por $ 68.000 em 31/12/X0, tendo recebido à vista. A taxa de depreciação das instalações é de 10% ao ano, sem valor residual.

b. Os veículos possuem vida útil econômica de 5 anos e valor residual igual a $ 30.000.

c. A empresa constitui a EPCLD com base na expectativa de perdas com clientes incobráveis. Para efeitos do cálculo da EPCLD em 31/12/X0, considerar 5% do saldo de Clientes;

d. Os juros das notas promissórias serão pagos no vencimento da nota promissória. No mês de dezembro de X0, os juros foram de $ 890.

e. As aplicações financeiras referem-se a Títulos de Renda Fixa mantidos até o vencimento e aplicados a uma taxa de 2% ao mês. O valor justo desses títulos, em 31/12/X0, era $ 31.400.

Pede-se:

a. Fazer os lançamentos do mês de dezembro em razonetes;

b. Fazer os lançamentos de ajustes para encerramento das demonstrações;

c. Demonstração do Resultado do Exercício de X0, sabendo que o resultado do período foi retido para expansão;

d. Elaborar o Balanço Patrimonial em 31/12/X0.

11

ATIVO INTANGÍVEL

Assista ao vídeo do autor sobre o tema deste capítulo

uqr.to/f1w1

"Concessões dominam registro de intangíveis

O valor das marcas e das carteiras de clientes adquiridas de terceiros são o principal tipo de ativo intangível das empresas brasileiras listadas em bolsa, depois dos direitos contratuais, como as concessões públicas, segundo estudo exclusivo obtido do Valor.

A pesquisa feita pela consultoria e auditoria Mazars mapeou a maneira como os intangíveis são registrados nos balanços por 12 diferentes setores. Os intangíveis são ativos não físicos considerados estratégicos, por trazerem vantagens competitivas, como domínios de internet e licenças.

Aleksandr Davydov | 123RF

No Brasil, a partir da Lei 11.638, de dezembro de 2007, passou a existir um lugar para eles nos balanços das empresas. 'Não existia uma visão consolidada da forma como se faz na prática o registro de intangíveis por setor no Brasil. A proposta foi produzir um diagnóstico da nossa realidade', diz Fabio Pecequilo, diretor da Mazars.

[...] A firma analisou as demonstrações financeiras de 2012 e 2013 de 228 companhias de capital aberto, reunidas segundo a relevância de seu valor de mercado ou pela listagem em um dos segmentos de governança da bolsa. Os direitos contratuais responderam por 39% dos intangíveis reconhecidos nos últimos dois anos, seguidos por aqueles relacionados a clientes e marcas, com cerca de 5% cada um. Excluídas as empresas de utilidade pública, como geradoras de energia, o valor dos direitos relacionados a contratos representa apenas 4% das transações e é superado pelo preço pago por carteiras de clientes (10,4%) e por marcas (9,4%), mostra o estudo.

Como forma de comparação, pesquisa conduzida pela auditoria e consultoria KPMG com 342 empresas globais que adotaram as normas internacionais de contabilidade, em transações entre 2003 e 2007, mostra tendência semelhante. Em três principais setores – produtos e serviços de consumo, cuidados com a saúde e mídia e entretenimento –, as marcas e a base de clientes foram os principais intangíveis."

Fonte: Adaptado de BORTOLOZI, Tatiane; ROSTÁS, Renato. *Valor Econômico*, 20 jun. 2014.

Dmitriy Shironosov | 123RF

OBJETIVOS DE APRENDIZAGEM DO CAPÍTULO

Após estudar este capítulo, você será capaz de:
1. Entender os conceitos básicos de ativo intangível.
2. Estudar as formas de mensuração do ativo intangível no reconhecimento inicial.
3. Entender os modelos de mensuração subsequente: custo ou reavaliação.
4. Entender as características, métodos e cálculo da amortização.
5. Compreender em que condições o ativo intangível é baixado do ativo e os efeitos contábeis ocorridos nessa transação.

OBJETIVO 1

O QUE É ATIVO INTANGÍVEL

Conceitos básicos

O ativo intangível é um ativo não monetário, identificável, sem substância física.

Em contraste com os ativos tangíveis ou financeiros, os ativos intangíveis não têm uma natureza física ou financeira, e sim valor com base nos direitos e benefícios que transmitem à empresa que os possui e os usa, podendo decorrer de direitos legais ou contratuais.

Os ativos intangíveis apresentam as seguintes características: (a) são mantidos para uso no curso normal dos negócios, e não para investimentos; (b) possuem, geralmente, vida útil de mais de um ano; (c) têm capacidade de gerar benefícios econômicos futuros para seus proprietários; (d) são identificados e controlados pela empresa.

Perceba que tais características são conceitualmente bem semelhantes às características do Ativo Imobilizado, tratado no Capítulo anterior, a não ser pela diferença física, obviamente. No entanto, os ativos intangíveis geralmente têm um maior grau de incerteza quanto aos benefícios econômicos futuros, em relação aos ativos tangíveis. Em grande parte, isso se deve ao fato de que sua natureza intangível torna mais difícil identificá-lo e, consequentemente, mensurá-lo. Essa dificuldade pode ser, em parte, superada quando é possível separar o ativo e colocá-lo à disposição para venda, transferência, entre outras disponibilidades.

Entre os vários exemplos de ativos intangíveis das entidades, podemos citar: patentes, direitos autorais, marcas registradas, direitos de franquias, ágio identificado nas combinações de negócios.

Qual a diferença entre patente, marca registrada e direitos autorais?

Assista ao vídeo do autor sobre este tema

MENSURAÇÃO INICIAL DO ATIVO INTANGÍVEL

Antes de tratarmos da mensuração inicial do ativo intangível, é importante ressaltar que, para ser reconhecido como ativo da empresa, o ativo intangível precisa das características comentadas anteriormente (identificação, controle e capacidade de gerar benefícios econômicos futuros).

Uma das maiores dificuldades que os ativos intangíveis possuem é quanto à sua mensuração confiável. A entidade precisa estimar a probabilidade dos benefícios econômicos futuros utilizando suposições razoáveis e justificáveis que possam representar a melhor estimativa do valor do ativo ao longo de sua vida útil.

Os ativos intangíveis, de forma geral, são mensurados pelo custo de aquisição mais todos os gastos necessários para colocar o ativo em condições de ser utilizado. Esse critério é bem semelhante ao critério adotado na mensuração inicial do ativo imobilizado.

Sobre a forma de aquisição, é interessante aprender sobre a divisão entre ativos intangíveis identificáveis ou não identificáveis. Os ativos intangíveis identificáveis são aqueles que podem ser separados do conjunto de ativos da empresa, para serem vendidos, transferidos ou trocados, entre outros. Como exemplo, podemos citar a aquisição da marca de uma loja para ser utilizada por uma *franchise*. Nesse caso, o ativo intangível adquirido é claramente identificável, pois foi vendido isoladamente, além de ter um custo individual objetivamente determinável. Já os ativos intangíveis não identificáveis não podem ser separados da entidade para serem vendidos, transferidos ou licenciados. Isso ocorre, por exemplo, quando a empresa adquire outra e paga um preço maior do que o valor justo da empresa adquirida. No momento da compra, esse ativo é configurado como um *goodwill* (falaremos adiante sobre o conceito de *goodwill*) e não pode ser dissociado da empresa comprada.

> É necessária a estimativa de probabilidade de obtenção de benefícios econômicos futuros para que se possa estimar o valor do ativo ao longo da sua vida útil.

VOCÊ SABIA?

No início da década de 1970, Carolyn Davidson, uma estudante de pós-graduação em *design* gráfico nos Estados Unidos, criou o símbolo da Nike para Phil Knight, dono da Blue Ribbon Sports. Após Caroly preparar alguns logos, Phil escolheu o popular 'swoosh' e pagou a preço de aproximadamente US $ 35 por seu trabalho. Hoje, é uma das marcas mais valorizadas no mercado de produtos esportivos.

Fonte: Nikebiz: Company Overview: History, 1970s. "The Birth of the Nike Brand, and Company." https://www.dnamag.co/home/carolyn-davidson-nike-swoosh.

Também é importante compreender que um ativo intangível pode ser formado dentro da empresa ou adquirido. Dessa forma, podemos fazer a seguinte divisão:

Ativos intangíveis adquiridos e identificáveis

Nesse caso, não há nenhuma ação especial da empresa e ela apenas adquire um ativo que pode ser facilmente identificado pelo seu custo de aquisição, adicionando também todos os custos necessários para colocar o ativo em ação. Um exemplo simples é a aquisição de uma patente de uma outra empresa.

Ativos intangíveis adquiridos e não identificáveis

Esse é o clássico caso do *goodwill*, em que se adquire outra companhia (combinação de negócios). Quando um ativo intangível for adquirido nessa combinação, seu custo é o valor justo, na data de aquisição, que refletirá as expectativas dos benefícios econômicos

> Ativo intangível *goodwill* é registrado separadamente do valor de mercado da companhia adquirida.

futuros gerados por esse ativo. Esses benefícios econômicos futuros podem derivar da sinergia entre os ativos adquiridos ou de ativos que, individualmente, não são identificáveis para serem reconhecidos contabilmente. O *goodwill* é, portanto, o ágio decorrente da expetativa de rentabilidade futura reconhecido em uma combinação de negócios, que representa os benefícios econômicos futuros gerados por outros ativos não identificáveis.

Note que, em uma combinação de negócios, o ativo intangível *goodwill* é registrado separadamente do valor justo dos ativos e passivos da companhia adquirida.

Ativos intangíveis gerados internamente e identificáveis

Nesse caso, é necessário atenção, pois nem todos os gastos realizados serão adicionados ao valor do ativo gerado pela empresa. Assim, esses gastos devem ser segregados em duas fases: gastos com pesquisa (ou seja, gastos incorridos para pesquisar um produto, um sistema, um processo etc.) e gastos com desenvolvimento (uma vez efetuada a pesquisa, precisa-se desenvolver aquilo que foi pesquisado). Após realizada essa divisão, o tratamento contábil a ser dado é o seguinte: a) os gastos relacionados com a pesquisa de um projeto para gerar o ativo são reconhecidos como despesas do período, pois se considera que há alto grau de incerteza nessa fase; e b) os gastos relacionados com o período de desenvolvimento do projeto são reconhecidos como ativos intangíveis, caso atendam a alguns critérios, como: viabilidade técnica para concluir o ativo, intenção de concluir o ativo e de usá-lo ou vendê-lo, capacidade para usar ou vender o ativo, forma como o ativo deve gerar benefícios econômicos futuros, disponibilidade de recursos técnicos, financeiros e outros para concluir o desenvolvimento do ativo e capacidade de mensurar com segurança os gastos atribuíveis ao ativo intangível durante essa fase. Esses critérios objetivam, em geral, reduzir a incerteza de reconhecer um ativo que não possa gerar benefícios econômicos no futuro.

Ativos intangíveis gerados internamente e não identificáveis

Uma empresa pode realizar gastos com itens não identificáveis, gerados internamente, com benefícios econômicos futuros esperados além do período atual. Entretanto, esse ativo se restringe a uma visão teórica, pois seria de difícil mensuração futura. É o caso, por exemplo, de investimento no treinamento de pessoal da empresa, sem que esse gasto seja relacionado com algum produto ou projeto. Como você mensura o benefício futuro esperado desse investimento? Nessa situação, não teremos um ativo diretamente, mas sim uma despesa incorrida no período. Outro caso seria o *goodwill* gerado internamente, ou seja, a expectativa de rentabilidade futura não adquirida. Embora qualquer negócio que presumivelmente queira crescer deva ter esse tipo de ativo, o seu registro contábil é de mensuração altamente subjetiva, sendo atualmente vedado pelas normas contábeis.

No caso da norma brasileira, resultante do CPC 04(R1) (CPC, 2010), ela distingue a obtenção direta do ativo e o divide em três formas:

- Aquisição separada, que caracteriza o ativo intangível adquirido e relacionado.
- Intangíveis gerados internamente, que representam o ativo intangível gerado internamente e relacionado.
- Aquisição em combinação de negócios, que identifica o ativo intangível adquirido e não relacionado, o *goodwill*.

Sobre os ativos intangíveis gerados internamente, as normas brasileiras oriundas do CPC 04(R1) (CPC, 2010) esclarecem especialmente o caso dos gastos com a pesquisa e desenvolvimento. Se não há identificação por parte da empresa e se os gastos incorridos se encontram na fase de pesquisa ou na fase de desenvolvimento, esses gastos devem ser considerados como característicos da fase de pesquisa. Dessa forma, são classificados como despesas do período, já que não possuem benefício futuro esperado. Já os gastos com a fase de desenvolvimento, em que se percebe o benefício futuro esperado, podem ser capitalizados, levando em conta as características comentadas para ativos intangíveis gerados internamente e relacionáveis. Nessa categoria de custos, podemos citar: salários, encargos e outros custos de pessoal; materiais e serviços empregados; depreciação de equipamentos e instalações utilizadas no desenvolvimento; gastos gerais, apropriados com o projeto.

Para ilustrar as três formas de obtenção de ativo intangível, apresentamos alguns exemplos práticos resolvidos.

EXEMPLOS PRÁTICOS RESOLVIDOS

Exemplo (a) Ativos intangíveis adquiridos

Em X0, a empresa Pitangui S.A. gastou $ 100.000 no início de X1 para adquirir uma patente de um determinado medicamento. Nesse caso, o lançamento contábil realizado será:

Patente (ativo intangível – débito)	$ 100.000
Caixa/Bancos/Contas a pagar (crédito em diversas saídas)	$ 100.000

Exemplo (b) Intangíveis gerados internamente

Em junho de X1, a companhia Genipabu S.A. iniciou a pesquisa de um *software* para análise de discos rígidos de computadores. A empresa incorreu em um total de gastos no montante de $ 1.000.000,00 até o final de novembro. Esses gastos foram considerados despesas da pesquisa. Em dezembro, a empresa concluiu que o *software* havia passado para a fase de desenvolvimento e, a partir desse momento, o *software* custou para a empresa $ 30.0000. Nesse caso, os lançamentos contábeis realizados no período serão:

Despesa com pesquisa (despesa – débito)	$ 1.000.000
Caixa/Bancos/Contas a pagar (crédito em diversas saídas)	$ 1.000.000
Software (ativo intangível – débito)	$ 30.000
Caixa/Bancos/Contas a pagar (crédito em diversas saídas)	$ 30.000

Exemplo (c) Aquisição em combinação de negócios

A Empresa A adquiriu a Empresa B pelo valor de $ 1.500.000,00. Sabe-se que o valor contábil da empresa era de $ 1.000.000,00 e o valor justo dos ativos, líquido dos passivos, é de $ 1.300.000,00.

Investimento (débito)	$ 1.500.000
Caixa/Banco/Contas a pagar (crédito em diversas saídas)	$ 1.500.000

Ressalta-se que, neste último caso, por se tratar de uma aquisição de participação societária, os ativos intangíveis adquiridos (incluindo o *goodwill*) estão embutidos no investimento. Porém, caso esse investimento seja em uma controlada, essa investida será consolidada e, portanto, os ativos intangíveis serão reclassificados para o grupo de ativo intangível. Para mais detalhes sobre esse tema, consulte o Capítulo 9 – Investimentos.

DILEMA ÉTICO

A empresa ACC Empreendimentos é uma gigante na elaboração de *softwares* para controles de máquinas em grandes indústrias e na área de robótica para aeronaves. Você, como diretor da controladoria da empresa, é responsável pela mensuração de gastos (capitalizados ou não) com a pesquisa e desenvolvimento de novos produtos. Apesar de sua longa jornada na companhia, mais de 15 anos como empregado dela, você sempre leva em consideração os relatórios enviados pelo setor de Engenharia, gerenciado pelos engenheiros de produção. Vale salientar que eles trabalham, também, há bastante tempo, possuindo uma grande cooperação e amizade entre os dois setores.

Um dos mais recentes produtos, que possuem viabilidade tecnológica, é um *software* que controla caças e que provavelmente será utilizado pelo exército brasileiro. Pelos últimos relatórios enviados pelo setor de engenharia, os gastos com o desenvolvimento do *software* serão capitalizados e estão aproximadamente em um montante de $ 20 milhões de reais. Sabendo da materialidade do valor, você pediu um almoço com o diretor da área de engenharia para sanar algumas dúvidas. Infelizmente, ele não pode ir, mas enviou um engenheiro recém-chegado à empresa.

Enquanto você conversava com o engenheiro, este comentou que o projeto é, realmente, muito importante e que tem demandado grande esforço da área, porém o único problema é que ele não tem tanta certeza de que o projeto trará o benefício econômico esperado, dado que essa tecnologia pode não ser compatível com os aviões que provavelmente

> serão trazidos pela força aérea brasileira. De qualquer forma, como o projeto era muito grande, o diretor do setor de engenharia já teria conversado com o presidente do comitê de administração da empresa e este tinha instruído o diretor de engenharia a finalizar de qualquer forma o projeto até o encerramento do ano-calendário, mesmo sem as devidas informações confiáveis sobre a adequação do projeto do *software*.
>
> **Sabendo disso, como contador e diretor da controladoria, o que você faria?**

OBJETIVO 3

MENSURAÇÃO SUBSEQUENTE DO ATIVO INTANGÍVEL

Os ativos intangíveis podem ser divididos em ativos de vida útil definida ou indefinida.

Após o reconhecimento e mensuração inicial, as normas internacionais caracterizam duas formas de mensuração subsequente para o ativo intangível: o método do custo e o método da reavaliação. Tais métodos foram discutidos no capítulo anterior, quando tratamos do Ativo Imobilizado, e, conceitualmente, são semelhantes para o ativo intangível. Porém, há duas ressalvas.

Em primeiro lugar, o método da reavaliação só poderia ser usado de acordo com as IFRS para casos em que o ativo intangível tenha mercado ativo, ou seja, que tenha cotações em mercados de forma que a mensuração do seu valor justo seja confiável. Obviamente, essa condição é bastante restritiva, pois os ativos intangíveis costumam ser bem específicos de cada empresa.

Além disso, no Brasil, desde a Lei nº 11.638/07, a utilização do método da reavaliação está vedada.

Portanto, não trataremos aqui desse método. Iremos nos limitar ao detalhamento do método de custo, adotado para os ativos intangíveis no Brasil.

O fator econômico se restringe a própria capacidade de geração de benefícios econômicos do ativo.

Segundo esse método, após a mensuração inicial, a mensuração subsequente pressupõe que o ativo será mantido ao custo e dependerá do prazo de vida útil a ele associado. Os ativos devem ser divididos em ativos de vida útil definida ou indefinida. Vida útil definida significa que o horizonte de tempo em que o ativo deverá trazer benefícios econômicos futuros é previsível, ou seja, é possível determinar esse prazo. Por exemplo, se a entidade comprar uma patente que, contratualmente, será utilizada por cinco anos, a vida útil do ativo é definida. Já a vida útil indefinida significa que a entidade não consegue determinar esse prazo em que o ativo deverá gerar benefícios econômicos. Por exemplo, se a entidade adquirir uma marca sem prazo contratual de utilização (ou seja, a marca é definitivamente da empresa que a adquiriu) e pretende ficar com a marca indefinidamente, a vida útil desse ativo será indefinida.

O fator legal se restringe ao acesso da entidade aos benefícios do ativo.

Caso o ativo se encontre na primeira classificação, a empresa deve definir a extensão dessa vida útil em tempo, volume de produção ou medidas similares confiáveis. Há de se levar em consideração dois fatores, o econômico e o legal. O fator econômico se restringe a própria capacidade de geração de benefícios econômicos do ativo. Já o fator legal se restringe ao acesso da entidade aos benefícios do ativo. Elencados esses dois fatores, a vida útil do ativo deve ser o menor prazo entre os dois.

Na seção seguinte, discutiremos com mais detalhes o processo de amortização, aplicável aos ativos intangíveis de vida útil definida.

TEXTO PARA DISCUSSÃO

Com base na leitura do texto a seguir, responda à seguinte questão: Quais são os prós e os contras da mensuração dos ativos intangíveis a valor justo, e não a custo?

"Quanto vale um 'direito intangível'

'Os ativos intangíveis são a nova riqueza das empresas, seu verdadeiro oásis de valor', de acordo com Daniel Domeneghetti e Roberto Meir (*Ativos intangíveis*, Editora Campus). Em conclusão, esses autores advertem que, 'acima de tudo, ativos intangíveis só têm valor se forem reconhecidos e valorizados pelo *stakeholder*'. De maneira particular a esse texto, trata-se de reconhecimento pelo mercado, porém podemos, naturalmente, estendê-lo para o reconhecimento nas demonstrações financeiras.

Até 2007, a lei contábil determina o registro dos ativos incorpóreos (intangíveis) com os ativos corpóreos, em contas do chamado ativo imobilizado. Com a adoção dos padrões internacionais de contabilidade (IFRS) pelo direito contábil brasileiro, foi criado um grupo de contas específico para os ativos intangíveis. Portanto, atualmente, existem dispositivos legais a respeito desses bens (direitos), bem como todo um conjunto de normas infralegais.

O *goodwill*, como valor residual em operações de reestruturação societária, só é reconhecido se efetivada uma transação – o que é ditado pelas normas contábeis e, atualmente, aceito expressamente pelas normas tributárias. Os direitos intangíveis, quando reconhecidos nas demonstrações financeiras, devem ser mensurados (avaliados) pelo custo na sua aquisição.

Mesmo quando for possível a sua reavaliação, o novo valor (reavaliado) deverá considerar um mercado ativo para o direito intangível avaliado, ou seja, uma transação entre partes independentes. Ocorre que esse mercado ativo, praticamente, não existe para a maioria dos intangíveis, com raríssimas exceções, por exemplo, as licenças de táxi.

A mesma metodologia de reavaliação é normalmente aplicada aos ativos imobilizados (tangíveis), o que faz sentido: mensurar os ativos de maneira a registrar a geração de fluxo de caixa futuro representaria antecipar os resultados (receitas e custos) pertencentes a períodos que ainda virão.

Há nisso dois problemas: registrar contabilmente meras estimativas e registrar acréscimo patrimonial sem considerar o regime de competência. Por outro lado, o comprometimento do fluxo de caixa futuro (redução) deve ser registrado no momento em que as estimativas indicam a probabilidade dessa perda, o que se operacionaliza por meio do valor recuperável (*impairment*).

Em conclusão, os direitos intangíveis são registrados na contabilidade pelo seu custo, e somente pelo seu custo (gastos com sua proteção jurídica ou preço de aquisição)."

Fonte: Adaptado de FERNANDES, Edison. *Valor Econômico*, 11 nov. 2014.

AMORTIZAÇÃO

A amortização de um ativo intangível vai depender da caracterização de sua vida útil entre definida e indefinida, como comentado anteriormente. Caso o ativo possua vida definida, a empresa deve estabelecer o prazo, sendo sua vida útil caracterizada pelo tempo estimado de geração de benefícios econômicos do projeto. Sendo o ativo intangível gerado por direitos legais ou contratuais, essa vida útil não deve ultrapassar o período definido por lei ou contrato. Caso existam evidências da renovação dos direitos, a vida útil poderá incluir esse período. Além disso, caso a entidade não possa medir com confiabilidade o consumo do ativo, o método linear de amortização deverá ser utilizado.

> A amortização deve refletir a utilização do benefício econômico gerado pelo ativo intangível.

Um item muito importante nos ativos de longo prazo, principalmente no imobilizado, é o valor residual no cálculo das depreciações. Nos ativos intangíveis, não há esse tipo de valor na maioria dos casos, dado que se espera que o item seja consumido/utilizado até o final de sua vida, salvo em casos em que exista um compromisso por parte de terceiros de comprar o ativo, ou que haja um mercado ativo para esse intangível, sendo, nesses casos, importante que a empresa mensure o seu valor residual.

Nos ativos com vida útil indefinida não existirá amortização, mas deverá haver teste de *impairment* periodicamente.

Além disso, a vida útil, o método de amortização e o valor residual (caso exista) devem ser revisados, no mínimo, anualmente. E, em caso de alteração desses critérios, a mudança é tratada como uma mudança de estimativa, de forma prospectiva (ou seja, sem afetar o passado).

Sobre o caso de ativos com vida útil indefinida, não existirá amortização para esse ativo, mas o ativo deve ser avaliado periodicamente por meio do teste de *impairment*. Caso o valor recuperável do ativo esteja inferior ao seu valor contábil, haverá uma perda por *impairment* (veja o Capítulo 12 deste livro para entender melhor o teste de *impairment*). Além disso, a empresa deve sempre verificar os critérios que fazem esse ativo ter uma vida útil indefinida, pois, caso se perceba uma mudança para vida útil definida, a mudança de critério deverá ser adotada.

O ativo intangível está sujeito a teste de *impairment*.

É importante salientar que o teste de *impairment*, como será visto no próximo capítulo, é aplicável sempre que houver indícios de perda. Isso, inclusive, pode ocorrer para ativos intangíveis de vida útil definida. Porém, como os ativos intangíveis de vida útil indefinida não possuem consumo periódico por meio do processo de amortização, eles **devem** ser testados quanto ao *impairment* no mínimo anualmente. Esse critério é uma forma de estabelecer uma espécie de consumo do ativo, porém de forma não periódica, diferentemente do processo de amortização.

Para enfatizar melhor a mensuração subsequente com o *impairment* dos ativos intangíveis, apresentamos os seguintes exemplos de contabilização:

EXEMPLOS PRÁTICOS RESOLVIDOS (CONTINUAÇÃO I)

Exemplo (a) (relembre a contabilização realizada no item **a** do exemplo prático anterior)

Assuma que a empresa Pitangui S.A. gastou $ 100.000 no início de X1 para adquirir uma patente, conforme contabilizado no exemplo anterior. Essa mesma patente será utilizada pelo prazo de 2 anos. Assim, quais seriam os lançamentos contábeis vinculados à amortização do primeiro ano?

O cálculo da amortização anual será 100.000/2 = 50.000. O valor da amortização anual, dado que não há valor residual, é de $ 50.000. O ativo será amortizado no montante de $ 50.000 ao ano.

Contabilização em dezembro de X1:

Despesa com amortização (despesa – débito)	$ 50.000
Amortização acumulada (ativo intangível – redutora – crédito)	$ 50.000

Levando agora em consideração o mesmo exemplo, mas com a certeza de que, ao final do ano X2, essa mesma patente possua um valor de mercado de $ 10.000 e que a empresa pretende vender essa patente ao final de X2, como fica o cálculo da amortização?

O cálculo da amortização anual será (100.000 – 10.000)/2 = 45.000. O valor da amortização anual, dado que o valor residual é de $ 10.000, será de $ 45.000. O ativo será amortizado no montante de $ 45.000 ao ano.

Contabilização em dezembro de X1:

Despesa com amortização (despesa – débito)	$ 45.000
Amortização acumulada (ativo intangível – redutora – crédito)	$ 45.000

Exemplo (b) (relembre a contabilização realizada no item **c** do exemplo prático anterior)

A empresa A possui um *goodwill* devido à aquisição da empresa B. Esse *goodwill* foi avaliado em $ 200.000 no momento da aquisição. Ao final de dois anos, depois de uma primeira avaliação, por meio do teste de *impairment*, percebeu-se que o valor justo desse *goodwill* é de $ 180.000. Como contabilizar?

Despesa com *impairment* (despesa – débito)	$ 20.000
Impairment do intangível (ativo intangível – crédito)	$ 20.000

DILEMA ÉTICO

Recentemente, o patrimônio da Genipabu S.A. está em séria ameaça. Há vários anos, essa empresa foi a líder nas vendas de equipamentos de tecnologia para hospitais, sendo a "queridinha" dos investidores da B3, com a imprensa comercial constantemente louvando o modelo de negócios inovador e a solidez na gestão dos investimentos. No entanto, a recessão ocorrida no País nos últimos dois anos e a crescente concorrência certamente atenuaram as perspectivas futuras.

Nos últimos 12 meses, a empresa reportou apenas um trimestre rentável, e o Conselho de Administração está pedindo um retorno rápido para uma melhoria da rentabilidade.

Com os resultados trimestrais atuais parecendo decepcionantes, o CFO convidou você a realizar uma análise extensa de todos os itens que fazem parte do intangível, em um esforço para identificar os ativos que realmente trazem benefícios econômicos futuros e demonstrem eficiência.

Depois de informar ao CFO que os resultados preliminares indicaram que uma perda por *impairment* de quase R$ 500 milhões deve ser reconhecida, você é indicado para aumentar o valor de *impairment* em mais de R$ 200 milhões e registrar uma perda de R$ 700 milhões.

Quando você questiona o aumento do valor do *impairment*, você é informado que a administração superior pensou que suas estimativas da utilidade dos ativos eram excessivamente otimistas e que alteraram várias de suas estimativas, incluindo a taxa de desconto utilizada na mensuração da perda por redução ao valor recuperável.

Como as mudanças resultaram em demonstrações financeiras mais conservadoras, o CFO tinha certeza de que você não se oporia. **Após verificar o *feedback* dado pela gestão, o que você faria?**

OBJETIVO 5

BAIXA DO ATIVO INTANGÍVEL

A baixa de um ativo intangível segue as mesmas características de outros ativos, podendo ser: (a) devido à perda dos benefícios econômicos futuros no uso do ativo; e (b) por meio da alienação.

Havendo ganho ou perda com a baixa do ativo, deverá ser reconhecido esse valor no resultado do período e é determinado pelo valor da alienação comparado ao valor contábil líquido de amortização e eventual perda por *impairment*.

📌 EXEMPLOS PRÁTICOS RESOLVIDOS (CONTINUAÇÃO II)

Exemplo (a) (relembre a contabilização realizada no item **a** do exemplo prático anterior)

(i) Baixa devido à perda dos benefícios econômicos futuros no uso do ativo

Após um ano e meio de uso de uma patente, a empresa Pitangui S.A. realizará a baixa de sua patente, pois não possui mais benefício econômico sobre ela. Sabe-se que o valor total da patente era de $ 100.000 e a sua amortização acumulada era de 75% do valor total do ativo.

Amortização acumulada (ativo intangível – débito)	$ 75.000
Perda com baixa de patentes (resultado – débito)	$ 25.000
Patente (ativo intangível – crédito)	$ 100.000

(ii) Baixa com alienação do ativo intangível já amortizado

Após dois anos de uso de uma patente, a empresa Pitangui S.A. realizará a baixa fazendo a sua venda por um valor de $ 20.000. A empresa não possuía previsão para venda antes de se decidir por isso. Sabe-se que o valor total da patente era de $ 100.000 e a sua amortização acumulada era de 100% do valor total do ativo.

Amortização acumulada (ativo intangível – débito)	$ 100.000
Patente (ativo intangível – crédito)	$ 100.000

Caixa e equivalente caixa (ativo – débito)	$ 20.000
Receita com venda de ativo intangível (receita – crédito)	$ 20.000

(iii) Baixa com alienação do ativo intangível parcialmente amortizado

Admita que, após o primeiro ano em que a empresa Pitangui S.A. adquiriu a patente, ela recebeu uma proposta para vender o seu ativo pelo valor de $ 120.000, ou seja, o ativo estava amortizado em apenas 50%.

Contabilização utilizando duas contas de resultado:

Amortização acumulada (ativo – débito)	$ 50.000
Custo do ativo intangível vendido (resultado – crédito)	$ 50.000
Patente (ativo intangível – crédito)	$ 100.000

Caixa e equivalente caixa (ativo – débito)	$ 120.000
Receita com venda de ativo intangível (resultado – crédito)	$ 120.000

Contabilização utilizando uma conta de resultado:

Caixa e equivalente caixa (ativo – débito)	$ 120.000
Amortização acumulada (ativo – débito)	$ 50.000
Patente (ativo intangível – crédito)	$ 100.000
Resultado com venda de ativo intangível (resultado – crédito)	$ 70.000

RESUMO

OBJETIVO 1 — Em contraste com os ativos tangíveis ou financeiros, os ativos intangíveis não possuem uma natureza física ou financeira, e sim valor com base nos direitos e privilégios que transmitem à empresa que os possui e os usa, podendo decorrer de direitos legais ou contratuais. Eles apresentam as seguintes características: (a) são mantidos para uso no curso normal dos negócios, e não para investimentos; (b) possuem, normalmente, vida útil de mais de um ano; (c) possuem capacidade de gerar benefícios econômicos futuros para seus proprietários; (d) são identificados e controlados pela empresa.

OBJETIVO 2 — Os ativos intangíveis, de forma geral, são mensurados pelo custo de aquisição. Os ativos identificáveis são aqueles que podem ser separados da empresa, vendidos, transferidos ou trocados, entre outros. Já os ativos não identificáveis não podem ser separados da entidade, vendidos, transferidos ou licenciados.

OBJETIVO 3 — Após a mensuração inicial, os ativos intangíveis serão mantidos pelo custo de aquisição e a mensuração subsequente dependerá do prazo de vida útil a ele associado. Os intangíveis podem ser divididos em ativos de vida útil definida ou indefinida. Caso a empresa utilize a primeira classificação, a empresa deve definir a extensão dessa vida útil em tempo, volume de produção ou medidas similares confiáveis. Há de se levar em consideração dois fatores, o econômico e o legal.

OBJETIVO 4 — A amortização de um ativo intangível vai depender da caracterização de sua vida útil entre definida e indefinida. Caso o ativo possua vida útil definida, a empresa deve estabelecer o prazo, sendo sua vida útil caracterizada pelo tempo de benefícios econômicos futuros previstos para o projeto. Sobre o caso de ativos com vida útil indefinida, não existirá amortização para esse ativo, mas o ativo deve ser avaliado periodicamente por meio do teste de *impairment*. Caso o valor recuperável do ativo esteja inferior ao seu valor contábil, haverá uma perda por *impairment*.

OBJETIVO 5 — A baixa de um ativo intangível segue as mesmas características de outros ativos, podendo ser: (a) devido à perda dos benefícios econômicos futuros no uso do ativo; e (b) por meio da alienação. Havendo ganho ou perda com a baixa do ativo, esse valor deverá ser reconhecido no resultado do período e é determinado pelo valor da alienação comparado ao valor contábil líquido de amortização e eventual perda por *impairment*.

APLICANDO CONHECIMENTOS – QUESTÕES PARA RESOLVER

TESTES

OBJETIVO 1

1. Entre as características dos ativos intangíveis, não é correto afirmar que:
   a) São mantidos para uso no curso normal dos negócios e não para investimentos.
   b) Possuem, geralmente, vida útil de mais de um ano.
   c) Possuem capacidade de gerar benefícios econômicos futuros para seus proprietários.
   d) São identificados e controlados pela empresa.
   e) Não possuem nenhum grau de incerteza com relação ao seu reconhecimento e mensuração.

OBJETIVO 1

2. Preencha as lacunas com o item relacionado:
   _____ é o direito exclusivo de produzir um produto ou usar uma tecnologia.
   _____ é um nome registrado, logotipo (logo), *design* de pacote, imagem, *jingle* ou *slogan* que está associado a um produto.
   _____ é uma forma de proteção de propriedade intelectual fornecida pelas leis de um país.
   a) Direitos autorais – Marca – Patente.
   b) Patente – Direitos autorais – Marca.
   c) Marca – Patente – Direitos autorais.
   d) Patente – Marca – Direitos autorais.
   e) Direitos autorais – Patente – Marca.

OBJETIVO 2

3. O *goodwill* gerado em uma combinação de negócios pode ser classificado como um ativo intangível:
   a) Adquirido e identificável.
   b) Adquirido e não identificável.
   c) Gerado internamente e identificável.
   d) Gerado internamente e não identificável.
   e) Não relacionado nos itens anteriores.

OBJETIVO 2

4. A empresa A adquiriu a empresa B pelo valor de $ 500 milhões. Sabe-se que o valor contábil da empresa era de $ 200 milhões e seu valor de mercado era de $ 400 milhões. Qual o valor registrado na empresa A como valor do investimento?
   a) $ 100 milhões.
   b) $ 200 milhões.
   c) $ 400 milhões.
   d) $ 500 milhões.
   e) Nenhuma das respostas anteriores.

OBJETIVO 3 **OBJETIVO 4**

5. Sobre a mensuração dos ativos com vida útil definida, não se pode afirmar que:
   a) O padrão é não possuírem valor residual.
   b) A empresa deve definir a extensão da vida útil em tempo, volume de produção ou medidas similares confiáveis.
   c) São amortizados ao longo do tempo de utilização e o critério de cálculo deve refletir a utilização de seu benefício econômico gerado.
   d) Não existirá amortização para esse ativo, mas, sim, o ativo será reavaliado periodicamente.
   e) Caso haja mudança de sua vida útil, do método de amortização ou do valor residual (caso exista), os critérios de amortização devem ser revisados.

OBJETIVO 3 **OBJETIVO 4**

6. Um ativo intangível (patente) foi adquirido pelo valor de $ 50.000, com uma vida útil definida de 5 anos. Sabendo que há um valor residual de 5.000 ao final do último ano, quanto é a amortização anual deste ativo?
   a) $ 5.000
   b) $ 9.000.
   c) $ 10.000.
   d) $ 14.000.
   e) $ 50.000.

OBJETIVO 4

7. A empresa XPTO, após adquirir a empresa ABC, contabilizou um *goodwill* no valor de $ 400.000,00. Após um ano, a empresa fez a reavaliação do bem e realizou um *impairment* de $ 100.000,00. Como seria a contabilização desse evento econômico?
   a) D – Despesa com amortização $ 100.000
      C – Amortização acumulada $ 100.000
   b) D – Despesa com *impairment* $ 100.000
      C – Amortização acumulada $ 100.000
   c) D – Despesa com amortização $ 300.000
      C – Amortização acumulada $ 300.000
   d) D – Despesa com *impairment* $ 100.000
      C – *Impairment* do intangível $ 100.000

e) D - Despesa com *impairment* $ 300.000
C - Amortização acumulada $ 300.000

OBJETIVO 5

8. A empresa ABC S.A. possuía uma patente no valor de $ 100.000,00 com amortização acumulada de $ 20.000,00. Percebendo que não havia mais benefício econômico futuro, a empresa resolveu baixar o ativo. Como seria o lançamento?

a) D – Amortização acumulada $ 100.000
C – Intangível $ 100.000

b) D – Amortização acumulada $ 80.000
C – Perda com intangível $ 80.000

c) D – Amortização acumulada $ 20.000
D – Perda com intangível $ 80.000
C – Intangível $ 100.000

d) D – Amortização acumulada $ 20.000
C – Intangível $ 80.000
C – Perda com intangível $ 100.000

e) D – Amortização acumulada $ 20.000
C – Intangível $ 20.000

Respostas: 1-e; 2-b; 3-b; 4-d; 5-d; 6-b; 7-d; 8-c.

EXERCÍCIOS

OBJETIVO 1

1. Conceitue os seguintes ativos intangíveis:
   a) patente.
   b) marca registrada.
   c) direitos autorais.

OBJETIVO 2

2. Como podemos dividir os ativos intangíveis pelas suas características iniciais para o reconhecimento inicial?

OBJETIVO 2

3. Uma empresa iniciou um projeto de um protótipo para carros. No primeiro ano, teve gastos de $ 20.000, mas a companhia ainda não considerava a possibilidade de sucesso. No segundo ano, os gastos continuaram na ordem de $ 40.000 até o meio do ano, quando a empresa realmente percebeu que já estava na fase de desenvolvimento do projeto. Os gastos para o final do ano foram na ordem de $ 60.000. Qual o valor do intangível e quanto foi lançado como despesa?

OBJETIVO 2

4. A Cia. Sonífera Ilha adquiriu a Cia. Macaco por Lebre pelo valor de $ 1.200.000. Sabe-se que o valor contábil da empresa adquirida era de $ 500.000 e o valor do fluxo de caixa futuro trazido a valor presente era de $ 1.000.000. Qual o lançamento contábil na Cia. Sonífera Ilha para essa aquisição?

OBJETIVO 3

5. Qual o efeito de a empresa possuir um ativo intangível de vida útil definida ou indefinida no balanço patrimonial e na demonstração de resultado?

OBJETIVO 3   OBJETIVO 4

6. Como mensurar o valor do *goodwill*? Como é a amortização desse ativo?

OBJETIVO 4

7. Defina o que é valor amortizável.

OBJETIVO 5

8. Qual a justificativa para a baixa de um ativo intangível?

EXERCÍCIOS ADICIONAIS

1. (CFC – 2017 – CFC – 1º Exame – Bacharel em Ciências Contábeis) Como parte de suas operações regulares do dia a dia que envolvem controle de pragas na agricultura, uma Sociedade Empresária reuniu informações suficientes para a construção de uma base de dados. Os custos relacionados com a obtenção dos dados não puderam ser segregados das operações regulares, de forma que fossem identificados. Ainda que esses dados precisem ser classificados e organizados sistemicamente para formar, de fato, uma base de dados, estima-se com confiabilidade que seu desenvolvimento em modelo estruturado proporcionará benefício econômico futuro da ordem de $ 20.000.000,00, já trazidos a valor presente. Considerando-se apenas as informações apresentadas e de acordo com a NBC TG 04 (R3) – ATIVO INTANGÍVEL, acerca dos gastos relacionados com a obtenção dos dados elencados é CORRETO afirmar que:

   a) A base de dados deve ser reconhecida, de imediato, como ativo intangível, pelo valor de $ 20.000.000,00, cuja estimativa é confiável.

   b) Nenhum ativo intangível deve ser reconhecido até esse momento; os gastos anteriores devem ser tratados como despesa.

   c) Somente poderá ser reconhecido o ativo intangível pela Sociedade Empresária que possui, até então, os dados, caso haja proposta de aquisição de controle da entidade que se configure como combinação de negócios, ainda que esta não se efetive.

   d) Um ativo intangível será reconhecido pela Sociedade Empresária que reuniu os dados, se houver mercado ativo para a comercialização da base de dados, com compradores e vendedores dispostos a negociar, e se os preços forem públicos e conhecidos.

2. A Cia. Sunshine Car iniciou a pesquisa e o desenvolvimento de um protótipo de carro movido à energia solar.

   O projeto durou 4 anos, tendo sido efetuados os seguintes gastos:

   X0 – R$ 40.000

X1 – R$ 70.000
X2 – R$ 80.000
X3 – R$ 50.000

A seguir, um breve resumo dos acontecimentos de cada ano.

X0: o projeto ainda estava na fase inicial da pesquisa, e a companhia ainda considerava a possibilidade de insucesso.

X1: a companhia finaliza o protótipo do carro e inicia a fase de desenvolvimento. Além disso, efetuou uma pesquisa de mercado, mas percebeu que não haveria demanda para o carro, devido ao preço e à limitação quanto à sua autonomia. Mesmo assim, decidiu manter o projeto em curso normal, esperando mudanças que pudessem surtir efeito quanto à demanda do carro.

X2: há uma repercussão mundial do novo produto e, a partir de agora, a empresa consegue projetar uma demanda suficiente para justificar a produção em larga escala.

X3: o projeto é concluído, e a companhia espera iniciar a produção e vendas em X4. A companhia não consegue, nesse momento, definir o prazo de recuperação desse investimento, pois ainda não se sabe de uma forma definitiva como o consumidor vai reagir ao novo produto. Não houve necessidade de reconhecer perdas por *impairment*.

X4: as vendas são iniciadas e a companhia efetua um teste de *impairment* do projeto ao final do ano. Chega à conclusão de que o valor recuperável foi estimado em R$ 100.000.

X5: a demanda não responde às expectativas da companhia e esta decide descontinuar a produção.

Pede-se:

Contabilize os gastos efetuados de X0 a X3 e sua mensuração subsequente em X4 e X5, justificando sua resposta.

12

Assista ao vídeo do autor sobre o tema deste capítulo

uqr.to/f1w4

TESTE DE *IMPAIRMENT*

"Baixas contábeis somam mais de R$ 90 bilhões no trimestre

A baixa contábil de R$ 48,3 bilhões divulgada na segunda-feira pela Petrobras, principal causa do maior prejuízo da história da petroleira, é a mais significativa de um trimestre marcado por ajustes contábeis bilionários pelas empresas de capital aberto. Na bolsa brasileira, ao menos cinco companhias registraram perdas elevadas por redução ao valor recuperável de ativos (*impairment*, na expressão em inglês). Petrobras, Vale, Usiminas, Gerdau e BM&FBovespa divulgaram em seus balanços do quarto trimestre baixas contábeis que somam mais de R$ 90 bilhões. O montante representa cerca de 5% do valor de mercado de todas as 57 companhias que compõem o Ibovespa (R$ 1,83 trilhão). Outras empresas como Grendene, Embraer, Natura, Tractebel, Senior Solution e Mills também registraram baixas por *impairment*, mas em proporções menores, na casa dos milhões."

Setsiri Silapasuwanchai | 123RF2

Nonwarit Pruetisirirot | 123RF

Fonte: CARRANÇA, Thais. *Valor Econômico*, 23 mar. 2016.

OBJETIVOS DE APRENDIZAGEM DO CAPÍTULO

Após estudar este capítulo, você será capaz de:

1. Entender os conceitos básicos do teste de *impairment* aplicável ao ativo não circulante.
2. Compreender os indicadores externos e internos para a realização do teste de *impairment*.
3. Compreender as diretrizes para a mensuração do valor recuperável de um ativo.
4. Reconhecer as situações em que haverá a contabilização de perdas e reversões de perdas por *impairment*.

OBJETIVO 1

TESTE DE *IMPAIRMENT* DO ATIVO NÃO CIRCULANTE

Conceitos básicos

> Um ativo contribui para aumentar o fluxo de caixa futuro da entidade ou contribui para reduzir as saídas futuras de caixa.

Um ativo, pela sua própria definição, deve proporcionar **benefícios econômicos futuros** para a entidade que o controla. O benefício que um ativo proporciona é basicamente o de trazer receitas – aumentar as entradas de dinheiro – ou o de reduzir despesas – reduzir as saídas de dinheiro. Em linhas gerais, ou o ativo contribui para aumentar o fluxo de caixa futuro da entidade ou para reduzir as saídas futuras de caixa.

Nesse sentido, quando, por alguma razão, um ativo deixa de produzir benefícios econômicos futuros para a entidade, de certa forma, ele "deixa de ser" um ativo. O mesmo acontece quando o ativo tem seu potencial de benefícios econômicos futuros reduzidos; nesse caso, ele "perde parte" de sua condição, de sua propriedade de ativo. Nesses casos – quando existe uma redução na capacidade de um ativo de gerar benefícios econômicos futuros –, faz-se necessário reduzir o valor do ativo ou eventualmente até "baixá-lo" por completo.

> Quando existe uma redução na capacidade de um ativo de gerar benefícios econômicos futuros – faz-se necessário: (a) reduzir o valor do ativo; ou (b) eventualmente até "baixá-lo" por completo.

Note-se que não se trata de "conservadorismo" – a ideia de antecipar perdas e postergar lucros. Na verdade, a necessidade de reduzir o valor de um ativo ao montante de seus benefícios econômicos futuros prováveis deriva da própria definição de ativo. Isso porque, se ativos são benefícios econômicos futuros, quando esses benefícios não mais existem ou diminuem, o correspondente ativo deve ser ajustado. Afinal, não poderá existir um ativo registrado contabilmente do qual não se esperem benefícios econômicos futuros. No entanto, o mesmo critério não necessariamente será aplicado quando os benefícios aumentam (ou seja, nesse caso haveria o reconhecimento de um ganho). Esse registro depende das normas contábeis específicas que tratam de cada tipo de ativo e, agora sim, em caso de impedimento ao registro desse ganho, podemos dizer que se trata de "conservadorismo", pois esses lucros não registrados somente serão reconhecidos no futuro, à medida que o ativo seja realizado.

Percebe-se, portanto, que o conceito de *impairment* trazido pelas normas internacionais a partir do processo de convergência às IFRSs não é algo novo. Ao contrário, o conceito é provavelmente tão antigo quanto a própria contabilidade, uma vez que há a necessidade de ajustar os ativos ao seu "verdadeiro" valor para que a informação contábil reflita a realidade econômica em questão.

Nesse sentido, os ajustes aos ativos para que eles reflitam seus valores reais – quais sejam as diferentes espécies de *impairment* – são realizados em decorrência das operações normais das empresas como:

PERDA ESTIMADA COM CRÉDITOS DE LIQUIDAÇÃO DUVIDOSA

É realizada a venda de mercadorias a prazo, e as estimativas indicam que parte do valor registrado na conta clientes não será recebida: nesse caso, deve ser registrada uma perda estimada com créditos de liquidação duvidosa para adequar as contas a receber ao valor líquido de recebimento.

PERDA ESTIMADA POR REDUÇÃO AO VALOR REALIZÁVEL LÍQUIDO

A empresa possui estoque de mercadorias sujeito à obsolescência e as estimativas indicam que parte desse estoque será vendida por um valor inferior ao custo de aquisição: nesse caso, deve-se registrar uma perda estimada por redução ao valor realizável líquido para adequar estoques ao seu valor de realização.

Especificamente no tocante aos **ativos de longo prazo**, em especial acerca do ativo imobilizado e do intangível, é importante perceber que eles não foram adquiridos com a finalidade de venda, e sim com intenção de uso nas operações da empresa. Esse é um ponto relevante, uma vez que os benefícios futuros esperados desses ativos estão geralmente relacionados com o seu uso. Em outras palavras, tais ativos normalmente contribuem de forma indireta para a geração de caixa da entidade. Em razão disso, tais ativos possuem critérios específicos para o teste de *impairment*, que se encontram dispostos no Pronunciamento Técnico CPC 01 – Redução ao Valor Recuperável de Ativos, correlacionado à Norma Internacional IAS 36 – *Impairment of Assets*.

> Ativo imobilizado, intangível e as participações societárias estão sujeitos ao escopo do CPC 01 que disciplina o teste de *impairment* para os ativos de longo prazo.

Tal pronunciamento disciplina o teste de *impairment* para os ativos de longo prazo, em especial o ativo imobilizado, o intangível e as participações societárias. Nesse contexto, não estão sob o escopo do CPC 01: os estoques, o contas a receber, os ativos financeiros, os ativos biológicos, os tributos diferidos, entre outros. Isso porque, para tais ativos, os critérios de *impairment* estão previstos nos seus respectivos pronunciamentos; nesse sentido, possuem regras específicas. Para mais detalhes sobre os ajustes e baixas referentes a esses ativos, favor consultar os outros capítulos deste livro correspondentes aos ativos específicos.

Importante ressaltar ainda que o teste de *impairment* e o registro de perdas por desvalorização, também, se encontram presentes na Lei nº 6.404/76 e suas alterações posteriores:

> "Art. 183, § 3º: A companhia deverá efetuar, periodicamente, **análise sobre a recuperação dos valores** registrados no **imobilizado** e no **intangível**, a fim de que sejam: I – **registradas as perdas de valor do capital** aplicado quando houver decisão de interromper os empreendimentos ou atividades a que se destinavam ou quando comprovado que **não poderão produzir resultados suficientes para recuperação desse valor**". (Grifos não constam no original.)

> **Perda por desvalorização** é o montante pelo qual o valor contábil de um ativo ou de unidade geradora de caixa excede seu valor recuperável.

Entretanto, a Lei das Sociedades por Ações não detalha os critérios e regras para a realização do teste e/ou o registro das perdas. Tais critérios encontram-se previstos no CPC 01, cujo objetivo principal é justamente estabelecer as exigências e procedimentos para a realização do teste de *impairment* de modo a garantir que os ativos de longo prazo não estejam registrados nos balanços das empresas por valores superiores aos valores de recuperação.

A premissa principal que norteia todo esse pronunciamento técnico é:

> Um ativo está desvalorizado (*impaired*) quando se encontrar registrado contabilmente por valor superior ao seu valor recuperável. Quando isso ocorrer, deve-se registrar uma perda por desvalorização (*impairment loss*).

Note-se que, para se verificar a necessidade de reconhecimento de uma perda por *impairment*, devemos comparar o valor contábil de um ativo – que é aquele pelo qual o ativo encontra-se registrado na contabilidade,

Valor contábil é o montante pelo qual o ativo está reconhecido no balanço depois da dedução de toda respectiva depreciação, amortização ou exaustão acumulada e ajuste para perdas.

considerando as respectivas depreciações, amortizações e eventuais perdas anteriores por desvalorização – com o **valor recuperável**.

A definição de valor recuperável é apresentada no item 6 do CPC 01:

> "**Valor recuperável** de um ativo ou de unidade geradora de caixa é o <u>**maior**</u> montante entre o seu **valor justo líquido de despesa de venda** e o seu **valor em uso**".

FIGURA 12.1 Valor em uso x valor justo líquido da despesa de venda.

Unidade geradora de caixa é o menor grupo identificável de ativos que gera entradas de caixa, entradas essas que são, em grande parte, independentes das entradas de caixa de outros ativos ou outros grupos de ativos.

O conceito de valor recuperável admite que um ativo de longo prazo, como um imobilizado ou um intangível, pode ter seu montante recuperado tanto pela sua **venda** quanto pelo seu **uso** nas atividades operacionais da empresa.

Percebe-se que, apesar de esses ativos não terem sido adquiridos com a intenção de venda, ainda sim podem ser vendidos ao longo de sua vida útil. Afinal, a administração da empresa pode decidir substituir ativos em razão de novas tecnologias, alterar estratégias de produção e terceirização, ou eventualmente descontinuar linhas de negócios resultando na decisão de venda de ativos de longo prazo.

É esse – o racional de negócios – o principal motivo de se considerar ambos os cenários (uso ou venda) na determinação do valor recuperável. A norma busca reputar as decisões econômicas à disposição da administração decorrentes da propriedade do ativo: usá-lo ou vendê-lo.

 VOCÊ SABIA?

O valor recuperável será sempre o maior entre o valor em uso e o valor justo líquido das despesas de venda, portanto:
- Se o valor justo líquido das despesas de venda for $ 10 e o valor em uso for $ 12, o valor recuperável será $ 12; e,
- Se o valor justo líquido das despesas de venda for $ 10 e o valor em uso for $ 7, o valor recuperável será $ 10.

Uma vez compreendido o conceito de valor recuperável, podemos proceder à análise do valor justo líquido das despesas de venda; conceito este, também, definido no item 6 do CPC 01:

"**Valor justo** é o preço que seria recebido pela venda de um ativo ou que seria pago pela transferência de um passivo em uma transação não forçada entre participantes do mercado na data de mensuração."

"**Despesas de venda** ou de baixa são despesas incrementais diretamente atribuíveis à venda ou à baixa de um ativo ou de uma unidade geradora de caixa, excluindo as despesas financeiras e de impostos sobre o resultado gerado."

Note-se que o valor justo de um ativo é justamente o seu valor de venda, assumindo uma transação normal entre participantes de determinado mercado. Já as despesas de venda são aquelas necessárias para vender o ativo e incluem, por exemplo, as comissões de venda, o frete sobre venda, seguro no transporte etc. Importante destacar que são despesas diretamente relacionadas com a venda, isto é, são despesas que só ocorreriam em razão da venda.

Assim, o valor justo líquido das despesas de venda nada mais é que: o valor pelo qual eu venderia o ativo, já considerando as despesas para vendê-lo. Em outras palavras, o valor líquido que eu receberia pela sua venda.

QUESTÃO PARA DISCUSSÃO 12.1

Um de seus grandes amigos de infância comprou há 5 meses um veículo 0 km por $ 100.000,00 para utilizá-lo na prestação de serviços de transporte pela Uber. Desde então, ele tem usado o veículo diariamente no trabalho. Acerca de seus ganhos com a nova atividade, ele lhe confessou que tem sido "bem melhor do que o planejado", e pretende expandir suas operações no futuro. Sabendo que você é um *expert* em contabilidade, seu amigo lhe questiona sobre a necessidade de registrar uma perda por *impairment*, uma vez que o valor de mercado desse veículo no presente momento, conforme a tabela FIPE, é de $ 84.300. O que você faria?

O **valor em uso**, conforme o item 6 do CPC 01, "é o **valor presente de fluxos** de caixa futuros esperados que devem advir de um ativo ou de **unidade geradora de caixa**".

Note-se que o valor em uso nada mais é que o somatório dos fluxos de caixa esperados do ativo trazidos a valor presente. Colocando de outra forma, é o valor do ativo hoje, considerando todas as entradas e saídas de caixa que ele produzirá ao longo de sua vida; valores esses que devem ser descontados por uma taxa de juros.

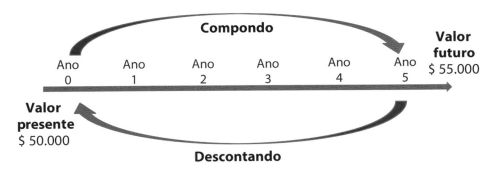

FIGURA 12.2 Cálculo do valor em uso.

EXEMPLO PRÁTICO RESOLVIDO

Determinado ativo foi adquirido por $ 150.000,00 e já se encontrava 20% depreciado quando a entidade realizou o teste de *impairment*. Os valores obtidos foram os seguintes:

- Valor justo: $ 123.600.
- Despesas de venda: $ 2.800.
- Valor em uso: $ 132.000.

Assim, temos que:

- Valor contábil do ativo: $ 120.000,00, decorrentes do custo de $ 150.000 e depreciação acumulada de $ 30.000 (20% de $ 150.000).

- Valor justo líquido das despesas de venda: $ 120.800 (valor justo de $ 123.600 e despesas de venda de $ 2.800).
- Valor em uso: $ 132.000.
- Valor recuperável: $ 132.000 (o maior entre o valor em uso e o valor justo líquido das despesas de venda).

Portanto, como o valor recuperável ($ 132.000) é superior ao valor contábil ($ 120.000), não há necessidade de reconhecimento das perdas por *impairment*. Note-se igualmente nesse caso que, como o valor justo líquido das despesas de venda já é superior ao valor contábil, não seria necessária a apuração do valor em uso para fins de atendimento às normas contábeis. No entanto, a informação do valor em uso pode ser utilizada inclusive para fins gerenciais. Imagine por exemplo, que, nesse caso, a empresa concluísse que o valor em uso era de $ 80.000. Nesse caso, claramente, a decisão mais racional do ponto de vista econômico seria vender o ativo, já que esta alternativa é a melhor no tocante a benefícios econômicos para a empresa.

UNIDADE GERADORA DE CAIXA

Um conceito de extrema importância presente no CPC 01 é o de **unidade geradora de caixa (UGC)**, definido no item 6 como o "menor grupo identificável de ativos que gera entradas de caixa, entradas essas que são em grande parte independentes das entradas de caixa de outros ativos ou outros grupos de ativos".

Esse conceito é importante, uma vez que os ativos não adquiridos para venda (ativo imobilizado, ativo intangível etc.) geralmente não produzem caixa de forma isolada; ao contrário, são utilizados com outros ativos para a geração de caixa para a entidade. Logo, a UGC é justamente um grupo de ativos (o menor) que gera caixa de maneira independente de outro grupo de ativos. Como exemplos de UGCs podemos citar: as lojas de uma rede varejista, as plantas de uma indústria, as linhas de negócio de uma prestadora de serviços, as plataformas de petróleo de uma empresa petrolífera etc.

Importante destacar que o CPC 01 não define qual a UGC da entidade; ao contrário, é justamente a administração da empresa que deve observar sua estrutura organizacional e linha de negócios de modo a verificar qual o menor grupo de ativos que gera caixa de maneira independente.

A definição das UGCs pela administração é de suma importância, uma vez que, na maioria dos casos, os testes de *impairment* são realizados justamente para UGCs, e não para ativos isolados. Isso porque os ativos de longo prazo não produzem caixa de forma isolada, e sim em combinação com outros ativos.

Além disso, o CPC 01 considera como critério o menor grupo de ativos que gera caixa de maneira independente, pois, caso o nível de grupamento seja mais amplo do que isso, podem ocorrer perdas em certos grupos de ativos que eventualmente serão ocultadas pelos ganhos de outros grupos de ativos, se todos esses grupos estivessem sendo testados como uma única UGC. Assim, o teste de *impairment* feito no menor grupo possível gera uma informação mais tempestiva ao usuário, especialmente sobre possíveis problemas operacionais em determinadas unidades ou linhas de negócio.

A seguir, apresentamos dois exemplos extraídos do CPC 01 que ilustram o conceito de UGC e a necessidade de se estimar o valor recuperável para a UGC como um todo.

Aplicação prática

EXEMPLO DE CONCEITO DE UGC E DE VALOR RECUPERÁVEL (ITEM 67, CPC 01)

Uma entidade de mineração tem uma estrada de ferro particular para dar suporte às suas atividades de mineração. Essa estrada pode ser vendida somente pelo valor de sucata e ela não gera entradas de caixa que são, em grande parte, independentes das entradas de caixa provenientes de outros ativos da mina.

Assim, não é possível estimar o valor recuperável da estrada de ferro privada porque seu valor em uso não pode ser determinado e é provavelmente diferente do valor de sucata. Portanto, a entidade deve estimar o valor recuperável da unidade geradora de caixa à qual a estrada de ferro particular pertence, isto é, a mina como um todo.

EXEMPLO DE CONCEITO DE UGC E DE VALOR RECUPERÁVEL (ITEM 68, CPC 01)

Uma empresa de ônibus fornece serviços, sob contrato, a um município que requer a prestação mínima de serviços em cada uma das cinco linhas operadas. Os ativos alocados a cada linha e os fluxos de caixa provenientes de cada linha podem ser identificados separadamente. Uma das linhas opera com prejuízo significativo.

Como a entidade não tem a opção de eliminar nenhuma das linhas operadas, o nível mais baixo de entradas de caixa identificáveis, que são substancialmente independentes das entradas de caixa provenientes de outros ativos ou grupos de ativos, são as entradas de caixa geradas pelas cinco linhas em conjunto. A unidade geradora de caixa para cada linha é a empresa de ônibus como um todo.

 **OBJETIVO 2**

INDICADORES EXTERNOS E INTERNOS PARA A REALIZAÇÃO DO TESTE DE *IMPAIRMENT*

Análise dos indícios

No que diz respeito à periodicidade, bem como ao momento de realização do teste de *impairment* pelas empresas, o CPC 01, correlacionado a IAS 36, utiliza a chamada "Abordagem do Indicador" (*Indicador Approach*), que se encontra disposta nos itens 9 e 10. A abordagem do indicador, resumidamente, prevê o seguinte:

- **Regra geral:** no momento da divulgação dos balanços, a entidade deve **verificar se existem indícios** de desvalorização. Caso existam, ela deve realizar o teste e estimar o valor recuperável.
- **Regra específica (exceção à regra geral):** independentemente de haver indícios, a entidade deve realizar o teste no mínimo **anualmente** para: (i) ativos intangíveis de vida útil indefinida; (ii) ativos ainda não disponíveis para uso; e (iii) ágio por expectativa de rentabilidade futura (*goodwill*).

Portanto, pela regra geral, só é necessário fazer o teste de *impairment* quando houver indícios (*triggers*) de que o ativo esteja desvalorizado. Já para três grupos específicos de ativo – vida útil indefinida, não disponível para uso e *goodwill* – o teste deve ser realizado no mínimo anualmente. Essa regra específica existe porque os ativos sujeitos a ela não possuem um processo de consumo periódico (como a despesa de amortização para os ativos intangíveis de vida útil definida ou a despesa de depreciação para os ativos imobilizados em geral). Assim, a realização anual do teste garante que esses ativos sejam consumidos, caso haja necessidade.

 VOCÊ SABIA?

Que as maiores perdas por *impairment* referem-se aos valores registrados como *goodwill*? Isso acontece, entre outros motivos, pelo fato de o *goodwill* não sofrer amortização. Logo, o valor originalmente reconhecido só é identificado no resultado via perda por *impairment* ou por baixa definitiva.

Os indícios de que um ativo esteja desvalorizado podem decorrer de fontes internas da própria empresa, como relatórios gerenciais, ou ainda de fontes externas, como o cenário econômico, político etc. O CPC 01 no seu item 12 apresenta uma lista não exaustiva de indícios de que um ativo possa estar desvalorizado, que reproduzimos nos Quadros 12.1 e 12.2.

QUADRO 12.1 Indícios de desvalorização do ativo: fontes externas

Fontes externas de informação:
(a) há indicações observáveis de que o valor do ativo diminuiu significativamente durante o período, mais do que seria de se esperar como resultado da passagem do tempo ou do uso normal;
(b) mudanças significativas com efeito adverso sobre a entidade ocorreram durante o período, ou ocorrerão em futuro próximo, no ambiente tecnológico, de mercado, econômico ou legal, no qual a entidade opera ou no mercado para o qual o ativo é utilizado;
(c) as taxas de juros de mercado ou outras taxas de mercado de retorno sobre investimentos aumentaram durante o período, e esses aumentos provavelmente afetarão a taxa de desconto utilizada no cálculo do valor em uso de um ativo e diminuirão materialmente o valor recuperável do ativo;
(d) o valor contábil do patrimônio líquido da entidade é maior do que o valor de suas ações no mercado.

Fonte: CPC 01, item 12.

QUADRO 12.2 — Indícios de desvalorização do ativo: fontes internas

Fontes internas de informação:

(a) evidência disponível de obsolescência ou de dano físico de um ativo;

(b) mudanças significativas, com efeito adverso sobre a entidade, ocorreram durante o período, ou devem ocorrer em futuro próximo, na extensão ou na maneira pela qual um ativo é ou será utilizado. Essas mudanças incluem o ativo que se torna inativo ou ocioso, planos para descontinuidade ou reestruturação da operação à qual um ativo pertence, planos para baixa de ativo antes da data anteriormente esperada e reavaliação da vida útil de ativo como finita em vez de indefinida;

(c) evidência disponível, proveniente de relatório interno, que indique que o desempenho econômico de um ativo é ou será pior que o esperado.

Fonte: CPC 01, item 12.

Importante salientar que a existência de indícios (*triggers*) geram a necessidade de realização do teste, o que não quer dizer que a entidade tenha que reconhecer uma perda por *impairment*. Afinal, o teste poderá indicar que o valor recuperável é superior ao registrado contabilmente.

Outra observação relevante diz respeito à natureza subjetiva desses critérios. Veja por exemplo os itens "a" e "b" da lista de indicadores internos do CPC 01 e reproduzida anteriormente. O que significa diminuição significativa ou mudança significativa? Não há pisos e tetos numéricos, apenas conceitos passíveis de julgamento e alto grau de subjetividade. De qualquer modo, a área contábil responsável pelo teste tem o dever de exercer esse julgamento com diligência, de modo a produzir informações contábeis úteis aos seus usuários.

Para fins ilustrativos, observe no Quadro 12.3 trecho da Nota Explicativa do Balanço da Petrobras do exercício de 2016, que evidencia sua política contábil e os referidos indícios para realização do teste de *impairment*.

QUADRO 12.3 — Nota explicativa do balanço da Petrobras – exercício de 2016

14. Redução ao valor recuperável dos ativos (*impairment*)

A companhia avalia a recuperabilidade dos ativos com data-base em 31 de dezembro, anualmente, ou quando existir um indicativo de desvalorização. Para determinados ativos, esse indicativo foi verificado em setembro de 2016, principalmente em função de uma expectativa de recuperação mais moderada do preço internacional de petróleo, redução no dispêndio previsto na carteira de investimentos, refletindo uma otimização de portfólio com a finalidade de reduzir a alavancagem da companhia, bem como mudanças no cenário político-econômico brasileiro. Essas mudanças alteraram as projeções de premissas econômicas de médio e longo prazo utilizadas no âmbito do novo Plano de Negócios e Gestão (PNG 2017-2021) da companhia que foi concluído e aprovado no terceiro trimestre de 2016, com reflexos diretos nas premissas-chave dos testes de *impairment*. Mudanças no cenário político-econômico brasileiro também resultaram em aumentos nas taxas de desconto para os testes realizados em 2016.

Em 31 de dezembro de 2016, a companhia avaliou a existência de novos indicativos de desvalorização para os ativos anteriormente testados em 30 de setembro de 2016, sendo verificada a necessidade de reconhecimento de perdas adicionais por desvalorização para as UGCs de Campos de Produção de Óleo e Gás Brasil, UGC Comperj e UGC Conjunto de Navios da Transpetro, bem como reversão da UGC Conjunto das Térmicas. Os indicativos de desvalorização identificados no quarto trimestre para os ativos listados acima, foram principalmente: (i) revisão anual de reservas oficial da companhia; (ii) revisão anual da provisão para desmantelamento de áreas; (iii) andamento das obras inerentes às utilidades do Trem 1 da Comperj, que também atenderão à Unidade de Processamento de Gás Natural (UPGN); (iv) alteração da UGC Conjunto das Térmicas, conforme nota 5.3; e (v) início da construção de cinco navios Aframax da UGC de Transporte em função da eficácia dos contratos de financiamento, garantindo a financiabilidade dos projetos.

Fonte: http://www.investidorpetrobras.com.br/pt/resultados-financeiros/holding

---

DILEMA ÉTICO

Em razão da séria crise econômica e política que o País enfrenta, as receitas da empresa caíram sensivelmente. Os custos, por outro lado, não se reduziram na mesma proporção, uma vez que grande parte deles é de natureza fixa. Nesse contexto, a empresa apresentou prejuízo nos últimos dois trimestres. A ação da empresa inclusive vem caindo na Bolsa desde o ano anterior.

Em razão disso, você – como contador da empresa – identificou a existência de indícios suficientes para a realização do teste de *impairment*. Os resultados do teste indicaram a necessidade de reconhecimento de uma perda. Ao reportar os resultados do teste ao CFO da empresa, ele respondeu da seguinte forma:

> - Não vejo necessidade de reconhecermos uma perda por *impairment* neste momento. Até porque estamos passando por um período muito ruim na economia que não vai durar por muito tempo; toda crise acaba. Em breve, teremos uma retomada e nossas receitas voltarão a crescer. Nesse sentido, se reconhecêssemos a perda agora, provavelmente teríamos que reconhecer a reversão no ano que vem. Não faz sentido, só traríamos volatilidade para o resultado. Além do mais, a perda por *impairment* nem afeta o caixa; ao contrário é "puramente contábil". Veja se você consegue ajustar as premissas do modelo para adequar os resultados do teste a esta realidade. **O que você deve fazer?**

OBJETIVO 3

DIRETRIZES PARA A MENSURAÇÃO DO VALOR RECUPERÁVEL DE UM ATIVO

Conforme discutido neste capítulo, o valor recuperável é o maior entre o valor justo líquido das despesas de venda e o valor em uso.

O cômputo do valor justo – o valor de venda do ativo, assumindo uma transação normal entre participantes de mercado – não apresenta grandes dificuldades nos casos em que o ativo possui preço cotado em mercado ativo. Nesses casos, o preço negociado é a melhor evidência do valor justo. Esse seria o caso, por exemplo, de uma ação de uma companhia aberta em que o preço de fechamento cotado na B3 seria o valor justo na referida data.

Acontece que raramente os ativos imobilizados e intangíveis possuem preço cotado em mercado ativo. Nesse sentido, o cômputo do valor justo torna-se mais subjetivo, uma vez que é necessária a utilização de modelos e *inputs* (observáveis e eventualmente não observáveis).

O mesmo acontece com o valor em uso, que é o valor presente dos fluxos de caixa futuros esperados do ativo ou da unidade geradora de caixa (UGC).

Note que, enquanto o valor justo é o valor do ativo na visão do mercado, o valor em uso representa justamente a perspectiva da entidade. Nesse caso, o uso de premissas torna-se ainda mais subjetivo, uma vez que depende da forma como a entidade utiliza o ativo na sua operação. Por outro lado, apesar da subjetividade e complexidade implícita a essas estimativas, espera-se que a entidade tenha condições de desenvolver tais cálculos, pois estão diretamente relacionados com o negócio dela. Em outras palavras, se a empresa tem dificuldades de projetar os fluxos de caixa futuros associados ao seu negócio (seja da perspectiva do mercado ou da própria entidade), então ela terá dificuldades de se avaliar e de tomar decisões gerenciais importantes.

Em suma: tanto o valor em uso quanto o valor justo – nos casos em que não existe mercado líquido para o ativo – envolvem o estabelecimento de premissas e a utilização de modelos matemáticos para seus cômputos. Na maior parte dos casos, o valor recuperável é calculado adotando-se modelos de avaliação. Nesse sentido, percebe-se que os cálculos usados para fins de *impairment* nada mais são que avaliações econômicas de ativos e UGC.

VOCÊ SABIA?

Teste de *impairment* é *valuation*. Em grande parte dos casos, são utilizados modelos de fluxo de caixa descontado ou de múltiplos:
- Quando do cômputo do valor justo, esse *valuation* deve representar o valor do ativo ou UGC na perspectiva do mercado.
- Quando do cômputo do valor uso, as avaliações visam obter o valor do ativo ou UGC para a entidade.

Assista ao vídeo do autor sobre este tema

uqr.to/f1w5

EXEMPLO PRÁTICO RESOLVIDO

Uma UGC possui valor contábil de $ 29.600.000,00 e valor líquido de venda de $ 27.000.000. Conforme o orçamento da empresa, a referida UGC produzirá as seguintes entradas líquidas de caixa (antes dos impostos):

Ano 1: 8.000.000

Ano 2: 9.100.000

Ano 3: 10.200.000

Ano 4 (último): 13.000.000 – já considerando o valor líquido a ser recebido com a alienação dos ativos que compõem a UGC.

A administração considera uma taxa de desconto de 15% (também antes dos impostos).

	Ano 1	Ano 2	Ano 3	Ano 4	Total
Fluxo de caixa	8.000.000	9.100.000	10.200.000	13.000.000	
Fator de desconto	1,15	1,3225	1,520875	1,749006	
Valor presente	6.956.522	6.880.907	6.706.666	7.432.792	27.976.887

Valor recuperável: $ 27.976.888 (maior entre valor líquido de venda e valor em uso).

Perda por *Impairment*: $ 1.623.113 (29.600.000 – 27.976.887).

Como o valor em uso é justamente o valor dos fluxos de caixa futuros do ativo ou da UGC, seu cômputo envolve basicamente: (i) as projeções de entradas e saídas de caixa futuras derivadas do uso do ativo; e (ii) a aplicação de uma taxa de desconto adequada a esses fluxos de modo a se obter o valor presente.

Sobre os elementos que devem ser refletidos no valor em uso, o item 30 do CPC 01 assim dispõe:

a. estimativa dos fluxos de caixa futuros que a entidade espera obter com esse ativo;

b. expectativas acerca de possíveis variações no montante ou no período de ocorrência desses fluxos de caixa futuros;

c. valor do dinheiro no tempo, representado pela atual taxa de juros livre de risco;

d. preço pela assunção da incerteza inerente ao ativo (prêmio); e

e. outros fatores, tais como falta de liquidez, que participantes do mercado considerariam ao precificar os fluxos de caixa futuros esperados da entidade, advindos do ativo.

Importante salientar que as estimativas de fluxo de caixa não devem incluir as entradas e saídas de caixa provenientes da atividade de financiamento, tampouco os recebimentos ou pagamentos de tributos sobre a renda. Portanto, os fluxos de caixa utilizados para fins do teste de *impairment* são fluxos antes dos tributos antes das despesas financeiras e das despesas de tributos sobre a renda (IR e CS).

No que diz respeito às taxas de juros utilizadas para descontar os fluxos de caixa futuros a valor presente, o CPC 01 determina que ela seja uma taxa antes dos tributos sobre o lucro e que reflita tanto o valor do dinheiro no tempo quanto os riscos específicos do ativo.

Dada a subjetividade inerente nesse processo de *valuation* de ativos e UGCs, o CPC 01 busca estabelecer critérios e regras para condução do teste de *impairment*. Dada a complexidade e a sensibilidade dos valores às premissas utilizadas, é fundamental uma divulgação completa desses eventos em Nota Explicativa. Observe no Quadro 12.4 trecho da nota explicativa da Gerdau no exercício de 2016 evidenciando os critérios e as premissas utilizados para fins de teste de *impairment*.

QUADRO 12.4 Nota explicativa da Gerdau – exercício de 2016

28.2 Teste de recuperabilidade do ágio

A Companhia possui quatro segmentos de negócio, os quais representam o menor nível no qual o ágio é monitorado pela Companhia. No quarto trimestre de 2016, a Companhia avaliou a recuperabilidade do ágio dos seus segmentos. Com base nos eventos mencionados anteriormente, notadamente a deterioração das condições econômicas refletidas na queda da margem EBITDA, as análises efetuadas identificaram uma perda pela não recuperabilidade do ágio no montante de R$ 2.678.582 para o segmento América do Norte. Os demais segmentos não apresentaram perda pela não recuperabilidade de ágio no teste efetuado em 2016.

Em 2016, as análises efetuadas identificaram uma perda pela não recuperabilidade do ágio no montante de R$ 2.528.483, sendo R$ 1.520.453 para o segmento América do Norte, R$ 653.562 para o segmento de Aços Especiais e R$ 354.468 para o segmento América do Sul e que representava a totalidade do ágio desse segmento. O segmento Brasil não apresentou perda pela não recuperabilidade de ágio.

O período de projeção dos fluxos de caixa para o teste de recuperabilidade do ágio foi de cinco anos. As premissas utilizadas para determinar o valor em uso pelo método do fluxo de caixa descontado elaborado em dólares incluem: projeções de fluxo de caixa com base nas estimativas da administração para fluxos de caixa futuros, taxas de câmbio, taxas de desconto e taxas de crescimento para determinação da perpetuidade. As projeções de fluxo de caixa refletem um cenário competitivo mais desafiador do que o projetado em anos anteriores, resultante de uma deterioração nos mercados consumidores de aço e excesso de capacidade no setor, bem como desafios macroeconômicos em algumas das geografias em que a Companhia tem operações. A perpetuidade foi calculada considerando a estabilização das margens operacionais, níveis de capital de giro e investimentos. As taxas de crescimento da perpetuidade utilizadas para o teste do quarto trimestre de 2016 são apresentadas a seguir: a) América do Norte: 3% (3% em dezembro de 2015; b) Aços Especiais: 3% (3% em dezembro de 2015); c) América do Sul: 3% (2,2% em dezembro de 2015); e d) Brasil: 3% (3% em dezembro de 2015).

As taxas de desconto antes do imposto de renda utilizadas foram elaboradas levando-se em consideração informações de mercado disponíveis na data dos testes. A Companhia adotou taxas distintas para cada um dos segmentos de negócio testados de forma a refletir as diferenças entre os mercados de atuação de cada segmento, bem como os riscos a eles associados. As taxas de desconto antes do imposto de renda adotadas foram: a) América do Norte: 13,1% (12,3% em dezembro de 2015); b) Aços Especiais: 14,0% (12,8% em dezembro de 2015); c) América do Sul: 14,6% (13,7% em dezembro de 2015); e d) Brasil: 14,9% (15,5% em dezembro de 2015).

Os fluxos de caixa descontados são comparados com o valor contábil de cada segmento e resultam no valor recuperável conforme demonstrado a seguir: a) América do Norte: abaixo do valor contábil em R$ 2.679 milhões (abaixo do valor contábil em R$ 1.169 milhão em 2015); b) América do Sul: excedeu o valor contábil em R$ 724 milhões (abaixo do valor contábil em R$ 354 milhões em 2015); c) Aços Especiais: excedeu o valor contábil em R$ 1.601 milhão (abaixo do valor contábil em R$ 1.125 milhão em 2015); e d) Brasil: excedeu o valor contábil em R$ 1.225 milhão (excedeu o valor contábil em R$ 43 milhões em 2016).

Fonte: http://ri.gerdau.com/ptb/s-4-ptb-2016.html

OBJETIVO 4

CONTABILIZAÇÃO DE PERDAS E REVERSÕES DE PERDAS POR *IMPAIRMENT*

O registro contábil de uma perda por *impairment*, qual seja a contabilização, é bastante simples, conforme lançamento apresentado a seguir:

Perda por desvalorização – *impairment* (resultado do período – débito)
Perda estimada por redução ao valor recuperável (conta redutora do ativo – crédito)

Note que a perda por *impairment* deve ser registrada na demonstração do resultado do exercício. Recomenda-se que essa perda seja evidenciada em rubrica específica, de modo que o usuário das demonstrações consiga analisar o impacto dessa transação.

Já a contrapartida dos montantes reconhecidos no resultado deve ser registrada a crédito no ativo, como conta redutora, de modo que o valor líquido do ativo seja seu valor recuperável. Importante ressaltar que não se deve utilizar o termo "provisão" para as contas redutoras de ativo, uma vez que tal conceito encontra-se disciplinado pelo CPC 25 (IAS 37), sendo definido como "passivo de prazo ou valor incerto". Logo, recomenda-se o uso de outros termos como "perda estimada", "estimativa de perda" etc.

Exemplo de apresentação da perda por *Impairment* no balanço

Imóveis (ativo não circulante – débito)	$ 420.000
(–) Depreciação acumulada (ativo não circulante – crédito)	($ 120.000)
(–) Perda por redução ao valor recuperável (ANC – crédito)	($ 70.000)
	$ 230.000

Perceba que a perda por redução ao valor recuperável é normalmente registrada igualmente em conta específica, e não na conta de imóveis ou depreciação acumulada. Até porque não é uma perda definitiva, sendo a reversão da perda por *impairment* permitida pelo CPC 01.

De fato, a entidade deverá avaliar os mesmos indícios que considerou por conta do registro da perda original. Caso existam indícios de que o valor recuperável se alterou, a entidade deverá realizar o teste de *impairment* e estimar o novo valor recuperável. Caso se confirme que a perda anteriormente registrada diminuiu ou não existe mais, a entidade deve proceder à reversão da perda por *impairment*.

O lançamento contábil é justamente a reversão da perda anteriormente constituída, isto é, o lançamento contrário – o estorno da perda:

Perda estimada por redução ao valor recuperável (conta redutora do ativo – débito)
Perda por desvalorização – *impairment* (resultado do período – crédito)

Ainda sobre a reversão das perdas por *impairment*, duas regras merecem destaque:

(i) Não é permitida a reversão das perdas registradas para o ágio por expectativa de rentabilidade futura (*goodwill*), conforme versa o item 124 do CPC 01. Essa proibição ocorre, pois, conforme visto no capítulo anterior, sobre Ativos Intangíveis, o *goodwill* adquirido é reconhecido no balanço, mas o *goodwill* gerado internamente não. E, quando se propõe uma reversão de uma perda por *impairment* do *goodwill*, indiretamente estaria sendo reconhecido um *goodwill* "novo", pois a recuperação da empresa adquirida teria ocorrido em razão da nova gestão da adquirente, logo, seria um *goodwill* gerado internamente.

(ii) A reversão da perda não deve exceder o valor contábil que teria sido determinado (líquido de depreciação, amortização ou exaustão), caso nenhuma perda por desvalorização tivesse sido reconhecida para o ativo em anos anteriores, conforme versa o item 117 do referido CPC. Até porque, nesse caso, estaríamos diante de uma reavaliação de ativos, que inclusive é proibida no Brasil por conta da Lei nº 6.404/76.

Observe no Quadro 12.5 trecho da Nota Explicativa do Balanço da Vale no exercício findo em 2016, evidenciando as perdas por *impairment* e reversões reconhecidas no período.

QUADRO 12.5 Nota explicativa do balanço da Vale – exercício findo em 2016

19. Redução do valor recuperável de ativos (*Impairment*) e contratos onerosos

Segmentos por classe de ativos	Ativos ou unidade geradora de caixa	Valor Contábil (Após *impairment*) Em 31 de dezembro de 2016	*Impairment* (reversões) 2016	2015	2014
Ativo imobilizado e intangível					
Minério de ferro	Sistema Norte	536	(536)	213	–
Carvão	Austrália	140	91	2.460	787
Metais básicos – Níquel	Newfoundland (VNL)	6.241	2.112	13.394	–
Metais básicos – Níquel	Nouvelle Caledonie (VNC)	10.976	952	5.660	628
Metais básicos – Níquel	Onça Puma	6.766	–	(976)	(4.295)
Carvão	Moçambique	5.772	–	9.302	–
Minério de ferro	Sistema Centro-Oeste	–	–	2.023	–
Minério de ferro	Projeto de Simandou	–	–	–	2.793
Diversos segmentos	Outros ativos	–	460	487	–
Redução ao valor recuperável de ativos não circulantes			**3.079**	**32.563**	**(87)**
Contratos onerosos			861	1.382	–
Redução ao valor recuperável de ativos não circulantes e contratos onerosos			**3.940**	**33.945**	**(87)**
Investimentos em coligadas e *joint ventures*					
Minério de ferro	Samarco Mineração S.A.	–	–	510	–
Metais básicos – Cobre	Teal Minerals Inc.	–	–	1.217	–
Outros	Vale Soluções em Energia S.A.	–	–	–	71
Redução ao valor recuperável de investimentos em coligadas e *joint ventures*			**–**	**1.727**	**71**

Fonte: http://www.vale.com/brasil/PT/investors/information-market/financial-statements/Paginas/default.aspx

Vejamos a seguir um simples exemplo que ilustra os limites da reversão da perda por *impairment*.

📌 EXEMPLO PRÁTICO RESOLVIDO

A Cia. Alfa adquiriu um terreno ao final no ano de X4 para expansão de uma de suas fábricas por R$ 1.000.000,00. No ano seguinte (X5), em decorrência de uma forte retração econômica no País, a empresa decidiu postergar o projeto de expansão. Do mesmo modo, identificou uma forte queda generalizada nos preços dos imóveis no mercado nacional. A partir dessa situação, realizou o teste de *impairment* para o referido terreno e identificou que o valor recuperável nessa data era de R$ 810.000,00.

Assim, registrou uma perda por *impairment* no ano de X5 no valor de R$ 190.000,00 (R$ 1.000.000,00 – R$ 810.000,00).

Em X7, após um longo período de retração, a atividade econômica do País voltou a crescer. Em razão disso, a empresa decidiu retomar o plano de ampliação da referida fábrica. Também foi percebida, nesse ano, uma forte valorização do mercado imobiliário. Nesse novo contexto, a empresa verificou que os indícios que levaram ao reconhecimento da perda por *impairment* no ano de X5 não estavam mais presentes. Em razão disso, realizou novamente o teste de *impairment* para o terreno que apontou um valor recuperável de R$ 1.200.000,00.

Pergunta-se: Qual o registro contábil que a Cia. Alfa deverá efetuar nessa data?

R: Repare que a diferença entre o valor recuperável e o valor contábil atual do terreno é de R$ 390.000,00 (R$ 1.200.000,00 – R$ 810.000,00). Entretanto, a Cia. Alfa não poderá reconhecer um aumento no valor do terreno com base nesse montante em razão da reversão de a perda por *impairment* ser limitada ao valor contábil que o ativo teria, caso nenhuma perda anterior tivesse sido reconhecida – no caso, R$ 1.000.000,00. Do mesmo modo, a reavaliação de ativos não é permitida pelas normas do CPC.

Logo, a Cia. Alfa deverá registrar uma reversão da perda por *impairment* no ano de X7 no valor de R$ 190.000,00, de tal modo que o valor do terreno monte R$ 1.000.000,00.

A seguir, apresentamos os razonetes que ilustram o registro e a reversão da perda por *impairment*.

Razonetes

Terrenos (ANC)	
R$ 1.000.000	
R$ 1.000.000	

Perda por desvalorização DRE (X5)	
(a) R$ 190.000	
R$ 190.000	

Perda por redução ao valor recuperável (ANC)	
	R$ 190.000 (a)
(b) R$ 190.000	

Perda por desvalorização DRE (X7)	
	R$ 190.000 (b)
	R$ 190.000

Importante salientar que, caso o ativo em questão tivesse sofrido depreciação, o limite de reversão não seria o valor da perda lançada anteriormente. Isso porque deve ser considerada a depreciação do período entre o lançamento da perda e o da reversão.

Vejamos um caso numérico. Considere as mesmas informações do exemplo anterior, porém, em vez de terrenos, o ativo em questão é uma máquina, depreciada em 10 anos. Ao final de X5, a máquina teria um valor contábil líquido de $ 900.000 e, portanto, a perda por *impairment* seria de $ 90.000.

Assumindo a mesma taxa de depreciação, ao final de X7 o ativo teria um saldo líquido de $ 630.000 ($ 1.000.000 do custo original, menos $ 100.000 da depreciação de X5, menos $ 90.000 da perda por *impairment* de X5 e menos $ 180.000 da depreciação dos anos de X6 e X7).

Contudo, se o ativo não tivesse sofrido a perda por *impairment*, ele estaria com um saldo contábil de $ 700.000 ($ 1.000.000 do custo original, menos $ 300.000 da depreciação de X5, X6 e X7). Assim, o limite da reversão seria de $ 70.000, e não $ 90.000, que foi o valor original da perda lançada em X5.

RESUMO

OBJETIVO 1 — Um ativo encontra-se desvalorizado (*impaired*) quando estiver registrado contabilmente por valor superior ao seu valor recuperável. Quando isso ocorrer, deve-se registrar uma perda por desvalorização (*impairment loss*).

O valor recuperável de um ativo é o maior entre o valor justo líquido das despesas de venda e o valor em uso. O valor justo líquido das despesas de venda é o valor de venda líquido de um ativo. Já o valor em uso é o valor presente dos fluxos de caixa futuros esperados do ativo trazidos a valor presente.

Unidade geradora de caixa é o menor grupo identificável de ativos que gera caixa de maneira independente de outros ativos.

OBJETIVO 2 — O CPC 01, correlacionado à IAS 16, prevê a "Abordagem do Indicador" (Indicador *Approach*) para a realização do teste de *impairment*. Conforme a regra geral nessa abordagem, a entidade deve realizar o teste de *impairment* sempre que houver indícios de que o ativo esteja desvalorizado.

No mínimo anualmente, três tipos de ativo, entretanto, devem ser testados para fins de *impairment* independentemente de haver indícios: os ativos com vida útil indefinida, aqueles não disponíveis para uso e o *goodwill*.

Os indícios de *impairment* podem decorrer de fontes internas – como um dano físico no ativo, um relatório gerencial indicando que o desempenho foi inferior ao esperado – ou de fontes externas, como nos casos de crises econômicas, políticas etc.

OBJETIVO 3 — Testes de *impairment* são avaliações econômicas (*valuation*) de ativos e UGCs. Em razão da complexidade e subjetividade inerentes aos cálculos, as normas contábeis fornecem diretrizes e estabelecem critérios para a realização do teste.

No cômputo do valor justo menos as despesas de venda, os cálculos devem representar o valor do ativo ou da UGC na perspectiva do mercado.

No valor em uso, os fluxos de caixa futuros devem refletir as estimativas das entradas e saídas de caixa do ativo, que devem ser descontadas a uma taxa que reflita o seu risco.

OBJETIVO 4 — Uma perda por *impairment* deve ser registrada no resultado do exercício em contrapartida ao ativo que se encontra desvalorizado.

Caso a perda originalmente reconhecida diminua ou até desapareça em período subsequente, a entidade deverá reverter os montantes reconhecidos sem, contudo, superar o valor contábil que o ativo teria caso as perdas não tivessem sido contabilizadas. No tocante às perdas reconhecidas para o *goodwill*, é vedada a reversão das perdas por *impairment*.

APLICANDO CONHECIMENTOS – QUESTÕES PARA RESOLVER

CASO PARA DISCUSSÃO — OBJETIVO 4

Em razão de um acidente ocorrido na fábrica de sua empresa, um equipamento teve um dano físico, mas ainda está operando, embora não tão bem quanto anteriormente ao dano físico.

Após as devidas análises de mercado, você constatou que o valor justo líquido de despesas de venda da máquina é menor do que o seu valor contábil. Você também identificou que o equipamento não gera entradas de caixa independentes. De fato, o referido equipamento pertence a uma UGC, que é definida como uma linha de produção. Sobre esse aspecto, você verificou que o valor recuperável da linha de produção como um todo não sofreu desvalorização, isto é, o valor recuperável dessa UGC é superior ao valor contábil.

Pergunta-se: deve ser reconhecida uma perda por *impairment* no tocante ao equipamento? Para responder essa pergunta, considere os dois cenários a seguir.

Cenário 1: orçamentos ou previsões aprovados pela administração não demonstram a obrigação da administração de substituir a máquina.

Cenário 2: orçamentos ou previsões aprovados pela administração demonstram o compromisso da administração de substituir a máquina e vendê-la em futuro próximo. Os fluxos de caixa provenientes de uso contínuo da máquina até sua baixa são estimados como desprezíveis.

TESTES

OBJETIVO 1 | OBJETIVO 2 | OBJETIVO 3 | OBJETIVO 4

1. Assinale V para verdadeiro ou F para falso:
   - ( ) Para os ativos de vida útil definida, o teste de *impairment* deve ser realizado quando há indicadores de perda (internos ou externos).
   - ( ) Há perda por *impairment* quando o valor contábil é inferior ao valor recuperável.
   - ( ) O reconhecimento da reversão de perdas por *impairment* de ativo imobilizado é proibido.
   - ( ) O ativo em construção não precisa ser testado para fins de *impairment*, uma vez que não se encontra disponível para utilização pela administração ou venda.

OBJETIVO 1

2. Conforme as normas contábeis, o valor recuperável de um ativo é:
   a) O maior valor entre o valor líquido de venda de um ativo e seu valor em uso.
   b) O menor valor entre o valor líquido de venda de um ativo e o seu valor em uso.
   c) O valor a recuperar decorrente de valores já pagos, mas que representam um direito para a empresa de recuperar os valores no futuro.
   d) O valor do custo histórico do ativo ou seu valor de venda, dos dois o maior.
   e) O valor justo menos todos os custos para vender o ativo.

OBJETIVO 4

3. (ESAF – AFRF 2012) A empresa Highlith S.A. implantou nova unidade no Norte do País. Os investimentos na unidade foram de R$ 1.000.000,00, registrados no ativo imobilizado. No primeiro ano, a empresa contabilizou um ajuste de perda de valor recuperável de R$ 15.000,00. No segundo ano, o valor da unidade, caso fosse vendida para o concorrente e único interessado na aquisição, seria de R$ 950.000,00. Ao analisar o valor do fluxo de caixa descontado da unidade, apurou-se um valor de R$ 980.000,00. Dessa forma, deve o contador da empresa (desconsiderar efeitos de depreciação):
   a) manter o valor do investimento, visto não haver perda de valor recuperável.
   b) reconhecer um complemento de perda de valor recuperável de R$ 5.000,00.
   c) reverter parte da perda de valor recuperável no valor de R$ 25.000,00.
   d) registrar um complemento de perda de valor recuperável de R$ 15.000,00.
   e) estornar o total da perda de valor recuperável de R$ 50.000,00.

OBJETIVO 4

4. (Exercício – adaptado da Prova do CFC – Técnico em Contabilidade – 2ª Edição – 2011) Uma empresa industrial possui um ativo imobilizado cujo custo histórico é igual a R$ 50.000,00 e cuja depreciação acumulada equivale a R$ 12.000,00. A empresa apurou, para esse ativo, um valor justo líquido de despesas de venda de R$ 10.000,00 e um valor em uso de R$ 20.000,00.

   Com base nos dados informados, qual o valor a ser registrado como perda por desvalorização do ativo imobilizado?
   a) R$ 18.000,00.
   b) R$ 28.000,00.
   c) R$ 30.000,00.
   d) R$ 40.000,00.

Respostas: 1-V,F,F,F; 2-a; 3-b; 4-a.

EXERCÍCIOS

OBJETIVO 4

1. Em dezembro de 20X0 uma empresa locadora de veículos possuía uma frota de 30 veículos cujos valores contábeis brutos totalizavam R$ 500.000,00, e tais veículos já estavam 30% depreciados. Ao final do ano, a companhia se viu diante de uma situação complicada: redução da demanda por carros alugados e queda do preço de mercado dos carros. Desse modo, a companhia decidiu efetuar um teste de *impairment* em seus veículos. O valor de mercado da frota está avaliado em R$ 290.000,00, e a companhia deverá incorrer em custos diretos de venda, no valor de R$ 7.000,00. O valor em uso representa a projeção de resultados futuros obtidos pelo uso da frota, considerando inclusive o seu valor de venda ao final do período de locação. Esse valor totalizou R$ 300.000,00.

Pede-se:

a) Demonstre todos os cálculos necessários para a realização do teste de *impairment*.

b) Demonstre a contabilização da perda.

c) Assumindo que, a partir de X1, a vida útil remanescente é de 7 anos, demonstre os cálculos e a contabilização da despesa de depreciação de X1 e X2.

d) Assumindo que ao final de X2 a empresa apurou o valor recuperável de $ 400.000, demonstre os cálculos e a contabilização da reversão da perda por *impairment*.

OBJETIVO 4

2. A Cia. ABC possui um ferramental específico, utilizado na produção de componentes para a montadora GX. Por problemas técnicos, o modelo não tem sido bem aceito pelo público, o que gerará uma redução drástica na produção dos componentes. Assim, com tais indícios de que a produção real será muito inferior à esperada, a Cia. ABC decidiu efetuar uma análise de recuperação do custo do ferramental.

Os dados para a análise seguem:

- Tempo de uso do ferramental: 1 ano (já depreciado, sendo a vida útil = 5 anos; assume-se, para fins de depreciação, um critério linear e valor residual 0);
- Custo histórico: $ 50.000 (sem depreciação);
- Valor de venda: $ 25.000;
- Despesas de venda: $ 5.000;
- Valor em uso: $ 25.000.

Apresente os cálculos e a contabilização da perda por *impairment*, caso seja necessário.

OBJETIVO 4

3. Um ativo possui valor contábil de $ 20.000 (líquido de depreciação) e valor líquido de venda de $ 18.000. De acordo com as estimativas da empresa, o referido ativo produzirá as seguintes entradas líquidas de caixa (antes dos impostos):

Ano 1: 8.000

Ano 2: 8.000

Ano 3: 9.000

Dada uma taxa de desconto de 15% (antes dos impostos), existe necessidade de reconhecimento de uma perda por *impairment*? Se sim, de qual valor?

EXERCÍCIOS ADICIONAIS

1. (Exercício adaptado da ESAF – AFRF 2012) A Cia. Gráfica Firmamento adquire uma máquina copiadora, em 02/01/2008, pelo valor de R$ 1,2 milhão, com vida útil estimada na capacidade total de reprodução de 5 milhões de cópias. A expectativa é de que, após o uso total da máquina, a empresa obtenha por esse bem o valor de R$ 200.000,00, estabelecendo um prazo máximo de até 5 anos para atingir a utilização integral da máquina. No período de 2008/2009, a empresa executou a reprodução de 2.500.000 das cópias esperadas e no decorrer de 2010 foram reproduzidas mais 1.300.000 cópias. Ao final de 2010, o Departamento de Gestão Patrimonial da empresa determina como valor recuperável desse ativo R$ 440.000,00.

Calcule:

a) O valor depreciável da máquina.

b) O valor da despesa de depreciação em 2010.

c) O valor da perda estimada por *impairment* ao final de 2010, se necessário.

2. (Exercício adaptado da Prova do CFC – Técnico em Contabilidade – 2ª Edição – 2011) Uma sociedade adquiriu em 02/01/2010 um veículo para ser utilizado na sua atividade operacional por R$ 70.000,00. Na data da aquisição, a empresa apresentou estudo no qual demonstrou que a vida útil do veículo é de 10 anos e que o valor justo líquido de despesa de venda no momento de sua desativação, trazida a valor presente, será de R$ 10.000,00.

Em 31/12/2010, a empresa aplicou NBC TG 01 – Redução ao Valor Recuperável de Ativos e apresentou estudo onde o valor recuperável desse bem é de R$ 55.000,00.

Pergunta-se: qual o valor do imobilizado, líquido da depreciação acumulada, em 31/12/2010?

13

Assista ao vídeo do autor sobre o tema deste capítulo

uqr.to/f1w6

TRIBUTOS SOBRE O LUCRO

"Principal empresa da *holding* Gol tem R$ 1,4 bilhão em créditos fiscais

A Gol informou no *release* de resultados do quarto trimestre que a controlada GLA – principal empresa da *holding*, responsável pelo transporte aéreo – **possui créditos fiscais** no montante de R$ 1,4 bilhão.

(...)

'Face aos recentes acontecimentos no Brasil, instabilidade econômica, oscilações do dólar e demais variáveis que afetaram projeções de resultados futuros, a **GLA** deixou de registrar os créditos sobre prejuízo fiscal e base negativa de contribuição social na sua totalidade', afirma a Gol.

A Gol diz que o grupo (GLA) possui um montante total de créditos fiscais de R$ 62,5 milhões, sendo R$ 58,7 milhões referente a prejuízo fiscal e base negativa de contribuição social e R$ 3,8 milhões referente a diferenças temporárias, com realização suportada pelo plano de longo prazo da companhia."

khunaspix | 123RF

Mirko Vitali | 123RF

Fonte: OLIVEIRA, João José. *Valor Econômico*, 7 mar. 2018.

OBJETIVOS DE APRENDIZAGEM DO CAPÍTULO

Após estudar este capítulo, você será capaz de:

1. Entender os conceitos básicos dos Tributos sobre o Lucro e seus tipos no Brasil: Imposto de Renda e Contribuição Social.
2. Entender o conceito, o cálculo e a contabilização dos Tributos Correntes.
3. Entender o conceito, o cálculo e a contabilização dos Tributos Diferidos.
4. Estudar exemplos de Diferença Temporária Tributável e seu impacto no cálculo e na contabilização dos Tributos Diferidos.
5. Estudar exemplos de Diferença Temporária Dedutível e seu impacto no cálculo e na contabilização dos Tributos Diferidos.
6. Estudar exemplos de Prejuízos Fiscais e seu impacto no cálculo e na contabilização dos Tributos Diferidos.
7. Entender aspectos mais específicos e forma de divulgação dos Tributos sobre o Lucro.

OBJETIVO 1

O QUE SÃO TRIBUTOS SOBRE O LUCRO?

Conceitos básicos

Em maiores ou menores proporções (e com algumas exceções), as pessoas físicas e jurídicas são tributadas, ou seja, precisam destinar parte dos seus ganhos ao Governo para que este possa fazer que a máquina estatal funcione e possibilite a prestação de serviços básicos, como saúde, segurança, educação etc.

Uma das formas de tributação bastante comum (não somente no Brasil) é a tributação sobre o lucro, já falando de pessoas jurídicas (empresas). O que isso significa? Quer dizer que, do lucro que a empresa gera, parte será destinada ao Governo, na forma de tributos (impostos, contribuições etc.).

> A contabilidade precisa reconhecer os efeitos econômicos da tributação sobre as empresas.

Cada país define as suas próprias regras de tributação, seus mecanismos, alíquotas, faixas de tributação, diz quais receitas são e quais não são tributáveis, e também define quais despesas são e quais não são dedutíveis, entre outras regras.

Assim, a contabilidade precisa reconhecer esse importante efeito econômico que ocorre nas empresas, a tributação sobre o lucro. Mas como? É o que veremos ao longo deste capítulo. Entretanto, antes de entrar nos detalhes contábeis, vejamos (não de forma exaustiva, pois não é objetivo deste livro falar de regras tributárias) como são definidos os tributos sobre o lucro no Brasil.

Tributos sobre o lucro no Brasil

Agora que já sabemos o conceito geral de tributos sobre o lucro, vamos passar a estudar a sua aplicação prática no Brasil. Por aqui, esses tributos englobam, na maioria dos casos, dois importantes tributos denominados: Imposto de Renda (IR) e Contribuição Social (CS).

> No Brasil, os tributos sobre o lucro englobam o Imposto de Renda (IR) e Contribuição Social (CS).

As regras e legislações de cada um deles são diferentes, mas o mecanismo de tributação é bem semelhante: ao apurar o lucro (antes dos tributos, é claro), a empresa irá oferecer esse lucro à tributação, e os dois tributos que serão calculados com base nesse lucro serão o IR e a CS.

Não entraremos aqui em detalhes da legislação tributária e também não iremos discutir as diferentes sistemáticas existentes no Brasil (lucro presumido, lucro arbitrado, lucro real etc.), pois esses temas são abordados em livros de Contabilidade Tributária. Vamos trabalhar com o conceito de tributo calculado a partir do lucro (ou seja, em outras palavras, trabalharemos com a sistemática do Lucro Real).

QUESTÃO PARA REFLEXÃO 13.1 — Se uma empresa sediada no Brasil tiver uma filial no exterior, esta filial terá que pagar tributos sobre o lucro com base na legislação de qual país?

A partir das próximas seções, começaremos a estudar como a contabilidade faz para reconhecer e mensurar esses efeitos decorrentes dos tributos sobre o lucro. De qualquer modo, é importante observar que tais tributos são subdivididos em duas categorias: tributos correntes e tributos diferidos. Por essa razão, iniciaremos tratando os tributos correntes e, em seguida, os diferidos.

Ressaltamos que todos esses conceitos e requerimentos estão documentados no Pronunciamento Técnico CPC 32 – Tributos sobre o Lucro, que por sua vez foi construído no Brasil a partir da tradução da norma internacional *IAS 12 – Income Taxes*, aquela que regula esse tema dentro das IFRS, que são as normas internacionais de contabilidade.

OBJETIVO 2

TRIBUTOS CORRENTES

Conceitos básicos

Conceitualmente, tributos correntes são os tributos devidos no período de apuração, ou seja, os tributos apurados segundo a legislação tributária do país onde está sendo calculado o tributo. Por isso leva esse nome de "corrente", ou seja, refere-se ao período atual, vigente.

> Tributos correntes são os tributos devidos no período de apuração.

Eventualmente, também pode haver tributos correntes sobre períodos passados, sendo tributos que não tenham sido reconhecidos nos períodos passados por algum motivo (por exemplo, erro, fraude etc.).

No caso brasileiro, há extensa legislação que determina o que é aceito e o que não é, e também o momento de tributação da receita ou dedutibilidade da despesa. Entretanto, como enfatizamos antes, a preocupação aqui é com o entendimento do conceito dos tributos e seu reconhecimento contábil, pois a legislação de cada país é diferente, e, mesmo no Brasil, a legislação vai sofrendo alterações ao longo do tempo.

QUESTÃO PARA REFLEXÃO 13.2 — Imagine que sua empresa possui investimentos em outra empresa, avaliados pelo método da equivalência patrimonial. Durante o período, esse investimento gerou uma receita de equivalência. Essa receita será tributável na empresa investidora? E se fosse despesa, seria dedutível?

Cálculo dos tributos correntes

Forma I – Preparar a DRE estritamente sob as regras fiscais para a apuração dos tributos.

O cálculo dos tributos correntes pode ser demonstrado de duas formas distintas.

A primeira delas, a mais simples e intuitiva, seria simplesmente preparar uma espécie de demonstração do resultado do exercício (DRE), porém seguindo estritamente as regras fiscais para a apuração dos tributos. Assim, ao final, chegaríamos ao lucro apurado segundo a legislação fiscal, também denominado base de cálculo dos tributos, lucro tributável, ou, ainda, lucro real (esse é o termo usado pela legislação fiscal brasileira, devido à sistemática de apuração fiscal, que é denominada "Lucro Real"). Sobre essa base de cálculo aplicam-se as alíquotas dos tributos e assim chega-se aos valores a serem pagos.

Assim, esquematicamente, teríamos:

Receitas tributáveis

(–) Despesas dedutíveis

(=) Base de cálculo

(×) Alíquota dos tributos

(=) Tributos correntes

Forma II – Calcular tributos correntes a partir do lucro contábil, por meio de uma conciliação entre o lucro contábil e o lucro tributável.

Porém, na prática, ao menos na prática brasileira, **esse não é o formato de cálculo mais comum**, pois o IR e a CS são calculados a partir da contabilidade, e isso significa que a apuração do lucro segue as regras contábeis, e não as regras fiscais!

O formato mais praticado é o cálculo dos tributos correntes a partir do lucro contábil. Como isso é feito? Utilizando uma espécie de conciliação.

Funciona assim: vamos partir do lucro contábil, que contém todas as receitas e despesas reconhecidas segundo as regras contábeis. Se as regras fiscais fossem exatamente iguais às regras contábeis, então o lucro contábil já seria a própria base de cálculo dos tributos. Porém, sabemos que, na prática, dificilmente isso vai ocorrer. Assim, teremos que identificar quais receitas e despesas foram reconhecidas pela contabilidade, mas não devem ser pelas regras fiscais. E o inverso também ocorre, ou seja, quais receitas e despesas são aceitas fiscalmente no período, porém não estão reconhecidas contabilmente. De posse dessas informações, faremos ajustes a partir do lucro contábil para chegarmos ao lucro tributável.

Esquematicamente, teríamos o seguinte:

Receitas

(–) Despesas

(=) Lucro antes do IR/CS

(+) Adições:

    (+) Despesas contábeis não dedutíveis fiscalmente

    (+) Receitas fiscais não reconhecidas no lucro contábil

(–) Exclusões:

    (–) Receitas contábeis não tributáveis fiscalmente

    (–) Despesas fiscais não reconhecidas no lucro contábil

(=) Base de cálculo antes dos prejuízos fiscais

    (–) Prejuízos fiscais

(×) Alíquota dos tributos

(=) Tributos correntes

Conforme enfatizamos, essa base de cálculo no Brasil é denominada "Lucro Real" e esse segundo formato de cálculo dos tributos correntes costuma ser formalizado em um documento denominado "Livro de Apuração do Lucro Real". Tem esse nome porque antigamente era de fato um livro, pois as escriturações eram físicas. Atualmente, as escriturações são digitais, por isso não existe mais o livro fisicamente, porém, curiosamente, o documento ainda é chamado de livro.

Aspectos específicos relacionados ao cálculo dos tributos correntes

DIFERENÇAS TEMPORÁRIAS *VERSUS* PERMANENTES

Importante destacar que esses ajustes, chamados de adições e exclusões, podem ser de natureza temporária ou permanente. Por enquanto, no cálculo dos tributos correntes, isso nem é tão relevante, mas será muito importante quando entrarmos no conceito, cálculo e contabilização dos tributos diferidos. Então, já podemos começar a entender a diferença entre esses dois ajustes.

Um ajuste de caráter temporário significa que há uma diferença de critério entre contabilidade e fisco, porém, com o tempo, essa diferença acaba, ou seja, é uma diferença temporária de critério. Um exemplo bem claro disso é quando a contabilidade utiliza uma determinada vida útil com o objetivo de depreciar o ativo imobilizado e, para fins fiscais, é aceita outra vida útil. Então, temporariamente, há diferenças de critérios, mas com o tempo, à medida que o ativo vai sendo usado, e quando ele chega ao final da sua vida útil ou então é vendido, a diferença de critérios acaba, pois o ativo estará totalmente depreciado.

Já a diferença permanente significa que contabilidade e fisco não concordam com algo definitivamente. Por exemplo, uma despesa contábil que não é dedutível agora e nunca será: isso é uma diferença permanente.

Um ajuste de caráter temporário significa que há uma diferença de critério entre contabilidade e fisco, porém, com o tempo, essa diferença acaba.

A diferença permanente significa que contabilidade e fisco não concordam com algo definitivamente.

COMPENSAÇÃO DE PREJUÍZOS FISCAIS

Outro fator que pode afetar o cálculo dos tributos correntes é quando a empresa possui prejuízos fiscais em períodos anteriores, que são compensáveis no período corrente. Logicamente isso também depende da legislação de cada país.

No Brasil, a legislação permite a compensação de prejuízos fiscais sem limitação de tempo, porém há uma trava de compensação, que é de 30% do lucro tributável apurado no período corrente. Isso é uma forma que o governo encontrou de manter a arrecadação mesmo de uma empresa que tenha prejuízos a compensar.

Assim, caso a empresa tenha prejuízos fiscais a compensar no período corrente, ela abaterá esses prejuízos (considerando o limite de 30% do lucro tributável, conforme observado anteriormente) para aí então calcular os tributos correntes.

Observe a segunda estrutura de cálculo no item "Cálculo dos Tributos Correntes".

EXEMPLO DE CÁLCULO DOS TRIBUTOS CORRENTES

Vamos supor que a Companhia ABC tenha apurado o resultado conforme demonstrado a seguir:

Receitas de vendas	$ 10.000
CMV	$ (3.000)
Lucro bruto	$ 7.000
Despesas gerais	$ (1.000)
Lucro antes do IR	$ 6.000

Admitindo ainda que a alíquota de IR seja de 25%, então, se não houvesse nenhuma diferença entre regras contábeis e regras fiscais, o IR corrente seria de $ 1.500 (25% × $ 6.000).

Entretanto, vamos agora admitir várias diferenças entre as regras contábeis e as regras fiscais. Suponha que, da receita de $ 10.000, $ 1.200 não serão tributados nesse período. Por outro lado, há uma receita do período anterior de $ 3.000, que não fora tributada no período anterior, mas o será agora. Em relação às despesas, parte das despesas gerais, $ 400, não é dedutível agora. Analogamente, temos despesas do período anterior que não tinham sido dedutíveis, mas que agora o são, no valor de $ 300.

Então, vamos proceder ao cálculo do IR das duas formas descritas anteriormente. Primeiro, da forma mais simples e intuitiva: vamos calcular as receitas tributáveis e as despesas dedutíveis:

Receitas tributáveis: 8.800 (do período) + 3.000 (do período anterior)
(−) Despesas dedutíveis: 3.000 (CMV) + 600 (despesas gerais dedutíveis do período + 300 (despesas gerais dedutíveis do período anterior)
(=) Base de cálculo: 7.900
(×) Alíquota dos tributos: 25%
(=) Tributos correntes: 1.975

Agora, vamos demonstrar o mesmo cálculo, porém utilizando o método da conciliação, partindo do lucro contábil:

(=) Lucro antes do IR: 6.000
(+) Adições:
(+) Despesas contábeis não dedutíveis fiscalmente: 400
(+) Receitas fiscais não reconhecidas no lucro contábil: 3.000
(−) Exclusões:
(−) Receitas contábeis não tributáveis fiscalmente: (1.200)
(−) Despesas fiscais não reconhecidas no lucro contábil: (300)
(=) Base de cálculo: 7.900
(×) Alíquota dos tributos: 25%
(=) Tributos correntes: 1.975

Veja que chegamos, não por acaso, ao mesmo resultado final. Porém, este último método, apesar de ser um pouco mais elaborado e menos intuitivo, é mais prático, pois parte do lucro contábil e, além disso, é possível visualizar em detalhes as diferenças entre os critérios contábeis e fiscais.

COMPENSAÇÃO DE PREJUÍZOS FISCAIS

Agora, para finalizar o exemplo, vamos supor que a Companhia ABC tivesse apurado um prejuízo fiscal de $ 10.000 no período anterior. Se não houvesse nenhuma trava de compensação (como há no Brasil), então a Companhia ABC não teria nada a pagar de Tributos Correntes no período atual, pois, no acumulado, ainda estaria com prejuízo fiscal de $ 2.100 ($ 10.000 − $ 7.900).

No entanto, se considerarmos a regra fiscal brasileira em que há a limitação de 30% do lucro tributável para compensação de prejuízos fiscais, então a Companhia ABC poderia compensar apenas $ 2.370 ($ 7.900 × 30%) do seu prejuízo total de $ 10.000 (e a empresa continuaria tendo um saldo de $ 7.630 para compensar em períodos futuros). Assim, seu cálculo do IR ficaria assim:

(=) Base de cálculo do período:	$ 7.900
(−) Compensação de prejuízos fiscais:	$ (2.370)
(=) BC após compensação:	$ 5.530
(×) Alíquota dos tributos:	25%
(=) Tributos correntes:	$ 1.383

CONTABILIZAÇÃO DOS TRIBUTOS CORRENTES

A parte contábil dos tributos correntes é relativamente simples. Após apurados os tributos conforme os cálculos demonstrados da seção anterior, o valor apurado é reconhecido como uma despesa (despesa com tributos correntes), em contrapartida a um passivo circulante (tributos a pagar).

Então, usando os números obtidos no exemplo anterior (sem a compensação de prejuízos fiscais), o registro contábil ficaria assim:

Contabilização dos Tributos Correntes – o valor apurado é reconhecido como uma despesa (despesa com tributos correntes), em contrapartida a um passivo circulante (tributos a pagar).

Despesa com IR corrente (débito)	$ 1.975
IR a pagar (conta do passivo – crédito)	$ 1.975

O que pode ocorrer em alguns casos, dependendo da legislação, é que as empresas vão fazendo esses cálculos e, consequentemente, pagamentos, de forma mensal. Porém, se o período de apuração fiscal é anual e, considerando o ano todo, a empresa apura um total de tributo inferior ao já pago ao longo do ano, então, esse excesso de pagamento será considerado um ativo circulante (tributos sobre o lucro a recuperar).

> Em alguns casos, em que o total de tributos calculado é inferior ao já pago ao longo do ano, o excesso de pagamento será considerado um ativo circulante (tributos sobre o lucro a recuperar).

Essa situação pode ocorrer, por exemplo, se o mês de dezembro for um mês de prejuízo. Então, vamos supor que, considerando o resultado até novembro, a empresa tenha calculado e pago um valor de IR de $ 1.000. Porém, ao incluir o mês de dezembro e apurar o resultado, calculou o IR no valor total de $ 920. Como ficariam as contabilizações nesse caso?

Primeiramente, vamos analisar o que teria ocorrido até novembro.

A empresa teria efetuado o lançamento descrito anteriormente (despesa de IR contra IR a pagar) e, em seguida, teria realizado o pagamento do IR (IR a pagar contra caixa). Com isso, ela tem uma despesa de IR acumulada de $ 1.000 no seu resultado.

No entanto, ao chegar o mês de dezembro, percebeu que a despesa de IR na verdade deveria ser de $ 920. Então realizou o seguinte lançamento:

IR a recuperar (conta de ativo débito)	$ 80
Despesa com IR corrente (crédito)	$ 80

Com isso, a sua despesa de IR acumulada ficou corrigida, no valor de $ 920, e esse excesso de $ 80 representa o valor que a empresa pagou a mais, e que irá compensar no próximo período. Quando apurar um novo valor de IR a pagar, esse valor de $ 80 será abatido diretamente contra a conta de passivo, já que representa um valor já pago aos cofres públicos.

Destaca-se que, no Brasil, quando da adoção das IFRS a partir de 2010, foi emitido o Pronunciamento Técnico CPC 26 – Apresentação de Demonstrações Contábeis, com base na Norma Internacional *IAS 1 – Presentation of Financial Statements*. Porém, o CPC decidiu limitar a escolha quanto ao formato de apresentação da DRA, especialmente considerando a legislação societária brasileira. Nessa legislação (Lei nº 6.404/76 e alterações posteriores), não há a figura da DRA e, consequentemente, os dividendos são calculados com base no lucro líquido do exercício. Assim, para manter consistência com a legislação societária brasileira, o CPC preferiu emitir o CPC 26 indicando apenas um formato de apresentação de DRA, separada da DRE (ou seja, o que denominamos forma 2). Portanto, no Brasil, todas as companhias apresentam a DRE e a DRA, separadamente.

OBJETIVO 3

TRIBUTOS DIFERIDOS

Conceitos básicos

O conceito fundamental ligado aos tributos diferidos é o conceito do regime de competência. O reconhecimento dos tributos diferidos só existe por causa desse conceito.

> A base dos tributos diferidos é o conceito do regime de competência.

Contudo, nesse caso, em vez de tentarmos explicar os tributos diferidos com palavras e conceitos, já que se trata de um tema mais denso e abstrato, vamos apresentar um exemplo numérico, extremamente simples, mas fundamental para esse entendimento.

Vamos imaginar a empresa TAX que inicie as suas atividades com caixa de $ 1.000 e capital de $ 1.000 em 31/12/X0. Durante X1, essa empresa realizou apenas uma transação: prestou um serviço de $ 400. Apenas por simplificação, vamos considerar que não houve despesas.

O serviço prestado não foi recebido em X1. Será recebido apenas em X2. Portanto, a empresa registrou contas a receber em contrapartida a uma receita de serviços, no valor de $ 400 (vamos ignorar também possíveis efeitos de ajuste a valor presente decorrente de efeito de juros embutido na transação).

Ocorre que, nesse país, há uma regra tributária que diz que a empresa pode considerar a receita tributável apenas quando houver a realização financeira. Isso significa que essa empresa não terá IR a pagar em X1, pois não recebeu o dinheiro do cliente em X1. Assim, conforme já vimos na seção anterior, o IR corrente é zero (vamos assumir uma alíquota de IR de 30%).

Se pararmos por aqui, temos o seguinte balanço patrimonial encerrado em 31/12/X1:

Caixa: $ 1.000

Contas a receber: $ 400

Capital: $ 1.000

Lucros acumulados: $ 400

Então, vem a pergunta: será que essa empresa poderia distribuir esse lucro de $ 400? Seria correto? Seria sensato?

Olhando apenas para esse balanço, poderíamos até imaginar que sim, pois a empresa tem dinheiro em caixa para pagar, e o seu capital permaneceria em $ 1.000. Ela ficaria com caixa de $ 600, contas a receber de $ 400 e o seu capital de $ 1.000.

Porém, o que ocorre em X2 quando o cliente paga pelo serviço? A receita passa a ser tributável e então a empresa tem que pagar o IR de $ 120. Então, agora temos que registrar uma despesa de IR corrente, em contrapartida ao IR a pagar. Supondo que em X2 não houve nenhuma outra receita, essa empresa fecharia o ano com um prejuízo de $ 120, que é justamente o valor do IR sobre a receita de X1. Após o pagamento do IR, o balanço patrimonial encerrado em 31/12/X2 seria assim:

Caixa: $ 880

Capital: $ 1.000

Prejuízos acumulados: ($ 120)

Vejam só o que ocorreu: o pagamento do dividendo em X1 acabou provocando uma descapitalização na empresa. Na verdade, só poderíamos ter distribuído $ 280. E por que isso ocorreu? Por uma causa muito simples: o balanço patrimonial de 31/12/X1 estava ERRADO!

A empresa TAX não tinha um lucro acumulado de $ 400. Faltava reduzir desse lucro o efeito fiscal que seria deduzido apenas em X2, mas que, por competência, estava sendo gerado em X1!

Outra forma de enxergar que a contabilidade apresentada estava falha do ponto de vista do regime de competência é observar o resultado nos dois períodos: X1 e X2. Em X1, um lucro de $ 400, e em X2, um prejuízo de $ 120, e em X2, a empresa não realizou nenhuma atividade econômica, não prestou serviços, não vendeu nada, não teve receitas ou despesas financeiras etc. Na verdade, está ocorrendo um descasamento de receitas e despesas de mesmo período. O IR registrado em X2, na verdade, pertence ao período de X1. E, de acordo com o regime de competência, deveria ter sido reconhecido em X1.

Mas como vamos reconhecer a despesa de IR em X1 se em X1 o IR é zero?

Pois bem, é aí que entra o genial conceito do IR DIFERIDO!

Esse IR que calculamos em zero é o IR corrente, visto na seção anterior. Esse realmente é zero, não há o que discutir. A empresa não tem nada a pagar em X1.

Porém, há uma despesa diferida e, consequentemente, uma obrigação diferida. Essa despesa e esse passivo só estão aparecendo porque há uma diferença temporária de critério entre a contabilidade e o fisco. Para fins contábeis, a receita é do período de X1. Porém, para fins fiscais, a receita somente é tributável no período de X2. Sempre que esse tipo de situação ocorre, surge a figura dos tributos diferidos, para atender ao regime de competência e propiciar uma informação contábil mais próxima da realidade, ou seja, mais fidedigna.

Vamos então refazer o balanço patrimonial de 31/12/X1 considerando esse novo registro contábil: uma despesa de IR diferido de $ 120, em contrapartida a um IR diferido passivo de $ 120. O balanço então ficaria desta forma:

Caixa:	$ 1.000
Contas a receber:	$ 400
IR diferido passivo:	$ 120
Capital:	$ 1.000
Lucros acumulados:	$ 280

Agora sim! Temos um lucro que demonstra o quanto de fato é o lucro da empresa!!! Se quisermos distribuir todo o lucro, que agora sabemos que é somente $ 280, podemos fazê-lo, pois sabemos que isso não irá descapitalizar a empresa TAX.

E o que vai ocorrer em X2? O cliente vai pagar a sua dívida, e a empresa pagará o IR que, antes, era diferido, mas agora, se transformou em corrente. Vejam só, o IR diferido se transforma em IR corrente! Transformações também ocorrem na contabilidade!

O balanço patrimonial de 31/12/X2 (com o pagamento de dividendos de apenas $ 280) ficaria assim:

Caixa: $ 1.000

Capital: $ 1.000

E o resultado de X2 foi zero, pois, como dito antes, não houve nenhuma outra atividade econômica gerando resultado em X2.

Esse exemplo, como dito antes, tão simples, mas fundamental para o entendimento do conceito dos tributos diferidos, demonstra a importância do seu reconhecimento e a sua forte relação com o atendimento ao Princípio Fundamental da Competência. Esse é o propósito da existência dos tributos diferidos.

É importante notar que esse exemplo só gerou IR diferido porque havia uma diferença temporária entre o critério contábil e a regra fiscal. No exemplo, o momento de tributação da receita. Vamos ampliar esse conceito de diferença temporária e demonstrar que existem dois tipos de diferenças temporárias: as tributáveis e as dedutíveis. **As diferenças temporárias tributáveis geram um passivo** (foi o caso do exemplo) e, logicamente, **as diferenças temporárias dedutíveis vão gerar um ativo** (demonstraremos adiante com outros exemplos).

As diferenças temporárias tributáveis geram um passivo.

Mas se os tributos diferidos nascem a partir das diferenças temporárias, então o que dizer das diferenças permanentes? Ora, essas diferenças não gerarão o mesmo problema que ocorreu no exemplo demonstrado, pois, se a diferença de critério é permanente, não haverá descasamento entre receitas e despesas e, portanto, não haverá problema de competência. Assim, **não há reconhecimento de tributos diferidos sobre diferenças permanentes**.

As diferenças temporárias dedutíveis geram um ativo.

Não há reconhecimento de Tributos Diferidos sobre diferenças permanentes.

Os tributos diferidos também surgem a partir da existência de prejuízos fiscais. Quando a empresa gera um prejuízo, ela "ganha" o direito de compensar tributos no futuro. Por essa razão, **os prejuízos fiscais geram tributos diferidos no ativo**. Também veremos exemplos adiante.

Aspectos específicos relacionados com o cálculo dos tributos diferidos

Agora que discutimos o conceito geral dos tributos diferidos, vamos formalizar melhor algumas definições para posteriormente detalhar um pouco mais os cálculos.

Para um melhor entendimento dos conceitos de diferenças temporárias tributáveis e dedutíveis, precisamos definir o que é **base contábil** e **base fiscal**.

BASE CONTÁBIL *VERSUS* BASE FISCAL

Base contábil de um ativo ou passivo nada mais é do que o montante atribuído ao ativo ou passivo de acordo com os critérios contábeis. Ou, em outras palavras, o saldo

Base Contábil de um ativo ou passivo é obtida por meio da utilização dos critérios contábeis.

Base Fiscal de um ativo ou passivo é obtida por meio da utilização dos critérios fiscais.

contábil do ativo ou passivo. Esse conceito é mais simples de ser entendido pois temos todas as bases contábeis de ativos e passivos diretamente na contabilidade.

Mas o que seria então **base fiscal**? Analogamente, o montante atribuído ao ativo ou passivo, só que agora utilizando os critérios fiscais. Esse conceito, embora análogo ao conceito de base contábil, não é tão simples de ser compreendido, pois não temos diretamente esses saldos na contabilidade, uma vez que não estamos fazendo duas contabilidades (uma seguindo critérios contábeis e a outra com as regras fiscais). Temos somente a contabilidade das regras contábeis, então muitas vezes é necessário abstrair um pouco, imaginando qual seria o saldo do ativo ou passivo se estivéssemos fazendo a contabilidade seguindo o critério fiscal.

DIFERENÇA TEMPORÁRIA TRIBUTÁVEL (DTT)

A partir das definições de base contábil e base fiscal, podemos generalizar o entendimento da diferença temporária tributável.

Pensando em termos de patrimônio líquido, toda vez que o PL de acordo com os critérios contábeis é superior ao PL de acordo com as regras fiscais, e essa diferença é temporária, ou seja, em algum momento será realizada e, portanto, tributada, então, significa que desse PL devemos subtrair o tributo correspondente à diferença de critérios.

Veja o que ocorreu no exemplo da Cia. TAX: o PL para fins contábeis em 31/12/X1 era $ 1.400. Mas qual seria o PL seguindo as regras fiscais? Ora, se pelas regras fiscais ainda não havia receita em 31/12/X1, então também não havia contas a receber e, portanto, o PL segundo as regras fiscais em 31/12/X1 seria de $ 1.000. Mas sabemos que essa diferença é temporária, ou seja, mais cedo ou mais tarde os $ 400 ($ 1.400 – $ 1.000) seriam tributados, então desse PL de $ 1.400 deve-se subtrair a parcela correspondente ao tributo sobre a diferença de $ 400, que no caso era de $ 120. E por isso o PL final ficava registrado por $ 1.280.

Então, se abrirmos a equação do PL, temos que:

Patrimônio Líquido = Ativo – Passivo, ou simplesmente, PL = A – P.

Agora, vamos denominar PL_C o PL apurado segundo as regras contábeis. Assim, $PL_C = A_C - P_C$, ou seja, o PL apurado de acordo com as regras contábeis nada mais é do que a diferença entre as bases contábeis dos ativos menos as bases contábeis dos passivos.

O mesmo raciocínio vale para as bases fiscais. Portanto: $PL_F = A_F - P_F$.

Finalmente, vamos definir adequadamente as **diferenças temporárias tributáveis (DTT)**. Elas surgem quando o PL de acordo com as normas contábeis está maior do que o PL segundo a legislação fiscal. Assim, em fórmulas, temos:

DTT: $PL_C > PL_F$

E como PL = A – P, podemos reescrever essa definição assim:

DTT: $A_C > A_F$ ou DTT: $P_C < P_F$.

Voltando ao exemplo da Cia. TAX, PL_C ($ 1.400) > PL_F ($ 1.000), e isso ocorreu porque A_C ($ 400) > A_F (zero). O ativo nesse caso é o contas a receber de clientes que possui o valor de $ 400 na contabilidade e valor $ 0 para fins fiscais.

Diferenças temporárias tributáveis (DTT) = $PL_C > PL_F$
Assim,
DTT = $A_C > A_F$ ou
DTT = $P_C < P_F$.

DIFERENÇA TEMPORÁRIA DEDUTÍVEL (DTD)

Se a DTT surge quando o PL, para fins contábeis, é maior do que o PL segundo os critérios fiscais de forma temporária, a DTD aparece na situação contrária, ou seja, o PL apurado pelas bases contábeis está menor do que aquele obtido pelas bases fiscais, e esta diferença a menor será dedutível para a empresa, ou seja, fará ela economizar tributos no futuro. Então, nesse caso, surge um ativo fiscal diferido.

Utilizando a mesma lógica de fórmulas e invertendo os sinais das desigualdades apresentadas na DTT, temos que:

Diferença Temporária Dedutível (DTD) = $PL_C < PL_F$
Assim,
DTD = $A_C < A_F$ ou
DTD = $P_C > P_F$.

DTD: $PL_C < PL_F$ e isso ocorre porque $A_C < A_F$ ou então $P_C > P_F$.

Por enquanto, ainda não apresentamos exemplos de DTD, mas apenas essa demonstração algébrica, em fórmulas. Na sequência, serão detalhados diversos exemplos que ilustrarão essa situação.

EXEMPLO DE CÁLCULO DOS TRIBUTOS DIFERIDOS

Agora, vamos desenvolver um exemplo um pouco mais elaborado e que vai envolver cinco períodos, para podermos visualizar todo o "trajeto" do IR diferido, desde a sua concepção até o seu fim.

A Cia. Machine adquiriu uma máquina por $ 10.000 no início do Ano 1. Essa máquina irá gerar benefícios econômicos por cinco anos, de forma linear, e não há valor residual para essa máquina. Os valores anuais da receita são de $ 6.000.

Porém, segundo a regra fiscal, a depreciação da máquina é dedutível com base numa vida útil fiscal de quatro anos, ou seja, a taxa de depreciação fiscal é de 25% ao ano. Vamos supor também que a alíquota de IR é de 30%.

Já de início percebemos que há uma diferença entre critérios contábeis e fiscais, e se trata de uma diferença temporária, pois, após cinco anos, o ativo estará totalmente depreciado tanto para fins contábeis como também fiscalmente. Assim, sabemos que haverá cálculos e registros de IR diferido. Só não sabemos ainda se a diferença é tributável ou dedutível.

Agora, vamos aplicar as definições da seção anterior e observar o que vai ocorrer com o saldo do ativo ao longo do tempo, pelos dois critérios:

	Início	Ano 1	Ano 2	Ano 3	Ano 4	Ano 5
Base Contábil	10.000	8.000	6.000	4.000	2.000	0
Base Fiscal	10.000	7.500	5.000	2.500	0	0

No início da operação, os saldos do ativo estão iguais. Porém, ao longo do tempo, eles se descolam, igualando-se novamente apenas ao final do ano 5. Essa situação demonstra que temos uma **diferença temporária tributável**, pois $A_C > A_F$.

Graficamente, também podemos visualizar isso na Figura 13.1:

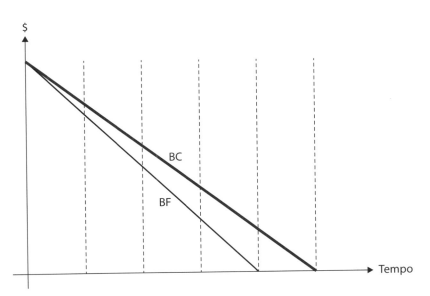

FIGURA 13.1 Evolução das bases (contábil e fiscal) do ativo ao longo do tempo.

Então, se a diferença temporária é tributável, significa que temos um passivo fiscal diferido. E esse passivo vai crescer ao longo do tempo, durante os quatro primeiros anos. Porém, no último ano, ele desaparecerá, uma vez que a diferença temporária deixa de existir. Assim, completando os cálculos, teríamos o seguinte:

	Início	Ano 1	Ano 2	Ano 3	Ano 4	Ano 5
Base Contábil	10.000	8.000	6.000	4.000	2.000	0
Base Fiscal	10.000	7.500	5.000	2.500	0	0
Diferenças Acumuladas	0	500	1.000	1.500	2.000	0
Passivo Fiscal Diferido	0	150	300	450	600	0

Agora, vamos visualizar esse mesmo exemplo por outro ângulo, observando as contas de resultado.

Inicialmente, vamos àquilo que é mais simples de se fazer, que é o cálculo do IR corrente, ou seja, aquilo que a empresa terá que desembolsar em cada ano em termos de IR. Esse cálculo pode ser demonstrado da seguinte forma:

Cálculo do IR Corrente:	Ano 1	Ano 2	Ano 3	Ano 4	Ano 5
Receita	6.000	6.000	6.000	6.000	6.000
Depreciação Fiscal	(2.500)	(2.500)	(2.500)	(2.500)	0
Base de Cálculo (Lucro Real)	3.500	3.500	3.500	3.500	6.000
IR (30%) (IR Corrente)	1.050	1.050	1.050	1.050	1.800

Vejam só que comportamento interessante de fluxos de caixa de pagamentos de IR. Durante os quatro primeiros anos, a empresa pagará $ 1.050. Porém, no último ano, ela tem um desembolso bem mais alto, de $ 1.800. Por que isso está ocorrendo?

Ora, porque a depreciação fiscal terminou no ano 4, então no ano 5 não há dedução de despesas, apenas a tributação da receita.

Agora, voltando ao conceito do regime de competência que vimos no início desta seção, será que faria sentido, do ponto de vista de competência, uma despesa de IR de $ 1.050 durante os quatro primeiros anos, e, no último ano, uma despesa de IR bem maior, no valor de $ 1.800? Claro que não. Se fizéssemos isso, estaríamos aproximando essa contabilidade de regime de caixa!

É aí que entra em cena o IR diferido para corrigir essa distorção.

Vamos agora observar a DRE, pensando no regime de competência. Se a receita é estável durante os cinco anos e a depreciação contábil também, não há motivo para a despesa total de IR ser diferente. Assim, poderíamos fazer a seguinte apresentação da DRE:

DRE	Ano 1	Ano 2	Ano 3	Ano 4	Ano 5
Receita	6.000	6.000	6.000	6.000	6.000
Despesa de depreciação	(2.000)	(2.000)	(2.000)	(2.000)	(2.000)
(=) LAIR	4.000	4.000	4.000	4.000	4.000
(−) IR (30%) (IR total)	(1.200)	(1.200)	(1.200)	(1.200)	(1.200)
(=) Lucro líquido	2.800	2.800	2.800	2.800	2.800

Vejam que interessante, o IR total por competência é de $ 1.200 em todos os anos. Então agora aquele quadro inicial em que calculamos o IR diferido faz todo o sentido. Vamos analisar o que ocorre no ano 1 (e o mesmo vale para os anos 2, 3 e 4): a empresa apurou um LAIR de $ 4.000. Ao calcular o quanto tem que pagar de IR, chegou ao valor de $ 1.050, porém ela sabe que os outros $ 150 serão pagos no futuro (nesse caso, no ano 5, quando a diferença acabar). Então, a empresa registra duas despesas de IR: uma despesa de IR corrente, que representa o quanto ela já tem que desembolsar, e uma despesa de IR diferido, que reconhece por competência a despesa e, por consequência, o passivo, que a empresa já sabe que incorreu, embora também sabe que não terá que desembolsar agora.

Esse comportamento se repete nos quatro anos, de forma que, ao final do 4º ano, temos um passivo diferido acumulado de $ 600 (quatro lançamentos de $ 150).

Quando chegamos ao quinto ano, o comportamento se inverte. A empresa, ao calcular o desembolso de IR, verifica que terá que pagar $ 1.800, porém, desses $ 1.800, $ 600 já estão registrados no passivo e foram reconhecidos nas DREs dos anos 1 a 4 (era o IR diferido). Portanto, a despesa por competência do ano 5 é de apenas $ 1.200.

Contabilização dos tributos diferidos

Agora, vamos aproveitar o exemplo que acabou de ser descrito, da Cia. Machine, para discutirmos os registros contábeis dos tributos diferidos.

Inicialmente, é importante destacar que o reconhecimento contábil dos tributos diferidos depende da sua natureza. Se estamos tratando do reconhecimento de um passivo fiscal diferido, então, o registro será de uma despesa em contrapartida a um passivo. Por outro lado, se o reconhecimento é de um ativo fiscal diferido, consequentemente, teremos uma receita em contrapartida a esse ativo.

Para o reconhecimento de um Passivo Fiscal Diferido, o registro será de uma despesa em contrapartida a um passivo.

Então, no caso no exemplo, temos que reconhecer um passivo fiscal diferido no ano 1, no valor de $ 150. Assim, o registro contábil será feito assim:

Despesa com IR Diferido (débito)	$ 150
IR diferido (conta do passivo – crédito)	$ 150

Claro que, além desse registro, haveria o lançamento da despesa de IR corrente:

Despesa com IR corrente (débito)	$ 1.050
IR diferido (conta do passivo – crédito)	$ 1.050

Para o reconhecimento de um Ativo Fiscal Diferido, o registro será uma receita em contrapartida a esse ativo.

Esses mesmos registros contábeis serão feitos nos anos 2, 3 e 4, já que o IR corrente é o mesmo a cada ano e o passivo fiscal diferido vai aumentando em $ 150 a cada ano.

Porém, no ano 5, os lançamentos contábeis podem ser demonstrados de duas formas distintas, as quais apresentaremos, destacando as diferenças entre elas.

A primeira maneira é mais intuitiva e baseada na transformação do IR diferido em IR corrente, mas pressupõe que a despesa de IR do resultado seja lançada por competência. Assim, os registros seriam:

1. Lançamento da despesa total de IR, por competência:

Despesa com IR (débito)	$ 1.200
IR a pagar (conta do passivo – crédito)	$ 1.200

2. Transformação do IR diferido em IR corrente:

IR Diferido (conta do passivo – débito)	$ 600
IR a pagar (conta do passivo – crédito)	$ 600

A segunda forma já não é tão intuitiva, porém é muito prática, e é aquela usada pelas empresas. Nesse formato, o lançamento do IR corrente é feito de maneira segregada do IR diferido. No exemplo, no ano 5, o IR corrente foi de $ 1.800, então a despesa de IR corrente é de $ 1.800. E o passivo de IR diferido é zero, mas ele estava com um saldo de $ 600, então tem que ser revertido no resultado, gerando uma "receita", contrapondo a despesa de IR corrente de $ 1.800 e fazendo que a despesa total de IR seja de $ 1.200. Os registros então seriam feitos assim:

1. Lançamento da despesa de IR corrente:

Despesa com IR corrente (débito)	$ 1.800
IR a pagar (conta do passivo – crédito)	$ 1.800

2. Reversão do IR diferido passivo:

IR diferido (conta do passivo – débito)	$ 600
Receita de IR diferido (resultado – crédito)	$ 600

Reparem que, em ambas as formas, os saldos finais são os mesmos: despesa total de IR de $ 1.200, IR a pagar de $ 1.800 e IR diferido passivo de zero, mas no segundo formato, embora mais prático, o lançamento do IR diferido pode não fazer sentido, pois num primeiro momento (anos 1 a 4) ele é reconhecido, e depois (ano 5) ele é simplesmente revertido.

Então, um usuário que não perceba que, indiretamente, o IR diferido está se transformando em IR corrente, pode reduzir os benefícios informacionais do IR diferido, ou mesmo ignorá-lo, por não entender o seu significado. E é compreensível esse tipo de atitude, pois, **se o contador primeiro reconhece e depois reverte, é natural alguém questionar: ora, se reverteu, para que constituiu então?** A resposta está no primeiro formato de contabilização, que demonstra que o IR diferido está se transformando em IR corrente, ou seja, a obrigação diferida agora é uma obrigação corrente. A reversão do IR diferido deve ser vista com o lançamento do IR corrente. Considerada de forma isolada realmente não faz sentido algum!

Uma vez visualizada a contabilização dos tributos diferidos do exemplo da Cia. Machine, vamos agora descrever todas as possibilidades de reconhecimento e reversão, considerando que podemos ter naturezas ativas e passivas. E, como padrão a partir de agora, utilizaremos o segundo formato, mas sempre lembrando o que ela significa.

CONTABILIZAÇÃO DE PASSIVOS FISCAIS DIFERIDOS

Apenas para recordar, os passivos fiscais diferidos nascem a partir de DTTs. Assim, quando uma DTT surge (e cresce), temos o reconhecimento (e aumento) de um passivo. E quando a DTT reduz (ou zera), temos a redução (ou baixa) do passivo.

> Quando uma DTT surge (e aumenta), temos o reconhecimento (e aumento) de um passivo. E quando a DTT reduz (ou zera), temos a redução (ou baixa) do passivo.

Assim, esquematicamente, os lançamentos podem ser assim resumidos:

1. Reconhecimento do passivo fiscal diferido

Despesa com tributos diferidos (débito)
Passivo fiscal diferido (conta do passivo – crédito)

2. Aumento (complemento) do passivo fiscal diferido

Despesa com tributos diferidos (débito)
Passivo fiscal diferido (conta do passivo – crédito)

3. Redução (reversão parcial) do passivo fiscal diferido

Passivo fiscal diferido (conta do passivo – débito)
Receita com tributos diferidos (crédito)

4. Baixa (reversão total) do passivo fiscal diferido

Passivo fiscal diferido (conta do passivo – débito)
Receita com tributos diferidos (crédito)

CONTABILIZAÇÃO DE ATIVOS FISCAIS DIFERIDOS

Por outro lado, os ativos fiscais diferidos podem surgir a partir de DTDs ou de prejuízos fiscais. Assim, quando uma DTD ou prejuízo fiscal surge (e cresce), temos o reconhecimento (e aumento) de um ativo. E quando a DTD ou prejuízo fiscal reduz (ou zera), temos a redução (ou eliminação) do ativo.

Assim, esquematicamente, os lançamentos podem ser assim resumidos:

1. Reconhecimento do ativo fiscal diferido

Ativo fiscal diferido (conta do ativo – débito)
Receita com tributos diferidos (crédito)

2. Aumento (complemento) do ativo fiscal diferido

Ativo fiscal diferido (conta do ativo – débito)
Receita com tributos diferidos (crédito)

3. Redução (reversão parcial) do ativo fiscal diferido

Despesa com tributos diferidos (débito)
Ativo fiscal diferido (conta do ativo – débito)

4. Baixa (reversão total) do ativo fiscal diferido

Despesa com tributos diferidos (débito)
Ativo fiscal diferido (conta do ativo – débito)

CONDIÇÃO PARA O RECONHECIMENTO DE ATIVO FISCAL DIFERIDO

Há um ponto fundamental na discussão sobre o reconhecimento do ativo fiscal diferido, relacionado com a sua capacidade de gerar benefícios econômicos futuros.

Vamos recordar o conceito geral de ativo, que nos remete a essa característica fundamental: qualquer ativo deve ter embutido dentro dele uma capacidade de gerar benefícios econômicos futuros.

No caso do ativo fiscal diferido, o benefício econômico é uma economia fiscal futura, ou seja, a empresa está reconhecendo uma receita pois se beneficiará futuramente de algo que gerou agora, e que fará com que ela reduza o pagamento de tributos sobre o lucro. Um exemplo bem simples de visualizar isso é o Prejuízo Fiscal. Estou tendo prejuízo hoje, mas no futuro irei pagar menos tributo pois irei compensar esse prejuízo, então reconheço uma receita e diminuo o meu prejuízo de hoje.

Acontece que esse benefício só vai existir se houver lucro tributável no futuro!

Se a empresa continuar com seguidos prejuízos, essa receita diferida vai "inchar" seu ativo e se tornará mais difícil aproveitar o benefício, pois a empresa caminhará para a descontinuidade.

> O reconhecimento de um Ativo Fiscal Diferido é vinculado à expectativa de lucro tributável no futuro, pois só assim haverá benefício econômico futuro desse ativo.

Então, sempre que a empresa tem uma diferença temporária dedutível ou um prejuízo fiscal, o que daria respaldo ao reconhecimento de um ativo fiscal diferido, ela deve fazer uma análise quanto à probabilidade de geração de lucros tributáveis futuros, em montante suficiente para que esse benefício da dedutibilidade se configure. Caso essa probabilidade seja baixa, então o ativo fiscal diferido não deve ser reconhecido, ou será reconhecido até o limite da geração de lucros tributáveis futuros. Do mesmo modo, caso ele seja reconhecido em determinado período e, subsequentemente, se verifique que não haverá lucro tributável suficiente para a utilização do benefício, ele deverá ser baixado.

Sugiro que você releia a notícia de capa deste capítulo. Ela trata exatamente desse assunto em um caso real de uma companhia aberta brasileira!

QUESTÃO PARA REFLEXÃO 13.2

Uma empresa apurou um enorme prejuízo em um determinado período e quer reduzi-lo, reconhecendo uma receita de IR diferido. Isso é possível?

Assista ao vídeo do autor sobre este tema

uqr.to/f1w9

CLASSIFICAÇÃO CONTÁBIL DOS ATIVOS E PASSIVOS FISCAIS DIFERIDOS

De acordo com as normas contábeis que tratam desse tema, já citadas no início do capítulo (CPC 32 e IAS 12), os ativos e passivos fiscais diferidos devem ser classificados no longo prazo. Portanto, o ativo fica no grupo dos ativos não circulantes e o passivo fica no grupo dos passivos não circulantes.

Essa classificação faz sentido na maioria dos casos, pois de fato está relacionada com o prazo de realização desses ativos e passivos fiscais, que tende a ser longo.

Porém, em alguns casos específicos, essa classificação pode ser questionável, pois o ativo ou passivo fiscal diferido pode estar sendo reconhecido com base em uma diferença temporária que a empresa sabe que terminará já no ano seguinte. Então, nesses casos, não haverá razão para não classificar esses ativos ou passivos no curto prazo.

De qualquer modo, mesmo sendo um ponto questionável, as companhias, por terem que seguir tais normas, acabam atendendo a essa exigência da norma e classificando e mantendo tais saldos nas contas de longo prazo, mesmo que parte deles possa ter uma realização no curto prazo.

> **DILEMA ÉTICO**
>
> Determinada empresa vem apresentando seguidos prejuízos ao mercado. Nos anos anteriores, reconheceu ativo fiscal diferido, conseguindo demonstrar uma previsão de lucros tributáveis futuros para sustentar esse reconhecimento. No entanto, nesse exercício, o auditor externo não está se convencendo com as novas projeções, uma vez que as projeções entregues a ele nos anos anteriores não se concretizaram, pois a empresa continua gerando prejuízos. Por outro lado, o não reconhecimento do ativo fiscal diferido ou mesmo a baixa do ativo previamente reconhecido nos anos anteriores poderia aumentar o prejuízo e confirmar ao mercado que a empresa não teria condições de se recuperar. A empresa decidiu seguir com a segunda alternativa, embora tomando cuidados na nota explicativa para não passar uma mensagem de falência.
>
> **A escolha da empresa foi adequada?** Deveria ter "forçado a barra" com o auditor para tentar sustentar o ativo fiscal diferido previamente reconhecido e reconhecer mais um ano de receita de tributos diferidos?

OBJETIVO 4
EXEMPLOS DE DIFERENÇAS TEMPORÁRIAS TRIBUTÁVEIS

Conceitos básicos

Conforme vimos na seção anterior, diferenças temporárias tributáveis surgem quando a base contábil do ativo é maior do que a sua base fiscal, ou quando a base contábil do passivo é menor do que a sua base fiscal.

DTT: $A_C > A_F$ ou DTT: $P_C < P_F$.

Sempre que isso ocorre, temos que reconhecer um passivo fiscal diferido, e a contrapartida desse reconhecimento é uma despesa com tributos diferidos.

Acontece que as contrapartidas desses ativos e passivos que estão gerando diferenças temporárias tributáveis estão no resultado, em receitas ou despesas. Na seção anterior, vimos um exemplo inicial mais simples em que a linha de resultado afetada era a receita. Posteriormente, estudamos um exemplo mais completo em que a linha do resultado geradora da diferença era a despesa. Ambos os exemplos envolveram ativos (o primeiro envolveu contas a receber e o segundo, ativo imobilizado). Contudo, é claro que podem ocorrer situações com passivos afetando também receitas e despesas. Assim, podemos ter quatro possibilidades de situações. Esquematicamente, essa ideia é resumida na Figura 13.2.

Então, a seguir iremos estruturar quatro novos exemplos, um para cada situação dessas, e em todas elas teremos uma diferença temporária tributável, portanto ensejando a contabilização de um passivo fiscal diferido.

Em todos os exemplos, a **alíquota de IR será de 30%**.

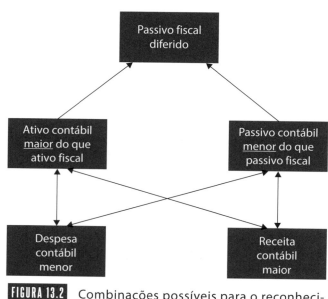

FIGURA 13.2 Combinações possíveis para o reconhecimento de passivo fiscal diferido

EXEMPLO 1/4 - $A_c > A_f$ E DESPESA CONTÁBIL MENOR

Para essa situação, vamos novamente trabalhar com a diferença de taxas de depreciação de ativo imobilizado, algo que costuma acontecer com certa frequência nas empresas em geral.

Vamos supor um ativo imobilizado com um custo de $ 600 sendo depreciado em 4 anos na contabilidade e em 3 anos segundo as regras fiscais. Supondo ainda receitas tributáveis de $ 1.000 e despesas dedutíveis de $ 400, teremos a seguinte situação no ativo, após um ano de depreciação:

ATIVO CONTÁBIL	
Imobilizado	600
(–) Depr. Ac.	(150)
	450

ATIVO FISCAL	
Imobilizado	600
(–) Depr. Ac.	(200)
	400

Notem que a base contábil do ativo está maior do que a sua base fiscal. Portanto, teremos um IR diferido passivo de 30% sobre $ 50, igual a $ 15.

A DRE e o cálculo do IR corrente estão apresentados a seguir:

DRE	
Receitas	1.000
(–) Despesas	(400)
(–) Depreciação	(150)
(=) LAIR	450
(–) IR Corrente	(120)
(–) IR Diferido	(15)
(=) LL	315

Cálculo do IR Corrente	
Receitas	1.000
(–) Despesas	(400)
(–) Depreciação	(200)
(=) BC Fiscal	400
IR – 30%	120

Em destaque, demonstramos que a despesa de depreciação na DRE aparece com o valor de $ 150, porém, no cálculo fiscal, provoca um efeito maior, de $ 200, reduzindo o lucro tributável e, portanto, o IR a pagar nesse período. Mas é claro que a diferença de IR, que não está sendo paga agora ($ 15), mais para a frente será paga. É por essa razão que a despesa de IR diferido está sendo reconhecida.

Outro ponto que chama a atenção é o fato de que, se aplicarmos a alíquota de 30% diretamente sobre o LAIR de $ 450, chegamos ao valor de $ 135, que é a despesa total de IR, reforçando a ideia do regime de competência.

A contabilização da despesa de IR corrente é feita a débito, em contrapartida a um crédito em IR a pagar (passivo circulante). Já a despesa de IR diferido é registrada também a débito, porém em contrapartida a um crédito em IR diferido passivo (passivo não circulante).

Não faremos a continuação do exemplo, mas, apenas como ideia, essa contabilização se repetirá nos próximos dois anos e, no último ano, todo o IR diferido passivo será revertido contra o resultado. Esse exemplo é análogo ao exemplo completo apresentado na seção anterior. Recomendamos que o estudante tente desenvolver sozinho os outros três anos para verificar esse comportamento.

EXEMPLO 2/4 - $A_c > A_f$ E RECEITA CONTÁBIL MAIOR

Esse exemplo é baseado na mesma situação apresentada no primeiro exemplo de tributos diferidos discutido neste capítulo: vendas tributadas em regime de caixa. Essa situação é comum e inclusive prevista na legislação tributária brasileira, sob certas condições.

Os dados são os seguintes:

Receitas tributáveis de $ 630 e despesas dedutíveis de $ 400; e

Receitas de longo prazo tributadas em regime de caixa de $ 500.

A partir desses dados, pensando na ideia de base contábil e base fiscal, visualizamos um ativo na contabilidade (contas a receber), registrado por $ 500, decorrente da contabilização da receita. Por outro lado, seguindo as regras fiscais, se a receita não é tributada agora, ela não é reconhecida pelas regras fiscais e, portanto, também não há ainda contas a receber. Assim, a base fiscal do ativo é zero. E o que isso significa?

Significa que a base contábil do ativo ($ 500) é maior do que a sua base fiscal (zero), portanto temos uma diferença temporária tributável e, com isso, a necessidade de registro de um passivo fiscal diferido, no valor de $ 150 (30% da diferença).

Com esses dados, a DRE e o cálculo do IR corrente seriam apresentados da seguinte maneira:

DRE	
Receitas de CP	630
Receitas de LP	500
(–) Despesas	(400)
(=) LAIR	730
(–) IR Corrente	(69)
(–) IR Diferido	(150)
(=) LL	511

Cálculo do IR Corrente	
Receitas de CP	630
Receitas de LP	–
(–) Despesas	(400)
(=) BC Fiscal	230
IR – 30%	69

Podemos observar que o IR a ser pago do período é de apenas $ 69, pois a receita de $ 500 não está fazendo parte da base de cálculo do IR corrente. Entretanto, isso não significa que a empresa não esteja obrigada a pagar o imposto sobre essa receita. Quem cumpre o papel de registrar essa obrigação é o IR diferido! Até porque, caso não seja contabilizado o IR diferido, o passivo da empresa estará subavaliado.

E, da mesma forma que no exemplo anterior, também podemos observar que, ao aplicarmos a alíquota de 30% sobre o LAIR de $ 730, chegamos a um valor de IR de $ 219, que nada mais é do que a soma da despesa de IR corrente e da despesa de IR diferido, ou seja, o IR diferido está ajustando a DRE de acordo com o Regime de Competência.

A contabilização das despesas de IR são as mesmas descritas no exemplo anterior: a despesa de IR corrente é feita a débito, em contrapartida a um crédito em IR a pagar (passivo circulante), e a despesa de IR diferido é registrada a débito, em contrapartida a um crédito em IR diferido passivo (passivo não circulante).

EXEMPLO 3/4 – $P_C < P_F$ E DESPESA CONTÁBIL MENOR

Para tratarmos de passivo com impacto na linha da despesa, abordaremos uma situação de captação de recursos financeiros, com incidência de custos adicionais (por exemplo, gastos com contratos, advogados, consultores, auditores, bancos etc.). Nessa situação, esses custos devem ser, contabilmente, tratados como parte do custo efetivo do empréstimo e apropriados ao longo do período de apropriação dos juros utilizando-se a taxa efetiva de juros da operação. Entretanto, pode ocorrer que, fiscalmente, esses custos sejam dedutíveis no momento da captação.

Para esse exemplo então, vamos imaginar que uma empresa captou empréstimos no valor de $ 1.200 e pagará após um ano o valor de $ 1.500. Todavia, para viabilizar essa captação, incorreu em gastos adicionais de $ 200. Esses gastos foram deduzidos como despesa para fins fiscais no momento da captação, porém, para fins contábeis, serão levados para resultado no ano seguinte, com a despesa de juros. Vamos supor ainda que a empresa gerou receitas tributáveis de $ 700 e incorreu em despesas dedutíveis de $ 340.

Com base nesse cenário, temos as seguintes bases contábeis e fiscais do passivo:

PASSIVO CONTÁBIL	
Empréstimos	1.500
(–) Juros a apropriar	(300)
(–) Desp. emissão a apropriar	(200)

PASSIVO FISCAL	
Empréstimos	1.500
(–) Juros a apropriar	(300)

Vejam que o saldo do passivo na contabilidade é de $ 1.000, enquanto o saldo de acordo com as regras fiscais é de $ 1.200, já que a despesa de emissão fora apropriada. Diante disso, temos o passivo contábil menor do que o passivo fiscal e, portanto, uma diferença temporária tributável, gerando consequentemente um passivo fiscal diferido.

Com base nesses dados, seguem a DRE e o cálculo do IR corrente:

DRE	
Receitas	700
(–) Desp. emissão	–
(–) Despesas	(340)
(=) LAIR	360
(–) IR corrente	(48)
(–) IR diferido	(60)
(=) LL	252

Cálculo do IR Corrente	
Receitas	700
(–) Desp. emissão	(200)
(–) Despesas	(340)
(=) BC fiscal	160
IR – 30%	48

Aqui, novamente o IR a pagar da empresa está, aparentemente, baixo ($ 48), comparado ao LAIR ($ 360). Se calcularmos 30% do LAIR, chegamos a $ 108, mas a empresa só terá que pagar IR de $ 48. Isso está acontecendo porque a empresa está deduzindo uma despesa para fins fiscais que não está contabilizada ainda.

No entanto, ela sabe que, quando essa despesa for apropriada na contabilidade, não será mais dedutível para fins fiscais, gerando então a obrigação de pagar o IR sobre essa despesa. Surge então a necessidade de registro da obrigação diferida, $ 60, que nada mais é do que 30% sobre os $ 200.

Os lançamentos contábeis tanto do IR corrente como do IR diferido novamente são os mesmos dos dois exemplos anteriores.

Nesse exercício, para fins didáticos, vamos simular também o período seguinte, assumindo que as despesas de juros e emissão foram apropriadas e que a empresa obteve novas receitas tributáveis de $ 1.200 e novas despesas dedutíveis de $ 340. Agora, o passivo contábil está igual ao passivo fiscal, pois a diferença temporária terminou. Portanto, temos que reverter o saldo do IR diferido passivo, o que vai gerar uma receita no resultado.

Assim, a DRE e o cálculo do IR corrente do exercício seguinte ficariam assim demonstrados:

DRE	
Receitas	1.200
(–) Desp. Emissão	(200)
(–) Desp. Juros	(300)
(–) Despesas	(340)
(=) LAIR	360
(–) IR Corrente	(168)
(–) IR Diferido	60
(=) LL	252

Cálculo do IR Corrente	
Receitas	1.200
(–) Desp. Emissão	–
(–) Desp. Juros	(300)
(–) Despesas	(340)
(=) BC Fiscal	560
IR – 30%	168

Vejam que, nesse exercício, 30% sobre o LAIR continua sendo $ 108, mas agora a empresa terá que pagar IR de $ 168, pois a despesa de emissão contabilizada no resultado não é mais dedutível para fins fiscais. É por esse motivo que o IR diferido deve ser revertido, gerando uma "receita" no resultado. Contabilmente, debita-se o passivo e credita-se o resultado.

EXEMPLO 4/4 – $P_C < P_F$ E RECEITA CONTÁBIL MAIOR

No último exemplo de diferenças temporárias tributáveis, em que a diferença está concentrada em um passivo e afetando a linha da receita, abordaremos uma situação de apropriação de adiantamento de clientes (passivo) para o resultado (receita).

Vamos supor que a empresa havia recebido antecipadamente um valor de $ 1.000 relativo a serviços a serem prestados. E que, no período, houve a efetiva prestação de 30% desses serviços. Isso significa que, do passivo total, $ 300 são apropriados para a receita. Porém, vamos imaginar que, para efeitos tributários, essa receita de $ 300 ainda não seja tributável.

Com isso, nosso passivo contábil é de $ 700, porém o passivo fiscal está mantido em $ 1.000, caracterizando a situação de diferença temporária tributável e gerando a necessidade de constituição de um passivo fiscal diferido de $ 90 (30% vezes $ 300). Vamos considerar ainda outras receitas tributáveis de $ 400 e despesas dedutíveis de $ 60.

A partir desses dados, apresentamos a DRE e o cálculo do IR corrente:

DRE	
Receitas diversas	400
Receitas de serv.	300
(–) Despesas	(60)
(=) LAIR	640
(–) IR corrente	(102)
(–) IR diferido	(90)
(=) LL	448

Cálculo do IR Corrente	
Receitas diversas	400
Receitas de serv.	–
(–) Despesas	(60)
(=) BC fiscal	340
IR – 30%	102

De novo, temos um lucro tributável menor do que o LAIR, gerando um IR a pagar de $ 102, menor do que os 30% de IR sobre o LAIR. Porém, a despesa de IR diferido de $ 90 faz a correção do resultado para termos restaurado o Regime de Competência. Novamente os lançamentos contábeis são os mesmos já descritos nos três exemplos anteriores.

OBJETIVO 5
EXEMPLOS DE DIFERENÇAS TEMPORÁRIAS DEDUTÍVEIS

Conceitos básicos

Nesta seção, trataremos apenas de exemplos de diferenças temporárias dedutíveis. Assim, vamos resgatar o conceito enunciado anteriormente.

Diferenças temporárias dedutíveis ocorrem quando a base contábil do ativo é menor do que a sua base fiscal, ou quando a base contábil do passivo é maior do que a sua base fiscal.

DTD: $A_C < A_F$ ou DTD: $P_C > P_F$.

> O reconhecimento desse ativo é a previsão de que é provável que haverá lucros tributáveis futuros capazes de materializar o benefício tributário relacionado com a economia tributária.

Essa situação dá ensejo ao reconhecimento de um ativo fiscal diferido, e a contrapartida desse reconhecimento é uma receita com tributos diferidos.

Porém, devemos recordar que a condição para o reconhecimento desse ativo é a previsão de que é provável que haverá lucros tributáveis futuros capazes de materializar o benefício tributário relacionado com a economia tributária, que estaria embutido nesse ativo. Afinal, o ativo fiscal diferido só será um ativo se a empresa tiver lucros tributáveis no futuro para poder efetivamente transformar esse direito de economizar tributos no futuro em um benefício real. Caso contrário, não deverá ser reconhecido.

Da mesma forma que vimos com as diferenças temporárias tributáveis, as contrapartidas dos ativos e passivos que estão gerando as Diferenças Temporárias Dedutíveis estão no resultado, em receitas ou despesas. Portanto, igualmente podemos ter quatro possibilidades de situações, também ilustradas na Figura 13.3 semelhante à anterior:

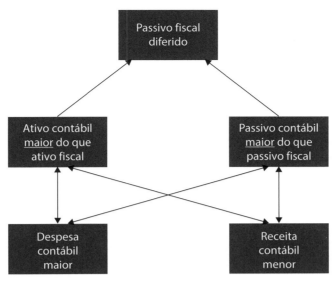

FIGURA 13.3 Combinações possíveis para o reconhecimento de ativo fiscal diferido

Assim, também iremos estruturar outros quatro exemplos, um para cada situação dessas, e em todas elas teremos uma diferença temporária dedutível, portanto admitindo a contabilização de um passivo fiscal diferido.

Em todos os exemplos, **a alíquota de IR será de 30%** e estamos assumindo que há a condição de lucros tributáveis futuros para o reconhecimento do ativo.

EXEMPLO 1/4 – $A_C < A_F$ E DESPESA CONTÁBIL MAIOR

Nesse exemplo, vamos manter a situação de diferenças de taxas de depreciação, mas agora invertendo as taxas, ou seja, a taxa de depreciação fiscal será mais lenta do que a contábil, fazendo que o ativo medido pela contabilidade fique menor, comparativamente ao ativo calculado pelas regras fiscais.

Então vamos supor que o ativo teve um custo de $ 600 e é depreciado em 4 anos na contabilidade, porém em 10 anos para fins fiscais. Vamos também admitir receitas tributáveis de $ 1.200 e despesas dedutíveis de $ 400.

Com base nesses dados, após um ano de depreciação, os saldos do ativo, medidos pelas duas regras, estarão desta forma:

ATIVO CONTÁBIL	
Imobilizado	600
(–) Depr. Ac.	(150)
	450

ATIVO FISCAL	
Imobilizado	600
(–) Depr. Ac.	(60)
	540

Portanto, temos aqui $A_C < A_F$, e a contrapartida do ativo está na linha da despesa (de depreciação, neste caso). Isso nos dá uma diferença temporária dedutível de $ 90 e, portanto, um ativo fiscal diferido de $ 27, que será reconhecido em contrapartida a uma receita no resultado.

Vejamos então como fica a DRE e o cálculo do IR corrente:

DRE	
Receitas	1.200
(–) Despesas	(400)
(–) Depreciação	(150)
(=) LAIR	650
(–) IR corrente	(222)
(+) IR diferido	27
(=) LL	455

Cálculo do IR Corrente	
Receitas	1.200
(–) Despesas	(400)
(–) Depreciação	(60)
(=) BC fiscal	740
IR – 30%	222

Notem que agora a lógica se inverte em relação a todos os exemplos dados anteriormente. Apesar de o LAIR ser $ 650 (o que daria um valor de IR de $ 195), a base de cálculo do IR é maior, $ 740, gerando um IR a pagar de $ 222. Apesar de o desembolso ser maior, a empresa sabe que esses $ 90 de despesa de depreciação, que ela não está deduzindo nesse momento no lucro tributável, mais à frente serão dedutíveis. Portanto, há um direito de economizar 30% sobre esses $ 90 lá na frente. E esse direito é reconhecido no ativo, denominado Ativo Fiscal Diferido! A contrapartida é uma receita, pois representa o benefício que a empresa obteve ao ter uma despesa que no futuro provocará uma economia fiscal.

Continua funcionando o raciocínio do Regime de Competência. Vejam só: 30% sobre o LAIR de $ 650 é $ 195, que totaliza exatamente a despesa total de IR da empresa (a soma da despesa de IR corrente com a receita de IR diferido). O que esse resultado está contando é o seguinte: a despesa de IR por competência é $ 195, porém o fisco exige dessa empresa um desembolso de $ 222. Portanto, o valor de $ 27 poderia ser interpretado como um pagamento antecipado ao governo. Pagamento este que, no futuro, será compensado, reduzindo o IR lá na frente.

Os lançamentos contábeis do IR corrente permanecem os mesmos. Já os lançamentos do IR diferido obviamente se modificam em relação à seção anterior, pois agora temos o registro de um ativo, então o lançamento contábil será um débito no Ativo Fiscal Diferido (dentro do ativo não circulante) e um crédito na Receita com Tributos Diferidos.

📌 EXEMPLO 2/4 – $A_c < A_f$ E RECEITA CONTÁBIL MENOR

Ainda lidando com ativos, mas agora com contrapartidas em receitas, vamos admitir que uma determinada operação de venda a prazo realizada pela empresa seja considerada tributável (já foi emitida a Nota Fiscal), porém, para fins contábeis, a receita ainda não pode ser reconhecida, pois ainda não foram atendidos todos os critérios de reconhecimento da receita (por exemplo, a mercadoria ainda não foi entregue ao cliente).

Assumindo que o valor dessa operação seja de $ 600, as demais receitas a prazo tributáveis sejam de $ 900 e as despesas dedutíveis de $ 200, então temos uma base contábil do contas a receber no valor de $ 900, mas a base fiscal desse mesmo ativo é maior, $ 1.500, já que fiscalmente a receita de $ 600 foi reconhecida. Com isso, temos uma Diferença Temporária Dedutível e, consequentemente, o reconhecimento de um Ativo Fiscal Diferido, no valor de $ 180 (30% vezes $ 600).

A DRE e o cálculo do IR corrente nesse caso ficam assim:

DRE	
Receitas	900
(–) Despesas	(200)
(=) LAIR	700
(–) IR corrente	(390)
(+) IR diferido	180
(=) LL	490

Cálculo do IR Corrente	
Receitas	1.500
(–) Despesas	(200)
(=) BC fiscal	1.300
IR – 30%	390

Nesse exemplo, observa-se que o padrão do exemplo anterior se repetiu. A empresa está tendo um lucro tributável maior do que o lucro contábil, tendo mais IR a pagar. Porém, do ponto de vista do regime de competência, a receita de $ 600 ainda não existe, portanto o IR pago sobre ela ($ 180) é uma espécie de antecipação, um pagamento "antes da hora".

No período seguinte, quando a empresa apropriar a receita, não terá que pagar imposto sobre ela, pois já está pagando, de forma antecipada, nesse período. Assim, o IR diferido é reconhecido como uma receita nesse período, voltando como uma reversão dessa receita (portanto uma despesa) no período seguinte em que a empresa reconhecer a receita contabilmente.

📌 EXEMPLO 3/4 – $P_c > P_f$ E DESPESA CONTÁBIL MAIOR

Vamos tratar nesse exemplo de uma situação bastante comum na realidade tributária brasileira: a indedutibilidade de provisões. Isso ocorre pois, em geral, uma provisão está carregada de incertezas, afinal, provisão é um passivo de prazo ou valor incertos. Em razão disso, o fisco tende a não aceitar a dedutibilidade dessa despesa, pelo menos enquanto há incerteza.

Um exemplo bem recorrente são as provisões para processos judiciais. Uma vez que a empresa avalia que é provável que o desembolso ocorrerá e consegue mensurar confiavelmente o gasto provável, então ela reconhece uma provisão em contrapartida a uma despesa. Porém, o fisco somente aceitará a dedutibilidade dessa despesa quando efetivamente o processo for encerrado, a empresa for condenada e pagar a ação. Enquanto isso não ocorrer, a despesa (e quaisquer ajustes posteriores, para mais ou para menos) não é dedutível.

No nosso exemplo, vamos assumir que a empresa reconheceu uma provisão no valor de $ 100, além disso possui receitas tributáveis de $ 700 e despesas dedutíveis de $ 90. Nesse caso, temos um passivo cuja base contábil é $ 100, porém a sua base fiscal é zero, já que, para fins fiscais, a despesa, e por consequência o passivo, ainda não existem. Isso posto, temos a nossa Diferença Temporária Tributável, e reconheceremos então um Ativo Fiscal Diferido de $ 30 (30% sobre a provisão). Esse ativo representa o direito que a empresa tem de deduzir fiscalmente essa despesa no futuro, uma vez que, por enquanto, ela ainda não é dedutível, mas futuramente o será.

Considerando todos os dados do exemplo, a DRE e o cálculo do IR corrente ficam assim demonstrados:

DRE	
Receitas	700
(–) Desp. provisão	(100)
(–) Despesas	(90)
(=) LAIR	510
(–) IR corrente	(183)
(+) IR diferido	30
(=) LL	357

Cálculo do IR Corrente	
Receitas	500
(–) Desp. provisão	–
(–) Despesas	(90)
(=) BC fiscal	610
IR – 30%	183

De novo, o padrão dos números e os lançamentos contábeis se repetem em relação aos exemplos anteriores. É interessante notar que o conceito do Regime de Competência continua funcionando: 30% do LAIR, $ 510, totaliza $ 153, que é o líquido entre a despesa de IR corrente de $ 183 e a receita de IR diferido de $ 30.

📌 EXEMPLO 4/4 – $P_C > P_F$ E RECEITA CONTÁBIL MENOR

Por fim, uma situação de passivo com contrapartida na linha da receita. Vamos imaginar que uma empresa tenha efetuado uma venda de mercadorias no valor de $ 1.000 e recebeu em dinheiro. No entanto, dentro desse valor, 12% referem-se a um serviço de instalação, embutido no preço, e esse serviço ainda não foi prestado, mas, fiscalmente, tudo foi tratado como venda de mercadoria.

Então, o que vai acontecer na contabilidade? O correto seria reconhecer como receita apenas o valor de $ 880, e os outros $ 120 ficarem no passivo, numa conta de "serviços a realizar". Porém, fiscalmente, esse passivo não existe (esse seria o caso, por exemplo, de a transação ser realizada mediante a emissão de uma única nota fiscal sem segregação do produto e serviço), e então caracterizamos nossa situação de diferença temporária dedutível, com o reconhecimento do ativo fiscal diferido no valor de $ 36 (30% de $ 120).

Admitindo ainda despesas dedutíveis de $ 700, teríamos a DRE e o cálculo do IR corrente assim apresentados:

DRE	
Receitas	880
(–) Despesas	(700)
(=) LAIR	180
(–) IR corrente	(90)
(+) IR diferido	36
(=) LL	126

Cálculo do IR corrente	
Receitas	1.000
(–) Despesas	(700)
(=) BC fiscal	300
IR – 30%	90

Temos novamente a ideia de uma "antecipação", pelo fato de a empresa estar pagando um IR sobre uma receita que contabilmente ainda não está reconhecida. Esse IR antecipado fica no ativo e, no período em que a receita for reconhecida, esse ativo será baixado para o resultado, fazendo que a despesa de IR correspondente à receita seja reconhecida no momento do reconhecimento da receita: novamente o regime de competência.

EXEMPLOS DE PREJUÍZOS FISCAIS

Conceitos básicos

Ativos Fiscais Diferidos podem estar atrelados à existência de prejuízos fiscais, desde que a empresa tenha a expectativa de compensar tributos no futuro.

Conforme já discutimos em trechos anteriores deste capítulo, os ativos fiscais diferidos também surgem a partir da existência de prejuízos fiscais. Quando a empresa gera um prejuízo, ela "ganha" o direito de compensar tributos no futuro. Por essa razão, **os prejuízos fiscais geram tributos diferidos no ativo**.

O intuito desta seção é desenvolver exemplos de situações envolvendo a existência de prejuízos fiscais, e demonstrar com números o aparecimento e a lógica para a existência do ativo fiscal diferido decorrente dessa situação.

Nunca esquecendo daquela restrição que comentamos nas outras seções: o reconhecimento do ativo fiscal diferido deve ser sustentado com base em projeções de lucros tributáveis futuros, pois somente assim esse ativo se configura em um real benefício para a empresa, que será a economia de tributos no futuro.

EXEMPLO 1 – PREJUÍZOS FISCAIS SEM DIFERENÇAS TEMPORÁRIAS

Nesse primeiro exemplo, vamos assumir uma situação mais simples possível para ilustrar o conceito: existem somente receitas tributáveis e despesas dedutíveis. Isso porque, se adicionarmos ao exemplo diferenças temporárias, sejam dedutíveis ou tributáveis, o conceito do prejuízo fiscal pode se confundir com o das diferenças temporárias. Posteriormente, num segundo exemplo, juntaremos as duas situações.

Nesse exemplo, temos dois períodos, X0 e X1, e as receitas foram de $ 2.000 e $ 3000, respectivamente. Por sua vez, as despesas foram de $ 2.600 e $ 2.200. Claramente, temos um prejuízo contábil em X0, e que será prejuízo fiscal, pois não há diferenças temporárias, como já dissemos antes. Esse prejuízo, no valor de $ 600, será compensado em X1 com o lucro de $ 800.

Porém, aqui cabe uma discussão em relação à limitação quanto à compensação de prejuízos fiscais que existe na legislação tributária brasileira, que já havíamos comentado aqui quando apresentamos o cálculo dos tributos correntes.

Se usarmos essa trava de compensação, isso significa que a empresa não poderá, em X1, compensar integralmente os $ 600 de prejuízo que teve em X0, já que 30% (**alíquota do IR no exemplo**) do lucro tributável de X1 é somente $ 240. Isso significa que ela poderia compensar somente esses $ 240 e ficaria com um saldo de $ 560 de prejuízo para compensar em períodos futuros. Sobre esse aspecto é importante salientar que, conforme as leis tributárias vigentes, esse direito não prescreve. Em outras palavras, a empresa não perde o direito de usar esses prejuízos fiscais, podendo, em alguns casos, inclusive utilizá-los em programas de parcelamento fiscal, os famosos "Refis". Veja a matéria no início deste capítulo.

Então, vamos apresentar inicialmente o cálculo do IR corrente de X1 (em X0 não é necessário, pois, como a base de cálculo é negativa, não há IR a pagar) e considerar as duas hipóteses (compensação total e compensação limitada). Assim, podemos comparar as duas formas e verificar as consequências dessa trava nos números:

Cálculo do IR corrente de X1	Comp. total	Comp. limitada
Receitas	3.000	3.000
(–) Despesas	(2.200)	(2.200)
(=) BC fiscal	800	800
(–) Compensação	(600)	(240)
(=) BC após comp.	200	560
IR – 30%	60	168

Vejam que, na primeira hipótese, em que é possível realizar a compensação total do prejuízo de X0, a empresa tem que pagar apenas $ 60 de IR no período. Já na segunda hipótese, em que há a trava da compensação, a empresa precisa pagar $ 168, pois compensou apenas $ 240 do seu prejuízo de $ 600.

Agora, vamos observar a DRE de X0. Antes do IR, a empresa apurou um prejuízo de $ 600. Claro que a despesa de IR corrente é zero, pois ela não pagará nada de IR no período. Porém, por outro lado, nesse momento, pelo fato de ter o prejuízo, ela está criando o direito de economizar IR no futuro. Isso nos remete ao reconhecimento do ativo fiscal diferido, em contrapartida a uma receita de IR diferido. Com isso, teremos:

DRE	X0
Receitas	2.000
(–) Despesas	(2.600)
(=) Resultado A.I.R.	(600)
(–) IR corrente	0
(+) IR diferido	180
(=) Resultado líq.	(420)

Essa receita de IR se reverterá à medida que a empresa faça o aproveitamento do seu prejuízo fiscal. Assim, em X1, teremos a reversão do ativo, gerando uma despesa no resultado. Vamos observar a DRE de X1, lembrando novamente das duas hipóteses (compensação total e parcial):

	Comp. total	Comp. limitada
DRE	X1	X1
Receitas	3.000	3.000
(–) Despesas	(2.200)	(2.200)
(=) LAIR	800	800
(–) IR corrente	(60)	(168)
(–) IR diferido	(180)	(72)
(=) Lucro líquido	560	560

Aqui, verificamos que o IR diferido está realmente sofrendo uma reversão, pois, se em X0 estava provocando um efeito positivo no resultado, agora em X1 o efeito é negativo, decorrente da baixa do ativo. Os valores da despesa de IR diferido são equivalentes a 30% dos valores compensados de prejuízo fiscal. Observem os destaques no cálculo do IR corrente e vejam que, ao aplicar 30% sobre o valor da compensação, chegamos exatamente ao valor revertido do IR diferido.

Outro ponto interessante é a comparação entre as duas hipóteses, em que podemos observar que o lucro líquido não se altera, mas apenas a composição entre as linhas de IR corrente e IR diferido. Isso faz todo o sentido, pois, se o que vale é o regime de competência, e o LAIR da empresa foi de $ 800, então a despesa total de IR é $ 240. A diferença é que, na primeira hipótese, a empresa desembolsará bem menos IR do que na segunda, pois está conseguindo aproveitar todo o seu prejuízo fiscal.

📌 EXEMPLO 2 – PREJUÍZOS FISCAIS COM DIFERENÇAS TEMPORÁRIAS

Agora, vamos unir os dois conceitos num mesmo exemplo: diferenças temporárias e prejuízos fiscais. Para facilitar o entendimento, vamos trabalhar com as diferenças temporárias dedutíveis, pois elas geram ativo, já que o prejuízo fiscal também gera ativo. Mas se refizéssemos o exemplo usando diferenças temporárias tributáveis, os comportamentos seriam similares, porém com sinais se compensando, o que dificultaria o entendimento da composição dos números. Por esse motivo, optamos pela primeira alternativa.

Também nesse exemplo, para fins de simplificação, vamos utilizar apenas a opção de compensação total do prejuízo fiscal, pois o que queremos aqui é demonstrar o conceito, e não nos amarrarmos em exigências legais do modelo tributário brasileiro.

Para esse exemplo, vamos assumir os dados apresentados a seguir:

DRE	X0	X1
Receitas	2.600	2.700
(–) Desp. prov. trab.	(500)	(300)
(–) Despesas	(2.800)	(2.480)
(=) Resultado A.I.R.	(700)	(80)

Como vemos, essa empresa está com prejuízo dos dois períodos. Porém, observando melhor a composição do prejuízo, notamos que há uma despesa com uma provisão trabalhista, de $ 500 e $ 300 respectivamente em cada período, e sabemos que se trata de uma despesa não dedutível que gera uma diferença temporária dedutível (ver seção anterior, Exemplo 3/4).

Interessante notar que no período de X0, mesmo eliminando essa despesa, a empresa continua com prejuízo. Porém, o mesmo não acontece em X1: quando eliminamos a despesa indedutível, chegamos a um lucro tributável. Isso significa que a empresa possui um prejuízo fiscal em X0, mas um lucro tributável em X1, e irá compensar o seu prejuízo fiscal de X0 no cálculo do IR corrente de X1.

Desse modo, vejamos os cálculos do IR corrente dos dois períodos:

IR corrente	X0	X1
Receitas	2.600	2.700
(–) Desp. prov. trab.	0	0
(–) Despesas	(2.800)	(2.480)
(=) BC fiscal	(200)	220
(–) Compensação	0	(200)
(=) BC após comp.	(200)	20
IR – 30%	0	6

Aqui, percebemos claramente como ficou a situação do prejuízo fiscal da empresa. Houve em X0 um prejuízo de $ 200, totalmente compensado com o lucro tributável de $ 220 de X1. E, ainda, a empresa terá que pagar $ 6 de IR em X1, calculado sobre o lucro tributável após a compensação, no valor de $ 20.

Com isso, se pensarmos agora no comportamento do saldo do IR diferido **apenas** da parcela relativa ao prejuízo fiscal, conseguimos visualizar que o ativo nasceu em X0, no valor de $ 60 (30% sobre o Prejuízo Fiscal de $ 200) e, logo em seguida, em X1, foi totalmente revertido.

Porém, isso não resolve totalmente as contas do IR diferido, pois, nesse exemplo, há também uma diferença temporária dedutível, sendo gerada a partir da provisão, que é um passivo, cuja base contábil está crescendo e a base fiscal permanece em zero. Assim, temos também que constituir IR diferido relativamente a esses saldos. Como houve constituição de provisão nos dois períodos, então consequentemente haverá constituição de IR diferido nos dois períodos, em valores correspondentes a 30% das despesas de provisão trabalhista ($ 150 e $ 90, respectivamente).

A partir dessas análises, conseguimos demonstrar a movimentação da conta ativo fiscal diferido durante esses dois períodos, com a segregação dos dois componentes que estão gerando esse ativo (prejuízos fiscais e diferenças temporárias dedutíveis):

Ativo fiscal diferido	PF	DTD	TOTAL
Saldo inicial – X0	0	0	0
Constituição	60	150	210
Reversão	0	0	0
Saldo final – X0	60	150	210
Constituição	0	90	90
Reversão	(60)	0	(60)
Saldo final – X1	0	240	240

Na coluna "total", conseguimos entender o que acontecerá na DRE, pois o efeito que aparece lá é descrito em uma linha só. Assim, em X0, haverá uma receita de IR diferido de $ 210, decorrente da constituição de $ 60 relativo ao prejuízo fiscal e $ 150 relativo à provisão trabalhista. Em X1, também haverá uma receita de IR diferido de $ 30, porém esta é constituída de $ 90 decorrentes do complemento da provisão trabalhista menos a reversão de $ 60 em razão da compensação do prejuízo fiscal, ocorrida em X1.

Agora, temos condições de apresentar a DRE completa, com as linhas de IR corrente e IR diferido. Vamos a ela:

DRE	X0	X1
Receitas	2.600	2.700
(–) Desp. Prov. Trab.	(500)	(300)
(–) Despesas	(2.800)	(2.480)
(=) Resultado A.I.R.	(700)	(80)
(–) IR Corrente	0	(6)
(+) IR Diferido	210	30
(=) Resultado Líq.	(490)	(56)

Vejam que nos dois períodos a empresa tem prejuízo contábil, mas em um deles ela tem que pagar IR. Isso ocorreu porque, como vimos, em X1, o prejuízo contábil se deu em razão da provisão trabalhista, por isso, fiscalmente, a empresa teve lucro, e isso faz com que ela tenha que pagar IR.

Também podemos chamar a atenção para o fato de que, em ambos os períodos, o resultado total de IR coincide com 30% do resultado antes do IR, o que novamente reforça o conceito que já reiteramos diversas vezes, de que o IR diferido só está aí por uma razão: fazer com que a contabilidade atenda ao regime de competência.

ASPECTOS ESPECÍFICOS E DIVULGAÇÃO

Agora que os conceitos relacionados com os tributos sobre o lucro foram bastante discutidos e exaustivamente exemplificados, nesta última seção do capítulo, vamos tratar de alguns assuntos mais específicos, que dependem do entendimento mais amplo do tema, e, por isso, deixamos para o final.

Vamos também discutir alguns aspectos de apresentação e divulgação dos tributos sobre o lucro e mostrar alguns exemplos reais de notas explicativas de companhias abertas do mercado brasileiro, para ilustrar o que foi visto aqui.

Aspectos específicos

Os temas específicos que vamos discutir aqui são os seguintes: ajuste a valor presente sobre tributos diferidos, efeito de tributos diferidos contabilizado diretamente no PL, alíquotas de tributos a serem utilizadas para o cálculo; efeito de tributos diferidos em combinações de negócios; impacto das diferenças permanentes no cálculo dos tributos diferidos.

Esses aspectos estão tratados pelas normas já citadas no início deste capítulo: CPC 32 (norma brasileira) e IAS 12 (norma internacional). De qualquer modo, o objetivo aqui não é exaurir esses assuntos, mas chamar a atenção para esses temas.

AJUSTE A VALOR PRESENTE

Conforme discutimos anteriormente, os tributos diferidos são uma forma de reconhecer, hoje, um benefício ou uma obrigação fiscal, gerada a partir de eventos passados, mas que não é reconhecida pelo fisco nesse momento. Assim, o benefício (se ativo) ou a obrigação (se passivo) vão se realizar no futuro, à medida que as diferenças temporárias terminem ou os prejuízos fiscais sejam compensados.

Porém, se levarmos em consideração o valor do dinheiro no tempo, então o real valor do benefício ou da obrigação hoje, relativo ao futuro, especialmente se estivermos falando de um prazo bem longo, economicamente seria menor.

As normas contábeis vedam o reconhecimento de qualquer tipo de ajuste a valor presente na contabilização dos Tributos Diferidos.

Por exemplo, se uma empresa que tem prejuízo fiscal estime que vá demorar dez anos para conseguir compensar todo esse prejuízo, se ela fosse vender esse ativo para alguém, certamente esse ativo seria descontado a valor presente, levando em consideração esse prazo e, ainda, o risco relativo de esse evento ocorrer.

Apesar de todos esses argumentos, as normas contábeis vedam o reconhecimento de qualquer tipo de ajuste a valor presente na contabilização dos tributos diferidos (item 53 das citadas normas). As normas argumentam que a determinação confiável desse cálculo exigiria uma programação detalhada da reversão dos tributos diferidos e isso é altamente complexo ou muitas vezes impraticável. Assim, não seria viável exigir o desconto a valor presente. E, como não se exige, também não se permite, para evitar problemas de comparabilidade entre empresas, uma que fez e outra que não fez o desconto a valor presente.

TRIBUTOS DIFERIDOS CONTABILIZADOS DIRETAMENTE NO PL

Atenção!
Podem existir transações cujos resultados são reconhecidos em contas de Patrimônio Líquido, conhecidas de forma genérica por ORA.

Em todos os exemplos demonstrados neste capítulo, os ativos ou passivos fiscais diferidos, ao serem reconhecidos ou revertidos, tinham as suas contrapartidas em conta de resultado do exercício, mas isso não necessariamente vai ocorrer sempre.

Podem existir transações cujos resultados são reconhecidos em contas de Patrimônio Líquido, conhecidas de forma genérica por Outros Resultados Abrangentes (ORA). Para mais detalhes, ver o Capítulo 14 – Demonstração do Resultado Abrangente. Exemplos de transações como essa são as reavaliações de ativo imobilizado ou as atualizações a valor justo de instrumentos financeiros mensurados ao valor justo em outros resultados abrangentes.

Quando o efeito de resultado que está gerando uma diferença temporária, seja ela tributável ou dedutível, está localizado no PL, então, logicamente, o efeito fiscal, mesmo que diferido, também deve estar localizado no PL. A lógica aqui é que o

A lógica aqui é que o acessório siga o principal. Portanto, se a diferença temporária está registrada no PL, o tributo diferido também deverá ser registrado nesse grupo.

acessório siga o principal. Portanto, se a diferença temporária está registrada no PL, o tributo diferido também deverá ser registrado nesse grupo.

Aproveitando o exemplo da reavaliação do imobilizado, se um ativo imobilizado for reavaliado, aumentando o PL, isso representa uma diferença temporária tributável, consequentemente gerando um passivo fiscal diferido, que será reconhecido em contrapartida a uma conta também de PL, que reduzirá o aumento bruto que a reavaliação provocou no PL.

ALÍQUOTAS DOS TRIBUTOS

As alíquotas utilizadas nos cálculos dos tributos, tanto os correntes quanto os diferidos, são aquelas que estejam em vigor de acordo com a legislação oficial do país. No Brasil, considerando a sistemática de lucro real para grandes empresas, as alíquotas vigentes atualmente são de 25% para Imposto de Renda e 9% para Contribuição Social.

As alíquotas utilizadas nos cálculos dos tributos, tanto os correntes quanto os diferidos seguem a legislação oficial do país.

Entretanto, caso seja anunciada uma mudança na alíquota que tenha "efeito substantivo de promulgação real" (termo usado pelas normas no item 48), ou seja, que se considere a alíquota como alterada, então a mensuração dos tributos, especialmente os diferidos (que estão mensurando benefícios ou obrigações futuras), deve levar em consideração a nova alíquota.

Isso obviamente deve ser analisado à luz das leis e dos usos e costumes de cada país. No Brasil, culturalmente sabemos que, enquanto a lei não é de fato alterada e publicada em Diário Oficial, é muito arriscado utilizar uma expectativa de anúncio. De qualquer modo, é um tema sujeito a interpretações, caso venha a ocorrer essa situação no Brasil.

TRIBUTOS DIFERIDOS EM COMBINAÇÕES DE NEGÓCIOS

De forma geral e simplificada, uma combinação de negócios ocorre quando uma entidade adquire o controle de um negócio. Nessas situações, a empresa adquirida passa por um amplo processo de avaliação dos seus ativos e passivos a valor justo.

Quando isso ocorre, haverá ampla incidência de cálculos de tributos diferidos, pois, em cada ativo e passivo da entidade adquirida em que houver mudança de base contábil por conta da avaliação a valor justo, em princípio está nascendo uma diferença temporária, seja tributável ou dedutível. Isso inclusive está previsto no item 66 das normas já citadas, CPC 32 e IAS 12.

Com relação a esse tema, há um extenso e detalhado tratamento contábil e com consequências nos tributos diferidos, inclusive com discussões a respeito do possível efeito dos tributos diferidos no cálculo do *goodwill* ou do ganho em compra vantajosa, algo que foge ao escopo deste livro. No entanto, chamamos a atenção para o assunto, dada a sua complexidade e importância.

IMPACTO DAS DIFERENÇAS PERMANENTES

Em todos os exemplos numéricos demonstrados neste capítulo, trabalhamos sempre com situações em que havia uma diferença temporária ou um prejuízo fiscal, e isso gerava a necessidade de reconhecimento do ativo ou passivo fiscal diferido.

No entanto, ressaltamos no início do capítulo, e agora enfatizamos novamente, que as **diferenças permanentes não geram tributos diferidos**, uma vez que a diferença entre critério contábil e fiscal é definitiva e, portanto, não provocará benefícios ou obrigações futuras. Esse seria o caso, por exemplo, do resultado de equivalência patrimonial.

Diferenças permanentes não geram tributos diferidos, uma vez que a diferença entre critério contábil e fiscal é definitiva.

Uma consequência da existência de diferenças permanentes é que, ao calcularmos a alíquota dos tributos diretamente sobre o LAIR, o resultado não equivale à soma das linhas de tributos correntes e diferidos. Essa conta só funciona se, antes de aplicar a alíquota, excluirmos do LAIR as diferenças permanentes.

Para ilustrarmos esse comentário, vamos resgatar o Exemplo 1/4 das diferenças temporárias tributáveis, discutido na Seção 3 deste capítulo. Naquele exemplo, a DRE e também o cálculo do IR corrente foram apresentados desta forma:

DRE	
Receitas	1.000
(–) Despesas	(400)
(–) Depreciação	(150)
(=) LAIR	450
(–) IR corrente	(120)
(–) IR diferido	(15)
(=) LL	315

Cálculo do IR corrente	
Receitas	1.000
(–) Despesas	(400)
(–) Depreciação	(200)
(=) BC fiscal	400
IR – 30%	120

Chamamos a atenção para o fato de que, ao aplicarmos a alíquota de 30% diretamente sobre o LAIR de $ 450, chegamos ao valor de $ 135, que é a despesa total de IR, reforçando a ideia do regime de competência.

Agora, se, nesse mesmo exemplo, incluirmos uma nova despesa, de $ 100, indedutível de forma permanente, como uma multa de trânsito, o que acontecerá com esses números? Vejamos:

DRE	
Receitas	1.000
(–) Despesas	(400)
(–) Depreciação	(150)
(–) Desp. multa	(100)
(=) LAIR	350
(–) IR corrente	(120)
(–) IR diferido	(15)
(=) LL	215

Cálculo do IR corrente	
Receitas	1.000
(–) Despesas	(400)
(–) Depreciação	(200)
(–) Desp. multa	–
(=) BC fiscal	400
IR – 30%	120

O LAIR se alterou, caindo de $ 450 para $ 350, mas os números do IR corrente e do IR diferido não se modificaram. E isso faz sentido, porque, em primeiro lugar, a multa não foi deduzida da base de cálculo do IR corrente. Em segundo lugar, não provocou efeito no IR diferido, pois é uma diferença permanente, ou seja, ela nunca será dedutível.

Só que agora, se aplicarmos 30% sobre o novo LAIR, o resultado não é equivalente à soma das despesas de IR corrente e diferido. Contudo, isso não significa que o regime de competência não está sendo seguido. Muito pelo contrário, está sendo seguido sim. Só que essa conta não funciona mais na presença da diferenças permanentes.

Assim, para continuar funcionando, primeiro devem-se excluir do LAIR as receitas ou despesas não tributáveis ou não dedutíveis de forma permanente. Sobre essa base então aplica-se o percentual. Se fizermos isso no exemplo, eliminando os $ 100 do novo LAIR, logicamente voltaríamos ao LAIR do exemplo original, de $ 450, e o raciocínio voltaria a dar certo.

Pelo fato de existirem diferenças permanentes é que as alíquotas oficiais podem não equivaler à despesa tributária contabilizada no resultado. Por isso é muito comum os analistas e outros usuários da contabilidade usarem um termo denominado "alíquota efetiva dos tributos sobre o lucro", que nada mais é do que a divisão entre a despesa com tributos sobre o lucro e o LAIR. No nosso exemplo, se dividirmos $ 135 por $ 350, chegaremos a 38,6%. Então diríamos que, apesar de a alíquota nominal ser de 30%, a nossa empresa está com uma alíquota efetiva de 38,6%, pois está tendo uma despesa de IR de 38,6% do seu LAIR.

Apresentação e divulgação

A complexidade relacionada com os tributos sobre o lucro faz que a sua divulgação adequada seja fundamental para viabilizar a sua compreensão. Por essa razão, vamos discutir alguns requisitos de divulgação definidos pelas normas contábeis e também tratar da questão de apresentação dos tributos diferidos quando há ativos e passivos fiscais diferidos ao mesmo tempo.

COMPENSAÇÃO DE ATIVOS E PASSIVOS FISCAIS DIFERIDOS

Nos exemplos que desenvolvemos durante este capítulo, procuramos isolar em todos eles uma diferença temporária ou prejuízo fiscal, a fim de melhorar o entendimento. Porém, na prática, é claro que todas as naturezas de tributos diferidos podem existir ao mesmo tempo, gerando ativos e passivos fiscais diferidos.

Nessa situação, surge a seguinte questão: no balanço patrimonial, os ativos fiscais diferidos devem ser compensados com os passivos fiscais diferidos, sobrando apenas ativo ou passivo, o que for maior? Ou apresentamos ambos, pelos valores brutos?

A resposta não é tão simples e direta. Podem existir as duas situações. Esse tema está discutido nos itens 71 a 76 das normas contábeis CPC 32 e IAS 12.

De forma geral, deve-se observar, em primeiro lugar, se estamos falando da mesma entidade tributável. Isso porque muitas companhias abertas elaboram demonstrações contábeis consolidadas, que são demonstrações incluindo diversas empresas do mesmo grupo econômico. Então, se uma empresa tem um ativo fiscal diferido e a outra tem um passivo fiscal diferido, no balanço consolidado não poderíamos compensar esses saldos, pois cada um é de uma empresa, e o ativo de uma não consegue compensar a obrigação da outra.

Além disso, se, dentro da mesma entidade tributável, os ativos e passivos fiscais diferidos se referem à mesma autoridade tributária e quando os ativos e passivos fiscais diferidos se realizarem no futuro, eles serão compensáveis, então os ativos e passivos fiscais diferidos devem ser apresentados pelo líquido.

Então, imagine uma empresa que possui uma diferença temporária tributável de uma diferença de taxas de depreciação, e outra diferença temporária, dessa vez dedutível, também decorrente de diferenças de taxas de depreciação. À medida que os ativos imobilizados são depreciados, as diferenças vão sendo realizadas e uma compensa a outra. Portanto, nesse caso, não faria sentido apresentar um ativo fiscal diferido e um passivo fiscal diferido, mas somente o líquido, ativo ou passivo, o que for maior.

NOTAS EXPLICATIVAS

Os requisitos de divulgação estão definidos pelo CPC 32 e IAS 12 nos itens 79 a 88. Não vamos aqui descrever todos esses itens ou mesmo elaborar um *check-list*, pois o objetivo aqui não é esse.

Mas, conforme ressaltamos no início desta seção, o tema Tributos sobre o Lucro é bastante complexo. Sendo assim, caso sua divulgação seja negligenciada, o seu entendimento, que não é fácil, ficará mais difícil ainda.

Em geral, as notas explicativas detalham a composição dos elementos que integram os ativos e passivos fiscais diferidos, relacionando-os com os impactos no resultado.

Outra informação bem interessante e muito rica é a conciliação entre a despesa tributária efetiva e o produto da alíquota oficial pelo LAIR.

Também se destaca a exigência de mais informações quando há reconhecimento (ou mesmo quando se opta por não reconhecê-lo) de ativo fiscal diferido, uma vez que, para tanto, há a condição de existência de lucros tributáveis futuros. Essa é uma situação de bastante incerteza e julgamento, o que exige mais explicações qualitativas nas notas explicativas.

NOTAS EXPLICATIVAS – CASO REAL

Para ilustrar essas notas, apresentamos a seguir alguns extratos de notas explicativas de uma companhia aberta do mercado brasileiro, denominada Via Varejo S.A. Ela é uma companhia do setor varejista de eletroeletrônicos, eletrodomésticos, telefonia e móveis, união das Casas Bahia e Ponto Frio.

Em suas demonstrações financeiras relativas a 31/12/2016, a Via Varejo apresentou na nota explicativa n. 15 diversas informações relativas aos seus efeitos de IR e CS correntes e diferidos. Vamos reproduzir a seguir os quadros dos itens "b", "c" e "d", pois foram os destaques que comentamos relativamente às notas explicativas dos tributos sobre o lucro.

QUADRO 13.1 Item *b* da nota explicativa 15 das Demonstrações Financeiras relativas a 31/12/2016 da Via Varejo S.A.

b) Reconciliação das despesas do imposto de renda e da contribuição social

	Controladora		Consolidado	
	31.12.2016	31.12.2015	31.12.2016	31.12.2015
Lucro (prejuízo) antes da tributação	**(47)**	80	**(63)**	80
Imposto de renda e contribuição social à alíquota nominal de 34%	**16**	(27)	**21**	(27)
Equivalência patrimonial	**(62)**	(48)	**(64)**	(64)
Reversão de contingência PPA, líquido (*)	-	-	**2**	15
Outras diferenças permanentes não dedutíveis	**(2)**	9	**9**	10
Imposto de renda e contribuição social efetivos	**(48)**	(66)	**(32)**	(66)
Corrente	**(54)**	(76)	**(55)**	(78)
Diferido	**6**	10	**23**	12
Despesas de imposto de renda e contribuição social	**(48)**	(66)	**(32)**	(66)

(*) A reversão da contingência do PPA Bartira de R$3 no exercício findo em 31 de dezembro de 2016 (R$23 em 2015) relativa ao imposto de renda e contribuição social foi classificada como diferido, líquido da referida alíquota.

Aqui, a Via Varejo concilia a aplicação de 34% ao LAIR *versus* a sua despesa tributária efetiva, demonstrando as diferenças.

QUADRO 13.2 Item *c* da nota explicativa 15 das Demonstrações Financeiras relativas a 31/12/2016 da Via Varejo S.A.

c) Composição do imposto de renda e da contribuição social diferidos

	Controladora		Consolidado	
	31.12.2016	31.12.2015	31.12.2016	31.12.2015
Prejuízos fiscais e base negativa	**10**	36	**45**	64
Provisão para demandas judiciais	**166**	106	**170**	107
Estimativa de perda para crédito de liquidação duvidosa	**111**	92	**111**	92
Benefício fiscal de ágio sobre incorporação reversa	-	9	-	9
Depreciação e amortização de imobilizado e intangível	**(87)**	(38)	**(98)**	(48)
Provisão para despesas correntes	**49**	32	**53**	35
Estimativa de perda de ativo imobilizado e estoque	**25**	21	**30**	22
PPA Bartira	-	-	**(40)**	(39)
Provisão para *swaps* de taxa de juros	**2**	10	**2**	10
Arrendamento mercantil financeiro	**4**	6	**6**	6
Outros	**8**	8	**2**	-
	288	282	**281**	259
Ativo fiscal diferido	**288**	282	**295**	286
Passivo fiscal diferido	-	-	**(14)**	(27)

No Quadro 13.2, conseguimos visualizar todos os componentes que estão gerando os ativos e passivos fiscais diferidos, inclusive é possível verificar que, na entidade legal "Controladora", os ativos estão sendo compensados com os passivos, sendo apresentado somente o líquido (que nesse caso é o ativo), e no "Consolidado", em que há diversas entidades "somadas", não há compensação total.

QUADRO 13.3 Item *d* da nota explicativa 15 das Demonstrações Financeiras relativas a 31/12/2016 da Via Varejo S.A.

d) Realização esperada do imposto de renda e da contribuição social diferido

O imposto de renda e a contribuição social diferidos foram constituídos em decorrência de estudos preparados pela Administração quanto à geração de lucros tributáveis que possibilitem a realização total desses valores nos próximos anos, além da expectativa de realização das diferenças temporárias dedutíveis ou tributáveis, conforme indicado a seguir:

Em 31 de dezembro de 2016	Controladora	Consolidado
2017	240	239
2018	40	38
2019	39	38
2020	(15)	(18)
2021	(17)	(14)
Mais de 5 anos	1	(2)
	288	281

No Quadro 13.3, a empresa demonstra que há previsibilidade de lucros tributáveis futuros para embasar o reconhecimento do seu ativo fiscal diferido.

RESUMO

Tributos sobre o lucro são tributos destinados ao Governo calculados com base no lucro obtido por uma companhia. Cada país possui regras específicas. No Brasil, os principais tributos sobre o lucro são o Imposto de Renda e a Contribuição Social. Cada um deles possui legislação e regras específicas, mas possuem como característica comum o fato de serem calculados com base no lucro da empresa.

Os tributos correntes são os tributos devidos no período de apuração, ou seja, os tributos apurados segundo a legislação tributária do país onde está sendo calculado o tributo. O cálculo desses tributos depende da legislação de cada país. Apura-se a base de cálculo a partir das receitas tributáveis e despesas dedutíveis. Esse cálculo pode ser feito diretamente ou partindo-se do lucro contábil (formato mais comum). A partir da base de cálculo, podem ocorrer compensações de prejuízos fiscais e, então, aplica-se a alíquota do tributo para apurar o valor devido. A contabilização é simples: uma despesa no resultado em contrapartida a uma obrigação de pagar o tributo, no passivo. No entanto, caso a empresa venha a desembolsar mais do que o valor devido no período, o excesso será considerado um ativo, tributo a recuperar.

Os tributos diferidos são reconhecidos pela contabilidade fundamentalmente para o atendimento ao regime de competência. Eles surgem quando há diferenças temporárias entre regras contábeis e regras fiscais ou quando há prejuízos fiscais que podem ser compensados no futuro. Os tributos diferidos podem gerar ativos ou passivos. Os passivos fiscais diferidos são oriundos de diferenças temporárias tributáveis, ou seja, quando haverá uma obrigação futura de pagar tributos. Já os ativos fiscais diferidos podem vir de diferenças temporárias dedutíveis ou de prejuízos fiscais, casos em que haverá um benefício futuro de economia tributária. Nesses casos, a empresa deve avaliar se realmente há probabilidade de gerar lucros futuros para aproveitar esse benefício. A contabilização depende da natureza dos tributos diferidos (se ativo ou passivo) e do momento (constituição ou reversão) e deve ser entendida com a contabilização dos tributos correntes.

Diferenças temporárias tributáveis surgem quando a base contábil do ativo é maior do que a sua base fiscal; ou quando a base contábil do passivo é menor do que a sua base fiscal. Sempre que isso ocorre, temos que reconhecer um passivo fiscal diferido, e a contrapartida desse reconhecimento é uma despesa com tributos diferidos.

Diferenças temporárias dedutíveis ocorrem quando a base contábil do ativo é menor do que a sua base fiscal; ou quando a base contábil do passivo é maior do que a sua base fiscal. Essa situação

sugere o reconhecimento de um ativo fiscal diferido, e a contrapartida desse reconhecimento é uma receita com tributos diferidos. Porém, a condição para o reconhecimento desse ativo é que a empresa tenha previsão de lucros tributáveis no futuro para poder efetivamente transformar esse direito de economizar tributos no futuro em um benefício real.

OBJETIVO 6 — Os ativos fiscais diferidos também surgem a partir da existência de prejuízos fiscais. Quando a empresa apura prejuízo, ela gera o direito de compensar tributos no futuro e, consequentemente, um ativo. Porém, esse ativo só existe se houver lucros tributáveis futuros para que o prejuízo possa ser compensado. Caso não existam projeções confiáveis de lucros tributáveis futuros, o ativo fiscal diferido não deve ser reconhecido.

OBJETIVO 7 — Há temas específicos relacionados com os tributos sobre o lucro, tratados pelas normas contábeis, que demonstram a sua amplitude e complexidade. Além disso, aspectos de apresentação e divulgação são fundamentais, pois um assunto tão complexo merece uma divulgação adequada para que seja compreendido pelos usuários da informação contábil.

APLICANDO CONHECIMENTOS – QUESTÕES PARA RESOLVER

TESTES

OBJETIVO 3

1. Marque (V) para verdadeiro ou (F) para falso
   - ( ) As multas de natureza punitiva são despesas de natureza permanente e, portanto, não geram tributos diferidos.
   - ( ) O resultado negativo de equivalência patrimonial caracteriza-se como uma despesa de natureza temporária, gerando um tributo diferido ativo.
   - ( ) O tratamento contábil e fiscal das despesas com provisões decorrente de processos judiciais prováveis é o mesmo, sendo inclusive permitida a dedutibilidade para fins de tributos sobre o lucro no momento da constituição da provisão.
   - ( ) Para o registro contábil do ativo fiscal diferido sobre prejuízos fiscais é necessário que a companhia consiga comprovar a expectativa de geração de lucros tributários futuros.

OBJETIVO 3

2. Qual o tratamento para os impostos diferidos no balanço patrimonial?
   a) Sempre considerados circulantes e descontados a valor presente.
   b) Sempre considerados não circulantes e descontados a valor presente.
   c) Sempre considerados não circulantes e não descontados a valor presente.
   d) Sempre considerados circulantes e não descontados a valor presente.
   e) Classificados de acordo com sua realização no balanço (circulante e não circulante) e não descontados a valor presente.

OBJETIVO 3

3. (Funcab – Faceli 2015 – Contador) Assinale a alternativa que apresenta a definição de "passivo fiscal diferido", de acordo com a NBC TG 32 – Tributo sobre o Lucro.

Valor do tributo sobre o lucro devido em período futuro relacionado com as diferenças temporárias tributáveis.

a) Valor do tributo devido (recuperável) sobre o lucro tributável (prejuízo fiscal) do período.
b) Valor do tributo sobre o lucro recuperável em período futuro relacionado com as diferenças temporárias dedutíveis.
c) Valor total incluído na determinação do lucro ou prejuízo para o período relacionado com o tributo sobre o lucro corrente ou diferido.
d) Lucro ou prejuízo para um período antes da dedução dos tributos sobre o lucro.

OBJETIVO 2 OBJETIVO 3

4. (CFC 2018 – Perito Contábil) A empresa G, da qual o contador Y é o responsável técnico pela contabilidade, apresentou lucro tributável, na modalidade de lucro real, no exercício de 20X1 valor de R$-100.000,00. Procedendo de acordo com o item 13 da NBC TG 32-Tributos sobre o lucro, o contador Y reconheceu o tributo direto com alíquota de 35% (IRPJ + CSLL), mas o diretor financeiro não concordou com o impacto desse tributo no balanço patrimonial da empresa G. Por conta dessa discordância, o perito contábil Z foi contratado para apresentar um relatório orientando qual deve ser o impacto no balanço patrimonial da empresa G em decorrência do referido reconhecimento.

Com base no enunciado assinale a opção que apresenta corretamente a orientação do perito contábil Z consignada no relatório.

a) O lucro tributável é negativo, portanto não há nenhum tributo sobre o lucro a ser reconhecido.
b) O reconhecimento do tributo sobre o lucro tributável deve aumentar somente o passivo no valor de R$ 35.000,00.
c) O reconhecimento do tributo sobre o lucro tributável deve impactar somente o ativo no valor de R$ 35.000,00.
d) O reconhecimento do tributo sobre o lucro tributável deve aumentar simultaneamente, o ativo e patrimônio líquido no valor de R$ 35.000,00.

OBJETIVO 6

5. (CS-UFG – SANEAGO-GO 2018 – Contador) As informações a seguir foram extraídas do Livro de Apuração do Lucro Real (LALUR) da Companhia "XXX", referentes ao ano-calendário de 2016.

Lucro Líquido do Exercício antes do imposto de renda – R$ 525.000,00

Adições (Parte A do LALUR) – R$ 306.000,00

Exclusões (Parte A do LALUR) – R$ 360.000,00

Prejuízo de Exercícios Anteriores (Parte B do LALUR) – R$ 145.220,00

Considerando a alíquota de compensação máxima de prejuízos fiscais, o valor da base de cálculo do imposto de renda devido pela Companhia "XXX" é de

a) R$ 666.300,00.
b) R$ 501.300,00.
c) R$ 329.700,00.
d) R$ 164.700,00.

OBJETIVO 4 OBJETIVO 5

6. (PUC-PR – TJ-MS 2017 – Contabilidade) Na determinação do imposto de renda com base no Lucro Real, algumas diferenças temporárias surgem quando a receita ou a despesa está incluída no lucro contábil em um período e será incluída no lucro tributável em um período diferente. Essas diferenças temporárias são geralmente descritas como diferenças temporárias tributáveis. Sobre o tratamento contábil adequado para tais informações, de acordo com as Normas Brasileiras de Contabilidade – NBC TG 32 (R2), assinale a alternativa correta.

a) Um passivo fiscal diferido não deve ser reconhecido para as diferenças temporárias tributáveis, inclusive quanto ao passivo fiscal diferido que advenha de reconhecimento inicial de ágio derivado da expectativa de rentabilidade futura (*goodwill*) ou de reconhecimento inicial de ativo ou passivo em transação que não seja combinação de negócios e, no momento da transação, não afete o lucro contábil nem o lucro tributável (prejuízo fiscal), pois apenas devem ser reconhecidos e controlados na parte B do LALUR.

b) As diferenças temporárias devem ser reconhecidas apenas no livro de apuração do lucro real (LALUR), exceto aquele passivo fiscal diferido que advenha de reconhecimento inicial de ágio derivado da expectativa de rentabilidade futura (*goodwill*) ou de reconhecimento inicial de ativo ou passivo em transação que não seja combinação de negócios.

c) Um passivo fiscal diferido deve ser reconhecido para todas as diferenças temporárias tributáveis, exceto o passivo fiscal diferido que advenha de reconhecimento inicial de ágio derivado da expectativa de rentabilidade futura (*goodwill*) ou de reconhecimento inicial de ativo ou passivo em transação que não seja combinação de negócios e, no momento da transação, não afete o lucro contábil nem o lucro tributável (prejuízo fiscal). Entretanto, para diferenças temporárias tributáveis relacionadas com investimentos em controladas, filiais e coligadas e interesses em empreendimentos sob controle conjunto, um passivo fiscal diferido tem tratamento específico.

d) Todo passivo fiscal diferido que advenha de reconhecimento inicial de ágio derivado da expectativa de rentabilidade futura (*goodwill*) ou de reconhecimento inicial de ativo ou passivo em transação que não seja combinação de negócios e, no momento da transação, não afete o lucro contábil nem o lucro tributável (prejuízo fiscal) deve ser reconhecido contabilmente conforme estabelece a NBC TG 32 (R2).

e) As diferenças temporárias que devem ser reconhecidas na contabilidade e no livro de apuração do lucro real (LALUR) são apenas aquelas oriundas do reconhecimento inicial de ativo ou passivo em transação que não seja combinação de negócios e que, no momento da transação, afete o lucro contábil, o lucro tributável ou o prejuízo fiscal.

OBJETIVO 4 OBJETIVO 5

7. (CFC 2017 – Bacharel em Ciências Contábeis) Uma sociedade empresária que apura seu tributo sobre o lucro com base no resultado contábil reconheceu despesa com depreciação de um veículo por R$ 20.000,00, no período, o que repercutiu em seu Balanço Patrimonial da seguinte forma:

Imobilizado	
Veículo	R$ 200.000,00
(–) Depreciação Acumulada	(R$ 20.000,00)
Total	R$ 180.000,00

A autoridade fiscal dessa jurisdição, todavia, somente autoriza a dedução a título de depreciação, para fins de apuração de tributos, de apenas R$ 10.000,00 nesse mesmo período. O valor restante poderá ser deduzido em períodos futuros. Há segurança de existência de débitos fiscais suficientes que permitirão o aproveitamento futuro desse crédito. Para esse caso hipotético, deve-se considerar, excepcionalmente, que o Imposto de Renda, à alíquota de 25%, sem adicional, seja o único tributo incidente sobre o lucro. Considerando-se apenas as informações apresentadas e de acordo com a NBC TG 32 (R3) – Tributos sobre o Lucro, é CORRETO afirmar que essa diferença irá gerar:

a) Um ativo fiscal diferido de R$ 2.500,00.
b) Um passivo fiscal diferido de R$ 2.500,00.
c) Um ativo fiscal diferido de R$ 45.000,00.
d) Um passivo fiscal diferido de R$ 45.000,00.

OBJETIVO 2 OBJETIVO 3

8. (FCC – Eletrobras-Eletrosul 2016 – Administração de Empresas) Determinada empresa, enquadrada no regime de tributação do IRPJ pelo Lucro Real, possui aplicações financeiras em fundos de investimento, sujeitas, portanto, à retenção de Imposto de Renda na fonte incidente sobre os rendimentos auferidos mensalmente. Ao efetuar as demonstrações do resultado do exercício, a provisão para o Imposto de Renda apurado mostrou-se bastante inferior ao montante já pago pela companhia mediante a retenção sobre as parcelas dos rendimentos financeiros auferidos no curso do exercício. A diferença entre o montante retido e aquele efetivamente devido em face do lucro tributável identificado

a) Pode ser contabilizada como imposto diferido, desde que haja evidências de que a companhia terá lucro tributável nos exercícios seguintes.

b) Constitui crédito a ser abatido nos próximos períodos de apuração, não cabendo, contudo, nenhum registro nas demonstrações financeiras do exercício de apuração.

c) Pode ser lançada, integralmente, como despesa na apuração do lucro líquido do exercício, adicionalmente à provisão para o Imposto de Renda.

d) Deve ser registrada, contabilmente, em reserva de lucros, caracterizando, do ponto de vista tributário, saldo negativo a favor da companhia que pode ser utilizado para pagamento, mediante compensação, do imposto de renda devido em exercícios futuros.

e) Somente pode ser aproveitada como crédito fiscal pela companhia, para pagamento por compensação, se não superar 50% do capital social integralizado.

OBJETIVO 2 OBJETIVO 3

9. (FUNCAB – ANS 2013 – Administração-Ciências Contábeis) A apuração do Imposto de Renda das Pessoas Jurídicas, através da sistemática do Lucro Real, pressupõe, na maioria dos casos, um volume de adições e exclusões ao LAIR. Essas adições e exclusões poderão ser definitivas ou temporárias. Assinale a alternativa que aponta a ação que a empresa poderá adotar, no caso de um determinado volume de adições ao LAIR se enquadrarem como temporárias.

a) Deixar de constituir o tributo em questão incidente sobre esse tipo de adições.

b) Constituir só 50% do tributo em questão incidente sobre esse tipo de adições.

c) Poderá constituir o imposto de renda diferido passivo sobre esse tipo de adições.

d) Para esse tipo de adições não é possível constituir o tributo em questão.

e) Poderá constituir o imposto de renda diferido ativo sobre esse tipo de adições.

OBJETIVO 2 OBJETIVO 3

10. A Lei n. 12.974/2014, entre outras providências, alterou a legislação tributária federal relativa ao Imposto sobre a Renda das Pessoas Jurídicas (IRPJ), à Contribuição Social sobre o Lucro Líquido (CSLL), à Contribuição para o PIS/Pasep e à Contribuição para o Financiamento da Seguridade Social (Cofins), e revogou o Regime Tributário de Transição (RTT), instituído pela Lei n. 11.941/2009. O objetivo da Lei n. 12.974/2014 foi introduzir na legislação tributária brasileira dispositivos legais para possibilitar a apuração de tributos federais em um ambiente de convergência das normas brasileiras às Normas Internacionais de Contabilidade (IFRS). Com base no exposto, considere as seguintes informações, extraídas da Demonstração do Resultado do primeiro trimestre de 2015 de uma sociedade empresária, tributada pela modalidade do lucro real trimestral:

Item – Descrição – Valor

I – Lucro antes do IRPJ e CSLL – R$ 250.000,00

II – Receita de equivalência patrimonial – R$ 120.000,00

III – Despesa com multas de trânsito – R$ 4.000,00

IV – Variação de valor justo não realizada, credora, de ativos biológicos e produtos agrícolas – R$ 68.000,00

V – Despesas com brindes e premiações – R$ 20.000,00

Considerando as informações do quadro acima e a legislação tributária aplicável ao IRPJ e ao CSLL, e em conformidade com os dispositivos da Lei n. 12.974/2014, qual é o valor da base de cálculo do IRPJ (Lucro Real) dessa sociedade empresária para o primeiro trimestre de 2015?

a) R$ 414.000,00.

b) R$ 342.000,00.

c) R$ 250.000,00.

d) R$ 154.000,00.

e) R$ 86.000,00.

Respostas: 1-V,F,F,V; 2-c; 3-a; 4-d; 5-c ; 6-c ; 7-a ; 8-a ; 9-e ; 10-e.

EXERCÍCIOS

OBJETIVO 2 OBJETIVO 3

1. A empresa XYZ que possui a seguinte apuração do lucro real no ano de X0:

Lucro antes dos impostos sobre a renda (LAIR/CS)	100.000
Adições:	
Multas Indedutíveis	2.000
Provisão para processos judiciais	10.000
Perdas estimadas com créditos de liquidação duvidosa	5.000
Lucro Real	**117.000**

Considere uma alíquota de 34% (IR e CS).

Pede-se: (i) efetue os lançamentos contábeis referentes (i) aos tributos a pagar e (ii) aos tributos diferidos, para o ano de X0.

No ano de X1, considere que o LAIR/CS foi de 100.000 e que os valores referentes às diferenças temporárias se tornaram dedutíveis. Proceda igualmente às referidas contabilizações para o ano de X1.

OBJETIVO 2 OBJETIVO 3

2. Durante o ano de X1, a empresa Paulistana realizou vendas a prazo de produtos no valor de R$ 150.000,00, e o custo das mercadorias vendidas foi de $ 90.000,00. Das vendas realizadas, estima-se que a perda estimativa com crédito de liquidação duvidosa seja de 10%. Ressalte-se que, tal perda não é fiscalmente dedutível no momento de sua constituição. As outras despesas operacionais montaram R$ 30.000,00. Não há prejuízos fiscais para compensação.

Com base nessas informações e considerando uma alíquota de tributos sobre o lucro de 34%, calcule os tributos correntes e os tributos diferidos. Apresente igualmente a demonstração do resultado do exercício (DRE) os ajustes na parte A do Livro de Apuração do Lucro Real (LALUR).

OBJETIVO 2 OBJETIVO 3

3. A Companhia Beta efetuou uma provisão para processos judiciais de acordo com o CPC 25 – Provisões, Contingências Passivas e Contingências Ativas no montante de R$ 200. As autoridades fiscais aceitam como dedutíveis gastos com processos judiciais somente quando de fato incorridos. Considere uma alíquota de tributos sobre o lucro de 34%.

Pede-se:

a) Qual é a base fiscal do passivo?

b) Apure a diferença temporária e diga se ela é dedutível ou tributável.

c) Apure o passivo ou ativo fiscal diferido, sabendo que a alíquota do IR/CSLL é de 34%.

OBJETIVO 4   OBJETIVO 5

4. A Companhia Beta adquire uma máquina por R$ 1.000. A depreciação fiscal é efetuada pelo método de cotas constantes a uma taxa de 20% ao ano. Para fins contábeis, o ativo é depreciado pelo método linear pelo prazo de 6 anos. Sabendo-se que a alíquota do IR/CSLL é de 34%:

a) Apure as diferenças temporárias anuais para toda a vida útil do ativo.

b) Determine se a diferença é tributável ou dedutível.

c) Apure o passivo ou ativo fiscal diferido, levando-se em consideração uma receita anual e constante de R$ 2.000.

d) Demonstre os lançamentos contábeis.

OBJETIVO 2   OBJETIVO 3

5. Os dados da DRE da Cia. Leão para os cálculos do IR e CS são os seguintes:

Receita de Vendas	$ 11.000 – tributável
CMV	$ 3.000 – dedutível
Desp. Prov. Riscos Fiscais	$ 1.500 – não dedutível (diferença temporária)
Desp. Salários	$ 500 – dedutível
Desp. Equivalência Patrimonial	$ 1.400 – não dedutível (diferença permanente)
Desp. Multas de Trânsito	$ 200 – não dedutível (diferença permanente)

Admitindo-se que a alíquota do IR e CS é de 34% e que não havia saldo anterior de IR/CS diferidos, calcule a despesa de IR/CS, o lucro líquido, o IR/CS a pagar e o IR/CS diferidos, se houver. Além disso, demonstre a contabilização do IR/CS correntes e do IR/CS diferidos.

EXERCÍCIO ADICIONAL

1. A Companhia X, uma empresa comercial, encerrou seu Balanço Patrimonial em 31.12.X3 da seguinte forma:

Cia. X				
Balanço Patrimonial em 31.12.X3 e 31.12.X4				
ATIVO			PASSIVO + PL	
	31/12/X3	31/12/X4		31/12/X3	31/12/X4
ATIVO CIRCULANTE	80.000	225.200	**PASSIVO CIRCULANTE**	41.000	60.000
Bancos	30.000	105.200	IR a pagar	11.000	60.000
Clientes	50.000	120.000	Debêntures a pagar	30.000	–
ATIVO NÃO CIRCULANTE	96.000	82.700	**PASSIVO NÃO CIRCULANTE**	18.100	17.600
RLP	–	3.300	Prov. trabalhista	10.000	17.600
IR diferido	–	3.300	IR diferido	8.100	–
Imobilizado	96.000	79.400	**PATRIMÔNIO LÍQUIDO**	116.900	230.300
Equipamentos	80.000	80.000	Capital	100.000	100.000
(–) Deprec. acum. equipamentos	(8.000)	(24.000)	Lucros acumulados	16.900	130.300
Edificações	30.000	30.000			
(–) Deprec. acum. edificações	(6.000)	(6.600)			
TOTAL	176.000	307.900	**TOTAL**	176.000	307.900

As diferenças temporárias que foram utilizadas para os cálculos do IR diferido são detalhadas na tabela a seguir:

	CONTÁBIL	FISCAL	DIF.	DED/TRIB	IR DIFERIDO
Clientes	50.000	20.000	30.000	TRIB	PASSIVO
Equipamentos	72.000	76.000	(4.000)	DED	ATIVO
Edificações	24.000	18.000	6.000	TRIB	PASSIVO
Debêntures	30.000	35.000	5.000	TRIB	PASSIVO
Prov. trabalhista	10.000	–	(10.000)	DED	ATIVO

A diferença no saldo de clientes se refere a vendas tributáveis em regime de caixa.

As diferenças nos ativos imobilizados se referem a critérios de depreciação diferenciados para fins fiscais.

A diferença nas debêntures se refere à apropriação do custo de captação como despesa para fins fiscais.

A diferença na provisão trabalhista se refere aos critérios fiscais de dedutibilidade da provisão apenas quando do pagamento da provisão.

No exercício de X4, a Cia X efetuou as seguintes transações:

1. A entidade reconheceu vendas de $ 300.000, das quais 40% não foram recebidas em X4. Dessas vendas não recebidas, 10% serão tributadas apenas quando do recebimento. As vendas de X3 foram integralmente recebidas em X4.
2. Todos os estoques adquiridos em X4 foram vendidos no próprio ano de X4, pelo valor de $ 101.800, à vista.
3. A vida útil contábil dos equipamentos é de 5 anos (taxa de 20% ao ano) e a vida útil aceita pelo Fisco é de 10 anos (10% ao ano).
4. A vida útil contábil das edificações é de 50 anos (taxa de 2% ao ano) e a vida útil aceita pelo Fisco é de 25 anos (4% ao ano).
5. Durante o ano, os juros das debêntures foram apropriados em $ 12.000 (esse valor inclui os custos de captação de $ 5.000) e os títulos foram totalmente quitados ainda em X4.
6. A provisão trabalhista foi complementada em $ 7.600.
7. O IR corrente de X3 foi quitado em X4 e o IR corrente de X4 será pago em X5.

A alíquota do imposto de renda é de 30%.

Pede-se:

a) Elabore os lançamentos contábeis do período de X4 em razonetes.

b) Elabore a demonstração do resultado do exercício de X4.

c) Elabore o balanço patrimonial encerrado em 31 de dezembro de X4, assumindo retenção total do lucro do exercício.

14

DEMONSTRAÇÃO DO RESULTADO ABRANGENTE

Assista ao vídeo do autor sobre o tema deste capítulo

uqr.to/f1wa

"Superávit deixará de elevar lucro"

A partir do balanço deste ano, ganhos e perdas atuariais gerados por planos de pensão passarão a ser registrados apenas no patrimônio líquido das empresas, na conta 'outros resultados abrangentes', acabando a possibilidade de contabilização no resultado ou o uso do método 'corredor'. (...)

Com base nas premissas atuariais – e dentro do método 'corredor' (ver mais ao lado) –, o Banco do Brasil deve reconhecer R$ 1,35 bilhão no resultado de 2012, referente ao saldo positivo no plano 1 da Previ (parcelas mensais de R$ 130 milhões no primeiro semestre e de R$ 96 milhões no segundo). A partir deste ano, com a mudança de regra, esse reconhecimento deixa de existir. As variações serão registradas no PL. (...)"

Fonte: *Valor Econômico*, 16 jan. 2013.

"CVM coloca quatro regras contábeis em audiência pública"

A Comissão de Valores Mobiliários (CVM) colocou hoje em audiência pública uma proposta para proibir que as empresas apresentem o chamado resultado abrangente exclusivamente dentro da demonstração de mutações do patrimônio líquido. Seguindo as exigências do Conselho de Normas Internacionais de Contabilidade (IASB, na sigla em inglês), a autarquia quer que a demonstração do resultado abrangente seja, obrigatoriamente, apresentada de forma isolada. (...)

Fonte: FALCÃO, Marina. *Valor Econômico*, 20 out. 2011.

OBJETIVOS DE APRENDIZAGEM DO CAPÍTULO

Após estudar este capítulo, você será capaz de:
1. Entender os conceitos básicos do resultado abrangente e seus componentes.
2. Entender os conceitos, objetivos e estrutura da DRA.

OBJETIVO 1
O QUE É RESULTADO ABRANGENTE?

Conceitos básicos

Os recursos próprios da entidade podem ser advindos de aportes de recursos dos donos da empresa ou resultados obtidos pela própria empresa.

Antes de falarmos sobre a demonstração do resultado abrangente (DRA), precisamos entender o que essa demonstração quer mostrar! Afinal, o que é resultado abrangente? Então, vamos a esse conceito.

Conforme já estudado nos capítulos anteriores, patrimônio líquido (PL) é a riqueza residual de uma entidade, ou seja, nada mais é do que os seus ativos, deduzidos dos seus passivos. Essa definição residual de PL é perfeitamente alinhada ao balanço patrimonial e ao método das partidas dobradas, uma vez que, se o ativo é igual ao passivo mais o PL, então isso é equivalente a dizer que o PL é igual ao ativo menos o passivo.

O PL representa os recursos próprios da entidade e podem vir, de forma resumida, de duas maneiras: aportes de recursos dos donos da empresa (capital social, no jargão contábil) ou resultados obtidos pela própria empresa, que, em última análise, pertencem aos seus donos. Essa derivação do PL em capital social e resultados é fundamental para entendermos o conceito de resultado abrangente.

O resultado abrangente é qualquer variação do PL de uma empresa, exceto aquelas decorrentes de transações com acionistas.

O resultado abrangente pode ser definido como toda e qualquer variação do PL de uma empresa, exceto aquelas decorrentes de transações com acionistas, ou seja, transações de aportes iniciais ou aumentos de capital social, ou transações de pagamentos de dividendos ou mesmo reduções de capital social. Claramente, tais transações não devem se confundir com lucros, pois se referem a aumentos ou diminuições de PL derivados de transações com os donos da empresa.

Portanto, quaisquer oscilações de ativos que não tenham contrapartidas em passivos e que não sejam transações com sócios caracterizam-se como resultado abrangente. Analogamente, o mesmo raciocínio vale para os passivos, ou seja, variações de passivos que não tenham contrapartidas em ativos e não se confundem com transações com acionistas são reconhecidas como resultado abrangente.

QUESTÃO PARA REFLEXÃO 14.1 — Com base na definição dada anteriormente para resultado abrangente, uma receita ou despesa podem ser consideradas resultado abrangente?

Assim, é importante destacar que o resultado abrangente leva esse nome, "abrangente", pois, além de englobar o resultado do exercício, lucro ou prejuízo, captura algo a mais. Em outras palavras, é como se estivéssemos ampliando o conceito já visto de resultado do exercício, para um resultado maior (não necessariamente quanto ao lucro, mas no tocante a elementos que fazem parte desse resultado).

Então, além do resultado do exercício, o que mais o resultado abrangente "compreende"?

Esse algo a mais recebe um nome técnico: outros resultados abrangentes (ORA), ou, se preferirem, *other comprehensive income* (OCI), no jargão em inglês.

Isso significa que existem certos tipos de resultados que não são reconhecidos no resultado do exercício, porém, considerando um conceito mais amplo de resultado, são considerados resultados, por essa razão o conceito ampliado é chamado de resultado abrangente e esses tipos específicos de resultados são denominados outros resultados abrangentes. A Figura 14.1 ilustra esse conceito.

> Existem certos tipos de resultados que não são reconhecidos como resultado do exercício.

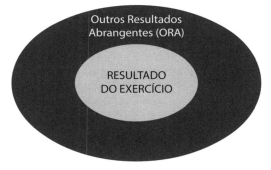

FIGURA 14.1 Resultado abrangente total.

Portanto, o resultado abrangente é composto do resultado do exercício e de outros resultados que não são considerados resultado do exercício. Esses outros resultados são denominados outros resultados abrangentes.

A seguir, iremos explorar melhor o que são esses outros resultados e quais as razões para serem considerados dessa maneira, fora do resultado do exercício.

Componentes dos outros resultados abrangentes (ORA)

Agora que já sabemos o conceito geral de resultado abrangente, vamos passar a estudar os seus componentes e em que situações eles são originados.

REAVALIAÇÃO DE ATIVOS IMOBILIZADOS

O exemplo mais simples de ser entendido é o caso da Reavaliação de Ativos Imobilizados. Esse procedimento é previsto pela norma internacional IAS 16 – *Property, Plant and Equipment* e também pelo correlato CPC 27 – Ativo Imobilizado.

O registro do aumento de valor do ativo tem como contrapartida um componente de ORA.

Conforme estudado no Capítulo 10 deste livro, o método da reavaliação é uma forma de mensuração subsequente do ativo imobilizado, em que, periodicamente, o ativo é reavaliado pelo seu valor justo e, admitindo-se que o valor justo é superior ao valor contábil, o registro do aumento de valor do ativo tem como contrapartida um componente de ORA, já que o ganho em potencial ainda não está realizado e, além disso, pode não ter relação direta com o resultado apenas daquele período.

Após o registro inicial da reavaliação, o ativo continuará sendo realizado, por meio de depreciação, venda ou baixa, e o componente do PL também será realizado na mesma proporção da realização do ativo, contra lucros acumulados. Isso significa que esse resultado nunca transitará em resultado do exercício, somente em PL.

Como destacado no Capítulo 10, ressalta-se que esse método está vedado pela legislação societária brasileira desde 2008. Entretanto, utilizamos esse exemplo de forma conceitual para exemplificar esse componente de ORA.

PARTICIPAÇÕES SOCIETÁRIAS NO EXTERIOR AVALIADAS PELO MÉTODO DA EQUIVALÊNCIA PATRIMONIAL (MEP)

Outro caso bem simples e intuitivo de ORA diz respeito à avaliação de participações societárias no exterior avaliadas pelo método da equivalência patrimonial (MEP). Conforme estudado no Capítulo 9, tais investimentos devem ser ajustados conforme ocorrem variações do PL da companhia investida. No entanto, se essa investida estiver fazendo a sua contabilidade em moeda diferente da investidora, é claro que, antes de realizar os cálculos para os ajustes decorrentes do MEP, os números precisam ser traduzidos para a moeda da investidora, o que causa um efeito de variação do PL que é única e exclusivamente decorrente da variação cambial entre as moedas.

O componente de ajuste do investimento decorrente da variação cambial é lançado diretamente no PL, em uma conta de ORA.

Assim, quando isso ocorre, esse componente de ajuste do investimento decorrente da variação cambial é lançado diretamente no PL, em uma conta de ORA. Porém, diferentemente do exemplo anterior (reavaliação de imobilizado), o saldo reconhecido no PL é reclassificado para o resultado do exercício quando da venda do investimento, demonstrando para o usuário da informação contábil que aquele resultado abrangente, antes reconhecido no PL como um potencial ganho ou perda, agora já está realizado por conta da venda do investimento.

Essa diferença entre os dois exemplos demonstra que um componente do ORA pode ou não ser transferido (reclassificado) para resultado do exercício. Porém, essa escolha não depende da empresa ou do preparador da informação contábil, mas sim das normas propriamente ditas. Em outras palavras, quem define essa forma de realização dos componentes do ORA são os normatizadores, que discutem e definem a melhor maneira de reconhecimento desses resultados.

OUTROS COMPONENTES

Os demais componentes existentes atualmente nas IFRSs e CPCs são os ajustes a valor justo de alguns tipos de instrumentos financeiros, ganhos e perdas atuariais e porção efetiva de *hedge* de fluxo de caixa. Não discutiremos esses componentes, pois requer um conhecimento mais avançado desses temas, o que fugiria ao escopo deste livro.

OBJETIVO 2

ELABORAÇÃO E FORMAS DE APRESENTAÇÃO DA DRA

Agora que já entendemos melhor do que se trata o resultado abrangente e quais os seus componentes, fica mais simples compreender o que é a DRA. Nada mais é do que uma demonstração que evidenciará o resultado do exercício e os demais componentes do resultado abrangente, batizados de ORA. Portanto, o objetivo da DRA é evidenciar de que modo o resultado abrangente é composto, considerando todos os seus componentes.

Segundo as Normas Internacionais de Contabilidade (IFRS), a DRA pode ser apresentada de duas maneiras, conforme veremos a seguir.

Forma 1 - Apenas uma demonstração (a DRA)

A primeira forma de apresentação envolve a elaboração de apenas uma demonstração contábil: a DRA. Isso significa que a DRA, nesse formato, iniciará com a apresentação das receitas e despesas do período, apurará o lucro líquido, e dará sequência à apresentação, com a inclusão dos componentes dos outros resultados abrangentes. Assim, de modo esquemático, a DRA seria apresentada da seguinte maneira:

Demonstração do resultado abrangente
Receitas do exercício

Despesas do exercício

(=) Lucro líquido do exercício
(±) Outros resultados abrangentes:

(=) Lucro líquido abrangente

Percebe-se por essa demonstração que a empresa deixaria de apresentar a DRE, pois esta já estaria contida na própria DRA.

Forma 2 - Duas demonstrações (DRE + DRA)

Nesse segundo formato, a empresa poderia manter a apresentação da DRE, conforme discutido no Capítulo 3, e, em complemento à DRE, apresentaria a DRA, e, nesse formato de DRA, a primeira linha da demonstração é o lucro líquido do exercício. Com isso, a DRA seria apresentada conforme abordado a seguir.

Demonstração do resultado abrangente
Lucro líquido do exercício
(±) Outros resultados abrangentes:

(=) Lucro líquido abrangente

Esse formato torna-se mais enxuto e também coloca maior ênfase na separação entre o resultado do exercício e os demais componentes do resultado abrangente (ORA).

QUESTÃO PARA REFLEXÃO 14.2 — Imagine que sua empresa está decidindo a respeito da distribuição de dividendos relativos a um determinado período. A distribuição de dividendos deve ser realizada com base no lucro líquido do exercício ou no lucro líquido abrangente?

Para mais informações, acesse as notícias do início do capítulo.

Destaca-se que, no Brasil, quando da adoção das IFRS a partir de 2010, foi emitido o Pronunciamento Técnico CPC 26 – Apresentação de Demonstrações Contábeis, com base na Norma Internacional *IAS 1 – Presentation of Financial Statements*. No entanto, CPC decidiu limitar a escolha quanto ao formato de apresentação da DRA, especialmente considerando a legislação societária brasileira. Nessa legislação (Lei 6.404/76 e alterações posteriores), não há a figura da DRA e, consequentemente, os dividendos são calculados com base no lucro líquido do exercício. Assim, para manter consistência com a legislação societária brasileira, o CPC preferiu emitir o CPC 26 indicando apenas um formato de apresentação de DRA, separada da DRE (ou seja, o que denominamos de forma 2). Portanto, no Brasil, todas as companhias apresentam a DRE e a DRA.

Assista ao vídeo do autor sobre este tema

uqr.to/f1wb

Aspectos específicos relacionados à apresentação

RECLASSIFICAÇÃO PARA O RESULTADO

Devem-se identificar os ORA que podem ser reclassificados para a DRE.

Conforme destacado inicialmente neste capítulo, os componentes do resultado abrangente podem ou não vir a ser reclassificados para o resultado, dependendo da natureza de tal componente (e, é claro, das normas contábeis que definem isso).

Essa possibilidade fez com que o IASB decidisse exigir das empresas a segregação dessas duas categorias no próprio corpo da DRA. Assim, devem-se identificar os ORA que podem ser subsequentemente reclassificados para a DRE e segregá-los daqueles que não serão reclassificados. Assim, os usuários das demonstrações contábeis podem identificar quais os possíveis efeitos que os componentes de ORA terão no resultado de períodos futuros.

AJUSTE DE RECLASSIFICAÇÃO

Tratando especificamente dos itens de ORA que podem ser reclassificados para o resultado no futuro, é importante destacar que, quando tal reclassificação ocorre, torna-se necessário fazer um ajuste de reclassificação na própria DRA, estornando o ORA que foi transferido para resultado do exercício. Esse ajuste faz-se necessário para evitar dupla contagem no resultado abrangente, uma vez que o ORA já foi computado no resultado abrangente, quando do seu reconhecimento inicial. Assim, se ele está sendo transferido para resultado do exercício, o seu efeito estará sendo computado no lucro ou prejuízo daquele período. Por essa razão, precisa ser estornado na DRA, para não ser contado duas vezes.

Ajuste faz-se necessário para evitar dupla contagem no resultado abrangente.

EFEITOS FISCAIS

Se o componente de ORA é que está causando a diferença temporária, então o efeito fiscal também é reconhecido em ORA.

Uma observação importante relativa aos componentes dos ORA e sua apresentação na DRA refere-se ao reconhecimento do efeito fiscal correspondente. Conforme discutido no Capítulo 13, quando há diferenças temporárias entre bases contábeis e bases fiscais de ativos e passivos, essa diferença é reconhecida como ativo (se dedutível) ou passivo (se tributável). A contrapartida de tal reconhecimento normalmente é realizada no resultado do exercício. Porém, se o componente de ORA é que está causando a diferença temporária, então o efeito fiscal também é reconhecido em ORA, afinal não faz sentido que o resultado esteja em um lugar (ORA) e a sua consequência fiscal em outro (resultado do exercício).

A apresentação do efeito fiscal na DRA pode ser feita componente a componente, ou então pelo efeito líquido de todos os componentes, ao final da demonstração, semelhantemente à própria DRE, em que o efeito dos tributos sobre o lucro aparece ao final.

Aplicação prática

Imagine que a Cia. ABC tenha apurado um lucro líquido de $ 3.000 e, além do lucro, registrou:

1. Ganhos decorrentes de variação cambial de participações societárias em coligadas, no valor de $ 400 (sem efeito fiscal, podendo ser subsequentemente reclassificado para o resultado).
2. Perdas atuariais no valor de $ 1.200 (com efeito fiscal, quando da realização das perdas, não podendo ser reclassificado para o resultado).
3. Ganhos por reavaliação de ativo imobilizado, no valor de $ 1.000 (com efeito fiscal, quando da realização dos ganhos, não podendo ser subsequentemente reclassificado para o resultado).

A alíquota de IR é de 30%.

Com base nesses dados, a DRA da Cia. ABC poderia ser apresentada conforme o Quadro 14.1, considerando o efeito fiscal individualizado sobre cada componente de ORA:

QUADRO 14.1 DRA da Cia. ABC – Efeito fiscal individualizado sobre cada componente da ORA

Demonstração do resultado abrangente – Cia. ABC – Período X1	
Lucro líquido do exercício	3.000
(±) Outros resultados abrangentes:	
Itens que podem ser reclassificados para a DRE:	
Ganhos decorrentes da variação cambial de investimentos no exterior	400
Itens que não podem ser reclassificados para a DRE:	
Perdas atuariais	(1.200)
Efeito fiscal	360
Ganhos por reavaliação de ativo imobilizado	1.000
Efeito fiscal	(300)
Total dos ORA:	260
Lucro líquido abrangente	3.260

Por outro lado, caso a Cia. ABC optasse pela apresentação dos efeitos fiscais sobre os componentes de ORA ao final da DRA, então sua DRA seria apresentada conforme o Quadro 14.2:

QUADRO 14.2 DRA da Cia. ABC – Efeito fiscal sobre os componentes da ORA ao final

Demonstração do resultado abrangente – Cia. ABC – Período X1	
Lucro líquido do exercício	3.000
(±) Outros resultados abrangentes:	
Itens que podem ser reclassificados para a DRE:	
Ganhos decorrentes da variação cambial de investimentos no exterior	400
Itens que não podem ser reclassificados para a DRE:	
Perdas atuariais	(1.200)
Ganhos por reavaliação de ativo imobilizado	1.000
Total dos ORA antes do efeito fiscal	200
Efeito fiscal dos ORA	60
Lucro líquido abrangente	3.260

Ressalta-se que, em ambos os casos, a forma de apresentação escolhida foi aquela adotada pela legislação brasileira, ou seja, a DRA é apresentada separadamente da DRE.

Importante observar que os componentes dos ORA também farão parte da DMPL, afinal representam mutações do PL da entidade. Porém, a perspectiva de apresentação é ligeiramente diferente: enquanto na DRA é mostrado o efeito do ajuste do período correspondente à demonstração, a DMPL apresenta o saldo inicial daquele ajuste, o efeito ocorrido durante o ano (valores coincidentes com os constantes na DRA) e o saldo final.

CASO REAL

Aproveitando o contexto apresentado pela notícia de abertura deste capítulo, reproduzimos no Quadro 14.3 a DRA relativa ao exercício social findo em 31/12/2017, do Banco do Brasil.

QUADRO 14.3 DRA do Banco do Brasil – exercício social findo em 31/12/2017

Demonstrações Contábeis Consolidadas em IFRS
Exercício 2017

Valores expressos em milhares de Reais, exceto quando indicado

DEMONSTRAÇÃO DO RESULTADO ABRANGENTE CONSOLIDADO

	Exercício/2017	Exercício/2016	Exercício/2015
Lucro líquido do período	12.275.303	8.659.577	15.798.039
Itens que podem ser reclassificados para a Demonstração do Resultado Consolidado			
Ativos financeiros disponíveis para venda	703.493	1.577.837	(2.076.136)
Ganhos/(perdas) não realizados sobre ativos financeiros disponíveis para venda	1.372.158	2.045.205	(3.108.144)
(Ganhos)/perdas realizadas sobre ativos financeiros disponíveis para venda – reclassificados para o resultado	(471.874)	(128.063)	596.247
Efeito fiscal	(196.791)	(339.305)	435.761
Participação no resultado abrangente de investimentos em coligadas e *joint ventures*	99.525	97.524	(131.777)
Ganhos/(perdas) não realizados sobre ativos financeiros disponíveis para venda	203.131	205.355	(251.769)
Ganhos/(perdas) não realizados sobre *hedge* de investimentos líquidos no exterior	(11.142)	(16.947)	1.774
Efeito fiscal	(92.464)	(90.884)	118.218
Ajustes de conversão de investimentos no exterior	(323.636)	(868.919)	269
Itens que não podem ser reclassificados para a Demonstração do Resultado Consolidado			
Planos de benefícios definidos	3.048.369	(1.573.065)	(5.238.095)
Perdas em remensurações relacionadas a planos de benefícios definidos	5.091.650	(2.623.835)	(8.486.480)
Efeito fiscal	(2.043.281)	1.050.770	3.248.385
Outros resultados abrangentes líquidos de efeitos tributários	3.527.751	(766.623)	(7.445.739)
Resultado abrangente do período	15.803.054	7.892.954	8.352.300
Atribuível aos acionistas controladores	14.277.709	6.580.180	6.664.897
Atribuível às participações de acionistas não controladores	1.525.345	1.312.774	1.687.403

Fonte: https://www.bb.com.br/docs/pub/siteEsp/ri/pt/dce/dwn/IFRS2017.pdf

Apenas para destacar os pontos discutidos neste capítulo, vejam que a Companhia está segregando os itens que podem ser reclassificados para a DRE daqueles que não o serão. Além disso, apresenta o efeito fiscal de cada componente separadamente. Também podem ser visualizados os ajustes de reclassificação, aqueles necessários para se evitar dupla contagem dos itens reclassificados para o resultado do exercício. Por fim, destaca-se a apresentação, ao final, do resultado atribuível aos acionistas controladores, segregado do resultado atribuível aos acionistas não controladores. Embora esse tema fuja ao escopo deste livro, tal apresentação está associada ao processo de consolidação das demonstrações contábeis.

TEXTO PARA DISCUSSÃO

Com base na leitura do texto a seguir, responda às seguintes questões: o que significa "geografia contábil" e qual o seu impacto para o entendimento das demonstrações contábeis?

"Geografia contábil sob os holofotes

A temporada de balanços do segundo trimestre trouxe para o holofote temas contábeis extremamente áridos como 'geografia contábil' e o uso do 'valor justo' para mensurar ativos e passivos.

Do dia para noite, assuntos complexos como contabilidade de *hedge*, impacto 'não caixa' da variação cambial sobre a dívida e o registro da marcação a mercado de títulos públicos na conta de resultado ou diretamente no patrimônio líquido ganharam as mesas de botequim.

(...)

Se a 'geografia contábil' não tivesse relevância, não haveria diferença entre se registrar o efeito no resultado ou no PL, já que o impacto final é igual.

Mas a gritaria que surgiu com a mudança, motivando inclusive uma análise do caso pela Comissão de Valores Mobiliários (CVM), é uma evidência de que o 'lugar' onde as informações são divulgadas no balanço tem importância.

Segundo um dos contadores mais respeitados do país, o professor Eliseu Martins, da Faculdade de Economia, Administração e Contabilidade da USP, a contabilidade de *hedge* permite uma 'representação melhor da situação econômica' das empresas.

'Se o passivo aumentou, eu reconheço a perda de patrimônio, mas não registro a pancada no resultado porque vou contrapor isso aos ganhos com exportação no futuro', resume o professor, que lembra que as exigências para se aferir a eficácia desse *hedge* ao longo do tempo são severas.

Como oscilações bruscas no câmbio não são novidade no Brasil, o que aparentemente aconteceu é que as empresas preferiram enfrentar o trabalho de ter que provar aos auditores que seus *hedges* funcionam do que ter que passar horas tentando convencer investidores e o público que a despesa 'não caixa' que corroeu o lucro não terá efeito nenhum – quando na maior parte dos casos a distribuição de dividendos é sim afetada pelo sobe e desce cambial.

(...)

Para minimizar esse problema de geografia, o professor defende que os lançamentos tratados como 'outros resultados abrangentes' apareçam logo abaixo da demonstração de resultados, e não numa peça separada do balanço.

(...)"

Fonte: TORRES, Fernando. *Valor Econômico*, 16 ago. 2013.

DILEMA ÉTICO

Determinada empresa precisou registrar uma perda decorrente de uma desvalorização de suas propriedades para investimento (imóveis destinados para aluguel). Ao avaliar o impacto que o reconhecimento de tais perdas provocariam, decidiu registrar essas perdas como um componente de outros resultados abrangentes, afetando apenas o resultado abrangente, e não o resultado do exercício.

A escolha da empresa foi adequada? Responda considerando dois cenários: o contexto atual das normas contábeis, e um contexto hipotético em que quem decide o que é considerado ORA é a empresa, e não as normas.

RESUMO

OBJETIVO 1 Resultado abrangente é representado por toda e qualquer movimentação de patrimônio líquido, exceto aquelas envolvendo transações com acionistas. O resultado abrangente é composto do resultado do exercício e de outros resultados abrangentes (ORA).

OBJETIVO 2 A DRA pode ser apresentada de duas maneiras: (1) DRA englobando a DRE + ORA; e (2) DRE + DRA. O formato adotado pelo Brasil é o segundo, considerando especialmente a legislação societária atual.

Na apresentação da DRA, os resultados que podem ser reclassificados subsequentemente para a DRE devem ser segregados daqueles que não poderão ser. Além disso, os efeitos fiscais, mesmo que diferidos, devem ser apresentados na DRA, item a item, ou então ao final, a exemplo do formato de apresentação dos efeitos fiscais na DRE.

APLICANDO CONHECIMENTOS – QUESTÕES PARA RESOLVER

CASO PARA DISCUSSÃO — OBJETIVO 1

A empresa Tijuco S.A. apurou um valor de $ 5.000 de lucro do exercício e $ 4.000 decorrentes de outros resultados abrangentes. Em assembleia geral, os acionistas estão deliberando a respeito da distribuição de dividendos do período. Em sua opinião, qual deveria ser a base de cálculo para a distribuição de dividendos? Justifique sua resposta.

TESTES

OBJETIVO 1

1. Assinale a alternativa **incorreta** a respeito do resultado abrangente:

    Faz parte do patrimônio líquido.
    a) É composto de resultado do exercício e outros resultados abrangentes.
    b) Relaciona-se a variações do PL, exceto aquelas não relacionadas a acionistas.
    c) É apresentado na DRA.
    d) Os componentes dos outros resultados abrangentes podem ou não ser transferidos para o resultado do exercício.

OBJETIVO 1

2. São exemplos de outros resultados abrangentes, exceto:

    Ganhos ou perdas atuariais.
    a) Porção efetiva de *hedge* de fluxo de caixa.
    b) Variação cambial de participações societárias no exterior.
    c) Ganho por reavaliação de ativo imobilizado.
    d) Ganho por ajuste a valor justo de propriedades para investimento.

OBJETIVO 1

3. Considere as seguintes afirmações:

    I – A variação cambial de uma participação societária no exterior é reclassificada do ORA para o resultado do exercício quando a participação societária é vendida.

    II – O ganho decorrente da reavaliação de um ativo imobilizado é reclassificado do ORA para o resultado do exercício quando o ativo imobilizado é vendido.

    III – O ganho decorrente da reavaliação de uma propriedade para investimento é reclassificado do ORA para o resultado do exercício quando a propriedade para investimento é vendida.

    São corretas apenas:
    a) A afirmativa I.
    b) A afirmativa II.
    c) A afirmativa III.
    d) As afirmativas I e II.
    e) As afirmativas I e III.

OBJETIVO 1 **OBJETIVO 2**

4. Considere as seguintes afirmações:

    I – O resultado abrangente é calculado a partir do resultado líquido do exercício ± outros resultados abrangentes.

    II – Os outros resultados abrangentes podem ser positivos ou negativos.

III – Os dividendos devem ser calculados com base no resultado abrangente.

São **corretas apenas:**
a) A afirmativa I.
b) A afirmativa II.
c) A afirmativa III.
d) As afirmativas I e II.
e) As afirmativas I e III.

OBJETIVO 2
5. No Brasil, a DRA:

Deve ser apresentada com a DRE, em apenas uma demonstração.
a) Deve ser apresentada de forma separada da DRE.
b) Pode ser apresentada com a DRE, em apenas uma demonstração, ou de forma separada da DRE.
c) Deve ser apresentada no corpo da DMPL.
d) Não deve ser apresentada.

OBJETIVO 2
6. Com relação aos ajustes de reclassificação, é **incorreto** afirmar que:

Os ajustes em ORA devem ser realizados para evitar dupla contagem.
a) Se o ORA não for reclassificado para o resultado do exercício, o ajuste de reclassificação não deverá será apresentado.
b) Se o ORA for reclassificado para o resultado do exercício, o ajuste de reclassificação deverá será apresentado.
c) Quem determina se o ORA deve ser reclassificado para resultado do exercício são as normas.
d) Todos os ajustes de reclassificação são negativos.

OBJETIVO 2
7. A apresentação dos efeitos fiscais sobre os outros resultados abrangentes:

Deve ser feita ao final da DRA, antes do fechamento do resultado abrangente total.
a) Deve ser feita item a item, com os componentes dos outros resultados abrangentes que possuem efeitos fiscais.
b) Pode ser feita ao final da DRA, antes do fechamento do resultado abrangente total, ou item a item, com os componentes dos outros resultados abrangentes que possuem efeitos fiscais.
c) Não precisa ser feita.
d) Deve ser feita na DRE.

OBJETIVO 2
8. Com relação aos impactos dos outros resultados abrangentes (ORA) na distribuição de dividendos no Brasil, é correto afirmar que:

Os ORA impactam a distribuição de dividendos, uma vez que eles são calculados sobre o resultado abrangente.
a) Os ORA podem ou não impactar a distribuição de dividendos, pois a empresa pode escolher se distribui os dividendos com base no resultado do exercício ou no resultado abrangente.
b) Os ORA impactam a distribuição de dividendos apenas quando são positivos, pois os dividendos só devem ser distribuídos quando há lucro.
c) Os ORA não impactam a distribuição de dividendos, pois eles são calculados sobre o resultado do exercício.
d) Os ORA não impactam a distribuição de dividendos, pois eles são calculados sobre o resultado abrangente.

OBJETIVO 1   OBJETIVO 2
9. Considere as seguintes afirmações:

I – Quando ocorre a reclassificação de algum componente do ORA para o resultado do exercício, o resultado do exercício não é afetado.

II – Quando ocorre a reclassificação de algum componente do ORA para o resultado do exercício, o resultado abrangente não é afetado.

III – Os componentes dos ORA são apresentados na DRA e na DMPL.

São corretas apenas:
a) A afirmativa I.
b) A afirmativa II.
c) A afirmativa III.
d) As afirmativas I e II.
e) As afirmativas II e III.

OBJETIVO 1   OBJETIVO 2
10. Considere as seguintes afirmações com relação aos componentes do ORA:

I – Os componentes do ORA estão relacionados a ajustes decorrentes de efeitos econômicos não realizados.

II – Os componentes do ORA podem ou não ser reclassificados para o resultado do exercício quando de sua realização.

III – Os componentes dos ORA podem ser positivos (ganhos) ou negativos (perdas).

São **corretas:**
a) Apenas a afirmativa I.
b) Apenas a afirmativa II.
c) Apenas as afirmativas I e II.
d) Apenas as afirmativas I e III.
e) As afirmativas I, II e III.

Respostas: 1-c; 2-e; 3-a; 4-d; 5-b; 6-e; 7-c; 8-d; 9-e; 10-e.

EXERCÍCIOS

OBJETIVO 1

1. Ao apurar os seus resultados, a Cia. Brief Case coletou as seguintes informações:

a) Receita de vendas: $ 100.000.

b) Custo das mercadorias vendidas: $ 40.000.

c) Despesas gerais e administrativas: $ 5.000.

d) Despesas de vendas: $ 12.000.

e) Variação cambial negativa de participações societárias no exterior: $ 7.000.

f) Ganho por reavaliação de máquinas: $ 12.000.

Quais os valores que devem ser apresentados como resultado do exercício, outros resultados abrangentes e resultado abrangente? Justifique a sua resposta.

OBJETIVO 2

2. O patrimônio líquido da Cia. ABC, em 31/12/20X5, apresentava os seguintes valores:

Capital Social	$ 300.000
Reserva Legal	$ 8.000
Reserva Estatutária	$ 12.000

A Cia. ABC possuía, entre seus ativos, aplicações financeiras classificadas como Disponíveis para a Venda, no valor de $ 80.000 e a taxa de juros destas aplicações é de 8% ao ano (juros compostos). Estas aplicações devem ser mensuradas em cada fechamento pelo valor justo e a diferença entre este valor e o valor da remuneração contratada é reconhecida diretamente no patrimônio líquido da empresa. Em 31/12/20X6, o valor justo dessas aplicações era de $ 90.000.

Durante o ano de 20X6, a empresa apurou um lucro líquido de $ 7.000 (já incluídos os juros das aplicações financeiras) e determinou a seguinte distribuição:

Reserva legal: 5% do lucro líquido

Reserva estatutária: 10% do lucro líquido

Reserva para expansão: 60% do lucro líquido

Dividendos obrigatórios: 25% do lucro líquido

Pede-se:

a) Com base nas informações acima, elabore a DRA e a DMPL da Cia. ABC de 20X6.

b) Suponha que, em 02/01/20X7, a Cia. ABC resgatou todas as suas aplicações financeiras pelo mesmo valor vigente em 31/12/20X6 ($ 90.000). Demonstre o resultado obtido pela Cia. ABC nesta operação e elabore a DRA e a DMPL.

Obs. 1: Ignore efeitos tributários.

Obs. 2: Assuma que o item de ORA é reclassificado para o resultado do exercício quando da sua realização (venda).

OBJETIVO 2

3. Em 31/12/X0, o balanço patrimonial da Cia. DDD era o seguinte:

BP	31/12/X0	31/12/X1	31/12/X2
Ativo circulante			
Caixa	7.600		
Ativo não circulante			
Aplicações financeiras – TVM	10.000		
TOTAL ATIVO	17.600		
Passivo circulante			
Passivo não circulante			
Empréstimos	4.000		
TOTAL PASSIVO	4.000		
Capital	12.000		
Lucros acum.	1.600		
TOTAL PL	13.600		
TOTAL PASSIVO + PL	17.600		

Na conta "aplicações financeiras", estão registrados títulos do tesouro que foram adquiridos em 31/12/X0. De acordo com a política contábil da empresa, esses títulos são mensurados a valor justo com efeito no PL e, quando da venda dos títulos, o efeito acumulado do ajuste a valor justo é reclassificado para o resultado do exercício[1]. Em X1, os juros dos títulos (custo amortizado) foram de $ 2.000. Em 31/12/X1, os títulos valiam $ 13.000 no mercado. No início de X2, a Cia. DDD decidiu vender os títulos por $ 13.000.

Durante X1, a empresa registrou receitas de $ 10.000, custos de $ 2.800 e despesas administrativas de $ 1.500, sendo recebidas/pagas ainda em X1. Os juros dos empréstimos foram de $ 1.200. Tanto os juros quanto o principal serão pagos em X3. Durante X1, ainda foram pagos $ 2.000 de dividendos aos acionistas ref. ao lucro de X1.

Durante X2, a empresa registrou receitas de $ 16.000, custos de $ 3.000 e despesas administrativas de $ 1.600, sendo recebidas/pagas ainda em X2. Os juros dos empréstimos foram de $ 1.400. Tanto os juros quanto o principal serão pagos em X3. Durante X2, ainda foram pagos $ 4.000 de dividendos aos acionistas ref. ao lucro de X2.

---

[1] Esse tratamento contábil está de acordo com a IFRS 9 (CPC 48), considerando que tanto o teste do modelo de negócios da Cia., como o teste para verificar se os títulos somente pagam principal e juros (SPPJ) foram positivos, o que permitiria que a Cia. DDD pudesse mensurar subsequentemente tais ativos financeiros pelo custo amortizado. Ocorre que a Cia. fez a opção de mensurar tais TVMs pela métrica do valor justo, reconhecendo, todavia, as suas variações na rubrica de outros resultados abrangentes.

Considerando os dados citados, prepare o BP de 31 de dezembro de X1 e X2 e a demonstração de resultados (DRE e DRA) e a DMPL dos exercícios de X1 e X2, utilizando os modelos apresentados.

Demonstração de resultados	X1	X2
Receitas		
Custos		
Despesas administrativas		
Despesas financeiras		
Receitas financeiras		
(=) LL do período		

Demonstração do resultado abrangente	X1	X2
LL do Período		
(±) Outros resultados abrangentes		
(=) LL abrangente		

DMPL	Capital	Lucros ac.	Ajuste TVM	TOTAL
Saldo em 31/12/X0				
Saldo em 31/12/X1				
Saldo em 31/12/X2				

15

Assista ao vídeo do autor sobre o tema deste capítulo

PATRIMÔNIO LÍQUIDO

"BNDES queima reservas para pagar dividendos

Pela segunda vez no ano, o governo reduz as reservas estatutárias do Banco Nacional de Desenvolvimento Econômico e Social (BNDES) para realizar o pagamento de dividendos. Em março, foi drenado R$ 1,85 bilhão, montante que ajudou o governo central a fazer um superávit de R$ 3,17 bilhões naquele mês.

(...)

Todo o dinheiro saiu das reservas estatutárias constituídas com o resultado de 2013, que foram zeradas após essas operações. O montante se soma a outros R$ 7 bilhões já pagos no ano passado."

Fonte: Adaptado de CAMPOS, Eduardo. *Valor Econômico*, 12 maio 2014.

"Planalto autoriza aumento do capital social da Trensurb

O Palácio do Planalto autorizou o aumento do capital social da Trensurb, empresa pública que opera trens de Porto Alegre. O decreto permite que a empresa incorpore em seu capital 'adiantamento para futuro aumento do capital, transferido pela União nos exercícios de 2014 e 2015 e em janeiro de 2016, no montante de R$ 180,6 milhões'.

(...) Além disso, a União fica autorizada a subscrever as ações após a aprovação do aumento do capital social pela assembleia geral de acionistas da Trensurb."

Fonte: Adaptado de MARCHESINI, Lucas. *Valor Econômico*, 30 nov. 2017.

Grosescu Alberto | 123RF

Denys Bilytskyi | 123RF

OBJETIVOS DE APRENDIZAGEM DO CAPÍTULO

Após estudar este capítulo, você será capaz de:

1. Revisar o conceito de PL visto no Capítulo 2 e ampliar a sua compreensão.
2. Estudar o conceito e as características do capital social.
3. Estudar o conceito e os tipos de reserva de capital.
4. Estudar o conceito e os tipos de reserva de lucros.
5. Entender o conceito da conta ajuste de avaliação patrimonial (AAP).
6. Estudar o conceito de ações em tesouraria.
7. Compreender formas de cálculo e impactos societários da distribuição de lucros na forma de dividendos ou juros sobre capital próprio (JSCP).

RESGATANDO O CONCEITO DE PATRIMÔNIO LÍQUIDO

Conceitos básicos

O conceito de patrimônio líquido é muito simples e segue a ideia da equação patrimonial em que os ativos (bens e direitos que produzirão fluxo de caixa futuros) menos os passivos (obrigações) pertencem aos sócios (capital próprio), conforme representado na Figura 15.1.

Patrimônio líquido = Ativo − Passivo

FIGURA 15.1 Patrimônio líquido.

O patrimônio líquido apresenta vários itens de bastante relevância. É dividido em: capital social, reservas de capital, ajustes de avaliação patrimonial, reservas de lucros, ações em tesouraria e prejuízos acumulados. Essa divisão pode ser detalhada conforme os seguintes conceitos:

1. **Capital social:** valores recebidos dos sócios e, também, aqueles produzidos pela empresa que foram formalmente incorporados ao Capital.
2. **Reservas de capital:** representam valores recebidos que não transitaram e não transitarão pelo resultado como receitas, pois derivam de transações de capital com os sócios.
3. **Ajustes de avaliação patrimonial:** representam as contrapartidas de aumentos ou diminuições de valor atribuído a elementos do ativo e do passivo que não vão a resultado no momento em que são reconhecidos.

4. **Reservas de lucros:** são lucros obtidos e reconhecidos pela empresa, retidos com a finalidade específica da lei ou de acordo com as diretrizes do estatuto ou conselho da empresa.
5. **Ações em tesouraria:** representam ações da companhia que são adquiridas pela própria entidade.
6. **Prejuízos acumulados:** representam resultados negativos produzidos pela empresa.

 VOCÊ SABIA?

Várias contas do patrimônio líquido surgiram com a entrada das normas internacionais no Brasil, entre elas: gastos com emissão de ações, ações outorgadas e, a principal delas, ajustes de avaliação patrimonial.

Interessante destacar que a legislação societária no Brasil proíbe as sociedades anônimas de apresentarem lucros acumulados como em outros países, pois esse item foi retirado em razão da mudança da Lei nº 6.404/76; desse modo, o lucro da empresa será destinado às reservas ou pago em dividendos para os sócios. Essa proibição está ligada à proteção dos acionistas, em especial dos minoritários: ao exigir que a empresa destine todo o lucro produzido no período (seja para dividendos ou para reservas de lucros), a legislação quer garantir que a empresa demonstre aos acionistas qual destino está dando para o lucro).

 IMPORTANTE

Sociedades que não são regidas pela Lei das S.A., no Brasil, podem ter a conta lucros acumulados em seu patrimônio líquido, não sendo destinados às reservas ou a pagamento de dividendos!

OBJETIVO 2
CAPITAL SOCIAL

O capital social representa, inicialmente, o valor investido pelos acionistas ou sócios na empresa (por meio da emissão de ações ou cotas), para que esta financie suas atividades. Com o passar do tempo, o capital social pode ser alterado tanto por novos investimentos feitos pelos acionistas quanto por lucros retidos e incorporados formalmente ao capital social. Tanto a constituição inicial do capital social quanto suas alterações posteriores devem estar formalizadas no estatuto ou contrato social da empresa, que é o documento que formaliza a relação jurídica entre a companhia e seus acionistas.

O art. 182 da Lei nº 6.404/76 estabelece que a conta capital social discriminará o montante subscrito e, por dedução, a parcela ainda não realizada.

O capital social corresponde ao capital efetivo da empresa, valor que os acionistas ou sócios se comprometeram a integralizar, conforme o estatuto ou contrato social da empresa, devendo ser subscrito na data da criação da empresa. Sua integralização, porém, pode depender do prazo, da forma e das condições estabelecidas no estatuto social ou no contrato.

A parcela do capital ainda não integralizada pelos acionistas é denominada capital a integralizar (ou capital a realizar), enquanto a parcela de capital efetivamente integralizada é chamada capital integralizado ou capital realizado.

O capital realizado (ou integralizado) (CR) é igual ao capital subscrito (CS) menos o capital a integralizar (CI):

$$CR = CS - CI$$

O capital social representa o valor investido pelos sócios na empresa.

A parcela do capital ainda não integralizada pelos acionistas é denominada Capital a Integralizar.

A parcela de capital efetivamente integralizada é chamada Capital Integralizado ou Capital Realizado.

QUESTÃO PARA REFLEXÃO 15.1

Os sócios se propõem a iniciar uma empresa que possua, no máximo, um capital social de $ 10.000,00. Além disso, no primeiro mês, decidem integralizar apenas $ 3.000,00, em dinheiro em conta-corrente, sendo o restante para daqui a 6 meses. Como deve ser o lançamento pela subscrição de capital e pela integralização?

VOCÊ SABIA?

- Subscrição é o ato em que o interessado formaliza sua vontade de adquirir um valor mobiliário.
- Integralizar é o ato de fazer o investimento de aquisição do valor mobiliário.

Caso uma sociedade anônima possua um número máximo de ações a integralizar conforme estatuto social, chamamos esse valor de capital autorizado, ou seja, a empresa está autorizada a aumentar o capital até aquele volume de dinheiro em seu estatuto.

As ações devem ser registradas pelo seu valor nominal no balanço da empresa. Caso ela seja vendida por um valor maior que o valor nominal, chamamos essa diferença de "ágio na emissão de ações", e esse valor é registrado em conta separada na reserva de capital.

As ações devem ser registradas pelo seu valor nominal no balanço da empresa.

Aplicação prática

Uma empresa emite ações no mercado com valor nominal de $ 1,00. A empresa apresenta uma atratividade tão grande no mercado que conseguiu vender as ações por $ 1,20/cada. Sabendo que a empresa vendeu 5.000 ações, o lançamento contábil será:

Caixa e equivalentes (débito)	$ 6.000
Capital social (crédito)	$ 5.000
Ágio na emissão de ações (crédito)	$ 1.000

Ainda com relação à emissão de ações, há sempre uma pergunta: ***Quem arca com os custos da emissão, a empresa ou os sócios?***

De acordo com o pronunciamento técnico CPC 08, sobre custos de transação e prêmios na emissão de títulos e valores mobiliários, esses gastos com captação de recursos pertencente ao patrimônio líquido são registrados em conta retificadora do grupo capital social ou, quando aplicável, na reserva de capital que registrar o prêmio recebido na emissão das novas ações.

QUESTÃO PARA REFLEXÃO 15.2

Imagine que uma empresa emita ações ao preço de $ 1,00/ação. Os custos de emissão foram de $ 2 milhões. A empresa capta o valor de $ 200 milhões, sem ágio na emissão. Qual será o lançamento?

Outra questão muito importante diz respeito aos tipos de ações. De forma resumida, há dois tipos principais: ordinárias e preferenciais. De acordo com a legislação societária brasileira, as ações ordinárias são aquelas que dão direito a voto. Já as preferenciais, embora não tenham direito a voto (exceto em circunstâncias específicas como, por exemplo, passar três anos sem receber dividendos), apresentam preferência na distribuição de dividendos. Atualmente, uma sociedade por ações não pode ter mais do que 50% do seu capital formado por ações preferenciais.

ESTUDO DE CASO

A empresa EVME Produtos de Beleza S.A. possui ações na Bolsa de Valores com a seguinte estrutura acionária:

Acionistas	Ações Ordinárias	Ações Preferenciais
Grupo A	67	0
Grupo B	31	95
Outros	2	5
Total	100	100

Pela estrutura acionária, percebe-se que o Grupo A tem o controle da empresa. Sabe-se que há três anos a EVME não distribui dividendos para os acionistas ordinários e preferencialistas.

O que o Grupo B poderia fazer para ter o controle da empresa e tirar o controle do Grupo A? Como se passaram três anos sem pagar dividendos, as ações preferenciais passam a ter direito a voto, então a soma de todas as ações ultrapassa o poder de controle do Grupo A. O Grupo B poderia fazer emissão de novas ações e, assim, tem o direito de comprar pela quantidade de poder de voto, como poder de compra das ações na emissão. Após a entrada de capital, a melhora da empresa e o pagamento de dividendos, as ações preferenciais perderão o poder de voto, com isso, o Grupo B deve calcular quanto deveria emitir e comprar, no mínimo, determinada quantidade de ações ordinárias para, após perder o poder de voto das ações preferenciais, não perder mais o controle da empresa para o Grupo A.

Com essas informações, quantas ações ordinárias o Grupo B poderia pedir para serem lançadas e qual o número mínimo para adquirir e conseguir o controle da empresa EVME S.A.?

OBJETIVO 3

RESERVAS DE CAPITAL

As reservas de capital são valores recebidos pela empresa e que não passam pelo resultado como receitas, pois são oriundos do esforço de seu capital.

Conceitualmente, as reservas de capital são equivalentes ao próprio capital social. Portanto, ainda conceitualmente, esses valores poderiam ser lançados diretamente na conta "capital social" e, portanto, não seria necessária a criação desse grupo de reservas de capital. Porém, juridicamente, para que um valor seja registrado na conta "capital social", deve necessariamente ocorrer uma alteração do estatuto ou do contrato social. Ocorre que nem sempre essa alteração é feita, por essa razão, faz sentido a existência de um outro grupo de contas, denominado de "reservas de capital", para que a empresa possa registrar recebimentos de recursos de sócios que, em essência, é parte do capital social, mas que formalmente ainda não estão reconhecidos no estatuto ou no contrato social.

> As reservas de capital são valores recebidos pela empresa e que não passam pelo resultado da entidade como receitas.

As reservas de capital estão divididas nas seguintes contas: ágio na emissão de ações; reserva especial de ágio na incorporação; alienação de partes beneficiárias; e alienação de bônus de subscrição.

O ágio na emissão de ações, já comentado anteriormente, nada mais é do que um recebimento adicional de recursos advindo do mercado em razão de uma maior demanda do mercado por ações da empresa. Desse modo, conforme conceituado anteriormente, representa recursos advindos dos sócios que, por motivos jurídicos, não estão formalizados como capital social. Assim, ficam "estacionados" na conta de reserva de capital até que os acionistas decidam incorporar essa reserva à conta capital social.

Já a reserva especial de ágio na incorporação é um valor que aparece no patrimônio líquido da empresa que adquire outra (sua controladora) em razão de benefícios fiscais decorrentes de amortização fiscal de ágio. Esse assunto é bem específico e depende de outros conceitos avançados que não estamos tratando aqui.[1]

As partes beneficiárias e os bônus de subscrição são valores mobiliários de nosso mercado financeiro. Como eles podem ser vendidos no mercado, o produto dessa venda é lançado nessas contas. Na verdade, com relação às partes beneficiárias, desde 2001, as empresas não fazem mais lançamentos, mas essa conta serve para as que ainda existiam no mercado.

Mas como a empresa pode usufruir dessas reservas? Elas podem ser utilizadas pelas empresas da seguinte maneira:

- Absorver prejuízo, somente depois que as reservas de lucros já tiverem sido utilizadas ou não existirem.
- Resgatar, reembolsar ou comprar ações.
- Resgatar partes beneficiárias.
- Incorporar ao capital.
- Pagar dividendos cumulativos a ações preferenciais que não tenham ainda recebido. Essa vantagem só é dada quando for assegurado pelo estatuto da empresa.

Portanto, as reservas de capital representam um conjunto de contas que, em essência, representam recursos provenientes dos sócios da empresa, ou seja, representam capital que, formalmente, não podem ser contabilizados na conta capital social.

OBJETIVO 4
RESERVAS DE LUCROS

As reservas de lucros representam as parcelas dos lucros obtidos pela empresa em suas atividades e retidos para uma finalidade específica. Em essência, apresentam a mesma natureza da conta "lucros acumulados", pois representam recursos advindos da atividade da empresa, e que não foram destinados aos acionistas, e, portanto, retidos, ou acumulados.

Porém, a formalização da destinação dos lucros para contas específicas de reservas de lucros é exigida por Lei e faz com que a informação contábil indique para os seus usuários os motivos específicos da retenção dos lucros. Desse modo, **o acionista pode entender as razões que justificaram a não distribuição dos lucros a ele, na forma de dividendos.**

De acordo com a Lei nº 6.404/76 e alterações posteriores, são exemplos de reservas de lucros:

- Reserva legal.
- Reserva estatutária.
- Reserva para contingências.
- Reservas de incentivos fiscais.
- Reserva de lucros a realizar.
- Reserva de lucros para expansão.

Um ponto importante relativo à constituição das reservas diz respeito à existência de prejuízos acumulados. Quando isso ocorre, a absorção de prejuízos ocorre antes da constituição das reservas de lucros. Assim, se, por exemplo, a empresa tivesse prejuízos acumulados de $ 1.000, e produzisse um lucro no exercício seguinte de $ 1.200, então todas as reservas e dividendos seriam calculados com base no lucro remanescente de $ 200 após a absorção do prejuízo acumulado, afinal, é o lucro que de fato resta para ser destinado.

---
[1] Para mais detalhes, consultar o *Manual de Contabilidade Societária*, 3ª edição, 2018.

Reserva legal

A reserva legal foi instituída pelo art. 193 da Lei nº 6.404/76, com a finalidade de garantir a integridade do capital social. Das reservas de lucro, é a única de constituição obrigatória.

Esta deverá ser constituída à base de 5% do lucro líquido do exercício, antes de qualquer outra destinação, até que atinja 20% do capital social realizado. Poderá, a critério da companhia, deixar de ser constituída essa reserva quando o saldo da reserva legal, somado ao montante das reservas de capital, atingir 30% do capital social.

Como essa reserva é definida pela Lei, sua utilização também é restrita aos critérios legais. De acordo com a Lei nº 6.404/76, a utilização dessa reserva está restrita à compensação de prejuízos e ao aumento do capital social.

QUESTÃO PARA REFLEXÃO 15.3

A empresa Parnamirim S.A. apresentou lucro líquido de $ 100.000. *Quanto será a reserva legal dessa empresa, dado que o capital social é de $ 30.000, a reserva de capital é de $ 6.000 e o saldo da reserva legal é zero?*

Reserva estatutária

Estas reservas são constituídas por determinações do estatuto social da empresa, devendo o estatuto definir sua finalidade de modo preciso e completo, além de fixar os critérios para determinar a parcela anual do lucro líquido a ser destinada à sua constituição, bem como estabelecer seu limite máximo. Portanto, a reserva estatutária é semelhante à reserva legal, que também possui finalidade, critérios e limites, porém a reserva estatutária é específica de cada empresa, podendo, inclusive, nem existir.

Uma observação a ser feita é que a destinação dos lucros para a constituição das reservas estatutárias não poderá ser aprovada, em cada exercício, em prejuízo da distribuição do dividendo obrigatório (art. 198 da Lei nº 6.404/76).

Reserva para contingências

A Lei nº 6.404/76, em seu art. 195, estabelece que a assembleia geral poderá destinar parte do lucro líquido à formação de reserva com a finalidade de compensar, em exercício futuro, a diminuição do lucro decorrente de perda julgada provável, cujo valor possa ser estimado.

A proposta dos órgãos da administração deverá indicar a causa da perda prevista e justificar a constituição da reserva que será revertida no exercício em que deixarem de existir as razões que justificaram a sua constituição, ou no período em que ocorrer a perda.

VOCÊ SABIA?

Nesse momento, você pode ter a impressão de que as reservas são iguais às provisões. Não, elas não são. As provisões são aumentos de passivos ou diminuições de ativos que geram despesas no período, enquanto as reservas, como se podem ver, são valores que nascem de aumentos em ativos e passivos, sem necessariamente gerar despesas, advindos dos lucros ou de valores de origens diretamente no patrimônio líquido da empresa.

Reserva de lucros a realizar

No exercício em que o montante do dividendo obrigatório ultrapassar a parcela realizada do lucro líquido do exercício, a assembleia geral poderá, por proposta dos órgãos de administração, destinar o excesso à constituição de reserva de lucros a realizar. Nesse sentido, a constituição dessa reserva está associada à não realização financeira do lucro líquido do exercício.

O art. 197 da Lei nº 6.404/76 considera realizada a parcela do lucro líquido do exercício que exceder a soma dos seguintes valores:

a. O resultado líquido positivo da equivalência patrimonial.

b. O lucro, o ganho ou o rendimento em operações cujo prazo de realização financeira ocorra após o término do exercício social seguinte.

A reserva de lucros a realizar poderá ser utilizada para o pagamento do dividendo obrigatório (quando da realização dos lucros não realizados) ou para compensar prejuízos futuros (caso o prejuízo ocorra antes da realização dos lucros não realizados).

QUESTÃO PARA REFLEXÃO 15.4

A empresa USPIANA S.A. apresenta os seguintes saldos após apuração e lançamento do lucro líquido:

a. Resultado do exercício: $ 200.000.

b. Reserva legal: $ 10.000.

c. Base de cálculo do dividendo mínimo obrigatório: $ 190.000.

d. 25% da base de cálculo: $ 47.500.

e. Percebeu-se que parte do resultado do exercício é formado por resultados não realizados (são previstos por lei e autorizam a empresa a não pagar dividendos), no montante de $ 160.000. Desse modo, apenas $ 40.000 é caixa.

Dessa maneira, quanto será a reserva de lucros a realizar?

Importante observar que a constituição dessa reserva é opcional, ou seja, não é obrigada a constituir essa reserva de $ 7.500 e deixar de pagar aos acionistas. Logo, caso a empresa queira pagar $ 47.500 de dividendos e não constituir a reserva de lucros a realizar, ela pode.

Reserva de lucros para expansão

Essa reserva deve ser criada por proposta da administração e aprovada em assembleia geral, devendo estar prevista no orçamento de capital da companhia previamente aprovado.

O orçamento deverá compreender todas as fontes de recursos e aplicações de capital, fixo ou circulante, e poderá ter a duração de até cinco exercícios, salvo no caso de execução, por prazo maior, de projeto de investimento.

Contudo, a constituição dessa reserva não poderá ser aprovada, em cada exercício, em prejuízo da distribuição do dividendo obrigatório (art. 198 da Lei nº 6.404/76).

Reservas de incentivos fiscais

Esta reserva poderá ser constituída com a parcela do lucro líquido decorrente de doações e subvenções governamentais para investimentos. O art. 195-A da Lei nº 6.404/76 estabelece que a constituição dessa reserva deve ser feita por proposta dos órgãos da administração e aprovada em assembleia e que a companhia poderá excluir os valores destinados para essa reserva da base de cálculo dos dividendos mínimos obrigatórios.

Caso os incentivos fiscais sejam excluídos da base de cálculo dos dividendos, eles serão isentos (enquanto não distribuídos), de acordo com a legislação tributária.

Limite do saldo das reservas de lucros

A Lei nº 6.404/76, em seu art. 199, estabelece que o saldo das reservas de lucros, exceto as para contingências, de incentivos fiscais e de lucros a realizar, não poderá ultrapassar o capital social. Quando esse limite for atingido, a assembleia deliberará sobre a aplicação do excesso na integralização ou no aumento do capital social, ou na distribuição de dividendos.

Lucros ou prejuízos acumulados

O § 6º do art. 202 da Lei nº 6.404/76 estabelece que todo o lucro líquido do exercício deve ser destinado para reservas ou distribuído como dividendos (alteração incluída pela Lei nº 10.303/2001). Assim, essa conta somente apresentará saldo, no balanço patrimonial, quando a companhia apresentar prejuízos acumulados.

A referida lei, contudo, não eliminou a conta de lucros acumulados e sua movimentação deve ser apresentada na demonstração das mutações do patrimônio líquido (DMPL). Na realidade, essa conta passou a ter natureza transitória, devendo ser utilizada para receber a transferência do lucro líquido do período, para reversões de reservas de lucro e para as destinações do lucro e, portanto, só terá saldo se apresentar prejuízos acumulados.

> **! IMPORTANTE**
>
> Sociedades que não são regidas pela Lei das S.A., no Brasil, podem ter saldo na conta lucros acumulados, o qual poderá ser destinado às reservas ou a pagamento de dividendos no futuro!

DILEMA ÉTICO

Você é o contador de uma grande empresa multinacional de siderurgia localizada nos Estados Unidos. Recentemente, a empresa decidiu construir um ramo de negócios no Polo de Recife, em Pernambuco, por causa do alto grau de logística e proximidade ao Porto de Suape. Após dois anos de atividades, a empresa seguia em lucros crescentes e constantes, de modo que os investidores já viam a empresa como um grande investimento para recebimento de dividendos, contudo eles nunca vinham, pois todo o dinheiro era lançado em reservas, principalmente na reserva de lucros a realizar.

Após conversa em um almoço informal com o Diretor da empresa, você percebe que, na verdade, os valores eram enviados para os Estados Unidos, como forma de se fazer investimentos nas empresas americanas e pagar dividendos para investidores americanos e não brasileiros.

O que você, como contador da empresa, faria nessa situação, sabendo que todas as reservas estavam sendo mensuradas de forma coerente e a empresa realmente não pagava dividendos por ter um alto grau de resultados não realizados?

OBJETIVO 5

AJUSTE DE AVALIAÇÃO PATRIMONIAL

Assista ao vídeo do autor sobre este tema

uqr.to/f1we

Essa conta surgiu no Brasil depois das mudanças ocorridas na Lei nº 6.404/76 e suas modificações ocasionadas pelas normas internacionais e avanços na forma de mensuração de ativos e passivos, principalmente com relação a instrumentos financeiros. Dessa maneira, essa conta recebe débitos e créditos oriundos de ganhos ou perdas em ativos ou passivos que não irão para o resultado.

Mas por que não lançar esses valores em conta de resultado? Por obediência ao princípio da competência, ou seja, esses valores ainda não fazem parte do resultado do período que ocorreram. Ou seja, quando esses valores realmente forem de competência do exercício, serão lançados no resultado.

> **VOCÊ SABIA?**
>
> A conta de Ajuste de Avaliação Patrimonial não é uma conta de Reserva. Por quê? Pois ela recebe apenas valores que não transitaram pelo resultado!

Entre os exemplos, podemos citar:

a. Resultado advindo de títulos classificados como **ao valor justo por meio de outros resultados abrangentes**.
b. Obrigações com benefícios à aposentadoria.
c. Ganhos e perdas derivados de conversão de demonstrações de operações no exterior.
d. Mensuração ao valor justo de instrumentos financeiros utilizados para *hedge* de fluxo de caixa.
e. Diferenças no valor de ativos e passivos avaliados a preço de mercado nas reorganizações societárias.

Como exemplo, podemos ver no Quadro 15.1 os valores em nota explicativa da Cia. Vale S.A. nos demonstrativos de 2014.

QUADRO 15.1 Nota explicativa – Ajustes de Avaliação Patrimonial da Vale nos demonstrativos de 2014

i) Ajustes de avaliação patrimonial

	Obrigações com benefícios à aposentadoria	Hedge de fluxo de caixa	Instrumentos financeiros disponíveis para venda	Conversão de ações	Total de ganhos (perdas)
Saldo em 31 de dezembro de 2012	(1.378)	(12)	(1)	(653)	(2.044)
Outros resultados abrangentes	630	(51)	(1)	-	578
Ajuste de conversão	63	17	-	184	264
Saldo em 31 de dezembro de 2013	(685)	(46)	(2)	(469)	(1.202)
Outros resultados abrangentes	(192)	(416)	-	-	(608)
Ajuste de conversão	32	9	-	56	97
Saldo em 31 de dezembro de 2014	(845)	(453)	(2)	(413)	(1.713)

Aplicação prática

A empresa Pitangui S.A. adquiriu um instrumento financeiro pelo valor de $ 100.000, que rende juros no valor de 1,7% ao mês. A empresa qualificou o mesmo **ao valor justo por meio de outros resultados abrangentes**. Após um mês, o título está valendo $ 102.000 no mercado financeiro.

A contabilização será:

1. No momento da aquisição:

Instrumentos financeiros (débito)	$ 100.000
Disponibilidades (crédito)	$ 100.000

2. No momento do reconhecimento dos juros e valorização do mercado

Instrumentos Financeiros (débito)	$ 2.000
Receita de juros (crédito – resultado)	$ 1.700
Ajustes de Avaliação Patrimonial (crédito)	$ 300

No caso de venda desse título pelo valor de mercado, e admitindo a realização desse ganho no resultado do exercício, os lançamentos serão:

Disponibilidades (débito)	$ 102.000
Instrumentos financeiros (crédito)	$ 102.000

| Ajustes de avaliação patrimonial (débito) | $ 300 |
| Ganho na venda de instrumento financeiro (crédito – resultado) | $ 300 |

Agora imagine que, em vez de ter havido uma valorização no mercado, após um mês, o título tenha sido avaliado em $ 98.000.

1. No momento do reconhecimento dos juros e desvalorização do mercado

Ajustes de avaliação patrimonial (débito)	$ 3.700
Receita de juros (crédito – resultado)	$ 1.700
Instrumentos financeiros (crédito)	$ 2.000

2. No caso de venda desse título pelo valor de mercado, os lançamentos serão:

| Disponibilidades (débito) | $ 98.000 |
| Instrumentos financeiros (crédito) | $ 98.000 |

| Perda na venda de instrumento financeiro (débito – resultado) | $ 3.700 |
| Ajustes de avaliação patrimonial (crédito) | $ 3.700 |

AÇÕES EM TESOURARIA

A conta "ações em tesouraria" representa as ações da empresa adquiridas por ela mesma que estavam sendo negociadas no mercado de capitais.

Só é permitido às companhias adquirir suas próprias ações quando há (considerando algumas permissões legais):

- Operações de resgate, reembolso ou amortizações de ações.
- Aquisição para permanência das ações na empresa ou cancelamento, desde que até o valor do saldo de lucros ou reservas e sem diminuição do capital social ou recebimento dessas ações por doação.
- Aquisição para diminuição do capital.

Da mesma forma que há a permissão, há alguns impedimentos, pois a Comissão de Valores Mobiliários ressalta que é vedada a aquisição de ações em tesouraria quando:

- Importar diminuição nominal do capital social.
- Requerer a utilização de recursos superiores ao saldo de lucros ou reservas disponíveis, constantes do último balanço.
- Criar, por ação ou omissão, direta ou indiretamente, condições artificiais de demanda, oferta ou preço das ações ou envolver práticas não equitativas.
- Tiver por objeto ações não integralizadas ou pertencentes ao acionista controlador.
- Estiver em curso oferta pública de aquisição de ações.

"Ações em Tesouraria" representam as ações da empresa adquiridas por ela mesma que estavam sendo negociadas no mercado de capitais.

As companhias abertas, segundo a CVM, não poderão manter em tesouraria ações da própria empresa em quantidade superior a 10% de cada classe de ações em circulação no mercado, incluindo aquelas mantidas em tesouraria de controladas e coligadas.

Após ocorrer a compra pela empresa, a contabilidade irá mensurar o valor pelo custo e registrará o valor da conta ações em tesouraria com saldo credor deduzindo da conta de capital ou de reserva, cujo saldo tiver sido utilizado para realizar a operação.

Em caso de venda, o resultado obtido na venda deve ser mantido em contas de patrimônio líquido (natureza de reserva de capital), já que se trata de recurso obtido em uma transação entre acionistas. Portanto, esse resultado não é levado para o resultado do exercício.

QUESTÃO PARA REFLEXÃO 15.5 — A empresa Hattori Hanzo S.A. adquiriu 100.000 ações próprias no mercado pelo valor de $ 7,60/ação. Sabe-se que a empresa possui um capital social com 1.000.000 de ações no valor de $ 5,00 cada. **Quanto é o montante total do patrimônio líquido dessa empresa?**

OBJETIVO 7

DISTRIBUIÇÃO DE LUCROS: DIVIDENDOS E JUROS SOBRE CAPITAL PRÓPRIO

Dividendos

Os dividendos e os juros sobre capital próprio representam a destinação dos lucros para os acionistas.

Primeiramente, para os dividendos, estes serão pagos por: lucro do exercício, reserva de lucros e reservas de capital. Esta última, apenas em casos específicos, para ações preferenciais.

> Os dividendos e os juros sobre capital próprio representam a destinação dos lucros para os acionistas.

A forma de cálculo dos dividendos mínimos obrigatórios é regulada pela Lei das Sociedades por Ações. Há dois casos para se levar em consideração: a) o estatuto é omisso; e b) o estatuto possui o cálculo. Caso o estatuto seja omisso, o cálculo definido pela legislação societária é 50% do lucro líquido após a constituição da reserva legal e da constituição (ou reversão) da reserva para contingências. Esse cálculo é definido pelo art. 202 da Lei nº 6.404/76 e denominado de lucro líquido ajustado.

Para exemplificar melhor esse cálculo, tem-se a seguinte equação:

	Lucro do Exercício
(−)	Parcela do lucro destinada à constituição da reserva legal
(±)	Parcela do lucro destinada à reversão/constituição da reserva para contingências
=	Base de cálculo do dividendo mínimo obrigatório × 50%

Agora, imagine que a empresa fosse omissa sobre esse critério e decidisse colocar esse assunto em seu estatuto. Dessa maneira, o dividendo mínimo obrigatório não poderia ser inferior a 25% do lucro líquido ajustado.

Para exemplificar melhor o caso de decisão de colocar esse assunto em estatuto, tem-se a seguinte equação:

	Lucro do Exercício
(−)	Parcela do lucro destinada à constituição da reserva legal
(±)	Parcela do lucro destinada à reversão/constituição da reserva para contingências
=	Base de cálculo do dividendo mínimo obrigatório * 25% no mínimo

Apesar de essa questão de lucros mínimos obrigatórios ser um cálculo bastante utilizado, há de se enfatizar que, em alguns estatutos de empresas, há também a figura de dividendos fixos, ou seja, pode ser um percentual fixo do lucro líquido, do capital social ou do patrimônio líquido da empresa.

Como já comentado anteriormente, às vezes temos casos de a empresa possuir lucros, mas não possuir caixa para pagamento de suas rotinas operacionais, até mesmo dividendos. Dessa maneira, os dividendos poderão ser limitados ao montante do lucro líquido do exercício que possuir característica de ter sido realizado financeiramente, desde que a diferença seja registrada como reserva de lucros a realizar. Esse valor da reserva, caso se realize financeiramente e já não tenha sido absorvido por prejuízos, deverá ser acrescido ao primeiro dividendo declarado após a realização financeira. Assim, o acionista não perderá o que a ele pertence.

VOCÊ SABIA?

Que os dividendos obrigatórios devem ficar registrados no passivo da empresa? Dado que eles já foram aprovados e são obrigações estatutárias (mínimo obrigatório).

Sobre os dividendos propostos e excedentes ao mínimo obrigatório, estes não atendem à definição de passivo e, por isso, devem ser efetivamente registrados numa conta especial do Patrimônio Líquido chamada Dividendo Adicional Proposto. Para maiores detalhes, consultar a ICPC 08.

Aplicação prática

EXEMPLO

A empresa XPTO S.A. obteve um lucro de $ 1.500.000 ao final do ano. Sabendo que a constituição da reserva de contingência foi de $ 100.000, quanto é a base de cálculo para os dividendos mínimos obrigatórios, sabendo que o estatuto social é omisso?

Base de cálculo do dividendo mínimo obrigatório:

	Lucro do exercício	$ 1.500.000
(−)	Parcela do lucro destinada à constituição da reserva legal	($ 75.000)
(±)	Parcela do lucro destinada à reversão/constituição da reserva para contingências	($ 100.000)
=	Base de cálculo do dividendo mínimo obrigatório × 50%	$ 1.325.000

Nesse caso, os dividendos calculados serão de $ 662.500 (50% da base de cálculo), visto que a base de cálculo é de $ 1.325.000.

Juros sobre capital próprio

Como comentado anteriormente, os Juros sobre o capital próprio é uma forma de destinação de lucros aos acionistas.

Este foi criado pelo governo federal pela Lei nº 6.404/76, mas apenas com a Lei nº 9.249/1995 (mesma lei que terminou com a correção monetária no Brasil) que o governo tornou o JSCP um mecanismo dedutível para fins fiscais, pois a ideia era que se evitasse um possível aumento da carga tributária incidente sobre as empresas, podendo esse valor ser usado como despesa dedutível para fins de apuração dos impostos.

O JSCP tornou-se dedutível para fins fiscais pelo governo federal logo após a legislação que terminou com a correção monetária no Brasil.

O cálculo é feito com base na Taxa de Juros de Longo Prazo, a TJLP, sobre o montante do patrimônio líquido (exceto reserva de reavaliação e ajustes de avaliação patrimonial).

Para fins fiscais, o valor é tratado como uma despesa financeira, inclusive, durante algum tempo, foi contabilizado dessa maneira por algumas empresas no Brasil. Porém, a CVM deixou bem claro que o pagamento de JSCP deveria ser tratado como distribuição de lucros, e não como despesa financeira.

> *Instrução Normativa RFB nº 1.700/2017*
>
> *De acordo com o art. 75º*
>
> *§ 2º O montante dos juros remuneratórios passível de dedução nos termos do* caput *não poderá exceder o maior entre os seguintes valores:*
>
> *I – 50% (cinquenta por cento) do lucro líquido do exercício antes da dedução dos juros, caso estes sejam contabilizados como despesa; ou*
>
> *II – 50% (cinquenta por cento) do somatório dos lucros acumulados e reservas de lucros.*

Assim, perceba que a ideia dos juros sobre capital próprio está muito mais atrelada a questões tributárias do que a qualquer conceito mais contábil ou econômico no Brasil. Em outros países, como Estados Unidos, ou no Continente Europeu e outros países da América Latina, não há a figura dessa forma de remuneração aos acionistas.

Aplicação prática

Os valores a seguir servirão para cálculo dos limites de uso.

	Valores
TJLP	7,2%
Resultado do período após contribuição social	$ 200.000
Patrimônio líquido	$ 50.000
Capital social	$ 10.000
Reservas de lucros	$ 2.000

Dados os valores, temos os seguintes limites:

Cálculo do limite dado à TJLP	
PL × TJLP = 50.000 × 7,2%	$ 3.600

Limites dados pela Instrução da Receita Federal	
Limite Inciso I – 50% do resultado do período	
Resultado × 50% = 200.000 × 50%	$ 100.000

Limite Inciso II – (50% do saldo inicial da reserva de lucros)	
Reserva de Lucros × 50% = 2.000 × 50%	$ 1.000

Assim, o maior valor entre os dois limites da Instrução Normativa da Receita é o Limite do Inciso I, ou seja, $ 100.000. Dessa maneira, a empresa pode pagar juros sobre capital próprio (JSCP) no montante de $ 3.600.

Interessante observar que, mesmo que o limite fosse inferior a $ 3.600, a empresa poderia pagar $ 3.600, porém não poderia deduzir fiscalmente esse valor, o que, obviamente, faria com que a empresa não fizesse o pagamento do valor dedutível, uma vez que a principal motivação para o pagamento de JSCP é a dedutibilidade fiscal da despesa financeira.

RESUMO

OBJETIVO 1 — O conceito de patrimônio líquido é muito simples e segue a ideia da equação patrimonial em que os ativos (bens e direitos que gerarão fluxo de caixa futuros) menos os passivos (obrigações) pertencem aos sócios (capital próprio). O patrimônio líquido é dividido em: capital social, reservas de capital, ajustes de avaliação patrimonial, reservas de lucros, ações em tesouraria e prejuízos acumulados.

OBJETIVO 2 — O capital social representa o valor investido pelos sócios na empresa. Seja através de emissão de ações, lucros retidos e reinvestidos na empresa. Alguns conceitos são muito importantes para se entender os balanços das empresas e a conta de capital social, entre eles: capital realizado. O capital realizado é igual ao capital a integralizar menos o capital subscrito. O capital é formado por ações investidas pelos sócios, ou por cotas, dependendo do tipo jurídico da sociedade. As ações devem ser registradas pelo seu valor nominal no balanço da empresa. Caso ela seja vendida por valor maior que o valor nominal, chamamos essa diferença de "ágio na emissão de ações" e esse valor é registrado em conta separada na reserva de capital.

OBJETIVO 3 — As reservas de capital são valores recebidos pela empresa e que não passam pelo resultado como receitas, pois são oriundos do esforço de seu capital. As reservas de capital estão divididas nas seguintes contas: Ágio na emissão de ações; Reserva especial de ágio na incorporação; Alienação de partes beneficiárias; Alienação de bônus de subscrição.

OBJETIVO 4 — As reservas de lucros, como o próprio nome diz, são oriundas dos lucros da empresa. É um conjunto de reservas que depende de leis e estatuto da empresa. De forma geral, essas reservas servem para aumento de capital, pagar dividendos e absorver prejuízos da empresa. Podem ser constituídas das seguintes contas: reserva legal, reserva estatutária, reserva para contingências, reserva de lucros a realizar, reserva de lucros para expansão e reserva de incentivos fiscais.

OBJETIVO 5 — A conta ajustes de avaliação patrimonial recebe débitos e créditos oriundos de ganhos ou perdas em ativos ou passivos que não irão para o resultado, pois ainda não se realizaram. Como exemplos mais comuns: ganhos ou perdas em ativos financeiros avaliados a valor justo por meio de outros resultados abrangentes e ganhos ou perdas de instrumentos de *hedge* em *hedge* de fluxo de caixa.

OBJETIVO 6 — A conta "ações em tesouraria" representa as ações da empresa adquiridas por ela mesma que estavam sendo negociadas no mercado de capitais. Após ocorrer a compra pela empresa, a contabilidade irá mensurar o valor pelo custo e registrará o valor da conta ações em tesouraria com saldo credor deduzindo da conta de capital ou de reserva, cujo saldo tiver sido utilizado para realizar a operação.

OBJETIVO 7 — Os dividendos e os juros sobre capital próprio representam a destinação dos lucros para os acionistas. Enquanto os dividendos não são despesas dedutíveis para fins de impostos, os juros sobre capital próprio são.

APLICANDO CONHECIMENTOS – QUESTÕES PARA RESOLVER

TESTES

OBJETIVO 1

1. A Cia. Cora Coralina S.A. apresentava seu Balancete em 31/12/X1, com os saldos, em reais, nas seguintes contas: Fornecedores 70.000; Títulos disponíveis para a venda 87.000; Empréstimos e financiamentos de longo prazo 140.000; Fretes sobre vendas 6.000; Disponível 175.000; Clientes 20.000; Provisão para créditos de liquidação duvidosa 6.000; Seguros pagos antecipadamente 20.000; Adiantamento de clientes 35.000; Despesas financeiras 18.500; Despesas de comissões sobre vendas 56.500; Receitas financeiras 9.000; Custo das mercadorias vendidas 100.000; Despesas de salários 15.000; Reserva legal 30.000; Dividendos a pagar 15.000; Abatimento sobre vendas 2.000; Estoques de mercadorias 190.000; Receita

de vendas 380.000; Capital social 220.000; Ações em tesouraria 35.000; Devolução de vendas 4.500; Empréstimos de curto prazo obtidos 70.000; Terrenos 130.000; Despesas de depreciação de imóveis 4.000; Imóveis 80.000; Depreciação acumulada – Imóveis 14.000; Ajuste de avaliação patrimonial (devedora) 45.500.

a) 169.500,00.
b) 254.500,00.
c) 352.000,00.
d) 367.000,00.
e) 422.500,00.

OBJETIVO 2

2. Uma empresa emite ações no mercado com valor nominal de $ 2,00. A procura foi exagerada no mercado, a ponto de a ação ser vendida a $ 3,50. Sabendo que a empresa vendeu 1.000 ações, o ativo da empresa aumentará, em reais:

a) 1.000,00.
b) 1.500,00.
c) 2.000,00.
d) 3.500,00.
e) 5.500,00.

OBJETIVO 3

3. Sobre as reservas de capital, não se pode afirmar que ela pode ser usada para:

a) Absorver prejuízo, somente depois que as reservas de lucros já tiverem sido utilizadas ou não existirem.
b) Resgatar, reembolsar ou comprar ações.
c) Resgatar partes beneficiárias.
d) Incorporar ao capital.
e) Formar a reserva legal.

OBJETIVO 4

4. A empresa Praia do Forte S/A obteve um lucro líquido no montante de R$ 100.000,00. Sabe-se que a empresa possui um capital de R$ 800.000,00 e o seu patrimônio líquido já possui saldos de reserva legal no valor de R$ 70.000,00, na reserva de capital no montante de R$ 75.000,00 e reserva para contingências de R$ 100.000,00. Sabendo que a empresa não possui percentual para pagamento de dividendos mínimos obrigatórios em seu estatuto e que a Assembleia Geral já adiantou que reverteria o saldo da reserva de contingência, o saldo para pagamento de dividendos mínimos obrigatórios será, em reais:

a) 97.500,00.
b) 52.500,00.
c) 48,750,00.
d) 26.250,00.
e) 50.000,00.

OBJETIVO 4

5. A Cia. Mara Maravilha S.A. apresentava em 31/12/X1 um patrimônio líquido composto por: Capital social: $ 100.000,00; Reserva de capital: $ 40.000,00; Reserva legal: $ 18.000,00; Reserva para contingência: $ 20.000,00 e Reserva de incentivos Fiscais: $ 10.000,00. Sabendo que, em X2, a empresa apurou um lucro de $ 50.000,00, que não há mais justificativas ou razões para a constituição da Reserva de Contingência ou que ela exista e o Estatuto é omisso com relação ao pagamento de dividendos, a quantia que a companhia reterá na forma de Reserva Legal e distribuir como dividendos mínimos obrigatórios, de acordo com a regulamentação vigente, são, respectivamente, de:

a) $ 2.500; $ 12.500.
b) $ 2.500; $ 23.750.
c) $ 2.500; $ 33.750.
d) $ 2.000; $ 24.000.
e) $ 2.000; $ 34.000.

OBJETIVO 5

6. A empresa Neópolis S.A. adquiriu um instrumento financeiro pelo valor de $ 10.000, que rende juros no valor de 10% ao mês. A empresa qualificou o mesmo como disponível para venda futura em sua carteira de investimentos. Após um mês, o título está valendo $ 11.200 no mercado financeiro. Nesse um mês, o saldo e a natureza da conta ajustes de avaliação patrimonial na empresa, em reais:

a) Devedor em 1.200.
b) Credor em 1.200.
c) Devedor em 200.
d) Credor em 200.
e) Nem devedor, nem credor, pois não houve lançamento na conta.

OBJETIVO 5

7. A empresa Pirangi S.A. adquiriu um instrumento financeiro pelo valor de $ 10.000, que rende juros no valor de 10% ao mês. A empresa qualificou o mesmo como mantido até o vencimento em sua carteira de investimentos. Após um mês, o título está valendo $ 11.200 no mercado financeiro. Nesse um mês, o saldo e a natureza da conta ajustes de avaliação patrimonial na empresa, em reais:

a) Devedor em 1.200.
b) Credor em 1.200.
c) Devedor em 200.
d) Credor em 200.
e) Nem devedor, nem credor, pois não houve lançamento na conta.

OBJETIVO 6

8. Por sua natureza, "ações em tesouraria" é uma conta com saldo:

a) Devedor no ativo realizável a longo prazo.
b) Devedor no patrimônio líquido.
c) Credor no patrimônio líquido.
d) Credor no passivo exigível a longo prazo.
e) Devedor no ativo circulante.

OBJETIVO 7

9. Uma empresa, quando distribui e paga dividendos, provoca a seguinte modificação patrimonial:

a) Redução na receita líquida.
b) Redução no lucro líquido.
c) Redução no patrimônio líquido.
d) Aumento no patrimônio líquido.
e) Aumento no ativo.

Respostas: 1-a; 2-d; 3-e; 4-a; 5-e; 6-d; 7-e; 8-b; 9-c.

EXERCÍCIOS

OBJETIVO 1
1. Como você pode conceituar o patrimônio líquido? Ele é formado por quais contas?

OBJETIVO 2
2. De que é formado o capital social? Qual a diferença entre capital subscrito e realizado?

OBJETIVO 3
3. De que forma a empresa pode-se utilizar da reserva de capital?

OBJETIVO 3
4. A empresa ABC S.A. emitiu 1.000.000 de ações ordinárias no mercado financeiro a $ 2,50/cada. Sabe-se que a oferta foi tão interessante para a empresa e para o mercado que os investidores compraram a ação a $ 3,00/cada. Qual foi o resultado gerado nas demonstrações contábeis da empresa?

OBJETIVO 4
5. Qual a diferença entre reservas e provisões?

OBJETIVO 4
6. Cia. Legal:

No início de X2, o patrimônio líquido da Cia. Legal era composto pelas seguintes contas:

Capital Social	700
Reservas de Capital	100
Reserva Legal	90
Total	890

O lucro do exercício de X2 foi de 2.000.

Pede-se: calcule e contabilize a reserva legal, considerando os preceitos da legislação societária vigente.

OBJETIVO 5
7. A conta ajustes de avaliação patrimonial é uma reserva? Quais os valores comumente lançados nessa conta?

OBJETIVO 6
8. A empresa FEANOS S.A. adquiriu 200.000 ações próprias no mercado pelo valor de $ 20,40/ação. Sabe-se que a empresa possui um capital social com 1.000.000 de ações no valor de $ 12,00 cada. Quanto é o montante total do Patrimônio Líquido dessa empresa?

OBJETIVO 7
9. A empresa Praia do Forte S.A. obteve um lucro de $ 1.000.000 ao final do ano. Sabendo que a reserva de contingência do ano passado que não foi utilizada possui o saldo de $ 200.000, e que a nova reserva definida pelo Conselho de Administração é de $ 50.000. Quanto é a base de cálculo para os dividendos mínimos obrigatórios?

OBJETIVO 7
10. Qual a diferença entre dividendos e juros sobre capital próprio?

EXERCÍCIOS ADICIONAIS

1. (2017 – FCC – DPE/RS – Analista – Contabilidade) O patrimônio líquido da Cia. VIP, em 31/12/2015, era composto das seguintes contas e respectivos saldos:

Capital Social: R$ 500.000,00

Reserva Legal: R$ 70.000,00

Reserva Estatutária: R$ 50.000,00

No ano de 2016, o lucro líquido apurado pela Cia. VIP foi R$ 150.000,00 e, além da reserva legal prevista na Lei das Sociedades por Ações, o estatuto da Cia. estabelece a seguinte destinação:

Dividendos mínimos obrigatórios: 30% do lucro líquido ajustado nos termos da Lei.

Retenção de lucros: saldo remanescente aprovado em assembleia de acionistas.

Sabe-se que R$ 40.000,00 do lucro líquido foram decorrentes de incentivos fiscais recebidos pela Cia. VIP e esta, para não tributar este ganho, reteve-o na forma de reserva de incentivos fiscais, utilizando a possibilidade estabelecida na Lei com relação aos dividendos mínimos obrigatórios.

É correto afirmar que o valor:

a) Retido para constituição da reserva legal foi R$ 5.500,00.

b) Distribuído como dividendos mínimos obrigatórios foi R$ 45.000,00.

c) Da retenção de lucros prevista no estatuto foi R$ 59.750,00.

d) Distribuído como dividendos mínimos obrigatórios foi R$ 42.750,00.

e) Da retenção de lucros prevista no estatuto foi R$ 71.750,00.

2. (CFC – 2016 – CFC – 2º Exame – Bacharel em Ciências Contábeis) Uma Sociedade Empresária apresentava, em 31/12/2014, os seguintes saldos nas contas do Patrimônio Líquido:

Conta	Saldos em R$ 1,00
Capital subscrito	400.000
Capital a integralizar	250.000
Reserva para contingências	40.000
Reserva legal	10.000

No ano de 2015, os seguintes eventos afetaram os saldos das contas do Patrimônio líquido:

Eventos	Valores em R$ 1,00
Integralização de capital em dinheiro	200.000
Lucro do período	100.000
Destinação do lucro para reserva legal	5.000
Destinação do lucro para reserva estatutária	57.000
Destinação do lucro para dividendos obrigatórios	38.000

Considerando-se os dados apresentados, assinale a opção CORRETA que apresenta a DMPL compatível com os eventos ocorridos entre 01/01/2015 e 31/12/2015.

a)

Demonstração das mutações do patrimônio líquido em 31/12/2015 em R$ 1,00				
Histórico	Capital Social	Reservas de Capital	Reservas de Lucros	Total
Saldo em 31/12/2014	150.000	40.000	10.000	200.000
Integralização de capital em dinheiro	200.000			200.000
Lucro líquido do período			100.000	100.000
Destinação do lucro para reserva legal			(5.000)	(5.000)
Destinação do lucro para estatutária			(57.000)	(57.000)
Destinação do lucro para dividendos obrigatórios			(38.000)	(38.000)
Saldo em 31/12/2015	350.000	40.000	10.000	400.000

b)

Demonstração das mutações do patrimônio líquido em 31/12/2015 em R$ 1,00					
Histórico	Capital social	Reservas de capital	Reservas de lucros	Lucros acumulados	Total
Saldo em 31/12/2014	400.000	(250.000)	50.000		200.000
Integralização de capital em dinheiro		200.000			200.000
Lucro líquido do período				100.000	100.000
Destinação do lucro para reserva legal			5.000	(5.000)	
Destinação do lucro para reserva estatutária			57.000	(57.000)	
Destinação do lucro para dividendos obrigatórios				(38.000)	(38.000)
Saldo em 31/12/2015	400.000	(50.000)	112.000		462.000

c)

Demonstração das mutações do patrimônio líquido em 31/12/2015 em R$ 1,00				
Histórico	Capital social	Reservas de lucros	Lucros acumulados	Total
Saldo em 31/12/2014	150.000	50.000		200.000
Integralização de capital em dinheiro	200.000			200.000
Lucro líquido do período			100.000	100.000
Destinação do lucro para reserva legal		5.000	(5.000)	
Destinação do lucro para reserva estatutária		57.000	(57.000)	
Destinação do lucro para dividendos obrigatórios			(38.000)	(38.000)
Saldo em 31/12/2015	350.000	112.000		462.000

d)

Demonstração das mutações do patrimônio líquido em 31/12/2015 em R$ 1,00					
Histórico	Capital social	Reservas de lucros	Lucros acumulados	Dividendos obrigatórios	Total
Saldo em 31/12/2014	650.000	50.000			700.000
Integralização de capital em dinheiro	200.000				200.000
Lucro líquido do período			100.000		100.000
Destinação do lucro para reserva legal		5.000	(5.000)		
Destinação do lucro para reserva estatutária		57.000	(57.000)		
Destinação do lucro para dividendos obrigatórios			(38.000)	38.000	
Saldo em 31/12/2015	850.000	112.000		38.000	900.000

3. **Cia. Distribuição:**

No início de X3, o patrimônio líquido da Cia. Distribuição era composto pelas seguintes contas:

Capital social	200
Reservas de capital	18
Reserva legal	30
Total	248

O lucro líquido do exercício de X3 foi de $ 300. Deste lucro, $ 240 refere-se a lucro obtido em operações de longo prazo. A Cia. efetua a distribuição do lucro de acordo com os seus estatutos, conforme o seguinte critério:

- Reserva legal: 5% do lucro líquido (observando limites definidos na legislação societária).
- Reserva de contingências: 20% do lucro líquido.
- Reserva de lucros a realizar: conforme a legislação societária.
- Reserva para expansão: restante do lucro líquido não distribuído como dividendos e não constituído nas outras reservas.

A distribuição de dividendos está definida em 50% do lucro líquido ajustado, nos termos do artigo 202 da Lei das S.A. A companhia não distribuirá lucros além do obrigatório.

Pede-se:

Calcule e contabilize a destinação do lucro líquido, considerando os preceitos da legislação societária vigente.

Elabore a DMPL do período de X3.

4. **Cia. JSCP:**

No início de X2, o patrimônio líquido da Cia. JSCP era composto pelas seguintes contas:

Capital social	1.300
Reservas de lucros	700
Total	2.000

Do saldo de reserva de lucros, 200 referem-se à reserva legal e o restante à reserva para expansão.

Durante o ano de X2, a Cia. registrou receitas de vendas de 4.000 e despesas de vendas de 3.200 (antes do imposto de renda) e ainda não registrou os juros sobre o capital próprio.

Com o objetivo de aproveitar o benefício fiscal, a Cia. decidiu efetuar o pagamento de juros sobre o capital próprio, observando os limites de dedutibilidade da despesa financeira.

A taxa de juros de longo prazo de X2 foi de 10% ao ano.

A alíquota de Imposto de Renda é de 25%.

O IR Retido na Fonte sobre os JSCP é de 15%.

A política de distribuição de lucros da Cia. é definida nos estatutos da seguinte maneira:

- Reserva legal: 5% do lucro líquido (observando limites definidos na legislação societária).
- Dividendos: 50% do lucro líquido ajustado, sendo que o dividendo obrigatório definido no estatuto é de 30% do lucro líquido ajustado.
- Reserva para expansão: restante do lucro líquido não distribuído.

Pede-se:

Calcule os juros sobre o capital próprio, aproveitando o máximo permitido pela legislação fiscal para dedutibilidade da despesa financeira.

Calcule a despesa de imposto de renda e o lucro líquido do exercício.

Elabore a DRE, seguindo a recomendação da CVM quanto à apresentação dos juros sobre o capital próprio nas demonstrações contábeis.

Calcule a destinação do lucro líquido, considerando os preceitos da legislação societária vigente.

Elabore a DMPL do período de X2.

16

DEMONSTRAÇÃO DOS FLUXOS DE CAIXA

Assista ao vídeo da autora sobre o tema deste capítulo

"Braskem prevê geração de caixa maior em 2018

Braskem prevê que a geração de caixa deve crescer em 2018 quando comparada à de 2017. De acordo com o presidente da Petroquímica, Fernando Musa, a Braskem teve impactos negativos que afetaram a geração de caixa em 2017 que não devem se repetir esse ano, ajudando na melhora dos números.

'Devemos ter taxa de juros menor, menores pagamentos de impostos por causa da reforma tributária nos Estados Unidos, o capex deve ser maior e, em geral, o fluxo de caixa livre deve ser maior', disse Musa.

No entanto, a projeção para o Ebitda (resultado antes de juros, impostos, depreciação e amortização), é de retração na comparação anual.

Musa comentou que a projeção de demanda por resinas no Brasil foi revista de uma alta de 5% para um desempenho de 3 a 4% e que a demanda no país deve recuperar-se ao longo do segundo semestre."

Fonte: Adaptado de MAIA, Camila. *Valor Econômico*, 9 ago. 2018.

OBJETIVOS DE APRENDIZAGEM DO CAPÍTULO

Após estudar este capítulo, você será capaz de:
1. Entender os objetivos da divulgação da demonstração dos fluxos de caixa.
2. Compreender o conceito de caixa e equivalentes de caixa.
3. Identificar os impactos no caixa e equivalentes de caixa a partir das demonstrações contábeis.
4. Compreender como a demonstração dos fluxos de caixa deve ser apresentada.
5. Entender os métodos de elaboração da demonstração dos fluxos de caixa.
6. Conhecer algumas transações polêmicas quanto à classificação.
7. Compreender o impacto da variação cambial no caixa e equivalentes de caixa.

DEMONSTRAÇÃO DOS FLUXOS DE CAIXA

> A DFC tem como objetivo evidenciar informações relevantes sobre os fluxos de caixa gerados pela empresa e como esses fluxos de caixa foram utilizados.

A demonstração dos fluxos de caixa (DFC) tem como objetivo evidenciar informações relevantes sobre os fluxos de caixa gerados pela empresa e como esses fluxos de caixa foram utilizados pela empresa em suas atividades. Informações sobre os fluxos de caixa de uma entidade são úteis para proporcionar aos usuários uma base para avaliar a capacidade de a entidade gerar caixa, bem como as necessidades da entidade em utilizar esses fluxos de caixa.

Muitas decisões econômicas tomadas exigem avaliação da capacidade de a entidade gerar caixa, bem como a época de sua ocorrência e do grau de certeza de sua geração.

A divulgação da DFC tornou-se obrigatória no Brasil a partir de 2008. Antes disso, apenas um conjunto restrito de companhias publicava a DFC, ainda de maneira voluntária. À época havia também outra demonstração de divulgação obrigatória pela legislação societária brasileira, denominada demonstração de origens e aplicações de recursos (DOAR). Porém, a DOAR, apesar de extremamente rica em termos informativos, era de difícil compreensão pelo mercado, o que a tornou pouco desejada. Por outro lado, a DFC já era bem aceita pelos usuários (e inclusive obrigatória em mercados de outros países), já que sua compreensão é (ou parece ser) mais fácil, por usar um conceito mais tangível: o caixa.

Diante desse cenário, a Lei nº 11.638/2007, que alterou a Lei nº 6.404/76, substituiu a divulgação obrigatória da DOAR pela DFC, inclusive viabilizando a adoção do padrão contábil internacional, que já havia feito essa mesma substituição em 1992.

Uma observação importante é que a legislação societária isenta a publicação da DFC para companhias fechadas com PL inferior a dois milhões de reais (art. 176, § 6º).

CAIXA E EQUIVALENTES DE CAIXA

O objetivo da DFC, conforme ressaltado na seção anterior, é demonstrar de que maneira o caixa de uma entidade se alterou de um período para outro. Mas, para isso, é preciso definir de que "caixa" estamos falando.

De início, é fácil concluir que o termo "caixa" corresponde a dinheiro em espécie. Mas é claro que o maior volume de recursos disponíveis de uma companhia normalmente não está alocado em dinheiro em espécie, mas em depósitos bancários. Logo, tais depósitos também fazem parte da nossa conta "caixa".

Ainda assim, mesmo incluindo depósitos bancários, uma empresa pode ter recursos em aplicações financeiras. Será que as aplicações financeiras são consideradas no "caixa" total que a DFC irá utilizar como base? A resposta disso está na definição do conceito de *equivalentes de caixa*, extraída do CPC 03 (R2) e apresentada a seguir.

Equivalentes de Caixa são aplicações financeiras de curto prazo, de alta liquidez, que são prontamente conversíveis em montante conhecido de caixa e que estão sujeitas a um insignificante risco de mudança de valor.

A partir dessa definição, é possível perceber que nem todas as aplicações financeiras são consideradas equivalentes de caixa, mas somente aquelas que se encaixam na lógica de "dinheiro disponível", ou seja, recursos que a empresa gerou e que, apenas por questões financeiras (p. ex., perdas inflacionárias), estão mantidos em aplicações financeiras, mas a qualquer momento, podem ser resgatados, pois têm alta liquidez, e baixo risco.

Por exemplo, uma aplicação em ações claramente não se encaixa nesse conceito, dado o alto risco de mudança de valor desse tipo de aplicação. Já uma aplicação em títulos de renda fixa de baixo risco e com alta liquidez podem se encaixar nesse conceito.

Portanto, ao iniciar a elaboração da DFC, a primeira etapa é classificar as aplicações financeiras em equivalentes de caixa e não equivalentes de caixa. Por essa razão, atualmente, a maioria das empresas já tem utilizado a classificação "caixa e equivalentes de caixa" no próprio balanço patrimonial. Fazendo dessa forma, não há confusão entre aplicações financeiras consideradas caixa ou não caixa, pois aquelas que são consideradas caixa já estão contempladas na conta caixa e equivalentes de caixas e as que não são consideradas caixa estão na conta aplicações financeiras.

Exemplos de transações que impactam o caixa

As empresas realizam no dia a dia operações que impactam o montante de recursos disponíveis no caixa, como:

Transações que aumentam o "caixa"
- Vendas à vista.
- Obtenção de empréstimos.
- Recebimento de valores a receber (duplicatas, títulos etc.).
- Integralização de capital em dinheiro.
- Venda de qualquer ativo (à vista).
- Outros recebimentos em dinheiro.

Transações que diminuem o "caixa"
- Compras de mercadorias à vista.
- Pagamento de valores (fornecedores, contas a pagar etc.).
- Pagamento de juros.
- Compra de qualquer ativo (à vista).
- Pagamento de dividendos.
- Pagamento de despesas.

No entanto, como veremos mais adiante neste capítulo, todas essas transações são classificadas para fins de apresentação na DFC.

A seguir são apresentadas análises a partir das demonstrações contábeis da Cia. A e da Cia. B para evidenciar os impactos no caixa e equivalentes de caixa.

ANÁLISE DAS ENTRADAS E SAÍDAS DE CAIXA NAS DEMONSTRAÇÕES CONTÁBEIS

A Cia. A apresenta as seguintes demonstrações contábeis:

Balanços Patrimoniais – Cia. A (valores em reais)

Ativo	30/06/X0	31/07/X0	Passivo	30/06/X0	31/07/X0
Circulante			*Circulante*	–	–
Caixa e equivalentes de caixa	200	270	*Patrimônio líquido*		
Clientes	250	330	Capital social	300	360
			Reservas de lucros	150	240
Total do ativo	**450**	**600**	**Total do passivo + PL**	**450**	**600**

Demonstração do Resultado – Cia. A (valores em reais)

	Julho de X0
Receita de serviços	1.800
(–) Custo dos serviços prestados	(1.710)
(=) Lucro bruto	90
(=) Lucro líquido	**90**

Analisando as demonstrações contábeis da Cia. A, é possível verificar que o saldo da conta caixa e equivalentes de caixa aumentou em $ 70 (saldo inicial: $ 200; saldo final: $ 270).

Este aumento no saldo do caixa e equivalentes de caixa é por causa de recebimentos em montante maior aos pagamentos realizados no período.

a) Análise dos valores recebidos das vendas

Para esta análise devem-se considerar os valores que a Cia. A tinha a receber no início do período, as vendas realizadas no período e o saldo a receber no próximo período. Nesse sentido, tem-se:

Saldo inicial a receber de clientes: $ 250
(+) Vendas realizadas no período: $ 1.800
(–) Saldo final a receber de clientes: $ 330
(=) Valor recebido de clientes: $ 1.720

Importante salientar que não sabemos exatamente se as vendas foram realizadas à vista ou a prazo. Observando a movimentação da conta clientes no balanço, no mínimo $ 80 das vendas de julho foram recebidos a prazo. Mas, como não temos essa informação, estamos supondo a totalidade de vendas a prazo, e, a partir do saldo final, deduzimos o valor recebido. Mas repare que, se a suposição fosse diferente, chegaríamos ao mesmo resultado: admitindo que, das vendas de $ 1.800, apenas $ 80 foram a prazo e o restante à vista, então o saldo de clientes aumentou de $ 250 para $ 330 com as vendas a prazo, e as vendas à vista de $ 1.720 foram recebidas. Incrível, chegamos ao mesmo efeito no caixa! Por essa razão, é mais fácil sempre supor a totalidade da transação a prazo e deduzir, a partir do saldo final da conta do balanço, o valor recebido ou pago.

b) Análise dos valores pagos

Analisando o balanço patrimonial, verifica-se que não há nenhum valor a ser pago (passivo = zero), tanto no início no período quanto no final do período. Analisando a demonstração do resultado, o custo dos serviços prestados representa a única despesa incorrida no período. Analisando o ativo, verifica-se que não há nenhum outro ativo, além da conta de duplicatas a receber de clientes, indicando que a empresa não consumiu caixa para adquirir ativos.

Com base nessas análises, conclui-se que o valor pago no período foi $ 1.710, correspondente ao custo dos serviços prestados.

c) Análise das alterações ocorridas no patrimônio líquido

Reservas de lucros: o saldo inicial das reservas de lucros é alterado pela incorporação do resultado do período e pode ser impactado por incorporação de parte destas reservas ao capital social (aumento de capital social com reservas), bem como por dividendos distribuídos.

Analisando essa conta, tem-se:

Saldo inicial das reservas de lucros = $ 150
(+) Resultado do período = $ 90
(=) Saldo final das reservas de lucros = $ 240

Capital social: analisando o saldo inicial e o saldo final, verifica-se que houve um aumento de capital. Da análise das reservas de lucros, verificou-se que não houve aumento de capital com reservas. Como também não existe nenhum outro ativo, além de duplicatas a receber de clientes, também não pode ter ocorrido aumento de capital com bens.

Assim, o aumento de capital social no valor de $ 60 foi feito em dinheiro.

d) Variação de caixa e equivalente de caixa

A partir dos valores calculados, têm-se:

Saldo inicial de caixa e equivalentes de caixa: $ 200
(+) Valores recebidos de clientes: $ 1.720
(−) Valores pagos com o custo dos serviços prestados: $ 1.710
(+) Aumento de capital social em dinheiro: $ 60
(=) Saldo final de caixa e equivalentes de caixa: $ 270

EXEMPLO 2

A Cia. B apresenta as seguintes demonstrações contábeis:

Balanços Patrimoniais – Cia. B (valores em reais)

Ativo	30/04/X0	31/05/X0	Passivo	30/04/X0	31/05/X0
Circulante			*Circulante*		
Caixa e equivalentes de caixa	180	230	Fornecedores	150	160
Estoques	320	300	*Patrimônio líquido*		
			Capital social	200	200
			Reservas de lucros	150	170
Total do ativo	**500**	**530**	**Total do passivo + PL**	**500**	**530**

Demonstração do Resultado – Cia. B (valores em reais)

	Maio de X0
Receita de vendas	1.500
(–) Custo das mercadorias vendidas	(1.480)
(=) Lucro bruto	20
(=) Lucro líquido	**20**

Analisando as demonstrações contábeis da Cia. B, é possível verificar que o saldo da conta caixa e equivalentes de caixa aumentou em $ 50 (saldo inicial: $ 180; saldo final: $ 230).

Esse aumento no saldo do caixa e equivalentes de caixa decorre de recebimentos em montante superior aos pagamentos realizados no período.

a) Análise dos valores recebidos das vendas

Para essa análise, devem-se considerar os valores que a Cia. B tinha a receber no início do período, as vendas realizadas no período e o saldo a receber no próximo período.

Como a Cia. B não possuía valores a receber de clientes nem no início do período nem no final do período, conclui-se que o valor recebido de clientes foi $ 1.500, valor equivalente às vendas realizadas no período.

b) Análise dos valores pagos

Analisando o balanço patrimonial, verifica-se que há saldo na conta fornecedores, ou seja, há valores a pagar referente às compras realizadas no período.

Para se determinar o montante de compras realizadas no período, faz-se necessária a análise dos estoques existentes no início e no final do período, bem como o montante consumido no período (custo das mercadorias vendidas – CMV), como demonstrado a seguir:

Determinação do valor das compras realizadas no período:

CMV = Estoque inicial + Compras – Estoque final

1.480 = 320 + Compras – 300

Compras = 1.460

Determinação do valor pago das compras realizadas:

Saldo inicial de fornecedores:	$ 150
(+) Compras realizadas no período:	$ 1.460
(–) Saldo final de fornecedores:	$ 160
(=) Pagamento de compras:	**$ 1.450**

Assim, é possível verificar que a Cia. B devia $ 150, realizou compras no valor de $ 1.460 e no final do período devia $ 160, evidenciando que o pagamento foi de $ 1.450.

c) Análise das alterações ocorridas no patrimônio líquido

Reservas de lucros: o saldo inicial das reservas de lucros é alterado pela incorporação do resultado do período e pode ser impactado por incorporação de parte destas reservas ao capital social (aumento de capital social com reservas), bem como por dividendos distribuídos.

Analisando essa conta, tem-se:

Saldo inicial das reservas de lucros = $ 150

(+) Resultado do período = $ 20

(=) Saldo final das reservas de lucros = $ 170

Capital social: analisando o saldo final e o saldo final, verifica-se que não houve aumento de capital.

A DFC é composta por: Fluxos de caixa das atividades operacionais; Fluxos de caixa das atividades de investimento; Fluxos de caixa das atividades de financiamento.

d) Variação de caixa e equivalente de caixa

A partir dos valores calculados, têm-se:

Saldo inicial de caixa e equivalentes de caixa:	$ 180
(+) Valores recebidos de clientes:	$ 1.500
(−) Valores pagos com as mercadorias adquiridas:	$ 1.450
(=) Saldo final de caixa e equivalentes de caixa:	**$ 230**

A partir dos exemplos da Cia. A e da Cia. B, verificou-se que, a partir das análises das demonstrações contábeis, é possível identificar as operações realizadas que impactaram o saldo da conta caixa e equivalentes de caixa.

No entanto, a DFC possui uma estrutura de apresentação, em que as entradas e as saídas de caixa são apresentadas na demonstração segregadas pelas atividades desenvolvidas pela empresa. Nesse sentido, os fluxos de caixa devem ser classificados em:

- Fluxos de caixa das atividades operacionais.
- Fluxos de caixa das atividades de investimento.
- Fluxos de caixa das atividades de financiamento.

Na seção seguinte, iremos conceituar essas atividades e apresentar as DFCs das Cias. A e B considerando tais classificações.

OBJETIVO 4

ESTRUTURA DE APRESENTAÇÃO DA DEMONSTRAÇÃO DOS FLUXOS DE CAIXA

As entradas e as saídas de caixa devem ser apresentadas na demonstração dos fluxos de caixa, segregadas em: atividades operacionais, atividades de investimento e atividades de financiamento, descritas a seguir.

Atividade operacional

Envolve todas as atividades relacionadas com a produção e entrega de bens e serviços, ou seja, são basicamente derivadas das principais atividades geradoras de receita da entidade. Estão associadas, em geral, com os itens da demonstração do resultado, como, por exemplo, recebimento das vendas, pagamento a fornecedores, pagamento de impostos, pagamento de salários etc.

> As atividades operacionais envolvem as atividades relacionadas com a produção e entrega de bens e serviços, ou seja, são basicamente derivadas das principais atividades geradoras de receita da entidade.

No entanto, nem todos os itens que compõem o resultado estão relacionados com as atividades operacionais, como por exemplo, resultados na venda de imobilizado, resultados na venda de coligadas, os quais são relacionados com as atividades de investimentos.

O montante dos fluxos de caixa advindos das atividades operacionais é um indicador importante da extensão pela qual as operações da entidade têm gerado fluxos de caixa para amortizar empréstimos, manter a capacidade operacional da entidade, pagar dividendos e juros sobre o capital próprio e fazer novos investimentos sem recorrer a fontes externas de financiamento.

Os principais fluxos de caixa decorrentes das atividades operacionais são:

- Recebimentos de caixa pela venda de mercadorias e pela prestação de serviços.
- Recebimentos de caixa decorrentes de *royalties*, honorários, comissões e outras receitas.
- Pagamentos de caixa a fornecedores de mercadorias e serviços.
- Pagamentos de caixa a empregados ou por conta de empregados.

- Recebimentos e pagamentos de caixa por seguradora de prêmios e sinistros, anuidades e outros benefícios da apólice.
- Pagamentos ou restituição de caixa de impostos sobre a renda, a menos que possam ser especificamente identificados com as atividades de financiamento ou de investimento.

Atividades de investimento

Relacionam-se normalmente com as movimentações de ativos de longo prazo utilizados pela empresa para a produção de bens e serviços. Envolvem, principalmente, os itens do Ativo não Circulante.

Os principais fluxos de caixa decorrentes das atividades de investimento são:

- Aquisição ou venda de Investimentos.
- Aquisição ou venda de ativos Imobilizados.
- Aquisição ou venda de ativos Intangíveis.

Atividades de financiamento

Relacionam-se com as fontes de financiamento da empresa decorrentes de empréstimos efetuados por credores e investidores à empresa e estão associadas aos recursos recebidos ou pagos pela empresa. Envolvem os itens financeiros do passivo (circulante e não circulante) e do patrimônio líquido.

Os principais fluxos de caixa decorrentes das atividades de financiamento são:

- Obtenção ou pagamento de empréstimos e financiamentos.
- Aumento de capital social em dinheiro.
- Compra de ações da própria empresa (ações em tesouraria).
- Pagamento de dividendos.

Resumidamente, tem-se:

Demonstração dos Fluxos de Caixa

Fluxo de caixa das atividades operacionais
- Entradas e saídas de caixa proveniente das operações

Fluxo de caixa das atividades de investimento
- Entradas e saídas de caixa originadas dos investimentos em ativos de longo prazo

Fluxo de caixa das atividades de financiamento
- Entradas e saídas de caixa oriundas dos financiamentos da empresa

(=) **Variação líquida de caixa**
(+) Saldo inicial de caixa e equivalentes de caixa (conforme balanço inicial)
(=) Saldo final de caixa e equivalentes de caixa (conforme balanço final)

VOCÊ SABIA?

Uma empresa pode ter lucro e não ter caixa.

Assista ao vídeo da autora sobre este tema

MÉTODOS DE ELABORAÇÃO DA DEMONSTRAÇÃO DOS FLUXOS DE CAIXA

Além da estrutura de apresentação dos fluxos de caixa, há dois métodos de elaboração:

- Método direto.
- Método indireto.

A diferença entre o método direto e o método indireto está no modo de apresentação do fluxo de caixa das atividades operacionais.

Método direto

Por este método, são evidenciados os recebimentos e os pagamentos operacionais do período, como, por exemplo:

- Valores recebidos de clientes.
- Pagamentos a fornecedores.
- Pagamento de despesas (salários, impostos, seguros etc.).

É denominado de método direto, pois apresenta relação DIRETA da informação que está sendo apresentada com o impacto no caixa. Em outras palavras, o valor recebido de clientes é o valor que entrou no caixa, o valor pago a fornecedores é o valor que saiu do caixa, e assim por diante. Isso pode parecer tão óbvio, afinal, se a DFC é uma demonstração que apresenta fluxos de caixa, apresentar recebimentos e pagamentos não deveria ser o padrão de apresentação? De fato é bem óbvio sim, mas há outra alternativa de apresentação, como veremos no método indireto.

Demonstração dos Fluxos de Caixa
Método DIRETO

Atividades operacionais
Recebimentos
- Recebimentos de clientes

(−) *Pagamentos*
- Pagamentos a fornecedores
- Pagamentos a empregados
- Pagamentos de impostos

Atividades de investimento
- Recebimentos ou pagamentos relacionados com o ativo não circulante

Atividades de financiamento
- Recebimentos ou pagamentos de credores e investidores

(=) **Variação líquida de caixa**
(+) Saldo inicial de caixa e equivalentes de caixa (conforme balanço inicial)
(=) Saldo final de caixa e equivalentes de caixa (conforme balanço final)

Esse método possui a vantagem de ser mais simples de ser entendido por usuários com conhecimentos menos profundos em contabilidade.

Aplicação prática

A partir dos exemplos das Cias. A e B, a DFC elaborada pelo método direto teria a seguinte estrutura de apresentação.

Para a Cia. A tem-se:

Demonstração dos Fluxos de Caixa – Cia. A	Julho/X0
Atividades operacionais	
Recebimento de clientes	1.720
(−) Pagamentos relativos aos serviços prestados	(1.710)
(=) Fluxo de caixa das atividades operacionais	10

Atividades de financiamento	
Aumento de capital	60
(=) Fluxo de caixa das atividades de financiamento	60
(=) Variação líquida de caixa e equivalentes de caixa	70
(+) Saldo inicial de caixa e equivalentes de caixa	200
(=) **Saldo final de caixa e equivalentes de caixa:**	**270**

Para a Cia. B tem-se:

Demonstração dos Fluxos de Caixa – Cia. B	Maio/X0
Atividades operacionais	
Recebimento de clientes	1.500
(–) Pagamentos relativos às mercadorias vendidas	(1.450)
(=) Fluxo de caixa das atividades operacionais	50
(=) Variação líquida de caixa e equivalentes de caixa	50
(+) Saldo inicial de caixa e equivalentes de caixa	180
(=) **Saldo final de caixa e equivalentes de caixa:**	**230**

Método indireto

Por este método, o fluxo de caixa operacional é determinado a partir do lucro líquido do exercício, demonstrando qual a parcela do resultado que teve impacto financeiro no período, ou seja, faz uma conciliação entre dois indicadores importantes sobre a situação da empresa: lucro líquido e caixa operacional.

O método é chamado **indireto**, pois apresenta o fluxo de caixa a partir do lucro líquido, logo, o fluxo propriamente dito não está sendo apresentado diretamente na DFC. Vejamos um exemplo: imagine que no lucro exista apenas uma receita de venda, e essa venda tenha sido recebida. Na DFC pelo método indireto, será apresentado o lucro líquido, e não o recebimento da venda. Mas, se a venda não tiver sido integralmente recebida, então o lucro terá que ser ajustado para refletir a parte efetivamente recebida. Por isso, o método indireto também é chamado de método da conciliação, pois ele "concilia" o lucro com o caixa. Desse modo, torna-se mais complexo o seu entendimento. Por outro lado, para fins de análise e avaliação da situação da empresa, é uma informação extremamente rica, pois propicia um grau de detalhamento importante acerca da situação econômica e financeira da entidade.

De acordo com o método indireto, o fluxo de caixa advindo das atividades operacionais é determinado ajustando o lucro líquido ou o prejuízo quanto aos efeitos de:

1. Transações que não envolvem caixa, como, por exemplo, despesa de depreciação e amortização, resultado de equivalência patrimonial, despesas com provisões, entre outras.
2. Quaisquer diferimentos ou apropriações por competência sobre recebimentos de caixa ou pagamentos em caixa operacionais, como, por exemplo, aumento no saldo a receber de clientes (esse evento indica que parte das vendas realizadas no período não foi recebida), aumento no saldo a pagar para os fornecedores (esse evento indica que parte das compras efetuadas no período não foram pagas), entre outros.
3. Itens de receita ou despesa associados com fluxos de caixa das atividades de investimento ou de financiamento, como, por exemplo, o resultado na venda de ativo imobilizado.

Demonstração dos Fluxos de Caixa
Método INDIRETO

<u>**Atividades operacionais**</u>
  Resultado líquido do período
    (+) Despesas que não afetam o caixa (p. ex., depreciação/amortização).
    (–) Receitas que não afetam o caixa (p. ex., receita de equiv. patrimonial).
    (±) Variações nos ativos operacionais (relacionadas com as atividades operacionais, como, por exemplo, variação no valor a receber de clientes, no valor dos estoques).

(±) Variações nos passivos operacionais (relacionadas com as atividades operacionais, como, por exemplo, variação no valor a pagar a fornecedores, no valor a pagar de impostos).

(±) despesas(receitas) relacionadas com os fluxos de caixa das atividades de investimento e financiamento, como, por exemplo, resultado na venda de imobilizado.

Atividades de investimento

- Recebimentos ou pagamentos relacionados com ativo não circulante.

Atividades de financiamento

- Recebimentos ou pagamentos de credores e investidores.

(=) **Variação líquida de caixa**

(+) Saldo inicial de caixa e equivalentes de caixa (conforme balanço inicial)

(=) Saldo final de caixa e equivalentes de caixa (conforme balanço final)

Aplicação prática

A partir dos exemplos das Cias. A e B, a DFC elaborada pelo método indireto teria a seguinte estrutura de apresentação.

Para a Cia. A, tem-se:

Demonstração dos Fluxos de Caixa – Cia. A	Julho/X0
Atividades operacionais	
Lucro líquido do período	90
(–) Aumento no valor a receber de clientes	(80)
(=) Fluxo de caixa das atividades operacionais	10
Atividades de financiamento	
Aumento de capital	60
(=) Fluxo de caixa das atividades de financiamento	60
(=) Variação líquida de caixa e equivalentes de caixa	70
(+) Saldo inicial de caixa e equivalentes de caixa	200
(=) **Saldo final de caixa e equivalentes de caixa:**	**270**

Para a Cia. B, tem-se:

Demonstração dos Fluxos de Caixa – Cia. B	Maio/X0
Atividades operacionais	
Lucro líquido do período	20
(+) Redução nos estoques	20
(+) Aumento no valor a pagar aos fornecedores	10
(=) Fluxo de caixa das atividades operacionais	50
(=) Variação líquida de caixa e equivalentes de caixa	50
(+) Saldo inicial de caixa e equivalentes de caixa	180
(=) **Saldo final de caixa e equivalentes de caixa:**	**230**

Note que os valores dos fluxos de caixa operacionais pelo método indireto são exatamente os mesmos apresentados pelo método direto! Isso deve sempre ocorrer, e por um motivo óbvio: os fluxos são os mesmos. O que está mudando é apenas o modo de apresentação desses fluxos.

Na Cia. A, por exemplo, houve um recebimento de clientes de $ 1.720 e um pagamento de serviços de $ 1.710, e é justamente isso que aparece no método direto. Já o método indireto faz uma conciliação entre o lucro e o caixa operacional. Por que o lucro foi $ 90, mas a empresa gerou apenas $ 10 na sua operação? Isso ocorreu porque deixou de receber $ 80 dos seus clientes, e isso pode ser observado no balanço. O saldo da conta de clientes aumentou em $ 80, e isso significa que a empresa deixou de receber $ 80, provocando um efeito negativo para o fluxo de caixa da empresa (em outras palavras, a Cia. A está financiando os seus clientes, emprestando recursos a eles).

Já no caso da Cia. B, houve um recebimento de clientes de $ 1.500 e um pagamento de $ 1.450, informação presente no método direto. Já no método indireto, consta o lucro líquido de $ 20 e outros dois ajustes (redução dos estoques de $ 20 e aumento de fornecedores de $ 10). Esses ajustes demonstram que está havendo "liberação" de recursos para a empresa. De que forma? Em primeiro lugar, ao reduzir os estoques, a empresa está realizando estoques que já havia adquirido, ou seja, está vendendo o que não precisou comprar (isso é bom para o caixa!). E, posteriormente, conseguiu financiamento com os seus fornecedores, pois o seu passivo aumentou (isso também é bom para o caixa!).

Finalmente, é importante destacar que o CPC 03 (R2) permite com que a empresa escolha por qual dos métodos apresentará a DFC. Porém, caso apresente a DFC pelo método direto, a empresa deve apresentar uma conciliação do lucro com o caixa operacional, ou seja, em outras palavras, deve apresentar a informação que constaria no método indireto. Essa exigência vem induzindo as empresas do mercado brasileiro a escolherem a apresentação da DFC pelo método indireto.

Roteiro de elaboração do fluxo de caixa das atividades operacionais

a) Roteiro de elaboração – Método direto

1. **Determinação do valor do recebimento de vendas**

    Clientes ou duplicatas a receber (balanço inicial)

    (−) Perda estimada com créditos de liquidação duvidosa (balanço inicial)

    (+) Vendas do período (resultado do período)

    (−) Clientes ou duplicatas a receber (balanço final)

    (−) Perdas com clientes (resultado do período)

    (+) Reversão de PECLD (resultado do período)

    (+) Perda estimada com créditos de liquidação duvidosa (balanço final)

    (−) Despesa com créditos de liquidação duvidosa (resultado do período)

    (+) Adiantamentos de clientes (final)

    (−) Adiantamentos de clientes (inicial)

    (+) Recuperação de prejuízos anteriores (resultado do período)

    (=) Recebimento de vendas

2. **Determinação do valor das compras do período**

    Custo das mercadorias vendidas (resultado do período)

    (+) Estoque final

    (−) Estoque inicial

    (=) Compras do período

3. **Determinação do valor dos pagamentos de compras**

    Fornecedores (balanço inicial)

    (+) Compras do período

    (−) Fornecedores (balanço final)

    (−) Adiantamentos a fornecedores (inicial)

    (+) Adiantamentos a fornecedores (final)

    (=) Pagamento de compras

4. **Determinação do valor dos pagamentos de despesas**

    Despesas do período (resultado do período) (*)

(–) Despesas que não afetam o disponível (depreciação, provisões em geral etc.)

(–) Contas relacionadas com despesas antecipadas (balanço inicial)

(+) Contas relacionadas com despesas antecipadas (balanço final)

(+) Contas de despesas a pagar (balanço inicial)

(–) Contas de despesas a pagar (balanço final)

(=) **Pagamento de despesas**

(*) As despesas do período devem incluir também as despesas financeiras (caso sejam consideradas como operacionais) e as despesas com impostos que não são classificadas no grupo "despesas operacionais", mas que fazem parte das despesas que dependem do resultado da empresa (Imposto de Renda, contribuição social, despesas com participações no lucro etc.)

5. Análise das demais contas de ativo e passivo

Todas as contas do ativo, passivo e patrimônio líquido, que não foram analisadas junto com os itens 1 a 4 descritos anteriormente, devem ser analisadas individualmente. Todos os efeitos nessas contas, que em contrapartida afetaram o caixa, devem aparecer na DFC, classificadas nos grupos de atividades específicos.

b) Roteiro de elaboração – Método indireto

Parte-se do *resultado líquido* do período e efetuam-se ajustes correspondentes às receitas e despesas que não afetam o caixa e equivalentes de caixa e pelas variações nas contas de ativos e passivos operacionais que interferiram no fluxo de caixa.

Resultado líquido do período

Ajustes relacionados com despesas e receitas que não impactam o caixa

(+) Despesas que não afetam o caixa (depreciação, amortização, PECLD, provisões em geral, perdas por *impairment* etc.)

(–) Receitas que não afetam o caixa (receita de equivalência patrimonial, reversão de provisão etc.)

(±) Ajustes relacionados com fluxos de caixa não classificados como fluxos de caixa operacionais, como, por exemplo, resultado na venda de imobilizado etc.

Ajustes relacionados com ativos operacionais

(+) Clientes ou duplicatas a receber (saldo inicial)

(–) Perda estimada de clientes de liquidação duvidosa (saldo inicial)

(–) Clientes ou duplicatas a receber (saldo final)

(+) Estoque (saldo inicial)

(–) Estoque (saldo final)

(+) Adiantamentos a fornecedores (saldo inicial)

(–) Adiantamentos a fornecedores (saldo final)

(+) Contas relacionadas com despesas antecipadas (saldo inicial)

(–) Contas relacionadas com despesas antecipadas (saldo final)

Ajustes relacionados com passivos operacionais

(–) Fornecedores (saldo inicial)

(+) Fornecedores (saldo final)

(–) Contas de despesas a pagar (saldo inicial)

(+) Contas de despesas a pagar (saldo final)

(+) Adiantamentos de clientes (saldo final)

(–) Adiantamentos de clientes (saldo inicial)

(=) **Caixa gerado pelas atividades operacionais**

Análise das demais contas de ativo e passivo

Todas as contas do ativo, passivo e patrimônio líquido, que não foram analisadas junto com o item 1 descrito anteriormente, devem ser analisadas individualmente. Todos os efeitos nessas contas, que em contrapartida afetaram o caixa, devem aparecer na DFC, classificadas nos grupos de atividades específicos.

Aplicação prática

Considere as seguintes demonstrações contábeis da empresa Empório Seu João S.A.:

Empório Seu João S.A.
Balanços Patrimoniais

ATIVO	31/12/X0	31/12/X1	PASSIVO + PL	31/12/X0	31/12/X1
Ativo circulante	114.000	366.000	*Passivo circulante*	172.000	264.525
Caixa e equivalentes de caixa	10.000	152.000	Fornecedores	41.000	60.000
Duplicatas a receber de clientes	30.000	110.000	Salários a pagar	8.000	4.000
(–) PECLD	(2.000)	(4.000)	Imp. renda a pagar	45.000	83.700
Estoques	50.000	90.000	Financiamentos	70.000	68.000
Seguros antecipados	26.000	18.000	Dividendos a pagar	8.000	48.825
Ativo não circulante	214.000	276.000	*Passivo não circulante*	50.000	95.000
Realizável a longo prazo			Empréstimos	50.000	70.000
Clientes	15.000	73.000	Prov. riscos trabalhistas	–	25.000
Contas a receber	–	25.000			
Investimentos					
Investimentos em A	23.000	30.000	*Patrimônio líquido*	106.000	282.475
			Capital social	100.000	130.000
Imobilizado			Reservas de lucros	6.000	84.120
Veículos	30.000	80.000	Dividendos adicionais	–	68.355
(–) Deprec. acumulada	(4.000)	(8.000)			
Equipamentos	100.000	100.000			
(–) Deprec. acumulada	(12.000)	(24.000)			
Terrenos	62.000	–			
TOTAL DO ATIVO	**328.000**	**642.000**	**TOTAL DO PASSIVO + PL**	**328.000**	**642.000**

Empório Seu João S.A.
Demonstração do Resultado do Exercício
Período: 01/01/X1 a 31/12/X1

Receita de vendas		720.000
(−) Custo das mercadorias vendidas		(340.000)
(=) Resultado com mercadorias		**380.000**
(−) Despesas operacionais		
■ Comissões sobre vendas	5.000	
■ Créditos de liquidação duvidosa	4.000	
■ Seguros	28.000	
■ Salários	30.000	
■ Aluguel	21.000	
■ Depreciação	16.000	
■ Despesa com provisão para riscos trabalhistas	25.000	(129.000)
(+) Outras receitas operacionais		
■ Resultado de equivalência patrimonial		10.000
■ Lucro na venda do terreno		36.000
(=) Resultado antes dos efeitos financeiros		**297.000**
(−) Despesas financeiras		(18.000)
(=) Resultado antes do imposto de renda		**279.000**
(−) Imposto de renda		(83.700)
(=) Resultado líquido		**195.300**

Empório Seu João S.A.
Demonstração das Mutações do Patrimônio Líquido – X1

	Capital social	Reservas de lucros	Dividendos adicionais	Lucros acumulados	Total
Saldos em 31/12/X0	**100.000**	**6.000**	–	–	**106.000**
(+) Aumento de capital					
Em dinheiro	10.000	–	–	–	10.000
Veículos	20.000	–	–	–	20.000
(+) Lucro do período	–	–	–	195.300	195.300
(−) Destinação do lucro					
Reservas de lucros	–	78.120	–	(78.120)	–
Dividendos	–	–	68.355	(117.180)	(48.825)
Saldos em 31/12/X1	**130.000**	**84.120**	**68.355**	–	**282.475**

Informações adicionais:

- O valor registrado, em 31/12/X0, na conta *Financiamento* foi liquidado integralmente em 02/01/X1. Um novo financiamento no valor de $ 60.000 foi obtido em X1.
- O valor registrado, em 31/12/X0, na conta *Empréstimos* será liquidado integralmente em X5. Um novo empréstimo no valor de $ 15.000 foi obtido em X1 e também será pago integralmente em X5.
- Do valor da venda dos terrenos, $ 25.000 serão recebidos em X3.
- Todos os investimentos são avaliados pelo método da equivalência patrimonial.
- Não houve venda de veículos nem de equipamentos no ano de X2.

Pede-se:

Elabore a *DFC* da empresa Empório Seu João S.A., *pelos métodos direto e indireto*, para o ano de X1.

Resolução – Método direto

Empório Seu João S.A.

1. ***Determinação do valor dos recebimentos***

Clientes curto prazo (31/12/X0)	30.000
(+) Clientes longo prazo (31/12/X0)	15.000
(−) PECLD (31/12/X0)	(2.000)
(+) Receitas de vendas (X1)	720.000
(−) Clientes curto prazo (31/12/X1)	(110.000)
(−) Clientes longo prazo (31/12/X1)	(73.000)
(=) Recebimentos de clientes	**580.000**

Analisando o balanço patrimonial, verifica-se que a empresa possuía $ 45.000 a serem recebidos de clientes e uma estimativa de perda de $ 2.000 no início de X1. Como a despesa com PECLD no ano de X1 é de $ 4.000 e o saldo final do balanço com PECLD também é de $ 4.000, e não há recuperação de créditos baixados nem perdas com clientes, significa que o total de perdas com clientes no período foi $ 2.000, indicando que a empresa não recebeu esse valor. Durante X1, a empresa realizou vendas no valor de $ 720.000 e possui $ 183.000 para serem recebidos.

Assim, somando-se o montante que tinha a receber no início do período ($ 45.000) com as vendas realizadas ($ 720.000) e subtraindo-se desse total o montante que foi perdido ($ 2.000) e o montante que não foi recebido ($ 183.000), obtém-se o valor recebido no período de $ 580.000.

2. ***Determinação do valor das compras do período***

Custo das mercadorias vendidas (X1)	340.000
(+) Estoque final (31/12/X1)	90.000
(−) Estoque inicial (31/12/X0)	(50.000)
(=) Compras do período	**380.000**

3. ***Determinação do valor dos pagamentos a fornecedores***

Fornecedores (31/12/X0)	(41.000)
(+) Compras do período (X1)	(380.000)
(−) Fornecedores (31/12/X1)	60.000
(=) Pagamentos a fornecedores	**(361.000)**

Analisando o balanço patrimonial, verifica-se que a empresa devia $ 41.000 no início de X1. Durante o ano de X1, a empresa comprou $ 380.000 e no final de X1 devia $ 60.000. Assim, somando-se o que a empresa devia no início de X1 ($ 41.000) com as compras efetuadas durante X1 ($ 380.000), e subtraindo desse total o que a empresa devia no final de X1 ($ 60.000), obtém-se o valor pago aos fornecedores ($ 361.000).

4. ***Determinação do valor dos pagamentos de despesas***

Despesa com comissão	(5.000)
Pagamento de seguros	(20.000)
Pagamento de salários	(34.000)
Despesa com aluguel	(21.000)
Pagamento de IR	(45.000)
Despesas financeiras pagas	(5.000)
(=) Pagamentos de despesas	**(130.000)**

Para obter o montante das despesas pagas, faz-se necessária a análise de todas as despesas reconhecidas na demonstração do resultado juntamente com o balanço patrimonial. No balanço patrimonial, será identificado se a empresa pagou mais ou menos do que foi reconhecido no período.

Por exemplo, na DRE tem-se uma despesa de salários de $ 30.000. No entanto, a empresa possuía $ 8.000 de salários a pagar no início de X1 e um saldo a pagar de $ 4.000 no final do período. Assim, considerando que a empresa devia $ 8.000, incorreu em despesas de $ 30.000 durante X1 e devia $ 4.000 no final de X1, conclui-se que a empresa pagou $ 34.000 com salários. Outro exemplo seria o pagamento de IR. Ao analisar a DRE, verifica-se que a despesa de IR foi $ 83.700 e, ao analisar o balanço, verifica-se que esse montante corresponde ao valor a pagar de IR no final de X1, indicando que esse valor não foi pago. No entanto, como a empresa possuía um saldo a pagar de $ 45.000 no início de X1, conclui-se que a empresa pagou esse valor.

A mesma análise deve ser feita para as contas existentes no ativo e relacionadas às despesas, como, por exemplo, seguros antecipados. Ao analisar a DRE, verifica-se que a despesa com seguro foi $ 28.000 e, ao analisar o balanço, verifica-se que há saldo correspondente a seguros pagos antecipadamente. Considerando que o saldo inicial era $ 26.000 e o saldo final $ 18.000, conclui-se que houve apropriação de $ 8.000 para o resultado do período. Como o desembolso ocorreu em X0, esse montante não impactou o caixa e equivalentes de caixa de X1. Assim, a despesa de seguro paga em X1 foi $ 20.000 ($ 28.000 – $ 8.000).

As despesas e receitas que não impactaram o caixa são desconsideradas da análise, como, por exemplo, despesa de depreciação, PECLD, provisões, resultado de equivalência patrimonial e outras.

A análise das demais contas do balanço patrimonial é apresentada a seguir.

Conta: Contas a receber longo prazo	Valor	Fonte	
Saldo em 31/12/X0	–	BP	
(+) Venda do terreno (receber em X3)	25.000	Dado	Não afeta caixa
Saldo em 31/12/X1	**25.000**	BP	

Conta: Investimentos em A	Valor	Fonte	
Saldo em 31/12/X0	**23.000**	BP	
(+) Receita de equivalência patrimonial	10.000	DRE	
(–) Recebimento de dividendos	(3.000)	BP	Caixa (operacional)
Saldo em 31/12/X1	**30.000**	BP	

Conta: Veículos	Valor	Fonte	
Saldo em 31/12/X0	**30.000**	BP	
(+) Aumento de capital com veículo	20.000	DMPL	Não afeta caixa
(+) Compra à vista	30.000	Dado	Caixa (investimento)
Saldo em 31/12/X1	**80.000**	BP	

Conta: Terrenos	Valor	Fonte	
Saldo em 31/12/X0	**62.000**	BP	
(+) Resultado na venda	36.000	BP	
(=) Valor da venda	98.000		
(–) Valor não recebido	(25.000)	(Dado)	
(=) Valor recebido	**73.000**		Caixa (investimento)

Conta: Financiamentos	Valor	Fonte	
Saldo em 31/12/X0	**70.000**	BP	
(–) Pagamentos	(70.000)	Dado	Caixa (financiamento)
(+) Obtenção de novo financiamento	60.000	Dado	Caixa (financiamento)
(+) Despesa com juros não pagas	8.000	DRE	Não afetou caixa
Saldo em 31/12/X1	**68.000**	BP	

Conta: Empréstimos	Valor	Fonte	
Saldo em 31/12/X0	50.000	BP	
(+) Obtenção de novo de empréstimo	15.000	Dado	Caixa (financiamento)
(+) Despesa com juros não pagas	5.000	DRE	Não afetou caixa
Saldo em 31/12/X1	70.000	BP	

Conta: Capital	Valor	Fonte	Conclusão
Saldo em 31/12/X0	100.000	BP	
(+) Aumento de capital (com veículos)	20.000	DMPL	Não afetou caixa
(+) Aumento de capital (em dinheiro)	10.000	DMPL	Caixa (financiamentos)
Saldo em 31/12/X1	130.000	BP	

Conta: Reservas/Dividendos adicionais	Valor	Fonte	
Saldo em 31/12/X0	6.000	BP	
(+) Transferência de lucros acumulados	195.300	DMPL	Não afetou caixa
(−) Transferência para dividendos	(48.825)	DMPL	Não afetou caixa
Saldo em 31/12/X1	152.475	BP	

Conta: Dividendos a pagar	Valor	Fonte	
Saldo em 31/12/X0	8.000	BP	
(+) Transferência de lucros acumulados	48.825	DMPL	Não afetou caixa
(−) Dividendos pagos	(8.000)	DMPL	Caixa (financiamentos)
Saldo em 31/12/X1	48.825	BP	

Após os cálculos, a DFC é apresentada a seguir:

Empório Seu João S.A.
Demonstração dos Fluxos de Caixa – Método Direto
01/01/X0 a 31/12/X1

Atividades operacionais	
Recebimentos de clientes	580.000
(−) Pagamentos a fornecedores	(361.000)
(−) Pagamentos de despesas	(130.000)
(+) Recebimento de dividendos	3.000
Total atividades operacionais	**92.000**
Atividades de investimento	
Compra veículo	(30.000)
Venda terreno	73.000
Total atividades de investimento	**43.000**
Atividades de financiamento	
Aumento de capital	10.000
Novos empréstimos	75.000
Pagamento de financiamentos	(70.000)
Pagamento de dividendos	(8.000)
Total atividades de financiamento	**7.000**
(=) Aumento no saldo de caixa e equivalentes de caixa	142.000
(+) Caixa e equivalentes de caixa (31/12/X0)	10.000
(=) Caixa e equivalentes de caixa (31/12/X1)	**152.000**

Resolução – Método indireto

Para o método indireto, faz-se necessário o cálculo do fluxo de caixa das atividades operacionais a partir do lucro. Como o lucro contém receitas e despesas que não impactaram o caixa ou não fazem parte do fluxo de caixa das atividades operacionais, estas precisam ser excluídas do lucro para que seja possível determinar o valor que impactou o caixa e equivalentes de caixa.

Além desses ajustes, faz-se necessário analisar as variações ocorridas nos ativos e passivos operacionais. Essas variações irão "corrigir" valores reconhecidos no lucro, como, por exemplo, o valor recebido dos clientes. No lucro, foram considerados $ 720.000 de receitas, no entanto, a empresa recebeu $ 580.000, conforme demonstrado anteriormente pelo método direto, ou seja, há um ajuste negativo de $ 140.000 que deve ser feito. Esse valor será obtido analisando a variação dos valores a receber de clientes. Considerando que o saldo inicial dos valores a receber de clientes era $ 43.000 ($ 45.000 duplicatas a receber de clientes de curto e longo prazos – $ 2.000 PECLD) e o saldo final era $ 183.000 ($ 110.000 + $ 73.000), conclui-se que a empresa deixou de receber $ 140.000 de seus clientes. Assim, $ 720.000 de receita incluída no lucro menos $ 140.000 devido ao aumento do saldo de duplicatas a receber de clientes, tem-se o valor recebido de $ 580.000.

Outro exemplo é a variação ocorrida na conta imposto de renda a pagar. No lucro, foram considerados $ 83.700 de despesa, no entanto a empresa pagou apenas $ 45.000, conforme demonstrado anteriormente pelo método direto. Considerando que o saldo inicial era $ 45.000 e o saldo final $ 83.700, conclui-se que a empresa deixou de pagar $ 38.700. Assim, $ 83.700 de despesa incluída no lucro menos $ 38.700 devido ao aumento do saldo de imposto de renda a pagar tem-se o valor pago de $ 45.000.

Após a análise de todos os ativos e passivos operacionais, os valores incluídos no lucro estarão "corrigidos" em termos de caixa e equivalentes de caixa.

Empório Seu João S.A.
Demonstração dos Fluxo de Caixa – Método Indireto
01/01/X1 a 31/12/X1

Atividades operacionais	
Resultado do período	195.300
(+) Desp. créditos liquidação duvidosa (X1)	4.000
(+) Despesa de depreciação	16.000
(+) Desp. prov. riscos trabalhistas	25.000
(−) Resultado de equivalência	(10.000)
(−) Lucro na venda de terrenos	(36.000)
(+) Despesas financeiras (NÃO PAGAS)	13.000
Variação nos ativos operacionais	
(−) Aumento de clientes	(140.000)
(−) Aumento de estoque	(40.000)
(+) Redução nos seguros antecipados	8.000
Variação nos passivos operacionais	
(+) Aumento de fornecedores	19.000
(−) Redução de salários a pagar	(4.000)
(+) Aumento de imposto renda a pagar	38.700
(+) Recebimento de dividendos	3.000
Total atividades operacionais	**92.000**
Atividades de investimento	
Compra veículo	(30.000)
Venda terreno	73.000
Total atividades de investimento	**43.000**

Atividades de financiamento	
Aumento de capital	10.000
Novos empréstimos	75.000
Pagamento de financiamentos	(70.000)
Pagamento de dividendos	(8.000)
Total atividades de financiamento	7.000
(=) Aumento no saldo de caixa e equivalentes de caixa	**142.000**
(+) Caixa e equivalentes de caixa (31/12/X0)	**10.000**
(=) Caixa e equivalentes de caixa (31/12/X1)	152.000
Impostos pagos: 45.000	
Juros pagos: 5.000	
Aumento de capital com veículos: 20.000	

PONTOS POLÊMICOS QUANTO À CLASSIFICAÇÃO

Existem transações que podem ser classificados em mais de um fluxo de caixa.

Para algumas transações realizadas pelas empresas, não há um consenso quanto à classificação de seus fluxos de caixa na DFC, os quais são apresentados a seguir.

Juros pagos e juros recebidos

Os juros pagos e recebidos podem ser classificados como fluxos de caixa das atividades operacionais, porque eles entram na determinação do lucro líquido ou prejuízo do período.

Alternativamente, os juros pagos e os juros recebidos podem ser classificados, respectivamente, como fluxos de caixa das atividades de financiamento e fluxos de caixa das atividades de investimento, porque são custos de obtenção de recursos financeiros ou retornos sobre investimentos.

Dividendos e juros sobre o capital próprio

Os dividendos e os juros sobre o capital próprio recebidos podem ser classificados como fluxos de caixa das atividades operacionais, porque eles podem entrar na determinação do lucro líquido ou prejuízo. Já os dividendos e os juros sobre o capital próprio pagos podem ser classificados como fluxo de caixa das atividades de financiamento, porque são custos da obtenção de recursos financeiros.

Alternativamente, os dividendos e os juros sobre o capital próprio recebidos podem ser classificados como fluxos de caixa das atividades de investimento, porque representam retornos sobre investimentos.

Alternativamente, os dividendos e os juros sobre o capital próprio pagos podem ser classificados como fluxos de caixa das atividades operacionais, a fim de auxiliar os usuários a determinar a capacidade de a entidade pagar dividendos e juros sobre o capital próprio utilizando os fluxos de caixa operacionais.

Com relação a esses pontos, o CPC 03, item 34A, encoraja fortemente as entidades a classificarem:
- Os juros, recebidos ou pagos, e os dividendos e juros sobre o capital próprio recebidos como fluxos de caixa das atividades operacionais.
- Os dividendos e juros sobre o capital próprio pagos como fluxos de caixa das atividades de financiamento.

Alternativa diferente da sugerida deve ser evidenciada em nota explicativa, bem como deve ser seguida de forma consistente ao longo do tempo.

QUESTÃO PARA REFLEXÃO 16.1

A Cia. HM apurou em X1 um prejuízo de $ 100.000. No entanto, o fluxo de caixa operacional gerado no período foi de $ 80.000 positivo. Como isso é possível?

Transações de investimento e financiamento que não envolvem caixa não devem ser incluídas na demonstração dos fluxos de caixa

Tais transações devem ser divulgadas nas notas explicativas, de modo que forneçam todas as informações relevantes sobre essas atividades de investimento e de financiamento.

Muitas atividades de investimento e de financiamento não têm impacto direto sobre os fluxos de caixa correntes, mas afetam a estrutura de capital e de ativos da entidade.

A exclusão dessas transações da demonstração dos fluxos de caixa é consistente com o objetivo da referida demonstração.

Exemplos de transações que não envolvem caixa e equivalente de caixa são:

- Aquisição de ativos com a assunção direta do passivo respectivo.
- Aquisição de entidade por meio de emissão de instrumentos patrimoniais (ações).
- Aumento de capital social com bens, como, por exemplo, com veículos, terrenos.

OBJETIVO 7

FLUXOS DE CAIXA EM MOEDA ESTRANGEIRA

Os fluxos de caixa advindos de transações em moeda estrangeira devem ser registrados na moeda funcional da entidade usando a taxa de câmbio na data da ocorrência do fluxo de caixa. Contudo, a empresa pode usar uma taxa de câmbio que se aproxime da taxa de câmbio vigente, como, por exemplo, a taxa de câmbio média.

Ganhos e perdas não realizados resultantes de mudanças nas taxas de câmbio de moedas estrangeiras não são fluxos de caixa. No entanto, o efeito das mudanças nas taxas de câmbio sobre o caixa e equivalentes de caixa, mantidos ou devidos em moeda estrangeira, deve ser apresentado na demonstração dos fluxos de caixa para que seja possível conciliar o caixa e equivalentes de caixa no começo e no fim do período.

Esse valor é apresentado separadamente dos fluxos de caixa das atividades operacionais, de investimento e de financiamento.

Aplicação prática

A Cia. Brasileira possuía no início de determinado ano o seguinte montante de dinheiro:
- Moeda nacional: R$ 4.000.
- Moeda estrangeira: R$ 10.000 (US$ 5.000 e taxa de câmbio = R$ 2,00/US$).
- Total = R$ 14.000.

Durante este ano, a Cia. Brasileira não realizou nenhuma operação e ao final deste ano a taxa de câmbio era R$ 2,50/US$. Desse modo, a Cia. Brasileira possuía no final do ano o equivalente em caixa de:

- Moeda nacional: R$ 4.000.
- Moeda estrangeira: R$ 12.500 (US$ 5.000 e taxa de câmbio = R$ 2,50/US$).
- Total = R$ 16.500.
- Variação cambial = R$ 2.500 (reconhecida como receita financeira na demonstração do resultado na Cia. Brasileira).

A DFC da Cia. Brasileira neste ano é:

Demonstração dos Fluxos de Caixa	
Lucro líquido	2.500
(−) Variação cambial	(2.500)
(=) Fluxo de caixa das atividades operacionais	0
(±) Efeito das mudanças das taxas de câmbio no caixa e equivalentes de caixa	2.500
(=) Variação líquida de caixa e equivalentes de caixa	2.500
(+) Saldo inicial de caixa e equivalentes de caixa	14.000
(=) **Saldo final de caixa e equivalentes de caixa**	**16.500**

RESUMO

OBJETIVO 1 — O objetivo da DFC é evidenciar informações relevantes sobre os fluxos de caixa gerados pela empresa e como estes fluxos de caixa foram utilizados pela empresa em suas atividades. A divulgação da DFC é obrigatória no Brasil desde 2008.

OBJETIVO 2 — O "caixa" da DFC é composto pela conta caixa (dinheiro em espécie), depósitos bancários e alguns tipos de aplicações financeiras que se encaixam na definição de Equivalentes de Caixa: aplicações financeiras de curto prazo, de alta liquidez, que são prontamente conversíveis em montante conhecido de caixa e que estão sujeitas a um insignificante risco de mudança de valor.

OBJETIVO 3 — Ao correlacionar as contas de resultado com as contas do balanço patrimonial, é possível deduzir quais foram os recebimentos e pagamentos ocorridos em determinado período.

OBJETIVO 4 — As entradas e saídas de caixa devem ser apresentadas na demonstração dos fluxos de caixa, segregadas em: atividades operacionais, atividades de investimento e atividades de financiamento.

OBJETIVO 5 — A DFC pode ser apresentada pelo método direto ou indireto. A diferença dos métodos está no modo de apresentação do fluxo de caixa das atividades operacionais. No método direto, são apresentados os recebimentos e pagamentos. No método indireto, parte-se do resultado líquido e são feitos ajustes para se chegar ao fluxo de caixa operacional.

OBJETIVO 6 — Recebimentos de juros e dividendos podem ser classificados nas atividades operacionais ou de investimento. Pagamento de juros e dividendos podem ser classificados nas atividades operacionais ou de financiamento. Transações de investimento e financiamento que não envolvem caixa não devem ser incluídas na DFC.

OBJETIVO 7 — O efeito das mudanças das taxas de câmbio no saldo de caixa e equivalentes de caixa deve ser apresentado separadamente das atividades operacionais, de investimento e de financiamento.

APLICANDO CONHECIMENTOS – QUESTÕES PARA RESOLVER

DILEMA ÉTICO

A Cia. Revendedora, em função da queda no volume de vendas, decidiu, em janeiro de X1, aumentar o prazo de pagamento concedido aos seus clientes, passando de 30 dias para 120 dias, sem juros.

Para conseguir preços melhores, passou a comprar os produtos à vista, com desconto de 5% ao mês (o prazo concedido até esta mudança era de 30 dias). Para tal, obteve um empréstimo a uma taxa de juros compostos de 4% ao mês.

Com estas alterações, o resultado bruto da Cia. Revendedora aumentou 8% em relação ao ano anterior. Contudo, ao elaborar a DFC, verificou que o seu fluxo de caixa operacional reduziu 20% quando comparado com o ano anterior, em função do aumento do prazo de recebimento das vendas, da redução dos valores devidos aos fornecedores e dos juros pagos.

Com o objetivo de evidenciar uma melhora no fluxo de caixa de operacional, a diretoria solicitou que os juros pagos fossem apresentados no fluxo de caixa das atividades de financiamento.

Analise a situação proposta apresentando argumentos que suportem sua resposta.

TESTES

OBJETIVO 4

1. Na elaboração e divulgação da demonstração dos fluxos de caixa (DFC), o recebimento de caixa decorrente da venda de ativo imobilizado, pagamento de caixa para resgatar ações da própria entidade e recebimento de caixa decorrente da emissão de debêntures devem ser classificados, respectivamente, no fluxo de caixa das atividades:

a) De investimento, de financiamento e de financiamento.
b) De financiamento, operacionais e de investimento.
c) Operacionais, de financiamento e de financiamento.
d) De investimento, de investimento e de financiamento.
e) Operacionais, de investimento e de investimento.

OBJETIVO 4

2. Na DFC, podem-se citar como exemplos de fluxo de caixa das atividades operacionais:

a) Recebimentos de caixa decorrentes das receitas de vendas e pagamentos de caixa decorrentes da aquisição de ações da própria entidade.
b) Recebimentos de caixa decorrentes da venda de ativo imobilizado e pagamentos de caixa decorrentes de arrendamento mercantil financeiro.
c) Recebimentos de caixa decorrentes de *royalties* e pagamentos de caixa a fornecedores de mercadorias.
d) Recebimentos de caixa provenientes da emissão de debêntures e pagamentos relacionados com as despesas do período.
e) Recebimentos de caixa decorrentes da emissão de ações e pagamentos de caixa decorrentes de imposto sobre a renda.

3. A Cia. Caixa 2 realizou as seguintes transações que impactaram seu Caixa e Equivalentes de Caixa durante o mês de setembro de X2:

1) Recebimento de $ 40.000 referentes ao aumento de capital.
2) Recebimento de $ 70.000 de duplicatas a receber de clientes.
3) Pagamento de $ 30.000 referentes ao adiantamento ao fornecedor Alfa.
4) Pagamento de $ 30.000 a diversos fornecedores.
5) Pagamento de $ 50.000 referentes ao salário de seus funcionários.
6) Recebimento de $ 90.000 referentes à venda de um terreno.
7) Pagamento de $ 80.000 referentes a um empréstimo (principal).

O fluxo de caixa das atividades operacionais da Cia. Caixa 2, decorrente do registro dessas transações, foi:

a) $ 10.000, consumidos.
b) $ 30.000, consumidos.
c) $ 40.000, consumidos.
d) $ 50.000, gerados.
e) $ 10.000, gerados.

OBJETIVO 4   OBJETIVO 5

4. A empresa Só Dívidas S.A. realizou as seguintes transações que impactaram seu caixa e equivalentes de caixa:

1) Pagamento de $ 40.000 a fornecedores.
2) Recebimento de $ 90.000 de duplicatas a receber de clientes.
3) Recebimento de $ 170.000 referentes à venda de suas próprias ações.

4) Pagamento de $ 50.000 referentes ao salário de seus funcionários.

5) Recebimento de $ 90.000 referentes à venda de um imobilizado.

6) Pagamento de $ 110.000 referentes a um empréstimo (principal).

7) Pagamento de $ 70.000 referentes à aquisição de participação na coligada Cia. Beta.

8) Pagamento de $ 40.000 referentes a quatro prestações de um arrendamento mercantil financeiro realizado para aquisição de uma máquina.

O fluxo de caixa das atividades de financiamento gerado ou consumido pela empresa, decorrente do registro dessas transações, foi:

a) $ 110.000, consumidos.

b) $ 150.000, consumidos.

c) $ 50.000, consumidos.

d) $ 60.000, gerados.

e) $ 20.000, gerados.

Considere as informações a seguir para responder as questões 5 a 10.

A empresa comercial *Flores Belas S.A.* publicou os balanços patrimoniais em 31/12/X1 e 31/12/X2, e a demonstração do resultado para o ano de X2, os quais são apresentados a seguir:

Flores Belas S.A.
Balanços Patrimoniais
(valores em reais)

ATIVO	31/12/X1	31/12/X2	PASSIVO + PL	31/12/X1	31/12/X2
Ativo circulante	**250.000**	**345.000**	**Passivo circulante**	**216.000**	**284.000**
Caixa e equivalentes de caixa	40.000	105.000	Fornecedores	120.000	112.000
Clientes	124.000	85.000	Dividendos a pagar	6.000	19.000
PECLD	(4.000)	(5.000)	Empréstimos	90.000	125.000
Estoques	90.000	150.000	Impostos a pagar	–	28.000
Seguros antecipados	–	10.000			
Ativo não circulante	**301.000**	**351.000**	**Patrimônio líquido**	**335.000**	**412.000**
Investimentos	38.000	53.000	Capital social	300.000	320.000
Imobilizado			Reservas de lucros	35.000	92.000
Máquinas e equipamentos	200.000	350.000			
Depreciação acumulada	(12.000)	(52.000)			
Terrenos	75.000	–			
TOTAL DO ATIVO	**551.000**	**696.000**	**TOTAL DO PASSIVO + PL**	**551.000**	**696.000**

Flores Belas S.A.
Demonstração do Resultado – Período: 01/01/X1 a 31/12/X1
(valores em reais)

Receitas de vendas	620.000
(–) Custo das mercadorias vendidas	(320.000)
(=) Resultado com mercadorias	**300.000**
(–) Despesas operacionais	
■ Depreciação	(40.000)
■ Despesa com PECLD	(5.000)
■ Outras despesas operacionais	(185.000) (230.000)
(+) Outras receitas e despesas	
■ Resultado de equivalência patrimonial	18.000
■ Lucro na venda do terreno	25.000
(=) Resultado antes dos efeitos financeiros	**113.000**
(–) Despesas financeiras	(9.000)
(=) Resultado antes de impostos	**104.000**
(–) Despesa com Imposto de Renda	(28.000)
(=) Resultado líquido	**76.000**

Informações adicionais:

- A empresa obteve novos empréstimos no valor de $ 30.000 e não liquidou nenhum empréstimo.
- O aumento de capital foi realizado com máquinas e equipamentos.
- A empresa classifica os juros pagos e os dividendos recebidos no fluxo de caixa das atividades operacionais. Os dividendos pagos são classificados no fluxo de caixa das atividades de financiamento.

5. O valor recebido em X2 decorrente de vendas realizadas foi:

a) $ 620.000.

b) $ 659.000.

c) $ 660.000.

d) $ 655.000.

e) $ 664.000.

6. O valor das despesas pagas foi:

a) $ 185.000.

b) $ 189.000.

c) $ 194.000.

d) $ 199.000.

e) $ 174.000.

7. O valor pago aos fornecedores foi:
   a) $ 8.000.
   b) $ 388.000.
   c) $ 380.000.
   d) $ 328.000.
   e) $ 68.000.

8. O fluxo de *caixa das atividades operacionais* foi:
   a) $ 68.000.
   b) $ 71.000.
   c) $ 88.000.
   d) $ 73.000.
   e) $ 93.000.

9. O fluxo de *caixa das atividades de investimento* foi:
   a) $ 30.000, negativo.
   b) $ 50.000, negativo.
   c) $ 45.000, negativo.
   d) $ 65.000, negativo.
   e) $ 55.000, negativo.

10. O fluxo de *caixa das atividades de financiamento* foi:
    a) $ 35.000.
    b) $ 55.000.
    c) $ 30.000.
    d) $ 29.000.
    e) $ 24.000.

OBJETIVO 5

11. A Cia. Lucrativa apresentou a seguinte demonstração do resultado referente ao ano de X0:

Cia. Lucrativa	
Demonstração do Resultado – X0 (valores em reais)	
Receita bruta de vendas	400.000
(–) Custo das mercadorias vendidas	(230.000)
(=) Lucro bruto	170.000
(–) Despesas operacionais	
Despesas administrativas	(40.000)
Despesas com vendas	(15.000)
Despesa de depreciação	(20.000)
(±) Outras receitas e despesas operacionais	
Resultado de equivalência patrimonial	18.000
Prejuízo na venda de imobilizado	(7.000)
(=) Lucro antes do Imposto de Renda	106.000
(–) Imposto de Renda e CSLL	(18.000)
(=) Lucro líquido	88.000

Ao elaborar a DFC pelo método indireto, o valor do lucro líquido ajustado é
   a) $ 108.000.
   b) $ 90.000.
   c) $ 97.000.
   d) $ 115.000.
   e) $ 83.000.

Respostas: 1-a; 2-c; 3-c; 4-e; 5-d; 6-d; 7-b; 8-b; 9-a; 10-e; 11-c.

EXERCÍCIOS

OBJETIVO 1
1. Qual é o objetivo da demonstração dos fluxos de caixa (DFC)?

OBJETIVO 2   OBJETIVO 3
2. O que significa caixa e equivalentes de caixa?

OBJETIVO 4
3. Quais fluxos de caixa são evidenciados na DFC? Dê exemplo de entradas e saídas de caixa relacionadas com cada um deles.

OBJETIVO 5
4. Explique a diferença entre o método direto e o indireto para a elaboração da DFC.

OBJETIVO 6
5. Qual o tratamento a ser dado para a aquisição de um ativo com a assunção direta de uma dívida?

EXERCÍCIOS ADICIONAIS

1. Os balanços patrimoniais em 31/12/X0 e 31/12/X1, e a demonstração do resultado de X1 da empresa **Só Comércio S.A.** são apresentados a seguir:

Só Comércio S.A.
Balanços Patrimoniais em 31/12/X0 e 31/12/X1 (valores em reais)

ATIVO	31/12/X0	31/12/X1	PASSIVO + PL	31/12/X0	31/12/X1
Ativo circulante	264.000	472.000	**Passivo circulante**	302.000	554.560
Caixa e equivalentes de caixa	30.000	84.000	Fornecedores	122.000	160.800
Clientes	102.000	192.000	Dividendos a pagar	–	5.760
Estoques	132.000	196.000	Empréstimos	180.000	388.000
Ativo não circulante	288.000	446.000	**Patrimônio líquido**	250.000	363.440
Investimentos	28.000	82.000	Capital social	200.000	300.000
Imobilizado			Reservas de lucros	50.000	63.440
Máquinas e equipamentos	168.000	364.000			
Terrenos	92.000	–			
TOTAL DO ATIVO	552.000	918.000	**TOTAL DO PASSIVO + PL**	552.000	918.000

Só Comércio S.A.
Demonstração do Resultado – Período: 01/01/X1 a 31/12/X1 X1
(valores em reais)

Receitas de vendas	800.000
(–) Custo das mercadorias vendidas	(508.000)
(=) Resultado com mercadorias	**292.000**
(–) Despesas operacionais	
■ Depreciação	(24.000)
■ Outras despesas operacionais	(226.000) (250.000)
(+) Outras receitas e despesas	
■ Resultado de equivalência patrimonial	22.000
■ Lucro na venda de terrenos	18.000
(=) Resultado antes dos efeitos financeiros	**82.000**
(–) Despesas financeiras	(48.000)
(=) Resultado antes de impostos	**34.000**
(–) Despesa com Imposto de Renda	(14.800)
(=) Resultado líquido	**19.200**

Informações adicionais:

- A empresa não vendeu participações societárias nem máquinas e equipamentos.
- Não liquidou qualquer empréstimo e não pagou as despesas financeiras do ano.
- A venda do terreno foi à vista e o aumento de capital foi em dinheiro.

Pede-se:

Elabore a DFC da empresa **Só Comércio S.A.**, para o ano de X1, pelos métodos direto e indireto.

2. A empresa Ofício & Cia. apresentava as seguintes demonstrações contábeis:

Ofício & Cia.
Balanços Patrimoniais em 31/12/X0 e 31/12/X1 (valores em reais)

ATIVO	31/12/X0	30/06/X1	PASSIVO + PL	31/12/X0	30/06/X1
Ativo circulante	250.000	370.000	**Passivo circulante**	160.000	141.000
Disponível	150.000	167.000	Fornecedores	150.000	120.000
Duplicatas a receber	95.000	170.000	IR/CSLL a pagar	–	6.000
Seguros pagos antecipadamente	5.000	8.000	Adiantamento de clientes	10.000	15.000
Adiantamento a fornecedores	–	25.000			
			Passivo não circulante	140.000	140.000
Ativo não circulante	380.000	280.000	Empréstimos a pagar	140.000	140.000
Imobilizado					
Imóveis	400.000	320.000	**Patrimônio líquido**	330.000	369.000
Depreciação acumulada	(20.000)	(40.000)	Capital social	270.000	320.000
			Reservas de lucros	60.000	49.000
TOTAL DO ATIVO	630.000	650.000	**TOTAL DO PASSIVO + PL**	630.000	650.000

Ofício & Cia.
Demonstração do Resultado – Período: 01/01/X1 a 31/12/X1
(valores em reais)

Receitas de vendas		500.000
(–) Custo das mercadorias vendidas		(340.000)
(=) Resultado com mercadorias		**160.000**
(–) Despesas operacionais		
■ Gerais e administrativas	(120.000)	
■ Seguros	(5.000)	
■ Depreciação	(30.000)	(155.000)
(+) Outras receitas e despesas		
■ Resultado na venda de imóveis		15.000
(=) Resultado antes dos efeitos financeiros		**20.000**
(–) Despesas financeiras		(25.000)
(=) Resultado antes de impostos		**(5.000)**
(–) Despesa com imposto de renda		(6.000)
(=) Prejuízo do período		**(11.000)**

Informações adicionais:
- O aumento de capital social foi em dinheiro.
- Não houve liquidação de empréstimo.
- A venda do imóvel foi à vista.

Pede-se:

Elabore a DFC da empresa **Ofício & Cia.**, para o ano de X1, pelos métodos direto e indireto.

3. Considere as seguintes demonstrações contábeis da Cia. Teste & Comprove:

Cia. Teste & Comprove
Balanços Patrimoniais em 31/12/X0 e 31/12/X1
(valores em reais)

ATIVO	31/12/X0	31/12/X1	PASSIVO + PL	31/12/X0	31/12/X1
Ativo circulante	**240.000**	**465.000**	**Passivo circulante**	**220.000**	**160.000**
Disponível	100.000	191.000	Fornecedores	130.000	80.000
Duplicatas a receber	93.000	154.000	Salários a pagar	30.000	20.000
PECLD	(3.000)	(4.000)	Adiantamento de clientes	40.000	–
Estoques	50.000	80.000	Dividendos a pagar	20.000	50.000
Seguros antecipados	–	24.000	Contas a pagar	–	10.000
Contas a receber		20.000			
			Passivo não circulante	**100.000**	**120.000**
Ativo não circulante	**380.000**	**315.000**	Financiamentos	70.000	100.000
Investimentos	60.000	35.000	Provisões	30.000	20.000
Imobilizado					
Terreno	100.000	–	**Patrimônio líquido**	**300.000**	**500.000**
Equipamento	300.000	400.000	Capital social	250.000	300.000
Depreciação acumulada	(80.000)	(120.000)	Reservas de lucros	50.000	200.000
TOTAL DO ATIVO	**620.000**	**780.000**	**TOTAL DO PASSIVO + PL**	**620.000**	**780.000**

Cia. Teste & Comprove		
Demonstração do Resultado – Período: 01/01/X1 a 31/12/X1		
(valores em reais)		
Receita bruta de vendas		1.200.000
(−) Impostos sobre vendas		(180.000)
(=) Receita líquida		1.020.000
(−) Custo das mercadorias vendidas		(420.000)
(=) **Resultado bruto**		**600.000**
(−) Despesas operacionais		
■ Despesas administrativas	(220.000)	
■ Despesa com PECLD	(4.000)	
■ Reversão de PECLD	1.000	
■ Despesas com seguros	(15.000)	
■ Despesa de depreciação	(40.000)	
■ Reversão de provisão	10.000	(268.000)
(+) Outras receitas e despesas		
■ Resultado de equivalência patrimonial		(25.000)
■ Lucro na venda do terreno		30.000
(=) *Resultado antes dos efeitos financeiros*		*337.000*
(−) Despesas financeiras		(12.000)
(=) **Resultado antes de impostos**		**325.000**
(−) Despesa com imposto de renda		(125.000)
(=) **Resultado líquido**		**200.000**

Informações adicionais:

- Os juros não foram pagos.
- O valor dos tributos recuperáveis na aquisição de estoques foi $ 70.000.
- Os dividendos de X0 foram pagos.
- O saldo de contas a receber se refere exclusivamente à parte da venda do terreno que não foi recebida.
- O aumento de capital foi realizado com os seguintes recursos: $ 30.000 em dinheiro e o restante com equipamentos.
- Não houve pagamento de financiamentos.

Pede-se:

Elabore a DFC da Cia. Teste & Comprove, para o ano de X1, pelos métodos direto e indireto.

17

Assista ao vídeo do autor sobre o tema deste capítulo

DEMONSTRAÇÃO DO VALOR ADICIONADO

"Fisco leva 45% da 'riqueza' das S.A.

Da riqueza gerada pelas cem maiores companhias abertas do país por valor de mercado em 2009, que somou R$ 558 bilhões, as três esferas de governo abocanharam 45% na forma de impostos, contribuições e taxas. As empresas retiveram 13,5% do total para engordar seu patrimônio e distribuíram 9,5% aos acionistas na forma de juros sobre capital próprio e dividendos. Os funcionários ficaram com 20% e os credores, com 12%.

Os dados foram coletados pelo *Valor* a partir da Demonstração do Valor Adicionado, peça que se tornou obrigatória nos balanços das companhias abertas com a edição da Lei nº 11.638/07, que mudou a contabilidade no país.

Grosso modo, trata-se da contribuição empresarial para o

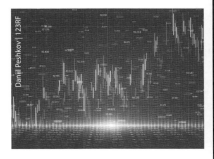

Produto Interno Bruto (PIB), já que o valor adicionado nada mais é do que o faturamento bruto de uma empresa menos os custos com insumos adquiridos de terceiros, como matérias-primas, mercadorias e energia (...).

A nova demonstração obrigatória vem preencher uma lacuna de informações 'sociais' nos balanços das empresas. Para o professor Ariovaldo dos Santos, da Fundação Instituto de Pesquisas Contábeis, Atuariais e Financeiras (Fipecafi), a demonstração de resultados, que mostra as receitas, custos, despesas e o lucro é 'egoísta e só serve para o dono da empresa', porque o lucro é apenas uma parte da riqueza gerada pela companhia."

Fonte: Adaptado de TORRES, Fernando. *Jornal Valor Econômico*, 31 maio 2010.

OBJETIVOS DE APRENDIZAGEM DO CAPÍTULO

Após estudar este capítulo, você será capaz de:

1. Compreender os objetivos da DVA e sua importância para a compreensão da riqueza produzida e distribuída por uma entidade.
2. Analisar a estrutura da DVA com base no modelo atual.
3. Entender as técnicas para a elaboração da DVA.

OBJETIVO 1

OBJETIVO E IMPORTÂNCIA DA DVA

Conceitos básicos

> Demonstração do Valor Adicionado (DVA) é uma demonstração contábil cuja divulgação é obrigatória desde 2008 pelas Companhias Abertas no Brasil.

A demonstração do valor adicionado (DVA) é uma demonstração contábil cuja divulgação é obrigatória desde 2008 pelas Companhias Abertas no Brasil. Essa obrigatoriedade foi estabelecida pela Lei nº 11.638/2007, uma importante alteração da Lei nº 6.404/76 (Lei das Sociedades por Ações) ocorrida no Brasil ao final de 2007.

De maneira bem resumida, o objetivo da DVA é demonstrar qual foi o valor adicionado produzido por uma entidade e para quem foi distribuído. Assim, antes de tratarmos da demonstração em si, sua estrutura, particularidades, modelos etc., vamos entender o que é valor adicionado e de que maneira é distribuído por uma companhia.

O conceito de valor adicionado está relacionado com o conceito de riqueza produzida. Em macroeconomia, normalmente essa riqueza é medida em termos agregados, e denominada de Produto Interno Bruno (PIB), com o objetivo de medir a atividade econômica de um país, região, estado etc. Mas aqui, estamos interessados em medir a riqueza produzida por uma entidade, no caso aquela que está reportando suas demonstrações contábeis, incluindo a DVA. Assim, podemos dizer que o valor adicionado apresentado na DVA seria, guardadas as devidas proporções, uma espécie de PIB microeconômico, ou seja, esse valor adicionado seria equivalente, conceitualmente, ao pedaço do PIB agregado com que aquela entidade contribuiu na economia.

> O objetivo da DVA é demonstrar qual foi o valor adicionado produzido por uma entidade e para quem foi distribuído.

Na literatura econômica e contábil, há diferentes definições formais para o conceito de valor adicionado, porém, aqui, não estamos tão preocupados com tais "formalidades", mas sim com a lógica embutida na informação. Assim, vamos desenvolver um exemplo numérico, bem simplificado, para tal explicação. Esse exemplo está fundamentado no livro de Santos (2007).

Exemplo de cálculo do valor adicionado

Vamos imaginar uma cadeia produtiva que se inicia com o agricultor, extraindo seus insumos da natureza. Ele os processa e revende para a indústria, tendo despesas de salários, juros de empréstimos e tributos do governo. Da mesma maneira, a indústria processa tais insumos e revende para o comércio, incorrendo também em despesas de salários, juros e tributos. E, finalmente, o comércio vende tais mercadorias ao consumidor final, e também incorre em todas essas despesas.

Se admitirmos valores para tais operações e elaborarmos a DRE de cada uma dessas etapas do processo produtivo, essa DRE poderia ser assim apresentada:

DRE	Agricultor	Industrial	Comerciante	Total
Vendas	10.000	35.000	50.000	95.000
(−) Insumos	0	(10.000)	(35.000)	(45.000)
(−) Salários	(3.000)	(8.000)	(6.300)	(17.300)
(−) Juros	(2.200)	(3.500)	(2.400)	(8.100)
(−) Tributos	(1.000)	(4.200)	(2.000)	(7.200)
(=) **Lucro Líquido**	**3.800**	**9.300**	**4.300**	**17.400**

A partir desses números apresentados, devemos nos perguntar: qual foi a riqueza criada pelas partes envolvidas no processo produtivo? Essa pergunta pode ser respondida pensando naquilo que cada parte está agregando de valor à cadeia produtiva. Então, vejamos: o agricultor obtém seus recursos da natureza, processa-os e os revende por $ 10.000. Isso significa que agregou $ 10.000 de valor à cadeia produtiva (apesar de estarmos ignorando os custos ambientais de extração dos insumos da natureza). Já o industrial adquire esses insumos por $ 10.000, transforma-os e repassa ao comércio por $ 35.000, agregando agora mais $ 25.000. E, finalmente, o comércio repassa o produto ao consumidor final, agregando mais $ 15.000, uma vez que vendeu tais insumos por $ 50.000. Com isso, podemos dizer que a riqueza total criada foi de $ 50.000 (pois a cadeia produtiva iniciou a produção a partir do "zero" e conseguiu agregar $ 50.000 de valor a esses insumos), resumida na tabela a seguir.

Riqueza Criada	Agricultor	Industrial	Comerciante	Riqueza total criada na cadeia produtiva
Vendas	10.000	35.000	50.000	50.000
(−) Insumos	0	(10.000)	(35.000)	0
(=) **Riqueza**	**10.000**	**25.000**	**15.000**	**50.000**

Isso nos remete ao conceito de valor adicionado, conforme enunciado por Santos (2007, p. 27): "o valor adicionado representa o incremento de valor que se atribui a um bem durante o processo produtivo". Dessa maneira, observamos que a atividade econômica aqui representada está "incrementando" $ 50.000 a esses insumos que foram extraídos da natureza, sendo que $ 10.000 foi produzido pelo agricultor, $ 25.000 pelo industrial e $ 15.000 pelo comerciante.

Exemplo de cálculo da distribuição do valor adicionado

Continuando com o mesmo exemplo, podemos perceber que o valor adicionado, já calculado em $ 50.000, está sendo destinado a diferentes partes envolvidas nesse processo produtivo. Essas partes são:

- **Empregados:** esses estão emprestando sua força de trabalho e, em troca, recebem sua remuneração. Portanto, essa remuneração nada mais é do que parte do valor adicionado produzido pela empresa e que está sendo destinado aos seus empregados.
- **Capitais de terceiros:** esses estão emprestando seus recursos econômicos para que a entidade viabilize financeiramente sua operação e, em troca, recebem de volta o principal mais o custo desse recurso, que são os juros. Assim, tais juros representam uma parcela do valor adicionado destinada à remuneração dos capitais de terceiros.
- **Governo:** na forma de tributos, exige que a empresa destine parte do seu valor adicionado para que possa cumprir suas funções primordiais, assim, tais tributos representam uma fatia do valor adicionado destinada ao governo.

- **Acionistas:** os proprietários da empresa recebem os lucros residuais, que podem ficar retidos na empresa ou ser distribuídos na forma de dividendos. De qualquer maneira, tais recursos representam a parcela produzida da riqueza que vai para os donos da empresa.

Assim, utilizando os mesmos dados apresentados no exemplo do cálculo do valor adicionado (VA), a distribuição desse estaria sendo feita da seguinte maneira:

Distribuição do VA	Agricultor	Industrial	Comerciante	Total
Empregados	3.000	8.000	6.300	17.300
Capital de terceiros	2.200	3.500	2.400	8.100
Governo	1.000	4.200	2.000	7.200
Acionistas	3.800	9.300	4.300	17.400
Total	**10.000**	**25.000**	**15.000**	**50.000**

> A DVA é elaborada primordialmente a partir dos dados da DRE, porém com um enfoque diferente.

A partir desse exemplo, já conseguimos visualizar o cerne da DVA: demonstrar qual foi o valor adicionado produzido por uma entidade e para quem ele foi distribuído.

Isso significa que a DVA desse exemplo seria determinada simplesmente pela apresentação conjunta das duas tabelas já apresentadas, porém colocadas em uma mesma apresentação: em uma primeira parte, apresenta-se o cálculo do valor adicionado, e na segunda, de que maneira foi distribuído.

E aqui, também é interessante observar, comparando a DRE com a DVA, que a DVA é elaborada primordialmente a partir dos dados da DRE, porém com um enfoque diferente: enquanto a DRE está preocupada com o quanto vai "sobrar" para o acionista (ou seja, quanto foi o lucro), a DVA tem uma visão mais ampla, mais social, pois considera empregados, capitais de terceiros, governo e acionistas como partes interessadas na riqueza da entidade. Por isso, alguns autores costumam dizer que a DRE é "egoísta", já que está preocupada apenas com o acionista, enquanto a DVA não somente com o acionista.

Importância da DVA

Conforme ficou claro na discussão do exemplo na seção anterior, a DVA está intimamente ligada ao conceito de riqueza, que por sua vez está relacionado com o PIB. Desse modo, pode-se perceber a importância da DVA por pelo menos duas diferentes perspectivas:

- Do ponto de vista da entidade, a DVA representa a parcela da riqueza produzida por aquela entidade, ou seja, demonstra qual é a sua contribuição para o aumento (ou, porventura, diminuição) do PIB de determinado período e, ainda, de que maneira essa riqueza está sendo distribuída.
- Do ponto de vista macroeconômico, se consolidássemos as DVAs de todas as entidades de uma nação, teríamos outra metodologia, baseada em princípios e normas contábeis, para o cálculo do PIB. Também é possível, do ponto de vista agregado, utilizar as DVAs consolidadas para análises de indicadores para definições de políticas públicas. Por exemplo, é possível que um governo avalie como um conjunto de entidades está

QUESTÃO PARA REFLEXÃO 17.1 — A DVA faz parte das demonstrações contábeis de divulgação obrigatória segundo as IFRS emitidas pelo IASB? Justifique sua resposta.

Assista ao vídeo do autor sobre este tema

uqr.to/f1wh

explorando determinada região, como está criando riqueza e de que maneira ela está sendo distribuída. Isso pode ser um dado importante para a concessão (ou não) de incentivos fiscais para essa região.

Resumindo, a DVA mostra-se um instrumento extremamente útil para uma série de análises micro e macroeconômicas que podem ser realizadas a partir dos seus dados.

ESTRUTURA DA DVA

A DVA, como é atualmente apresentada e divulgada no Brasil, segue o Pronunciamento Técnico CPC 09, emitido e aprovado em 2008.

Segundo esse pronunciamento, as entidades mercantis (comerciais e industriais) e prestadoras de serviços devem estruturar a sua DVA utilizando um modelo geral (que o Pronunciamento intitula de Modelo I) e entidades de intermediação financeira e de seguros, dadas as suas especificidades, devem utilizar modelos específicos (denominados de Modelos II e III). Considerando o escopo deste livro, não trataremos aqui de tais modelos específicos.

O Modelo 1, destinado a empresas em geral e apresentado na parte final do CPC 09, está descrito no Quadro 17.1.

QUADRO 17.1 Modelo I de DVA

DESCRIÇÃO	Em milhares de reais 20X1	Em milhares de reais 20X0
1. RECEITAS		
1.1. Vendas de mercadorias, produtos e serviços		
1.2. Outras receitas		
1.3. Receitas relativas à construção de ativos próprios		
1.4. Perdas estimadas com créditos de liquidação duvidosa – Reversão/(Constituição)		
2. INSUMOS ADQUIRIDOS DE TERCEIROS (inclui os valores dos impostos – ICMS, IPI, PIS e COFINS)		
2.1. Custos dos produtos, das mercadorias e dos serviços vendidos		
2.2. Materiais, energia, serviços de terceiros e outros		
2.3. Perda/Recuperação de valores ativos		
2.4. Outras (especificar)		
3. VALOR ADICIONADO BRUTO (1 – 2)		
4. DEPRECIAÇÃO, AMORTIZAÇÃO E EXAUSTÃO		
5. VALOR ADICIONADO LÍQUIDO PRODUZIDO PELA ENTIDADE (3 – 4)		
6. VALOR ADICIONADO RECEBIDO EM TRANSFERÊNCIA		
6.1. Resultado de equivalência patrimonial		
6.2. Receitas financeiras		
6.3. Outras		
7. VALOR ADICIONADO TOTAL A DISTRIBUIR (5 + 6)		
8. DISTRIBUIÇÃO DO VALOR ADICIONADO (o total deste item deve ser igual ao item 7)		
8.1. Pessoal		
8.1.1. Remuneração direta		

DESCRIÇÃO	Em milhares de reais 20X1	Em milhares de reais 20X0
8.1.2. Benefícios		
8.1.3. FGTS		
8.2. Impostos, taxas e contribuições		
8.2.1. Federais		
8.2.2. Estaduais		
8.2.3. Municipais		
8.3. Remuneração de capitais de terceiros		
8.3.1. Juros		
8.3.2. Aluguéis		
8.3.3. Outras		
8.4. Remuneração de capitais próprios		
8.4.1. Juros sobre o capital próprio		
8.4.2. Dividendos		
8.4.3. Lucros retidos/Prejuízo do exercício		
8.4.4. Participação dos não controladores nos lucros retidos (só p/ consolidação)		

Modelo detalhado da DVA está disponível no Pronunciamento Técnico CPC 09.

Esse modelo é fundamentado nas informações contidas na DRE, porém, com uma apresentação diferenciada, conforme vimos no exemplo apresentado na primeira seção deste capítulo.

Cada item apresentado neste modelo está detalhadamente discutido no Pronunciamento Técnico CPC 09, porém, vamos aqui procurar entender a lógica do modelo, ou seja, de que maneira foi pensado e como funciona para que possa apresentar a informação que pretende.

Apresentação das receitas

Assim como a DRE, a DVA começa com as receitas, mas não somente aquelas principais das entidades, mas sim todas as que possam ser consideradas como receitas que produzem riqueza. Por esse motivo, há uma linha para "outras receitas".

Além disso, a linha "receitas relativas à construção de ativos próprios" serve para evitar o desmembramento das despesas de depreciação entre os componentes que serviram de base para o respectivo registro do ativo construído internamente (materiais diversos, mão de obra, impostos, aluguéis e juros).

Finalmente, a linha de "perdas estimadas com créditos de liquidação duvidosa" serve para ajustar, para cima ou para baixo, pelo regime de competência, a receita efetivamente realizada, ou seja, aquilo que se aproxima da provável realização financeira, e, portanto, da produção efetiva da riqueza.

Importante destacar que os valores de receitas devem ser apresentados de forma bruta, ou seja, antes de deduzir tributos incidentes sobre tais receitas, já que os tributos caracterizam-se como uma destinação da riqueza para o governo, e não uma diminuição da riqueza efetivamente criada pela entidade.

Apresentação dos insumos adquiridos de terceiros

Neste grupo devem ser incluídas todas as aquisições de matérias-primas, mercadorias, materiais, energia, serviços, etc. que tenham sido transformadas em despesa do período, afinal, estamos nos baseando na DRE, e, portanto, no regime de competência, para o cálculo do valor adicionado.

Porém, para essa apresentação, devemos manter a mesma consistência de apresentação das receitas com relação aos tributos. Isso significa que qualquer tipo de tributo que tenha incidido sobre as compras desses insumos e seja recuperável no momento da venda deve ser incluído no valor do insumo, pois, assim como apresentamos a receita bruta, ou seja, antes do tributo, o insumo também deve ser apresentado de forma bruta.

Acontece que, na contabilidade, quando o tributo é recuperável na compra, o valor dos insumos e, consequentemente, o valor da despesa são reconhecidos sem esse tributo. Assim, temos aqui que fazer os devidos ajustes nos valores da DRE, os quais estão líquidos desses tributos, para apresentarmos na DVA os valores brutos.

Para melhor exemplificar esse problema, vejamos um exemplo bem simples em que a necessidade desse ajuste fica evidente.

Imagine uma empresa que adquiriu mercadorias por $ 100, estando incluído ICMS de $ 15, e no mesmo período vendeu essas mercadorias por $ 500, estando incluído ICMS de $ 75. Nesse exemplo simples, a DRE dessa empresa seria assim apresentada (observação: apresentamos as vendas brutas para fins de simplificação do exemplo, porém, na prática, a DRE é divulgada a partir das vendas líquidas):

DRE	$
Vendas brutas	500
(−) ICMS s/ vendas	(75)
(=) Vendas líquidas	425
(−) CMV	(85)
(=) **Lucro**	**340**

Aqui percebemos o problema a que nos referíamos anteriormente: para o cálculo do valor adicionado, devemos confrontar a receita antes dos impostos, que neste caso seria de $ 500, com os insumos também antes dos impostos. Porém, sabemos que as mercadorias foram adquiridas por $ 100, e não por $ 85. Acontece que, como o ICMS é um imposto recuperável, foi registrado contabilmente de forma separada do estoque de mercadorias, em uma conta de "ICMS a recuperar". Assim, quando a entidade baixou o estoque para o resultado, o valor reconhecido na DRE já estava sem o imposto incidente sobre a compra.

Então, o que aconteceria na DVA se não nos atentássemos a esse detalhe e nos baseássemos no valor da DRE para o cálculo do valor adicionado? Vejamos a seguir:

Cálculo do VA	$
Vendas	500
(−) Insumos	(85)
(=) **VA**	**415**

Distribuição do VA	$
Empregados	0
Capital de terceiros	0
Governo	75
Acionistas	340
Total	**415**

Sem esse ajuste do insumo, claramente a DVA é apresentada de maneira incorreta, pois sabemos que o valor adicionado destinado ao governo não foi de $ 75, mas sim de $ 60 (são os $ 75 incidentes na saída da mercadoria menos os $ 15 recuperáveis na entrada dela).

Assim, na DVA, o valor dos insumos deve ser apresentado incluindo os valores desses impostos, para que, na distribuição do valor adicionado, esses "créditos fiscais" sejam descontados do valor destinado ao governo. Utilizando esse princípio no exemplo, os números corretos seriam assim apresentados:

Cálculo do VA	$
Vendas	500
(−) Insumos	(100)
(=) VA	**400**

Distribuição do VA	$
Empregados	0
Capital de terceiros	0
Governo	60
Acionistas	340
Total	**400**

Finalmente, é importante mencionar que consta no modelo uma linha para "perda recuperação de valores ativos", que se refere a possíveis ajustes por avaliação a valor de mercado de estoques, imobilizados, investimentos etc., e também a possíveis constituições ou reversões de perdas por redução ao valor recuperável de ativos (*impairment*).

Apresentação da depreciação, amortização e exaustão

Assim como os insumos adquiridos de terceiros, os valores de depreciação, amortização e exaustão também fazem parte do cálculo do valor adicionado. Isso porque se referem a ativos que foram adquiridos e agora estão sendo consumidos com o intuito de propiciar a produção da riqueza. Ou seja, não deixam de ser insumos adquiridos de terceiros também, porém, com característica de consumo em longo prazo.

Importante destacar que os valores a serem apresentados nesse grupo são apenas aqueles relativos a despesa ou custo contabilizados na DRE do período, pois, assim como já destacamos nos itens anteriores, estamos apurando o valor adicionado com base no regime de competência. Assim, se a empresa produziu, mas não vendeu, contabilmente ainda não produziu riqueza, muito embora considerando os critérios econômicos, o PIB seja calculado com base na produção, e não na venda. E se ela produziu, mas não vendeu, haverá depreciação inserida na linha de estoque, que não deve ser incluída na DVA, pois ainda não transitou pela DRE.

Apresentação de valor adicionado recebido em transferência

Conforme já comentamos em diversos outros momentos neste Capítulo, a DVA foi desenvolvida a partir de dados contábeis, eminentemente extraídos da DRE. Assim, torna-se importante manter uma consistência mínima entre essas duas demonstrações.

Por esse motivo, receitas financeiras e resultados de participações societárias, que são reconhecidos na DRE, devem ser incluídos na DVA. Conceitualmente falando, esses itens não representam itens formadores de riqueza da entidade que está reportando a DVA (são resultados produzidos por outras entidades), entretanto, caso tais resultados não fossem incluídos na DVA, então haveria perda de consistência entre a DRE e a DVA.

Desse modo, esses itens são interpretados como itens que aumentam o valor adicionado final a ser distribuído, porém, não foram produzidos pela entidade.

Distribuição do valor adicionado

A distribuição do valor adicionado é subdividida em quatro blocos, de acordo com o primeiro exemplo descrito neste capítulo. O que queremos é verificar como o valor adicionado, calculado até o item 7, foi distribuído entre os empregados, o governo, os capitais de terceiros e o capital próprio.

Porém, cada bloco, que representa um *stakeholder* que recebe riqueza da entidade, é subdividido, assim, temos maior riqueza de informação a respeito da natureza dessa distribuição, conforme as descrições constantes no modelo.

> A distribuição do valor adicionado é subdividida em quatro blocos: os Empregados, o Governo, os Capitais de Terceiros e o Capital Próprio.

Vale lembrar que, para que a DVA seja considerada "fechada" (de forma semelhante a um balanço patrimonial, em que o ativo é igual ao passivo mais o patrimônio líquido), o total do valor adicionado a distribuir (calculado até o item 7) deve ser igual ao total destinado (somatória dos quatro subitens apresentados no item 8), afinal, só se pode distribuir aquilo que é produzido.

Eventualmente, pode até vir a ocorrer uma falta de produção de valor adicionado, ou seja, o cálculo do item 7 mostrar um valor negativo. Nessas condições, em geral a empresa estará com prejuízo, o que vai fazer com que a destinação do valor adicionado ao capital próprio também seja negativa. Em outras palavras, a entidade está distribuindo aquilo que não está produzindo, e são os sócios que estão "arcando" com tal distribuição.

Numericamente, essa situação seria descrita da seguinte maneira:

Cálculo do VA	$
Vendas	1.000
(–) Insumos	(1.300)
(=) VA	**(300)**

Distribuição do VA	$
Empregados	200
Capital de terceiros	150
Governo	300
Acionistas	(950)
Total	**(300)**

De qualquer modo, é importante ressaltar que, mesmo que o cálculo e a distribuição do valor adicionado sejam negativos, esses valores devem ser os mesmos.

TÉCNICAS PARA ELABORAR A DVA

Agora que já temos uma noção geral dos principais conceitos relativos ao valor adicionado e à estrutura da DVA, vamos enunciar alguns exemplos numéricos para ilustrar de que maneira a DVA pode ser elaborada.

Para tal, vamos trabalhar inicialmente um exemplo de empresa de serviços, passando para comércio e, posteriormente, indústria.

Ao final, apresentaremos uma publicação real de uma DVA, para ilustrar tanto questões estruturais apresentadas na seção anterior quanto pontos específicos discutidos durante os exemplos numéricos.

📌 EXEMPLO 1 – EMPRESA DE SERVIÇOS

Vamos supor uma entidade que inicia suas operações em 31.12.X0 com um capital de $ 15.000, totalmente integralizado em dinheiro.

Durante X1, ela realiza diversas operações, de modo que a sua DRE e os seus balanços patrimoniais foram assim elaborados:

Balanços	31.12.X0	31.12.X1
Caixa	15.000	17.080
Total do ativo	**15.000**	**17.080**
IR/CS a pagar	–	680
ISS a pagar	–	400
Capital	15.000	15.000
Reservas de lucros	–	1.000
Total passivo + PL	**15.000**	**17.080**

DRE/X1	
Receita líquida de serviços	**7.600**
(–) Custo dos serviços prestados	(5.000)
(=) Lucro bruto	**2.600**
(–) Desp. administrativas	(600)
(=) Lucro antes dos impostos	**2.000**
(–) IR/CS (34%)	(680)
(=) Lucro líquido	**1.320**

Com relação às operações de X1, podemos destacar as seguintes observações:

1. Foi realizada prestação de serviços à vista pelo valor de $ 8.000, com incidência de 5% de ISS.
2. Os salários pagos aos funcionários correspondem ao valor de $ 3.000. Desse valor, R$ 500 referem-se às contribuições devidas ao INSS e o restante são salários, férias, 13º salário etc.
3. Os salários estão contabilizados no custo dos serviços prestados.
4. Foi realizado pagamento à vista de R$ 2.000 de aluguéis de edifícios utilizados nos serviços (componente do custo).
5. As despesas administrativas referem-se a serviços de terceiros contratados pela empresa.

Com base nas demonstrações contábeis apresentadas e demais informações, vamos elaborar a DVA, utilizando o modelo descrito no Quadro 17.2.

QUADRO 17.2 Modelo de DVA

1. RECEITAS
1.1. Vendas de mercadorias, produtos e serviços
1.2. Outras receitas
1.3. Receitas relativas à construção de ativos próprios
1.4. Perdas estimadas com créditos de liquidação duvidosa – Reversão/(Constituição)
2. INSUMOS ADQUIRIDOS DE TERCEIROS
2.1. Custos dos produtos, das mercadorias e dos serviços vendidos
2.2. Materiais, energia, serviços de terceiros e outros
2.3. Perda/recuperação de valores ativos
2.4. Outras (especificar)
3. VALOR ADICIONADO BRUTO (1 – 2)
4. DEPRECIAÇÃO, AMORTIZAÇÃO E EXAUSTÃO
5. VALOR ADICIONADO LÍQUIDO PRODUZIDO PELA ENTIDADE (3 – 4)
6. VALOR ADICIONADO RECEBIDO EM TRANSFERÊNCIA
6.1. Resultado de equivalência patrimonial
6.2. Receitas financeiras
6.3. Outras

7. VALOR ADICIONADO TOTAL A DISTRIBUIR (5 + 6)	
8. DISTRIBUIÇÃO DO VALOR ADICIONADO	
8.1. Pessoal	
8.2. Impostos, taxas e contribuições	
8.3. Remuneração de capitais de terceiros	
8.4. Remuneração de capitais próprios	
Juros sobre capital próprio e dividendos	
Lucros retidos/prejuízo do exercício	

O processo de elaboração da DVA envolve, em resumo, a identificação da natureza das receitas e das despesas, constantes da DRE, e o seu relacionamento com os conceitos da DVA.

Assim, a receita de serviços fará parte da composição do cálculo do valor adicionado (item 1.1), porém, devemos lembrar que, na DVA, deve ser incluída a receita bruta, ou seja, antes da dedução do ISS ($ 8.000), que não é exatamente o valor divulgado na DRE ($ 7.600), já que a divulgação da receita na DRE é feita a partir da receita líquida.

As despesas administrativas de $ 600 referem-se a serviços de terceiros, e, portanto são consideradas insumos adquiridos de terceiros (item 2.2).

Os demais valores da DRE fazem parte da distribuição do valor adicionado. Vejamos cada uma das demais linhas da DRE.

Na linha "Custo dos Serviços Prestados" há duas naturezas de custos distintas: uma delas refere-se aos salários dos empregados ($ 3.000) e a outra diz respeito aos aluguéis dos edifícios ($ 2.000). Assim, a parte relativa aos salários será considerada destinação do valor adicionado para o pessoal (item 8.1), porém, excluindo-se a parcela devida ao INSS, que será alocada ao governo (item 8.2). Já os aluguéis são considerados como remuneração de capitais de terceiros (item 8.3).

As linhas de "ISS s/ vendas" e "IR/CS" são consideradas como parte da riqueza destinada ao governo, que se junta à parcela devida ao INSS da folha de pagamento, no item 8.2.

E, finalmente, o lucro líquido, subdivido em lucros retidos de $ 1.000 e dividendos distribuídos de $ 320, totaliza a riqueza destinada para remunerar o capital próprio (item 8.4). Essa subdivisão pode ser percebida ao observar que, no balanço patrimonial, o valor da conta "reserva de lucros" é de apenas $ 1.000, sendo que o lucro do período foi de $ 1.320. Isso significa que, do lucro do período, $ 320 foram distribuídos como dividendos aos acionistas.

Feitos esses comentários, a DVA completa fica apresentada desta maneira (ocultamos as linhas não preenchidas com valores, desnecessárias para esta resolução).

1. RECEITAS	8.000
1.1. Vendas de mercadorias, produtos e serviços	8.000
2. INSUMOS ADQUIRIDOS DE TERCEIROS	600
2.2. Materiais, energia, serviços de terceiros e outros	600
3. VALOR ADICIONADO BRUTO (1 – 2)	7.400
4. DEPRECIAÇÃO, AMORTIZAÇÃO E EXAUSTÃO	–
5. VALOR ADICIONADO LÍQUIDO PRODUZIDO PELA ENTIDADE (3 – 4)	7.400
6. VALOR ADICIONADO RECEBIDO EM TRANSFERÊNCIA	–
7. VALOR ADICIONADO TOTAL A DISTRIBUIR (5 + 6)	7.400
8. DISTRIBUIÇÃO DO VALOR ADICIONADO	7.400
8.1. Pessoal	2.500
8.2. Impostos, taxas e contribuições	1.580
8.3. Remuneração de capitais de terceiros	2.000
8.4. Remuneração de capitais próprios	1.320
Juros sobre capital próprio e dividendos	320
Lucros retidos/prejuízo do exercício	1.000

Apesar de bem simples, esse exemplo demonstra claramente a forte ligação entre a DRE e a DVA. Para que a DVA possa ser facilmente elaborada, é preciso ter um alto grau de detalhamento das contas (e respectivas naturezas) da DRE. Com isso em mãos, basta realocar os valores da DRE para a DVA, obviamente respeitando os conceitos e os princípios aqui discutidos e também presentes no pronunciamento técnico CPC 09.

EXEMPLO 2 – EMPRESA DE COMÉRCIO

O próximo exemplo, em termos de estrutura de apresentação, é similar ao Exemplo 1, porém, agora, vamos lidar com uma situação mais complicada para a elaboração da DVA: a questão dos impostos recuperáveis incidentes na compra de mercadorias.

Conforme já discutido na seção anterior deste capítulo, quando apresentamos o modelo geral de elaboração da DVA, esta questão é bem crítica para a elaboração da DVA, pois a informação que vem "pronta" da DRE não é exatamente aquela que precisamos para a elaboração da DVA. Assim, tornam-se necessários cuidados adicionais.

Então, vamos supor que a entidade possui um capital social de $ 140.000 e, em 31.12.X0, possui caixa de $ 40.000, estoques de $ 82.000 e imobilizado de $ 18.000 (subdividido em $ 50.000 de custo histórico e $ 32.000 de depreciação acumulada). Consideramos também que os estoques foram adquiridos com ICMS de 18%, porém, como esse imposto é recuperável, o valor foi destacado do custo do estoque para o registro contábil. Isso significa que o valor bruto da compra foi de $ 100.000 ($ 18.000 representa o ICMS, já recuperado em vendas realizadas até 31.12.X0, e, por essa razão, não constam no balanço patrimonial).

Durante X1, ela realiza diversas operações, de modo que a sua DRE e os seus balanços patrimoniais foram assim elaborados:

Balanços	31.12.X0	31.12.X1
Caixa	40.000	147.600
Estoques	82.000	24.600
Máquinas	50.000	30.000
(–) Depr. acumulada	(32.000)	(24.000)
Total do ativo	**140.000**	**178.200**
IR/CS a pagar	–	6.600
ICMS a pagar	–	21.600
Capital	140.000	140.000
Reservas de lucros	–	10.000
Total passivo + PL	**140.000**	**178.200**

DRE/X1	
Receita líquida de vendas	139.400
(–) Custo das mercadorias vendidas	(98.400)
(=) Lucro bruto	**41.000**
(–) Desp. salários	**(14.000)**
(–) Desp. administrativas	**(3.000)**
(–) Desp. depreciação	**(4.000)**
(+) Lucro na venda de máquinas	2.000
(=) Lucro antes dos impostos	**22.000**
(–) IR/CS (30%)	(6.600)
(=) Lucro líquido	**15.400**

Com relação às operações de X1, destacamos as seguintes observações:

1. Foi realizada a aquisição à vista de mercadorias no valor de R$ 50.000, com incidência de ICMS (18%) (valor da mercadoria, líquida do ICMS – $ 41.000).

2. Foi realizada a venda de 80% das mercadorias existentes no estoque por $ 170.000, com incidência de ICMS (18%).
3. Os salários pagos aos funcionários correspondem ao valor de $ 14.000. Desse valor, R$ 1.700 referem-se às contribuições devidas ao INSS e o restante são salários, férias, 13º salário etc.
4. As despesas administrativas referem-se à água e à energia consumidas pela empresa.

Com base nas demonstrações contábeis apresentadas e demais informações, podemos elaborar a seguinte DVA:

1. RECEITAS	**172.000**
1.1. Vendas de mercadorias, produtos e serviços	170.000
1.2. Outras receitas	2.000
2. INSUMOS ADQUIRIDOS DE TERCEIROS	**123.000**
2.1. Custos dos produtos, das mercadorias e dos serviços vendidos	120.000
2.2. Materiais, energia, serviços de terceiros e outros	3.000
3. VALOR ADICIONADO BRUTO (1 – 2)	**49.000**
4. DEPRECIAÇÃO, AMORTIZAÇÃO E EXAUSTÃO	**4.000**
5. VALOR ADICIONADO LÍQUIDO PRODUZIDO PELA ENTIDADE (3 – 4)	**45.000**
6. VALOR ADICIONADO RECEBIDO EM TRANSFERÊNCIA	**–**
7. VALOR ADICIONADO TOTAL A DISTRIBUIR (5 + 6)	**45.000**
8. DISTRIBUIÇÃO DO VALOR ADICIONADO	**45.000**
8.1. Pessoal	12.300
8.2. Impostos, taxas e contribuições	17.300
8.3. Remuneração de capitais de terceiros	–
8.4. Remuneração de capitais próprios	15.400
Juros sobre capital próprio e dividendos	5.400
Lucros retidos/prejuízo do exercício	10.000

A seguir, descreveremos o conteúdo de cada uma das linhas da DVA, e de onde esse conteúdo foi extraído.

Linha 1.1: o valor representa as vendas brutas da entidade, antes do desconto do ICMS.

Linha 1.2: o valor é advindo do resultado na venda de máquinas da entidade.

Linha 2.1: esse é o principal "nó" desta DVA, dado que, na DRE, o valor do insumo adquirido de terceiro está líquido de ICMS, porém, aqui, precisamos do valor bruto. Então como conseguimos concluir que, se o valor de insumo líquido é $ 98.400 (valor do CMV, presente na DRE), o valor da DVA deve ser de $ 120.000?

Essa conta pode ser feita de várias maneiras. A mais simples é realizar o processo inverso ao cálculo do ICMS. Se o ICMS é calculado sobre a base da mercadoria já com o ICMS, isso significa que o valor líquido de ICMS representa [1 – alíquota do ICMS] % do valor bruto. Assim, utilizando uma simples "regra de três", considerando que o valor líquido é $ 98.400 e a alíquota do ICMS é de 18%, então o valor bruto é igual a $ 98.400 dividido por 0,82, o que resulta em $ 120.000. Confirmamos que a resposta está correta, pois $ 120.000 × 82% resulta no valor do CMV, que é justamente o valor das compras que foram vendidas, sem o efeito do ICMS.

Outra maneira de realizar esse cálculo é reconstruir a movimentação de estoques, em valores líquidos, e depois refazer as contas com os valores brutos. Com as informações que temos, sabemos os valores líquidos de estoque inicial ($ 82.000) e compras ($ 41.000). Refazendo essa movimentação em valores brutos, temos o estoque inicial de $ 100.000 mais as compras de $ 50.000, perfazendo um total de estoque de $ 150.000, em valores brutos. Se a entidade vendeu 80% dos estoques, significa que vendeu estoques que custaram $ 120.000. É claro que chegamos no mesmo resultado.

De qualquer modo, o importante é entender que, para a DVA, os insumos adquiridos de terceiros devem ser apresentados incluindo os valores dos impostos. E o valor desse imposto não necessariamente é o equivalente ao imposto incidente na compra, pois a entidade pode realizar uma compra e não vender toda essa compra. Se estamos elaborando a DVA com base no regime de competência, então esse regime deve ser respeitado. Isso significa que o crédito de ICMS que será abatido na DVA do ICMS da venda será o ICMS relativo à compra vendida, e não ao ICMS relativo a todas as compras.

No nosso exemplo, tivemos um ICMS na saída de $ 30.600. Por outro lado, o ICMS relativo às compras que foram vendidas foi de $ 21.600 (resultado do insumo bruto menos o insumo líquido). Assim, a destinação de riqueza feita ao governo a título de ICMS foi de $ 9.000 (esse valor será incluído na linha 8.2, mas já adiantamos o raciocínio para aproveitar a lógica desta discussão).

Linha 2.2: refere-se às despesas administrativas, que representam água e energia consumidos pela entidade, e, portanto, insumos adquiridos de terceiros.

Aqui cabe uma observação interessante relativa aos impostos: como a nossa entidade não vende água e energia, ela não recupera os impostos incidentes na compra, o que significa que esses impostos se tornam custo para ela e, portanto, já estão embutidos no valor da despesa incluída na DRE. Assim, não temos aqui o mesmo "transtorno" que tivemos no caso do ICMS.

Linha 4: valor alocado ao resultado relativo à depreciação de máquinas do período.

Linha 8.1: valor da despesa de salários, excluindo-se a parte relativa ao INSS do empregador, alocada à destinação para o governo.

Linha 8.2: além da destinação do ICMS de $ 9.000 já comentada, há também o valor de INSS de $ 1.700 e, ainda, o valor de IR/CS de $ 6.600, totalizando $ 17.300.

Linha 8.4: total de $ 15.400, que representa o lucro líquido do exercício. Esse é subdividido em lucros retidos de $ 10.000 (a partir da constituição de reserva de lucros) e o restante, $ 5.400, deduzimos que foi distribuído como dividendos.

Apesar de ainda ser um exemplo simples, o principal objetivo deste exemplo foi demonstrar a dificuldade na elaboração da DVA quando há impostos recuperáveis na operação da entidade. E isso torna-se particularmente mais complicado se imaginarmos diversos produtos, várias regiões, diferentes alíquotas de impostos etc.

Para que a entidade possa obter a informação necessária para a correta apresentação da DVA, normalmente é necessária uma preparação tecnológica em sistemas de informação capazes de fornecer esse dado. Caso contrário, o processo de "rastreamento" da mercadoria, como fizemos no exercício, torna-se bem complexo na prática.

Outra maneira seria estimar o valor dos créditos fiscais a partir de alíquotas médias de impostos recuperáveis. Obviamente não seria a maneira mais adequada e precisa, mas certamente é preferível a utilizar o valor constante na DRE, que já sabemos que produzirá uma distorção indesejada na DVA (conforme apontamos na simulação numérica da seção anterior deste capítulo).

EXEMPLO 3 - EMPRESA INDUSTRIAL

Neste último exemplo, vamos assumir uma entidade industrial, que tem como insumos de produção a mão de obra direta, a matéria-prima, os materiais e também a depreciação da máquina utilizada na produção. Considerando que a empresa realizou compra de matéria-prima e materiais, além de pagamento de salários e utilização das máquinas, porém, somente vendeu 75% de sua produção, apenas parte desses custos afetará o resultado, segundo o regime de competência. Assim, a DVA deve seguir o mesmo princípio.

Tanto o balanço inicial quanto a DRE e o balanço final estão apresentados a seguir:

Balanços	31.12.X0	31.12.X1
Caixa	136.200	333.750
Clientes	65.000	43.000
(–) PECLD	(5.200)	(3.400)
Estoques prod. acabados	–	10.660
Investimentos	44.000	47.000
Máquinas	80.000	80.000
(–) Depr. acumulada	(20.000)	(29.600)
(–) Perdas por *impairment*	–	(5.000)

Total do ativo	300.000	476.410
IR/CS a pagar	–	21.546
ICMS a pagar	–	32.040
IPI a pagar	–	17.800
JSCP a pagar	–	38.250
IRRF s/ JSCP a pagar		6.750
Capital	300.000	300.000
Reservas de lucros	–	60.024
Total passivo + PL	300.000	476.410

DRE/X1		
Receita líquida de vendas		164.000
(–) Custo dos produtos vendidos		(31.980)
Mão de obra direta	(11.250)	
Matérias-primas	(12.300)	
Materiais	(1.230)	
Depreciação	(7.200)	
(=) Lucro bruto		132.020
(–) Desp. aluguéis		**(8.000)**
(–) Desp. PECLD		**(2.200)**
(–) Desp. *impairment*		**(5.000)**
(+) Rec. equiv. patrimonial		3.000
(=) Lucro antes dos impostos		119.820
(–) IR/CS (30%)		(21.546)
(=) Lucro líquido		98.274

Apresentamos também um sumário das operações ocorridas em X1, para obtermos mais informações para a elaboração da DVA:

1. Aquisição à vista de matérias-primas no valor de $ 22.000, com incidência de ICMS (18%) e IPI (10%) (valor da matéria-prima, líquida dos impostos $ 16.400, ICMS de $ 3.600 e IPI de $ 2.000).
2. Aquisição à vista de materiais para produção por $ 2.200, com incidência de ICMS (18%) e IPI (10%) (valor de materiais, líquido dos impostos $ 1.640, ICMS de $ 360 e IPI de $ 200).
3. Pagamento de mão de obra direta (integrante do custo de produção) no valor de $ 15.000 à vista. Desse valor, $ 2.500 referem-se às contribuições devidas ao INSS e o restante são salários, férias, 13º salário etc.
4. Depreciação (de máquinas utilizadas na produção) do período de 12%.
5. Processamento de todos os componentes do produto (transferência para produtos acabados).
6. Venda de 75% dos estoques por $ 220.000 à vista.
7. Pagamento à vista de $ 8.000 de aluguéis de edifícios utilizados na administração.
8. A duplicata do cliente X, no valor de $ 4.000, considerada incobrável foi baixada contra a PECLD.
9. A PECLD foi complementada no exercício pelo valor de $ 2.200.
10. Um teste de *impairment* detectou perdas de $ 5.000 no ativo imobilizado.
11. Receita de equivalência patrimonial de $ 3.000.
12. A empresa optou por pagar juros sobre capital próprio pelo valor máximo previsto na legislação (até 50% do lucro líquido do exercício ou acumulado); a taxa de juros de longo prazo (TJLP) utilizada foi de 15%.

Com base nas demonstrações contábeis apresentadas e demais informações, podemos elaborar a seguinte DVA:

1. RECEITAS	**217.800**
1.1. Vendas de mercadorias, produtos e serviços	220.000
1.2. Perdas estimadas com créditos de liquidação duvidosa – Reversão/(Constituição)	(2.200)
2. INSUMOS ADQUIRIDOS DE TERCEIROS	**23.150**
2.1. Materiais, energia, serviços de terceiros e outros	18.150
2.2. Perda/Recuperação de valores ativos	5.000
3. VALOR ADICIONADO BRUTO (1 – 2)	**194.650**
4. DEPRECIAÇÃO, AMORTIZAÇÃO E EXAUSTÃO	**7.200**
5. VALOR ADICIONADO LÍQUIDO PRODUZIDO PELA ENTIDADE (3 – 4)	**187.450**
6. VALOR ADICIONADO RECEBIDO EM TRANSFERÊNCIA	**3.000**
6.1. Resultado de equivalência patrimonial	3.000
7. VALOR ADICIONADO TOTAL A DISTRIBUIR (5 + 6)	**190.450**
8. DISTRIBUIÇÃO DO VALOR ADICIONADO	**190.450**
8.1. Pessoal	9.375
8.2. Impostos, taxas e contribuições	74.801
8.3. Remuneração de capitais de terceiros	8.000
8.4. Remuneração de capitais próprios	98.274
Juros sobre capital próprio e dividendos	45.000
Lucros retidos/prejuízo do exercício	53.274

A seguir, comentaremos apenas os aspectos mais significativos deste exemplo, notadamente com relação aos temas mais complexos e àqueles sobre os quais ainda não havíamos discutido nos exemplos 1 e 2.

Inicialmente, cabe destaque à linha 1.4, que contempla o ajuste das perdas estimadas com créditos de liquidação duvidosa (PECLD). O valor constante na DVA é justamente aquele que provocou efeito na DRE, e representa o ajuste do valor da receita para refletir a riqueza que provavelmente será realizada em benefícios econômicos para a entidade.

O valor de $ 18.150 constante na linha 2.2 é uma composição de dois valores: 75% da matéria-prima e 75% dos materiais, porém considerando os custos antes das deduções dos tributos. A aquisição da matéria-prima foi de $ 22.000, portanto, $ 16.500 foram alocados ao resultado por ocasião da venda. Já a compra de materiais foi de $ 2.200, o que resulta em $ 1.650 de alocação desses materiais ao resultado. Assim, se somarmos $ 16.500 a $ 1.650, chegamos ao valor total de $ 18.150.

Há também nesse exemplo uma perda por *impairment* das máquinas, contabilizada no resultado por $ 5.000, e alocada como um insumo na linha 2.3. Há também um valor adicionado recebido em transferência: o resultado de equivalência patrimonial, considerado na linha 6.1.

Finalmente, o valor alocado na linha 8.2 deve ser decomposto em 4 tributos: o valor de IR (despesa de $ 21.546), o INSS do empregador (75% do INSS sobre a folha, já que apenas 75% do custo com a mão de obra direta foi alocado ao resultado – valor de $ 1.875), o ICMS da saída menos o ICMS "da entrada", que resulta em $ 33.030 (ou seja, $ 36.000 de ICMS da saída menos $ 2.700 relativo a 75% da compra de matéria-prima e menos $ 270 referente a 75% da compra de materiais) e, finalmente, o IPI da saída menos o IPI "da entrada", no valor de $ 18.350 (ou seja, $ 20.000 de ICMS da saída menos $ 1.500 relativo a 75% da compra de matéria-prima e menos $ 150 referente a 75% da compra de materiais).

Esse exemplo ilustra o desafio que a elaboração da DVA pode representar em uma indústria, especialmente considerando o grau de complexidade do processo produtivo. De qualquer modo, o mesmo princípio desde o início continua a ser seguido: a DVA é preparada fundamentalmente a partir da DRE, seguindo o regime de competência, mas com uma abrangência maior, dando maior visão sobre como a entidade está criando riqueza e de que maneira a está distribuindo aos seus interessados.

CASO REAL

Para finalizar esta seção, reproduzimos a seguir uma DVA publicada por uma companhia aberta do mercado brasileiro, a fim de ilustrar os principais aspectos discutidos durante este capítulo.

O caso que trouxemos refere-se à DVA publicada pela Natura S.A. constante em suas demonstrações financeiras de 31/12/2017, publicadas em 15/03/2018 ao mercado.

Natura Cosméticos s.A
Demonstração do valor adicionado
Para os exercícios findos em 31 de dezembro de 2017 e de 2016
(Em milhares de reais – R$)

	Nota explicativa	Controladora 2017		Controladora 2016		Consolidado 2017		Consolidado 2016	
RECEITAS		**7.988.940**		**7.821.737**		**13.371.204**		**11.119.433**	
Vendas de mercadorias, produtos e serviços		8.017.455		7.849.994		13.244.908		11.084.280	
Constituição de provisão para créditos de liquidação duvidosa, líquida das reversões	8	(41.467)		(18.972)		(25.392)		(19.272)	
Outras receitas (despesas) operacionais, líquidas	27	12.952		(9.285)		151.688		54.425	
INSUMOS ADQUIRIDOS DE TERCEIROS		**(5.100.309)**		**(4.860.548)**		**(8.046.001)**		**(6.512.297)**	
Custo dos produtos vendidos e dos serviços prestados		(2.787.875)		(2.644.610)		(4.634.560)		(3.739.751)	
Materiais, energia, serviços de terceiros e outros		(2.312.434)		(2.215.938)		(3.411.441)		(2.772.546)	
VALOR ADICIONADO BRUTO		2.888.631		2.961.189		5.325.203		4.607.136	
RETENÇÕES		**(148.741)**		**(100.897)**		**(383.352)**		**(260.771)**	
Depreciações e amortizações	15	(148.741)		(100.897)		(383.352)		(260.771)	
VALOR ADICIONADO PRODUZIDO PELA SOCIEDADE		2.739.890		2.860.292		4.941.851		4.346.365	
VALOR ADICIONADO RECEBIDO EM TRANSFERÊNCIA		975.711		1.168.629		604.392		1.073.288	
Resultado de equivalência patrimonial	14	592.935		216.182		-		-	
Receitas financeiras – incluem variações monetárias e cambiais	26	382.776		952.447		604.392		1.073.288	
VALOR ADICIONADO TOTAL A DISTRIBUIR		**3.715.601**		**4.028.921**		**5.546.243**		**5.419.653**	
DISTRIBUIÇÃO DO VALOR ADICIONADO		**3.715.601**	100%	**4.028.921**	100%	**5.546.243**	100%	**5.419.653**	100%
Pessoal e encargos sociais	25	561.191	15%	498.798	12%	1.835.645	33%	1.327.437	24%
Impostos, taxas e contribuições		1.605.221	43%	17.44.048	43%	1.999.884	36%	2.009.371	37%
Despesas financeiras e aluguéis		878.938	24%	1.489.376	37%	1.040.463	19%	1.744.607	33%
Dividendos		128.741	4%	27.206	1%	128.741	2%	27.206	1%
Juros sobre o capital próprio		85.099	2%	61.804	2%	85.099	2%	61.804	1%
Dividendos e juros sobre o capital próprio declarados e ainda não distribuídos		-	0%	29.670	1%	-	0%	29.670	1%
Participação de acionistas não controladores		-	0%	-	0%	-	0%	11.539	3%
Lucros retidos		456.411	12%	178.019	4%	456.411	8%	178.019	3%

Fonte: https://economia.estadao.com.br/fatos-relevantes/pdf/27329756.pdf.

Observem que a companhia está seguindo o modelo apresentado pelo pronunciamento técnico CPC 09 e, ainda, na distribuição do valor adicionado, demonstra os valores em percentuais, o que facilita a interpretação sobre a proporção da riqueza que está sendo distribuída a cada interessado nesta riqueza. Por exemplo, individualmente, dos quatro grupos "recebedores" de riqueza, aquele que tem recebido a maior proporção, no caso da Natura, é o Governo. E isso não é surpreendente, pois sabemos que nesse tipo de ramo a carga tributária é elevadíssima, o que faz com que parte significativa da riqueza criada pela entidade seja destinada ao Governo.

Destaca-se também que há, ao final, a apresentação da participação de acionistas não controladores como parte da riqueza destinada ao capital próprio. Embora esse tema fuja ao escopo deste livro, tal apresentação está associada ao processo de consolidação das demonstrações contábeis e, por essa razão, esses valores afetam apenas os números das demonstrações consolidadas.

RESUMO

OBJETIVO 1   O objetivo da DVA é demonstrar qual foi o valor adicionado produzido por uma entidade e para quem ele foi distribuído. Por sua vez, o valor adicionado representa o incremento de valor que se atribui a um bem durante o processo produtivo, portanto, o conceito de valor adicionado está intimamente ligado ao conceito de criação de riqueza e ao PIB. A DVA pode ser importante do ponto de vista da entidade, para que o usuário possa analisar como ela está contribuindo para a produção de riqueza, e de que maneira a está distribuindo; e do ponto de vista agregado, tanto para o cálculo do PIB quanto para análise de indicadores para definições de políticas públicas.

OBJETIVO 2   A DVA, como é atualmente apresentada e divulgada no Brasil, segue o pronunciamento técnico CPC 09, emitido e aprovado em 2008. O modelo I, elaborado para empresas em geral, apresenta o cálculo do valor adicionado e, posteriormente, a sua distribuição. O valor adicionado é calculado a partir das receitas brutas menos os insumos adquiridos de terceiros, depreciações, amortizações e exaustões, e também valor adicionado recebido em transferência. O valor adicionado é distribuído entre os empregados, governo, capitais de terceiros e capital próprio.

OBJETIVO 3   O processo de elaboração da DVA envolve, em resumo, a identificação da natureza das receitas e despesas, constantes da DRE e o seu relacionamento com os conceitos da DVA. Dependendo da complexidade do negócio, mais informações são necessárias para se obter maior detalhamento a respeito dos valores constantes na DRE, para que a DVA possa ser elaborada de maneira adequada e completa. Provavelmente, a maior complexidade diz respeito à questão tributária, especialmente quando se trata de tributos incidentes da compra e recuperáveis quando da venda, pois os valores de insumos constantes na DRE não condizem exatamente com os valores que devem ser considerados na DVA.

APLICANDO CONHECIMENTOS – QUESTÕES PARA RESOLVER

DILEMA ÉTICO

Determinada empresa precisou registrar uma perda por *impairment* sobre o seu ativo imobilizado. Essa perda fez com que a empresa apresentasse um resultado do exercício negativo.

Ao elaborar a DVA, o contador percebeu que a classificação da referida perda fazia com que o valor da riqueza criada pela entidade fosse negativo (ou seja, a entidade estaria consumindo, e não criando riqueza) e então levou o assunto à diretoria e presidência da companhia.

Em reunião, os executivos discutiram sobre a possibilidade de classificar a perda na distribuição da riqueza, desse modo, a entidade apresentaria criação de riqueza, apesar do prejuízo causado pela perda. Isso poderia amenizar o impacto negativo do prejuízo.

A alternativa de apresentação da DVA pelos executivos é válida?

Posteriormente à discussão, pesquise a DVA publicada pela CESP S.A. relativa ao exercício social findo em 31/12/2008 (primeiro ano de publicação obrigatória da DVA). Com base na pesquisa, você mantém a sua opinião construída anteriormente?

CASO PARA DISCUSSÃO   **OBJETIVO 1**

A empresa Super Rica S.A. apurou um valor de $ 50.000 de prejuízo líquido do exercício e $ 80.000 de riqueza criada pela entidade. Em sua opinião, quais são as possíveis razões para essa aparente inconsistência? Justifique sua resposta.

TESTES

OBJETIVO 1 **OBJETIVO 2**

1. (Adaptado do Exame de Suficiência do CFC – 2ª edição – 2017) Considerando-se apenas o disposto no CPC 09 – Demonstração do Valor Adicionado, a distribuição da riqueza criada deve ser detalhada, minimamente, da seguinte maneira:

   a) Custos com aquisição de matéria-prima de terceiros; insumos adquiridos de terceiros.

   b) Materiais, energia e outros; serviços de terceiros, comissões líquidas; variação das despesas de comercialização diferidas; perda e recuperação de valores ativos.

   c) Pessoal e encargos; impostos, taxas e contribuições; juros e aluguéis; juros sobre o capital próprio e dividendos; lucros retidos/prejuízos do exercício.

   d) Resultado de equivalência patrimonial; receitas financeiras; outras receitas.

   e) Receitas, insumos adquiridos de terceiros e depreciação.

OBJETIVO 3

2. (Adaptado do Exame de Suficiência do CFC – 1ª edição – 2018) Uma entidade efetuou as seguintes operações em 2017:
   - Receita de vendas: R$ 600.000.
   - Custo das mercadorias vendidas: R$ 250.000.
   - Receita com a venda de ativo imobilizado: R$ 80.000.
   - Custo do ativo imobilizado vendido: R$ 70.000.
   - Receita de equivalência patrimonial: R$ 150.000.
   - Despesa de salários de funcionários próprios: R$ 100.000.
   - Despesa de salários de funcionários terceirizados: R$ 40.000.
   - Despesa de aluguel: R$ 36.000.

   Com base nas informações acima e no CPC 09 – Demonstração do Valor Adicionado, assinale a alternativa que indica o valor adicionado total a distribuir, apresentado na demonstração do valor adicionado da entidade em 31/12/2017.

   a) R$ 320.000.
   b) R$ 410.000.
   c) R$ 434.000.
   d) R$ 470.000.
   e) R$ 540.000.

OBJETIVO 3

Responda às questões de 3 a 8 com base nos dados a seguir:

Considere uma empresa de serviços que efetuou as seguintes operações em um determinado período:
   - Vendas à vista: $ 40.000 (desconsiderar impostos sobre vendas).
   - ISS de 5% sobre o valor das vendas.
   - Custos dos serviços prestados: $ 20.000 (correspondem ao pagamento de mão de obra, sendo que, desse valor, 10% referem-se às contribuições devidas ao INSS e o restante são os salários, férias, 13º salário etc.).
   - Despesas administrativas: $ 10.000 (referem-se ao consumo de energia elétrica do período – valor isento de tributos).
   - Despesas de juros: $ 6.000.
   - Imposto de renda: 30% do lucro antes do IR.
   - Do lucro líquido, 60% foram distribuídos aos acionistas na forma de dividendos.

3. Qual foi o valor adicionado do período?
   a) 30.000.
   b) 16.000.
   c) 2.000.
   d) 1.400.
   e) NDA.

4. Qual foi o valor adicionado distribuído para o governo?
   a) 1.600.
   b) 2.600.
   c) 2.400.
   d) 4.600.
   e) NDA.

5. Qual foi o valor adicionado distribuído para o capital de terceiros?
   a) 20.000.
   b) 6.000.
   c) 5.000.
   d) 40.000.
   e) NDA.

6. Qual foi o valor adicionado distribuído para o pessoal?
   a) 20.000.
   b) 7.200.
   c) 18.000.
   d) 8.000.
   e) NDA.

7. Qual foi o valor adicionado distribuído aos acionistas na forma de dividendos?
   a) 420.
   b) 840.
   c) 560.
   d) 980.
   e) NDA.

8. Qual foi o valor adicionado distribuído aos acionistas na forma de lucros retidos pela empresa?
   a) 420.
   b) 840.
   c) 560.
   d) 980.
   e) NDA.

OBJETIVO 2

9. Considere as seguintes afirmações:

   I – A DVA, como é atualmente apresentada e divulgada no Brasil, segue o pronunciamento técnico CPC 09.

II – O valor adicionado é calculado a partir das receitas brutas menos os insumos adquiridos de terceiros, depreciações, amortizações e exaustões, e também valor adicionado recebido em transferência.

III – O valor adicionado é distribuído entre os empregados, governo, capitais de terceiros e capital próprio.

São corretas apenas:

a) As afirmativas I e II.
b) As afirmativas II e III.
c) As afirmativas I e III.
d) As afirmativas I, II e III.
e) Nenhuma das afirmativa é correta.

OBJETIVO 1 OBJETIVO 2

10. Considere as seguintes afirmações com relação à demonstração do valor adicionado:

I – No Brasil, a publicação da DVA é obrigatória apenas para as companhias abertas.

II – A DVA é elaborada principalmente a partir dos dados extraídos do balanço patrimonial.

III – A riqueza produzida pela entidade apresentada na DVA segue os princípios contábeis.

São corretas:

a) Apenas a afirmativa I.
b) Apenas a afirmativa II.
c) Apenas as afirmativas I e II.
d) Apenas as afirmativas I e III.
e) As afirmativas I, II e III.

Respostas: 1-c; 2-d; 3-a; 4-d; 5-b; 6-c; 7-b; 8-c; 9-d; 10-d.

EXERCÍCIOS

OBJETIVO 3

1. Uma empresa de serviços apresentou os seguintes balanços patrimoniais de 31/12/X0 e 31/12/X1 e a DRE do período de X1:

Balanços	31/12/X0	31/12/X1
Caixa	20.000	22.740
Total do ativo	20.000	22.740
IR/CS a pagar	–	850
ISS a pagar	–	240
Capital	20.000	20.000
Reserva de lucros	–	1.650
Total passivo + PL	20.000	22.740

DRE/X1	
Receita de serviços	11.760
(–) Custo dos serviços prestados	(8.000)
(=) Lucro bruto	3.760
(–) Desp. administrativas	(1.260)
(=) Lucro antes dos impostos	2.500
(–) IR/CS (34%)	(850)
(=) Lucro líquido	1.650

Com relação às operações de X1, destacam-se as seguintes observações:

1. Prestação de serviços à vista pelo valor de $ 12.000, com incidência de 2% de ISS.
2. Os salários pagos aos funcionários correspondem ao valor de $ 5.000. Desse valor, R$ 700 referem-se às contribuições devidas ao INSS e o restante são salários, férias, 13º salário etc.
3. Os salários estão contabilizados no custo dos serviços prestados.
4. Pagamento à vista de R$ 3.000 de aluguéis de edifícios utilizados nos serviços (componente do custo).
5. As despesas administrativas referem-se a serviços de terceiros contratados pela empresa.

Com base nas demonstrações contábeis apresentadas e demais informações, elabore a DVA, utilizando o modelo descrito a seguir:

1. RECEITAS	
1.1. Vendas de mercadorias, produtos e serviços	
1.2. Outras receitas	
1.3. Receitas relativas à construção de ativos próprios	
1.4. Perdas estimadas com créditos de liquidação duvidosa – Reversão/(Constituição)	
2. INSUMOS ADQUIRIDOS DE TERCEIROS	
2.1. Custos dos produtos, das mercadorias e dos serviços vendidos	
2.2. Materiais, energia, serviços de terceiros e outros	
2.3. Perda/recuperação de valores ativos	
2.4. Outras (especificar)	
3. VALOR ADICIONADO BRUTO (1 – 2)	
4. DEPRECIAÇÃO, AMORTIZAÇÃO E EXAUSTÃO	
5. VALOR ADICIONADO LÍQUIDO PRODUZIDO PELA ENTIDADE (3 – 4)	
6. VALOR ADICIONADO RECEBIDO EM TRANSFERÊNCIA	
6.1. Resultado de equivalência patrimonial	
6.2. Receitas financeiras	
6.3. Outras	
7. VALOR ADICIONADO TOTAL A DISTRIBUIR (5 + 6)	
8. DISTRIBUIÇÃO DO VALOR ADICIONADO	
8.1. Pessoal	
8.2. Impostos, taxas e contribuições	

8.3. Remuneração de capitais de terceiros	
8.4. Remuneração de capitais próprios	
Juros sobre capital próprio e dividendos	
Lucros retidos/prejuízo do exercício	

OBJETIVO 3

2. Uma empresa de serviços apresentou os seguintes balanços patrimoniais de 31/12/X0 e 31/12/X1 e a DRE do período de X1:

Balanços	31/12/X0	31/12/X1
Caixa	8.000	10.350
Investimentos	3.000	3.000
Total do ativo	11.000	13.350
IR/CS a pagar	–	745
ISS a pagar	–	140
Prov. trabalhista	–	80
Capital	11.000	11.000
Reservas de lucros	–	1.385
Total passivo + PL	11.000	13.350

DRE/X1	
Receitas de serviços	6.860
(–) Custo dos serviços prestados	(4.200)
(=) Lucro bruto	2.660
(–) Desp. administrativas	(560)
(–) Desp. prov. trabalhista	(80)
(–) Participação dos empregados	(60)
(+) Receita de dividendos	170
(=) Lucro antes dos impostos	2.130
(–) IR/CS (34%)	(745)
(=) Lucro líquido	1.385

Com relação às operações de X1, destacam-se as seguintes observações:

1. Prestação de serviços à vista pelo valor de $ 7.000, com incidência de 2% de ISS.
2. Os salários pagos aos funcionários correspondem ao valor de $ 3.000. Desse valor, R$ 400 referem-se às contribuições devidas ao INSS e o restante são salários, férias, 13º salário etc.
3. Os salários estão contabilizados no custo dos serviços prestados.
4. Pagamento à vista de R$ 1.200 de aluguéis de edifícios utilizados nos serviços (componente do custo).
5. As despesas administrativas referem-se à água e à energia consumidas pela empresa.
6. A provisão trabalhista refere-se a perdas prováveis em processos judiciais relacionados com as ações trabalhistas.
7. Os investimentos são avaliados pelo método do custo.

Com base nas demonstrações contábeis apresentadas e demais informações, elabore a DVA, utilizando o modelo descrito a seguir:

1. RECEITAS	
1.1. Vendas de mercadorias, produtos e serviços	
1.2. Outras receitas	
1.3. Receitas relativas à construção de ativos próprios	
1.4. Perdas estimadas com créditos de liquidação duvidosa – Reversão/(Constituição)	
2. INSUMOS ADQUIRIDOS DE TERCEIROS	
2.1. Custos dos produtos, das mercadorias e dos serviços vendidos	
2.2. Materiais, energia, serviços de terceiros e outros	
2.3. Perda/Recuperação de valores ativos	
2.4. Outras (especificar)	
3. VALOR ADICIONADO BRUTO (1 – 2)	
4. DEPRECIAÇÃO, AMORTIZAÇÃO E EXAUSTÃO	
5. VALOR ADICIONADO LÍQUIDO PRODUZIDO PELA ENTIDADE (3 – 4)	
6. VALOR ADICIONADO RECEBIDO EM TRANSFERÊNCIA	
6.1. Resultado de equivalência patrimonial	
6.2. Receitas financeiras	
6.3. Outras	
7. VALOR ADICIONADO TOTAL A DISTRIBUIR (5 + 6)	
8. DISTRIBUIÇÃO DO VALOR ADICIONADO	
8.1. Pessoal	
8.2. Impostos, taxas e contribuições	
8.3. Remuneração de capitais de terceiros	
8.4. Remuneração de capitais próprios	
Juros sobre capital próprio e dividendos	
Lucros retidos/prejuízo do exercício	

OBJETIVO 3

3. Uma empresa de serviços apresentou os seguintes balanços patrimoniais de 31/12/X0 e 31/12/X1 e a DRE do período de X1:

Balanços	31/12/X0	31/12/X1
Caixa	4.000	17.540
Clientes	3.000	800
(–) PECLD	(500)	(80)
Móveis e utensílios	20.000	20.000
(–) Depr. acumulada	(1.500)	(3.500)
Total do ativo	25.000	34.760
IR/CS a pagar	–	3.230
ISS a pagar	–	320
Capital	23.000	23.000
Reservas de lucros	2.000	8.210
Total passivo + PL	25.000	34.760

CAPÍTULO 17 · DEMONSTRAÇÃO DO VALOR ADICIONADO **399**

DRE/X1	
Receita de serviços	15.680
(−) Custo dos serviços prestados	(4.600)
(=) Lucro bruto	11.080
(−) Desp. administrativas	(2.200)
(−) Desp. depreciação	(400)
(+) Recuperação de créditos baixados	600
(+) Reversão de PECLD	420
(−) Participação dos empregados	(60)
(=) Lucro antes dos impostos	9.500
(−) IR/CS (34%)	(3.230)
(=) Lucro líquido	6.270

Com relação às operações de X1, destacam-se as seguintes observações:

1. Prestação de serviços à vista pelo valor de $ 16.000, com incidência de 2% de ISS.
2. Os salários pagos aos funcionários correspondem ao valor de $ 4.200. Desse valor, R$ 420 referem-se às contribuições devidas ao INSS e o restante são salários, férias, 13º salário etc.
3. Os salários foram contabilizados $ 3.000 no custo dos serviços e o restante como despesas administrativas.
4. As despesas de depreciação foram de $ 2.000, sendo que $ 1.600 foram lançados como custo dos serviços.
5. As despesas administrativas referem-se à água e à energia consumidas pela empresa, além dos salários.
6. Recebimento de clientes, pelo valor de $ 2.200.
7. A duplicata de $ 600 do cliente A foi recebida, mas havia sido considerada incobrável em períodos anteriores.

Com base nas demonstrações contábeis apresentadas e demais informações, elabore a DVA, utilizando o modelo descrito a seguir:

1. RECEITAS
1.1. Vendas de mercadorias, produtos e serviços
1.2. Outras receitas
1.3. Receitas relativas à construção de ativos próprios
1.4. Perdas estimadas com créditos de liquidação duvidosa – Reversão/(Constituição)
2. INSUMOS ADQUIRIDOS DE TERCEIROS
2.1. Custos dos produtos, das mercadorias e dos serviços vendidos
2.2. Materiais, energia, serviços de terceiros e outros
2.3. Perda/Recuperação de valores ativos
2.4. Outras (especificar)
3. VALOR ADICIONADO BRUTO (1 − 2)
4. DEPRECIAÇÃO, AMORTIZAÇÃO E EXAUSTÃO
5. VALOR ADICIONADO LÍQUIDO PRODUZIDO PELA ENTIDADE (3 − 4)
6. VALOR ADICIONADO RECEBIDO EM TRANSFERÊNCIA
6.1. Resultado de equivalência patrimonial
6.2. Receitas financeiras
6.3. Outras

7. VALOR ADICIONADO TOTAL A DISTRIBUIR (5 + 6)
8. DISTRIBUIÇÃO DO VALOR ADICIONADO
8.1. Pessoal
8.2. Impostos, taxas e contribuições
8.3. Remuneração de capitais de terceiros
8.4. Remuneração de capitais próprios
Juros sobre capital próprio e dividendos
Lucros retidos/prejuízo do exercício

OBJETIVO 3

4. Uma empresa comercial apresentou os seguintes balanços patrimoniais de 31/12/X0 e 31/12/X1 e a DRE do período de X1:

Balanços	31/12/X0	31/12/X1
Caixa	10.000	15.500
Investimentos – MEP	12.000	12.800
Goodwill	3.000	3.000
(−) Perdas por *impairment*	–	(300)
Total do ativo	25.000	31.000
IR/CS a pagar	–	1.802
ISS a pagar	–	200
Dividendos a pagar		3.000
Capital	25.000	25.000
Reservas de lucros	–	998
Total passivo + PL	25.000	31.000

DRE/X1	
Receitas de serviços	9.800
(−) Custo dos serviços prestados	(2.000)
(=) Lucro bruto	7.800
(−) Desp. administrativas	(2.500)
(−) Desp. *impairment*	(300)
(+) Resultado de equivalência patrimonial	800
(=) Lucro antes dos impostos	5.800
(−) IR/CS (34%)	(1.802)
(=) Lucro líquido	3.998

Com relação às operações de X1, destacam-se as seguintes observações:

1. Prestação de serviços à vista pelo valor de $ 10.000, com incidência de 2% de ISS.
2. Os salários pagos aos funcionários correspondem ao valor de $ 3.500. Desse valor, R$ 350 referem-se às contribuições devidas ao INSS e o restante são salários, férias, 13º salário etc.
3. Os salários foram contabilizados $ 2.000 no custo dos serviços e o restante como despesas administrativas.
4. As despesas administrativas referem-se à água e à energia consumidas pela empresa, além dos salários.
5. A empresa distribuiu dividendos no valor de $ 3.000.

Com base nas demonstrações contábeis apresentadas e demais informações, elabore a DVA, utilizando o modelo descrito a seguir:

1. RECEITAS	
1.1. Vendas de mercadorias, produtos e serviços	
1.2. Outras receitas	
1.3. Receitas relativas à construção de ativos próprios	
1.4. Perdas estimadas com créditos de liquidação duvidosa – Reversão/(Constituição)	
2. INSUMOS ADQUIRIDOS DE TERCEIROS	
2.1. Custos dos produtos, das mercadorias e dos serviços vendidos	
2.2. Materiais, energia, serviços de terceiros e outros	
2.3. Perda/Recuperação de valores ativos	
2.4. Outras (especificar)	
3. VALOR ADICIONADO BRUTO (1 – 2)	
4. DEPRECIAÇÃO, AMORTIZAÇÃO E EXAUSTÃO	
5. VALOR ADICIONADO LÍQUIDO PRODUZIDO PELA ENTIDADE (3 – 4)	
6. VALOR ADICIONADO RECEBIDO EM TRANSFERÊNCIA	
6.1.) Resultado de equivalência patrimonial	
6.2. Receitas financeiras	
6.3. Outras	
7. VALOR ADICIONADO TOTAL A DISTRIBUIR (5 + 6)	
8. DISTRIBUIÇÃO DO VALOR ADICIONADO	
8.1. Pessoal	
8.2. Impostos, taxas e contribuições	
8.3. Remuneração de capitais de terceiros	
8.4. Remuneração de capitais próprios	
Juros sobre capital próprio e dividendos	
Lucros retidos/prejuízo do exercício	

5. Uma empresa comercial apresentou os seguintes balanços patrimoniais de 31/12/X0 e 31/12/X1 e a DRE do período de X1:

Balanços	31/12/X0	31/12/X1
Caixa	50.000	51.320
Total do ativo	50.000	51.320
IR/CS a pagar	–	204
ICMS a pagar	–	900
Capital	50.000	50.000
Reservas de lucros	–	216
Total passivo + PL	50.000	51.320

DRE/X1	
Receitas de vendas	16.400
(–) CMV	(12.300)
(=) Lucro bruto	4.100
(–) Desp. salários	(2.000)
(–) Desp. administrativas	(300)
(–) Desp. aluguéis	(1.200)
(=) Lucro antes dos impostos	600
(–) IR/CS (34%)	(204)
(=) Lucro líquido	396

Com relação às operações de X1, destacam-se as seguintes observações:

1. Aquisição à vista de mercadorias no valor de R$ 15.000, com incidência de ICMS (18%). (Valor da mercadoria, líquida do ICMS R$ 12.300)
2. Venda de todas as mercadorias por $ 20.000, com incidência de ICMS (18%).
3. Os salários pagos aos funcionários correspondem ao valor de $ 2.000. Desse valor, R$ 180 referem-se às contribuições devidas ao INSS e o restante são salários, férias, 13º salário etc.
4. As despesas administrativas referem-se à água e à energia consumidas pela empresa.
5. Pagamento à vista de $ 1.200 de aluguéis de edifícios utilizados na administração.
6. Distribuição de dividendos no valor de $ 180.

Com base nas demonstrações contábeis apresentadas e demais informações, elabore a DVA, utilizando o modelo descrito a seguir:

1. RECEITAS	
1.1. Vendas de mercadorias, produtos e serviços	
1.2. Outras receitas	
1.3. Receitas relativas à construção de ativos próprios	
1.4. Perdas estimadas com créditos de liquidação duvidosa – Reversão/(Constituição)	
2. INSUMOS ADQUIRIDOS DE TERCEIROS	
2.1. Custos dos produtos, das mercadorias e dos serviços vendidos	
2.2. Materiais, energia, serviços de terceiros e outros	
2.3. Perda/Recuperação de valores ativos	
2.4. Outras (especificar)	
3. VALOR ADICIONADO BRUTO (1 – 2)	
4. DEPRECIAÇÃO, AMORTIZAÇÃO E EXAUSTÃO	
5. VALOR ADICIONADO LÍQUIDO PRODUZIDO PELA ENTIDADE (3 – 4)	
6. VALOR ADICIONADO RECEBIDO EM TRANSFERÊNCIA	
6.1. Resultado de equivalência patrimonial	
6.2. Receitas financeiras	
6.3. Outras	
7. VALOR ADICIONADO TOTAL A DISTRIBUIR (5 + 6)	
8. DISTRIBUIÇÃO DO VALOR ADICIONADO	
8.1. Pessoal	
8.2. Impostos, taxas e contribuições	
8.3. Remuneração de capitais de terceiros	
8.4. Remuneração de capitais próprios	
Juros sobre capital próprio e dividendos	
Lucros retidos/prejuízo do exercício	

6. Uma empresa comercial apresentou os seguintes balanços patrimoniais de 31/12/X0 e 31/12/X1 e a DRE do período de X1:

Balanços	31/12/X0	31/12/X1
Caixa	40.000	54.200
Estoques	16.400	9.840
Total do ativo	56.400	64.040
Dividendos a pagar	–	550
IR/CS a pagar	–	762
ICMS a pagar	–	5.400
Capital	56.400	56.400
Reservas de lucros	–	928
Total passivo + PL	56.400	64.040

DRE/X1	
Receita de vendas	57.400
(–) CMV	(39.360)
(=) Lucro bruto	18.040
(–) Desp. salários	(5.000)
(–) Desp. administrativas	(3.800)
(–) Desp. aluguéis	(7.000)
(=) Lucro antes dos impostos	2.240
(–) IR/CS (34%)	(762)
(=) Lucro líquido	1.478

Com relação às operações de X1, destacam-se as seguintes observações:

1. Aquisição à vista de mercadorias no valor de R$ 40.000, com incidência de ICMS (18%). (Valor da mercadoria, líquida do ICMS R$ 32.800)
2. Venda de 80% das mercadorias por $ 70.000, com incidência de ICMS (18%).
3. Os salários pagos aos funcionários correspondem ao valor de $ 5.000. Desse valor, R$ 600 referem-se às contribuições devidas ao INSS e o restante são salários, férias, 13º salário etc.
4. As despesas administrativas referem-se à água e à energia consumidas pela empresa.
5. Pagamento à vista de $ 7.000 de aluguéis de edifícios utilizados na administração.
6. Distribuição de dividendos no valor de $ 550.

Com base nas demonstrações contábeis apresentadas e demais informações, elabore a DVA, utilizando o modelo descrito a seguir:

1. RECEITAS
1.1. Vendas de mercadorias, produtos e serviços
1.2. Outras receitas
1.3. Receitas relativas à construção de ativos próprios
1.4. Perdas estimadas com créditos de liquidação duvidosa – Reversão/(Constituição)
2. INSUMOS ADQUIRIDOS DE TERCEIROS
2.1. Custos dos produtos, das mercadorias e dos serviços vendidos
2.2. Materiais, energia, serviços de terceiros e outros
2.3. Perda/recuperação de valores ativos
2.4. Outras (especificar)

3. VALOR ADICIONADO BRUTO (1 – 2)
4. DEPRECIAÇÃO, AMORTIZAÇÃO E EXAUSTÃO
5. VALOR ADICIONADO LÍQUIDO PRODUZIDO PELA ENTIDADE (3 – 4)
6. VALOR ADICIONADO RECEBIDO EM TRANSFERÊNCIA
6.1. Resultado de equivalência patrimonial
6.2. Receitas financeiras
6.3. Outras
7. VALOR ADICIONADO TOTAL A DISTRIBUIR (5 + 6)
8. DISTRIBUIÇÃO DO VALOR ADICIONADO
8.1. Pessoal
8.2. Impostos, taxas e contribuições
8.3. Remuneração de capitais de terceiros
8.4. Remuneração de capitais próprios
Juros sobre capital próprio e dividendos
Lucros retidos/prejuízo do exercício

7. Uma empresa comercial apresentou os seguintes balanços patrimoniais de 31/12/X0 e 31/12/X1 e a DRE do período de X1:

Balanços	31/12/X0	31/12/X1
Caixa	6.840	16.090
Estoques	6.560	29.266
Máquinas	10.000	7.000
(–) Depr. acumulada	(6.000)	(4.900)
Total do ativo	17.400	47.456
Dividendos a pagar	–	12.000
IR/CS a pagar	–	8.995
ICMS a pagar	–	3.600
Capital	17.400	17.400
Reservas de lucros	–	5.461
Total passivo + PL	17.400	47.456

DRE/X1	
Receita de vendas	77.900
(–) CMV	(38.794)
(=) Lucro bruto	39.106
(–) Desp. salários	(10.000)
(–) Desp. administrativas	(2.500)
(–) Desp. depreciação	(700)
(+) Lucro na venda de máquinas	550
Receita na venda	1.750
Custo contábil	(1.200)
(=) Lucro antes dos impostos	26.456
(–) IR/CS (34%)	(8.995)
(=) Lucro líquido	17.461

Com relação às operações de X1, destacam-se as seguintes observações:

1. Aquisição à vista de mercadorias no valor de R$ 75.000, com incidência de ICMS (18%). (Valor da mercadoria, líquida do ICMS R$ 61.500)

2. Venda de 60% das mercadorias por $ 100.000, com incidência de ICMS (18%).
3. Das vendas realizadas, 5% foram devolvidas.
4. Os salários pagos aos funcionários correspondem ao valor de $ 10.000. Desse valor, R$ 1.300 referem-se às contribuições devidas ao INSS e o restante são salários, férias, 13° salário etc.
5. As despesas administrativas referem-se à água e à energia consumidas pela empresa.
6. Distribuição de dividendos no valor de $ 12.000.

Com base nas demonstrações contábeis apresentadas e demais informações, elabore a DVA, utilizando o modelo descrito a seguir:

1. RECEITAS
1.1. Vendas de mercadorias, produtos e serviços
1.2. Outras receitas
1.3. Receitas relativas à construção de ativos próprios
1.4. Perdas estimadas com créditos de liquidação duvidosa – Reversão/(Constituição)
2. INSUMOS ADQUIRIDOS DE TERCEIROS
2.1. Custos dos produtos, das mercadorias e dos serviços vendidos
2.2. Materiais, energia, serviços de terceiros e outros
2.3. Perda/Recuperação de valores ativos
2.4. Outras (especificar)
3. VALOR ADICIONADO BRUTO (1 – 2)
4. DEPRECIAÇÃO, AMORTIZAÇÃO E EXAUSTÃO
5. VALOR ADICIONADO LÍQUIDO PRODUZIDO PELA ENTIDADE (3 – 4)
6. VALOR ADICIONADO RECEBIDO EM TRANSFERÊNCIA
6.1. Resultado de equivalência patrimonial
6.2. Receitas financeiras
6.3. Outras
7. VALOR ADICIONADO TOTAL A DISTRIBUIR (5 + 6)
8. DISTRIBUIÇÃO DO VALOR ADICIONADO
8.1. Pessoal
8.2. Impostos, taxas e contribuições
8.3. Remuneração de capitais de terceiros
8.4. Remuneração de capitais próprios
Juros sobre capital próprio e dividendos
Lucros retidos/prejuízo do exercício

8. Uma empresa industrial apresentou a seguinte DRE do período de X1:

DRE/X1	
Faturamento bruto	108.000
(–) Abatimentos sobre vendas	(3.000)
(–) Devoluções de vendas	(500)
(–) Impostos s/ vendas	(20.000)
(=) Vendas líquidas	84.500
(–) C.P.V.	(30.000)
Mão de obra direta	(8.000)
Matérias-primas	(17.000)
Aluguel	(1.000)
Outros insumos	(1.000)
Depreciação	(3.000)
(=) Lucro bruto	54.500
Despesas operacionais	
Administrativas	(12.500)
Aluguel	(1.200)
Salários	(4.000)
Depreciação	(600)
Material de escritório	(2.400)
Outros insumos	(1.800)
Participações dos empregados	(2.500)
Vendas	(8.000)
Propaganda e publicidade	(7.300)
PECLD	(700)
Financeiras	3.000
Despesas	(5.000)
Receitas	8.000
REP	(2.000)
Lucro na venda de imobilizado	17.000
Venda de imobilizado	20.000
Custo do imob. vendido	(3.000)
(=) Lucro antes dos impostos	52.000
(–) IR/CS	(9.000)
(=) Lucro líquido	43.000

Há também a informação adicional de que o valor do ICMS e IPI incidentes sobre o valor do custo das matérias-primas é de $ 3.000.

Com base na DRE apresentada e demais informações, elabore a DVA, utilizando o modelo descrito a seguir:

1. RECEITAS
1.1. Vendas de mercadorias, produtos e serviços
1.2. Outras receitas
1.3. Receitas relativas à construção de ativos próprios
1.4. Perdas estimadas com créditos de liquidação duvidosa – Reversão/(Constituição)
2. INSUMOS ADQUIRIDOS DE TERCEIROS
2.1. Custos dos produtos, das mercadorias e dos serviços vendidos
2.2. Materiais, energia, serviços de terceiros e outros
2.3. Perda/recuperação de valores ativos
2.4. Outras (especificar)
3. VALOR ADICIONADO BRUTO (1 – 2)
4. DEPRECIAÇÃO, AMORTIZAÇÃO E EXAUSTÃO
5. VALOR ADICIONADO LÍQUIDO PRODUZIDO PELA ENTIDADE (3 – 4)
6. VALOR ADICIONADO RECEBIDO EM TRANSFERÊNCIA
6.1. Resultado de equivalência patrimonial
6.2. Receitas financeiras

6.3. Outras

7. VALOR ADICIONADO TOTAL A DISTRIBUIR (5 + 6)

8. DISTRIBUIÇÃO DO VALOR ADICIONADO

8.1. Pessoal

8.2. Impostos, taxas e contribuições

8.3. Remuneração de capitais de terceiros

8.4. Remuneração de capitais próprios

Juros sobre capital próprio e dividendos

Lucros retidos/prejuízo do exercício

EXERCÍCIOS ADICIONAIS

1. Uma empresa industrial apresentou os seguintes balanços patrimoniais de 31/12/X0 e 31/12/X1 e a DRE do período de X1:

Balanços	31/12/X3	31/12/X4
Caixa	144.000	247.910
Clientes	80.000	74.000
(–) PECLD	(14.400)	(14.100)
Estoques prod. acabados	–	17.489
Investimentos	56.000	59.800
Máquinas	120.000	120.000
(–) Depr. acumulada	(24.000)	(36.000)
Total do ativo	361.600	469.099
Juros s/ capital próprio	–	34.416
Dividendos a pagar	–	20.000
IR/CS a pagar	–	10.103
IPI a pagar	–	13.810
ICMS a pagar	–	24.858
Capital	361.600	361.600
Reservas de lucros	–	4.312
Total passivo + PL	361.600	469.099

DRE/X4	
Receita de vendas	131.200
(–) C.P.V.	(52.469)
Mão de obra direta	30.000
Matérias-primas	10.763
Materiais	2.706
Depreciação	9.000
(=) Lucro bruto	78.731
(–) Desp. aluguéis	(10.500)
(+) Rec. financeira	2.500
(+) Rec. equiv. patrimonial	3.800
(–) Desp. PECLD	(5.700)
(=) Lucro antes dos impostos	68.831
(–) IR/CS (33%)	(10.103)
(=) Lucro líquido	58.728

Com relação às operações de X1, destacam-se as seguintes observações:

1. Aquisição à vista de matérias-primas no valor de R$ 19.250, com incidência de ICMS (18%) e IPI (10%). (Valor da matéria-prima, líquida dos impostos R$ 14.350, ICMS de R$ 3.150 e IPI de R$ 1.750).

2. Aquisição à vista de materiais para produção por R$ 4.840, com incidência de ICMS (18%) e IPI (10%). (Valor de materiais, líquido dos impostos R$ 3.608, ICMS de R$ 792 e IPI de R$ 440)

3. Pagamento de mão de obra direta (parte integrante do CPV) no valor de R$ 40.000 à vista. Desse valor, R$ 6.500 referem-se às contribuições devidas ao INSS e o restante são salários, férias, 13º salário etc.

4. Depreciação (de máquinas utilizadas na produção) do período de 10%.

5. Processamento de todos os componentes do produto (transferência para produtos acabados).

6. Venda de 75% dos estoques por R$ 176.000 à vista.

7. A duplicata do cliente A, no valor de R$ 6.000, considerada incobrável foi baixada contra a PECLD.

8. A PECLD foi complementada no exercício pelo valor de R$ 5.700.

9. Pagamento à vista de R$ 10.500 de aluguéis de edifícios utilizados na administração.

10. Receita de equivalência patrimonial de R$ 3.800.

11. Receitas financeiras de R$ 2.500.

12. A empresa optou por pagar juros sobre capital próprio pelo valor máximo previsto na legislação (até 50% do lucro líquido do exercício ou acumulado); a taxa de juros de longo prazo (TJLP) utilizada foi de 15%.

13. Distribuição de dividendos no valor de $ 20.000.

Com base nas demonstrações contábeis apresentadas e demais informações, elabore a DVA, utilizando o modelo descrito a seguir:

1. RECEITAS

1.1. Vendas de mercadorias, produtos e serviços

1.2. Outras receitas

1.3. Receitas relativas à construção de ativos próprios

1.4. Perdas estimadas com créditos de liquidação duvidosa – Reversão/(Constituição)

2. INSUMOS ADQUIRIDOS DE TERCEIROS

2.1. Custos dos produtos, das mercadorias e dos serviços vendidos

2.2. Materiais, energia, serviços de terceiros e outros

2.3. Perda/recuperação de valores ativos

2.4. Outras (especificar)

3. VALOR ADICIONADO BRUTO (1-2)

4. DEPRECIAÇÃO, AMORTIZAÇÃO E EXAUSTÃO

5. VALOR ADICIONADO LÍQUIDO PRODUZIDO PELA ENTIDADE (3 – 4)	
6. VALOR ADICIONADO RECEBIDO EM TRANSFERÊNCIA	
6.1. Resultado de equivalência patrimonial	
6.2. Receitas financeiras	
6.3. Outras	
7. VALOR ADICIONADO TOTAL A DISTRIBUIR (5 + 6)	
8. DISTRIBUIÇÃO DO VALOR ADICIONADO	
8.1. Pessoal	
8.2. Impostos, taxas e contribuições	
8.3. Remuneração de capitais de terceiros	
8.4. Remuneração de capitais próprios	
Juros sobre capital próprio e dividendos	
Lucros retidos/prejuízo do exercício	

2. Uma empresa industrial apresentou os seguintes balanços patrimoniais de 31/12/X3 e 31/12/X4 e a DRE do período de X4:

Balanços	31/12/X3	31/12/X4
ATIVO		
Ativo circulante		
Caixa	75.000	206.740
Clientes	70.000	–
Estoques prod. acabados	–	14.100
IR a recuperar	–	11.088
Ativo não circulante		
Investimentos	268.000	272.500
Máquinas e equipamentos	200.000	200.000
(–) Depr. acumulada	(140.000)	(160.000)
Total do ativo	473.000	544.428
PASSIVO		
Passivo circulante		
Juros s/ capital próprio	–	55.000
IPI a pagar	3.200	15.500
ICMS a pagar	5.760	27.900
Patrimônio líquido		
Capital	354.040	354.040
Reservas de lucros	110.000	91.988
Total passivo + PL	473.000	544.428

DRE/X4	
Receita de Vendas	147.600
(–) C.P.V.	(56.400)
Mão de obra direta	24.000
Matérias-primas	13.120
Materiais	3.280
Depreciação	16.000
(=) Lucro Bruto	91.200
(–) Desp. aluguéis	(75.000)
(+) Rec. financeira	5.200
(+) Rec. equiv. patrimonial	4.500
(=) Lucro antes dos impostos	25.900
(–) IR/CS (33%)	11.088
(=) Lucro líquido	36.988

Com relação às operações de X4, destacam-se as seguintes observações:

1. Aquisição à vista de matérias-primas no valor de R$ 22.000, com incidência de ICMS (18%) e IPI (10%). (Valor da matéria-prima, líquida dos impostos R$ 16.400, ICMS de R$ 3.600 e IPI de R$ 2.000)
2. Aquisição à vista de materiais para produção por R$ 5.500, com incidência de ICMS (18%) e IPI (10%). (Valor de materiais, líquido dos impostos R$ 4.100, ICMS de R$ 900 e IPI de R$ 500)
3. Pagamento de mão de obra direta (parte integrante do CPV) no valor de R$ 30.000, à vista. Desse valor, R$ 5.400 referem-se às contribuições devidas ao INSS e o restante são salários, férias, 13º salário etc.
4. Depreciação (de máquinas utilizadas na produção) do período de 10%.
5. Processamento de todos os componentes do produto (transferência para produtos acabados).
6. Venda de 80% dos estoques por R$ 198.000 à vista.
7. Pagamento à vista de R$ 75.000 de aluguéis de edifícios utilizados na administração.
8. Receita de equivalência patrimonial de R$ 4.500.
9. Receitas financeiras de R$ 5.200.
10. A empresa optou por pagar juros sobre capital próprio pelo valor máximo previsto na legislação (até 50% do lucro líquido do exercício ou acumulado); a taxa de juros de longo prazo (TJLP) utilizada foi de 15%.

Com base nas demonstrações contábeis apresentadas e demais informações, elabore a DVA, utilizando o modelo descrito a seguir:

1. RECEITAS	
1.1. Vendas de mercadorias, produtos e serviços	
1.2. Outras receitas	
1.3. Receitas relativas à construção de ativos próprios	
1.4. Perdas estimadas com créditos de liquidação duvidosa – Reversão/(Constituição)	
2. INSUMOS ADQUIRIDOS DE TERCEIROS	
2.1. Custos dos produtos, das mercadorias e dos serviços vendidos	
2.2. Materiais, energia, serviços de terceiros e outros	
2.3. Perda/recuperação de valores ativos	
2.4. Outras (especificar)	
3. VALOR ADICIONADO BRUTO (1 – 2)	
4. DEPRECIAÇÃO, AMORTIZAÇÃO E EXAUSTÃO	
5. VALOR ADICIONADO LÍQUIDO PRODUZIDO PELA ENTIDADE (3 – 4)	
6. VALOR ADICIONADO RECEBIDO EM TRANSFERÊNCIA	
6.1. Resultado de equivalência patrimonial	
6.2. Receitas financeiras	

6.3. Outras	
7. VALOR ADICIONADO TOTAL A DISTRIBUIR (5 + 6)	
8. DISTRIBUIÇÃO DO VALOR ADICIONADO	
8.1. Pessoal	
8.2. Impostos, taxas e contribuições	

8.3. Remuneração de capitais de terceiros	
8.4. Remuneração de capitais próprios	
Juros sobre capital próprio e dividendos	
Lucros retidos/prejuízo do exercício	

Referências

SANTOS, Ariovaldo dos. *Demonstração do Valor Adicionado*: como elaborar e analisar a DVA. 2. ed. São Paulo: Ed. Atlas, 2007.

ÍNDICE REMISSIVO

A

Abatimento
    sobre compras, 132
    sobre vendas, 135
Ações em tesouraria, 333, 341
Ágio por expectativa, de rentabilidade futura, 213
Ajuste a valor presente, 137, 306
Ajuste de avaliação patrimonial, 332, 339
Ajuste e reclassificação, 322
Alíquotas dos tributos, 307
Amortização, 255
Análise das entradas e saídas de caixa nas demonstrações contábeis, 354
Análise dos valores pagos, 355
Apresentação das receitas, 384
Apresentação dos insumos adquiridos de terceiros, 384
Apresentação e divulgação dos tributos sobre o lucro, 308
Apuração do resultado com mercadorias, 124
Apuração do resultado do exercício, 73
Apuração do resultado, 87
Aquisição de imóveis, 224
Aquisição de um terreno, 223
Árvore de decisão, 171
Aspectos específicos relacionados aos estoques, 131
Asset retirement obligation, 226
Assimetria de informação, 13
Atividade operacional, 357
Atividades de financiamento, 358
Atividades de investimento, 358
Ativo fiscal diferido,
Ativo imobilizado, 221, 222
Ativo imobilizado
    baixa, 240
    mensuração subsequente, 227
    reconhecimento inicial, 222
    reconhecimento inicial, 223
Ativo intangível, 249
    baixa, 257
    mensuração inicial, 251
    mensuração subsequente, 254

Ativo não circulante, 199
Ativo, 38, 41
Ativos adquiridos em grupo, 225
Ativos adquiridos identificáveis, 251
Ativos circulantes, 41
Ativos financeiros, 183
Ativos intangíveis adquiridos, 251
Ativos intangíveis gerados internamente, 252
Ativos não circulantes, 42

B

Baixa
    do ativo imobilizado, 240
    do ativo intangível, 257
    investimento, 215
Balanço patrimonial, 18
Balanço patrimonial, 35, 36
Base contábil *versus* base fiscal, 287
Base de mensuração, 155
Base fiscal de um ativo, 288
Benefícios econômicos futuros, 264

C

Caixa e equivalentes de caixa, 352
Cálculo da distribuição do valor adicionado, 381
Cálculo do valor adicionado, 380
Cálculo do valor em uso, 267
Cálculo dos tributos correntes, 282
CAPEX, 236
Capital
    a integralizar, 333
    realizado, 333
    subscrito, 333
    social, 105, 333
Características qualitativas de melhoria, 23
Características qualitativas fundamentais, 23
Code-law, 17
Coligadas, 205
Common-law, 17
Comparação dos resultados, 130

Compensação de ativos e passivos fiscais diferidos, 309

Compensação de prejuízos fiscais, 283

Componentes dos outros resultados abrangentes, 319

Composição do PL, 105

Compra

    devolução de, 131

Conceitos econômicos fundamentais, 8

Condição para o reconhecimento de ativo fiscal diferido, 293

Conflito de agência, 12

Construção de imóveis, 224

Conta T, 47

Contabilidade

    antigos sistemas organizados, 29

    como ramo do conhecimento, 2

    como técnica, 2

    conceitos básicos, 2

    estrutura conceitual, 21

    financeira, 1, 6

    gerencial, 7

    história da, 29

    na antiguidade, 29

    surgimento na pré-história, 29

    tributária, 7

Contabilização

    da destinação do lucro, 111

    das perdas estimadas com créditos de liquidação duvidosa, 156

    de ativos fiscais diferidos, 292

    de passivos fiscais diferidos, 292

    de perdas e reversões de perdas por *impairment*, 273

    do ICMS, 142

    dos tributos correntes, 284

    dos tributos diferidos, 291

Contas a receber, 177

Contrato com clientes, 153

Controladas em conjunto, 204

Controladas, 202

Controle conjunto, 204

Controle dos estoques, 124

CPC 16, 123

CPC 25, 174

CPC 47, 92

Créditos de liquidação duvidosa, 156

Crise de 1929, 32

Critérios de valoração dos estoques, 127

Critérios para reconhecimento, 168

Custo

    das mercadorias vendidas, 125

    de oportunidade, 9

    específico, 127

Custos

    de monitoramento dos contratos, 10

    de negociação, 10

    de possíveis falências, 10

    de prevenção a fraudes, 10

D

Decisão de modelo de negócio, 183

Demonstração da posição financeira, 36

Demonstração das mutações do patrimônio líquido (DMPL), 103

Demonstração das mutações do patrimônio líquido (DMPL), 19

Demonstração de resultado, 19, 59

Demonstração do resultado abrangente (DRA), 65, 317

Demonstração do resultado do exercício, 62

Demonstração do valor adicionado (DVA), 20, 379

Demonstração dos fluxos de caixa (DFC), 19, 377

Demonstração e resultado

    forma de apresentação, 137

Demonstrações das mutações do patrimônio líquido (DMPL), 112

Demonstrações financeiras, 18

Depreciação, 225, 229

Desconto de duplicatas, 188

Descontos comerciais, 135

Descontos financeiros, 135, 136

Despesas, 61

    administrativas, 63

    com vendas, 63

    de depreciação, 230

    incorridas para pagar no futuro, 90

Desreconhecimento do investimento, 215

Destinação do lucro, 107, 111

Devolução

    de compra, 131

    de venda, 133

DFC, 19, 377

DFC, 377

DFC
- estrutura de apresentação, 357
- método direto, 359
- método indireto, 360
- métodos de elaboração, 358

Diferença temporária tributável (DTT), 288
Diferença tributária dedutível (DTD), 288
Diferenças temporárias tributáveis, 294
Diferenças temporárias *versus* permanentes, 283
Diferenças tributárias dedutíveis, 298
Direitos autorais, 250
Distribuição de dividendos, 109
Distribuição de lucros, 341
Distribuição do valor adicionado, 386
Dividendos, 342
Dividendos adicionais propostos, 110
Dividendos mínimos obrigatórios, 109
Divulgações relacionadas com os investimentos, 216
DMPL, 19, 103
DRA, 65, 317

DRA
- apresentação, 320
- formas, 320

DRE + DRA, 321
DTD, 288
DTT, 288
DVA, 20, 379

DVA
- estrutura, 383
- importância, 382
- objetivo, 380
- técnicas para elaboração, 387

E

Elaboração da DFC, 358
Elementos patrimoniais, 43
Empreendimento controlado em conjunto, 204
Empréstimos e financiamentos, 190
Entidade controladora, 202
Escrituração contábil, 46
Estimativa confiável, 170
Estoques, 121

Estoques
- aspectos específicos, 131
- critérios de valoração, 127

Estrutura conceitual da contabilidade, 21
Eventos relacionados com as compras, 131
Eventos relacionados com vendas, 133

F

FIFO, 127
Firma, 9
First in first out (FIFO), 127
Fluxos de caixa, 352
Fluxos de caixa em moeda estrangeira, 371
Forma de apresentação da demonstração de resultado, 137
Formas de controle dos estoques, 124

G

Gastos adicionais durante a vida útil do ativo, 235
Gastos de capital (CAPEX), 236
Gastos de manutenção (OPEX), 236
Gastos subsequentes, 235
Goodwill, 213, 252

Governança corporativa
- macromodelos, 17

H

Hipótese de mercado eficiente, 15
História da contabilidade, 29

I

Identificação de receitas, 92
IFRS 15, 92
Imobilizados construídos/formados internamente, 225
Impactos tributários, 160
Impairment, 155, 215, 263
Impostos e contribuições sobre a renda, 83
Informação contábil de qualidade, 22
Informação contábil útil, 22

Informação contábil
- demanda, 5
- oferta, 5

Informação imperfeita, 10
Informação incompleta, 10
Insumos adquiridos de terceiros, 386

Intangível
- adquirido e não relacionado, 252

adquirido e relacionado, 252
gerado internamente relacionado, 252
Investimentos em participações societárias, 202
Investimentos, 199, 200

J

Juros sobre capital próprio, 343

L

LAIR, 83
Limite do saldo das reservas de lucros, 109
Livro diário, 50
Livro razão, 52
Lucro antes dos impostos e contribuições sobre a renda, 83
Lucro
    bruto, 62
    líquido, 64
Lucros ou prejuízos acumulados, 111

M

Macromodelos de governança corporativa, 17
Mais-valia por diferença de valor de mercado, 213
Marca registrada, 250
Margem
    bruta, 62
    líquida, 64
    operacional, 63
Média ponderada móvel (MPM), 129
Mensuração
    das contingências, 173
    das provisões, 173
    de ativos financeiros, 183
    de passivos financeiros, 188
    de receitas, 92
    do valor recuperável de um ativo, diretrizes, 271
    inicial do ativo imobilizado, 223
    inicial do ativo intangível, 251
    inicial do estoque, 123
    subsequente do ativo imobilizado, 227
    subsequente do ativo intangível, 254
MEP, 209, 320
Mercado de capitais, 14
Mercado eficiente
    hipótese, 15
Método
    da linha reta, 233
    da reavaliação, 228
    da soma dos dígitos, 233
    das quotas constantes, 233
    das unidades de produção, 233
    de custo, 208, 227
    de equivalência patrimonial, 209
    direto, 359
    indireto, 359
Métodos
    de avaliação de participações societárias, 207
    de depreciação, 232
    de elaboração da DFC, 358
Modelo
    de negócio, 182
    de negócios da entidade, 154
    geral do regime de competência, 87
Momento
    do recebimento de caixa, 88
    do reconhecimento da receita, 88
Moral hazard, 13
MPM, 129
Mudanças no valor das provisões, 174

N

Normas contábeis sobre arrendamento mercantil no Brasil, 237
Notas explicativas, 20

O

Obrigação presente, 169
Obrigações
    legais, 169
    não formalizadas, 169
Obrigatoriedade de publicação, 20
Operações de arrendamento mercantil, 237
Operação em conjunto, 204
Operações
    financeiras, 205, 206
    financeiras ativas, 180
    financeiras passivas, 180, 188
OPEX, 236
ORA, 319
Outros resultados abrangentes (ORA), 319

P

Participações
- societárias, 207
- societárias no exterior, 320
- permanentes em outras sociedades, 201

Passivo contingente, 167

Passivo, 38, 42
- Fiscal diferido, 289

Passivos
- circulantes, 42
- financeiros, 188
- não circulantes, 43

Patente, 250

Patrimônio líquido, 38, 43, 104, 331

PECLD, 155

PEPS, 127

Perda estimada com créditos de liquidação duvidosa, 265

Perda estimada por redução ao valor realizável líquido, 265

Perdas estimadas com créditos de liquidação duvidosa, 156

Perdas por redução ao valor recuperável, 215

Performance financeira, 19, 59

Performance financeira, 59

PL, 331

Plano de contas, 40

Posição financeira, 35

Prejuízos acumulados, 333

Prejuízos fiscais, 302

Primeiro que entra, primeiro que sai (PEPS), 127

Principais demonstrações financeiras, 18

Princípios contábeis geralmente aceitos, 6

Processo contábil, 3

Processo de registro contábil, 67

Provável saída de recursos, 170

Provisão, 166

Provisões e contingências, 191

R

Razão, 53

Razonete, 47

Reavaliação de ativos imobilizados, 319

Receita
- bruta de vendas, 137
- de contrato com cliente, 92

Receitas, 61
- com recebimento antecipado,
- geradas com recebimento futuro, 89

Reclassificação, 184

Reconhecimento
- contábil, 168
- das contas a receber, 152
- de receitas, 92
- geral da receita, 87
- inicial do ativo imobilizado, 222
- inicial do estoque, 122

Redução ao valor recuperável de contas a receber, 155

Redução dos estoques ao valor realizável líquido, 143

Regime de competência, 87

Registro contábil, 46

Relatório
- da administração, 21
- dos auditores independentes, 21

Representação do balanço patrimonial, 104

Requisitos para o reconhecimento contábil, 169

Reserva
- de incentivos fiscais, 108
- de lucros a realizar, 338
- de lucros para expansão, 338
- estatutária, 108, 337
- legal, 107, 337
- para contingências, 108, 337

Reservas
- de capital, 106, 335, 342, 345, 346
- de incentivos fiscais, 338
- de lucros, 107, 336
- de lucros a realizar, 108

Resultado
- abrangente total, 319
- financeiro, 64

Retenção de lucros, 109

Risco moral, 13

S

Seleção adversa, 13

Sistema
- de inventário periódico, 125
- de inventário permanente, 126

Sistemas de inventário, 124

T

Teoria contratual da firma, 8
Teste de *impairment*, 155, 263
    análise de indícios, 269
Transações que impactam o caixa, 353
Tributos
    correntes, 281
    diferidos, 285
    diferidos em combinação de negócios, 307
    diferidos e contabilização, 291
    não recuperáveis, 141
    recuperáveis, 141
    sobre compras, 141
Tributos sobre o lucro, 279
    apresentação e divulgação, 308
    aspectos específicos, 305
Tributos sobre vendas, 140
Troca de um ativo por outro, 226

U

Unidade geradora de caixa, 266, 268

V

Valor
    adicionado bruto, 383, 388, 400, 402, 403, 404, 405
    adicionado recebido em transferência, 386
    adicionado total a distribuir, 383, 389, 400, 403, 405
    depreciável, 229
    justo na data da transação, 153
    realizável líquido, 143
    recuperável de um ativo, 266
    residual, 229
Valoração dos estoques, 127
Venda
    devolução, 133
Vendas de estoques, 140
Vida útil de um ativo, 229, 235

Pré-impressão, impressão e acabamento

grafica@editorasantuario.com.br
www.graficasantuario.com.br
Aparecida-SP